HANS-VOLKMAR HERRMANN

OLYMPIA
HEILIGTUM UND WETTKAMPFSTÄTTE

HANS-VOLKMAR HERRMANN

OLYMPIA

HEILIGTUM UND WETTKAMPFSTÄTTE

HIRMER VERLAG MÜNCHEN

Printed in Germany · © 1972 by HIRMER VERLAG MÜNCHEN · Klischeeherstellung: Chemigraphia Gebr. Czech, München · Papiere: Papierfabrik Scheufelen, Oberlenningen · Satz und Druck: Hieronymus Mühlberger, Augsburg, und Kastner & Callwey, München · Buchbinderarbeit: Hieronymus Mühlberger, Augsburg · Schutzumschlagentwurf: Eugen O. Sporer, München

ISBN 3 7774 2480 3

UND DER RUHM
LEUCHTET WEITHIN DER BEI DEN
OLYMPISCHEN SPIELEN
AUF DER RENNBAHN DES PELOPS
GEWONNEN WIRD
WO DIE SCHNELLE DER FÜSSE KÄMPFT
UND MÜHEWAGENDES
HÖCHSTMASS DER KRAFT
WER DORT SIEGT
HAT FÜR SEIN WEITERES LEBEN
HONIGSÜSSE HEITERKEIT
SOWEIT KAMPFPREISE SIE
GEWÄHREN KÖNNEN

PINDAR

Olympia - Wesen und Ursprünge

Olympia als panhellenisches Heiligtum

Nirgends fühlt sich der Griechenlandreisende der versunkenen Welt des klassischen Hellas näher als in den alten Heiligtümern. Das ist keine Selbstverständlichkeit, und mancher Besucher wird sich dessen vielleicht erst in der rückblickenden Erinnerung bewußt, wenn er an Reisen in anderen Ländern denkt, wo ihn Paläste, Burgen, Grabmonumente, Stadtanlagen, Festungswerke oder anderes am stärksten beeindruckt haben mögen. All das gibt es in Griechenland auch. Aber in den Heiligtümern erschließt sich griechische Eigenart dem tiefer dringenden Blick am umfassendsten. Religiöser Glaube und mythische Überlieferung, kultisches Brauchtum und künstlerisches Ingenium, Stammescharakter und historisches Schicksal haben sie geformt. Ständigem Wandel unterworfen, wie alles Lebendige, bilden sie dennoch in der bewegten Geschichte dieses von einer unstillbaren inneren Unruhe getriebenen Volkes ruhende Pole, Reservoire gleichsam, in denen sich seit uralten Zeiten der Niederschlag ihres Wesens, das Bleibende ihrer Existenz gesammelt und, unter den Schutz der Götter gestellt, bewahrt hat. In dem, was Verfall und Zerstörung überlebte und von der Hand des Archäologen wieder zutage gefördert wurde, findet der Betrachter die sichtbaren Zeugnisse griechischer Frömmigkeit: Weihgaben, die vom schlichten Tonfigürchen bis zum monumentalen Götterbild reichen, Werke der Architektur, der Plastik und der Kleinkunst, selbst Dokumente griechischer Sprache und griechischer Geschichte in den Aufzeichnungen der Inschriften. Griechische Kunst, von uns gewöhnlich unter rein ästhetischen Gesichtspunkten beurteilt, diente in erster Linie, ja sogar nahezu ausschließlich, religiösen Bedürfnissen. Ihr eigentlicher Ort, im ideellen wie im realen Sinne, ist das Heiligtum. Was wir heute in den Museen betrachten, sah der antike Mensch – soweit es nicht in den Gräbern verborgen war, wo es gleichfalls im Dienst des Religiösen stand – in den Heiligtümern. Von ihrer Bedeutung für das Leben jener Zeit können wir in unserer gänzlich profan gewordenen Welt uns nur noch schwer eine Vorstellung bilden.

Die griechische Religion, die uns in den Mythen, in den Göttergeschichten, in den Gestalten der bildenden Kunst entgegentritt, als Religion wirklich ernst zu nehmen, sie nicht einfach als ein reizvolles Spiel der Phantasie von Dichtern und Künstlern zu betrachten, wie es noch die Zeit Winckelmanns und Goethes tat, ist für uns nicht leicht. Hier sind nun gerade durch die Ausgrabung der Heiligtümer für das Verständnis der griechischen Religion ganz neue Grundlagen gewonnen worden. Die Vorstellungen, die man sich lange Zeit nur aus literarischen Quellen und einem begrenzten Bestand an – nicht selten mißdeuteten – Kunstwerken gemacht hatte, haben sich zu einem realistischeren Bild verdichtet und zu einer erheblichen Akzentverschiebung in der Beurteilung des religiösen Lebens der Griechen geführt. Im gleichen Maße, wie die Archäologie an dem Ausbau dieses Bildes arbeitete, hat auch die Religionswissenschaft mehr und mehr die Bedeutung des Kultischen erkannt, der Art also, wie Religion praktiziert wird, und auch Soziologie, Ethnologie und Tiefenpsychologie haben dazu beigetragen, daß wir heute diese Dinge von einer wesentlich tragfähigeren Basis aus übersehen. Die Funktion des Heiligtums tritt von hier aus in einer besonders bedeutsamen Weise hervor. Die Existenz des frühzeitlichen Menschen ist undenkbar ohne die selbstverständliche Bindung an die Gemeinschaft, in der er lebt. Diese Gemeinschaft — Familie, Sippe, Stammesverband — ist gleichzeitig eine religiöse Gemeinschaft. Die gemeinsamen Götter, die gemeinsamen religiösen Riten, die gemeinsamen Heiligtümer sind verbindende Faktoren ebenso wie die Bande des Blutes, der Sprache, des Brauchtums. Für die frühen Formen menschlichen Zusammenlebens ist Religion ein konstituierendes, gemeinschaftsbildendes Element ersten Ranges[1].

Die Griechen haben als erstes Volk des Altertums den Schritt aus den Konventionen des Überlieferten in die Freiheit des Denkens und des In-Frage-Stellens des Überlieferten getan. Dieses unerhört folgenreiche Ereignis hat sich im 6. Jahrhundert v. Chr. vollzogen. Es ist der Anfang der Philosophie und des wissenschaftlichen Forschens. In der gleichen Zeit, in der dies geschieht, sind jedoch in den griechischen Heiligtümern keinerlei Anzeichen zu bemerken, die auf einen Rückgang des religiösen Lebens schließen lassen; das Gegenteil ist der Fall. Bedeutet das, daß die Masse des Volkes ihrer althergebrachten Religionsübung weiter nachging, ohne sich von ein paar individualistischen Freigeistern beeinflussen zu lassen? Eine solche Erklärung wäre nicht nur allzu einfach, sondern würde auch an dem Wesentlichen jenes geistesgeschichtlichen Umwälzungsprozesses vorübergehen. Denn zwar ist das Verhältnis von Philosophie und Religion, wie Richard Harder treffend formuliert hat, »bei den Griechen von Anfang an das einer inneren Spannung«; auch zeigt die griechische Kultur schon früh »eine Tendenz zur Säkularisierung«. Aber »der philosophische Kampf gegen Teile der religiösen Überlieferung zielt nicht auf Entgötterung, sondern auf Entmythisierung, auf eine reinere, höhere Gottesvorstellung und eine geistigere Haltung zum Gottesdienst«[2]. Spiritualisierung der Religion, wie sie von den Philosophen und teilweise auch von den Dichtern gefordert wird, und Ausübung der traditionellen Kulte und der religiösen Feste schließen sich keineswegs gegenseitig aus, wie ja auch der griechische Mythos weit über die Zeit- und Bewußtseinsstufe hinaus, die durch das sogenannte »mythische Denken« gekennzeichnet ist, weiterlebt und sich ständig erneuert, verwandelt und gleichsam verjüngt, zum Beispiel in der Tragödie. »Das Göttliche lebt in immer neuen Formen weiter«, sagt Harder, und er fährt fort: So gehört auch bei den Griechen das Religiöse in die Mitte ihres Kulturbildes und darf nicht an den Rand geschoben werden[3].« Damit ist in einem Satz das Entscheidende eines Sachverhaltes getroffen, ohne dessen Verständnis der Zugang zu einem Phänomen wie Olympia verschlossen bleibt.

Dem nach der Tradition ältesten griechischen Philosophen, Thales von Milet, schrieb man das Wort zu: »πάντα πλήρη θεῶν ἐστιν« (alles ist voll von Göttern), was in dem Sinn gemeint war: nicht nur in den Heiligtümern, sondern überall sind göttliche Mächte. Daß man sie besonders in ihren Heiligtümern verehrt, ist freilich eine Selbstverständlichkeit, an der weder Thales noch irgendein anderer griechischer Philosoph Anstoß genommen hätten. Am Beginn des platonischen Dialogs »Phaidros« wird geschildert, wie Sokrates sich bei einem Spaziergang mit seinem Gesprächspartner am Ilissos, vor den Toren Athens, unter einer besonders stattlichen Platane niederläßt, wo dann das philosophische Gespräch stattfindet. Aus kleinen, am Baum niedergelegten oder vielleicht auch in seinen Zweigen aufgehängten Votivfigürchen schließt Sokrates, daß sie sich an einer geweihten Stätte befinden, in einem kleinen ländlichen Heiligtum, und der Dialog endet damit, daß der Philosoph, bevor sie die Stätte verlassen, zu Phaidros sagt: »Geziemt es sich nicht, hier zu beten, bevor wir gehen?« Und dann spricht Sokrates ein Gebet, das mit der Anrufung des Pan »und der anderen hier anwesenden Gottheiten« beginnt[4]. Wir haben hier ein besonders schönes Zeugnis dafür, was der antike Mensch an einer heiligen Stätte empfindet und wie er sich dementsprechend verhält — selbst ein innerlich so unabhängiger Geist wie Sokrates, den die Athener wegen angeblicher Gottlosigkeit hingerichtet haben. Zugleich macht uns die zitierte Stelle klar, daß die Spannweite dessen, was Begriff und Wirklichkeit des griechischen

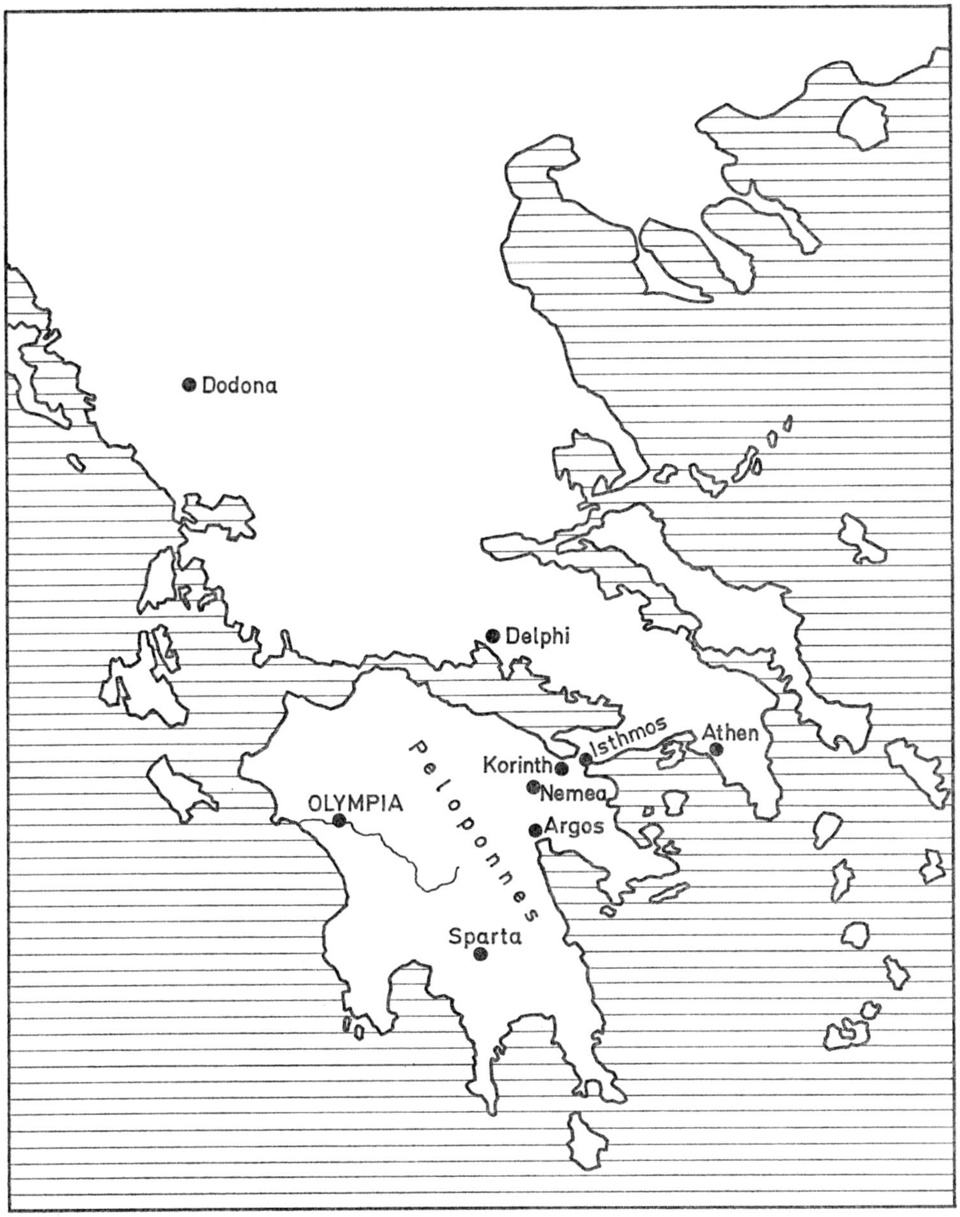

1 Griechenland, Übersichtskarte

Heiligtums ausmacht, außerordentlich groß ist: sie reicht von der Platane am Ilissos bis zu den Riesenkomplexen von Tempeln, Altären, Schatzhäusern, Statuengruppen, Säulenhallen, wie wir sie in Olympia oder Delphi finden. Wenn man Pausanias liest, der im 2. Jahrhundert n. Chr., schon in der Zeit des Niedergangs also, Griechenland bereiste, als manches bereits verfallen oder verwahrlost, ja ganz vom Erdboden verschwunden war, so staunt man, wie dieser späte Reisende auf Schritt und Tritt auf Heiligtümer stößt und dort in der Regel immer wieder irgend etwas Bemerkenswertes findet. So möchte man dem Ausspruch des Thales »Alles ist voll von Göttern« im Hinblick auf das antike Hellas hinzufügen: »Alles ist voll von Heiligtümern.«

Viele dieser Kultstätten hatten nur lokale Bedeutung. Manche besaßen höheren Rang; ihr Ruf reichte über die engeren Grenzen der Stadt, der Landschaft hinaus. Einige waren – für damalige Verhältnisse – weltbekannt: vor allem Delphi mit seinem selbst von Nichtgriechen befragten Orakel, und Olympia, Hauptkultort des höchsten griechischen Gottes und Stätte der berühmtesten sportlichen Wettkämpfe Griechenlands (Abb. 1; Taf. I, 1, 2).

»Griechenland« sagen wir – doch das antike Hellas war kein »Land« mit einer Hauptstadt, sondern bestand aus einer Vielzahl von einzelnen Stadtstaaten, die oft genug miteinander verfeindet waren, Kriege gegeneinander führten oder sich zu Bündnissystemen zusammenfanden, die wiederum gegen andere griechische Stadtstaaten oder Staatenbünde gerichtet waren. Man hat vielfach von der »Tragik« gesprochen, die darin liege, daß den Hellenen der Zusammenschluß zu einem Gesamtstaat versagt geblieben sei oder gar hierin eine Schwäche, eine Unfähigkeit der Griechen im Vergleich etwa zu den Römern gesehen. Dieses vom Begriff des modernen Nationalstaates ausgehende, im 19. Jahrhundert ausgebildete und seither vielfach geäußerte Urteil[5] beruht indes auf der falschen Einschätzung eines Grundphänomens des Griechischen, das im kleinen, überschaubaren und autarken Gebilde der »Polis« (des Stadtstaates) seine historische Gestalt gewonnen hat. Sie bildet, jedenfalls in der archaischen und klassischen Zeit, die Voraussetzung der griechischen Kultur ebenso wie des griechischen Freiheitsbegriffs und des griechischen staatlichen und sozialen Lebens und Denkens. Die Polis ist Ausdruck eines Individualismus, wie er stärker wohl selten in der Weltgeschichte bei einem Volke ausgeprägt war – eines Individualismus, so müssen wir hinzusetzen, der zugleich auch das Geheimnis des Griechischen und seiner die Jahrtausende überdauernden schöpferischen Leistung in sich schließt.

Von hier aus wird die Bedeutung klar, welche insbesondere die großen, von allen Griechen besuchten Heiligtümer und religiösen Feste hatten, als Zentren religiösen und geistigen Lebens, als Selbstdarstellung ihres innersten Wesens, ihres Lebensgefühls, kurz dessen, was sie bei aller stammesmäßigen Verschiedenheit miteinander verband. Unter diesen großen Heiligtümern nimmt Olympia mit seinen Spielen einen besonderen, ja in gewisser Weise einzigartigen Rang ein. Wettkämpfe gab es auch in anderen Heiligtümern. Am angesehensten waren in der Blütezeit des Griechentums jene klassischen vier »panhellenischen« Wettkämpfe, denen die berühmten Siegeslieder Pindars gelten: neben den olympischen sind es die pythischen (Delphi), nemeischen und isthmischen Spiele[6]. Doch das sind bei weitem nicht alle. Erwähnt seien nur die Panathenäen in Athen, bekannt durch die Darstellung des Festzuges auf dem Parthenonfries und die als Siegespreise verliehenen, zahlreich erhaltenen schwarzfigurigen Amphoren, oder die Wettspiele auf Delos zu Ehren Apollons, die schon im homerischen Apollonhymnus erwähnt werden. Wir wissen von Athleten, die nacheinander bei mehreren oder gar bei allen vier panhellenischen Spielen kämpften. Ja, manchen glückte sogar überall ein Sieg, das waren die besonders gefeierten »Periodoniken«. Es wimmelte in Griechenland geradezu an Gelegenheiten, seine sportliche Tüchtigkeit zu zeigen. Aber nichts kam einem Sieg in Olympia gleich.

Wie das Wasser das köstlichste unter den Elementen ist, so dichtet Pindar am Beginn seiner ersten Olympischen Ode, wie das Gold dem Menschen unter den Besitztümern am wertvollsten erscheint und wie die Sonne heller strahlt und wärmt als alle Gestirne: »so glänzt Olympia, und nichts Schöneres gibt es zu besingen.« In Olympia zu siegen ist das Höchste, was ein Mensch sich auf dieser Erde überhaupt erträumen kann, ein Glück, das dem ganzen Leben Glanz und unauslöschlichen Ruhm verleiht. So sagt es der Dichter in der eben zitierten Ode, die einen Sieger des Jahres 476 v. Chr. feiert:

Und der Ruhm leuchtet weithin, der bei den Olympischen Spielen
auf der Rennbahn des Pelops gewonnen wird,
wo die Schnelle der Füße kämpft
und mühewagendes Höchstmaß der Kraft.
Wer dort siegt, hat für sein weiteres Leben
honigsüße Heiterkeit,
soweit Kampfpreise sie gewähren können.

Pindar, Ol. I 93 ff. Übers. F. Dornseiff

Diesem Ruhm, der von Pindar hier und an vielen anderen Stellen in großartig hymnischer Sprache verherrlicht wird und der in der griechischen Kunst in mannigfacher Weise Gestalt gewonnen hat (Taf. 3–6), entsprachen in der Realität mannigfache, teilweise überschwengliche Ehrungen. Schon allein die Tatsache, daß wir heute noch die Namen von über tausend antiken Olympiasiegern kennen, spricht für sich. In Olympia selbst bestand freilich der Preis lediglich in einem einfachen Kranz aus einem Zweig des wilden Ölbaums[7]. Daran hat sich in der über tausendjährigen Geschichte Olympias nie etwas geändert, wie ja auch das olympische Stadion, das ruhmreichste der antiken Welt, von bloßen Erdwällen umgeben war, die niemals, wie es anderswo geschah, mit marmornen Sitzreihen ausgestattet worden sind. Zu den Wesenszügen Olympias, dessen Fest und Kult aus ländlichen Ursprüngen erwachsen und früh durch den Geist Spartas geprägt worden waren, gehört diese Einfachheit, das Festhalten an altertümlich-schlichten Formen; auf ihnen beruht nicht zuletzt seine Stärke, und die Griechen waren stolz darauf. Das zeigt das vielzitierte Wort, das Herodot (VIII 26) einem vornehmen Perser, Tigranes, in den Mund gelegt hat. Als dieser während des Vormarsches des persischen Heeres 480 v. Chr. von Überläufern erfuhr, die Griechen feierten gerade die Olympischen Spiele und der Siegespreis, um den sie kämpften, sei ein schlichter Kranz, da rief er vor dem versammelten Heer und seinem Feldherrn aus: »Wehe, Mardonios! Gegen was für Männer hast du uns zum Kampf geführt, die nicht um Geldeswert Wettkämpfe abhalten, sondern um den Ruhm, der Beste zu sein (περὶ ἀρετῆς)?« Dies also, der für uns unübersetzbare Begriff der Areté, der Inbegriff dessen, worin ein Mensch sich auszeichnen kann, ist für den Griechen mit dem Kranz von Olympia verbunden. Es ist der Kampfpreis, den nach altehrwürdiger Überlieferung Herakles selbst zusammen mit der Einsetzung der Spiele gestiftet hatte:

Und gottgeschenkte Gesänge strömen zu den Menschen hernieder,
wenn einem, erfüllend des Herakles alte Weisungen,
der lautere Kampfrichter, der aitolische Mann,
um die Locken legt
den grauschimmernden Schmuck der Olive, die einst
von des Istros schattigen
Quellen gebracht der Amphitryonide
als schönstes Wahrzeichen der olympischen Kampfspiele.

Pindar, Ol. III 10 ff. Übers. F. Dornseiff

Noch am Ende des 1. Jahrhunderts n. Chr. sagte Dio Chrysostomos in einer Rede von diesem heißersehnten Kampfpreis: »Der Kranz, der in Olympia verliehen wird, ist, wie ihr alle wißt, ein einfacher Zweig von einem Ölbaum; und dennoch wurde er von vielen schon höher eingeschätzt als selbst das Leben.« Es mag bei dieser Gelegenheit erwähnt werden, daß unsere Überlieferung zwei Fälle kennt, in denen Sieger bei der Bekränzung tot zusammenbrachen[8].

Weitere Ehrungen wurden den Siegern nach der Rückkehr in ihre Heimat zuteil, darunter auch solche von durchaus materiellem Charakter. Wir hören von Steuervergünstigungen, von lebenslanger Speisung im Prytaneion – was für den Minderbegüterten gewiß keine bloße Ehre, sondern auch ein finanzieller Faktor war –, von Ehrenplätzen im Theater, auch von Geldgeschenken. Der Sieger hatte das Recht, sein Standbild im heiligen Hain von Olympia aufzustellen; in der Regel ließ ihm seine Vaterstadt außerdem in seiner Heimat auf Staatskosten noch eine weitere Siegerstatue errichten; die sizilischen Fürsten ließen sogar Münzen anläßlich ihrer olympischen Rennsiege prägen (Taf. 4 a, b). Nicht selten nahm er auch im Leben des Staates eine besondere Stellung ein; Olympiasieger begegnen uns in der Politik oder in der Heeresführung, und manch einer von ihnen hat Geschichte gemacht[9]. Wir kennen sogar Fälle, wo siegreiche Athleten nach ihrem Tode zu Heroen erhoben und kultisch verehrt wurden; noch ihre Statuen besaßen bisweilen wunderbare Kräfte.

Einzigartig wie der Ruhm des olympischen Siegers sind auch die Umstände, unter denen sich die Wettkämpfe abspielten. Vor, während und nach den Spielen herrschte in ganz Griechenland Waffenruhe, die »Ekecheiria«. Während dieses olympischen Waffenstillstandes durfte kein Krieg begonnen werden, und alle innergriechischen Feindseligkeiten ruhten. Auch mußten beim Betreten des elischen Gebiets die Waffen abgelegt werden. So konnte jeder Grieche ungefährdet den manchmal weiten Weg nach Olympia und wieder in seine Heimat zurücklegen, um an den Spielen als Zuschauer oder Wettkämpfer teilzunehmen. Nur ganz selten ist dieser Friede einmal gebrochen worden, und die Schuldigen mußten erhebliche Bußen dafür zahlen. Auch sonst schützten strenge Normen das Fest und betonten seinen heiligen Charakter. Ausgeschlossen war jeder, der Blutschuld oder religiösen Frevel auf sich geladen hatte. Ausschluß konnte auch die Übertretung der von den Eleern als Leiter der Spiele festgelegten olympischen Festordnung nach sich ziehen, sonst waren Strafgelder zu zahlen. Das galt für den Einzelnen ebenso wie für ganze Gemeinwesen und Staaten.

Im übrigen gab es, in echt griechischer Weise, keinerlei Schranken nach Rang, Stellung oder Vermögen. Jeder freigeborene Hellene war zur Teilnahme zugelassen, sofern ihn nicht Schuld im eben genannten Sinne belastete. In der Praxis war es freilich, soweit wir das überblicken können, so, daß die besitzenden und politisch führenden Schichten die Olympiakämpfer stellten, jedenfalls bis zur klassischen Zeit. Der kostspielige Sport der Pferde- und Wagenrennen war ohnehin nur den Reichen möglich. Die Voraussetzung griechischer Abstammung ließ sich natürlich nach dem Verlust der politischen Selbständigkeit der Griechen nicht mehr aufrecht erhalten; später finden wir selbst Barbaren unter den Athleten. Aber in der eigentlich »griechischen« Zeit Olympias wurde diese Bestimmung sehr genau genommen: sogar ein Angehöriger des makedonischen Königshauses mußte seine griechische Herkunft nachweisen, die zunächst bezweifelt, dann aber anerkannt wurde: mit diesem Urteil der Hellanodiken hat man später das Griechentum der makedonischen Könige begründet, wie uns Herodot überliefert (V 22). Befremdlich für den modernen Menschen ist die Bestimmung, welche den Frauen, jedenfalls den verheirateten, die Teilnahme an den Olympischen Spielen verwehrte. Nicht einmal als Zuschauerinnen waren sie zugelassen. Die Übertretung des Verbots war sogar mit schwerer Strafe bedroht: die Frau, die auch nur den Alpheios überschritt, sollte von einem Olympia gegenüberliegenden Felsen herabgestürzt werden[10]. Wir kennen freilich nur einen einzigen Fall, in dem eine Frau das Verbot zu übertreten wagte, und da sie aus einer berühmten Olympionikenfamilie stammte – sie war Tochter, Schwester und Mutter eines Olympiasiegers –, erließ man ihr die Strafe[11]. Eine Ausnahme der Bestimmung betraf die Priesterin der Demeter Chamyne, die, auf ihrem Altar sitzend, im Stadion gegenüber der Kampfrichtertribüne den Spielen zusehen durfte[12]. Im übrigen gab es für die Mädchen eigene Wettkämpfe, die am Herafest unter Leitung der elischen Priesterinnen, ebenfalls in vierjährigem Rhythmus, stattfanden. Eine lakonische Bronzestatuette des Britischen Museums zeigt wahrscheinlich eine siegreiche Läuferin (Taf. 5 c).

Wie groß die Menge war, die sich zu den Spielen im Tal des Alpheios zusammenfand, darüber besitzen wir keine Angaben aus dem Altertum. Das Fassungsvermögen des Stadions läßt sich schwer abschätzen, einmal wegen des Fehlens regelmäßiger Sitzreihen, zum anderen weil der Nordwall in das natürlich ansteigende Gelände überging. Jedenfalls boten die Flächen der Stadionwälle Zehntausenden von Besuchern Platz; und das gleiche wird man für den Hippodrom voraussetzen müssen, der uns nicht erhalten ist. Livius (XXVII 35,3) bemerkt bei der Erwähnung der Olympischen Spiele des Jahres 204 v. Chr., daß sie »vor einer gewaltigen Zuschauermenge aus ganz Griechenland« stattzufinden pflegten. Anschaulich und aus leicht ironischer Distanz schildert uns das drang- und lärmvolle Treiben der buntgemischten Menschenmenge ein Philosoph der mittleren Kaiserzeit, Epiktet (etwa 60–130 n. Chr.): »Aber nach Olympia reist ihr, um das Werk des Phidias« (die Goldelfenbeinstatue des Zeus) »zu bestaunen, und ein jeder von euch betrachtet es als ein Unglück, wenn er stirbt, ohne es gesehen zu haben ... Und wie geht es in Olympia zu? Schwitzt ihr dort nicht in der Hitze? Werdet ihr nicht im Gedränge zusammengepfercht? Könnt ihr euch dort anständig waschen? Werdet ihr nicht bis auf die Haut naß, wenn es regnet? Habt ihr nicht unter all dem Geschrei, Lärm und anderen Belästigungen zu leiden? Aber wie mir scheint, nehmt ihr das alles auf euch und ertragt es gern, weil ihr es gering erachtet im Vergleich zur Großartigkeit dessen, was ihr dort seht« (Dissert. I 6, 23–27). Oder an einer anderen Stelle: » ›Soll ich mein Leben in einem solchen Tumult zubringen?‹ Was nennst du Tumult? Wenn du in einer großen Menschenmenge bist? Ist das so schlimm? Stell dir vor, du wärest in Olympia, und der Tumult wird dir wie ein Fest vorkommen. Dort schreit alles durcheinander; der eine will dies, der andere jenes; einer stößt und drängt den anderen; in den Bädern eine furchtbare Menschenmenge; und dennoch: wer von uns hat nicht an diesem Fest seine Freude und ist traurig, wenn es zu Ende ist und er die Stätte verlassen muß?« (Dissert. IV 4, 24).

Wie aus ursprünglich unbedeutenden Anfängen rein provinziellen Charakters jenes Fest entstand, das schließlich aus der ganzen griechischen Welt einschließlich der Kolonien Scharen von Wettkämpfern und Zuschauern anzog, das ist ein Vorgang, der uns im einzelnen nicht mehr deutlich erkennbar ist. Gewisse Anhaltspunkte gibt die olympische Siegerliste. Zwar wird man sie als ganzes, so wie sie überliefert ist, heute nicht mehr uneingeschränkt als historisches Dokument im strengen Sinne ansehen können, denn das erste Verzeichnis der Sieger seit Beginn der Spiele hat erst um 400 v. Chr. ein gewisser Hippias von Elis veröffentlicht, bekannt durch zwei platonische Dialoge, in denen er mit Sokrates diskutiert. Er war ein Mann, der sich auf vielen Gebieten wissenschaftlich betätigte und darauf nicht wenig stolz war; man nannte solche Leute damals Sophisten. Welche Unterlagen ihm für die älteren Teile der Liste zur Verfügung standen, wie er die Angaben ausgewertet hat und was ihn zur Festlegung des Anfangsdatums auf das Jahr 776 v. Chr. bestimmte, wissen wir nicht. Schon im Altertum hegte man offenbar gewisse Zweifel[13], und die moderne Forschung hat eine ganze Reihe von Argumenten beigebracht, die den Glauben an die Zuverlässigkeit der Angaben für die Frühzeit der Spiele ernsthaft erschüttert haben[14]. Andererseits haben sich bis in die jüngste Zeit auch immer wieder Verfechter der Echtheit der Siegerliste gefunden[15]. Bedenken, die von der Unwahrscheinlichkeit des Gebrauchs der Schrift in so früher Zeit und an abgelegenem Ort ausgingen, haben erheblich an Gewicht verloren, seit sich herausgestellt hat, daß der Beginn der Schriftlichkeit früher anzusetzen ist, als man lange Zeit annahm. Auch wird man Hippias nicht unterstellen wollen, daß er einfach Siegernamen erfunden habe. Es kann sich demnach bei den älteren Teilen der Liste nicht um eine Fälschung handeln, sondern allenfalls um eine Rekonstruktion etwa von der Art, wie man Königslisten oder Stammbäume zu erstellen pflegte, wobei man überlieferte Namen in ein schematisches chronologisches System brachte. Man wird sich also auf die absoluten Zahlenangaben nicht unbedingt verlassen können, aber dennoch gewisse Schlüsse, wenn auch mehr allgemeiner Art, aus den Siegerverzeichnissen ziehen dürfen. Denn wenn dort in den ersten Jahrzehnten nur Sieger aus Elis und den benachbarten Landschaften erscheinen, dann die Spartaner mit einem sehr stattlichen Aufgebot und gleichzeitig mit dem ersten Spartaner der erste Nicht-Peloponnesier (ein Athlet aus Megara), wenn am Beginn des 7. Jahrhunderts zum ersten Mal ein Athener, in kurzem Abstand darauf ein Kleinasiat und bald danach der erste Westgrieche verzeichnet ist, so wird das im großen und ganzen den Verlauf der Entwicklung richtig widerspiegeln. So ähnlich muß sich ja in der Tat das allmähliche Wachsen der Spiele von lokaler zu weiträumiger Geltung vollzogen haben. Schon im Laufe des 7. Jahrhunderts sind die Olympischen Spiele ein panhellenisches Fest geworden.

Wie gesagt, waren sie nicht die einzigen gesamtgriechischen Wettkämpfe. 590 v. Chr. sind die Pythien in Delphi neugeordnet worden; 582 v. Chr. wurden die Isthmien – im Poseidonheiligtum auf der Landenge bei Korinth –, 573 v. Chr. die Nemeen panhellenische Kampfspiele (Abb. 1). Bei diesen Zahlen hat man wohl nicht an die erstmalige Durchführung zu denken, sondern an ein Datum, an dem das jeweilige Fest seine endgültige Form erhielt oder erstmalig offizielle Aufzeichnungen erfolgten. Das wirkliche Alter dieser und anderer Wettspiele kennen wir nicht[16]. Jedenfalls blieb die Vorrangstellung Olympias unbestritten, und auch die ständig wachsende Zahl von Neugründungen konnte daran nichts ändern, so sehr man sich darum bemühte. Die Krotoniaten wollten sogar den Olympischen Spielen den Garaus machen (Athenaios XII 522 c), indem sie zum gleichen Termin Wettspiele mit hohen Geldpreisen ansetzten. Ein ähnlicher Versuch wird uns von der reichen, ebenfalls in Unteritalien gelegenen griechischen Kolonialstadt Sybaris berichtet (Athenaios XII 522 a). Das war noch in archaischer Zeit; weit größere Konkurrenz erwuchs Olympia während des Hellenismus, als die Diadochenfürsten in ihren Hauptstädten Spiele nach dem Muster der olympischen begründeten und ihnen sogar mehrfach den Namen »Olympien« beilegten[17]. Und ihnen folgten die Römer. Das die Griechen tief demütigende Vorgehen Sullas, der die zur Feier der 175. Olympiade (80 v. Chr.) versammelten Athleten nach Rom bringen ließ, wo sie an den Festlichkeiten zu seinen Ehren auftreten mußten, zielte, wie man vermutet hat, auf eine dauernde Verlegung der Spiele nach Rom[18]. Sollte diese Absicht tatsächlich bestanden haben, so ist sie jedenfalls mißlungen, und auch die zahlreichen römischen »Imitationen«, von den Aktischen Spielen des Augustus bis zu den Capitolia Domitians, haben, obwohl teilweise langlebig und viel besucht, dem Ansehen Olympias nichts anhaben können[19].

Der einzigartige Rang Olympias als Heiligtum und Wettkampfstätte drückt sich nicht zuletzt auch in der Tatsache aus, daß die griechische Zeitrechnung auf der Zählung der Olympiaden beruhte. »Olympiade« (griech. 'Ολυμπιάς) bezeichnet den Zeitraum von vier Jahren von einem olympischen Fest zum anderen. Da in der Antike jeweils das vorangegangene bzw. das folgende Fest mitgezählt wurde, sind die Olympischen Spiele (ebenso wie die Pythien, die Panathenaeen und andere dem gleichen Zeitrhythmus folgende Feste) nach griechischem Sprachgebrauch »penteterische« (also eigentlich fünfjährig sich wiederholende) Feste[20]. Der durch die offiziellen Siegerlisten eingegrenzte Zeitraum umspannt weit über ein Jahrtausend (776 v. Chr. bis 393 n. Chr.). Und während dieser wahrhaft erstaunlichen Zeitspanne von insgesamt 287 Olympiaden sind nur in vier Fällen Spiele nicht in die offiziellen Listen eingetragen worden, was indes nicht heißt, daß sie ausgefallen seien, sondern nur, daß sie aus bestimmten Gründen von den elischen Behörden nicht anerkannt wurden[21]. Welche Beständigkeit, welche Macht der Tradition über ganze stürmisch-bewegte Geschichtsepochen hinweg! Zum Vergleich: von den 20 Olympischen Spielen moderner Zählung haben bereits drei (1916, 1940, 1944) nicht stattgefunden. Auch das: diese Kraft des Überdauerns, die Beharrlichkeit im Festhalten alter Überlieferungen – freilich ohne jeden starren Dogmatismus – gehört sehr wesentlich mit zu Olympia.

Die Bedeutung Olympias für das Griechentum

Wie kam es, daß sich aus einem schlichten ländlichen Heiligtum im Alpheiostal jenes einzigartige panhellenische Zentrum entwickelt hat, voll von Schätzen der Kunst und Denkmälern der Geschichte, Schauplatz der größten athletischen Wettkämpfe des Altertums, Inbegriff unsterblichen Ruhms, Treffpunkt der Griechen aus der ganzen hellenischen Welt, von Kleinasien bis Sizilien, vom Schwarzen Meer bis zu den Küsten Nordafrikas und schließlich dann des gesamten antiken Kulturkreises? Diese Frage ist letztlich nicht zu beantworten, da hier Unwägbares mit im Spiel ist. Wir können nur die Tatsache als solche feststellen und das geschichtliche Werden verfolgen, soweit es unserer Erkenntnis zugänglich ist. Und wir können weiterhin nach den Voraussetzungen fragen und nach den Antriebskräften, die sich in diesem Phänomen Olympia manifestieren.

Dieses Phänomen wirklich vor unserem geistigen Auge wiedererstehen zu lassen, wird freilich niemals mehr vollständig gelingen. Das liegt nicht nur daran, daß unsere Quellen lückenhaft sind, sondern daß wir keine Griechen sind und nicht wirklich nachempfinden können, was den Griechen Olympia bedeutet hat, zumal es ihnen in den verschiedenen Epochen nicht das gleiche, sondern offenbar recht Verschiedenartiges bedeutet hat. Mancherlei Bilder sind seit der geistigen Wiederbelebung der »olympischen Idee« und der archäologischen Freilegung der historischen Stätte vom antiken Olympia entworfen worden. Wenn sie sich voneinander unterscheiden, so einmal deshalb, weil immer wieder neue Erkenntnisse der Altertumswissenschaft die alten verdrängen, verwandeln oder bereichern, dann aber auch, weil jede Epoche ihr eigenes Griechenbild hat. Und in dem Griechenbild einer jeden Epoche steckt sehr viel Wunschdenken; oft ist es mehr Spiegelbild des eigenen Wollens, Strebens, Träumens, als Projektion der geschichtlichen Wahrheit. Es gibt kaum eine griechische Schöpfung, an der man das so gut verfolgen kann, wie Olympia[22]. Und gerade deshalb ist es wichtig, sich von vornherein diese Bedingtheit unseres Wissens und unserer Fähigkeit zu objektiver Erkenntnis klarzumachen.

Man hat in der Neuzeit die eigentliche Bedeutung Olympias für das Griechentum immer wieder vorwiegend darin gesehen, daß es gleichsam das fehlende politisch-kulturelle Zentrum ersetzt, eine einigende Funktion ausgeübt und für die Entwicklung und Stärkung des griechischen Kultur- und Nationalbewußtseins eine entscheidende Rolle gespielt habe. Gerade dem politisch zerrissenen und ohnmächtigen Deutschland des klassisch-romantischen Zeitalters konnte Olympia als Symbol eigener nationaler Sehnsüchte erscheinen:

Wo ist dein Delos, wo dein Olympia,
Daß wir uns alle finden am höchsten Fest?

klagt Hölderlin im »Gesang des Deutschen«, und der innerlich noch ganz der Spätromantik verbundene Ernst Curtius beschwört 1852 in seiner berühmten Olympia-Rede, in der er erstmalig den Plan der Ausgrabung des antiken Heiligtums entwickelte, das Bild der Thermopylenkämpfer und der Helden von Salamis und Platää: »Das war den Griechen Olympia. Darum saßen sie hier in heiterer Feststimmung, während Leonidas an den Grenzen ihres Landes den Opfertod starb . . . Sie fühlten beim Anblick ihrer Olympioniken die freudigste Siegeshoffnung; von Olympia zogen sie nach Salamis und Platää. Und als nun dem ganzen Volke der große olympische Sieg verliehen wurde, da begann auch für Olympia die herrlichste Zeit[23] . . .« Im gleichen Jahr schrieb der ebenso originelle wie umstrittene Kulturhistoriker J. Ph. Fallmerayer: »Was im christlichen Mittelalter allgemeines Konzil, was in unseren Tagen europäischer Kongreß, Nationalversammlung und Reichsparlament, Hoch- und Kunstschule und Presse ist, das alles war in der hellenischen Welt das Fest in Olympia[24].«

Die Nachwirkung solcher Vorstellungen des 19. Jahrhunderts reichen bis in unsere Tage. Ihre Vertreter können sich dabei auf antike Zeugnisse berufen, auf politische Reden etwa, die in Olympia gehalten worden sind und Mahnungen zum Zusammenschluß der Griechen gegen Barbaren und Tyrannen enthalten[25]. Gern zitiert, obgleich nicht direkt auf Olympia bezüglich, wird eine Stelle im »Panegyrikos« des Isokrates, einer Preisrede auf Athen vom Jahre 380 v. Chr., in der es heißt: »Mit Recht rühmen wir die Begründer unserer großen Feste, haben sie uns doch damit einen Brauch überliefert, nach dem wir nach Abschluß einer Waffenruhe und Beilegung bestehender Zwistigkeiten uns an einer Stätte versammeln, wo wir bei Gebeten und gemeinschaftlichen Opfern uns unserer gemeinsamen Abstammung erinnern und dadurch verträglicher gegeneinander gestimmt werden, alte Freundschaften bekräftigen und neue schließen[26].« Das klingt freilich recht idealistisch. Wie die Wirklichkeit aussah, das hat mit bitteren Worten schon eine Generation zuvor Aristophanes in seinem 411 v. Chr., also mitten im Peloponnesischen Krieg, erstmals aufgeführten Stück »Lysistrate« ausgesprochen: daß nämlich das in den panhellenischen Festen sich so großartig manifestierende Zusammengehörigkeitsgefühl die Griechen nicht daran hinderte, sich gegenseitig zu vernichten:

... Besprengt ihr die Altäre
aus einem Kessel nicht als Stammverwandte,
in Pylai, Pytho, in Olympia,
und wieviel Orte könnt ich sonst noch nennen?
Habt ihr Barbaren-Feinde nicht genug,
daß ihr vertilgen müßt hellen'sche Städt' und Männer?

Aristophanes Lysistrate 1129 ff. Übers. L. Seeger

Wenn wenige Jahre danach der Redner Gorgias in Olympia die Griechen zur Einigkeit und zum Zusammenstehen gegen ihre äußeren Feinde aufrief, so mutet das wie bloße Rhetorik an[27].

Die auch später noch mehrfach ausgesprochene Idee, Olympia möge gleichsam als ein Symbol griechischer Einheit wirken und die Griechen politisch zusammenführen, blieb ein Wunschtraum. Tatsache ist, wie es unlängst in einer diesem Problem gewidmeten Untersuchung treffend formuliert wurde, daß in Griechenland »trotz panhellenischer Spiele nie eine panhellenische Politik zustande kam«[28].

Die Möglichkeit einer national-einigenden Wirkung war zweifellos durch die Spiele gegeben, doch läßt sich die Verwirklichung dieser Möglichkeit durch kein Beispiel belegen. Ein sachlich-nüchterner Beurteiler hat dazu völlig richtig bemerkt: »Tatsache ist ja, daß trotz aller Olympischen Spiele keine Einigung Griechenlands zustande kam und daß auch gar kein Einfluß derselben in dieser Hinsicht zu spüren ist. Das ist auch gar nicht erstaunlich. Man braucht sich nur die Frage vorzulegen, ob in unserer Zeit die mit so viel Aufwand und Begeisterung gefeierten Olympiaden auch nur das geringste in den politischen Spannungen Europas oder gar der Welt geändert haben oder ändern werden[29].« Diese im Hinblick auf unsere modernen Olympischen Spiele recht pessimistische Äußerung ist vor 30 Jahren gemacht worden, doch wird man ihr auch heute leider schwerlich widersprechen können. Der Spötter G. B. Shaw ging sogar noch weiter, wenn er meinte, daß die Olympischen Spiele dazu führten, daß selbst Nationen, die keine natürlichen Reibungsflächen besäßen, sich miteinander verfeindeten. Auch im antiken Olympia und bei anderen panhellenischen Festen ist es gelegentlich zu politischen Auseinandersetzungen und auch feindseligen Handlungen gekommen. In dieser Beziehung unterscheiden sich antike und moderne Olympische Spiele nicht wesentlich voneinander. Daß die tiefen politischen Gegensätze in Griechenland sich nicht durch die Einrichtung der panhellenischen Spiele überbrücken ließen, sondern auch dort offen zutage traten, zeigte sich am deutlichsten während des Peloponnesischen Krieges (431–404 v. Chr.). An den Spielen des Jahres 428 scheinen weder Athener noch Besucher aus Mittelgriechenland teilgenommen zu haben; eine Abordnung aus Mytilene trug damals auf Einladung der Spartaner vor den versammelten Griechen die Gründe für ihren Abfall von Athen und die Bitte um Aufnahme in den Peloponnesischen Bund vor[30]. 420 wurde Sparta von den Spielen ausgeschlossen, weil es die heilige Waffenruhe verletzt hatte und sich weigerte, die fälligen Strafgelder zu zahlen; aus Angst vor einem gewaltsamen Eindringen der Spartaner sicherte man das Heiligtum militärisch ab[31]. Bei der nächsten Olympiade (416 v. Chr.) verstand es Alkibiades, aus einem aufsehenerregenden Wagensieg politisches Kapital zu schlagen[32]. Nichts hat offenbar den verfeindeten griechischen Staaten ferner gelegen, als die Möglichkeit zu nutzen, »aus den Olympischen Spielen des Peloponnesischen Krieges eine Friedenskonferenz zu machen«[33].

Es ist also falsch, die panhellenischen Spiele, wie es oft geschieht, als »Nationalspiele« der Griechen zu bezeichnen[34]. Denn genau wie heute trat der antike Athlet für seinen heimatlichen Staat an, der ihn auch entsprechend ehrte, wenn er einen Sieg erkämpft hatte. Wir haben bereits von der großen Bedeutung der griechischen Polis als lebensgestaltender Macht in politischer, soziologischer und geistig-kultureller Hinsicht gesprochen. Politisch gesehen stehen die Spiele in Olympia, Delphi und anderswo unter dem Aspekt des »Polisegoismus«[35], nicht des nationalen Einheitsstrebens. Das kann sogar soweit gehen, daß eine Polis versucht, einen Olympiasieger zu »kaufen«, d. h. ihn durch Bestechung oder andere Mittel dazu zu bewegen, sich als ihr Bürger auszugeben. Unsere Überlieferung kennt mehrere solcher Fälle[36]. Dabei handelt es sich natürlich nur um die unschöne Kehrseite eines an sich durchaus positiven Phänomens, das wir als die tragende Kraft des Griechentums und seiner spezifischen staatlichen Struktur in den großen Jahrhunderten seiner Geschichte anzusehen haben, und damit letzten Endes auch der Spiele.

Und eben darin liegt nun allerdings auch wieder das Verbindende. Daß jeder einzelne Olympiakämpfer für seine Polis in die Kampfbahn trat, daß ein Sieg den Athleten ebenso ehrte wie die Polis, deren Bürger er war: dieser jedem Griechen selbstverständliche Gedanke ist in der Tat ein »einigender Faktor«. Er schloß selbst die überseeischen Kolonisten mit ein, die schon seit dem 7. Jahrhundert die weite Reise zu den Olympischen Spielen in immer größer werdender Zahl antraten und an dem Aufblühen des Heiligtums entscheidenden Anteil hatten[37]. Der Ruhm, einen Olympiasieger hervorgebracht zu haben, konnte sogar den Untergang einer Polis überdauern und ihr in den Augen der Nachwelt unvergänglichen Glanz verleihen. So sagt etwa Pausanias (VI 13, 8) von der sizilischen Griechenstadt Naxos, von deren einstiger Existenz zu seiner Zeit nicht einmal mehr Ruinen kündeten, ihr Name lebe allein durch den vierfachen Olympiasieg ihres Bürgers Teisandros weiter.

Mit anderen Worten: was die bei den Wettkämpfen versammelten Griechen einte, das war die Gemeinsamkeit der Anschauungen, die bei aller Verschiedenheit der einzelnen Polisverfassungen – denken wir nur an das demokratische Athen und das oligarchische Sparta! – doch in dem Gefühl der Verbundenheit des Einzelnen mit seiner Polis und der Hingabe an sie übereinstimmte. »Das bedeutete ... nicht notwendig, daß jeder Polisgrieche ein großer Patriot war ... Dennoch bleibt es wahr, daß ... persönlicher Nutzen und Ruhm aufs engste mit Ruhm und Nutzen der Polis verknüpft waren«, schreibt V. Ehrenberg mit ausdrücklichem Hinweis gerade auf die Rolle des Olympioniken[38].

Dabei ist der Ruhm wichtiger als der Nutzen. Der Ruhm (δόξα) ist die eigentliche Triebfeder; diese Auffassung leuchtet mit unvergleichlicher Kraft aus jedem der Siegesgesänge Pindars. Vaterländisch-ethisierende Begründungen finden sich erst in der Spätzeit. Ein von neueren Autoren gern zitiertes Wort, das in einem fingierten Gespräch zwischen dem Griechen Solon und dem Skythen Anacharsis fällt, stammt bezeichnenderweise von Lukian, einem Schriftsteller der mittleren Kaiserzeit: »Nicht allein um der Kampfspiele willen geschieht dies«, so erklärt dort der Grieche dem Barbaren den wahren Sinn der Wettkämpfe, »um dort Siegespreise davontragen zu können; denn zu diesen können nur ganz wenige von allen gelangen. Sondern ein größeres Gut erwerben sie dadurch dem ganzen Staate und sich selbst. Denn es geht noch um einen anderen gemeinsamen Wettkampf aller guten Bürger, und um einen Kranz, der nicht von Ölzweigen ist, sondern die ganze Glückseligkeit der Sterblichen in sich begreift: ich meine die Freiheit des Einzelnen und die gemeinsame des ganzen Vaterlandes und Wohlstand und Ruhm und der heimischen Feste Frohgenuß und der Angehörigen Sicherheit, mit einem Wort: das Schönste von allem, was wir von den Göttern erbitten können. All dieses ist in jenem Kranze zusammengeflochten und wird errungen in jenem Wettkampf[39].« Hier ist das »alte Hellas« bereits in romantischer Verklärung gesehen. Denn zu der Zeit, als diese schönen Worte niedergeschrieben wurden, beherrschte in Olympia bereits seit langer Zeit das Berufsathletentum das Feld.

Wie es in Wirklichkeit damals dort zuging, das schildert uns in ungeschminkter Nüchternheit Dion Chrysostomos an der Wende vom 1. zum 2. Jahrhundert n. Chr.: »Kommt ihr in das Stadion, wer vermag das Geschrei und den Lärm zu beschreiben, die ungeheuere Erregung, all die Schimpfworte, die man dort ständig hört... Und wozu all dieses Durcheinander, der ganze Tumult? Was ist das denn für ein Wettkampf? Hier verfolgt ja nicht Pelops den Oinomaos oder Myrtilos, hier wird weder um ein Königreich noch um eine Frau gekämpft, noch steht das Leben auf dem Spiel, sondern es ist ein Kampf erbärmlicher Gestalten, der nur um das nichtsnutzige Geld geht. Einmal siegen sie, einmal unterliegen sie, aber immer sind es die gleichen[40].« Karikaturen von Athleten eines entarteten Sportbetriebs, wie sie hier gezeichnet werden, gibt es auch in der griechischen Kunst (Taf. 8 d, e). Diesem Zeugnis sei ein anderes gegenübergestellt, das in sehr bezeichnender Weise die Veränderung des ursprünglichen Charakters und Sinns der Spiele beleuchtet; es steht in Philostrats »Gymnastik«, unserer wichtigsten Quelle über antiken Sport (frühes 3. Jahrhundert n. Chr.), und zwar in einem Zusammenhang, wo von der Entstehung der einzelnen Wettkampfarten die Rede ist. Als »Erfinder« des Faustkampfes werden die Spartaner genannt: »Im Laufe der Zeit aber«, heißt es dann, »gaben sie den Faustkampf und desgleichen auch das Pankration« (Allkampf, Kombination von Box- und Ringkampf; vgl. Taf. 8 c) »auf, weil sie es für unehrenhaft hielten, sich an solchen Wettkämpfen zu beteiligen, bei denen die Gefahr bestand, daß, wenn einer sich ergab, auf Sparta der Vorwurf der Feigheit fallen konnte[41].« Die Stelle zeigt, daß es den Spartanern, denen die anderen Griechen vorwarfen, sie trieben Sport nur »zweckbezogen«, nämlich zur militärischen Ertüchtigung, bei den Wettkämpfen jedenfalls zuallererst um eines ging: um den Ruhm und die Ehre Spartas. Lieber verzichtete man als stolzer Spartaner auf die Teilnahme, als unter Umständen im ungleichen Kampf mit einem durch entsprechendes Training hochqualifizierten Spezialisten oder gar Berufsathleten das Ansehen der Polis aufs Spiel zu setzen. Wie sehr olympische Siege für die Spartaner eine nationale Prestigeangelegenheit waren, geht aus der Tatsache hervor, daß sie einigen ihrer Olympioniken von Staats wegen noch Jahrhunderte nach deren Sieg Denkmäler in der Altis errichteten, die an die Erfolge der Vergangenheit erinnern sollten, in einer Zeit, als Sparta solche Leistungen nicht mehr aufzuweisen hatte[42].

In diesem Sinne sind letzten Endes auch die beiden Bedingungen für die Teilnahme an den Olympischen Spielen zu verstehen, die wir oben bereits erwähnt haben: griechische Abstammung und freie Geburt. Das hat nichts mit »Rassenstolz« oder »Mißachtung der Sklaven« zu tun, wie man gelegentlich lesen kann. Sondern es bedeutet nicht mehr, aber auch nicht weniger, als daß die Spiele in einem bewußt exklusiven Sinn Ausdruck und Manifestation der Lebenshaltung einer bestimmten Gesellschaftsschicht sind, die innerhalb einer im übrigen durch gemeinsame Sprache, Gesittung, Religion und historische Überlieferung sich verbunden wissenden ethnischen Gruppe das staatstragende Element darstellt. Daß eine Einrichtung wie die Olympischen Spiele bei einem Nichtgriechen auf Unverständnis stieß, haben wir bei der oben erwähnten Herodot-Anekdote gesehen, und bei dem Anacharsis Lukians ist dies als ganz selbstverständlich vorausgesetzt. Ebensowenig hätte man wohl den Sinn der Spiele einem Sklaven klarmachen können oder wollen. Außerdem setzt Gleichheit der Kampfbedingungen auch Gleichheit der Teilnehmer voraus. Und in diesem Sinne hatte Alexander der Große durchaus recht, wenn er, der in seiner Jugend ein guter Läufer war, auf die Frage, ob er nicht Lust habe, an den Olympischen Spielen teilzunehmen, die bei Plutarch überlieferte Antwort gab: »Ja, aber nur, wenn ich dort Könige zu Mitkämpfern hätte[43]!« Auf der anderen Seite ist aber auch die feindliche Haltung der Festversammlung gegen den sizilischen Tyrannen Dionysios I. und die Plünderung der syrakusanischen Prunkzelte (s. Anm. 25) Ausdruck der »Exklusivität«, nur in anderer Richtung[44].

Daß man die Gelegenheit einer so großen Menschenansammlung gelegentlich auch zu politischen Agitationen oder Proklamationen benutzt hat, ist nicht weiter verwunderlich. Aber weder kommt in dieser Beziehung Olympia eine Sonderstellung zu[45], noch ist damit etwas für den nationalen Einigungswert der Spiele bewiesen. Wenn Herodot nach einer etwas unsicheren Überlieferung[46] tatsächlich vom Opisthodom des Zeustempels aus den versammelten Festgästen aus seinem Geschichtswerk vorgelesen hat, so braucht das nicht unbedingt als Appell an das griechische Nationalbewußtsein gemeint gewesen zu sein, wie immer wieder behauptet wird. Wir wissen auch von anderen Schriftstellern, Philosophen, Gelehrten, Rednern, Künstlern, daß sie die Möglichkeit genutzt haben, ihre Werke einem so zahlreichen Publikum bekanntzumachen[47]. Man würde das heute als Streben nach »publicity« bezeichnen. Und das spektakuläre Auftreten des Alkibiades, der bei den Spielen des Jahres 416 v. Chr. sieben Gespanne laufen ließ, von denen eines den Sieg davontrug, diente in erster Linie seinem persönlichen Ehrgeiz und Machtstreben und war keineswegs, wie er es nach dem Bericht des Thukydides (VI 16) nachträglich hinzustellen suchte, als »patriotische« Demonstration der Stärke Athens gemeint. Eine Ehrung hingegen, wie sie Themistokles bei den denkwürdigen Spielen des Jahres 476 v. Chr., der ersten Festfeier nach der Salamis-Schlacht, in Olympia zuteil wurde, ist einmalig und für keinen anderen Großen der griechischen Geschichte bezeugt[48]. Sie ist der einzigartigen geschichtlichen Situation angemessen; verallgemeinernde Urteile lassen sich daraus nicht herleiten. Bei besonnener Abwägung der überlieferten Fakten kam die Althistorikerin A. Hönle in ihrer schon mehrfach zitierten Untersuchung über die Rolle Olympias in der Politik zu dem Urteil: »Es ist eine Eigenart der griechischen Geschichte, daß es von frühester Zeit an Herde gab, an denen sich das Gefühl der Gemeinsamkeit hellenischer Art ständig entzündete, daß diese Zentren aber nie ausreichten, die politische Einigkeit Griechenlands anzuregen, viel weniger, sie zu verwirklichen[49].«

Form und Geist der Olympischen Spiele sind von der Polisgesellschaft geprägt; beider Blütezeit fällt zusammen. Es ist das Olympia eben dieser Zeit, der archaischen und klassischen Epoche, das wir meinen, wenn wir von der »olympischen Idee« sprechen. Daß Olympia den Niedergang der Polis und den Untergang der griechischen Freiheit überlebte, und zwar um viele Jahrhunderte, hat seinen Grund darin, daß es noch mehr und noch anderes war als nur die Stätte, wo freigeborene Hellenen ihre Kräfte maßen und um den heißersehnten Ölbaumkranz rangen. Es war die größte Kultstätte ihres höchsten Gottes, ein religiöses Zentrum ersten Ranges. Aber das allein hätte Olympia niemals zu dem gemacht, was es geworden ist. Seine überragende Bedeutung, daran kann kein Zweifel sein, beruht auf den Wettkämpfen, nicht auf dem Zeuskult. Gewiß gehört beides zusammen, und es ist, gerade im Vergleich zu den modernen Olympischen Spielen, immer wieder betont worden, daß die antiken Spiele religiösen Charakter hatten und aus dem Kultischen herausgewachsen sind. Das ist selbstverständlich richtig und wir werden später darauf zurückkommen. Den Sinn der Spiele und ihre unvergleichliche Anziehungskraft kann man jedoch erst dann wirklich begreifen, wenn man sie unter dem Aspekt eines für alles Griechische ungemein kennzeichnenden Faktors sieht, nämlich der Freude am Wettkampf im Sinne eines umfassenden Lebensprinzips, dessen Bedeutung weit über den Bereich des Sportlichen hinausreicht. Man hat es das »Prinzip des Agonalen« genannt. Was darunter zu verstehen ist, werden wir im folgenden sehen.

Das griechische Wettkampfideal

Der Trieb, sich auszuzeichnen, besser, tüchtiger, erfolgreicher zu sein als die anderen und dadurch Ansehen, Ehre, Ruhm zu erringen, ist an sich etwas Natürliches, im Menschen ursprünglich angelegtes. Doch ist dieser Trieb bekanntlich individuell recht unterschiedlich entwickelt, und das gilt ebenso von den verschiedenen Völkern und Kulturen. Das Griechentum nimmt nun in dieser Hinsicht anerkanntermaßen eine besondere, ja einzigartige Stellung ein. Nirgends ist die Lust am Wettstreit so wie hier zu einem Prinzip von universaler Geltung geworden, welches das Leben in all seinen vielfältigen Äußerungen durchdringt und auch das Gesamtbild der Kultur in einer ganz eigentümlichen Weise mitbestimmt und geprägt hat. Das griechische Wort für »Kampf, Wettstreit, Wettspiel« heißt Agón (ἀγών). Es bezeichnet das sportliche Kräftemessen und die festlichen Wettkämpfe in Olympia und anderen Stätten ebenso wie etwa das politische Ringen der Parteien oder die Auseinandersetzung der Prozeßgegner vor Gericht, überhaupt Kampf jeder Art, aber auch die Mühen und Anstrengungen, die er erfordert. Das »Agonale« als kennzeichnendes Element griechischen Wesens wurde in seiner umfassenden Bedeutung zuerst von dem großen Kulturhistoriker Jacob Burckhardt erkannt und gewürdigt[50]. In seiner »Griechischen Kulturgeschichte« wird der griechische Mensch als der »agonale Mensch« schlechthin bezeichnet. Richard Harder nennt den Agon »die klassische Form, in der der einzelne mit dem Nebenmenschen in Beziehung tritt«, er ist für ihn »neben der Macht des Mythos das spezifische Kennzeichen des eigentlich Griechischen« und »der wichtigste Motor der griechischen Kultur«[51].

Die Berechtigung solcher Urteile wird erst einsichtig, wenn man das Griechentum vor dem Hintergrund anderer Völker und Kulturen der alten Welt sieht. In den orientalischen Reichen mit ihren hierarchischen Staats- und Gesellschaftsstrukturen war für die Entfaltung des freien Agons naturgemäß kein Platz: »Was bei den Griechen jeder geborene Grieche mitmachen durfte, das hätte in Ägypten schon lange nicht jeder Ägypter gedurft[52].« Auszeichnungen und Ehrungen gewährt der Herrscher, sie werden nicht im Wettkampf unter Gleichgestellten erworben. Agon im griechischen Sinn ist dagegen nur denkbar auf der Grundlage von Freiheit und Gleichheit. Noch heute ist dem Orient agonales Denken fremd. Ebenso fremd ist dieses aber auch den Römern, die sich, wie Burckhardt treffend bemerkt, von den Griechen »hauptsächlich dadurch unterscheiden, daß sie nichts ›Zweckloses‹ mögen«. Hier ist ein bezeichnender Zug des Agonalen angesprochen, nämlich das Element des Spielerischen. Darin unterscheidet sich der Agon vom Kampf. »Beim Kampf geht das Leben dran, beim Wettkampf nicht: Agon ist Spiel[53].« Daß die Griechen – wie überhaupt die Südländer – sich auch als Erwachsene etwas Kindliches, eine Lust am Spielen bewahrt haben, ist oft beobachtet worden. »Ihr Griechen bleibt doch immer Kinder«, sagte ein Ägypter zu dem Athener Solon (Platon, Timaios 22). Spiel setzt Spielregeln voraus, Normen, die von Gleichgesinnten und Gleichberechtigten anerkannt werden. Der griechische Agon hat sein eigenes Ethos, das sich modern am besten mit dem englischen Begriff des »fair play« umschreiben läßt und im olympischen Eid der Antike einen feierlichen, durch die Religion sanktionierten Ausdruck gefunden hat[54]. Die Römer hingegen kennen den Agon nur in der blutigen Form der Gladiatorenkämpfe und Zirkusspiele; sie gehören zu den Völkern, die sich »von Sklaven oder Bezahlten etwas vorkämpfen lassen« (Burckhardt). Es ist daher auch bezeichnend, daß sie sich bis in die Kaiserzeit hinein – von wenigen Ausnahmen abgesehen, die einen besonderen Grund haben – nicht an den Olympischen Spielen beteiligten. Selbst in den nach griechischem Vorbild von den Römern neu eingeführten Spielen wurden die Wettkämpfe von griechischen Athleten bestritten.

Nero verfiel der Kritik, als er persönlich in Olympia auftrat, und sein Versuch, die Olympischen Spiele in der Form penteterischer »Neronia« nach Rom zu ver-

I Blick von Druwa auf Olympia und den Kronoshügel

1 a Das Tal von Olympia vor der Ausgrabung. Stich nach einer Zeichnung von A. Boetticher (1875)

1 b Die älteste Photographie von Olympia (Herbst 1875, bei Beginn der Grabungstätigkeit)

2 a Das Zeusheiligtum von Olympia. Modell von H. Schleif
2 b Das Zeusheiligtum von Olympia. Modell von A. Mallwitz

3 a/b Startender Läufer. Bronzestatuette, argivisch. 480/70 v. Chr. H. 10,2 cm
3 c Pferd von einem siegreichen Viergespann. Bronze. Athen, National-Museum, aus Olympia. Um 470 v. Chr. H. 22,8 cm

4 a Tetradrachmon von Syrakus mit siegreichem Viergespann. (1 : 3) Um 484 v. Chr. (Olympiasieg des Tyrannen Gelon)
4 b Dekadrachmon von Syrakus mit siegreichem Viergespann. (1 : 2,25) 395–380 v. Chr. (Dionys I.)
4 c Junger Athlet mit Sprunggewichten. Rotfiguriger Ständer. Berlin, Staatliche Museen, Antiken-Sammlung. Um 480 v. Chr.
4 d Siegerehrung. Rotfigurige Hydria. München, Staatliche Antikensammlungen. Um 510 v. Chr.
5 a Bronzestatuette aus Naxos, Weihung des Deinagoras an Apollon.
Ehemals Berlin, Staatliche Museen. Um 530 v. Chr. H. 18,5 cm
5 b Antretender Diskuswerfer. Bronzestatuette, großgriechisch. New York, Metropolitan Museum
5 c Bronzestatuette einer Läuferin. Lakonische Arbeit. London, British Museum. Um 530 v. Chr. H. 11 cm
5 d Bronzestatuette eines Waffenläufers. Aeginetisch. Tübingen, Archäologisches Institut der Universität.
Um 480 v. Chr. H. 16 cm

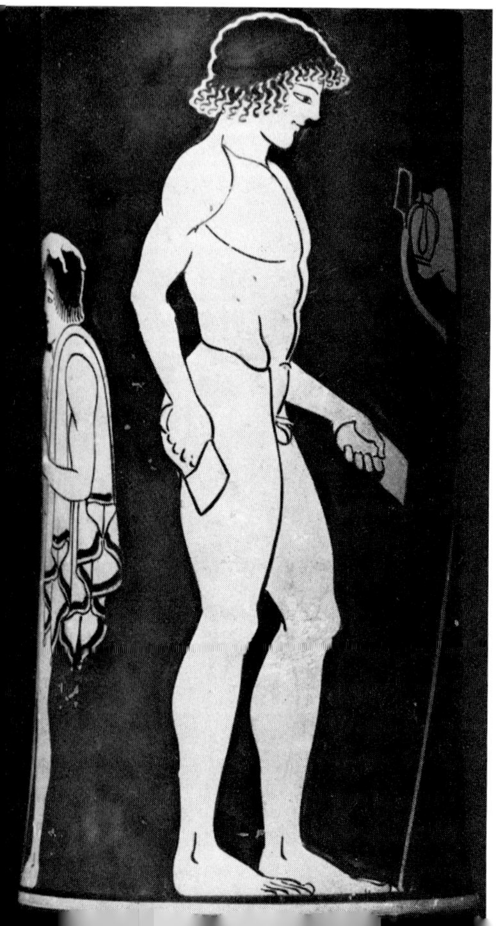

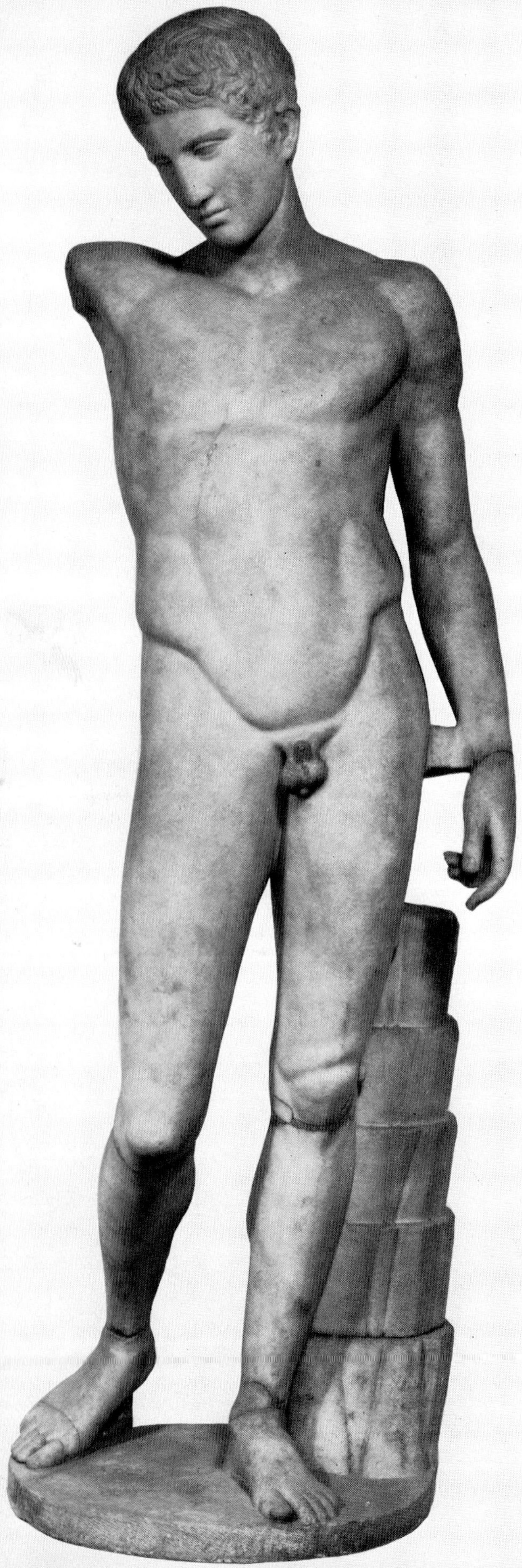

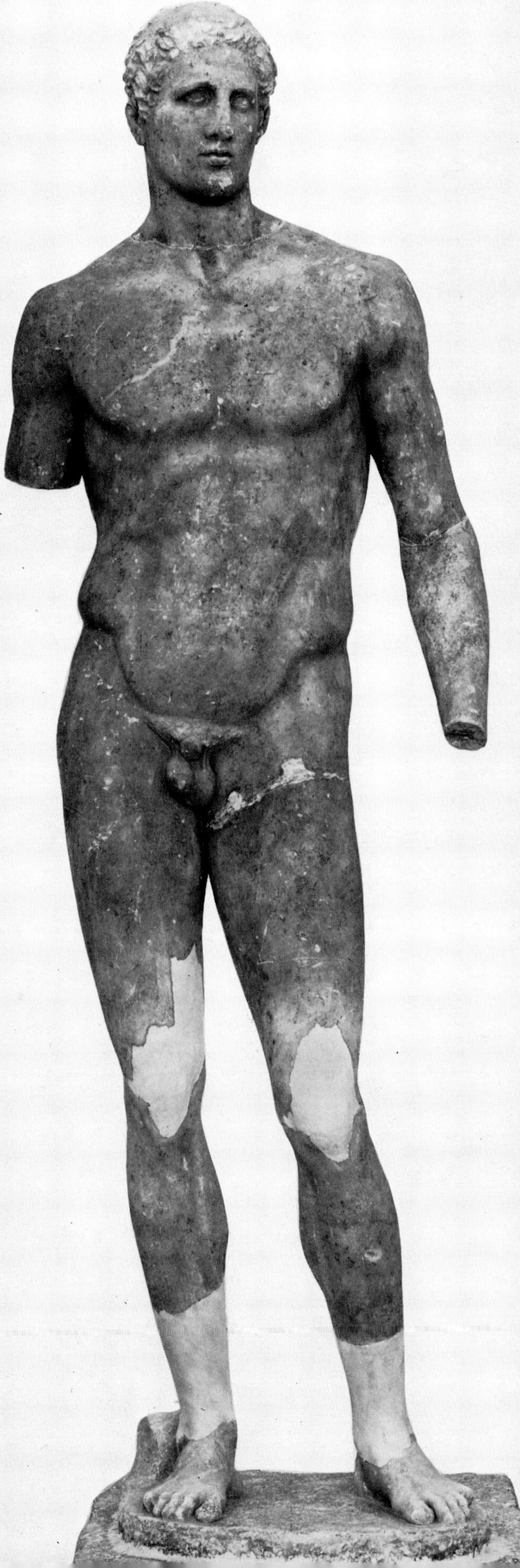

6 a Knabensieger. Römische Marmorkopie nach einer um 440 v. Chr. geschaffenen Bronzestatue Polyklets. London, British Museum. H. 1,49 m

6 b Marmorstatue des Agias. Delphi. 340/330 v. Chr. H. 1,97 m

7 a Läufer. Schwarzfigurige Amphora. München, Staatliche Antikensammlungen. Um 520 v. Chr.

7 b Speerwerfer. Innenbild einer rotfigurigen Schale. Berlin, Staatliche Museen, Antiken-Sammlung. Um 430 v. Chr.

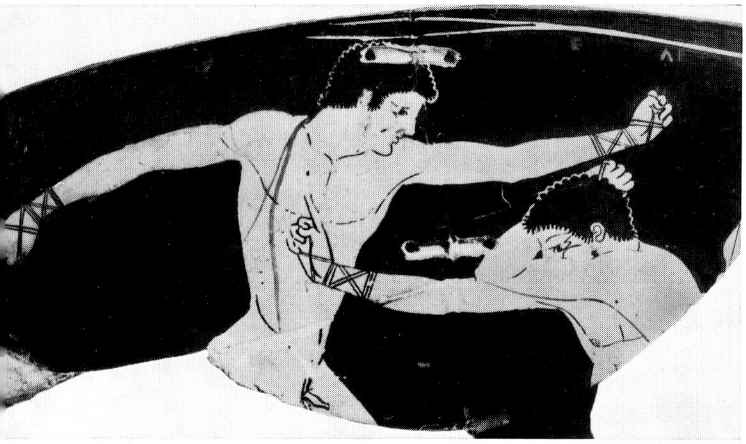

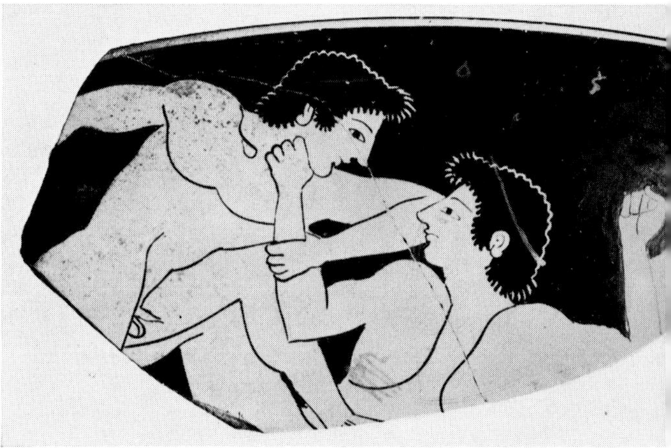

8 a Palästraszene: Speerwurf, Diskuswurf, Vorbereitung zum Faustkampf. Rotfigurige Schale. Berlin, Staatliche Museen Preußischer Kulturbesitz Antikenabteilung. Um 520 v. Chr.

8 b Faustkampf. Fragment einer Schale des Duris. Ehemals Berlin, Staatliche Museen. Um 490 v. Chr.

8 c Pankration: der Kampf, bei dem alles erlaubt war. Rotfigurige Scherbe. Berlin, Staatliche Museen, Antiken-Sammlung. Um 510 v. Chr.

8 d/e Karikatur eines Schwerathleten. Hellenistische Terrakottastatuette.
Karlsruhe, Badisches Landesmuseum. H. 10 cm

pflanzen, rief allgemein ablehnende Entrüstung hervor, deren Niederschlag wir bei Tacitus finden. Die Athletik erscheint dort als ein unerfreulicher Auswuchs der griechischen Kultur, die römisches Wesen mit Zersetzung bedrohe; gymnastische Übungen werden neben anderen Lastern als Gefahr angesehen, die dazu führe, daß »die Jugend durch fremdartige Liebhabereien entarte ... Was bliebe da noch übrig, als daß sie ihre Körper entblößten, als Faustkämpfer aufträten und in solcherlei Wettkämpfen sich übten statt in Waffen und im Kriegsdienst«[55]? Erst in der späten Kaiserzeit, der Endphase der Geschichte Olympias, waren die Spiele »international« in unserem Sinne geworden; getragen wurden sie aber auch damals immer noch im wesentlichen von den Angehörigen der griechisch sprechenden Reichsteile, wie denn überhaupt Sport immer eine spezifisch griechische Sache blieb.

2 Ringer mit zuschauender Siegesgöttin. Von einer rotfigurigen Kotyle in Oxford. 5. Jahrhundert v. Chr. (Gardiner, Athletics of the Ancient World Abb. 150)

Auch wenn wir die betont zeitkritisch-moralisierende Tendenz der zitierten Äußerungen berücksichtigen, ist dennoch deutlich, daß der nüchterne Pragmatismus der Römer und ihre auf die Leistung für den Staat gerichtete Denkweise unvereinbar waren mit dem zweckfreien Spielcharakter des griechischen Wettkampfideals, selbst noch in der pervertierten Form des Berufsathletentums, in der es ihnen in der griechischen Spätzeit entgegentrat. Ebensowenig wird man auch die Unterschiede zum modernen Hochleistungssport übersehen können, mit dem die Agonistik der Griechen nur wenig gemein hat, obgleich sie historisch gesehen die Lehrmeisterin aller neuzeitlichen sportlichen Betätigung ist. Gewiß haben in der Antike herausragende sportliche Leistungen Beachtung und Bewunderung gefunden; unsere Überlieferung kennt eine ganze Anzahl solcher Fälle[56]. Aber ebenso sicher ist auch, daß das Ziel des Wettkampfes der Sieg war, nicht der Rekord. Laufzeiten wurden nicht mit der Stoppuhr gemessen und Sprünge nicht mit dem Bandmaß. Sieger war, wer am weitesten sprang oder als erster das Ziel erreichte. Nur darauf kam es an, und das ist nicht eine Frage der technischen Entwicklung von Meßinstrumenten, sondern des Prinzips. Das für die griechische Athletik so bezeichnende Spielmoment, das Element des Zweckfreien, hat offenbar bewirkt, daß Rekordsucht im heutigen Sinn den idealen Zug der Leibesübungen bei den Griechen niemals ersticken konnte.

Die umfassende Bedeutung des Agonalen tritt uns in der griechischen Welt auf Schritt und Tritt entgegen; sie erstreckt sich, wie gesagt, auf nahezu alle Bereiche; wir können hier nur auf einiges Wenige hinweisen. Dem athletischen Agon entspricht der musische. Die dramatischen Dichter traten in Athen an den großen, dem Dionysos geweihten Festspielen mit ihren Werken vor das Volk, das im Theater darüber zu entscheiden hatte, welchem Stück der Preis zuzuerkennen sei. Siegesmonumente, meist in Form eherner Dreifüße, verkündeten noch lange danach den Ruhm eines Dichters oder Choregen[57], ähnlich den Siegerstatuen an den Stätten der sportlichen Wettkämpfe.

Die Sage berichtet vom Agon zwischen Homer und Hesiod, und berühmt ist der Dichteragon zwischen den beiden Tragikern Aischylos und Euripides, den Aristophanes in seiner Komödie »Die Frösche« auf die Bühne brachte, mit dem Gott Dionysos als Schiedsrichter[58]. Er erinnert an die Rededuelle der Sophisten und Rhetoren, wie ja überhaupt die ganze antike Rhetorik, aber auch der philosophische Dialog, ohne das Prinzip des Agonalen undenkbar wäre. Der musische Agon ist selbstverständlich nicht auf das Theater beschränkt. Schon im 7. Jahrhundert v. Chr. finden wir in Sparta Kitharoden-Agone; in Athen wetteiferten die einzelnen Phylen in der Chorlyrik miteinander, und bei den großen Panathenäen gab es rhapsodische und musikalische Wettbewerbe. Im Gegensatz zu Olympia, dessen Agonistik – von einem Wettstreit der Trompeter und Herolde abgesehen – immer strikt auf den athletischen Bereich beschränkt blieb, traten bei den delphischen Pythien neben die »gymnischen« und »hippischen« Agone die »musischen Agone« der Kitharisten, Flötenspieler, Sänger und anderer Künstler[59]. Hesiod läßt sogar bei der Beschreibung der Darstellungen auf dem Schild des Herakles die Musen selbst und die unsterblichen Götter in Gesang und Saitenspiel sich miteinander messen, wobei das Wort *agon* gebraucht wird[60]. Auch die bildenden Künstler reihen sich in die Schar der Agonisten ein. Wir hören von regelrechten Agonen der Maler in Delphi, aber auch in Korinth und auf Samos[61], und bekannt ist die von den Ephesiern veranstaltete Konkurrenz für eine Amazonenstatue, an der sich die größten Bildhauer der Zeit, unter ihnen Phidias und Polyklet, beteiligten[62].

3 Die Siegesgöttin Nike mit einer Siegerbinde in der Hand. Rotfiguriges Vasenbild. 5. Jahrhundert v. Chr. (Roscher, ML. III 330)

Ein interessantes Zeugnis für einen Bildhauer-Agon finden wir in Olympia. Der Vorhalle des Zeustempels gegenüber ragte unter den zahlreichen dort aufgestellten Monumenten ein 9 m hoher dreikantiger Pfeiler empor, der jene marmorne Nikefigur (Taf. 62) trug, welche wir heute im Museum von Olympia bewundern (s. S. 159). An seiner Stirnseite nennt eine Inschrift die Messenier und Naupaktier als Stifter des Weihgeschenks, und darunter findet sich die Künstlersignatur des Paionios mit dem Zusatz, eben dieser Bildhauer habe auch die Akrotere, d. h. die bekrönenden Figuren auf dem First des Zeustempels geschaffen, und zwar aufgrund seines Sieges in einem Künstlerwettbewerb, der für diesen Auftrag offenbar ausgeschrieben war (Abb. 113)[63]. In dieser wie in anderen Inschriften, die sich an die Besucher des Heiligtums wenden, wie überhaupt in zahllosen antiken Selbstzeugnissen, kommt deutlich der Wunsch nach Anerkennung und Bewunderung zum Ausdruck, der für den griechischen Menschen bei seiner ganz der Mitwelt, der Gemeinschaft, der Öffentlichkeit zugewandten Lebenshaltung so ungemein kennzeichnend ist. »Eine Ruhmsucht ohnegleichen« hat man ihm nachgesagt[64], sicher nicht zu Unrecht, und sicher hat die agonale Leidenschaft auch ihre negativen Seiten: die griechische Geschichte kennt dafür genug Beispiele.

So wird alles bei den Griechen zum Agon. Denken und Handeln, ja sogar die Sprache ist dadurch beeinflußt, und nicht zuletzt ist das gesamte politische Leben der Griechen vom agonalen Prinzip bestimmt; es tritt im ständigen Rivalisieren der vielen kleinen Staatswesen miteinander deutlich hervor und bewirkt, daß »die politischen Energien der Griechen primär nach innen gerichtet sind«[65]. Selbst der Krieg wurde in älterer Zeit in agonaler Weise geführt. Es ging darum, den Gegner zu schlagen, nicht, ihn zu vernichten. Krieg im echten Sinne war eigentlich nur der Kampf zwischen Griechen und Barbaren, nicht aber die Kämpfe von Griechen gegen Griechen. Das wird erst anders seit dem Peloponnesischen Krieg, der in dieser Hinsicht den Charakter eines Epochenereignisses hat. In Olympia waren auf den Stadionwällen die Siegestrophäen archaischer Schlachten aufgepflanzt. Sie können nicht als Zeichen nationalen Größenwahns oder Hasses aufgefaßt worden sein, denn Freund und Feind fanden sich darunter einträchtig zur olympischen Festfeier zusammen. Und während unten auf der Laufbahn die friedlichen Agone ausgetragen wurden, kündeten oben auf den Wallkronen die Waffenmäler vom Ruhm der kriegerischen Agone (Abb. 4); sie stellten grundsätzlich nichts anderes dar als die Weihungen der siegreichen Athleten im gleichen Heiligtum[66]. In beiden Fällen handelt es sich um agonale Denkmäler, Zeugnisse

4 Nike bringt auf einem Tropaion die Siegesinschrift an. Von einer rotfigurigen Pelike in Boston. 5. Jahrhundert v. Chr. (Roscher, ML. III 326)

ritterlichen Kampfgeistes und Ausdruck des Strebens nach *areté*. »Immer der erste zu sein und vorzuleuchten den andern«, lautet die vielzitierte Formulierung dieses Leitbildes schon bei Homer (Ilias VI 208), der damit das Motto nicht nur für die Agonistik lieferte, sondern für das griechische Lebensideal überhaupt und für die Ausrichtung der Erziehung auf dieses Ideal hin. Bildung im platonischen Sinne (Staat 376 E) beruht auf sportlicher Übung und musischem Unterricht. Die griechische Jugend wuchs in der Palästra (Ringschule) und im Gymnasium auf, was ursprünglich nichts anderes bedeutet als die Stätte, wo man nackt *(gymnós)* Sport (»Gymnastik«) treibt. Jede griechische Polis, auch die kleinste, hatte ihr Gymnasium, wo »man sich unaufhörlich miteinander maß und verglich und zwar durch Übungen, bei denen es auf einen direkten Nutzen nicht abgesehen war«[67]. Es gab Städte, die den Epheben nicht das Vollbürgerrecht verliehen, bevor sie nicht die betreffenden Übungen in Gymnasium und Palästra absolviert hatten (Abb. 2, 5–7; Taf. 7, 8).

Daß das agonale Lebensgefühl seinen reinsten Ausdruck im sportlichen Agon findet, ist ebenfalls schon bei Homer ausgesprochen:

Größeren Ruhm wahrhaftig erntet kein Mann zeitlebens
als das, was er vollbringt mit seinen Füßen und Armen

Odyssee VIII 147 f. Übers. Voss

Die Verse stehen in einer an Odysseus gerichteten Rede des Königssohnes Laodamas, mit der dieser den Fremdling auffordert, sich an den von den Phäaken veranstalteten sportlichen Wettkämpfen zu beteiligen. Wir haben hier (Od. V 186 ff.) und in der Beschreibung der Leichenspiele für Patroklos im 23. Buche der Ilias die ältesten Darstellungen eines nach allen Regeln der Kunst ausgetragenen sportlichen Agons. Die breitangelegten Schilderungen zeugen von echter Kennerschaft. Zugleich wird dabei deutlich, daß der agonale Gedanke in der ritterlichen Welt der Adelsgesellschaft wurzelt. Laodamas kennzeichnet diese Gesinnung und ihren gesellschaftsbezogenen Wert-

5 Palästraszene: Athlet mit Sportlehrer und kleinem Diener. Von einer rotfigurigen Kotyle in Boston. 5. Jahrhundert v. Chr. (Gardiner, Athletics of the Ancient World Abb. 102)

6 Palästraszene: Speerwerfer, Diskuswerfer und Faustkämpfer mit Flötenspielern. Von einer rotfigurigen Schale in Berlin. 5. Jahrhundert v. Chr. (Gerhard, Auserlesene Vasenbilder Taf. 272,1)

begriff unmißverständlich, indem er ihr als negativen Kontrast das Bild des auf Gewinn bedachten seefahrenden Kaufmanns gegenüberstellt. Wegen seines anfänglichen Zögerns, am Wettkampf der Phäaken teilzunehmen, macht sich Odysseus verdächtig, womöglich jenen vom Adel aufs tiefste verachteten Schichten anzugehören, die ihren Lebensunterhalt entweder durch ihrer Hände Arbeit oder durch Geschäftstüchtigkeit verdienen:

Nun wahrhaftig, Fremdling, du scheinst mir kein Mann, der auf Kämpfe
sich versteht, so viele bei edlen Männern bekannt sind.
Vielmehr scheinst du ein Schiffsherr, einer von denen, die immer
wieder kommen auf Schiffen mit zahlreichen Rudern; ein Krämer
denkt an nichts als an Fracht, hält Ausschau einzig nach Ladung;
Gelder will der nur raffen! Du gleichst nicht dem echten Athleten!

Odyssee VIII 159–164. Übers. H. Weiher

Daß dieses aristokratische Wettkampfideal noch lange lebendig war, davon legen die Siegeslieder Pindars ein unvergeßliches Zeugnis ab. Insbesondere waren es die Wagen- und Pferderennen, die als ausgesprochen feudale Sportarten Glanz und Ruhm der großen Herren dem bei den Spielen versammelten Volk vor Augen führten. Ein Rennsieg in Olympia ist der Traum jedes adeligen Mannes. Bleibende Gestalt über die Zeiten hinweg gewinnt ein solcher Sieg nicht nur im Gedicht, sondern auch in den großen statuarischen Denkmälern der siegreichen Viergespanne und ihrer Lenker, welche die Heiligtümer schmückten. In Delphi ist uns der Überrest eines solchen Siegesmales in der Bronzefigur des berühmten »Wagenlenkers« erhalten[68]. Dagegen sind in Olympia nur einige Postamente solcher monumentaler Wagendenkmäler übriggeblieben; doch kann uns ein bronzenes Pferd, freilich kleineren Formats, das von der Weihung eines Siegers stammen muß, eine Vorstellung von den herrlichen Pferdebildern geben, welche die klassischen Erzgießer für diese Siegesmäler schufen (Taf. 3 c)[69].

Von seiner Herkunft aus dem nicht am Ethos der Arbeitswelt orientierten adeligen Lebensbereich der Frühzeit hat der griechische Agon vor allem seinen zweckfreien Charakter bewahrt, der, obzwar durch das Berufsathletentum später verfälscht und weitgehend aufgehoben, im Grunde doch immer im Bewußtsein lebendig blieb. In Olympia war man allezeit stolz darauf, daß der Sieg nicht mit materiellem Gewinn verknüpft war[70]. Welche Kostbarkeit für den Olympiasieger der einfache Ölbaumkranz darstellte, wird immer wieder in den verschiedenen antiken Zeugnissen hervorgehoben; das Ausmaß seiner Wertschätzung kommt selbst noch in den kritischen Stimmen zum Ausdruck, wie etwa in dem spöttischen Wort des Philosophen Xenophanes, daß »der Sieg in Olympia die Kammern der Polis nicht fett mache« (Frg. 2 Diels). Der Sieg wird um seiner selbst willen erstrebt, er ist reiner Selbstzweck, ohne Nutzeffekt auch im staatspolitisch-erzieherischen Sinne. Derartiges hat erst die moralisierende Reflexion der Spätzeit mit ihm verbunden. Doch auch damals noch war der eigentliche und reine Sinn von Agon und Sieg etwa einem Manne wie dem Redner und neuplatonischen Philosophen Themistios (4. Jahrhundert n. Chr.) durchaus bewußt, wenn er von den harten Trainingsvorbereitungen der Wettkämpfer sagt (XV 186 a): »Das tun sie nicht etwa zum Schutze ihrer Frauen und Kinder, auch nicht um ihr Vaterland vor dem Untergang zu retten, sondern einzig, weil ihnen der Siegerkranz winkt. Andere Dinge will man nicht erlernen und keine anderen Übungen pflegen, als solche, die zum Kranz und zur Siegerverkündigung führen.« In diesen Zusammenhang gehört auch, daß Sparta mit seiner auf militärische Ertüchtigung gerichteten Art der Gymnastik ausdrücklich als Sonderfall erscheint, sowohl im eigenen Selbstverständnis wie auch im Urteil der übrigen Griechen[71]. Für diese gilt, was Burckhardt in dem Satz zusammengefaßt hat, daß »die Gymnastik die Tochter des Agons« ist[72], nicht umgekehrt.

Wenn athletische Übung und sportlicher Wettkampf als höchster und sinnfälligster Ausdruck agonaler Lebenshaltung im griechischen Sinn erscheinen, so wird die ungeheuere Bedeutung verständlich, die den panhellenischen Wettkampfstätten und ihren großen festlichen Agonen zukommen mußte, allen voran Olympia. Kaum ein größeres religiöses Fest gab es, das nicht mit einem Agon verbunden war, aber die Olympischen Spiele überstrahlten alles, sie waren gleichsam der Agon aller Agone. So konkret gegenwärtig war den Griechen in Olympia die Vorstellung des Agons, daß er dort sogar als Statue aufgestellt werden konnte[73]. Ebenso ist ja auch der Sieg *(nike)* bei den Griechen eine greifbare Gestalt, eine Göttin (Abb. 2–4; Taf. 62). Ihr Bild begegnete dem Besucher im Heiligtum von Olympia allenthalben, fast noch häufiger als das des Zeus, mit dem es vielfach verbunden erscheint. Zeus und Nike gehören zusammen.

7 Ephebensaal des »unteren Gymnasiums« in Priene. 4. Jahrhundert v. Chr. Rekonstruktion von F. Krischen. (Schede, Die Ruinen von Priene Abb. 97)

Erst jetzt begreifen wir das »Phänomen Olympia« in seinem eigentlichen Wesen. Wir erkennen nun den Grund für seine unverwüstliche Lebenskraft, die nicht nur anderthalb Jahrtausende antiker Geschichte, sondern den Untergang des Altertums überdauert hat und als Leitbild bis in unsere Tage fortwirkt. Diese Wirkung beschränkt sich nicht darauf, daß wir heute wieder Sport treiben und die Olympischen Spiele nachzuahmen versuchen; sie reicht weiter und tiefer. Denn sie ist ein Teil jener aktiven Unruhe, die die Griechen in diese Welt gebracht haben und der letztlich unsere abendländische Art und Existenz gerade das verdankt, was sie von anderen Kulturen unterscheidet.

Die heilige Stätte

Olympia ist ein Heiligtum ohne Stadt. Elis, die antike Hauptstadt der Landschaft, in der Olympia liegt, ist weit entfernt; nicht einmal eine größere Siedlung gibt es in der Nähe. Daß dies nicht immer so war, werden wir später sehen. Aber halten wir uns zunächst an das Bild des klassischen Olympia, so, wie es aus den Ausgrabungen wieder erstanden ist. Inmitten von Weinbergen, Feldern und Olivenhainen liegt das Heiligtum im Tal des Alpheios, dort, wo der Kladeos einmündet (Taf. I). Eingebettet in eine weder grandiose noch idyllische, aber anmutige Hügellandschaft erhoben sich einst zwischen Bäumen und üppigem Pflanzenwuchs die Tempel und Schatzhäuser, die Säulenhallen und Wettkampfanlagen (Abb. 8–9; Taf. 2). Stille umgab den heiligen Bezirk. Sie wurde nur alle vier Jahre einmal unterbrochen für die Tage des Festes und der Spiele. Dann füllten Tausende von Menschen Stadion und Hippodrom, drängten sich zwischen den Gebäuden und Altären, lagerten in Zelten und unter freiem Himmel im Alpheiostal, wo in der Sommernacht noch lange geschmaust und gezecht wurde und die Siegeslieder ertönten. Während der übrigen Zeit versahen die Priester ihren Dienst, sie vollzogen die vorgeschriebenen Kulthandlungen und richteten die Opfer aus, eines für Zeus jeden Tag, für die anderen Gottheiten je nach Vorschrift einmal monatlich oder jährlich. Zu den regulären Opfern kamen natürlich noch die vielen anderen hinzu, die von Besuchern, Wallfahrern oder Staatsgesandtschaften, sei es in Erfüllung von Gelübden, sei es aus anderen Gründen, dargebracht wurden. Außer den Priestern und Pilgern waren wohl, zumindest seit der klassischen Zeit, ständig Werkleute und Künstler hier tätig; denn es wurde in Olympia viel gebaut, es wurden Statuen errichtet und Weihgeschenke aufgestellt, Votiv- und Bedarfsartikel für die Besucher gefertigt. Erzgießer- und Töpferöfen und andere Werkplätze wurden verschiedentlich bei den Ausgrabungen festgestellt. Die Bauten und Denkmäler erforderten auch entsprechende Pflege und Erhaltungsmaßnahmen. All das können wir über Jahr-

8 Olympia. Die Altis mit Zeustempel und Zeusaltar. Rekonstruktion von F. Adler. (Olympia II Taf. 132)

hunderte verfolgen. Es war ein langer Weg vom heiligen Hain der Urzeit bis zu dem Olympia, das Pausanias gesehen und beschrieben hat. Natürlich hat sich in dieser Zeit Olympia nicht nur entwickelt, sondern auch gewandelt. Aber es gab einen Kern, der sich niemals verändert hat, etwas, das Olympia immer hatte, auch noch in der Spätzeit, aus der wir die große Beschreibung des römischen Reiseschriftstellers besitzen. Und das ist eigentlich die erstaunlichste Erkenntnis, die man gewinnt, wenn man seinen Bericht liest.

Wie entsteht ein Heiligtum? Wodurch wird ein bestimmter Ort, eine Stelle in der Landschaft zur heiligen Stätte? Wir haben bereits gesehen, daß es dazu nicht der Tempel und Altäre, der Bauwerke und Götterbilder bedarf. Es genügt, daß eine Stätte dem profanen Bereich entzogen, aus ihrer Umgebung »herausgenommen« wird und der Verehrung der hier anwesend gedachten göttlichen Wesen dient. Das griechische Wort für den heiligen Bezirk heißt *temenos,* wörtlich: »das Herausgeschnittene«. Die Heiligkeit des Ortes ist das Primäre, das, womit die Geschichte jedes Heiligtums anfängt. Sie ist gleichzeitig der entscheidende Faktor für die Kontinuität des Kultes[74]. Das ist etwas für unser religiöses Empfinden durchaus nicht Selbstverständliches. Denn, so hat es Nilsson formuliert, »bei uns wird ein Platz dadurch heilig, daß man ein Gotteshaus auf ihm erbaut, und die Kirche wird durch einen besonderen Akt eingeweiht, wodurch die Stätte mit Heiligkeit bekleidet wird. Bei den Alten ist umgekehrt die Heiligkeit der Stätte der Anlaß zur Errichtung eines Gotteshauses«[75]. Der Ort ist also heilig, schon bevor er zum Heiligtum wird, und er bleibt es auch dann, wenn der Kult erloschen, das Heiligtum verfallen ist — vielfach hat bekanntlich das Christentum seine Kirchen auf dem Boden antiker Heiligtümer errichtet, so auch in Olympia (s. S. 197; Taf. 71b).

Ein heiliger Bezirk wird gewöhnlich durch eine Einfriedigung oder Mauer abgegrenzt und gekennzeichnet. In Olympia stammt die älteste nachweisbare Temenosmauer merkwürdigerweise erst aus dem 4. Jahrhundert. Wir wissen weder etwas Genaueres über die Art älterer Eingrenzungen — man hat an einen Zaun mit Steinpfosten und Holzlatten gedacht — noch kennen wir die Ausdehnung des heiligen Bezirks in früherer Zeit mit Sicherheit. Der Hauptzugang zur Altis scheint immer im Südosten gewesen zu sein, etwa dort, wo später ein römischer Triumphbogen stand; ein Nebenzugang war im Nordosten, wo die Straße von Elis ins Heiligtum mündete. In römischer Zeit — wann, ist nicht ganz klar — erhielt das Heiligtum eine neue, höhere Mauer, die im Süden ein größeres Geländestück mit einbezog; erst damals scheinen die Zugänge mit architektonisch gestalteten Toranlagen ausgestattet worden zu sein.

Die Heiligkeit eines Ortes, die Anwesenheit der göttlichen Kraft, göttlicher Mächte, die an dieser bestimmten Stätte Verehrung fordern, erfährt der Mensch auf verschiedene Weise. Sie kann sich ihm durch ein persönliches Erlebnis offenbaren oder sie verrät sich ihm durch äußere Zeichen, ursprünglich meist Naturmale: Bäume, Quellen, einen merkwürdig geformten Fels, ein Blitzmal, einen Erdspalt. Oder es ist allgemein das Geheimnisvolle oder Unheimliche eines Ortes, etwa auf Berggipfeln, in Höhlen oder Wäldern, wodurch das religiöse Bewußtsein geweckt wird[76]. Für die Heiligtümer der Griechen war in sehr vielen Fällen die Heiligkeit des Ortes durch bereits bestehende Kulte vorgegeben. Denn sie stießen bei ihrer Einwanderung bekanntlich auf eine Bevölkerung mit hochentwickelter Kultur, deren Religion sich durch die Gestalthaftigkeit ihrer Inhalte wesentlich von dem unterschied, was die einwandernden Stämme selbst an religiösen Vorstellungen mitbrachten; von diesen wissen wir freilich nicht allzu viel. Tatsache ist jedenfalls, daß sich tiefgehende Einflüsse jener »altägäischen« Religion noch in historischer Zeit vielfach in der griechischen Religion nachweisen lassen[77]. Besonders deutlich manifestieren sich die Zusammenhänge zwischen griechischer und vorgriechischer Religion in der Kontinuität der Kultplätze. Das ist eine beachtliche Tatsache, wenn man bedenkt, daß in der »Dorischen Wanderung« um 1100 v. Chr. die mykenische Kultur gewaltsam vernichtet wurde, wobei Siedlungen und Paläste zugrunde gingen; die griechischen Heiligtümer knüpfen indes allenthalben an die alten Kultplätze an. Oft hat sich sogar in der griechischen Tradition noch die

9 Olympia. Die Altis mit Metroon und Schatzhausterrasse; im Hintergrund die Echohalle. Rekonstruktion von F. Adler. (Olympia II Taf. 130)

Erinnerung daran erhalten, daß ein Heiligtum in der Vorzeit einer anderen Gottheit gehört hatte; auch die gewaltsame Inbesitznahme eines Heiligtums spiegelt sich gelegentlich im Mythos wider. Selbst die alten Namen wurden vielfach bewahrt.

Das bedeutendste und instruktivste Beispiel für unsere Kenntnis dieser Dinge bildet Delphi. Hier ist die Überlieferungslage ungewöhnlich günstig und ergibt ein klares Bild. Aus dem Votivschutt des Heiligtums traten die Idole der Göttin ans Licht, der einst der Kult an dieser Stelle galt[78]. Es ist die mütterliche Fruchtbarkeitsgöttin, die beherrschende Gestalt der altägäischen Religion. Sie wurde gewiß schon in mykenischer Zeit nicht nur unter einem, allgemein gültigen, sondern unter verschiedenen Namen verehrt, und ihr Erbe traten denn auch mehrere griechische Göttinnen an. Der delphische Mythos setzt sie mit Ge oder Gaia gleich, der Erdgöttin »der Götter erste Weissagerin«, wie Aischylos sie nennt. Ihr folgte als Inhaberin des Orakels ihre Tochter Themis, und dann erst kommt Apollon[79]. Geblieben sind im griechischen Delphi aus der Vorzeit: die ekstatischen Züge der Orakelpraxis[80]; die Pythia, in der die Gestalt der ursprünglichen Inhaberin der Kultstätte gleichsam weiterlebt; der Omphalos, das rätselhafte halbkugelige Gebilde, das gewöhnlich – wie ich glaube, fälschlicherweise – als vorgeschichtlicher Steinfetisch interpretiert wird[81]; schließlich jenes eigenartige Mal, das, später umbaut vom prächtigen Tempel des Apollon, durch alle Zeiten hindurch das Zentrum des Heiligtums blieb: das sogenannte *chasma* oder *stomion*, eine Öffnung im Boden, aus der das, was die Quellen *pneuma* nennen, aufstieg und die Pythia in Ekstase versetzte, wenn sie die Orakel erteilte[82]. Weitere Naturmale finden sich südlich des Apollontempels: der Felsen der Sibylle, der Stein der Leto, die Quelle Kassotis; dort ist auch das »Gaion«, der heilige Bezirk der Erdgöttin. Treffend bemerkt G. Gruben: »Wie nirgends sonst ersteht hier ein Naturheiligtum der frühesten Zeit vor unseren Augen: tempellos, gebunden an Felsen, Quelle, Schlucht und Baum[83].« Erhalten hat sich auch der vorgriechische Name von Delphi: Pytho. Er lebt nicht nur in der Dichtersprache weiter, sondern auch im Namen der Pythia und in der Gestalt des schlangenartigen Drachens Python, den Apollon im Kampf besiegen mußte, um von der heiligen Stätte und dem Orakel Besitz zu ergreifen: Geschichte im Bilde des Mythos[84].

Das Beispiel Delphis soll uns dazu dienen, die in manchem ähnlichen, wenn auch erheblich komplizierteren Verhältnisse in Olympia besser zu verstehen. Fragen wir zuerst nach den »naturgegebenen« Voraussetzungen, welche den Ausgangspunkt für das Heiligtum gebildet haben könnten. Hier wäre an erster Stelle jener trotz mäßiger Höhe wegen seiner regelmäßigen Form schon von weitem ins Auge springende Hügel zu nennen, der den Namen des Kronos trägt, des mythischen Vaters des Zeus (Taf. 1). Der Kronoshügel (griech. Kronion) ist, geographisch ausgedrückt, die südwestlichste Erhebung eines in den Mündungswinkel von Alpheios und Kladeos vorstoßenden Ausläufers des Pholoë-Gebirges. Zu seinen Füßen breitet sich das Heiligtum aus, die Altis, der heilige Hain mit seinen Gebäuden, Kultstätten und Wettkampfanlagen. Die ältesten Bauten, der Heratempel und die Schatzhäuser, liegen dem Kronoshügel am nächsten. Auch der Zeusaltar befand sich merkwürdigerweise nicht vor dem Tempel, sondern in ziemlicher Entfernung von ihm, nahe den frühen Bauten und dem heiligen Bezirk des Pelops, einer gleichfalls in die Frühzeit weisenden Anlage[85]. Es scheint also, daß sich das Heiligtum zunächst an den Fuß des Kronoshügels angelehnt und dann im Laufe der Zeit allmählich in südlicher Richtung ausgedehnt hat (Abb. 16, 74).

Auf dem Gipfel des Kronoshügels befand sich ein Heiligtum mit einem Altar für Kronos. Zwar haben sich bei Ausgrabungen keine Spuren dieser Kultstätte mehr feststellen lassen, da die ganze Oberfläche des Hügels, der ursprünglich erheblich höher gewesen sein muß, abgeschwemmt ist. Aber die schriftliche Überlieferung ist eindeutig[86]. Für das hohe Alter dieses Kultes spricht eine Einzelheit, die uns Pausanias überliefert hat: das Kronosopfer, das am Tage der Frühlings-Tagundnachtgleiche im elischen Monat Elaphios stattfand, wurde von Priestern verrichtet, welche die ehrwürdige Amtsbezeichnung »Basilai« trugen, also ähnlich dem Archon Basileus in Athen die alten kultischen Pflichten zu erfüllen hatten, die einst den Königen oblagen. Man hat daher seit jeher in dem heiligen Bezirk auf dem Kronion eine der ältesten Kultstätten Olympias gesehen, einen Überrest aus dunkler Vorzeit, als noch nicht der griechische Zeus Herr des Heiligtums war[87]. Wußte doch der Lokalmythos zu berichten, daß schon die Menschen des goldenen Zeitalters Kronos in Olympia einen Tempel erbaut hätten und daß Zeus mit seinem Vater hier um die Herrschaft der Welt gerungen habe (Paus. V 7, 6; VIII 2, 2).

Nördlich des Heratempels, dem Kronoshügel vorgelagert, läßt sich noch eine weitere, kleinere Erhebung feststellen, auf die eine steinerne Rampe hinaufführt. Die isolierte Lage dieser Hügelkuppe ist heute nicht mehr kenntlich, da der tiefe Sattel, der sie ursprünglich vom Kronoshügel trennte, durch umfangreiche moderne Anschüttungen verschwunden ist. Vor Erbauung des Heraions muß dieser Hügel als markanter Punkt im Gelände gewirkt haben. Den ursprünglichen Zustand zeigen noch Zeichnungen und Photographien, die vor dem Beginn der Ausgrabungen 1875 gemacht worden sind (Taf. 1)[88]. Auch die Pläne der ersten Ausgrabungskampagnen bis 1879 geben den Hügel als isolierte Erhebung an (Abb. 142)[89]. Aber dann erscheint er plötzlich auf dem abschließenden Situationsplan von 1881 (Abb. 143)[90] ebenso wie auf der großen zeichnerischen Gesamtaufnahme der amtlichen Grabungspublikation von 1890–97[91] als einheitlicher Ausläufer des Kronoshügels, und alle seither veröffentlichten Pläne wiederholen diesen Fehler[92]. Auf unseren Plänen (Abb. 16, 74, 111, 115, 123, 129) haben wir den ursprünglichen Zustand wiederherzustellen versucht.

Daß diesem kleinen Hügel eine besondere Bedeutung zukommt, ist nicht nur von den natürlichen Gegebenheiten her wahrscheinlich, sondern durch die erwähnte Rampenanlage deutlich angezeigt. W. Dörpfeld hat in ihm das Gaion erkannt, auf dem das Heiligtum der Gaia, der Erdmutter lag[93]. Die Ortsangabe des Pausanias ist allerdings etwas ungenau; Dörpfelds Vermutung dürfte dennoch mit einer an Sicherheit grenzenden Wahrscheinlichkeit das Richtige treffen. Die knappe Beschreibung der Kultstätte bei Pausanias (V 14, 10) lautet: »Auf dem sogenannten Gaion befindet sich ein Altar der Erdgöttin; er besteht aus Asche. In früheren Zeiten war hier, wie sie sagen, auch ein Orakel der Erdgöttin. An dem sogenannten *stomion* (Erdspalt) ist der Themis ein Altar errichtet.« Der Hügel ist bis jetzt unausgegraben; nur die Rampe, die den festlichen Aufgang bildete, ist teilweise freigelegt[94]. Freilich wird man auf eine künftige Ausgrabung keine großen Hoffnungen setzen dürfen. Die Verhältnisse werden aller Wahrscheinlichkeit nach ähnlich liegen wie beim Kronoshügel: Abschwemmungen werden alle antiken Reste ausgelöscht haben, die ohnehin altertümlich-schlicht gewesen sein dürften. Wir werden uns, einstweilen jedenfalls, mit den Angaben des Pausanias begnügen müssen. Immerhin enthalten sie trotz ihrer Kürze genug an Wichtigem. Sie bezeugen einen Erdspalt, der mit einem Kult der Erdgöttin und einem Orakel verbunden ist, ferner eine Kultgemeinschaft Ge – Themis. Auf den ersten Blick springen die Übereinstimmungen ins Auge mit dem, was für das »vorapollinische« Delphi überliefert ist. Schwerlich wird man hier von Zufall sprechen können. Vielmehr haben wir es ohne Zweifel mit der gleichen religionsgeschichtlichen »Schicht« wie in Delphi zu tun, die charakterisiert ist durch dieselben Elemente: Naturmal (Erdschlund), Kult einer chthonischen Göttin, Mantik.

Olympia beherbergte also einst, wie Delphi, die Kult- und Orakelstätte einer Göttin. Und wie in Delphi, so okkupierte auch in Olympia eine männliche Gottheit das Orakel: hier ist es Zeus, der das Erbe antritt, und männliche Seher verkünden von nun an den Willen der Gottheit. Der Sitz des Orakels scheint bald darauf an den Altar des Zeus verlegt worden zu sein[95]. Noch zu Pindars Zeit hatte es hohen Rang; das bezeugen die berühmten Eingangsverse der 8. Olympischen Ode, die zugleich auf einen besonders naheliegenden Anlaß zur Befragung des Orakels anspielen: den Wunsch der Olympiakämpfer, ihre Siegesaussichten zu erfahren:

Mutter, o du des goldgekrönten Kampfspiels, Olympia,
du Herrscherin der Wahrheit, wo ahnende Männer,
aus heiliger Flamme schließend, erfahren von Zeus, dem helle blitzenden,
wenn etwa ein Wort er hat von Männern,
strebend nach großen
Tugenden, im Gemüt zu empfangen,
und der Mühen Umatmung.

Pindar, Ol. VIII 1 ff. Übers. Hölderlin

Die Prophetie wurde von zwei berühmten Sehergeschlechtern, vermutlich altpisatischer Herkunft, ausgeübt, den Iamiden und Klytiaden[96]. Außer der Weissagung aus der Opferflamme, von der die zitierten Pindarverse sprechen, der sogenannten Empyromantik, die für Olympia besonders charakteristisch gewesen zu sein scheint, gab es noch eine andere Art der Orakelgebung, die jedoch für uns einigermaßen dunkel bleibt. Sie bestand darin, »die Stimme zu vernehmen, die keine Lüge kennt«, wie Pindar das ohne weitere Erklärung nennt[97]. Sprach die Stimme des Gottes im Donner? Oder im Rauschen eines Baumes, wie im ältesten Zeusorakel, in Dodona? Wir wissen es nicht[98]. Jedenfalls ist es für den Konservativismus Olympias bezeichnend, daß man hier an solch altertümlicher Wahrsagekunst festhielt, was zur Folge hatte, daß das olympische Orakel schon früh von Delphi mit seiner entwickelten Inspirationsmantik überflügelt wurde und in nachklassischer Zeit seine Bedeutung verlor. Immerhin befragten noch im 4. Jahrhundert die Spartaner in einer wichtigen politischen Entscheidung das olympische Orakel, ließen sich freilich die Antwort in Delphi bestätigen[99]. Die beiden Sehergeschlechter existierten übrigens bis in die Spätzeit Olympias, wie die Inschriften beweisen.

Das Gaion mit den Heiligtümern der chthonischen Göttinnen Ge und Themis und der alten Orakelstätte ist nicht der einzige Kultplatz hier. Es ist umgeben von weiteren weiblichen Kulten (Abb. 10, 64, 74). Zu seinen Füßen liegt heute das Heraion (Taf. 27, 28), das, wie wir jetzt durch die neuesten Untersuchungen von A. Mallwitz wissen, kaum vor 600 v. Chr. erbaut sein dürfte[100]. Sicherlich war die Stätte schon vor Errichtung des Tempels heiliger Bezirk Heras. Aber okkupierte die Göttin, als sie im Gefolge des Zeus nach Olympia kam, eine hier bereits bestehende Kultstätte? Die Vermutung liegt nahe, doch wird sich die Frage ohne erneute Untersuchungen an dieser Stelle, die zwar besonders intensiv durchforscht, aber archäologisch immer noch nicht voll ausgeschöpft ist, schwer beantworten lassen. Jedenfalls finden wir in der Nachbarschaft des Gaions

10 Olympia. Archaische Kultbauten am Westende der Schatzhausterrasse. (AM. 77, 1962, 7 Abb. 1)

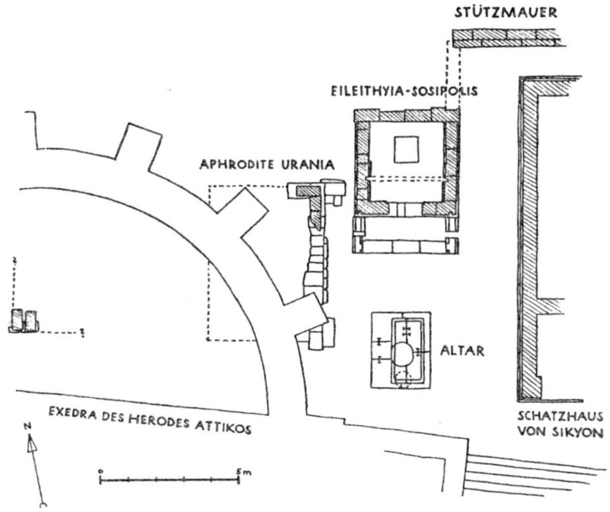

zwei Kultstätten, deren Ursprünge in die Frühzeit weisen. In der einen wurde Eileithyia, die alte mütterliche Fruchtbarkeitsgöttin verehrt, und zwar zusammen mit Sosipolis, den Pausanias einen »einheimischen elischen Dämon« nennt: in einer mythischen Erzählung erscheint er zunächst als Kind, dann als Schlange, was auf die chthonische Natur dieses göttlichen Wesens deutet. Wir verdanken Pausanias eine ungewöhnlich detaillierte Beschreibung des Heiligtums und des Gottesdienstes, der so altertümliche Züge trägt, daß er auf den kaiserzeitlichen Besucher starken Eindruck gemacht zu haben scheint; als seltsamer Überrest aus uralten Zeiten muß er sich in der glanzvollen Umgebung des Zeusheiligtums wie ein Fremdkörper ausgenommen haben[101]. Leider ist die Ortsangabe des Pausanias das einzige, was an seiner Beschreibung ungenau ist, so daß die Identifizierung des Eileithyia-Sosipolis-Heiligtums mit dem kleinen Kultbau westlich des Sikyonierschatzhauses (Abb. 10) nicht exakt beweisbar ist. Doch spricht dafür eine hohe Wahrscheinlichkeit. Wir haben also in der Nachbarschaft von Heraion und Gaion am Hang des Kronoshügels die Verehrung einer alten Muttergottheit mit Kind[102], einer Art *»Kourotrophos«*, wie sie, in ganz ähnlicher topographischer Situation und ähnlicher Kultnachbarschaft mit anderen chthonischen Göttinnen (Aphrodite Pandemos, Demeter Chloe, Themis) auch in Athen am Fuß der Akropolis anzutreffen ist (Paus. I 22, 1–3). Neben diesem Heiligtum sah Pausanias »Reste eines Heiligtums der Aphrodite Urania; auch dort opfern sie auf den Altären« (VI 20, 6). Die Herkunft dieser Göttin ist vorgriechisch; die Nähe zum Eileithyia-Sosipolis-Heiligtum läßt auf ein hohes Alter des Kultes schließen[103]. Die topographische Fixierung wird durch die Reste eines kleinen Baus westlich des eben genannten Gebäudes nahegelegt; der ganze Befund läßt sich ausgezeichnet mit den Angaben des Pausanias in Einklang bringen (vgl. Abb. 64).

Sehen wir uns weiter in dieser Gegend um, so stoßen wir östlich vom Heraion auf den Tempel der Meter, der Göttermutter. Daß der um 400 errichtete Bau sich über einer alten Kultstätte erhebt, legen die frühen Opferablagerungen nahe, die in mehreren Schichten unter diesem Tempel festgestellt wurden (Abb. 26); ein »vordorischer« Kult läßt sich vermuten, wenn auch nicht strikt beweisen[104]. »Hinter dem Heraion«, d. h. westlich vom Tempel, wurde eine Artemis mit dem Beinamen *»Kokkóka«* verehrt, wie Pausanias berichtet (V 15, 7); den merkwürdigen Namen konnte ihm niemand erklären, er dürfte vorgriechisch sein[105]. Ein kleines Stück weiter nördlich liegt ein weiteres weibliches Heiligtum: das der Hestia, der Göttin des Herdes, im Prytaneion. Die Stätte muß schon in der Vorzeit eine Bedeutung gehabt haben; das beweist ein prähistorisches Steinfundament von rätselhafter Form, das unterhalb der Stelle, an welcher der Hestia-Altar zu vermuten ist, zutage kam (Abb. 17) und zunächst nicht beachtet wurde; erst Dörpfeld erkannte seine Bedeutung und gab die richtige Datierung[106]. Nicht weit davon – nach Pausanias »beim Heiligtum des Pelops« (V 14, 10) – gab es eine Kultstätte der Nymphen, die auch alteinheimisch sein könnte.

Fassen wir zusammen, so ergibt sich folgendes. »Naturgegebene« Ausgangspunkte für die Entstehung des Heiligtums sind zunächst zwei Hügel: auf dem größeren wird einer männlichen Gottheit geopfert; der kleinere, der durch ein Naturmal (Erdschlund) die geheimnisvollen Tiefen des Chthonischen aufschloß, ist der Verehrung zweier Göttinnen geweiht und beherbergt einen alten Orakelsitz. Rings um diesen kleinen Hügel haben sich eine Anzahl weiblicher Kulte angesiedelt, für die größtenteils ein hohes Alter erschlossen werden kann.

Zu den Füßen der beiden Hügel breitete sich im Talgrund der heilige Hain aus; auch er gehört ja irgendwie zu den »Naturmalen«. Von seiner ursprünglichen Form und Ausdehnung haben wir keine Vorstellung, auch nicht von Art und Verlauf der ältesten Umgrenzungen. Die Annahme, er habe sich ursprünglich vom Kronoshügel bis zum Alpheios und von Pisa bis Dyspontion erstreckt[107], ist nicht nur rein hypothetisch, sondern sogar recht unwahrscheinlich. Ein derartig ausgedehntes Waldgebiet dürfte schwerlich den Anlaß zur Entwicklung eines örtlich relativ eng begrenzten Heiligtums gebildet haben. Daß in der Pisatis, der Landschaft, in der Olympia liegt, solche heiligen Haine nichts Ungewöhnliches waren, bezeugt Strabo (VIII 343): »Das ganze Gebiet ist voll von Heiligtümern der Artemis, der Aphrodite und der Nymphen, meist Hainen, die des Wasserreichtums wegen voll von Blumen sind.« Einer der Bäume des Hains von Olympia war der berühmte wilde Ölbaum (griech. *kotinos*), von dem die Siegerkränze geschnitten wurden. Schon im 4. Jahrhundert v. Chr. muß er ein ehrwürdiges Alter gehabt haben, denn damals führt ihn Theophrast in seiner »Geschichte der Pflanzen« zusammen mit besonders langlebigen Bäumen auf, die in mythische Urzeiten zurückgeführt wurden (hist. plant. IV 13, 2). Nach der elischen Lokaltradition, die uns durch ein Fragment des Phlegon von Tralles, eines Zeitgenossen des Pausanias, erhalten ist, war er durch einen delphischen Orakelspruch, den König Iphitos in der 6. Olympiade einholte – bis dahin war die Bekränzung angeblich nicht üblich –, unter den Ölbäumen des Hains zum Kranzbaum bestimmt worden. Der Spruch der Pythia lautete:

Iphitos, nicht des Apfelbaums Frucht mehr wähle zum Siegpreis,
sondern hole den Kranz vom wilden fruchtreichen Ölbaum,
welcher jetzt vom feinen Gewebe der Spinne bedeckt ist.

Man suchte, so berichtet Phlegon, »unter den vielen im heiligen Hain wachsenden wilden Ölbäumen einen, der mit Spinnweben überzogen war, und von dem wurde seither den Siegern der Kranz gegeben«[108]. Nehmen wir einmal an, die Erzählung sei historisch, dann hätte der Baum, als Pausanias ihn sah, ein Alter von rund 900 Jahren gehabt. Tatsächlich erreicht die Olive, vor allem die wilde, ein sehr hohes Alter. Dem Besucher Griechenlands werden heute noch in manchen Gegenden einzelne Ölbäume gezeigt, die weit über tausend Jahre alt sein, ja bis in die Zeiten der Antike zurückreichen sollen.

Über den Standort des heiligen Ölbaums erfahren wir durch Pausanias (V, 15, 3), daß er sich »gerade beim Opisthodom des Zeustempels zur Rechten« befand und den

Beinamen *Kallistephanos* »der Schönkränzende«, hatte. In der Nähe wird ein Altar der Nymphen erwähnt, diese führen gleichfalls den Beinamen der »Schönkränzenden«. Um die Standortangabe zu verstehen, muß man den Zusammenhang beachten, in dem die Bemerkung steht. Sie findet sich in der sogenannten Altarperiegese, in der insgesamt 69 Altäre erwähnt werden, und zwar in der Reihenfolge, wie sie von der monatlichen Opferprozession besucht werden, deren Weg Pausanias folgt. Die Prozession ist auf ihrem zweiten Umgang vom Leonidaion her durch das südwestliche (römische) Festtor wieder in die Altis eingezogen, wendet sich nach links und stößt dort zunächst auf einen Altar der Aphrodite, dann auf einen der Horen; es folgt der Nymphenaltar, vorher wird der Ölbaum erwähnt. Es kann also nur der Weg gemeint sein, der gleich hinter dem Festtor über die beiden Stufen der älteren (griechischen) Südaltismauer hinauf in Richtung Norden führt (Abb. 11). Die Angabe des Pausanias bedeutet dann also: »Von diesem Weg aus erblickt man rechter Hand gerade vor dem Opisthodom des Zeustempels den heiligen Ölbaum.« Die alten Ausgräber verstanden den Text so: »Wenn man von diesem Weg aus sich dem Zeustempel zuwendet, dann steht rechts vom Opisthodom der heilige Ölbaum.« Zu dieser etwas gezwungenen Interpretation der Pausaniasstelle ist man genötigt, wenn man den Standort des olympischen Ölbaums in einiger Entfernung vor der Südwestecke des Tempels sucht[109]. Die alte Olympiagrabung kam zu dieser Lokalisierung des Ölbaums, indem sie das große Altarfundament gleich rechts vom Stufenaufgang der Südaltismauer mit einem der von Pausanias genannten Altäre in Zusammenhang brachte und auf zwei rechteckige Wasserbecken östlich davon verwies, die durch eine ältere Tonrohrleitung vom Kladeos her gespeist wurden. Der Standort des Ölbaums wurde etwa zwischen den beiden Wasserbecken angenommen, da seine Pflege wie auch der Nymphendienst des Wassers bedürfe[110]. Letzteres ist freilich ein Irrtum des Nordeuropäers, denn Ölbäume werden im Süden nicht bewässert. Merkwürdig bleibt außerdem, daß der heilige Baum, eines der berühmtesten Wahrzeichen Olympias, an so abgelegener Stelle am äußersten Südrand der Altis gestanden haben soll.

Mir scheint daher die andere Alternative mehr Wahrscheinlichkeit für sich zu haben, zumal sie dem Wortlaut des Pausaniastextes besser entspricht. Sie erhält möglicherweise eine Stütze durch einen merkwürdigen Befund westlich vom Zeustempel. Dort wurde bei der Ausgrabung genau in Verlängerung des mittleren Säulenjochs ein

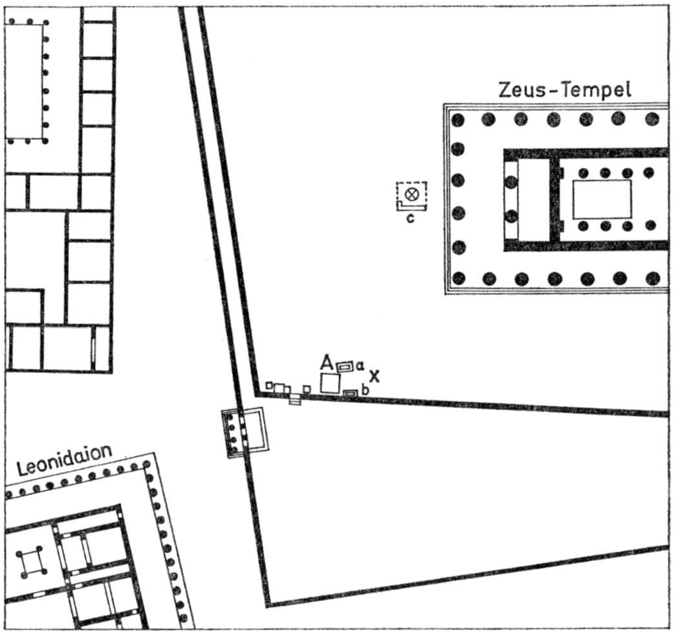

11 Standort des heiligen Ölbaums. A = Altar, a, b = Wasserbecken, c = Steinsetzung (Rest der Einfriedung?) ⊕ = vermutlicher Standort des heiligen Ölbaums, X = Standort des Ölbaums nach Ansicht der ersten Ausgräber

winkelförmiges Mauerstück entdeckt (Abb. 11), das sowohl auf dem Situationsplan von 1881 (Abb. 143) wie auf dem großen Plan der Olympia-Publikation eingezeichnet ist und versuchsweise als Rest eines »vor der Erbauung des Tempels hier befindlichen Altars« gedeutet wurde[111]. Diese Erklärung ist nun freilich wenig überzeugend, denn Altarfundamente pflegen anders auszusehen. Man möchte das Mauerstück eher als Rest einer steinernen Einfriedung deuten; wie hoch diese war, läßt sich nicht sagen, aber sie kann aus mehreren Steinlagen bestanden haben. Wenn das richtig ist, dann wurde sie durch die Anschüttung an der Westseite des Tempels nicht verdeckt, sondern sollte irgend etwas schützen: beispielsweise den Fuß des heiligen Ölbaums. Schwerlich wird man die Lage des Mauerrestes genau vor der Mitte der Rückfront des Tempels als puren Zufall erklären können. Träfe indes unsere Vermutung zu, so würde das nichts anderes bedeuten, als daß die Lage des Zeustempels Bezug auf den altehrwürdigen Kranzbaum nahm: es scheint, daß der Architekt die Mittelachse des Baus auf ihn ausrichtete, ähnlich wie etwa der Erbauer des Rhoikostempels im samischen Heraion den Bau axial auf den heiligen Lygosbaum orientierte[112]. Wir hätten damit den Anhaltspunkt für die Wahl des Bauplatzes und eine Begründung für die bisher unerklärte Tatsache, daß der Zeustempel so weit südlich und so weit vom Zeusaltar entfernt liegt. Für die festliche Zeremonie des Kranzschneidens und der Siegerbekränzung bei den Olympischen Spielen bildete dann die Tempelrückfront mit ihrem Stufenunterbau zugleich den monumentalen Hintergrund und die Zuschauertribüne. Unsere Annahme wird bestärkt durch die Angaben der ersten Ausgräber, daß »in der schwarzen Erdschicht, welche hier unterhalb des späteren Fußbodens lag« (womit wohl das Niveau nach Erbauung des Zeustempels gemeint ist) »viele altertümliche Bronzen zum Vorschein kamen«. Genauer noch äußert sich Furtwängler zu der uns hier interessierenden Fundstelle (Olympia IV 4 f): »Ganz besonders ergiebig war die Gegend westlich und nordwestlich vom Tempel ... Einzeln hervorzuheben sind folgende Stellen. Gerade vor der Mitte der Westfront wurden im fünften Ausgrabungsjahr in der untersten Schicht, bei dem hier befindlichen, wohl von einem Altar herrührenden Quaderfundament, viele Bronzetiere und einige primitive Menschenfiguren, auch ein Reigentanz von Frauen, ferner Wagen und größere Kessel gefunden. Schon im dritten Jahr wurden hier viele Votivtiere, auch Schallbeckenteile gefunden.« Besonders aufschlußreich scheint mir der Hinweis auf die Bronzegruppe tanzender Frauengestalten (Abb. 12)[113]. Schon durch ihre Nacktheit dürften sie als göttliche Wesen ausgewiesen sein: wer dächte nicht sogleich an die Nymphen, zu deren Wesen der Reigentanz gehört und die bis in die klassische Zeit hinein immer tanzend dargestellt werden. Wenn hier die Stelle des Ölbaums war, dann hätten wir in der Bronzegruppe ein Weihgeschenk an jene *Nymphai Kallistephanoi* zu erblicken, die beim heiligen Kranzbaum verehrt wurden.

12 Tanzende Nymphen. Geometrische Bronzegruppe. 8. Jahrhundert v. Chr. (Olympia IV Taf. 16,263)

Der heilige Ölbaum war nach der erwähnten Überlieferung ursprünglich nichts anderes als ein Baum im heiligen Hain von Olympia; seine »Konsekration« war gewissermaßen ein sekundärer Akt. Anders stellt Pindar den Ursprung des Hains und des Ölbaums dar: für ihn ist der heilige Kranzbaum das Primäre, und Herakles selbst, der dorische Nationalheld, hat ihn aus weiter Ferne geholt und gepflanzt:

Den hat einst von des
Istros schattigen Quellen
gebracht der Amphitryonide
als schönstes Wahrzeichen der olympischen Kämpfe,
als er das Volk der Hyperboreer mit Worten dazu überredet hatte, die treuen Diener Apollons.
In redlicher Absicht bat er
für des Zeus alle aufnehmenden Hain um ein schattiges Gewächs,
das gemeinsam sei für die Menschen und ein Kranz für Taten.
Denn schon ließ auf ihn, da dem Vater die Altäre geweiht waren,

die monat-teilende Mondgöttin auf dem goldenen Wagen
des Abends ganzes Auge scheinen,
und der großen Spiele heilige Entscheidung und das fünfjährig wiederkehrende Fest zugleich
hatte er schon eingesetzt an den gotterfüllten Hängen des Alpheios.
Aber keine schönen Bäume ließ der Boden des Pelops sprießen in den Schluchten des Kronion.
Ohne sie schien ihm der Garten nackt, hörig den scharfen Strahlen der Sonne.
Und da trieb ihn sein Mut, nach dem istrischen Lande
zu wandern. Dort empfing ihn Letos rossetreibende Tochter,
als er kam von Arkadiens Bergen und vielgewundenen Schluchten,
als ihn durch die Aufträge des Eurystheus der Zwang vom Vater her antrieb,
die goldgehörnte Hirschkuh
zu bringen, die einst Taygeta
dargebracht und der Orthosia heilig geschrieben.
Diese verfolgend, sah er auch jenes Land jenseits des Wehens des
kalten Boreas. Dort blieb er stehen und bestaunte die Bäume.
Und süßes Verlangen ergriff ihn, sie um das zwölfmal gebogene Ziel des Rennens der Pferde zu pflanzen.

Pindar, Ol. III 14 ff. Übers. Dornseiff

Hier haben wir die dorische, von Pindar bewußt immer ganz in den Vordergrund gestellte Überlieferung[114]. Wir werden diesem, der elischen Lokaltradition widersprechenden und von den führenden dorischen Staaten, wie wir annehmen dürfen, besonders geförderten mythischen Überlieferungsstrang im nächsten Kapitel wiederbegegnen.

Man hat in dem heiligen Ölbaum das Nachleben eines alten Baumkultes vermutet, ihn also jenen ältesten Naturmalen zurechnen wollen, die als Ansatzpunkte für die Entstehung des Heiligtums zu betrachten sind[115]. Zwar ist Baumkult als Überrest der vorgriechischen Naturreligion vielfach in Griechenland bezeugt[116], doch fehlt dem olympischen Ölbaum die spezifische Zuordnung zu einer Gottheit, wie wir sie etwa beim Ölbaum der Athena, beim Lorbeer Apollons, beim Lygos der samischen Hera finden. Er wird nie als Baum des Zeus bezeichnet, und auch Herakles steht in keinerlei kultischem Zusammenhang mit ihm. Es werden bei ihm lediglich, wie wir bereits sahen, die »schönkränzenden Nymphen« verehrt, und das ist nichts Ungewöhnliches, denn Nymphen oder ähnliche Wesen wohnen eigentlich in jedem irgendwie bemerkenswerten Baum[117]. Daß der olympische *kotinos* in hohen Ehren stand, daß das Schneiden der Siegerkränze eine feierliche Zeremonie war, ausgeführt mit goldener Sichel von einem Knaben, dessen beide Eltern noch am Leben sein mußten (Scholion zu Pindar Ol. III 33), daß ferner Kotinoszweige beim monatlichen Opferrundgang auf allen Altären verbrannt wurden (Paus. V 15, 10)[118], all das bezeugt noch keinen Baumkult im eigentlichen Sinn, ebensowenig wie die Bemerkung des römischen Autors Plinius, der Baum werde mit frommer Scheu gehütet (nunc custoditur religiose: Nat. hist. XVI 44, 240). Ausschlaggebend bleibt, daß der berühmte Kranzbaum nur ein – wenn auch besonderes – Exemplar unter seinesgleichen war: der Hain, nicht ein einzelner Baum, ist das »Naturmal«.

Der heilige Bezirk von Olympia hieß »Altis«, was in der Antike als elische Sonderform des griechischen Wortes *alsos* (ἄλσος Hain) aufgefaßt wurde. Diese Erklärung ist teilweise auch von der modernen Forschung akzeptiert worden, obgleich die sprachwissenschaftliche Ableitung Schwierigkeiten zu bereiten scheint und das Wort zudem nur in Olympia und nirgends sonst belegt ist[119]. In Wirklichkeit lebt vielleicht in dem Wort »Altis« ein alter, möglicherweise vorgriechischer Name für die heilige Stätte weiter. In klassischer Zeit ist die Altis jener im engeren Sinne heilige Bezirk, der von einer Temenosmauer in Gestalt eines unregelmäßigen Vierecks eingeschlossen wird und um den sich die übrigen, nicht unmittelbar dem Kult dienenden Bauten und Anlagen herumgruppieren. Daß in der Altis nicht nur Ölbäume standen, geht aus Pausanias V 27, 11 hervor, wo von Platanen die Rede ist. Ferner kann man noch die Existenz von Weißpappeln aus der Nachricht erschließen, daß dieser Baum – und zwar ausschließlich (Paus. V 13, 3) – das Holz für die täglichen Zeusopfer lieferte[120]. Der heutige Baumbestand des Kronoshügels und der Altis, der hauptsächlich aus der Aleppokiefer besteht, ist erst zu Beginn dieses Jahrhunderts gewachsen und bietet ein unantikes Gesamtbild. Ob der Hain zu den ältesten »Naturmalen« Olympias gehört, oder ob er erst gewachsen ist, als die prähistorische Siedlung, die einst das Gebiet der späteren Altis einnahm, verfallen und untergegangen war, können wir natürlich nicht wissen.

Die einwandernden dorischen Stämme fanden hier eine geeignete Stätte, ihren aus dem Norden mitgebrachten Gott, den olympischen Zeus, im Schatten des heiligen Hains zu verehren. Sie errichteten ihm und anderen Gottheiten im Laufe der Zeit Altäre unter den Bäumen und pflegten auch die alten Kulte weiter, die sie hier und am Pelopion, auf dem Kronoshügel, dem Gaion und zu Füßen der beiden Hügel vorgefunden hatten. In diesem Zustand blieb das Heiligtum viele Jahrhunderte hindurch, bis die ersten monumentalen Bauten entstanden.

Die Ursprünge: Mythos und Geschichte

Wie alt ist Olympia? Wann und wie entstanden die Olympischen Spiele? Diese seit dem vorigen Jahrhundert bis in unsere Tage hinein immer wieder erörterten und teilweise heftig umstrittenen Fragen haben schon die Griechen selbst beschäftigt. Die Antworten, welche wir bei den antiken Autoren finden, sind leider recht verschiedenartig und teilweise in sich widerspruchsvoll. Sie stellen den modernen Forscher vor eine schwierige Aufgabe, wenn er versuchen will, aus Mythos und bruchstückhaften, verschiedenen Epochen entstammenden historischen Angaben, deren Quellenwert sehr unterschiedlich ist, die geschichtliche Wahrheit herauszudestillieren. Im Wirrwarr der Überlieferung lassen sich bei genauem Zusehen drei Hauptstränge erkennen.

Pausanias gibt eine lange Erzählung (V 7, 6–8, 5), für die er sich als Quelle auf »diejenigen Eleer, welche Kunde von den ältesten Dingen haben« beruft (Ἠλείων οἱ τὰ ἀρχαιότατα μνημονεύοντες). Ob das eine von ihm ausgeschriebene elische Chronik ist oder einfach das, was ihm bestimmte Gewährsleute (Fremdenführer, Priester, Archivbeamte, Lokalforscher) in Olympia und Elis mündlich berichteten, bleibt ungewiß und ist für uns auch unwichtig; entscheidend ist, daß wir hier – wie auch sonst bei Pausanias – die *elische* Tradition haben. Schon die Menschen des goldenen Zeitalters, so heißt es da, hätten hier dem damaligen Weltherrscher Kronos einen Tempel errichtet. Damals sei auch Herakles nach Olympia gekommen; doch dieser Herakles ist nicht der »thebanische«, der »Amphitryonide«, den Pindar besingt, sondern es ist seltsamerweise der »idäische« Herakles, der aus Kreta kommt und zusammen mit seinen Brüdern, den Daktylen oder Kureten, die ersten Wettkämpfe veranstaltet. Ob damit eine Verbindung zur altkretischen Form des Zeusmythos konstruiert werden soll – die Kureten bewachten bekanntlich das Zeuskind bei der idäischen Grotte – oder ob es nur um die Abweichung von der dorischen Herakles-Version geht, sei dahingestellt. Die Geschichte, die mancherlei Verwirrung in der Forschung angerichtet hat, wirkt jedenfalls irgendwie als Fremdkörper, als Einschiebsel, denn es folgt danach wiederum die Anknüpfung an den Anfang: Zeus selbst habe in Olympia mit seinem Vater Kronos um die Weltherrschaft gerungen und habe, nachdem er ihn überwunden und der Herrschaft beraubt habe, zur Feier des Sieges Wettspiele veranstaltet, an denen die Götter selbst teilgenommen hätten: Apollon z. B. sei vor Hermes im Wettlauf Erster geworden und habe auch Ares im Faustkampf besiegt. Was dann folgt, ist eine merkwürdige Kette von Neugründungen der Spiele, die mehrfach entweder in Vergessenheit geraten oder durch bestimmte Ereignisse in ihrer Kontinuität unterbrochen werden. Wir wollen hier die Namen dieser Stifter oder Erneuerer nicht im einzelnen aufzählen. Unter ihnen finden sich peloponnesische Heroen, wie Pelops, und auch der »thebanische« Herakles, vor allem aber mythische Könige von Elis. Das Ganze ist ein etwas absonderlicher, wohl relativ später und für uns im Grunde ziemlich wertloser Versuch, verschiedene Traditionen »unter einen Hut zu bringen«, dabei aber vor allem Elis in den Vordergrund treten zu lassen. Die Reihe läuft aus mit den elischen Königen Oxylos und Iphitos, dann wird der erste Sieger nach der Neuordnung der Spiele durch Iphitos genannt: Koroibos von Elis, und damit ist man unvermerkt vom Mythos in die Geschichte eingetreten. Denn nach dem offiziellen Verzeichnis war Koroibos Sieger im Stadionlauf bei der 1. Olympiade, die auf das Jahr 776 v. Chr. angesetzt wurde. Freilich – so müssen wir einschränkend sogleich bemerken –, ob wir uns hier wirklich schon im Bereich der Geschichte befinden, ist ungewiß, denn die Echtheit der olympischen Siegerliste in ihren ältesten Teilen ist, wie wir schon sahen, umstritten. Wir werden später darauf zurückkommen.

Betrachten wir zunächst die anderen mythischen Varianten. Für Pindar ist ganz klar und eindeutig Herakles der Gründer der Spiele, natürlich der »thebanische« Herakles, Zeus' eigener Sohn, vom Göttervater in Gestalt des Amphitryon mit Alkmene gezeugt. Wir haben ihn schon als Bringer des Ölbaumschößlings und Pflanzer des heiligen

Hains nach dorischer Tradition kennengelernt. Nach der gleichen Überlieferung legte er auch die Grenzen des Heiligtums fest:

> *Er steckte den heiligen Hain ab dem höchsten Vater*
> *und durch Umhegung sonderte er die Altis aus auf reinem Platz,*
> *aber die Ebene ringsum*
> *bestimmte er für die Erquickung beim Mahl.*
>
> Pindar, Ol. X 42 ff.

Das ist also die Schaffung des *temenos,* der eigentlich »gründende« Akt bei der Entstehung eines griechischen Heiligtums (s. S. 27). Die Stiftung der Spiele und des Heiligtums wird in Verbindung gebracht mit der Besiegung des Königs Augias, die in der zitierten Ode eingehend erzählt wird. Ähnlich heißt es auch Ol. II 5 f.:

> *Pisa gehört Zeus, die Olympien setzte Herakles ein*
> *als erste Beute des Krieges.*

Das ist pindarische »Theologie« und dorische Herakles-Verherrlichung. Beides steht in Widerspruch zur elischen Tradition. Die offensichtliche Vorrangstellung der dorischen Gründungssage in archaischer und klassischer Zeit steht zudem in auffälligem Gegensatz zu der Tatsache, daß Herakles in Olympia im Kult eine ganz unbedeutende Rolle spielt. Er hatte nur zwei Altäre, den einen als Herakles Parastates (Paus. V 14, 7), den anderen, der aber auch den Kureten zugeschrieben wurde, beim Sikyonierschatzhaus (V 14, 9). Zwar ist Pindar unsere früheste Quelle, doch die mythologisch älteren Züge sind zweifellos in der elischen Überlieferung enthalten, mögen sie auch in der bei Pausanias überlieferten Form mit jüngeren gemischt sein.

Die dritte Fassung ist besonders deswegen interessant, weil sie am festesten mit Olympia selbst verbunden ist. Es ist die Geschichte von Pelops und Oinomaos. Sie stand seit der klassischen Zeit jedem Besucher Olympias vor Augen, bildete sie doch das Thema der großartigen plastischen Darstellung, die über der Eingangsseite des Zeustempels das Dreiecksfeld des Ostgiebels füllte[121] (Taf. 45, 51–55; Abb. 95). Auch auf Vasenbildern ist sie dargestellt (Abb. 13). Die literarischen Quellen erzählen den Mythos in mehreren Varianten[122]. Kernbestand ist das weitverbreitete Märchenmotiv, daß ein König seine vielumworbene Tochter nur demjenigen zur Frau geben will, der eine bestimmte schwierige Aufgabe lösen kann. Der König ist in diesem Fall Oinomaos, Herrscher von Pisa, seine Tochter Hippodameia; die Aufgabe besteht in einer Wettfahrt zu Wagen mit dem König, wobei der Freier jeweils die Braut auf seinem Gefährt mitzuführen hat. Oinomaos hat einst einen Orakelspruch erhalten, daß er durch den Mann seiner Tochter den Tod finden werde, darum sucht er die Heirat zu verhindern. Seine Pferde sind an Schnelligkeit unschlagbar, denn sie sind Geschenke seines göttlichen Vaters Ares. Der König läßt dem Bewerber einen Vorsprung, überholt ihn dann und durchbohrt ihn dabei gleichzeitig von hinten mit seiner Lanze. Schon viele Freier hat Oinomaos besiegt und getötet. Da kommt Pelops, des Tantalos Sohn, ein Fremdling aus dem fernen Lydien. Und ihm gelingt der Sieg über Oinomaos, er erringt Hippodameia. Des Königs Untergang ist damit besiegelt: er stürzt bei der Fahrt tödlich oder fällt, nach anderer Überlieferung, durch Pelops' Hand; sein Palast geht, vom Blitz des Zeus getroffen, in Flammen auf. Zur Sühne für seinen Tod stiftet ihm Pelops Leichenspiele. Herakles erneuert später die Spiele und begründet in Olympia den Kult des Pelops. Die Überlieferungsvarianten betreffen im wesentlichen die Art und Weise, wie Pelops der Sieg gelang. Die einen behaupten: durch List. Denn der Wagenlenker des Oinomaos, Myrtilos, der heimlich in Hippodameia verliebt war, habe, von ihr überredet, oder, nach anderen, von Pelops bestochen, die Radpflöcke am Wagen seines Herrn gelockert oder durch solche aus Wachs ersetzt und so den tödlichen Sturz des Königs herbeigeführt, der noch im Sterben den ungetreuen Diener

13 Pelops und Hippodameia. Von einer rotfigurigen Halsamphora in Arezzo. 5. Jahrhundert v. Chr. (Monumenti Inediti VIII Taf. 3)

verfluchte. Der Fluch erfüllte sich: Myrtilos wurde – sei es, weil Pelops sich der Einlösung seines Versprechens entziehen wollte, sei es, wie andere berichten, weil der Wagenlenker Hippodameia nachstellte oder, umgekehrt, von ihr solcher Absichten fälschlich bezichtigt wurde – von Pelops getötet. Diese Blutschuld brachte Unglück über die Söhne des Pelops, Atreus und Thyestes, und setzte die Kette schrecklicher Frevel fort, die das düstere Geschick jenes Geschlechts bestimmen, das der klassischen Tragödie später so unerschöpflichen Stoff lieferte. Eine eigene, »edlere« Fassung bringt Pindar in seiner I. Olympischen Ode: dort siegt Pelops nicht durch Verrat oder zweifelhafte Machenschaften, sondern als reiner Held durch Götterbeistand[123].

Er ging an das graue Meer allein in der Nacht
und rief den tieftosenden
Herrn des Dreizacks. Der erschien ihm
vorm Fuß, ganz nah, sogleich.
Und er sprach zu ihm: Wenn die holden Gaben Kyprias irgend,
Poseidon, dich gnädig stimmen können,
wohlan, so hemme des Oinomaos eherne Lanze
und bringe mich auf dem schnellsten Gefährt
nach Elis, und vereine mich mit dem Sieg.

Pindar, Ol. I 71 ff. Übers. Dornseiff

Und Poseidon erhörte das Gebet seines Lieblings und gab ihm »Rosse mit nie ermüdenden Flügeln«, mit denen er den Sieg errang.

Nun sind nicht diese Abweichungen in den verschiedenen Fassungen der Pelops-Sage für uns von Belang; die Probleme, die uns interessieren, sind anderer Art. Wenn wir annehmen, daß sich im Mythos ferne geschichtliche Vergangenheit widerspiegelt – was bekanntlich bei zahlreichen Mythen tatsächlich der Fall ist –, so könnte man die Erzählung von Pelops und Oinomaos als Nachhall der Kämpfe auffassen, die mit der Einwanderung griechischer Stämme verbunden waren. Ein altes Königshaus wird gestürzt, eine neue Dynastie wird begründet, es beginnt eine neue Epoche; mit dem Königtum gewinnt der Sieger auch die Herrschaft über ein altes Heiligtum. So etwa könnte eine »historische« Auslegung der Geschichte aussehen. Doch so einfach ist die Sache nicht, es gibt da einige Schwierigkeiten. Pelops ist Ahnherr der Könige von

Mykenae. Aber wie paßt dazu seine Herkunft aus Kleinasien? Gerade in diesem Punkte sind sich die sonst einander vielfach widersprechenden Quellen einig. Mit einer Ausnahme allerdings, die Beachtung verdient, weil sie unser ältestes Zeugnis ist. Bei Homer nämlich wird eine Ahnenreihe des mykenischen Königshauses gegeben, in welcher Tantalos fehlt und in der Pelops offenbar als ein Sohn des Hermes gedacht ist. Es ist die Stelle im 2. Gesang der Ilias, wo die Geschichte von Agamemnons Zepter erzählt wird[124].

Endlich saß nun das Volk und hielt sich still auf den Sitzen
Ohne Geräusch, da erhob sich der mächtige Fürst Agamemnon
Mit seinem Zepter, das hatte Hephaistos kunstvoll gebildet;
Und Hephaistos schenkte es Zeus dem Kroniden, dem Herrscher,
Zeus aber schenkte es fort seinem Boten, dem Argoserwürger;
Hermes, der Gott wieder gab es dem rossetummelnden Pelops,
Pelops gab es Atreus weiter, dem Hirten der Völker,
Atreus ließ es verscheidend dem herdenreichen Thyestes,
aber Thyest' hinterließ es zu tragen dem Herrn Agamemnon.

Ilias II 99 ff. Übers. H. Rupé

Daß wir damit eine ältere Schicht des Mythos fassen, in der Pelops nicht der Lyder ist, sondern ein einheimischer Göttersproß, wird weiterhin gestützt durch eine Reihe andersartiger Beobachtungen. Die Wettfahrt endet – darin sind sich die verschiedenen Quellen einig – am Isthmos von Korinth. Das ist ein beträchtliches Stück von Olympia entfernt, hohe Gebirge liegen zwischen Start und Ziel; eigentlich ist kein plausibler Grund dafür einzusehen. Nun haben sich gerade in jener Gegend, in der nordöstlichen Peloponnes, mancherlei Erinnerungen erhalten, die mit dem Mythos von Olympia zusammenhängen und die man an sich dort nicht vermuten würde. Pindar nennt das Gebiet am Isthmos »die Schluchten des Pelops« (Nem. II 21). Im Demeterheiligtum von Keleai bei Phlius zeigte man den Wagen, mit dem Pelops den Sieg errang (Paus. II 14,4); das Schwert des Helden mit goldenem Griff war im Besitz der Sikyo-

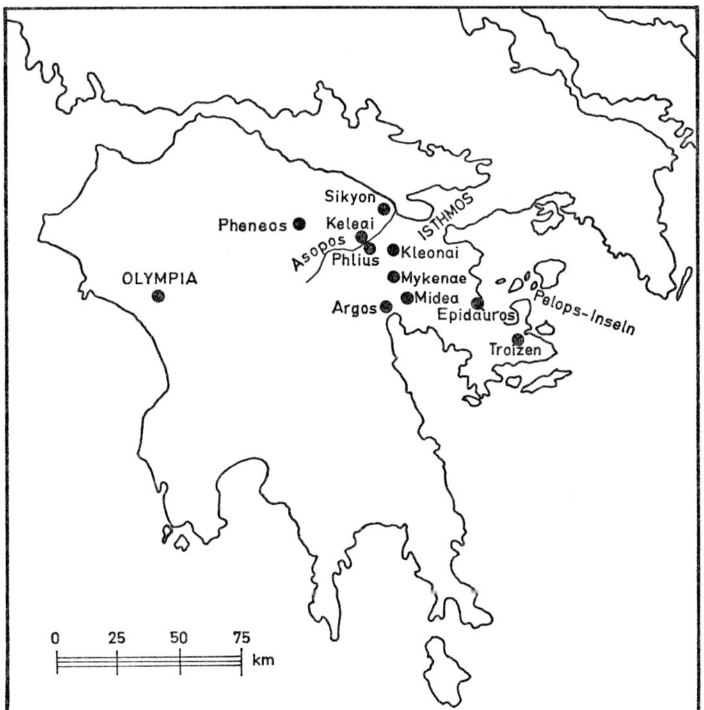

14 Die Heimat der Pelopssage

nier, die es in ihrem Schatzhaus in Olympia aufbewahrten (Paus. VI 19,6); die neun der Argolis bei Methana vorgelagerten Inselchen trugen den Namen des Pelops (Paus. II 34,3); eine Anzahl von Städten führten ihre Gründung auf Söhne des Pelops zurück, so Kleonai (Paus. II 15,1), Troizen (Strabo VIII 374), Epidauros (Paus. II 26,2). Desgleichen scheint Oinomaos in diesem Gebiet ursprünglich beheimatet zu sein. Seine Mutter Harpina ist die Tochter des Flußgottes Asopos; dieser Fluß fließt an Phlius vorbei und mündet beim Isthmos ins Meer; auch die von manchen Quellen nicht Sterope, sondern Eurythoe genannte Gemahlin des Oinomaos, eine Tochter des Danaos, weist in diese Richtung; damit ist Oinomaos mit dem Danaidenhaus von Argos verwandt[125]. Hippodameia war nach Pausanias (VI 20,7) ursprünglich in Midea in der Argolis bestattet; ihre Gebeine wurden erst nachträglich auf Grund eines Orakelspruches nach Olympia überführt. Das Grab des Myrtilos schließlich wurde beim Hermestempel der Stadt Pheneos gezeigt, wo es Pausanias sah (VIII 14,10 f.); in Olympia war hingegen nur ein Kenotaph vorhanden, und zwar an einer Stelle im Bereich des Hippodroms, die von den Wagenlenkern gefürchtet war, weil die Pferde dort scheuten (Paus. VI 20,17).

Nimmt man diese Zeugnisse zusammen, die sich auf ein bestimmtes Gebiet, nämlich die nordöstliche Peloponnes konzentrieren, so kommt man zu dem Schluß, daß dort die ursprüngliche Heimat der Pelops-Oinomaos-Sage sein muß (Abb. 14). Hinzu kommt noch eine sprachwissenschaftliche Beobachtung: man hat festgestellt, daß der Name Pelops zu jenen Bildungen gehört, die aus einem Stammesnamen hergeleitet sind, ähnlich wie Dryops — Dryopes, Dolops — Dolopes. Das bedeutet, daß Pelops der mythische Ahnherr eines Stammesverbandes der Pelopes ist[126]. Gleichzeitig ist er Stammvater der Könige von Mykenae. Daß die ganze Halbinsel von den »Pelopern« ihren Namen erhielt, braucht zwar keineswegs eine politische Vorherrschaft Mykenaes über die gesamte Peloponnes zu beweisen, wie Eduard Meyer und andere gemeint haben[127], stimmt aber allgemein mit der aus den archäologischen Zeugnissen und auch aus dem Epos zu erschließenden hohen Bedeutung von Mykenae als bestimmendem Zentrum in den Jahrhunderten der »mykenischen« Epoche durchaus überein. Wir haben es also bei der Pelops-Oinomaos-Geschichte mit vordorischem Sagengut zu tun, das ursprünglich im Kerngebiet der mykenischen Kultur beheimatet war. Ein Teil der mykenischen Bevölkerung der nordöstlichen Peloponnes wurde bekanntlich im Zuge der Völkerverschiebungen, die mit der dorischen Wanderung ihren Abschluß fanden, nach Osten abgedrängt. Ihre Götter, Heroen und Mythen wanderten mit. So wurde Pelops nach Kleinasien verpflanzt und kehrte schließlich als »Lyder« wieder nach Griechenland zurück[128].

Für uns von größerem Interesse, wenngleich erheblich schwerer zu beantworten ist die Frage, wie und wann die Sage nach Olympia gelangte. Brachten versprengte Teile der »Peloper« sie während der Wanderbewegungen am Ende der mykenischen Periode in die Pisatis? Oder war es nicht vielmehr so, daß der Sagenstoff mit der fortschreitenden »Mykenisierung« sich über die ganze Peloponnes verbreitete, bis schließlich verschiedene Orte und Landschaften um die »Lokalisierung« wetteiferten, wobei Olympia wegen seiner Kampfspiele schließlich dem alten Wettkampfmythos zur endgültigen Heimat wurde? Wir werden diese Fragen nie entscheiden können, weil wir viel zu wenig über die geschichtlichen Vorgänge in diesem von Wirren und Kämpfen erfüllten Zeitalter wissen. Jedenfalls läßt sich eine gewisse »Streuung« der landschaftsgebundenen Erinnerungen an die Pelops-Oinomaos-Sage bis ins östliche Arkadien hinein feststellen. Auch Olympia und seine Umgebung hatten diesbezügliche »Zeugnisse« aufzuweisen. Außer dem Pelopion und einem heiligen Bezirk der Hippodameia[129] gab es in der Altis selbst noch ein weiteres ehrwürdiges Relikt jener Vorzeit, das pietätvoll gehütet wurde, nämlich »das, was die Eleer die Säule des Oinomaos nennen«, wie Pausanias ein klein wenig skeptisch vermerkt. Es war eine hölzerne Säule, die, von Eisenbändern zusammengehalten, unter einem eigens dafür errichteten, säulengetragenen Schutzdach südwestlich des großen Zeusaltars stand; angeblich stammte

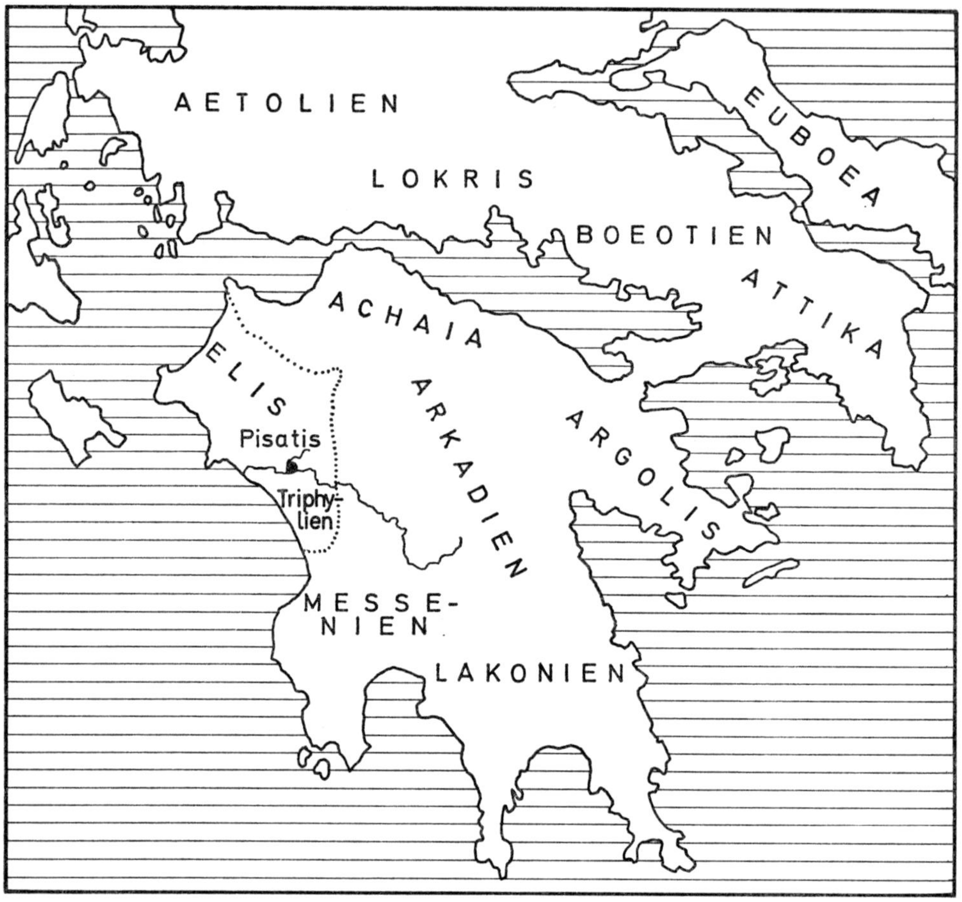

15 Die Landschaften der Peloponnes und Mittelgriechenlands

sie aus dem vom Blitz eingeäscherten Palast des Oinomaos, wie eine Aufschrift erläuterte. Grundmauern des Oinomaoshauses, die anscheinend gleichfalls in der Nähe des Zeusaltars gezeigt wurden, erwähnt Pausanias in anderem Zusammenhang[130]. Ferner zeigte man jenseits des Kladeos das Oinomaosgrab, das Pausanias als Erdhügel mit Steineinfassung beschreibt, sowie Trümmer von Gebäuden, die als Stallungen der berühmten Pferde des Königs erklärt wurden[131]. Weitere Erinnerungen dieser Art fand Pausanias östlich von Olympia: das Grab der getöteten Freier der Hippodameia, die Ruinen einer angeblich von Oinomaos gegründeten und nach seiner Mutter benannten Stadt Harpina[132] und schließlich die Stätte des sagenberühmten Königssitzes Pisa[133]. Ein bronzener Schrein mit den Gebeinen des Pelops wurde nahebei in einem Artemisheiligtum aufbewahrt; ein Schulterblatt hatten die Eleer in ihre Hauptstadt überführt, wo es jedoch schon Pausanias nicht mehr sah[134]. Das Pelopion in der Altis wurde demnach als Kenotaph angesehen.

Die Pelops-Oinomaos-Geschichte samt ihren ortsgebundenen Reminiszenzen in der Landschaft um Olympia bildet die früheste »Schicht« der Gründungsmythen, und diese »Schicht« läßt sich – wenn wir einmal bei diesem archäologischen Bilde bleiben wollen – datieren: sie ist, wie wir sahen, durch viele Verbindungsfäden mit der mykenischen Epoche verknüpft, jener Zeit also, in der bekanntlich die meisten großen Sagenkomplexe der Griechen ihren Ursprung haben. Dieser, wie man sie nennen könnte, »achäischen« oder »pisatischen« Sagenüberlieferung, die, obgleich in der mykenischen Argolis entstanden, zum olympischen Ortsmythos im eigentlichen Sinn geworden ist, stehen nun die beiden anderen Traditionsstränge gegenüber, die wir bereits erwähnt haben. Den einen, den wir als den »dorischen« bezeichneten und der mit der Gestalt des Herakles verbunden ist, erkannten wir als den jüngsten, während der andere, den wir den »elischen« nannten, alle Merkmale einer künstlichen Konstruktion trägt, die zwar ohne Zweifel alte Elemente enthält, aber im ganzen auch nicht sehr früh sein kann.

Wie ist das Nebeneinander dieser verschiedenen Überlieferungsstränge, deren Verschiedenheit trotz zahlreicher antiker Harmonisierungsversuche noch deutlich erkennbar sind, zu erklären? Wenn man sich nicht auf den Standpunkt Strabos stellen will, der schon zur Zeit des Kaisers Augustus skeptisch-resignierend bemerkte, daß in Olympia sowohl über die Gründung des Heiligtums wie die Einführung der Spiele die verschiedensten Sagen erzählt würden, denen jedoch keinerlei Bedeutung beizumessen sei (VIII 354), so muß man nach dem Grund fragen. Wir haben ihn bereits angedeutet: es kann letztlich nur so sein, daß sich hier die historische Rivalität verschiedener Gruppen um den Besitz des Heiligtums und die Leitung der Spiele widerspiegelt.

Die Landschaft Elis, wie sie etwa Pausanias beschreibt, ist ursprünglich kein einheitliches Gebilde gewesen. Sie ist erst im Laufe der Jahrhunderte allmählich zusammengewachsen (Abb. 15; vgl. Abb. 33)[135]. Der südliche Zipfel, Triphylien, wird bei Homer dem Reich von Pylos zugerechnet, während den größeren Teil des späteren Elis die Epeier bewohnen; neben diesen werden aber auch die Eleer im Epos schon einmal genannt[136]. Die Eleer der historischen Zeit sind ein aetolischer Stamm, der im Zuge der dorischen Wanderung von Nordwestgriechenland in die westliche Peloponnes gelangte, während die dorischen Stämme wohl hauptsächlich über die Landbrücke des korinthischen Isthmos in die Halbinsel eindrangen. Der Mythos hat an die Einwanderung aetolischer Stämme nach Elis noch eine dunkle Erinnerung bewahrt, die mit der bereits erwähnten Gestalt des elischen Königs Oxylos, eines Nachfahren des Aitolos, verknüpft ist, wobei zugleich ein altes Recht auf die eroberte Landschaft damit begründet wird, daß der Stammvater Aitolos angeblich aus Elis stammt[137]. Die homerischen »Epeier« repräsentieren vermutlich die vordorische, »achäische« — oder, wie wir heute sagen würden: »mykenische« — Bevölkerung von Elis. Das Epos macht zwar keinen Unterschied zwischen ihnen und den Eleern, aber spätere antike Schriftsteller suchen sie zu trennen; dabei gingen freilich dann die Meinungen, was aus den in historischer Zeit verschollenen Epeiern geworden war, ebenso auseinander wie über die Frage, ob Pisa als Ort und Königssitz jemals wirklich existiert habe.

Die Eleer konnten sich zunächst nur in der nordwestlichen Küstenebene und dem dahinterliegenden Bergland festsetzen. Die Pisatis wurde wahrscheinlich überhaupt erst um 570 v. Chr. erobert, Tryphylien um die Mitte des 5. Jahrhunderts; doch gingen die Auseinandersetzungen um diese Gebiete noch bis ins frühe 2. Jahrhundert weiter, bis dann mit dem Eintritt in den achäischen Bund (191 v. Chr.) die selbständige elische Geschichte endet. Die Eleer haben sich nun offenbar bemüht, durch pseudohistorische, teilweise bewußt geschichtsfälschende Konstruktionen ihre Ansprüche, vor allem auf die Pisatis mit Olympia, zu rechtfertigen[138]. Daher kommt es, daß wir von den tatsächlichen Vorgängen der Frühzeit kaum noch eine Vorstellung gewinnen können, zumal unsere für Olympia ergiebigste Quelle, Pausanias, durchweg der »orthodox-elischen« Tradition folgt, während andere Geschichtswerke, die für diese Fragen wichtige Angaben enthielten, uns nicht erhalten sind. Dennoch haben sich bruchstückhafte Erinnerungen zäh behauptet. »Die Aetoler ... übernahmen die Aufsicht über das Heiligtum von Olympia, welche ursprünglich die Achäer hatten«, sagt Strabo (VIII 357) unter Berufung auf Ephoros, einen Historiker des 4. Jahrhunderts v. Chr., aus dessen universalhistorischem Werk wir leider nur Zitate bei anderen Schriftstellern haben[139].

Es scheint also vieles darauf hinzudeuten, daß sich gerade in der Umgebung von Olympia die alte »achäische« oder »mykenische« Bevölkerung über die Katastrophen und Wirren der dorischen Wanderung hinweg gerettet und hier noch bis weit in die historische Zeit hinein gehalten hat. Sie wurde zur Wahrerin der alten Mythen, der alten religiösen Traditionen, obgleich der olympische Zeus, der Hauptgott der eingewanderten Stämme, nunmehr Herr des Heiligtums wurde und auch sonst sich manches änderte. Vermutlich hat die Existenz des Heiligtums die Umwohner vor der Vernichtung oder Vertreibung bewahrt; Olympia muß damals bereits eine beträchtliche Bedeutung gehabt haben. Natürlich werden sich die Einheimischen mit den Neuankömmlingen vermischt haben, aber es ist immerhin bemerkenswert, daß noch in historischer Zeit der Dialekt der Pisatis Besonderheiten aufweist. Und nicht nur das, auch politisch ist die Landschaft um Olympia, von eigenen Königen regiert, deren letzte ohne Zweifel historisch sind, ein Gebilde besonderer Art geblieben. Lange Zeit scheint die Pisatis – deren Ausdehnung und Grenzen in archaischer Zeit wir nicht genau kennen (s. Anm. 141) – ihre Unabhängigkeit mit Erfolg behauptet zu haben. Diese Unabhängigkeit wurde nicht nur von den Eleern, sondern auch von den führenden dorischen Staaten der Peloponnes bedroht. So scheint Argos versucht zu haben, das Heiligtum samt Umgebung in seine Gewalt zu bekommen; die Spiele der 8. Olympiade (748 v. Chr.) sollen der Überlieferung zufolge unter der Regie des argivischen Königs Pheidon veranstaltet worden sein. Sie wurden später von den Eleern als »Anolympias« bezeichnet[140]. Aber auch Sparta, dessen Einfluß seit dem späten 8. Jahrhundert in Olympia immer mächtiger spürbar wird, dürfte sich zeitweilig mit ähnlichen Gedanken getragen haben wie die Argiver. Jedenfalls waren es die Spartaner, mit deren Hilfe schließlich die Unterwerfung der Pisatis unter die Herrschaft von Elis gelang[141].

Eines ist durch alle Verworrenheit der Überlieferung hindurch noch erkennbar: daß Elis nicht immer die Leitung der Spiele gehabt hat, sondern daß diese ursprünglich in den Händen der Pisaten lag. Die elische Version steht hier deutlich im Widerspruch zu anderen Quellen. Nach Pausanias, der diese »offizielle« olympische Überlieferung wiedergibt (V 4 ff.; VI 22,2 ff.), waren Olympia und seine Spiele von Anfang an elisch. Spielleiter waren bis zur 50. Olympiade (580 v. Chr.) die elischen Könige (Paus. V 9,4), der erste Olympiasieger war ein Eleer, und nur zweimal gelang es den Pisaten – die geradezu als fremde Eindringlinge geschildert werden, in völliger Umkehrung der wahren geschichtlichen Verhältnisse (vgl. Paus. VI 22,3 f.) –, die Spiele zu »usurpieren«: einmal bei der soeben genannten Pheidon-Olympiade (748 v. Chr.; s. Anm. 140) und dann in der 34. Olympiade (644 v. Chr.) unter ihrem König Pantaleon, der angeblich mit seinem im Zweiten Messenischen Krieg siegreichen Heer Heiligtum und Spiele an sich riß. Beide Olympiaden wurden aus der offiziellen elischen Liste gestrichen. Dagegen heißt es bei Strabo (VIII 355), der auf guten griechischen Quellen fußt, nämlich Ephoros und Apollodor, die Eleer hätten zwar von der 1. bis zur 25. Olympiade die Leitung der Spiele gehabt, dann aber (Olympiade 26 d.i. 676 v. Chr.) hätten die Pisaten »ihr heimatliches Eigentum wiedererlangt und selbst die Spiele veranstaltet«. Erst »in späteren Zeiten« hätten die Eleer die Pisatis und damit die Leitung der Spiele zurückgewonnen, und zwar nach dem Zweiten Messenischen Krieg mit Hilfe Spartas. In der bei Eusebios (Chronik I 194 ff.) erhaltenen Siegerliste des Africanus (s. S. 13) ist nicht die 26., sondern die 28. Olympiade als pisatisch bezeichnet, und ferner sämtliche Olympiaden von der 30. bis zur 52. (660 – 572 v. Chr.). Mit diesem Enddatum stimmen andere Indizien überein, die darauf hinweisen, daß um diese Zeit tatsächlich die Unterwerfung der Pisatis durch Elis erfolgt sein muß. In der 48. Olympiade (588 v. Chr.) siegt zum letzten Mal ein Pisat[142]. Allgemein wird daher angenommen, daß die Eroberung der Pisatis und die endgültige Zerstörung Pisas um 570 v. Chr. stattgefunden hat[143]. Das unterworfene Gebiet war zuerst Periökenland und wurde erst im Laufe des 5. Jahrhunderts dem elischen Staatsgebiet einverleibt.

Ernst Meyer, der zuletzt eingehend über diese Dinge gehandelt hat, deutet die Unterschiede in den uns noch greifbaren Quellenangaben so, daß darin »verschiedene Stufen ›orthodox-elischer‹ Darstellung« deutlich werden, also eine schrittweise im Laufe der Zeit erfolgte Korrektur der tatsächlichen Vorgänge im elischen Sinne. »Man konnte offenbar die Tatsache einer früheren Leitung der Spiele durch Pisa nicht einfach leugnen und suchte daher diese für Elis unangenehme Überlieferung abzuschwächen[144].« In der endgültigen »Redaktion«, die wir bei Pausanias haben, sind schließlich nur noch zwei nicht-elische Olympiaden übriggeblieben. Selbst diese rigoros verfälschende Darstellung hat also jene beiden »Anolympiaden« nicht völlig tilgen können, ein Zeichen dafür, wie fest die Tradition einer — zumindest zeitweiligen — Leitung der Spiele durch die Pisaten in Olympia gewesen sein muß. Daß auch mit der endgültigen Eroberung der Pisatis um 570 v. Chr. die alten Ansprüche der ursprünglichen Inhaber des Heiligtums nicht in Vergessenheit geraten waren, zeigt die Tatsache, daß nach dem Peloponnesischen Krieg die Spartaner diese Ansprüche gegen Elis ausdrücklich anerkannt haben, wenngleich sie die Konsequenzen daraus nicht zogen. Elis hatte sich nämlich während des Krieges 420 v. Chr. aus dem peloponnesischen Bund gelöst und sich auf die Seite Athens geschlagen. Bald nach dem Friedensschluß kam es wegen der Fortsetzung seiner spartafeindlichen Politik zu einer kriegerischen Auseinandersetzung mit Sparta. Sie hätte die Eleer um ein Haar den Besitz des olympischen Heiligtums gekostet, wären die Spartaner nicht der zweifellos richtigen, von überlegenem politischem Weitblick zeugenden Einsicht gefolgt, daß man die Durchführung der Spiele der damals offenbar schon ganz dörflich gewordenen Bevölkerung der Pisatis nicht mehr anvertrauen konnte. So blieb den Eleern, die im Friedensschluß von 400 v. Chr. erhebliche Gebietsverluste hinnehmen mußten, die Herrschaft über Olympia und die Pisatis erhalten[145]. Wenig später gelang es den Pisaten infolge einer bestimmten politischen Konstellation, die Leitung der Spiele vorübergehend noch einmal zurückzugewinnen: es war jene 104. Olympiade (364 v. Chr.), in deren Verlauf es zu blutigen Gefechten auf dem Boden der Altis kam; unrühmlicher Epilog einer großen, in graue Vorzeit zurückreichenden Vergangenheit. Bemerkenswert ist dabei, wie die alten Stammesgegensätze zwischen Eleern und Pisaten selbst noch in die politischen Auseinandersetzungen des 4. Jahrhunderts hineinspielen (S. 161)[146]. Doch damit befinden wir uns bereits in einer Epoche, die wir erst viel später behandeln wollen. Wenn wir hier dem Zeitablauf in unserer Darstellung etwas vorausgeeilt sind, so nur, um zu zeigen, wie zäh sich das Bewußtsein uralter Rechte der alteingesessenen pisatischen Bevölkerung auf das Heiligtum von Olympia gehalten hat.

Mögen auch die historischen Vorgänge im einzelnen, wie gesagt, unserer Erkenntnis für immer verschlossen bleiben, so ist doch aus den halb historischen, halb ins Mythische zurückgesunkenen Traditionen, die wir skizzenhaft deutlich zu machen versuchten, ein Schluß unabweislich: wenn die Anfänge des Heiligtums in vorgriechische Zeit zurückgehen, dann muß es auch, zumindest seit mykenischer Zeit, Wettspiele gegeben haben, eine Urform der späteren Olympischen Spiele, was immer man sich auch darunter vorstellen mag. Denn nur so läßt sich das jahrhundertelange Bemühen, der alteingesessenen Bevölkerung die Leitung der Spiele zu entreißen, verstehen. Ob die in der Neuzeit am häufigsten vertretene Hypothese, die Wettkämpfe seien aus Leichenspielen für Pelops hervorgegangen, das richtige trifft, sei dahingestellt[147]. Immerhin kann sich diese Auffassung auf antike Nachrichten stützen, nicht jedoch auf archäologische Beweisstücke. Denn die in diesem Zusammenhang herangezogenen kleinen bronzenen und tönernen Wagenvotive geometrischer Zeit (Taf. 13 b) müssen als Beweisstücke ausscheiden[148], obgleich man sich — auch wegen der Übertragung des argivischen Oinomaos-Pelops-Mythos nach Olympia — die »Urspiele« gern als Wagenrennen vorstellen möchte. Aber gerade das Wagenrennen soll merkwürdigerweise nach der offiziellen Überlieferung als Wettkampfart der »historischen« Olympien erst verhältnismäßig spät eingeführt worden sein (Viergespanne: Ol. 25 = 680 v. Chr.; Wagenrennen mit Zweigespannen: Ol. 93 = 408 v. Chr.). Die Art jener »Urspiele« bleibt also im dunkeln; archäologische Indizien dafür sollte man vielleicht auch gar nicht erwarten. Dennoch wird man davon ausgehen dürfen, daß die Ursprünge der Olympischen Spiele in die Vorzeit zurückreichen, und zwar kommt dafür nach Lage der Dinge am ehesten die mykenische Epoche in Frage. Unbestreitbar dürfte freilich auf der anderen Seite auch sein, daß die Olympischen Spiele ihre eigentliche Prägung erst in der Zeit nach der dorischen Wanderung erhalten haben. Wann das geschah, läßt sich mit Sicherheit nicht mehr sagen, weil die Zuverlässigkeit der olympischen

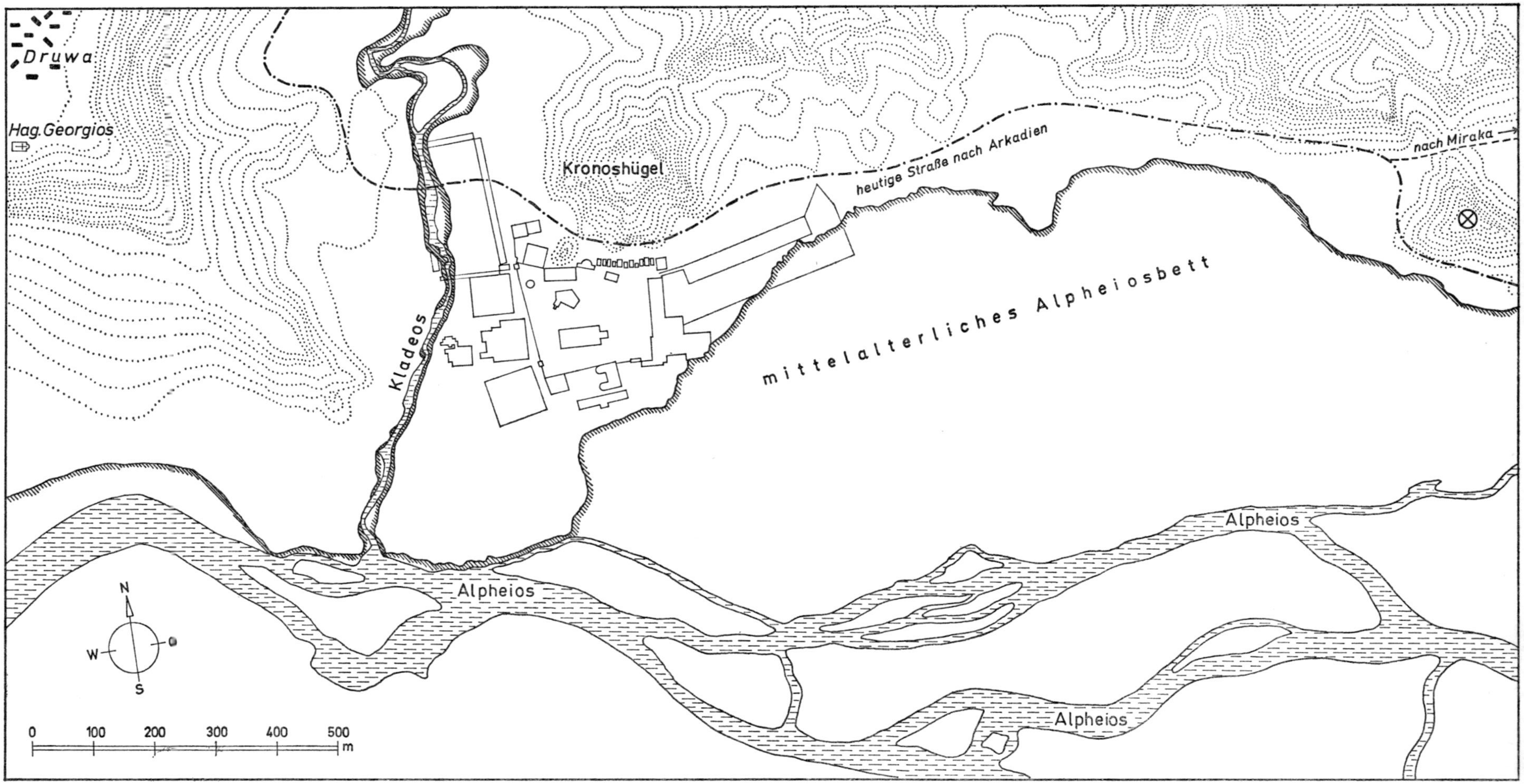

16 Die Umgebung Olympias. Links oben das Dorf Druwa (= Pisa?). Auf dem mit einem Kreuz bezeichneten Hügel rechts wurde lange Zeit die Stätte des antiken Pisa vermutet

Siegerliste in ihren älteren Partien, wie schon erwähnt, nicht kontrollierbar ist (s. S. 13 mit Anm. 14). Doch würde das traditionelle Datum 776 v. Chr. für die Neuordnung der Spiele, angeblich durch den elischen König Iphitos, mit dem archäologischen Befund durchaus in Einklang stehen. Denn aus dem Reichtum und der Menge der Weihgeschenke ist ein Aufblühen des Heiligtums im 8. Jahrhundert deutlich ablesbar. Damals also mag durch eine Umgestaltung der uralten, mit Wettkämpfen unbekannter Art verbundenen Festfeier des pisatischen Heiligtums unter der Einwirkung dorischen Geistes und der tatkräftigen Förderung der führenden peloponnesischen Staaten der Grund zu dem gelegt worden sein, was sich dann in immer reicherer Entfaltung zu den größten athletischen Kampfspielen der Antike entwickelte.

Ein gleichsam auf der Grenzscheide zwischen Mythos und Geschichte stehendes Denkmal sei in diesem Zusammenhang noch erwähnt: jener eherne Diskos nämlich, den Pausanias im Heraion von Olympia als altehrwürdiges »Ausstellungsstück« bestaunte und mit dessen Inschrift sich kein Geringerer als Aristoteles beschäftigt hatte. Diese Inschrift, die in altertümlicher Weise »nicht in geraden Zeilen geschrieben war, sondern in Buchstaben, die kreisförmig um den Diskos herumliefen«, wie Pausanias eigens vermerkt (V 20,1), enthielt den auf Weisung des delphischen Orakels abgeschlossenen Vertrag über den olympischen Gottesfrieden und über die für die Spiele gültigen Normen. Vertragschließende Partner waren König Iphitos von Elis, der Spartaner Lykurgos und König Kleosthenes von Pisa[149]. Man wird diesen Diskos nicht als echtes historisches Dokument werten können, als das er sich ausgab, noch ihn einfach als antike Fälschung bezeichnen dürfen, sondern als eine Spiegelung der Kämpfe um den Besitz Olympias und die Leitung der nach den Wirren der dorischen Wanderung neu belebten Spiele[150]. Und eines weiteren, auch nur literarisch überlieferten und gleichfalls im Heraion aufbewahrten, hochaltertümlichen Gegenstandes mag hier schließlich noch gedacht werden. Es handelt sich um die sogenannte Kypseloslade (s. Anm. 121), ein mit reichem Bildschmuck versehenes Werk des späten 7. Jahrhunderts, auf welchem unter anderem der mythische König Pisos als Teilnehmer an den Leichenspielen für Pelias dargestellt war, jener Pisos, den Phlegon von Tralles und andere Quellen als Gründer von Pisa und Stifter der ältesten Spiele in Olympia kennen[151]. Merkwürdigerweise fehlt dagegen auf den Darstellungen der Lade, die wir bis ins einzelne durch Pausanias kennen, jede Beziehung zu Elis. Daraus und aus der Tatsache, daß »selbst die elische Geschichtsdarstellung für die Jahrzehnte um 600 v. Chr. die pisatische Leitung der Spiele anerkennen mußte«, hat Ernst Meyer wohl mit Recht geschlossen, daß damals Pisa noch die Spielleitung innehatte[152].

Stadt und Burg Pisa waren freilich für die Zeit der Klassik, für die Zeit Pindars und Herodots und des Meisters der Olympiaskulpturen etwas, wovon nur noch Sagen kündeten, ein Name, der zur feierlichen dichterischen Bezeichnung für Olympia geworden war. Pindar gebraucht »Pisa« als Synonym für Olympia, ähnlich wie »Pytho« für Delphi. So konnten in späterer Zeit sogar Zweifel aufkommen, ob Pisa überhaupt jemals wirklich existiert habe. Strabo berichtet (VIII 356), daß man die Stadt auf einer Anhöhe zeige, die zwischen zwei den thessalischen Bergen Ossa und Olymp gleichnamigen Bergen gelegen sei. Das klingt recht mysteriös. Und er fügt hinzu, ohne jedoch seine Gewährsmänner zu nennen: »andere dagegen sagen, es habe nie eine Stadt Pisa gegeben«[153]. Diese These scheint bereits in hellenistischer Zeit entstanden zu sein, und ihr sind auch moderne Forscher gefolgt[154]. Offensichtlich war die Lage von Pisa nach dessen Zerstörung total in Vergessenheit geraten. Die Anhöhe, von der Strabo spricht, kann schwerlich die gleiche sein, die man etwa 150 Jahre später Pausanias als die angebliche Stätte von Pisa zeigte. Auch das Schwanken der Pindarscholien in der Entfernungsangabe (s. Anm. 133) zeigt, daß damals niemand mehr genau wußte, wo Pisa gelegen hatte. Die von Pausanias besuchte, 6 Stadien von Olympia entfernt gelegene Stelle, die nach dem Textzusammenhang östlich vom Heiligtum gelegen haben muß, ist sicherlich schon von Ernst Curtius richtig wiedererkannt worden in einem etwa 1 km vom Heiligtum entfernten, einzeln in die Alpheiosebene vorspringenden Hügel, der das Tal von Olympia nach Osten abschließt (Abb. 16)[155]. Pausanias mußte zu seiner Enttäuschung feststellen, daß die Stätte »überall von Weinbergen bedeckt war und weder Mauern noch sonstige Reste mehr aufwies« (V 22, 1). Wilhelm Dörpfeld hat auf diesem Hügel im Jahre 1908 eine Grabung durchgeführt, die spärliche prähistorische Mauerreste und einige Gräber zutage förderte. Die mitgefundene Keramik ist früh- und mittelhelladisch; Mykenisches fehlt völlig[156]. Die Stelle war also schon zu Beginn der mykenischen Epoche nicht mehr besiedelt. Der Schluß, der aus diesem Grabungsbefund – gegen Dörpfeld – gezogen werden muß, ist eindeutig: hier kann Pisa nicht gelegen haben. Die konische Form des Hügels, seine geringe Höhe und Ausdehnung scheinen zudem für eine größere Ansiedlung wenig geeignet.

Ich glaube dennoch nicht, daß man deswegen jede Hoffnung begraben muß, Pisa jemals wiederzufinden. Vielleicht ist es sogar schon gefunden, nur hat der Entdecker es selbst nicht gemerkt. Die beherrschende Höhe über der Ebene von Olympia ist der im Westen jenseits des Kladeos gelegene, hinter dem Museum und heutigen Dorf Olympia steil ansteigende Hügel, der oben eine auffällige, über mehr als hundert Meter sich erstreckende ebene Fläche aufweist. Dort steht heute ein Kirchlein des hl. Georg und dahinter liegt das Dorf Druwa (Abb. 16). Hier oben bauten sich 1876 die ersten deutschen Ausgräber von Olympia ihr Haus, das als Unterkunft und Arbeitsstätte diente und übrigens heute noch steht, und jeder Tourist, der das olympische Heiligtum als Ganzes in seiner reizvollen landschaftlichen Umgebung sehen und photographieren will, steigt hier hinauf. Von hier überblickt man das Alpheios- und Kladeostal zugleich, der Blick schweift weit nach Triphylien hinein und bis zu den Bergen Arkadiens (Taf. I; 1); nach Westen zu ist bei gutem Wetter das Meer sichtbar. Wenn es einen alten Königssitz, eine alte Stadt gegeben hat, die einst das Heiligtum beschützt und seine Umgebung beherrscht hat, dann würde man sie am ehesten hier, auf dem Hügel von Druwa suchen. Am Fuße dieser Anhöhe, in der Kladeosniederung, zeigte man zur Zeit des Pausanias den Grabhügel des Oinomaos und die angeblichen Reste der Pferdeställe des Königs (s. S. 42). Zufallsfunde veranlaßten 1958 den griechischen Archäologen N. Yalouris zu einer Probegrabung. Er legte mehrere Suchgräben am Hang und auf der Oberfläche des Hügels an und stieß dabei auf massenhafte Ablagerungen mykenischer Scherben. Auch mykenische Mauerreste wurden festgestellt[157]. Das Zentrum der Siedlung dürfte auf dem Plateau rings um die Georgskapelle zu suchen sein. Leider ist bis heute keine systematische Grabung an dieser Stelle erfolgt. Vielleicht wäre sonst das seit dem Altertum so viel erörterte Rätsel von Pisa schon gelöst.

Die Ursprünge: archäologischer Befund

Wir sind bei den vorstehenden Betrachtungen, die der sakralen Topographie Olympias sowie den Nachrichten über lokale Kulte, Mythen und Geschichtsüberlieferungen galten, in eine Zeit vorgestoßen, als noch nicht der dorische Zeus Herr des Heiligtums war. Nun stellen wir die Frage: was hat der Boden Olympias an Funden geliefert, die in jene Vorzeit gehören, und was sagen diese archäologischen Zeugnisse über die Ursprünge des Heiligtums aus?

In der großen Olympia-Publikation des vorigen Jahrhunderts wird der aufmerksame Leser bei den Urteilen über das Alter des Heiligtums eine grundsätzliche Meinungsverschiedenheit feststellen. Ernst Curtius glaubte in seinem »Entwurf einer Geschichte Olympias« im I. Textband das aus den Schriftquellen zu erschließende hohe Alter Olympias durch die Ergebnisse der Ausgrabungen im wesentlichen bestätigt zu sehen[158]. Im Gegensatz dazu hatte der junge Adolf Furtwängler, dem die Bearbeitung der Kleinfunde anvertraut worden war, schon 1879 in einer berühmt gewordenen Berliner Akademie-Abhandlung die Auffassung vertreten, daß die mythologisch-historische Überlieferung über ein »vordorisches« Olympia durch die Funde widerlegt sei, denn kein Fundstück könne in jene Zeit hinaufdatiert werden[159]. Er hat diese These später noch mehrfach wiederholt; sie liegt auch seiner Behandlung der Bronzefunde im IV. Band der Olympia-Publikation zugrunde. Die für die Archäologie epochemachende Feststellung, daß der älteste an den kleinplastischen Funden Olympias nachweisbare Stil der »geometrische« sei, auf welchen der »orientalisierende« folge, und andererseits der Hinweis auf das völlige Fehlen mykenischer Fundstücke ließen die Schlußfolgerung unabweislich erscheinen, daß Olympia eine rein griechische Gründung aus der Zeit nach der dorischen Wanderung sei. Die literarische Überlieferung mußte demnach späte Konstruktion sein; darin stimmten ihm auch manche Philologen zu, unter ihnen kein Geringerer als Wilamowitz. Das von Furtwängler an Hand der Funde Olympias entwickelte stilgeschichtliche und chronologische System für die frühen Perioden der griechischen Kunst setzte sich durch und bewährte sich auch weiterhin; so ist es nicht verwunderlich, daß auch die Folgerung der nachmykenischen Entstehung des Heiligtums von Olympia akzeptiert wurde.

Der Streit über das Alter Olympias lebte erneut auf, als Wilhelm Dörpfeld, Bauforscher und von 1877 bis 1881 örtlicher Leiter der Ausgrabungen, Jahrzehnte später abermals den Spaten in der Altis ansetzte, um die vordorische Gründung des Heiligtums zu beweisen. In einer Reihe kleinerer Nachgrabungen (1906–09, 1921–23, 1927 bis 29) glückte ihm tatsächlich die Entdeckung des prähistorischen Olympia. Die Kontroverse zwischen Dörpfeld und Furtwängler braucht uns hier nicht weiter zu beschäftigen; sie gehört der Wissenschaftsgeschichte an. Heute wissen wir, daß im Grunde beide recht hatten: Furtwängler mit seiner Datierung der Kleinfunde, Dörpfeld mit seiner Idee, daß die Nachrichten über ein höheres Alter von Olympia einen wahren Kern enthalten müßten. Es stellte sich bei Dörpfelds Untersuchungen heraus, daß die Ausgrabung der Altis keineswegs als abgeschlossen zu betrachten war. Wo prähistorische Schichten zufällig einmal angeschnitten worden waren, hatte man sie nicht als solche erkannt. Was man z. B. vermutungsweise als Fundament des Zeusaltars angesprochen hatte, erwies sich jetzt als Rest eines prähistorischen Hauses (Haus 7; S. 50, Abb. 17); und Furtwängler selbst hatte bereits, ohne es zu merken, zwei vorgeschichtliche Gefäße veröffentlicht, wie sie nunmehr in größerer Anzahl zu Tage traten[160].

Dörpfeld hat seine Ergebnisse, über die er zunächst nur in kurzen Vorberichten referiert hatte, in einem zweibändigen Werk ausführlich dargelegt[161]. Seine Entdeckungen sind für die Beurteilung der Geschichte Olympias grundsätzlich von großer Tragweite. Wenn sie nicht den von ihm erhofften Widerhall in der Fachwelt fanden, so vorwiegend aus zwei Gründen. Einmal hat sich Dörpfeld auf kleinere Einzeluntersuchungen beschränkt, ohne seine Arbeit zu einer systematischen Tiefgrabung eines grö-

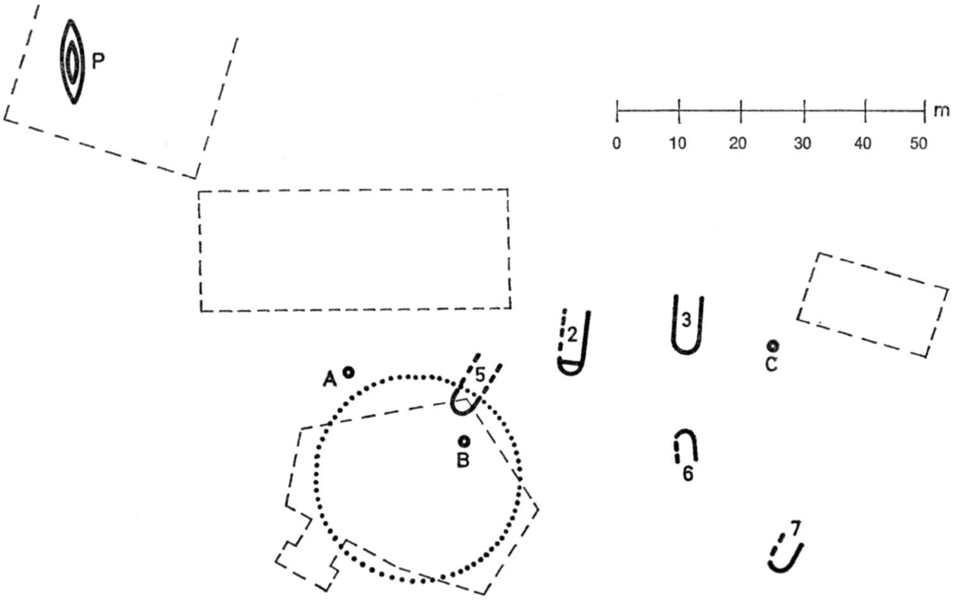

17 Die Altis im 2. Jahrtausend v. Chr. 2, 3, 5, 6, 7 = mittelhelladische Häuser; (bei Haus 1 ist die Lage nicht genau festzustellen, Haus 4 ist nicht prähistorisch). A, B, C = Gräber, P = unerklärtes, prähistorisches Fundament. Die gestrichelten Linien bezeichnen die späteren Bauten: Prytaneion, Heraion, Metroon und Pelopion

ßeren, zusammenhängenden Areals auszuweiten. So haftet seinen Unternehmungen, die seither niemand fortgesetzt hat, notwendigerweise der Charakter des Bruchstückhaften an. Als zweiter Grund kommen die Mängel der Publikation hinzu. Die Grabungen lagen teilweise jahrzehntelang zurück, als Dörpfeld, inzwischen hochbetagt, sein Werk »Alt-Olympia« schrieb; Befunde mußten teilweise nach alten Notizen rekonstruiert werden, wodurch gelegentlich Widersprüche entstanden. Vieles war schon damals nicht mehr nachprüfbar. Vor allem aber wurden diese Befunde nicht in objektiv dokumentierender Weise vorgelegt, sondern in Form eines Glaubensbekenntnisses, als Bestätigung der Ansichten des Verfassers, vermischt mit phantastischen Ideen, persönlichen Angriffen auf seine wissenschaftlichen Gegner und ohne Rücksicht auf die inzwischen von der Wissenschaft erarbeiteten Erkenntnisse. Gegenstand der Bemühungen war in erster Linie das Heraion, dessen hohes Alter Dörpfeld erweisen wollte und unter dem er noch mehrere Vorgängerbauten entdeckt zu haben glaubte. Er nahm eine Abfolge von drei Tempelanlagen an, von denen die erste und letzte jeweils einen Umbau erfahren haben sollte (Heraion I a und b bzw. III a und b), während die mittlere (Heraion II) unvollendet geblieben sei. Den ältesten Bau datierte Dörpfeld in das 11. oder 10. Jahrhundert, die Erbauung von Heraion III in den Anfang des 9. oder das Ende des 10. Jahrhunderts. Die auf falscher, rein subjektiver chronologischer Bestimmung der Funde beruhenden Datierungen wurden von der Forschung stillschweigend ignoriert. Doch dann erwies sich auch die von Dörpfeld rekonstruierte Baugeschichte des Tempels als unhaltbar. H. Riemann eliminierte Heraion II und zog I a und b zu einer Periode zusammen[162]; seither sprach man nur noch von Heraion I und II. A. Mallwitz kam unlängst bei einer erneuten Untersuchung der Fundamente zu dem Ergebnis, daß ein älterer Vorgänger des Heraions archäologisch nicht nachweisbar ist[163]. Die vorhandenen Reste gehören, so scheint es, sämtlich einem einzigen Bauvorgang an. Ist das richtig, so gibt es nur ein Heraion, eben jenen um oder nicht lange vor 600 v. Chr. errichteten Bau, an dem später einige Veränderungen vorgenommen wurden[164]. Neben dem Heraion, das nunmehr endgültig aus den Überlegungen über das älteste Olympia ausscheiden muß, galten Dörpfelds Forschungen dem Nachweis einer »idäischen Grotte« und einer »Naturquelle« am Fuße des Kronoshügels; auch

18 Keramik aus den prähistorischen Häusern. 1. Hälfte 2. Jahrtausend v. Chr. (Dörpfeld, Alt-Olympia Taf. 22,1–8)

19 Keramik »minyschen« Typs aus den prähistorischen Häusern. 1. Hälfte 2. Jahrtausend v. Chr. (Dörpfeld, Alt-Olympia Abb. 10,11)

diese Ergebnisse können heute als überholt betrachtet werden[165]. Was bleibt, sind im wesentlichen zwei Befunde, die an sich nur einen begrenzten Raum in Dörpfelds Publikationen einnehmen, aber von großer Bedeutung sind: die vorgeschichtliche Siedlung auf dem Boden der Altis und das ältere Pelopion.

Dörpfeld registrierte insgesamt sieben prähistorische Häuser, die über ein zwischen Heraion, Pelopion und Metroon sich erstreckendes Gebiet unregelmäßig verteilt sind (Abb. 17). Zwei davon waren schon von der alten Grabung freigelegt und falsch gedeutet worden[166]; die übrigen grub Dörpfeld zusammen mit F. Weege und anderen Mitarbeitern im Frühjahr 1908 aus[167]. Alle Häuser zeichnen sich durch ein gemeinsames Merkmal aus: den halbrunden, apsidenförmigen Abschluß der Rückseite. Im übrigen sind als einheitliche Gruppe nur die drei Häuser 2, 3 und 5 anzusprechen. Sie stimmen in Größe, Grundrißbildung und Orientierung der Eingangsseite nach Norden miteinander überein; bei Haus 3 fehlt lediglich die Querwand vor der »Apsis«. Die Länge schwankt bei den beiden am besten erhaltenen Bauten 2 und 3 zwischen 10 und 11 m, die Breite zwischen 3 und 4 m; die Längsmauern verengen sich nach dem Eingang zu ein wenig. Die als »Haus 7« bezeichneten Reste sind, sofern sie einem Bau gleicher Art gehören, ebenfalls dieser Gruppe zuzurechnen. Das kleine Haus 6 ist schlecht erhalten; gehört aber nach Ausweis der Keramik zur Gruppe der großen Apsidenhäuser; auffällig ist die Richtung seiner Eingangsseite nach Süden. Über die Gestalt von Haus 1 ist keine sichere Aussage mehr möglich. Eine Sonderstellung nimmt einzig Haus 4 ein, nicht nur wegen seiner Westorientierung, sondern vor allem durch den Fund einer mykenischen Scherbe unter dem Bau, die beweist, daß dieser jünger sein muß als die anderen. Bei der in den Häusern 2 und 3 zahlreich, in den Häusern 5, 6 und 1 spärlicher gefundenen Keramik (Abb. 18, 19, Taf. 9 c, d) handelt es sich um eine monochrome, vielfach mit Ritzmustern versehene lokale Ware, deren chronologische Einordnung zunächst Schwierigkeiten bereitete, die sich jedoch ihrem Charakter nach anderen festländischen Gattungen der mittleren Bronzezeit, des sogenannten Mittelhelladikums (ca. 2000–1550 v. Chr.), an die Seite stellt. Bestätigt wird dieser Ansatz durch Funde von Importstücken und Imitationen bekannter mittelhelladischer (»minyscher«) Tonware (Abb. 19) sowie von sogenannter mattbemalter Keramik, die gleichfalls für die mittlere Bronzezeit kennzeichnend ist[168]. Auch der Haustypus, das sogenannte Apsidenmegaron, tritt in Griechenland am häufigsten in der mittelhelladischen Periode auf. Er kommt vereinzelt schon im Frühhelladikum (3. Jahrtausend) vor und läßt sich bis in die geometrische Zeit und noch darüber hinaus verfolgen, doch für die mittelhelladische Zeit ist er neben dem Rechteckmegaron der eigentlich charakteristische Haustypus[169]. So kann an der Datierung dieser Häuser in die erste Hälfte des 2. Jahrtausends kein Zweifel bestehen. In Haus 3 lassen sich zwei Perioden fest-

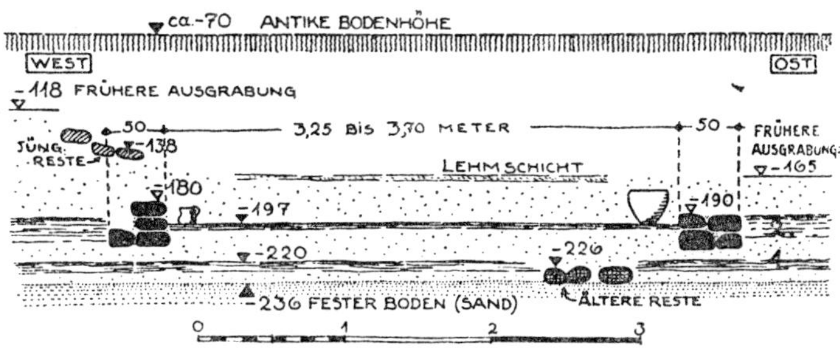

20 Die Schichten in Haus 3. (Dörpfeld, Alt-Olympia Abb. 8)

stellen, die zeitlich jedoch nicht weit auseinanderliegen können (Abb. 20). Von jüngeren, undatierten Mauerzügen werden die Häuser 5 (Abb. 21) und 2 überschnitten. An der Nordostecke des Pelopions stellt sich die Abfolge der Baureste folgendermaßen dar: das Apsidenhaus 5 war überlagert von einer »jüngeren Mauer (a)«, die unerklärt und auch nicht datiert ist, aber die Zerstörung des Hauses voraussetzt. Es folgt eine fundleere Sandschicht, dann eine mit frühen Terrakotten und Bronzen durchsetzte Humusschicht (die sogenannte schwarze Schicht der geometrischen Zeit), darüber eine mit Bauschutt und Steinen durchsetzte Schicht, die mit der Erbauung des Heraions oder des klassischen Pelopions (III) zusammenhängt, und schließlich die Fundamente von Pelopion III. Dieser wichtige und einigermaßen gut dokumentierte Befund ist ersichtlich aus Abb. 21 und 22[170]. Es gibt nur noch einen weiteren brauchbaren stratigraphischen Befund für die Verhältnisse in der Altis im 2. Jahrtausend, auf den wir weiter unten zu sprechen kommen. Als Ergebnis läßt sich zunächst feststellen: zwischen der Zerstörung

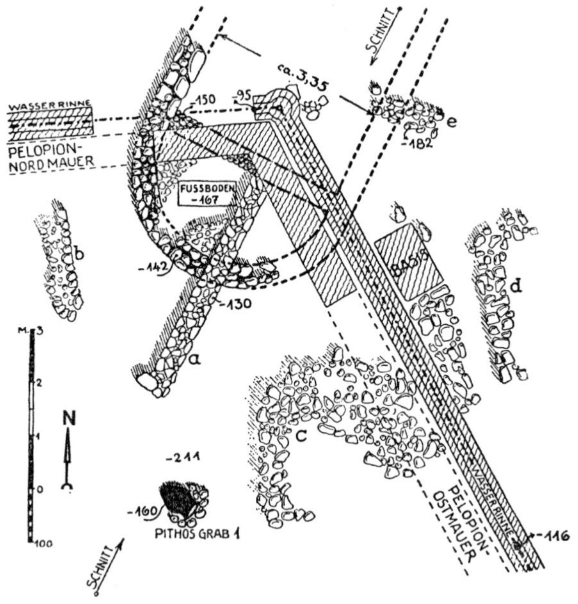

21 Prähistorisches Haus 5. Grundriß. (Dörpfeld, Alt-Olympia Abb. 3)

von Haus 5 und der geometrischen Schicht liegt eine weitere, unerklärte Bauschicht sowie eine Schwemmschicht, die Dörpfeld als Ergebnis einer Naturkatastrophe erklärt; es liegt ferner das älteste Pelopion dazwischen, dessen (hypothetische?) ansteigende Hügeloberfläche Dörpfeld im Schnitt (Abb. 22) als gestrichelte Linie eingezeichnet hat. Des weiteren ist noch zu bemerken: der in diesem Schnitt mit −167 einnivellierte Fußboden von Apsidenhaus 5 bzw. das dazugehörige Niveau außerhalb des Hauses ist nicht der tiefste von Dörpfeld festgestellte prähistorische Horizont: tiefer liegt ein Bau-

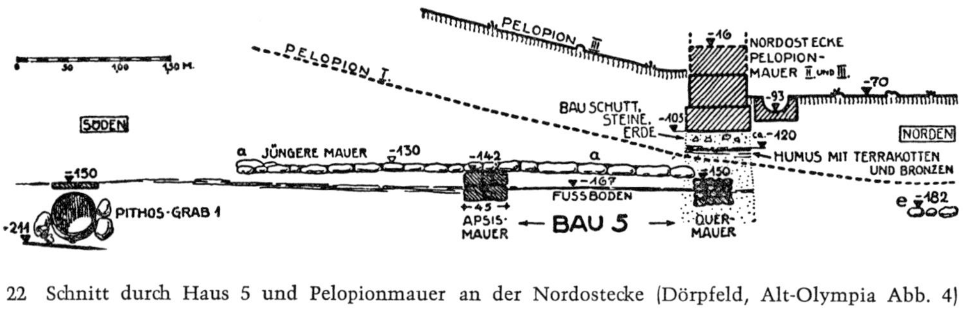

22 Schnitt durch Haus 5 und Pelopionmauer an der Nordostecke (Dörpfeld, Alt-Olympia Abb. 4)

rost unmittelbar daneben (»e«: −182), der zu einem älteren Bau gehören könnte. Deutlicher sind zwei Bauschichten bei dem Apsidenhaus 3 zu erkennen (Abb. 20): zwischen beiden liegt eine dünne Sandschicht. Dörpfeld hat diese zwei durch eine Sandschicht getrennten prähistorischen Horizonte auch an anderen Stellen angetroffen, so zwischen Schatzhausterrasse und Haus 3 und weiter östlich in einem Schnitt westlich des Metroons und im Bereich der Schatzhausterrasse (Abb. 26)[171]. Datiert sind die beiden Horizonte nicht; sie brauchen zeitlich nicht weit auseinanderzuliegen und können einstweilen nur in ihrer relativen Abfolge konstatiert werden. Für die Datierung des späten Hauses 4 ist die von F. Weege genau beobachtete Fundlage der spätmykenischen Scherbe, 35 cm unterhalb der Fundamentunterkante, von entscheidender Wichtigkeit. Zusammen mit den innerhalb des Hauses beobachteten Fragmenten geometrischer Terrakottatiere und einem Eisenstück ergibt sich wohl mit Sicherheit nachmykenische Entstehung. Aus den Plänen der prähistorischen Siedlung der mittleren Bronzezeit ist dieses Haus also zu streichen. Damit gewinnt es aber noch an Bedeutung. Denn es ist allem Anschein nach der älteste bisher nachweisbare »griechische« Bau in der Altis (Abb. 35).

Der in seinen Ergebnissen hier kurz mitgeteilte Grabungsbefund ist, wie gesagt, unvollkommen und bruchstückhaft. Mittelhelladische Siedlungsreste sind in der Umgebung der Altis als Zufallsfunde inzwischen hinzugekommen. Aber die Untersuchungen Dörpfelds sind bisher nicht weitergeführt worden. Erst ihre Wiederaufnahme wird uns endgültige und detailliertere Aufschlüsse über die ältesten Anfänge Olympias liefern können. Eins jedenfalls läßt sich bereits mit Sicherheit feststellen und sei hier als vorläufiges Resultat festgehalten: auf dem Boden der späteren Altis – genauer gesagt: in ihrem nördlichen Teil – gab es eine durch Funde in mittelhelladische Zeit datierte Siedlung. Ihre Anfänge könnten sogar noch höher hinaufreichen, da mittlerweile auch die frühhelladische Epoche durch keramische Funde in Olympia vertreten ist[172]. Ihr Ende läßt sich nicht genau festlegen, fällt aber wohl noch in die mittelhelladische Zeit. Bemerkenswert ist, daß in nachmykenischer, vermutlich geometrischer Zeit nochmals ein Haus des gleichen Typus gebaut worden ist (Haus 4) und daß wir dieses merkwürdige Grundrißschema des Apsidenmegarons außerdem wiederfinden in zwei Bauwerken des historischen Olympia, von denen das eine dem 6. Jahrhundert, das andere wohl schon dem frühen 5. Jahrhundert angehört: es sind die beiden Buleuterien am Südrand des Heiligtums (Abb. 72). Man glaubt hier einen Zusammenhang zu ahnen; aber für eine gesicherte Kontinuität würde man noch Zwischenglieder erwarten, die wir an anderen Orten haben[173]. Jedenfalls ist die Parallelität seit der Entdeckung der prähistorischen Apsidenhäuser durch Dörpfeld schon immer aufgefallen. Wir werden sie im Auge behalten.

Soviel zunächst zu den ältesten bisher in Olympia ausgegrabenen Bauresten. Die zweite Entdeckung, welche Dörpfelds These von der Existenz eines »vordorischen Olympia« bekräftigte, ergab sich aus seinen Beobachtungen am Pelopion. Leider sind auch hier wieder die Untersuchungen unvollständig geblieben, ihre Publikation nicht in allen Punkten zufriedenstellend. Unter dem aus klassischer Zeit stammenden Bezirk des Pelops im Zentrum der Altis mit seiner den Grabhügel umgebenden fünfeckigen Temenosmauer fand Dörpfeld 1929 eine ältere, aus einfachen, regelmäßig hochkant gestellten Steinen gebildete Einfassung. Er stieß auf diese Anlage zuerst im Gebiet des Pelopion-Tores, wo unter dem klassischen Propylon schon die alte Grabung Spuren einer älteren, einfacheren Toranlage, wohl aus archaischer Zeit, festgestellt hatte (Olympia II 57). Nördlich und südöstlich davon kam nun besagte Steinreihe zutage, die sich hier besonders gut und vollständig erhalten hatte und einen deutlich gekrümmten Verlauf zeigte (Abb. 23, 24)[174]. Dörpfeld schloß aus diesem Befund, daß »tief unter den Torgebäuden der Steinkreis irgendeines runden Bezirks gelegen haben mußte, der einen Durchmesser von etwa 30 m gehabt hatte und dessen Umfangslinie durch eine Reihe hochkantiger Steine markiert war. Dieser runde Bezirk unter dem späteren Pelopion konnte nichts anderes sein als der Grabhügel des Pelops, der hier in sehr alter Zeit errichtet sein mußte« (AO. 119 f.). Um den weiteren Verlauf des Steinkreises zu verfolgen, legte Dörpfeld eine Anzahl von Suchgräben an; in mehreren von ihnen fand er die Steinreihe noch in gutem Zustand vor, in einigen nur Reste, in manchen fehlten die Spuren völlig. Die von ihm vorgelegte Rekonstruktion (Abb. 25), die ein etwas unregelmäßig geformtes Rund zeigt, dessen Durchmesser zwischen 31 und 34 m schwankt, ist also nur zu einem Teil gesichert und bedürfte der Nachprüfung. Einstweilen wird man sie indes als vertrauenswürdig und zutreffend bezeichnen dürfen, soweit sie aus der nicht sehr eingehenden Darlegung und spärlichen Dokumentation des Ausgräbers kontrollierbar ist.

Über datierende Funde berichtet Dörpfeld nichts. Auch aus diesem Grunde wäre eine Nachgrabung dringend erwünscht. Eine relative Datierung von »Pelopion I« läßt sich jedoch aus den von Dörpfeld veröffentlichten Schnitten gewinnen; wichtig ist dabei die oben erwähnte Überschneidung des Apsidenhauses 5 durch das älteste Pelopion.

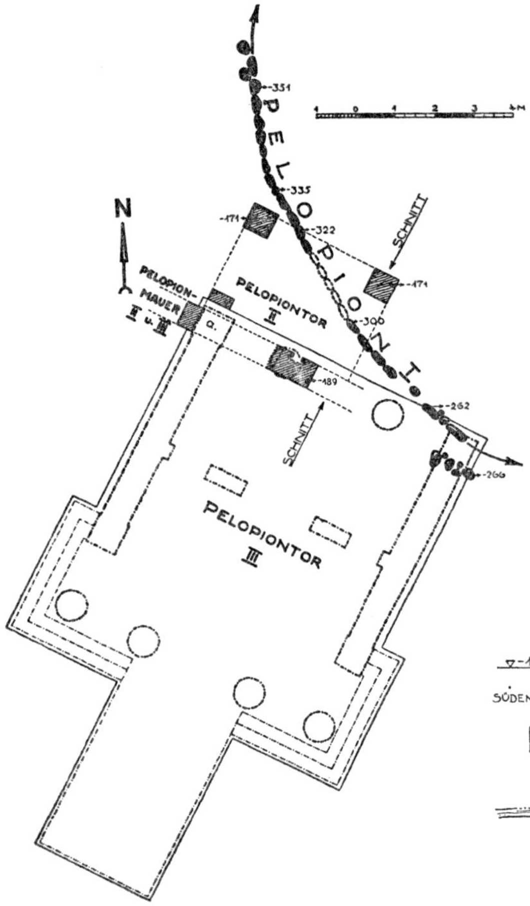

23 Befund am Eingangstor des Pelops-Bezirks: Klassisches Propylon (III), archaisches Tor (II), mykenischer Steinkreis (I). (Dörpfeld, Alt-Olympia Abb. 21)

24 Pelopion. Schnitt. (Dörpfeld, Alt-Olympia Abb. 22)

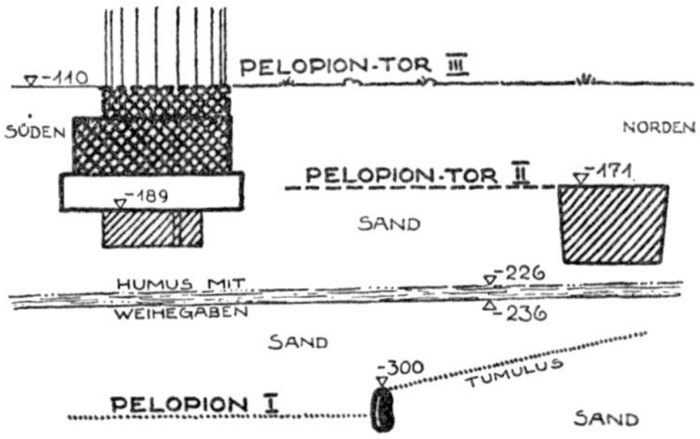

Dabei ist merkwürdig, daß der Steinkreis des ältesten Pelopions, wenn man die von Dörpfeld angegebenen Nivellements vergleicht (Abb. 25), tiefer liegt als das Apsidenhaus 5. Das könnte Zweifel an der behaupteten zeitlichen Abfolge erregen, denn eigentlich würden wir ein umgekehrtes Niveauverhältnis erwarten. Hierbei muß man sich jedoch den technischen Vorgang bei der Anlage des Pelopions klarmachen. Aller Wahrscheinlichkeit nach ist man dabei so verfahren, daß man rings um eine natürliche kleine Erhebung – an der vermutlich schon ein Kult bestand – den Boden etwas tiefer gelegt und mit der gewonnenen Erde eine künstliche Anschüttung hergestellt hat. So erklärt sich die tiefe Lage des Steinkreises am Fuße des Hügels. Deshalb ist Haus 5 auch außerhalb des Steinkreises zerstört. Wie wenig die absolute Höhenlage bei einer derartigen prähistorischen Anlage besagt, die ganz von den natürlichen Geländeverhältnissen ausgeht, zeigen die starken Schwankungen der Nivellementszahlen in Dörpfelds Plan. Entscheidend ist die relative Schichtenabfolge, wie sie im Schnitt durch Haus 5 und die Nordostecke des späteren Pelopions vorliegt (Abb. 22). Zwischen Haus 5 und der jüngeren Mauer a einerseits und der sogenannten »schwarzen Schicht« der geometrischen und früharchaischen Zeit andererseits verläuft das Niveau von Pelopion I, das als gestrichelte Linie eingezeichnet ist[175]. Damit haben wir eine obere Zeitgrenze für die Anlage, nämlich die frühgriechische »schwarze Schicht«, während die untere Grenze durch die Zerstörung von Apsidenhaus 5 gegeben ist, deren genauen Zeitpunkt wir zwar nicht kennen, die aber noch während der mittelhelladischen Periode erfolgt sein dürfte. Für die Entstehung des ältesten Pelopions kommt demnach ein Zeitraum in Frage, der zwischen dem Mittelhelladikum und dem Beginn der frühgriechischen Ära liegen muß, das heißt also die mykenische Epoche[176].

25 Pelopion.
Die drei Perioden.
(Dörpfeld, Alt-Olympia Abb. 24)

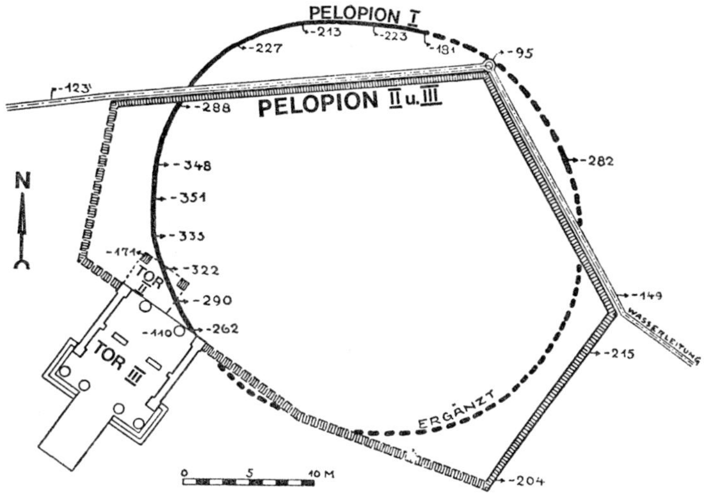

Die Tragweite dieser Feststellung liegt auf der Hand. Denn die Entdeckung der prähistorischen Siedlung hatte die Position der Skeptiker, der Verfechter der These vom »dorischen«, rein griechischen Ursprung Olympias nicht ernsthaft erschüttern können. Die fundleere Sandschicht, die Dörpfeld zwischen den prähistorischen und griechischen Schichten festgestellt hatte, schien doch offenbar darauf hinzuweisen, daß zwischen der Siedlung und dem griechischen Heiligtum kein Zusammenhang bestehen könne. Anscheinend war das mittelhelladische Dorf durch eine Überschwemmungskatastrophe untergegangen und die Stätte dann für längere Zeit verödet gewesen. So ist es nicht zu verwundern, daß sich kaum jemand bereitfand, die Anfänge des Heiligtums mit den ältesten ausgegrabenen Resten gleichzusetzen[177]. Dabei mußten doch, wie G. Rodenwaldt es einmal — übrigens mit Hinweis auf den Kronoshügel — formuliert hat, »die Dorfleute einen Glauben und einen Kult gehabt haben«[178]; und was lag näher, als in einem solchen lokalen Kult den Ansatzpunkt für die Anfänge des Heiligtums zu suchen? Demgegenüber wurde dann immer wieder auf das vollständige Fehlen mykenischer Funde hingewiesen[179].

Nun aber war es zum ersten Mal gelungen, eine bedeutende Anlage mitten im heiligen Bezirk, deren Charakter als Kultstätte nicht zu bezweifeln war, einwandfrei als vordorisch zu erweisen, wenn auch nicht durch Funde — dazu waren wohl die Sondagen zu wenig umfangreich —, aber auf Grund der relativen Schichtenabfolge. Auch sonst konnte die Grabung nicht alle Fragen lösen, die sich an das Pelopion knüpften: z. B. wurden keinerlei Reste einer Bestattung gefunden, was freilich auch kaum zu erwarten war, gingen doch schon in der Antike die Ansichten darüber, wo Pelops nun wirklich begraben war, auseinander (s. S. 42). Aber die Kontinuität des Kultes an dieser Stätte von mykenischer bis frühgriechischer Zeit war unbestreitbar. Damit aber war für die Kenntnis der Geschichte Olympias ein entscheidender Fortschritt erzielt: die These von Olympia als einer rein griechischen Gründung war endgültig unhaltbar geworden. Die Unwahrscheinlichkeit dieser Vorstellung hätte ohnehin allen Einsichtigen längst aufgehen müssen. Denn Tiefgrabungen und Funde haben in allen griechischen Heiligtümern von einiger Bedeutung das Zurückreichen des Kultes mindestens bis in mykenische Zeit, oft noch darüber hinaus, erwiesen: in Delphi und Delos, Athen und Eleusis, Argos und Korinth, Epidauros und Amyklai, Aegina und Dodona, Samos und Milet, um nur einige der bekanntesten Namen zu nennen – die Reihe ließe sich beliebig verlängern. Warum sollte da ausgerechnet Olympia eine Ausnahme machen?

Das mykenische Olympia, von dem bisher nur Sagen kündeten, deren Alter, wie wir oben gesehen haben, von den Forschern teilweise recht skeptisch beurteilt worden war: hier war es nun archäologisch nachgewiesen. Und obgleich in der Altis selbst seither keine Untersuchungen in dieser Richtung mehr stattgefunden haben, hat sich doch das einschlägige Fundmaterial vermehrt. Die große Lücke, die bislang in den keramischen Zeugnissen zwischen den reichen mittelhelladischen Funden und den frühgriechischen Belegen klaffte, hat sich allmählich etwas gefüllt. Mykenische Keramik kam im Gebiet der ausgedehnten Stadiongrabung zutage (Taf. 9 e, f); weitere Fundstellen in der unmittelbaren und auch in der etwas weiteren Umgebung sind hinzugekommen (Abb. 32). Sie beweisen eine dichte Besiedlung der Umgebung Olympias während jener Epoche[180]. Der augenblickliche Stand läßt sich dahingehend charakterisieren, daß nunmehr alle Perioden der Bronzezeit, wenn auch in ungleichmäßiger Dichte, in Olympia durch Keramik belegt sind. Von hier aus stellt sich die Frage, ob sich etwa von den sonstigen Funden aus den alten Grabungen in der Altis und den neuen Grabungen rings um die Altis das eine oder andere Stück jener Vorzeit zuschreiben läßt. Hier ist vor allem an die Kleinplastik aus Bronze und Terrakotta zu denken, da sie auch Schlüsse religionsgeschichtlicher Art ermöglichen könnte.

Die alte Ausgrabung hat in der Altis eine ungeheuere, nach Tausenden zählende Menge primitiver Tier- und Menschenfiguren zutage gefördert (Taf. 12; Abb. 37 bis 41). Unter diesen Weihgaben der Frühzeit überwiegen zahlenmäßig die Tierfiguren, und unter ihnen wiederum sind die bronzenen häufiger als die tönernen. Nur ein kleiner Teil von ihnen ist veröffentlicht. Diese Votive bildeten den wesentlichsten Fundbestand jener schon mehrfach erwähnten »schwarzen Schicht« oder »dunklen Humusschicht«, wie sie von den alten Ausgräbern genannt wurde, die als früheste Ablagerung im Heiligtum angesehen und von Furtwängler auf Grund der kleinplastischen Funde in die geometrische Zeit datiert wurde[181]. Wir können in der Beurteilung der Anfänge und der Frühzeit Olympias vielleicht auch ohne neue Ausgrabungen[182] ein Stückchen weiterkommen, wenn wir uns entschließen, die vor 90 Jahren vorgelegten Ergebnisse einer kritischen Prüfung zu unterziehen, soweit das noch möglich ist. Daß in der Zeit der ersten Olympia-Grabung bereits Schichtbeobachtungen gemacht wurden, ist an sich schon eine beachtliche Tatsache; denn die Archäologie steckte, was die Ausgrabungsmethoden betrifft, für unsere Begriffe damals noch in den Kinderschuhen. So sind denn diese Beobachtungen auch nur recht summarisch und ziemlich spärlich; vor allem vermißt man Schnitte und Schichtprofile. Immerhin finden sich bei Furtwängler bereits differenzierte Beobachtungen. Er vermerkt z. B. an manchen Stellen die Existenz zweier derartiger »schwarzer Schichten«. Aufschlußreich ist der Befund bei dem »Fundament des großen Altars zwischen Heraion und Pelopion«, das, wie wir oben sahen, in Wirklichkeit der Rest eines prähistorischen Hauses ist (Haus 1: s. S. 49): »Es waren hier zwei tiefschwarze Aschenschichten zu unterscheiden. Die unterste, welche etwa 20 cm Stärke hatte, lag beim Pelopion etwa 1 m unter der Wasserrinne, welche außen an der Umfassungsmauer des Pelopionhügels entlangläuft.« Das könnte, wenn man Dörpfelds Schnitt Abb. 22 zum Vergleich heranzieht, der nur wenige Meter weiter östlich gemacht worden ist, die prähistorische Schicht sein, die zum Apsidenhaus 5 gehört. »Etwa 30–45 cm höher«, fährt Furtwängler fort, »durch eine Lage von gelbem Sande geschieden, lag die zweite tiefschwarze Aschenschicht, auch diese voll von Votiven.« Diese Angabe ließe sich ebenfalls mit dem erwähnten Schnitt Dörpfelds in Einklang bringen, denn das prähistorische Niveau und die zwischen klassischen Pelopionfundament und Haus 5 eingezeichnete »Humusschicht mit Terrakotten und

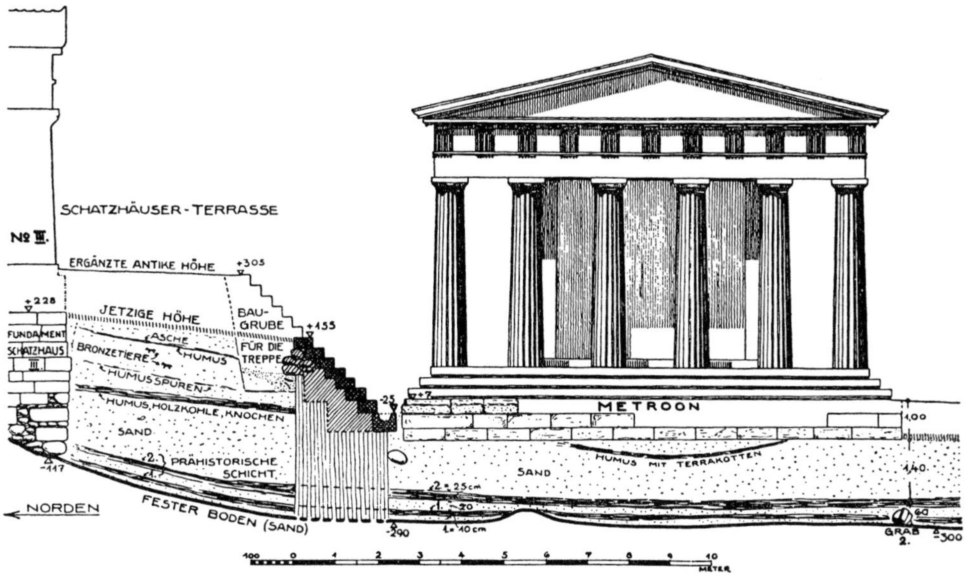

26 Schnitt durch die Schatzhausterrasse westlich vom Metroon. (Dörpfeld, Alt-Olympia Taf. 8)

Bronzen« liegen dort 47 cm auseinander. Von der unteren der beiden zwischen Pelopion und Heraion beobachteten »dunklen Schichten« berichtet Furtwängler, daß sie »besonders massenhaft Terrakottavotive enthielt«. Auch an anderer Stelle heißt es: »Besonders charakteristisch, und zwar namentlich für die unterste Schicht, war die Menge der primitiven Tier- und Menschenfiguren aus Terrakotta.« Dies wird bei der Behandlung der frühen Terrakotten nochmals wiederholt und etwas näher ausgeführt: »In Olympia gehören die primitiven Tonfiguren speziell den alleraltesten Schichten an; sie scheinen mit der Zeit durch die von Kupfer und Bronze verdrängt worden zu sein. Die Tiere aus gebranntem Ton sind viel weniger zahlreich als die von Bronze. Nur in den untersten Schichten sind auch sie in Massen gefunden worden[183].« Einen zweiten derartigen Befund — zwei schwarze, mit frühen Funden durchsetzte Aschenschichten, die durch eine Sandschicht getrennt waren, beschreibt Furtwängler südwestlich des Metroon; dabei »lag die unterste tiefschwarze Schicht mit einer Unzahl kleiner Votivgegenstände nicht weniger als 1 Meter tiefer als die Unterkante des Metroonfundamentes«[184]. Auch das läßt sich mit Dörpfelds Grabungsergebnissen, wie sie etwa auf dem Schnitt Abb. 26 festgehalten sind, in Einklang bringen[185].

Solche hier und dort den alten Publikationen zu entnehmenden Angaben sind von unschätzbarem Wert, solange nicht neue Tiefgrabungen im Bereich der Altis an noch unberührten Stellen exakte Aufschlüsse über die ältesten Phasen des Heiligtums erbringen können. Deshalb sind wir hier etwas näher darauf eingegangen. Sie beweisen nämlich, daß die immer noch weit verbreitete Vorstellung einer homogenen, nachmykenischen, rein frühgriechischen Opferablagerung, die, von den prähistorischen Resten durch eine sterile Sandschicht getrennt, als die älteste Schicht des Heiligtums im eigentlichen Sinne anzusprechen sei, eine unzulässige Vereinfachung ist. In Wirklichkeit sind die Verhältnisse wesentlich komplizierter. Furtwängler hat das bereits geahnt und versucht, auf den gewiß nicht sehr präzisen Fundbeobachtungen, deren Tragfähigkeit er selbst bereits vorsichtig eingeschränkt hat[186], jene Theorie des Stilablaufs der frühen Kleinplastik aufzubauen, von der bereits die Rede war. Sie entsprach ganz dem positivistischen Fortschrittsdenken seiner Zeit und ging davon aus, daß die rohesten Bildungen die ältesten sein müßten und daß dann die Entwicklung allmählich zu Formen mit ausgeprägten Stilmerkmalen (»geometrischer Stil«) und schließlich zu den verschiedenen Stufen des Archaischen geführt habe. Dieses Entwicklungsschema

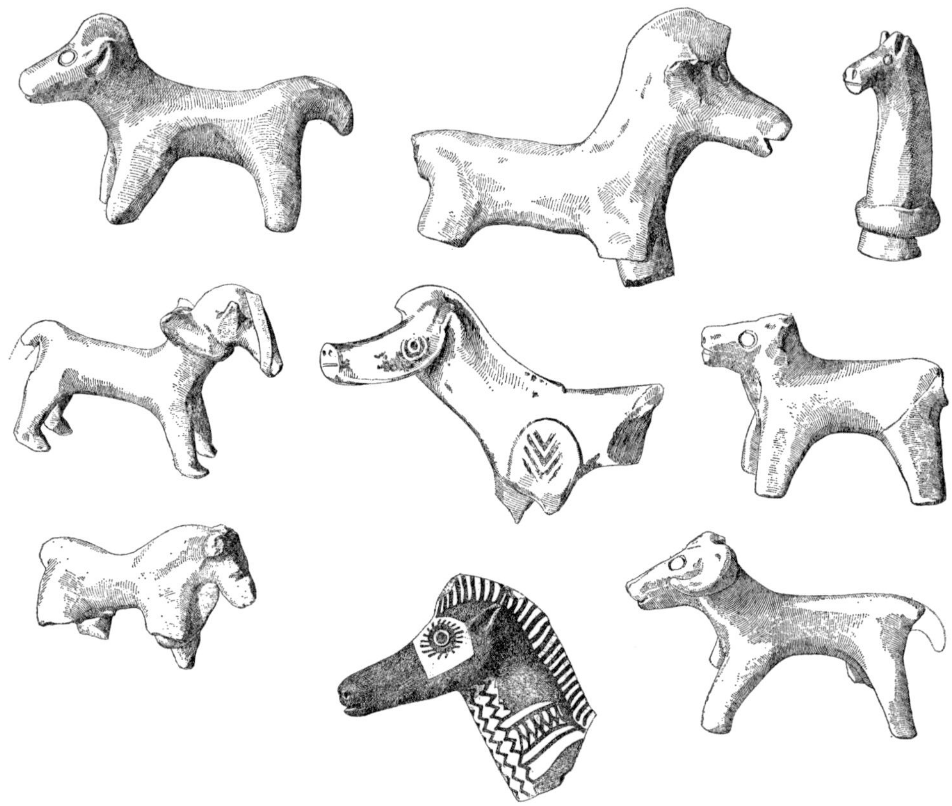

27 Frühe Terrakottatiere. Spätes 2. und frühes 1. Jahrtausend v. Chr. (Olympia IV Taf. 17)

schien sich ihm zu bestätigen durch bestimmte Fundbeobachtungen, die er sicher etwas zu sehr verallgemeinerte. So führt er bei den primitiven Bronzetieren den Begriff »Terrakottastil« ein, der »zu keiner höheren Entwicklung geführt« habe[187]. Er denkt sich diese Bronzetiere des »Terrakottastils«, die er als eine »in sich völlig geschlossene einheitliche Gattung« ansieht, in einer Zeit entstanden, die der eigentlich geometrischen Epoche vorausliegen, aber andererseits auch »wegen des vollständigen Fehlens von Resten der mykenischen Kultur« nachmykenisch sein müsse[188]. In dieser These, deren zu schematischen Charakter Furtwängler später selbst eingesehen hat[189], steckt eine durchaus richtige Beobachtung: daß nämlich die ältesten kleinplastischen Funde von Olympia, namentlich die Terrakotten, unmittelbar an Mykenisches anschließen. Schlicht geformte Terrakottatiere, insbesondere Rinder, gelegentlich auch Pferde, sind in mykenischen Heiligtümern und Gräbern nichts Seltenes[190]. Sie unterscheiden sich von den meisten der olympischen Fundstücke (Abb. 27)[191] lediglich durch die Art ihrer Bemalung; diese aber ist bei den größtenteils schlecht gebrannten, aus weichem Ton bestehenden Exemplaren aus Olympia nur in den seltensten Fällen noch erhalten. Ich zweifle nicht, daß eine systematische Behandlung der frühen Terrakotten Olympias auf Grund typologischer Kriterien zu der Feststellung gelangen wird, daß ein Teil von ihnen, vor allem der Tierfiguren, der spätmykenischen Zeit angehört.

Auffällig ist das Fehlen mykenischer Idole der bekannten Typen in Olympia, selbst wenn man in Rechnung stellt, daß die Stellen, wo solche zu finden wären, vielleicht noch nicht tief genug ausgegraben sind oder daß sie bei der alten Ausgrabung – zumal, wenn sie in fragmentarischem Zustand waren – nicht beachtet wurden. Man könnte dabei auf die oben vermerkte Tatsache verweisen, daß auch die bemalte mykenische Keramik jahrzehntelang nur durch eine einzige Scherbe im Heiligtum vertreten war, bis dann plötzlich die Funde einsetzten. Einstweilen müssen wir uns mit dem bisher Gefundenen begnügen, und hier lassen sich bei näherem Zusehen schon ge-

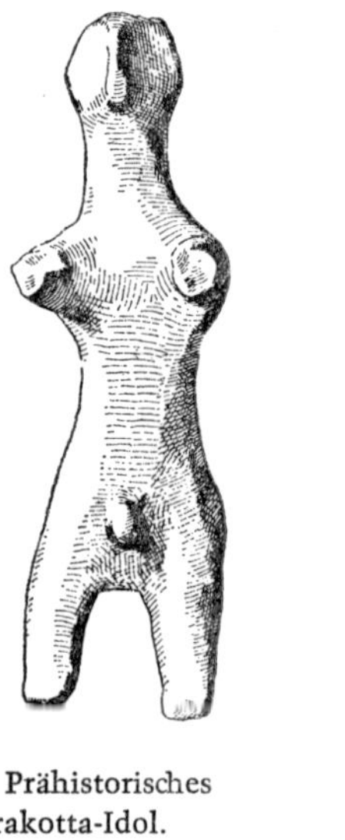

28 Prähistorisches Terrakotta-Idol. Spätes 2. Jahrtausend v. Chr. (Olympia IV Taf. 17,279)

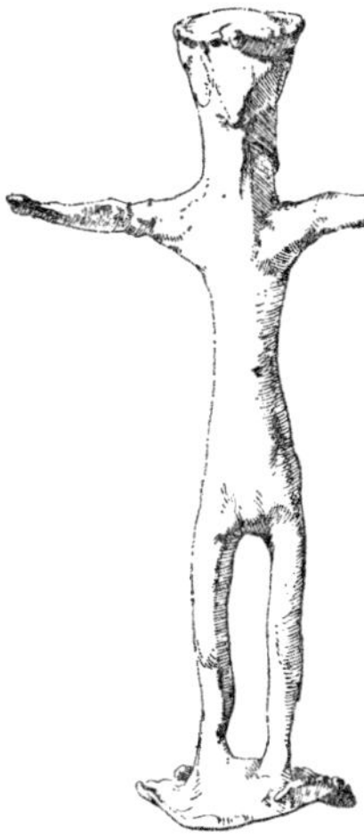

29 Prähistorisches Bronze-Idol. Spätes 2. Jahrtausend v. Chr. (Olympia IV Taf. 16,237)

wisse Feststellungen machen. Unter den menschlichen Statuetten aus Ton und Bronze, die wir als Idole ansprechen können, gibt es einige mit ausgesprochen geometrischen Stilmerkmalen. Wir finden weiterhin solche, die sich ihrer primitiven Bildung wegen einer stilistischen Analyse und damit auch chronologischer Einordnung entziehen; es dürfte sich dabei um schlichte Erzeugnisse lokaler Werkstätten handeln. Drittens aber gibt es einige wenige Stücke, die unverkennbare Anklänge an mykenische Idole aufweisen. Unter den von Furtwängler veröffentlichten menschlichen Terrakottafiguren (Olympia IV Taf. 17, untere Hälfte) hebt sich eine männliche Statuette heraus, die durch ihre Proportionen und das Fehlen von Ritzung deutlich von den übrigen abweicht (Abb. 28). Schon der scharfe Blick Furtwänglers bemerkte, daß bei dieser (und einigen anderen, nicht abgebildeten Beispielen) »der Kopf jeglichen Details ermangelt und ... in derselben Weise hergestellt ist wie bei den zahlreichen Terrakotta-Idolen von Mykenae und den verwandten Fundstätten«[192]. Man wird sie als submykenisch, wenn nicht gar als spätmykenisch ansprechen dürfen. Diese Figur steht nicht allein. Sie hat unter den Bronzestatuetten ein Gegenstück (Abb. 29), das nicht nur durch eine ganz ähnliche »mykenische« Gesichtsbildung auffällt, sondern dazu noch durch die eigentümliche, wulstartig aufgelegte Kopfbekrönung, die unverkennbar an jene trichterartigen Kopfaufsätze erinnert, die wir bei vielen mykenischen Tonidolen finden[193]. Weitere Stücke schließen sich an[194]. Als Idole sind diese Figuren gesichert durch die Armhaltung, die wir als »Epiphaniegestus« zu bezeichnen pflegen (hierzu S. 73); auch ithyphallische Bildung kommt vor[195]. Formale Anklänge anderer Art an die mykenische Idolplastik zeigen einige Bronzestatuetten, die, obzwar männlichen Geschlechts, jene für einen bestimmten weiblichen Idoltypus spätmykenischer Zeit (sogenannter Ψ-Typus) bezeichnende halbmondförmige Stilisierung der — wiederum im »Epiphaniegestus« — erhobenen Arme aufweisen (Taf. 11 c)[196].

Es läßt sich also unter der frühen Votivplastik von Olympia eine Gruppe nachweisen, die durch Formanklänge an Mykenisches charakterisiert ist und andererseits keinerlei geometrische Stilmerkmale besitzt. Wie diese Tatsache chronologisch auszuwerten ist, bleibt eine offene Frage, solange nicht klare stratigraphische Befunde vorliegen. Schon jetzt läßt sich jedoch mit Sicherheit feststellen, daß es unter den frühen olympischen Idolen eine aus dem Mykenischen herzuleitende Tradition gibt, und zwar eine lokale Tradition. Vielleicht erklärt sich das Fehlen der bekannten spätmykenischen weiblichen Standardtypen, die uns von anderen mykenischen Fundplätzen geläufig sind, aus den besonderen kultischen Voraussetzungen dieser lokalen Tradition. Das läßt sich einstweilen noch nicht entscheiden. Unbestreitbar ist jedenfalls die Berührung mit der mykenischen Formenwelt, und schon das ist eine für die Geschichte des Heiligtums entscheidend wichtige Feststellung.

9 a/b
Frühhelladische
»Schnabeltassen«.
3. Jahrtausend
v. Chr.

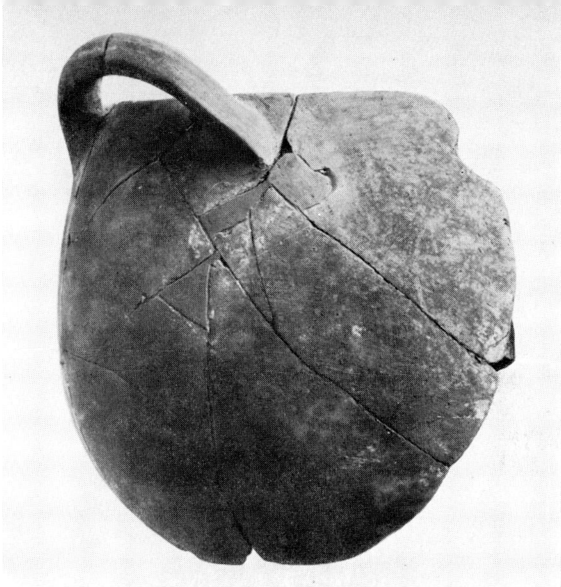

9 c/d
Mittelhelladische
Gefäße mit
Ritzdekor, aus den
Apsidenhäusern.
1. Hälfte 2. Jahrtausend v. Chr.

9 e
Mykenische
Scherben aus dem
Bereich des
Stadions.
1500–1300 v. Chr.

9 f
Fragment eines
mykenischen
Fußbechers,
Stadion-Nordwall.
Um 1300 v. Chr.

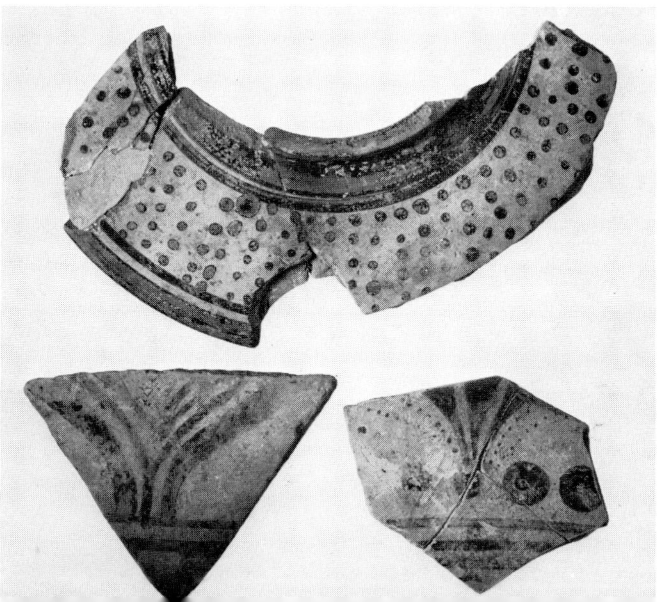

10 a/b Prähistorisches Idol. Terrakotta.
2. Jahrtausend v. Chr. (?). H. etwa 10 cm

10 c–e Männliche Idole. Terrakotta.
10./9. Jahrhundert v. Chr. H. 10,5–14,7 cm

11 a/b Weibliches Idol. Terrakotta.
8. Jahrhundert v. Chr. H. 16,5 cm

11 c–e Männliche Idole. Bronze.
Etwa 11. bis 8. Jahrhundert v. Chr.
H. 5,1 cm; 7,1 cm; 8,9 cm

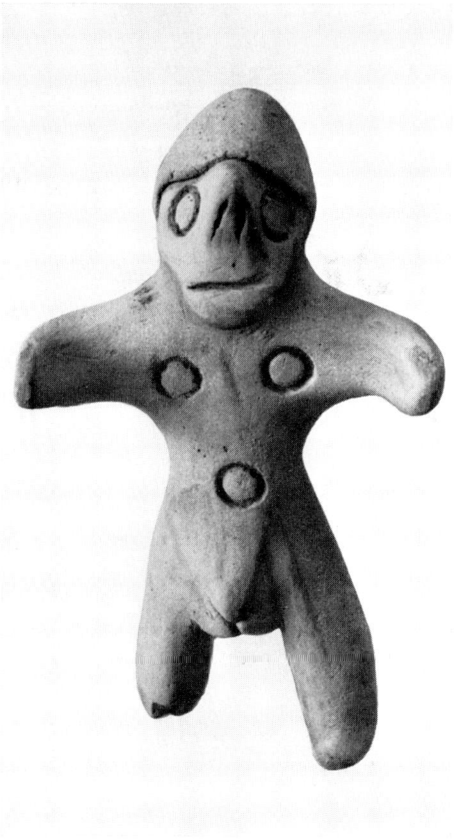

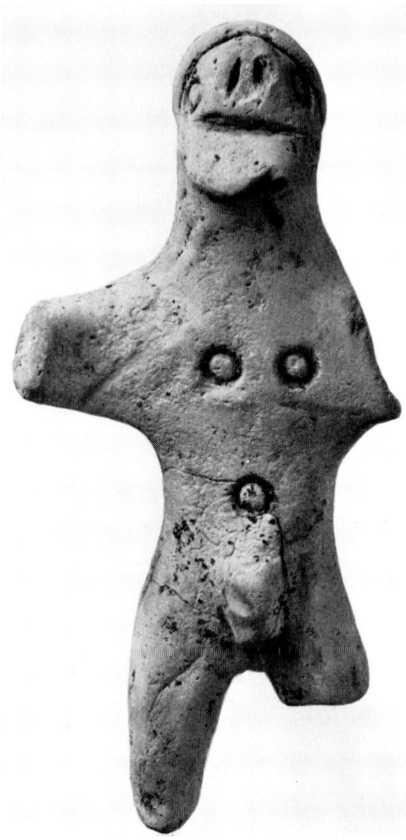

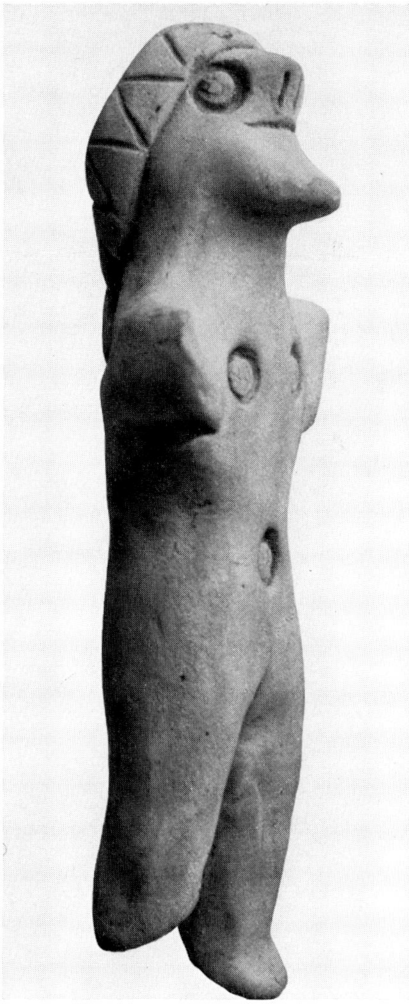
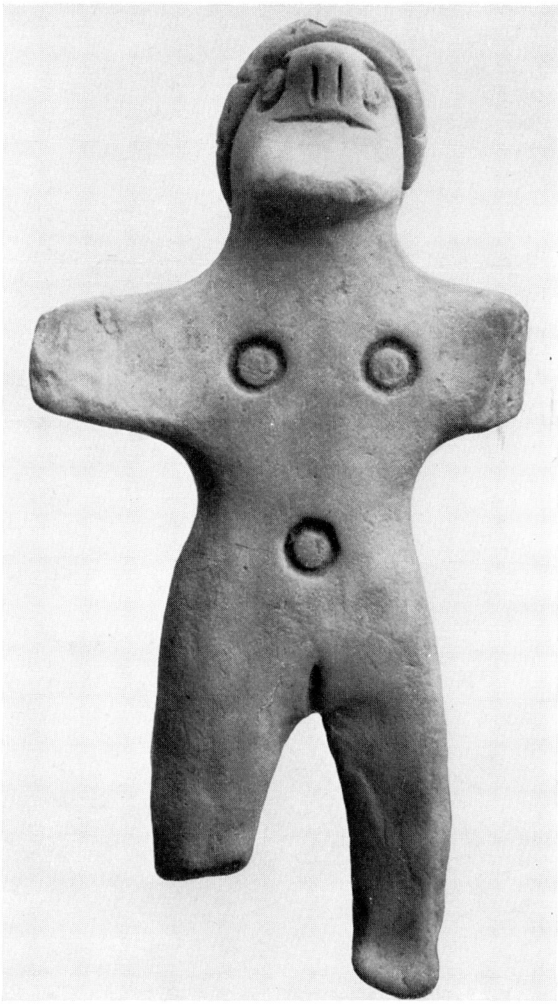

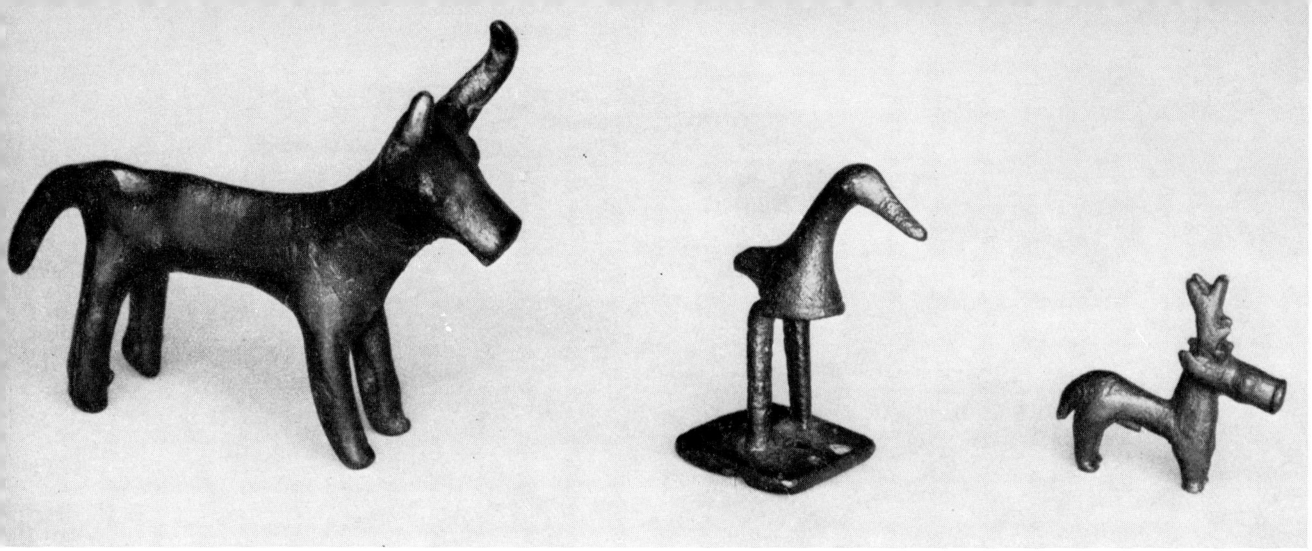

12 a–c

12 d

12 a–c Geometrische Tierstatuetten. Bronze. 8. Jahrhundert v. Chr. H. 5,4–2,8 cm

12 d Geometrische Pferdestatuette. Korinthische Arbeit, Bronze. 8. Jahrhundert v. Chr. Berlin, Staatliche Museen Preußischer Kulturbesitz Antikenabteilung. H. 16 cm

13 a Zeus als Lanzenschwinger. Lakonische Bronzestatuette. 8. Jahrhundert v. Chr. H. 11 cm

13 b Wagenlenker. Bronzestatuette, elisch (?). 8. Jahrhundert v. Chr. H. 13,6 cm

13 c Kentaurenkampf. Lakonische Bronzegruppe, 8. Jahrhundert v. Chr. New York, Metropolitan Museum. H. 11 cm

◁ 14 Dreifußkessel. Bronze.
9. Jahrhundert v. Chr. H. etwa 0,65 m

15 a Dreifuß-Ringhenkel. Bronze. 9. Jahrhundert v. Chr.
H. 30,9 cm (Dm. 17,3 cm)

15 b Dreifuß-Ringhenkel. Bronze. 8. Jahrhundert v. Chr.
Dm. 23,6 cm

17 a Aufsatzfigur eines Dreifuß-Ringhenkels. Argivisch. Bronze. 8. Jahrhundert v. Chr. H. 14,4 cm

17 b Aufsatzfigur eines Dreifuß-Ringhenkels. Korinthisch. Bronze. 8. Jahrhundert v. Chr. H. 17 cm

18 a/b Ringhenkel-Stützfigur. Attisch. Bronze. ▷ Um 700 v. Chr. H. 36,7 cm

◁ 16 a Fragment eines Dreifußbeins mit Relief. Argivisch. Bronze. 8. Jahrhundert v. Chr. H. 18,5 cm

16 b/c Oberer Teil eines Dreifußbeins mit Reliefdarstellungen. Spätes 8. Jahrhundert v. Chr. H. 46,7 cm

18

Die Geschichte des Heiligtums und der Spiele

Frühe Bronzezeit · 3. Jahrtausend v. Chr.

Die ältesten bisher in Olympia ans Licht gekommenen Fundstücke sind Scherben und Gefäßfragmente der frühen Bronzezeit. Sie fanden sich vor einigen Jahren als Streufunde in den tiefen Schwemmsandschichten unterhalb des Stadion-Nordwalls. Derartige Scherben mögen auch früher schon gelegentlich zutage gefördert worden sein, ohne jedoch richtig erkannt und bestimmt zu werden. Nun aber ließen sich aus einigen der Nordwall-Scherben zwei Gefäße wenigstens teilweise zusammensetzen, die einem sehr charakteristischen, von anderen Fundstätten Griechenlands bekannten Typus entsprechen, der seiner eigentümlichen Form wegen in der Fachsprache als »Schnabeltasse« oder »Saucière« bezeichnet wird (Taf. 9 a, b)[197]. Sie stimmen, wie der Ausgräber bemerkt, »in der technischen Beschaffenheit mit entsprechenden Gefäßen etwa der Nordostpeloponnes genau überein und stehen diesen, auch was die Feinheit der Töpferarbeit und die Schärfe der Profile betrifft, in keiner Weise nach«[198]. Damit konnten zum ersten Mal Fundstücke aus Olympia mit Sicherheit der frühen Bronzezeit (dem sogenannten Frühhelladikum) zugewiesen werden, einer Periode, die sich über die zweite Hälfte des 3. Jahrtausends v. Chr. erstreckt. Sicher bestimmbar waren außerdem Fragmente großer frühhelladischer Vorratsgefäße (»Pithoi«) mit aufgelegtem Reliefschmuck vom gleichen Fundort[199].

Leider wurden diese bisher ältesten Zeugnisse menschlicher Anwesenheit auf dem Boden Olympias nicht mehr im ursprünglichen Zusammenhang, sondern in sekundärer Fundlage angetroffen, als Treibgut gewissermaßen, das von den Hängen des Kronoshügels oder der östlich anschließenden Talsenke in das Gebiet des späteren Stadions eingeschwemmt worden war. Im Fundgebiet selbst wurde keine sicher bestimmbare prähistorische Mauer oder sonstiger Rest festgestellt[200]. Wir wissen also nicht genau, wo die Wohnstätten lagen, aus denen diese Keramik stammt; möglicherweise sind sie überhaupt restlos zerstört und nicht mehr auffindbar. Fest steht auf jeden Fall, daß es im 3. Jahrtausend bereits eine Ansiedlung in Olympia gegeben haben muß. Auch in der Umgebung Olympias sind in letzter Zeit vereinzelt frühhelladische Fundstücke zutage gekommen[201].

In mittelhelladischer Zeit entstand auf dem Boden des Heiligtums eine Siedlung, von deren aufsehenerregender Entdeckung durch Dörpfeld bereits die Rede war (s. S. 49). Ob damals die frühbronzezeitliche Niederlassung aufgegeben oder in das Gebiet der späteren Altis verlegt worden ist oder welcher Zusammenhang sonst zwischen der frühhelladischen und der mittelhelladischen Siedlung bestehen mag, entzieht sich vorläufig unserer Kenntnis. Solange die Ausdehnung der mittelhelladischen Ansiedlung unbekannt ist, vermögen wir nicht zu entscheiden, ob überhaupt zwei räumlich getrennte Niederlassungen anzunehmen sind oder ob wir es mit einem einheitlichen Besiedlungsvorgang die ganze Bronzezeit hindurch zu tun haben. Diese Fragen können nur durch erneute Tiefgrabungen geklärt werden. Einstweilen läßt sich lediglich sagen, daß frühhelladische Reste auf dem Gebiet der Altis bisher nicht festgestellt worden sind, daß also die Besiedlung dort nach dem derzeitigen Stand unserer Kenntnisse in mittelhelladischer Zeit einsetzt.

Die Siedlung, von der vermutlich erst ein kleiner Teil aufgedeckt ist[202], besteht, wie wir bereits gesehen haben, aus Häusern vom Typus des sogenannten Apsidenmegarons (Abb. 17). Dieser Haustyp ist im mittelhelladischen Griechenland auch sonst verbreitet. Die Keramik hingegen, die Dörpfeld in diesen Häusern fand, bietet ein eigentümliches Bild (Abb. 18, 19; Taf. 9 c, d). Während ein Teil der Gefäße und Scherben den bekannten mittelhelladischen Gattungen zuzurechnen ist und dadurch die Datierung sichert[203], bildet die eigentliche, charakteristische »Apsidenhauskeramik« von Olympia eine Sondergruppe innerhalb der zeitgenössischen Tonware[204]. Sie gab daher gelegentlich Anlaß zu abwegigen Spekulationen. Genau besehen fügt sich jedoch diese Keramik sowohl durch die tektonische Strenge des Gefäßaufbaus wie durch die Syntax der Ritzornamentik formal durchaus in das Bild der Epoche ein. Das sonstige Fundinventar der Häuser (Obsidianklingen, ein steinerner Hammer, Beile, tönerne Spinnwirtel und Webgewichte) zeigt gleichfalls keine ungewöhnlichen Merkmale[205].

Von den insgesamt sieben aufgedeckten Häusern sind, wie oben bereits ausgeführt, die Bauten 2, 3, 5 und 6 mit Sicherheit mittelhelladisch, 1 ist wahrscheinlich ein Grab, 7 entzieht sich wegen seines Erhaltungszustandes der genauen Bestimmung, Haus 4 ist jünger (s. S. 51). Zu diesen Häusern gehören außerdem drei Kindergräber in Form von Pithosbestattungen (Abb. 31)[206]. Die eigenartige Form der Beisetzung, die wir hier kennenlernen, ist in dieser Zeit auf dem Festland vorwiegend für Kinder üblich; Erwachsene werden zudem in der Regel außerhalb der menschlichen Ansiedlungen bestattet[207]. Die beigegebenen Gefäße entsprechen der in den Häusern gefundenen Keramik. Vor allem sind diese Gräber aber deshalb wichtig, weil sie beweisen, daß es sich bei den Apsidenhäusern nicht, wie man gelegentlich gemeint hat, um Kultbauten oder Priesterhäuser handelt[208], sondern daß wir es mit einer regelrechten Siedlung zu tun haben.

Die am besten erhaltenen, mit einer Länge von über 10,50 m und einer Breite zwischen 3 und 4 m stattlich zu nennenden Häuser 2 (Abb. 30), 3 und 5 (Abb. 21, 22) sind mit ihrer Frontseite nach Norden gerichtet. Das ist auffällig und kann schwerlich praktische Gründe haben, denn normalerweise baut man ein Haus nicht mit dem Eingang gegen einen Hang, zumal im niederschlagsreichen Olympia, wo jeder Regen obendrein noch Schwemmsand von den Höhen herunterspült[209]. Eine plausible Erklärung ergibt sich eigentlich nur aus der Beobachtung, daß sich im Norden der Siedlung die ältesten Kultplätze Olympias befinden, mit denen wir uns bereits im einzelnen beschäftigt haben[210]. Es gibt gute Gründe für die Annahme, daß diese Kultstätten schon damals bestanden haben, zumindest einige von ihnen. Ob sie etwa sogar bis in die frühe Bronzezeit hinaufreichen, wissen wir nicht; aber für die mittelhelladische Zeit liefert uns die Nordorientierung der Apsidenhäuser einen greifbaren Anhaltspunkt. Mit anderen Worten: die religiöse Weihe der Örtlichkeit beginnt mit den Gottesdiensten der Bewohner der vorgeschichtlichen Siedlung. Ihre Kultstätten bilden die Urzelle des Heiligtums von Olympia[211].

Den religiösen Vorstellungen jener Zeit entsprechend, galten diese Kulte gestalthaft gedachten, urbildhaften Mächten der Natur, der Fruchtbarkeit und Vegetation. Man verehrte auf dem Kronion einen segenspendenden Erntegott, den die Griechen später Kronos nannten[212], auf dem Gaion eine mütterliche Fruchtbarkeitsgöttin; Kulte weiterer weiblicher Gottheiten, Nymphen und anderer Wesen haben sich schon damals oder im weiteren Verlauf der geschichtlichen Epoche am Fuße des Hügels ange-

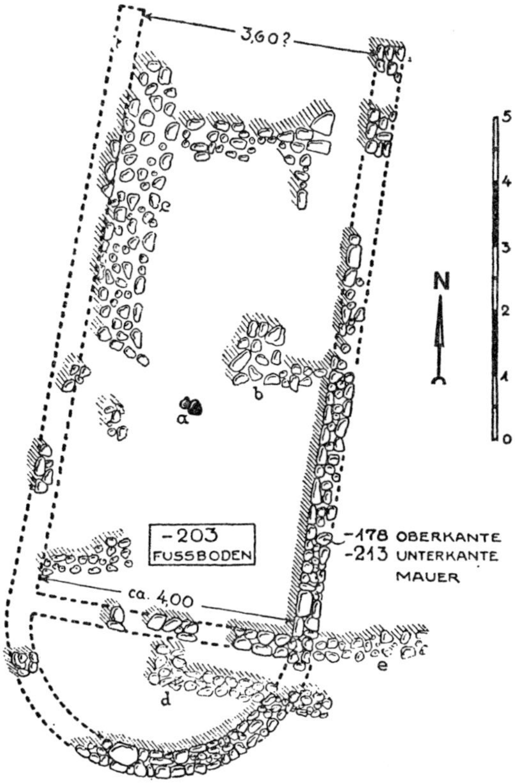

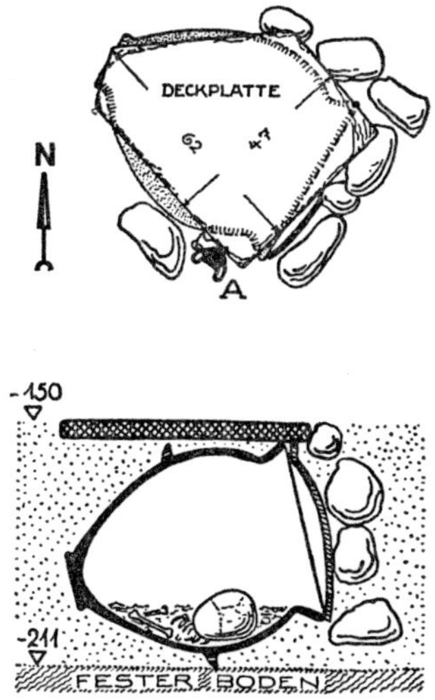

30 Mittelhelladisches Apsidenhaus 2. 1. Hälfte 2. Jahrtausend v. Chr. (Dörpfeld, Alt-Olympia Abb. 9)

31 Mittelhelladisches Pithosgrab (1). Oben: Grundriß, darunter Schnitt. 1. Hälfte 2. Jahrtausend v. Chr. (Dörpfeld, Alt-Olympia Abb. 15)

siedelt. Archäologisch sind diese frühen Kultstätten nicht faßbar, weil sie, wie wir sahen, entweder noch nicht gründlich genug erforscht oder aber durch Naturgewalten und Anlagen späterer Zeit zerstört sind; ihre materiellen Überreste werden im übrigen kaum erheblich und schnell vergänglich gewesen sein. Aber die religiöse Überlieferung, die sich mit zäher Beharrlichkeit an solche Stätten zu knüpfen pflegt, hat auch hier Ältestes lange bewahrt, so daß die Verhältnisse in historischer Zeit noch Rückschlüsse auf die Ursprünge gestatten. Davon war oben bereits die Rede (S. 29 ff.).

Ein bildliches Zeugnis jenes frühen Kults ist uns möglicherweise in einem Tonidol erhalten, das bei der Ausgrabung der Apsidenhäuser zutage kam (Taf. 10 a, b). Es handelt sich um eine männliche Statuette mit erhobenen Armen, die sich durch ihre Machart und ihren Stil deutlich von den Terrakotten der frühgriechischen Zeit aus Olympia (Taf. 10 c—e) unterscheidet[213]. Stellt die Figur jene Gottheit dar, die als Vorgänger des griechischen Göttervaters in Olympia auf dem Kronoshügel verehrt wurde? Leider kann diese Frage nicht mit Sicherheit beantwortet werden.

Die mittelhelladische Siedlung auf dem Boden der Altis steht inzwischen längst nicht mehr allein: in letzter Zeit mehren sich Funde der gleichen Epoche in der Umgebung Olympias; sie lassen auf eine Zunahme der Besiedlung in diesem Gebiet im Vergleich zur frühen Bronzezeit schließen[214].

Mykenische Zeit · 1550 - 1100 v. Chr.

In der späten Bronzezeit, die wir nach dem Hauptfundort auch die »mykenische« Epoche zu nennen pflegen, wird aus der profanen Siedlung ein Heiligtum. Wie dieser für die Geschichte Olympias höchst bedeutsame Prozeß im einzelnen vor sich gegangen ist, vermögen wir nicht mehr deutlich zu erkennen. Wir wissen nicht, ob es sich dabei um ein durch gewaltsame Einwirkungen ausgelöstes Geschehen handelt oder um einen allmählichen Wandel. Sicher scheint, daß die mittelhelladische Siedlung zu Beginn der mykenischen Zeit aufgegeben war; der Befund in den Häusern, in denen teilweise die Gefäße noch unversehrt auf dem Fußboden standen[215], könnte auf plötzliches Verlassen hindeuten. Es gibt jedoch keinerlei Spuren von Kämpfen oder gewaltsamer Zerstörung; allenfalls mag die sterile Sandschicht, die zwischen den Häusern und dem frühgriechischen Horizont beobachtet wurde, auf eine Überschwemmungskatastrophe zurückgeführt werden[216]. Doch bleibt auch dies fraglich; die Häuser können ebensogut langsam verfallen und vom Schwemmsand bedeckt worden sein. Wie dem auch sei: letztlich muß das Ende der mittelhelladischen Siedlung in der Altis wohl damit zusammenhängen, daß mit dem Eindringen achäischer Stämme in die Peloponnes (s. S. 41) ein neuer Schwerpunkt in der Nähe Olympias entstanden war: der mykenische Königssitz Pisa, der auf einer Anhöhe über dem Tal von Olympia — möglicherweise, wie oben ausgeführt, auf dem Druwa-Hügel — angelegt wurde (Abb. 16)[217].

Wenn die Siedlung aufgegeben wurde, so bedeutete das indes nicht das Ende der Kultstätten. Diese wurden offenbar von der alteingesessenen Bevölkerung der Umgegend wie von den neuen Herren des Landes weitergepflegt. Insbesondere dürfen wir das für die weiblichen Kulte annehmen, die allgemein in der mykenischen Welt eine neue Blüte erlebten. Zwischen den verfallenden Trümmern der Häuser wuchsen Bäume, es entstand ein Hain, in dem neue Kulte Fuß faßten. Der Ort wurde als heilig angesehen, er wurde zum Heiligtum. Von tiefgreifender Bedeutung für Olympia ist

32 Mykenische Fundstätten in der Umgebung von Olympia. — 1 Olympia, Heiligtum. — 2 Olympia, Baustelle Neues Museum. — 3 Olympia, Bahnhof. — 4 Druwa. — 5 Maghira. — 6 Stravokephalo. — 7 Trypes. — 8 Alpheios-Staudamm (Phloka). — 9 Platanos. — 10 Kavkania. — 11 Neraida (Kaloletsi). — 12 Strephi. — 13 Salmoni. — 14 Etia (Lantsoï). — 15 Bambes. — 16 Makrysia, Proph. Elias. — 17 Makrysia, südwestlich des Dorfes. — 18 Epitalion. — 19 Diasella (Broumazi). — 20 Vromoneri (Barbassaena). — 21 Hag. Andreas (Katakolon).

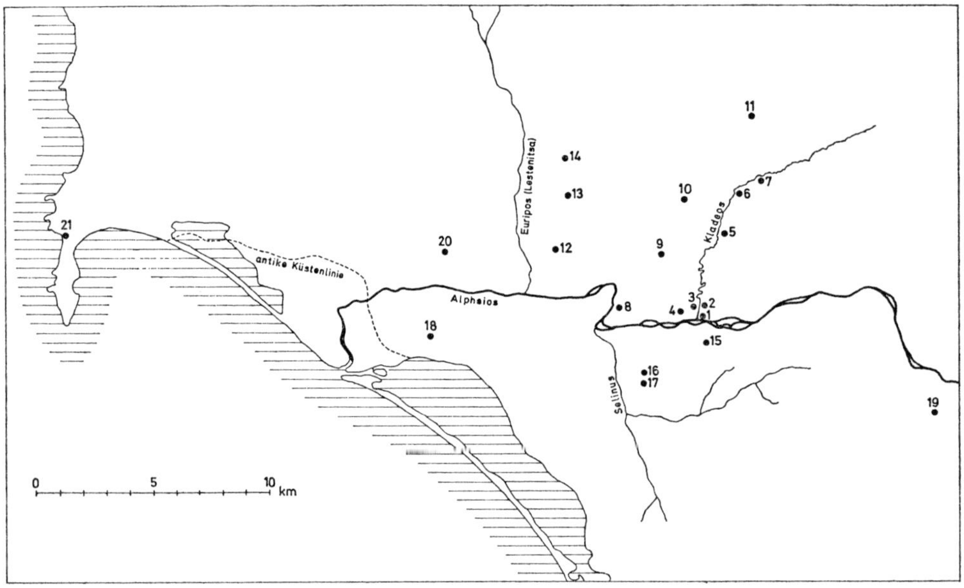

aber vor allem die Tatsache, daß damals ein neues Zentrum religiösen Lebens entstand: eine monumentale Kultstätte, die dem Pelops geweiht war, einem Heros, dessen Verehrung bei den Zugewanderten offenbar in hohem Ansehen stand und dessen Name später der ganzen Halbinsel den Namen gab. Reste der mykenischen Anlage sind archäologisch nachgewiesen; ihre Datierung ließ sich aus der stratigraphischen Situation erschließen. Der von Dörpfeld veröffentlichte Grabungsbefund ist zwar unvollständig, aber in seiner Aussage hinreichend klar, wie wir oben sahen (s. S. 53 ff.). Ein Steinkreis von über 30 m Durchmesser umschloß den Grabhügel, an dem das Andenken des mythischen Ahnherrn der »Pelopes« durch Totenopfer gefeiert wurde (Abb. 25). Hier sind vermutlich schon unter der Leitung der mykenischen Herrscher von Pisa an einem regelmäßig wiederkehrenden Fest zu Ehren des Heros Leichenspiele mit Wagenrennen und anderen Wettkämpfen veranstaltet worden, deren Tradition durch die Olympischen Spiele der Griechen weitergeführt wurde[218].

Die Pisatis, das Herrschaftsgebiet der Könige von Pisa, hatte in Olympia ihr religiöses Zentrum erhalten, ausgezeichnet durch altehrwürdige und neuentstandene Kultstätten, festliche Kampfspiele und ein Orakel, das, wenn nicht schon früher, so zumindest seit jener Zeit seinen Sitz am chthonischen Erdspalt auf dem Gaion hatte[219]. Wir dürfen annehmen, daß das Heiligtum dem Königssitz Pisa erhöhten Glanz verlieh. Es zog gewiß nicht nur die Gläubigen der näheren und weiteren Umgebung an, sondern auch fremde Eroberer. Vermutlich hat Pisa in dieser von vielfachen Wirren, von Wanderungen und Kriegszügen erfüllten Zeit mehrfach seinen Besitzer gewechselt. Die Griechen sahen später in dieser Epoche das heroische Zeitalter ihrer Geschichte; in der Form der Heldensage lebte, dichterisch überhöht und mit Märchenmotiven vermischt, manche Erinnerung an historische Geschehnisse weiter. In Olympia mag uns die Geschichte von König Oinomaos und dem jungen Helden Pelops in ihrem Kern, dem Kampf um die Königsherrschaft von Pisa, die Reminiszenz eines solchen Ereignisses bewahrt haben.

Vermeintliche oder tatsächliche Überreste jener Vorzeit zeigte man noch in den Tagen des Pausanias, doch konnte die Ausgrabung nichts mehr davon feststellen[220]. Überhaupt ist das mykenische Olympia bisher archäologisch erst relativ schwach bezeugt (Taf. 9 e, f)[221]. Angesichts der sich mehrenden mykenischen Fundplätze in der Umgebung, und zwar gerade in unmittelbarer Nähe des Heiligtums, darf man jedoch zuversichtlich damit rechnen, daß eine breitere Erforschung der tiefen Schichten in der Altis neue Aufschlüsse in dieser Hinsicht bringen wird. Dann könnte jene erste, vordorische Blüte Olympias, deren mythischer Nachhall, verknüpft mit dem Namen Pisa und den Gestalten der Pelopssage, in Pindars Hymnen weiterklingt, vielleicht auch für unseren auf materielle Evidenz gerichteten Sinn in deutlicheren Umrissen sichtbar werden.

Die rasch sich mehrenden Funde der jüngsten Zeit erweisen mit aller Deutlichkeit eine erhebliche Bevölkerungszunahme im Gebiet von Olympia während der mykenischen Epoche (Abb. 32)[222]. Die Pisatis muß in jener Zeit eine dicht besiedelte, reiche Landschaft gewesen sein; die auffällige Verdichtung der Fundstätten rings um Pisa-Olympia zeigt, daß sie schon damals hier ihr Zentrum hatte.

Dorische Wanderung und geometrische Zeit 11.-8. Jahrhundert v. Chr.

Die mykenische Welt ging im 12. Jahrhundert v. Chr. in einer großen Katastrophe unter, die wir mit dem Stichwort »dorische Wanderung« zu kennzeichnen pflegen, ohne indes den langwierigen und vielschichtigen historischen Prozeß, der damit angesprochen ist, im einzelnen rekonstruieren zu können. Die verheerenden Auswirkungen des neuerlichen Einbruchs wandernder Stämme nach Griechenland, der eine Zeitenwende herbeiführte, lassen sich an den Zerstörungshorizonten zahlreicher mykenischer Siedlungen ablesen, die damals in Schutt und Asche sanken. Auch das Gebiet um Olympia blieb nicht verschont. An den bisher bekanntgewordenen mykenischen Fundstellen in der Umgebung des Heiligtums deutet nichts auf ein Weiterbestehen in geometrischer Zeit hin[223]. Von Nordosten drangen dorische Stämme in die Peloponnes vor, von Nordwesten aetolische Scharen; zu letzteren gehören die Eleer. Die Eroberer scheinen sich den Besitz Olympias gegenseitig streitig gemacht zu haben; jedenfalls deuten manche Züge in der halb sagenhaften Überlieferung jener dunklen Zeit darauf hin, etwa die Geschichte von Oxylos und den Herakliden[224]. Die Auseinandersetzungen um das Heiligtum ziehen sich, wie wir sahen, bis weit in die geschichtliche Zeit hinein. Für Olympia hatte das zunächst den Vorteil, daß es unbehelligt blieb, solange es Streitobjekt war. Verwüstungen ist es wohl ebensowenig wie andere Heiligtümer ausgesetzt gewesen, ja man ließ sogar die Bindung an Pisa unangetastet. Das kleine Reich von Pisa blieb, wenn auch sicherlich unter einer neuen Dynastie, noch jahrhundertelang politisch selbständig; der letzte König von Pisa, Pyrrhos, Sohn des Pantaleon, regierte im 6. Jahrhundert[225]. Ob die Pisatis historischer Zeit mit ihren »acht Städten« etwa dem Herrschaftsgebiet des mykenischen Pisa entsprach, wissen wir nicht[226]. Es muß mit einem starken Bevölkerungsrückgang im Gefolge der dorischen Wanderung gerechnet werden. Aber es spricht, wie wir sahen, manches dafür, daß Reste der alten mykenischen Bevölkerung – die vielleicht mit den »Epeiern« Homers identisch ist – sich hier noch bis weit in griechische Zeit hinein gehalten hat. Denn selbst nach der Eingliederung in das elische Staatsgebiet behielt die Pisatis (Abb. 33) eine durch gewisse altertümliche Besonderheiten (z. B. des Dialekts) gekennzeichnete Eigenart[227]. Man hat vermutet, daß sich um Olympia eine Art Amphiktyonie – ähnlich der delphischen – bildete, die unter der Leitung von Pisa stand und daß nach der Eroberung der Pisatis um 570 v. Chr. Elis an die Stelle von Pisa trat, bis es im Laufe des folgenden Jahrhunderts die Herrschaft über das Heiligtum und die Leitung der Spiele ganz allein übernahm[228].

Die alte Bevölkerung wurde so zur Trägerin der Kontinuität; was sie den Einwanderern vermittelte, waren kultische und mythische Überlieferungen eines damals bereits jahrhundertealten Heiligtums. Dennoch bedeutet die dorische Wanderung einen tiefen Einschnitt in der Geschichte Olympias. Neue Götter hielten ihren Einzug in der Altis. Der Hauptgott der Dorer, der olympische Zeus, wurde Herr des Heiligtums und gab ihm einen neuen Namen. In diesem Namen, der die heilige Stätte von Pisa mit dem Götterberg im thessalischen Norden verbindet, manifestiert sich auch äußerlich die für alle Folgezeit entscheidende Wandlung[229]. Olympia, so könnte man sagen, ist nunmehr wirklich Olympia geworden.

Bezeichnend ist die Art und Weise, wie sich das Neue mit dem Alten verbindet. Der höchste Gott, den die Einwanderer mitbrachten, war seinem ursprünglichen Wesen nach ein Wettergott, der auf dem Olymp und anderen Bergen seinen Sitz hatte und dort verehrt wurde. Auch der Kult des Kronos ist ein Höhenkult gewesen, wie sich noch nachweisen läßt[230]. Wir haben Kronos bereits als einen dem Ackerbau verbundenen Erntegott kennengelernt (s. S. 63). Nun hängen Wetter und Erntesegen ohne Zweifel zusammen. »Der Wettergott ist es, dem beim Erntefest der Dank gebührt«, schreibt M. Pohlenz in seiner grundlegenden Studie über Kronos, und: »der Wettergott thront

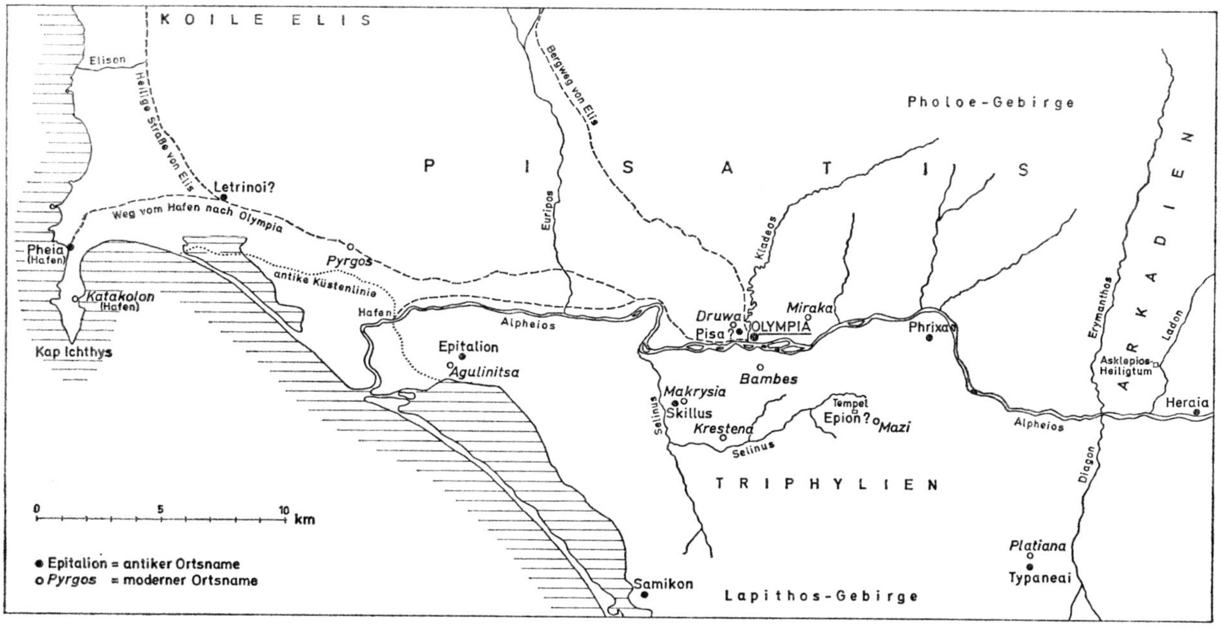

33 Übersichtskarte der Pisatis

auf den Bergeshöhen[231].« So ist es also in gewisser Weise kein Zufall, wenn Olympia zum Zeusheiligtum wurde, denn in der Gestalt des vorgriechischen Gottes Kronos und in seinem Kult auf dem Hügel über dem Alpheiostal an der Mündung des Kladeos war offenbar ein Anknüpfungspunkt gegeben, der den Zeuskult an diese Stelle zog. Es ist dies übrigens nicht der einzige Ort, an dem der Zeuskult sich mit der Kronosverehrung verbunden hat: Lebadeia, Chäronea und Athen sind weitere Beispiele[232]. Daß er Kronos in Olympia nicht völlig verdrängte, wie das offenbar an vielen anderen Stellen geschehen ist, zeigt wohl, daß dessen Kult hier noch zur Zeit der dorischen Wanderung eine beträchtliche Bedeutung hatte. Dabei muß seine einstige Vorrangstellung in Olympia schon in mykenischer Zeit eingeschränkt worden sein durch die mehr und mehr in den Vordergrund rückende Verehrung des Pelops, der bezeichnenderweise später gelegentlich in einen genealogischen Zusammenhang mit Kronos gebracht wurde[233]. Nun trat ein dritter männlicher Kult neben die beiden schon bestehenden. Während Kronos auf dem Gipfel des nach ihm benannten Hügels und Pelops an seinem Tymbos weiter verehrt wurden, okkupierte Zeus den ganzen heiligen Bezirk und empfing die Opfer an einem neu gegründeten Altar, der etwas südlich der alten Kultstätten weiblicher Gottheiten, in unmittelbarer Nähe des Pelopions, gelegen war. Dieser Altar blieb für alle Zeiten kultisches, wenn auch nicht topographisches Zentrum der Altis.

Wie der Zeusaltar im 2. Jahrhundert n. Chr. aussah, sagt uns Pausanias (V 13, 8–11). Auf einem steinernen Unterbau, der »Prothysis«, erhob sich ein hoher Aschenkegel. Dieser war im Laufe der Zeit dadurch entstanden, daß die Asche der Zeusopfer mit Alpheioswasser vermischt und zu einem Brei verrührt wurde, der dann trocknete und so fest wurde, daß man sogar Stufen hineinschlagen konnte, um zur Spitze aufzusteigen. Zur Zeit des Pausanias hatte der Altar eine Höhe von 22 Fuß (6,50 m)[234]. Er ist innerhalb des Dreiecks Heraion – Pelopion – Metroon zu lokalisieren, etwas aus dessen Mitte nach Westen herausgerückt, wie die ziemlich präzise Ortsangabe des Pausanias besagt. Doch wurden bei den Ausgrabungen keinerlei Spuren mehr festgestellt, was eigentlich nicht verwunderlich ist, denn gewiß ist dieser größte und wichtigste Altar von Olympia nach dem Theodosius-Edikt von 426 n. Chr. ganz besonders gründlich zerstört worden[235]. Alle modernen Rekonstruktionsversuche können sich daher nur auf Vermutungen stützen; unter ihnen ist die von H. Schleif die plausibelste (Abb. 34)[236]. Drei weitere Aschenaltäre, wenngleich kleineren Formats, gab es in

Olympia. Der eine erhob sich nur wenige Schritte nördlich vom Zeusaltar; er war der Gattin des Göttervaters, Hera, geweiht und dürfte gleichfalls zu den ältesten Kultanlagen des griechischen Olympia zählen[237]. Die beiden anderen gehörten Hestia und der orakelgebenden Erdgöttin auf dem Gaion (Abb. 74)[238].

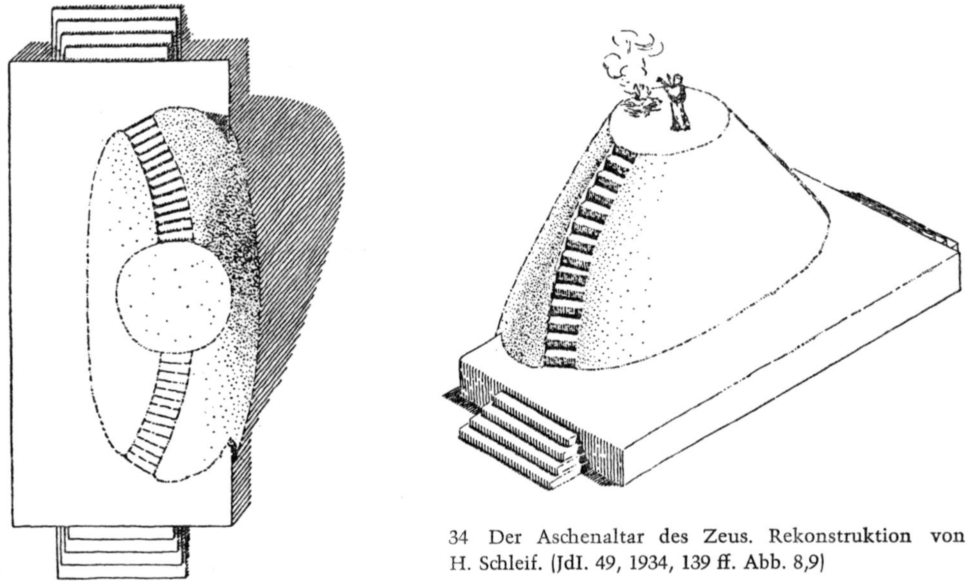

34 Der Aschenaltar des Zeus. Rekonstruktion von H. Schleif. (JdI. 49, 1934, 139 ff. Abb. 8,9)

Jahrhundertelang, bis zur Klassik, ist Zeus offenbar ohne Tempel nur an jenem großen, ständig wachsenden Altar verehrt worden. Diesen sollten einst Herakles oder auch einheimische Heroen, wie die elischen Priester sagten, dem Gott errichtet haben. Und Herakles, der Heros der dorischen Stämme, hatte damals auch die Grenzen des Heiligtums neu abgesteckt und die Altis umfriedet: so heißt es in Pindars 10. Olympischer Ode (42 ff.). In dieser, wie wir bereits sahen, jungen »Schicht« der olympischen Mythologie mag sich eine Erinnerung an die Neuordnung des Heiligtums zu Beginn der dorischen Ära spiegeln. Nach dieser Überlieferung ist Herakles auch Stifter der Spiele, die natürlich damals ebenfalls erneuert worden sind. Sein Kult, an zwei Stellen in der Altis durch Pausanias bezeugt, mag schon in dorischer Frühzeit nach Olympia gekommen sein[239]. Er behielt jedoch stets untergeordnete Bedeutung und konnte sich niemals mit dem des Pelops messen. Dieser stand hingegen noch in der römischen Kaiserzeit in so hohem Ansehen, daß Pausanias sagen konnte, Pelops habe in Olympia unter den Heroen den gleichen Rang wie Zeus unter den Göttern (V 13, 1). Seine Priorität gegenüber dem Herakleskult drückte die Legende in der Form aus, daß Herakles seinen heiligen Bezirk abgesteckt und ihm an der Grube am Tymbos geopfert haben soll, in der gleichen Weise, wie dieses Opfer dann alljährlich vollzogen wurde. Das Opfertier für Pelops ist ein schwarzer Widder, und wer von seinem Fleisch ißt, sei er Eleer oder Fremder, »darf nicht zu Zeus hineingehen« (Paus. V 13, 3). Darin könnte sich eine alte Rivalität zwischen Zeus und Pelops widerspiegeln. Zumindest erkennt man daraus, daß es sich um ein altes Totenopfer handelt, denn für Totenopfer gilt allgemein, genau wie für Opfer an unterirdische Gottheiten, daß man von dem geopferten Fleisch nicht essen darf[240]. Der besondere Rang des Pelopskultes wird noch aus einer Einzelheit deutlich, die Pausanias bei dieser Gelegenheit mitteilt: für das Opfer darf nur das Holz der Weißpappel verwendet werden, dieses aber ist sonst ausschließlich Zeus vorbehalten; der hierfür speziell zuständige Opferdiener besorgt auch das Holz für das Pelopsopfer und bekommt als einziger einen Teil des Opfertieres.

Eines anderen Kultes vordorischer Zeit, der gleichfalls weiter gepflegt wurde, wäre hier zu gedenken: neben Pelops hatte auch Hippodameia ihren eigenen heiligen Bezirk. Aber wer war Hippodameia? War sie eine Gestalt des Mythos, war sie die kultisch verehrte Gattin des Pelops oder gar die Vorgängerin der Hera in Olympia? Verbindungen zu dieser Göttin sind in der Tat vorhanden, vor allem gilt Hippodameia als Stifterin der Heräen, der Mädchenwettkämpfe zu Ehren Heras[241]. Doch alle Folgerungen daraus sind Spekulation, denn unter den wichtigeren Gestalten des olympischen Kultes bleibt Hippodameia die undeutlichste. Von ihrem Heiligtum, einem umfriedigten Bezirk in der Altis, der einmal im Jahr für eine kultische Feier der Frauen geöffnet wurde (Paus. VI 20, 7), wissen wir bis heute nicht einmal, wo er gelegen hat. Denn dort, wo er in den älteren Plänen eingezeichnet ist, im Nordosten der Altis vor der Echohalle, kann er nicht mehr angesetzt werden, seit wir wissen, daß in archaischer und klassischer Zeit das Stadion bis in dieses Gebiet reichte (Abb. 74). Andere haben das Hippodameion im Südosten vermutet; doch widerspricht dem der Pausaniastext[242]. Dieser führt vielmehr durch die Bemerkung, nahebei befinde sich das sogenannte Prozessionstor und die große Statuenweihung der Apolloniaten, eindeutig in den Südwesten der Altis[243]. Möglicherweise ist das Hippodameion schon gefunden und nur nicht als solches erkannt worden; es kann sich in einem aufgedeckten, aber unerklärt gebliebenen Fundament oder Mauerrest verbergen. Man muß sich nur von der völlig unbegründeten Vorstellung freimachen, es habe äußerlich dem Pelopion geglichen.

Damit sind wir bereits bei den weiblichen Kulten angelangt. Hier wäre natürlich an erster Stelle Hera zu nennen, deren Aschenaltar wir schon erwähnten. Über das Alter ihres Kultes in Olympia ist viel gestritten worden. Manche haben ihn für älter als den Zeuskult erklärt und auf die Hera von Argos und ihre große Bedeutung in mykenischer Zeit verwiesen; andere wieder dachten an eine sekundäre Übertragung des argivischen Herakultes, etwa zur Zeit der Okkupation Olympias durch König Pheidon von Argos im 8. Jahrhundert[244]. Beides ist indes unbeweisbar. Wir wissen gar nicht, ob die olympische Hera überhaupt etwas mit der Hera von Argos zu tun hat; weder im Kult noch im Mythos finden sich dafür Anhaltspunkte. So wird man sich lieber mit der Annahme begnügen, daß die Göttin mit Zeus zusammen ihren Einzug in Olympia hielt, angezogen von den weiblichen Kulten, die seit alters hier seßhaft waren. Ungewiß bleibt, ob sie dabei die direkte Nachfolge einer vorgriechischen Gottheit antrat. Es läßt sich nicht feststellen, ob etwa an der Stelle des Heraions vorher Rhea, die Gattin des Kronos, verehrt wurde, die im Mythos der Griechen zu Heras Mutter wurde[245]. Als Tatsache können wir lediglich konstatieren, daß das Heraion in unmittelbarer Nachbarschaft der alten vordorischen Kultstätten liegt. Die bei der Ausgrabung festgestellten Opferablagerungen geometrischer Zeit waren nirgends massenhafter als im Bereich des Heraheiligtums[246]. Nach der elischen Lokaltradition soll das Heraion acht Jahre nach dem Herrschaftsantritt des Herakliden Oxylos erbaut worden sein (Paus. V 16, 1)[247]. In dieser Nachricht könnte ein wahrer Kern stecken, zwar nicht für die Erbauung des Tempels, aber für die Entstehung des Kultes an dieser Stelle. Denn in die Sprache unserer Wissenschaft übersetzt hieße das: kurz nach der dorischen Wanderung. Und damals kam ja nach unserer Vorstellung auch Zeus nach Olympia.

Mit dem Aufblühen des Herakultes traten jene uralten, dem Dienst weiblicher Gottheiten geweihten Kultstätten am Fuße des Kronion mehr und mehr in den Hintergrund, doch sind sie niemals ganz verschwunden. In geometrischer Zeit muß ihr Ansehen noch beträchtlich gewesen sein. Wir haben uns (S. 29 ff.) bereits näher mit ihnen beschäftigt und können es hier mit einer kurzen Übersicht bewenden lassen. Wenn wir von Westen beginnen, so finden wir zunächst auf dem kleinen Hügel nördlich des Heraions, dem sogenannten Gaion, jenen Bezirk der Ge mit dem geheimnisvollen Erdspalt, an dem Orakelsprüche erteilt wurden und wo der Erdgöttin ein Aschenaltar errichtet war. Zusammen mit ihr wurde dort Themis verehrt, die auch anderwärts, z. B. in Delphi, mit Ge vereinigt erscheint[248]. Die Bedeutung dieser Kultstätte wurde empfindlich gemindert, als man das Orakel an den Zeusaltar verlegte. Wir wissen nicht genau, wann das geschah – vielleicht schon in geometrischer Zeit –, doch hat sich eine Erinnerung an die ursprüngliche Orakelstätte auf dem Gaion stets gehalten:

noch Pausanias wußte davon (V 14, 10). In unmittelbarer Nachbarschaft, eingebettet in den Hang des Kronion, liegen zwei weitere kleine Heiligtümer (Abb. 10, 64). In dem einen hat Aphrodite Urania die Nachfolge einer alten Fruchtbarkeitsgöttin angetreten; das kapellenartige Gebäude, das man ihr in archaischer Zeit errichtete, sah Pausanias schon in Trümmern; es war teilweise von der kaiserzeitlichen Herodes-Exedra überbaut, doch wurden die Opfer immer noch vollzogen. Dicht daneben befinden sich die noch gut erhaltenen Grundmauern eines kleinen zweizelligen Baus von feiner archaischer Bauweise, in dem wir das Doppelheiligtum der Eileithyia und des Sosipolis zu erblicken haben[249]. Hier scheint sich sogar der alte Name der Göttin erhalten zu haben, denn *Eileithyia* ist vorgriechisch, und bevor sie zum untergeordneten Rang einer geburtshelfenden Gottheit herabsank, war ihr Kult in Griechenland weit verbreitet[250]. Sie wurde am Fuß des Kronoshügels ursprünglich als mütterliche Gottheit mit Kind verehrt, in einer Gestalt also, die andernorts vielfach durch mykenische Idole bezeugt ist[251]. Das göttliche Kind, das in der Kultlegende auch als Schlange erscheint, was seine Zugehörigkeit zum vorgriechisch-chthonischen Bereich beweist, hat sich später mehr und mehr verselbständigt; es trägt den griechischen Namen Sosipolis, Pausanias nennt es einen »alteinheimischen Dämon«; sein Kult weist höchst altertümliche Züge auf[252]. Unterhalb dieses Heiligtums und nur wenig östlich davon wurde die *Meter Theón*, die Göttermutter, verehrt; die Ausgrabung stieß hier auf dichte Opferablagerungen in mehreren Schichten übereinander, welche einen intensiven Kult, vor allem in geometrischer Zeit, bezeugen. Die Göttin, der dieser Kult galt, bleibt für unsere Erkenntnis ziemlich schattenhaft; im ausgehenden fünften Jahrhundert oder zu Beginn des vierten wurde ihr ein dorischer Tempel errichtet, der letzte, den man in der Altis baute. »Sie nennen ihn noch heute mit seinem alten Namen ›Metroon‹ «, schreibt Pausanias über ihn, »aber es steht kein Kultbild der Göttermutter mehr darin, sondern Statuen römischer Kaiser[253].«

Außerordentlich häufig hat die griechische Artemis die Nachfolge alter Naturgottheiten der vorgriechischen Bevölkerung angetreten; es kann daher nicht überraschen, daß in Olympia kein zweiter Kult außer dem des Zeus so reich vertreten ist wie der ihre, ein Beweis zugleich auch für die Vielgestaltigkeit und große Popularität dieser Göttin[254]. Im Bereich der alten Kultplätze am Nordrand der Altis finden wir »hinter dem Heraion« (also wohl westlich des Tempels) zwei Altäre der Artemis; der eine ist dem Dienst jener merkwürdigen »Artemis *Kokkóka*« geweiht (s. S. 32). Alteinheimisch mögen auch die Nymphen sein, die nicht weit davon, »beim heiligen Bezirk des Pelops«, ihren Altar hatten (Paus. V 14, 10), und wer will sagen, auf welche Traditionen die danebenliegenden Altäre der Musen und der Chariten zurückgehen? Nicht jeder derartige Kult muß in die Vorzeit hinaufreichen; sicher hat die Tendenz, Naturkräfte in Gestalt göttlicher oder halbgöttlicher weiblicher Wesen zu verehren, noch mächtig in die geometrische Zeit hineingewirkt und weitere Kultstätten dieser Art entstehen lassen.

Zu den »urgriechischen«, von den einwandernden Stämmen aus dem Norden mitgebrachten Gottheiten gehört, wie die Religionswissenschaft erschlossen hat, Hestia[255]. Bedeutsam erscheint ihre enge Verbundenheit mit Zeus: von ihrem Altar im Prytaneion, an dem die große Opferprozession jeweils begann und endete, wurde die Asche auf den Zeusaltar überführt; Phidias bildete sie auf der Basis des Goldelfenbein-Kultbildes ab[256]. Auf das hohe Alter ihres Heiligtums deutet schon dessen Lage am Fuße des Kronoshügels nordöstlich vom Heraion. Ein prähistorisches Fundament unklarer Bestimmung unter dem Prytaneion (Abb. 17) weist in die Urzeit Olympias zurück, doch bleibt seine Beziehung zur Stätte des heiligen Herdes und zum späteren Prytaneion dunkel. Wahrscheinlich war jedoch der Ort längst geheiligt, als Hestia ihn in Besitz nahm[257].

So belebt sich nach der großen Zeitenwende das Heiligtum mehr und mehr: neue Kulte entstehen neben den alten, die in frommer Scheu weitergepflegt werden; neue Altäre werden im heiligen Hain errichtet, unter dessen Bäumen nun einer Vielzahl

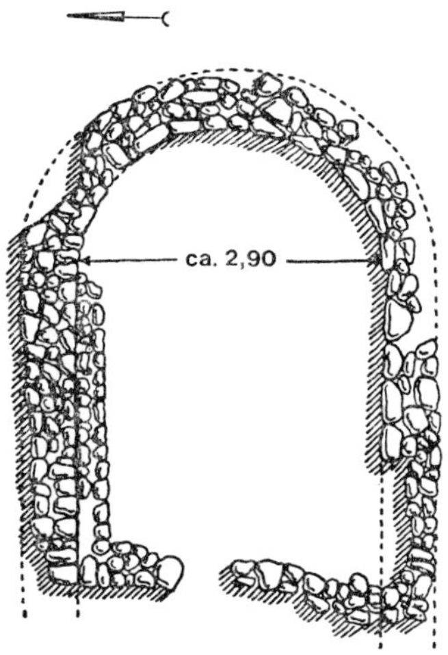

35 Geometrischer Apsidenbau. (Dörpfeld, Alt-Olympia Abb. 13)

36 Tonmodell eines geometrischen Kultbaus aus Perachora. 8. Jahrhundert v. Chr. (H. Payne, Perachora I Taf. 9)

göttlicher Wesen geopfert wird. Einer dieser Bäume wurde, wenn wir der Überlieferung glauben wollen, vom delphischen Orakel dazu bestimmt, die Zweige für die Kränze der Sieger bei den nach der Neuordnung mächtig aufblühenden Spielen zu spenden; daher hießen die Nymphen, die an diesem von nun an heilig gehaltenen wilden Ölbaum verehrt wurden, die »Schönkränzenden«[258]. Tempel, ohne die wir uns für gewöhnlich ein griechisches Heiligtum schwer vorstellen können, erhoben sich in dieser Frühzeit noch nicht zwischen den Bäumen des Hains. Zwar entstehen im 8. Jahrhundert v. Chr. in Griechenland die ersten monumentalen Sakralbauten, doch Olympia blieb noch lange Zeit ein tempelloses Heiligtum. Zeus, in dessen Gestalt Züge des altindogermanischen Himmelsgottes lebendig blieben, wird seinem Wesen gemäß im Freien verehrt. In Dodona, dem hochberühmten alten Zeusheiligtum im nördlichen Griechenland, wo ursprüngliche Formen seines Kultes sich am reinsten erhalten haben, bekam Zeus erst um 400 v. Chr. ein kleines Tempelchen, aber Mittelpunkt des Temenos blieb stets die heilige Eiche, aus deren Wipfel man die Orakelsprüche vernahm[259]. So verwundert es nicht, daß der erste in Olympia errichtete Tempel nicht etwa Zeus, sondern dessen Gattin Hera geweiht war.

Gab es demnach in geometrischer Zeit überhaupt noch keine Bauten in Olympia? Wenn man den bereits recht bedeutenden Rang des Heiligtums zu jener Zeit bedenkt, der durch den Reichtum der Funde in eindrucksvoller Weise bezeugt wird, liegt diese Frage nahe. Beim derzeitigen Ausgrabungsstand läßt sich nur ein einziger Baurest mit hoher Wahrscheinlichkeit in die geometrische Zeit datieren, nämlich jener kleine, westlich vom Pelopion gelegene Apsidenbau, den Dörpfeld als »Haus 4« der vorgeschichtlichen Siedlung zugerechnet hat (Abb. 35)[260]. In Grundrißtypus und Bauweise schließt sich dieser Bau in der Tat den mittelhelladischen Häusern an, aber wir sagten schon, daß eine bemalte spätmykenische Scherbe, die unterhalb seiner Fundamente gefunden wurde, die spätere Entstehung beweist. Die sehr bescheidenen Abmessungen, der unmittelbare Anschluß an die prähistorischen Apsidenhäuser und das Fehlen späterer Funde legen die Datierung in geometrische Zeit nahe. Der Tempel der Hera Akraia in Perachora bei Korinth sowie Tonmodelle des gleichen Fundorts (Abb. 36) bilden die bekanntesten zeitgenössischen Parallelen, die übrigens in letzter Zeit eine beachtliche Vermehrung erfahren haben[261]. Für die Deutung unseres Baus haben wir keine sicheren Anhaltspunkte. Daß er irgendwie mit dem Pelopion zu tun haben muß, zeigt seine Lage und die Öffnung nach Westen auf dieses Heiligtum hin. Vielleicht diente er der Aufbewahrung von Weihgeschenken. Man muß sich vor Augen halten, daß das Pelopion damals die stattlichste Anlage in der Altis war. Möglicherweise bildet der geometrische Bau beim Pelopion das lange gesuchte Bindeglied zwischen den prähistorischen Apsidenhäusern und den beiden Buleuteriongebäuden, die in archaischer Zeit diesen hochaltertümlichen Bautypus noch einmal wiederholen (Abb. 72)[262]. Man wird annehmen dürfen, daß der kleine Apsidenbau nicht völlig allein gestanden hat.

38 Argivische Bronzegruppe: Stuten mit Füllen. 8. Jahrhundert v. Chr. (Olympia IV Taf. 14,217)

Mögen spätere Ausgrabungen auch vielleicht einmal das Bild des ältesten griechischen Olympia vervollständigen – an der Feststellung, daß nicht Bauten in diesem Bild dominiert haben, wird sich schwerlich etwas ändern. Die bestimmenden Elemente sind mehr oder weniger naturhafter Art: das Kronion, der Hügel der Erdgöttin, das Mal des Pelops[263], die Bäume des Hains. Und unter den Bäumen die Opferplätze und Altäre, daneben spärliche Reste der Vorzeit, die vor ihrem endgültigen Vergehen noch pietätvoll konserviert und den nachfolgenden Geschlechtern überliefert wurden. Wir müssen unsere Vorstellungskraft zu Hilfe nehmen, wenn wir dieses Bild vor unserem geistigen Auge erstehen lassen wollen, und dennoch bleibt es undeutlich. Lebendige Wirklichkeit dagegen repräsentieren die Funde, die uns aus jener frühen Zeit überkommen sind. Es ist eine Hinterlassenschaft von erstaunlicher Fülle: Statuetten aus Terrakotta und Bronze, Waffen, Schmuckstücke, Kessel und anderes Gerät.

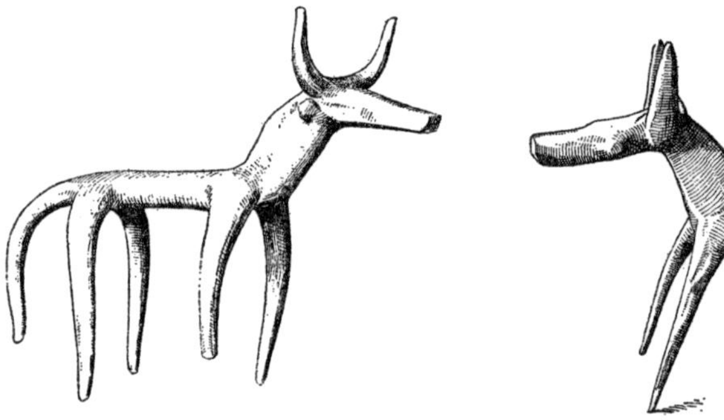

37 Protogeometrische Tierfiguren. 11./10. Jahrhundert v. Chr. (Olympia IV Taf. 11,150.152)

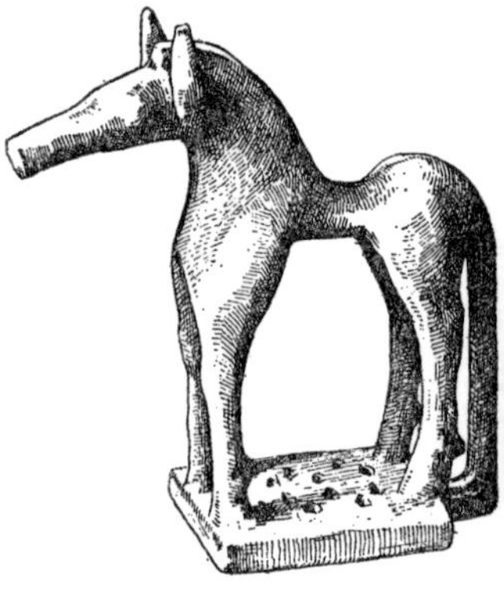

39 Lakonische Pferdestatuette. 8. Jahrhundert v. Chr. (Olympia IV Taf. 13,198)

Die gängigsten Votive waren kleine Tierfiguren, die bescheidensten aus Ton, aufwendiger im Material und meist auch anspruchsvoller in der Form solche aus Bronze (Abb. 37–41; Taf. 12). Pferde sind am häufigsten vertreten, daneben gibt es Rinder, Böcke, Hirsche, Hasen und andere, teilweise unbestimmbare Vierbeiner, außerdem Vögel und Tiergruppen. Es handelt sich dabei nicht einfach um den verkleinerten und billigen Ersatz für Opfertiere. Das zeigt schon die Auswahl der Tierarten und das Dominieren der Pferde; es muß vielmehr die Vorstellung dahinterstehen, daß die Gottheit Freude an diesen Tieren hatte, namentlich an schnellen, edlen Pferden, die gewiß auch für die Menschen dieser ritterlichen und kriegerischen Zeit die schönsten und begehrtesten Tiere waren, eine Art »Statussymbol« der Gesellschaftsschicht, der ihre Stifter meist angehört haben dürften. Die Zahl der bei den Ausgrabungen gefundenen geometrischen Tierstatuetten geht in die Tausende. Vor allem an den Stellen, wo sich der Kult in der Frühzeit konzentrierte, traten sie massenhaft zutage, so etwa in dem besonders ergiebigen Gebiet zwischen Heraion und Pelopion. »Jeder Hackenschlag förderte welche zutage«, berichtete Furtwängler, »in einer Woche wurden hier an 700 Stück Tiere allein von Bronze gesammelt, außerdem noch eine Menge solcher aus Terrakotta[264].« Die Entwicklung führt von ganz abstrakten, nahezu körperlosen, wie aus Draht gebogenen Gebilden, die noch der protogeometrischen Zeit angehören mögen (Abb. 37), zu voluminösen, lebendigeren Figuren, in denen das geometrische Stilwollen teilweise einen sehr scharf akzentuierten Ausdruck gefunden hat (Abb. 38–40); am Ende stehen manierierte, bisweilen bizarre Formen (Taf. 12 a), die schließlich in leerem

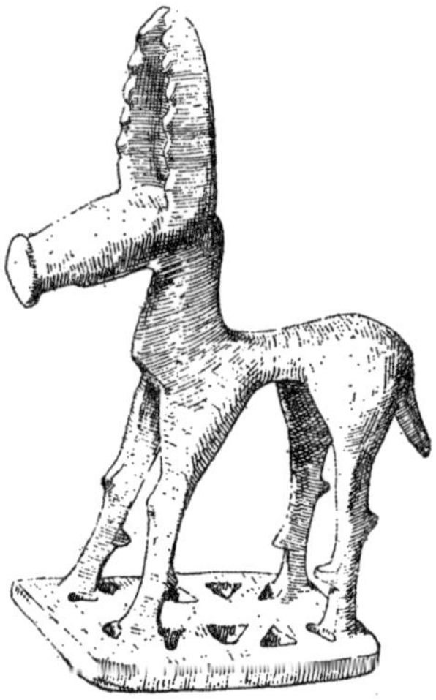

40 Lakonische Hirschstatuette. 8. Jahrhundert v. Chr. (Olympia IV Taf. 13,205)

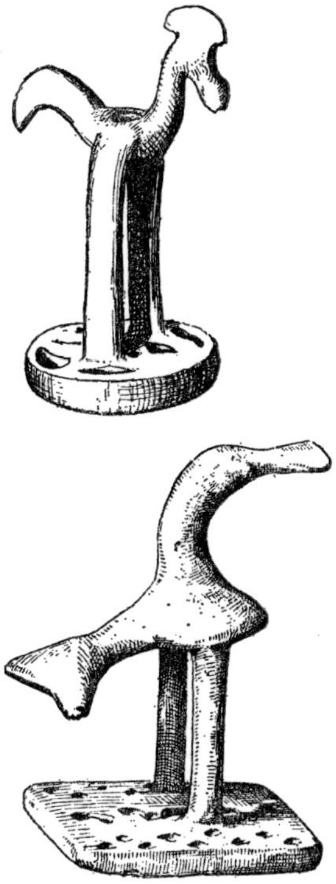

41 Geometrische Vogelstatuetten: korinthisch (oben) und lakonisch (unten). 8. Jahrhundert v. Chr. (Olympia IV Taf. 13,210. 24,420)

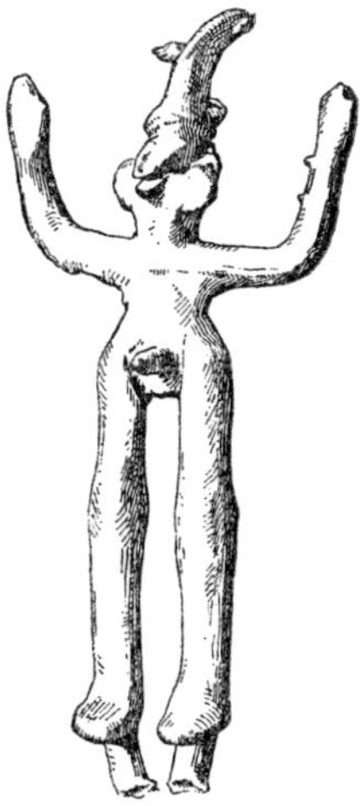

42 Geometrisches Bronze-Idol mit »Epiphaniegestus«. 9. Jahrhundert v. Chr. (Olympia IV Taf. 16,240)

Schematismus erstarren. Bemerkenswert und überraschend ist, daß viele der Tiere, und zwar gerade die künstlerisch besten, nicht in elischen Werkstätten, sondern in den führenden Kunstzentren der Peloponnes hergestellt sind, was auf den überregionalen Rang des Heiligtums schon in geometrischer Zeit hindeutet. Bisher ließen sich argivische, lakonische und korinthische Erzeugnisse unter den geometrischen Bronzevotiven Olympias nachweisen[265].

Neben die Tierfiguren treten die menschengestaltigen Statuetten. Sie sind jenen gegenüber in der Minderzahl, namentlich unter den Bronzen; bei den Tonfiguren ist ihr Anteil ein wenig größer. Wenn man vom unterschiedlichen Materialwert der beiden Gattungen ausgeht, so wird man dahinter verschiedene soziale Gruppen mit möglicherweise differenzierten religiösen Vorstellungen und Anliegen als Stifter vermuten dürfen. Wie bei den Tierfiguren finden wir auch hier eine Beschränkung auf bestimmte, festgelegte Typen. Männliche Gestalten überwiegen weitaus[266]; viele von ihnen haben die Hände in einem Gestus erhoben, der an frühchristliche Adoranten erinnert und daher vielfach als Gebetshaltung mißverstanden worden ist (Abb. 42; Taf. 11). In Wirklichkeit meint diese zeichenhafte Gebärde das ehrfurchtgebietende Erscheinen der Gottheit. Sie begegnet auf entsprechenden Darstellungen und an bestimmten Idoltypen überall in Griechenland und wird als »Epiphaniegestus« bezeichnet; ihre Geschichte läßt sich bis ins 3. Jahrtausend zurückverfolgen[267]. Die Statuetten aus Ton und Bronze, die diesen Gestus aufweisen, sind demnach als Götterbilder zu verstehen. Wir erwähnten bereits, daß die Anfänge dieses Idoltypus in prähistorische Zeit hinaufreichen, daß also die geometrischen Figuren eine für den Kronoskult schon früher geschaffene Tradition fortsetzen, die nie ganz abgerissen ist, mag auch die Formensprache sich gewandelt haben[268]. »Die Menge der in Olympia zutage gekommenen männlichen Ton- und Bronzefiguren, die auf solche Weise gekennzeichnet sind, legt es nahe, in diesen Weihgaben die ältesten Bilder des Zeus zu sehen« – zu diesem Schluß kam E. Kunze, der sich mit der Deutung dieser Fundstücke eingehend beschäftigt hat[269]. Mehrere der Figuren tragen einen Helm, dessen Busch nach hinten schwingt: sie bezeugen, wenn die Deutung richtig ist, eine kriegerische Vorstellung von Zeus, die uns befremdlich erscheint, aber dieser kampfesfrohen Frühzeit wohl angemessen sein mag[270]. Vielleicht lebte im Kult des Zeus Areios, dem auf einem Altar vor der Ostfront des Zeustempels geopfert wurde, diese altertümliche Vorstellung weiter[271]. Eine andere Kopfbedeckung von tellerartigem Aussehen, die bei einigen der Statuetten vorkommt, erklärt sich vielleicht am ehesten als nicht mehr ganz verstandene Weiterentwicklung des bekannten, oben konkav gebildeten Kopfaufsatzes mykenischer Idole[272].

Die Reihe dieser ältesten Zeusbilder vom »Epiphanietypus« reicht nicht über die geometrische Zeit hinaus, sie endet wohl schon vor der Mitte des 8. Jahrhunderts[273]. Ein neuer Zeustypus löst sie ab, der sich bis weit ins 7. Jahrhundert hinein hält und auch noch für die Folgezeit eine gewisse Bedeutung hat. Dabei wandelt sich die urtümlich-numinose Vorstellung der frühen, zeichenhaften Fassung mehr zum Konkreten hin: Zeus wird nun wirklich eindeutig als Krieger dargestellt, er ist nicht nur mit dem Helm, sondern auch mit dem Schild bewaffnet und schwingt in drohender Haltung die Lanze[274]. Ein gutes Beispiel, das die Stilformen der geometrischen Plastik im 3. Viertel des 8. Jahrhunderts zeigt, stammt aus einer lakonischen Werkstatt (Taf. 13 a)[275].

Nun ist aber das Motiv des »Lanzenschwingers« in der geometrischen Kunst nicht auf eine bestimmte, ausschließlich als Zeusbilder deutbare Statuettengruppe beschränkt. Es entspricht dem Bilddenken jener Zeit, die mit einem beschränkten, inhaltlich nicht präzis festgelegten Typenvorrat von allgemeinerem Bedeutungsgehalt arbeitete, daß es auch in anderem Zusammenhang auftritt. In Olympia finden wir es vor allem unter dem plastischen Schmuck großer geometrischer Dreifüße aus Bronze. Da steht oben auf den hohen Ringhenkeln, die vom Kesselrand aufsteigen, oftmals ein solcher Lanzenschwinger, der ein Pferd am Zügel hält (Abb. 43; Taf. 17)[276]. Ist es einfach ein Krieger, männliches Idealbild der Zeit, oder läßt sich die Gestalt bestimmter fassen? Gehen wir davon aus, daß das Pferd auch in späterer Zeit immer wieder dem griechischen Heroenbild zugeordnet erscheint, so dürfen wir auch in den geometrischen »Pferdeführern« am ehesten einen Heros vermuten[277]. Wer anders aber könnte das in Olympia sein als Pelops? Bei der großen Bedeutung, die sein Kult im frühen Olympia hatte, wäre es verwunderlich, wenn sein Bild völlig fehlen würde. Daß es in späterer Zeit, soviel wir aus den Funden schließen können, nicht üblich gewesen zu sein scheint, Bilder des Pelops zu weihen, ist kein Gegenargument[278]. Denn in der Früh-

43 Dreifuß-Ringhenkel mit Pferdeführer. Bronze. 8. Jahrhundert v. Chr. Rekonstruktion von E. Kunze. (Kunze, Neue Meisterwerke S. 9)

zeit besaß die Gestalt dieses Heros nicht nur eine mächtigere Gegenwärtigkeit im Kult; sie hatte auch als Inbegriff des ritterlichen Lebensideals der adligen Stifter solch kostspieliger Weihgeschenke, wie sie die Dreifußkessel für die damalige Zeit waren, eine ganz andere Bedeutung als später. Gegen unsere Deutung der »Pferdeführergruppe« der geometrischen Dreifüße auf Pelops spricht weder ihre durch den Gerätzusammenhang bedingte Verdoppelung noch auch ihr Vorkommen in anderen Heiligtümern; natürlich bedeutet sie dort etwas anderes. Die geometrische Kunst arbeitet mit ›Chiffren‹, die typenhaft festgelegt sind und deren Bedeutung sich erst jeweils aus dem Zusammenhang ergibt. Die Chiffre »Heros« erhält ihren konkreten Inhalt von den örtlichen oder erzählerischen Gegebenheiten. Für uns ist natürlich die Entzifferung dieser Zeichensprache nicht immer leicht, und man kommt dabei manchmal über Vermutungen nicht hinaus.

Neben den männlichen Statuetten steht eine im Vergleich zu anderen Heiligtümern auffällig kleine Zahl weiblicher Figuren[279]. Auch diese sind in der Regel durch den Epiphaniegestus als göttliches Wesen ausgewiesen, doch wird ihre Deutung durch die Vielfalt der in Olympia gegebenen Möglichkeiten erschwert. Da jedoch die alteingesessenen weiblichen Kulte allem Anschein nach keine Idolplastik hervorgebracht haben, dürfen wir vermuten, daß das Auftreten weiblicher Idole in geometrischer Zeit mit Veränderungen im Kult zusammenhängt. Man wird dabei in erster Linie an die Einführung des Heradienstes denken. Einige Figuren sind mit einer diademartigen Kopfbekrönung ausgestattet; majestätisch bei aller Primitivität wirkt vor allem ein unter der Vorhalle des Heraions gefundenes Tonidol mit großem Kopfschmuck in Form einer um die Stirn gelegten, hinten sich kreuzenden Binde (Taf. 11 a, b): hier dürfte wohl in der Tat niemand anders als Hera gemeint sein[280]. Neben diesen mehr oder weniger schlichten Figürchen sind einige Sonderbildungen zu nennen. Rätselhaft bleibt uns die göttliche Reiterin, die mit ausgebreiteten Armen auf ihrem Pferd sitzt[281]. Der Typus ist bereits in der mykenischen Idolplastik vorgeprägt und geht offenbar auf Kreta zurück[282]; gern wüßten wir, welche Göttin im frühen Olympia in dieser Form verehrt oder dargestellt werden konnte. Zu einer Gruppe vereinigt finden sich mehrfach nackte Frauengestalten, die formal ganz den weiblichen Idolen gleichen und mit ineinander verschränkten Armen einen kreisförmigen Reigen bilden (Abb. 12)[283]. Die Nacktheit deutet darauf hin, daß wir es mit überirdischen Wesen zu tun haben, nicht mit Mädchen, die einen Kulttanz aufführen[284]. Von der Kultüberlieferung Olympias her bietet sich die Deutung als Nymphenreigen an[285].

Die Götterfiguren der geometrischen Zeit sind einfach und elementar. Es fehlt ihnen noch die Differenzierung, die dann im weiteren Verlauf der Entwicklung allmählich den individuellen Charakter der einzelnen Gottheiten hervortreten läßt. Sie stehen den vorgeschichtlichen Idolen näher als dem späteren Götterbild. In das alteinheimische Überlieferungsgut mischen sich aber bereits hier und da Einflüsse, die an dem traditionsgebundenen Bild mitformen und an seiner reicheren Entfaltung teilhaben. Der Lanzenschwingertypus, den Kunze als zweite Stufe der bildlichen Vergegenwärtigung des olympischen Zeus angesprochen hat, geht auf einen weitverbreiteten, in Form von syrischen Bronzestatuetten auch den Griechen bekanntgewordenen orientalischen Göttertypus zurück[286]. Noch deutlicher ist, trotz der rein geometrischen Formensprache, die Übernahme eines fremden Vorbildes bei der eigenartigen Reliefdarstellung eines Dreifußbeins (Taf. 16 a)[287]. Dort steht auf einem Pferd eine göttliche Gestalt im Epiphaniegestus: sie wiederholt das bekannte orientalische Schema des »Gottes auf dem Tier«, das ebenfalls durch nordsyrische Bronzestatuetten tradiert sein kann, in Olympia aber beispielsweise auch auf einem orientalischen Kesseluntersatz erscheint, der im späten 8. Jahrhundert importiert wurde[288]. Die äußerst vereinfachte, zeichenhafte geometrische Darstellungsweise des kleinen Reliefs deutet nicht einmal das Geschlecht des göttlichen Wesens auf dem Pferd an; so bleibt es für uns namenlos[289].

Die religiöse Vorstellungswelt, die jene frühen Weihgaben repräsentieren, erhält noch eine besondere Note dadurch, daß uns in der Spätphase der geometrischen Epoche nun auch der Mythos im Bildwerk entgegentritt, wenn auch vorerst noch ganz vereinzelt. Berühmtestes Beispiel ist eine kleine Bronzegruppe, die in Olympia gefunden sein soll und nach New York gelangt ist (Taf. 13 c); ihre kunstgeschichtliche Einordnung wie inhaltliche Deutung hat die Archäologie in ungewöhnlichem Maße beschäftigt. Ein aus Mensch und Pferdehinterteil zusammengesetztes kentaurenhaftes Mischwesen ist mit einem vor ihm stehenden Mann durch Verschränkung der Arme zur Gruppe vereint. Im dritten Viertel des 8. Jahrhunderts ist dieses bedeutende Werk der geometrischen Kunst entstanden, sehr wahrscheinlich in einer lakonischen Werkstatt[290]. Aber was stellt es dar? Die auf den ersten Blick einfach scheinende Erklärung »Kentaurenkampf« ist angezweifelt worden. Man hat geschwankt, ob überhaupt eine feindliche oder nicht vielmehr eine friedliche Begegnung gemeint sei, wie der Besuch des Herakles bei den Pholoë-Kentauren, der sich im Gebirge ganz in der Nähe Olympias abgespielt haben soll. Dann entdeckte man jedoch an der linken Flanke des Kentauren einen abgebrochenen Rest, der nur eine Schwert- oder Lanzenspitze sein kann: es handelt sich also zweifellos um einen Kampf. Doch für die Benennung der beiden Gegner bieten sich verschiedene Möglichkeiten, zumal der Roßmensch in der Frühzeit ikonographisch noch nicht eindeutig auf die Kentauren der Sage festgelegt ist, sondern als Zeichen für »dämonischer Unhold« einen weiter gefaßten Bedeutungsspielraum einschließt. So hat Ernst Buschor vorgeschlagen, in den beiden Kämpfen Zeus und das Urweltungeheuer Typhon zu sehen, eine Deutung, die vielfache Zustimmung erfuhr[291]. Ein hierauf aufbauender weiterer Erklärungsvorschlag wollte in dem Zeusgegner nicht Typhon, sondern Kronos erkennen: hier sei das Ringen zwischen Zeus und seinem Vater um die Weltherrschaft dargestellt, das nach der von Pausanias überlieferten Lokalsage auf dem Boden der Altis stattgefunden haben sollte (s. S. 29)[292]. Nachdem sich diese Hypothese als unhaltbar erwiesen hat, ist man unlängst mit neuer Begründung wieder auf die alte Deutung der Gruppe als Kampf zwischen einem Helden der Sage und einem Kentauren zurückgekommen[293]. Wie dem auch sei: als eine der ältesten Darstellungen des griechischen Mythos überhaupt gehört die New Yorker Bronzegruppe zu den interessantesten Werken der geometrischen Plastik.

Die bedeutendsten Weihgeschenke der geometrischen Zeit sind indes nicht Werke der Kleinplastik, sondern ihrem Ursprung nach eigentlich ganz unkünstlerische Gebilde, die allerdings durch die Umwandlung vom Gebrauchsgerät zum repräsentativ-zweckfreien Gegenstand in die Sphäre des Kunstwerks erhoben wurden. Es sind die bereits erwähnten bronzenen Dreifußkessel (Abb. 44–45; Taf. 14–18). Schon durch ihren Materialaufwand stellten sie für damalige Verhältnisse zweifellos Objekte von ganz beträchtlichen Wert dar, einem Wert, der durch die fortschreitend sich verfeinernde Kunstfertigkeit der Ausführung und das Hinzufügen von plastischem Schmuck noch wuchs. Ebenso nahm das äußere Format im Lauf der Entwicklung ständig zu, bis diese Dreifüße schließlich monumentale Größe erreichten. Dabei wuchsen Beine und Henkel und bildeten immer breitere Flächen für die dekorative Gestaltung aus; ihre immer dünner werdenden Wandungen bestehen schließlich nur noch aus gehämmertem Blech, denn im Gußverfahren wären Geräteteile dieses Formats zu jener Zeit nicht herstellbar gewesen. Die Geschichte der Gattung, die an einem mykenischen Gerättypus anknüpft, reicht von der protogeometrischen Epoche bis ins 7. Jahrhundert hinein, konzentriert sich aber im wesentlichen auf das 9. und 8. Jahrhundert. Die Zahl der während dieser Zeit geweihten Dreifüße ist erstaunlich; das Heiligtum muß am Ende der geometrischen Zeit voll davon gewesen sein. Noch in klassischen und nachklassischen Schichten fanden sich immer wieder Fragmente; die Kessel scheinen also ziemlich lange im Hei-

44 Geometrischer Bronze-Dreifuß der gegossenen Gattung. Rekonstruktion von A. Furtwängler. (Olympia IV Taf. 34 d)

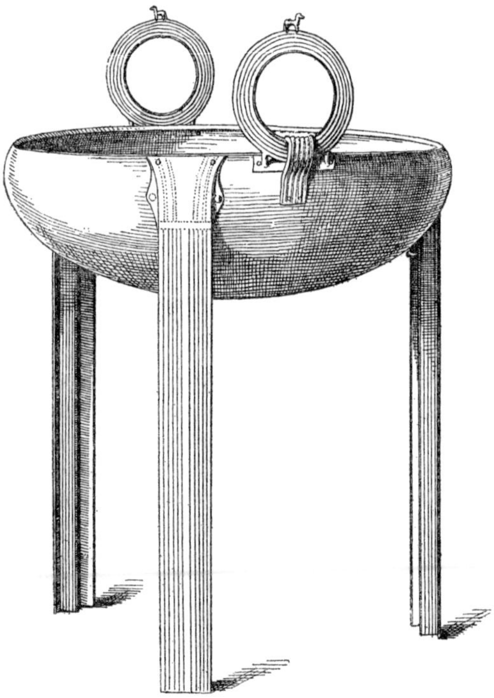

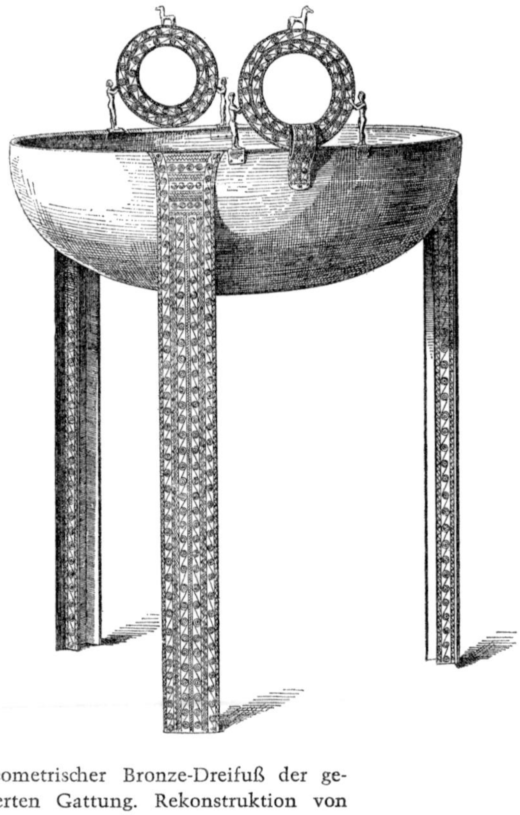

45 Geometrischer Bronze-Dreifuß der gehämmerten Gattung. Rekonstruktion von A. Furtwängler. (Olympia IV Taf. 34 c)

46 Dreifüße als Kampfpreise beim Waffenlauf. Schwarzfiguriges Vasenbild. 6. Jahrhundert v. Chr. (Gerhard, Auserlesene Vasenbilder IV Taf. 256)

ligtum gestanden zu haben, zunächst wohl meist unter freiem Himmel, wodurch sich vielleicht die Tatsache erklärt, daß nur ein einziges Exemplar (Taf. 14) vollständig unter die Erde kam, alle anderen zerstört und zerstückelt[295].

In einer Zeit, die das lebensgroße Standbild noch nicht kannte, müssen die geometrischen Dreifußkessel im Heiligtum den Platz eingenommen haben, der später den statuarischen Denkmälern zukam. Wir kennen sie auch von anderen Fundstätten, so von Delphi, dem Heraion von Argos, der Athener Akropolis, Kreta, Ithaka; doch hält sich ihre Zahl dort in bescheidenen Grenzen[296]. In Olympia dagegen »sind sie schlechthin das monumentale Weihgeschenk der Frühzeit« (Kunze). Das muß einen besonderen Grund haben; entweder hängen sie mit dem Zeuskult zusammen oder mit den Olympischen Spielen. In Dodona, dem nächst Olympia angesehensten Zeusheiligtum, war der heilige Bezirk, wenn wir der antiken Überlieferung Glauben schenken wollen, anfänglich rings von Dreifußkesseln umgeben, die so dicht aneinandergereiht waren, daß beim Schlag auf einen Kessel der Klang um das ganze Temenos herum lief; aus dem Echo deuteten die Priester den Willen der Götter[297]. Die jüngsten Ausgrabungen haben ergeben, daß erst im 4. Jahrhundert eine Mauer um den heiligen Bezirk errichtet worden ist; ihre Stelle könnte also ursprünglich tatsächlich jene »Dreifußkette« eingenommen haben. Für Olympia ist nichts dergleichen bezeugt; auch wird man die Wiederholung einer für Dodona überlieferten Eigentümlichkeit nicht annehmen wollen; das olympische Zeusorakel war ebenfalls anderer Art. Allenfalls könnte man schließen, daß in der Frühzeit eherne Dreifüße ein bevorzugtes Weihgeschenk für Zeus darstellten. Doch hat man sie andernorts nachweislich auch anderen Gottheiten geweiht. Größeres Gewicht dürfte daher der Tatsache zukommen, daß Dreifüße beliebte Kampfpreise bei Agonen waren (vgl. Herodot I 144). Daß sie für Siege im Theater verliehen wurden, haben wir bereits erwähnt (S. 21). Dabei handelt es sich natürlich nur um die Übertragung eines Brauches, der ursprünglich mit den sportlichen Agonen verknüpft ist. Dort sind durch Homer schon für die Frühzeit Dreifüße als Preise bezeugt. Hephaistos selbst, der kunstreiche Schmiedegott, stellt solch kostbare Geräte her (Ilias XVIII 373 ff.). Und bei den Leichenspielen für Patroklos setzt Achill einen ehernen Dreifußkessel als ersten Preis für den Sieger im Ringkampf aus, der dem Wert von zwölf Rindern entspricht (Ilias XXIII 700 ff.). Was das bedeutet, können wir ermessen, wenn wir erfahren, daß eine vieler Arbeiten kundige Frau, die als zweiter Preis fungiert, vier Rinder im Wert gilt (XXIII 704 f.). Auf archaischen Wettkampfdarstellungen sehen wir nicht selten die Dreifüße, die dem Sieger als Belohnung winken, am Rande der Kampfbahn aufgestellt; sie rufen im Betrachter die festlich-agonale Atmosphäre von Stadion und Rennbahn wach (Abb. 46). Der Dreifuß ist dabei fast eine Chiffre für »Siegespreis«.

Nun wissen wir freilich aus der Überlieferung, daß es in Olympia außer dem schlichten Ölbaumzweig, mit dem die Sieger bekränzt wurden, keine Preise gab. Obgleich es aus geometrischer Zeit hierfür noch kein Zeugnis gibt, ist dennoch anzunehmen, daß das von Anfang an immer so gewesen ist; anders wäre eine solche geheiligte Tradition wohl nicht denkbar. Aber könnten dann die ehernen Dreifußkessel nicht Stiftungen der Sieger zum Dank für den von der Gottheit verliehenen Sieg sein, ähnlich wie später die erfolgreichen Athleten ihr Standbild in das Heiligtum weihten?

Die Olympischen Spiele waren in der Frühzeit wohl so gut wie ausschließlich eine Angelegenheit des Adels, zunächst der Feudalherren aus dem näheren Umkreis Olympias, aus der Pisatis, aus Elis, dann aus der ganzen Peloponnes und schließlich ihrer Standesgenossen aus dem übrigen Griechenland[298]. Nur die Angehörigen der besitzenden Oberschicht kommen als Stifter der großen Dreifüße in Betracht. Im ständigen Zunehmen des Formats und der ornamentalen und figürlichen Ausstattung, das wir in der Entwicklungsgeschichte dieser Gattung verfolgen, spiegelt sich deutlich das Bestreben, die Standesgenossen jeweils durch Pracht und Aufwendigkeit des Votivs zu übertrumpfen. Als agonale Weihungen der reichen und mächtigen Geschlechter des Landes zeugen die Dreifußkessel vom Geist und von der aristokratischen Kultur der »homerischen« Gesellschaft. In den reifsten Exemplaren der Gattung kommt, ähnlich wie in den großen attischen Grabkrateren der Zeit, eine unbestreitbar monumentale Gesinnung zum Durchbruch, die an sich sonst dem geometrischen Stil fremd ist. Im Bilde des Pelops, das nicht selten die kostbaren Geräte bekrönte (s. S. 74), wurde der Ahnherr der Spiele, der mythische »Ursieger« und zugleich Prototyp des eigenen ritterlichen Standesideals geehrt, dem sich der adelige Stifter verpflichtet wußte.

Eine Bestätigung für unsere Vermutung, daß die geometrischen Dreifüße etwas mit den Olympischen Spielen zu tun haben, gibt uns vielleicht eine Reliefdarstellung, die sich auf der Vorderfläche eines solchen Dreifußbeines aus dem späten 8. Jahrhundert erhalten hat (Taf. 16 b, c). Es stehen sich dort zwei behelmte Männer mit zum Schlag erhobenen Fäusten einander gegenüber, die einen Dreifuß gepackt haben und zwischen sich festzuhalten scheinen. Das Kampfmotiv wird, ins Sinnbildhafte erhoben wie ein homerisches Gleichnis, darunter noch einmal wiederholt im Bilde der beiden gegeneinander aufgebäumten Löwen[299]. Man hat die Gegner als Apollon und Herakles im Kampf um den delphischen Dreifuß deuten wollen[300]. Doch sind beide voneinander nicht merklich unterschieden, geschweige denn als bestimmte Gestalten des Mythos gekennzeichnet, so daß diese Erklärung sich auf kein der Darstellung abzugewinnendes Indiz stützen kann; auch kennen wir gesicherte Darstellungen des delphischen Dreifußraubes sonst erst zweihundert Jahre später. Versuchen wir, die zeichenhafte Bildsprache des geometrischen Reliefs abzulesen, ohne etwas hineinzuinterpretieren, aber unter Berücksichtigung der Bestimmung des Werks als Weihgeschenk für Olympia, so ergibt sich dieses: dargestellt ist ein sportlicher Agon zweier Männer (die Helme stehen als Chiffre für »Mann«, »Kämpfer«[301]; der Kampf wird ohne Waffen ausgetragen); beide greifen nach einem ehernen Dreifuß, der als »Kampfpreis schlechthin« das Zentrum des Bildes einnimmt. Ob ein Faustkampf gemeint ist, wie ihn schon Homer als Bestandteil sportlicher Agone kennt (Ilias XXIII 681 ff.) und wie er auch auf anderen spätgeometrischen Darstellungen vorkommt, ist nicht sicher; in Olympia wurde diese Sportart angeblich erst 688 v. Chr. eingeführt, das Pentathlon und der Ringkampf schon 708 v. Chr. Das Thema kommt in der geometrischen Kunst mehrfach vor[302]; hier ist wohl weniger ein bestimmter Wettkampf oder Sieg gemeint, sondern vielmehr, dem Charakter der Bildkunst jener Zeit entsprechend, allgemein die Verherrlichung des olympischen Agons, des olympischen Sieges. Ist diese Erklärung richtig, dann haben wir hier ein olympisches Siegesdenkmal vor uns, das sich als solches durch seinen Bildschmuck anschaulich selbst interpretiert. Übrigens hat das Motiv noch eine lange Geschichte bis in die archaische Zeit hinein gehabt; ein Beispiel aus dem 6. Jahrhundert ist das Relief eines in Olympia gefundenen Schildbandes (Abb. 47)[303].

47 Faustkämpfer mit einem Dreifuß als Siegespreis. Von einem archaischen Schildband. 6. Jahrhundert v. Chr. (OlForsch. II Taf. 66)

Ob wirklich alle in Olympia gefundenen Dreifüße agonale Weihungen sind und ob sie von Anfang an diese Bestimmung gehabt haben, können wir natürlich nicht wissen. Jedenfalls geht es nicht an, ihnen etwa solche Eigenschaften erst vom Jahre 776 an zuzuerkennen. So darf, wenn wir recht sehen, die stolze Reihe der Dreifußweihungen des 9. und 8. Jahrhunderts v. Chr. als ein sichtbares Zeugnis dafür gewertet werden, daß die Olympischen Spiele schon seit früh- und hochgeometrischer Zeit gefeiert wurden. Festlicher Ablauf, Regeln und zeitlicher Rhythmus waren gewiß schon zu traditionellen Formen entwickelt worden, als man begann, die Namen der Sieger aufzuzeichnen.

Für die Geschichte der spätgeometrischen Plastik ist der figürliche Schmuck der Dreifußkessel von erstrangiger Bedeutung. Von den Tierfiguren der Henkel, von den »Lanzenschwingern« und »Pferdeführern« war bereits die Rede. Gegen Ende des 8. Jahrhunderts machen diese Aufsatzfiguren einer neuen Art des Dreifußschmuckes Platz.

48 Dreifußhenkel mit Stützfiguren. Ende 8. Jahrhundert v. Chr. Bronze. (Ephem. 1952, Abb. 4)

Beiderseits der immer größer werdenden Henkel erscheinen jetzt Stützfiguren, nackte männliche Gestalten, die mit ausgestreckten Armen und dem Beschauer zugewandtem Gesicht die Ringhenkel der späten gehämmerten Dreifüße halten und schützen (Abb. 48; Taf. 18); auch ein stierköpfiges Mischwesen kommt in ihrem Kreise vor[304]. Die Entwicklung, welche die griechische Plastik in diesem so bedeutsamen letzten Viertel des 8. Jahrhunderts genommen hat, spiegelt sich in den Funden solcher Stützfiguren aus Olympia auf eindrucksvolle Weise wider. Sie führt von erstaunlich reifen, klar gebauten Gestalten, die den Stempel argivischer Kunst tragen[305], zu jenen seltsamen, grotesk überlängten Figuren, die das Sprengen des geometrischen Formgesetzes, das drängende Suchen nach Neuem verdeutlichen und mit guten Gründen einer Athener Dreifußwerkstatt zugeschrieben worden sind (Taf. 18)[306]. Die Unausgeglichenheit der Form, die flackernde Unruhe in den Gesichtern weist diese späten Dreifuß-Stützfiguren als typische Erzeugnisse einer Krisen- und Übergangszeit aus, die suchend und experimentierend die Grenzen ihrer Möglichkeiten kühn überschreitet: mit der äußeren Größe hält die plastische Durchbildung nicht Schritt, die angestrebte Monumentalität wird nicht erreicht. Wir stehen an der Schwelle einer neuen Zeit.

Archaische Zeit I · 7. Jahrhundert v. Chr.

Zwei Dinge waren für die erste Phase der Geschichte des griechischen Olympia, die wir eben betrachtet haben, von entscheidender Bedeutung gewesen: die Einführung des Zeuskultes im Gefolge der dorischen Wanderung und die Neugestaltung der Spiele als Ausdruck dorisch-griechischer Adelskultur. Am Ende der geometrischen Epoche ist Olympia ein Heiligtum, das durch das hohe Ansehen seiner Kulte und den Reichtum seiner Weihgeschenke bereits die meisten griechischen Kultorte jener Zeit überflügelt haben dürfte. Seine Spiele werden von Teilnehmern aus der gesamten Peloponnes besucht, ja wirken in spätgeometrischer Zeit schon über den Isthmos hinaus anziehend: die traditionelle Olympionikenliste verzeichnet unter den Siegern des 8. Jahrhunderts als erste Nichtpeloponnesier zwei Athleten aus Megara (720 und 704 v. Chr.). Bereits während des ersten Viertels des 7. Jahrhunderts haben dann die Olympischen Spiele, sofern wir nach der Siegerliste urteilen dürfen, durchaus panhellenischen Charakter angenommen, und im 6. Jahrhundert schließlich bilden die Peloponnesier nur noch eine Minderheit in der Gesamtheit der Wettkämpfer, die nun aus allen Teilen der griechischen Welt kommen.

Das 7. Jahrhundert, vor allem seine erste Hälfte, ist für die Entwicklung der Olympischen Spiele auch insofern eine besonders wichtige Zeit gewesen, als damals der Kernbestand des Wettkampfprogramms seine endgültige Form erhielt. Pausanias gibt in der Einleitung zu seiner Beschreibung Olympias in den ersten Kapiteln des V. Buches eine Übersicht über die Entwicklung der olympischen Agone (V 8, 6 ff.); da sie sich gleichlautend auch in anderen Quellen findet, scheint ihr eine gute und alte Überlieferung zugrunde zu liegen. Inwieweit sie allerdings historische Fakten im strengen Sinn wiedergibt, vor allem für die Frühzeit, ist eine andere Frage. Nach dieser Überlieferung also sollen in den ersten Olympiaden ausschließlich Laufwettbewerbe stattgefunden haben. Zunächst habe es nur den einfachen Stadionlauf (192 m) gegeben, der übrigens immer »vornehmster« Agon der Spiele blieb, dann sei in der 14. Olympiade (724 v. Chr.) der Doppellauf (Diaulos) hinzugekommen und in der nächsten (720 v. Chr.) der Langstreckenlauf (Dolichos, wahrscheinlich 24 Stadien, also rund 4600 m). Erst am Ende des 8. Jahrhunderts, bei der 18. Olympiade (708 v. Chr.) sollen weitere Wettkampfarten hinzugetreten sein, und zwar zunächst der Fünfkampf, eine Kombination mehrerer leichtathlethischer Disziplinen (Lauf, Weitsprung, Diskuswurf, Speerwurf, Ringen) und der Ringkampf. Bei der 23. Olympiade (688 v. Chr.) folgte der Faustkampf, dann das Pankration (»Allkampf«: Ringen und Boxen) bei der 33. Olympiade (648 v. Chr.). Von den hippischen Agonen wurde bei der 25. Olympiade (680 v. Chr.) das Wagenrennen mit dem Viergespann eingeführt, bei der 33. Olympiade (648 v. Chr.) das Pferderennen. Diese Liste mutet nun freilich etwas allzu schematisch an, bedenklich stimmen auch die frühen Bezeugungen von Faustkampf und Wagenrennen durch die geometrischen Votive, die wir im vorigen Kapitel kennengelernt haben. Schon bei Homer bestehen festliche Agone aus einer Vielzahl von Wettkämpfen, sofern es sich nicht um reines Wagenrennen handelt, was überhaupt der beliebteste Agon der damaligen Adelswelt gewesen zu sein scheint (Ilias IX 124; XI 669 f.). Die Leichenspiele zu Ehren des Patroklos bestehen aus Wagenrennen, Faustkampf, Ringen, Laufen, Zweikampf mit Waffen, Diskuswerfen, Bogenschießen und Speerwerfen (Ilias XXIII 262 ff.). Bei den Wettspielen der Phäaken, an denen sich Odysseus beteiligte, gab es Laufen, Springen, Diskuswurf und Ringen (Odyssee VIII 97 ff.). Unter solchen Umständen fällt es schwer, daran zu glauben, daß ausgerechnet in Olympia, dem ohne Zweifel schon in der Frühzeit bedeutenden Hauptort der griechischen Agonistik, die Spiele fast das ganze 8. Jahrhundert hindurch aus nichts anderem als Laufwettbewerben bestanden hätten, ja anfänglich seien die Menschen hier überhaupt nur um des einfachen Stadionlaufes willen zusammengekommen. Man wird vielmehr damit rechnen müssen, daß die Wettkampfgeschichte der Frühzeit teilweise

19 a Greifenprotome von einem Kessel.
Getriebenes Bronzeblech. Um 700 v. Chr. H. 27 cm

19 b Löwenprotome von einem Kessel.
Getriebenes Bronzeblech. 7. Jahrhundert v. Chr. H. 25,5 cm

20 Bronzekessel mit Stierattasche. Nordsyrisch. 8./7. Jahrhundert v. Chr. H. 53 cm

21 Greifenkopf von einer Kesselprotome. Korinthisch (?), Bronze. Mitte 7. Jahrhundert v. Chr. H. 27,8 cm

22 a
Kesselattasche.
Nordsyrisch.
Bronze.
8. Jahrhundert
v. Chr.
H. 12,5 cm

22 b
Kesselattasche.
Argivisch.
Bronze.
Spätes
8. Jahrhundert
v. Chr.
H. 14 cm

23 a Kopf der Kesselattasche Taf. 22 a. – 23 b Kesselattasche. Nordsyrisch. Bronze. 8. Jahrhundert v. Chr. H. des Büstenteils 9 cm. – 23 c/d Kesselattasche. Argivisch. Bronze. Spätes 8. Jahrhundert v. Chr. H. des Büstenteils 6,1 cm. Athen, National-Museum, aus Olympia. – 23 e/f Kesselattasche. Sikyonisch oder korinthisch. Bronze. Frühes 7. Jahrhundert v. Chr. H. des Büstenteils 6 cm

25 Säugende Greifin. Getriebenes Bronzeblech. Korinthisch. 630/620 v. Chr. H. 79 cm

◁ 24 a Reliefbeschlag. Nordsyrisch. Getriebenes Bronzeblech. 7. Jahrhundert v. Chr.

24 b Reliefbeschlag (Ausschnitt). Nordsyrisch. Getriebenes Bronzeblech. 7. Jahrhundert v. Chr.

24 c Tod des Kaineus. Getriebenes Bronzeblech. Kykladisch. 3. Viertel 7. Jahrhundert v. Chr. H. 22,5 cm; Br. 33 cm

26 a/b Zeus als Krieger. Bronzestatuette. Elisch. Anfang 7. Jahrhundert v. Chr. H. 21 cm

26 c Zeus als Krieger (sog. »Steiner'sche Bronze«). Bronzestatuette. Elisch. 680/70 v. Chr. H. 23 cm

26 d/e Zeus als Krieger. Fragmentierte Bronzestatuette. Elisch. Um 660 v. Chr. H. 17,3 cm

auf Konstruktion beruht, ähnlich wie die Siegerliste in ihren ältesten Teilen (vgl. Anm. 14).

Vielleicht waren die Spiele doch im 8. Jahrhundert schon vielseitiger, aber es »zählten« für die Siegerbestimmung nur die Laufagone, und erst allmählich wurden immer mehr Wettkampfarten durch die Pisaten und später die Eleer »konsekriert«, d. h. in das offizielle Programm als fester Bestandteil aufgenommen. Auf jeden Fall wird man den Quellen insoweit folgen dürfen, daß um die Mitte des 7. Jahrhunderts die wichtigsten Disziplinen bereits beisammen waren. In der zweiten Jahrhunderthälfte traten die Knabenwettkämpfe hinzu: bei der 37. Olympiade (632 v. Chr.) der Lauf und das Ringen, bei der 38. (628 v. Chr.) der Fünfkampf, der jedoch gleich wieder abgeschafft wurde, und bei der 41. (616 v. Chr.) der Faustkampf. Mit »Knaben« sind Jugendliche bis zu einem Alter von etwa 18 Jahren gemeint. Erst über hundert Jahre später wurde wieder ein neuer Agon eingeführt: der Waffenlauf der Männer (bei der 65. Olympiade, 520 v. Chr.). Damit war das Programm der Olympischen Wettkämpfe in seinem wesentlichen Bestand für alle Zeiten festgelegt. Es bestand am Ende der archaischen Zeit aus zehn Disziplinen. In nacharchaischer Zeit kamen noch weitere sieben dazu; es handelt sich dabei jedoch, abgesehen vom Wettstreit der Trompeter und Herolde (seit der 96. Olympiade, 396 v. Chr.) und dem Pankration der Knaben (seit der 145. Olympiade, 200 v. Chr.), lediglich um Varianten der hippischen Agone, die immer weiter ausgebaut wurden[307]. Die große Bedeutung des 7. Jahrhunderts für die Gestaltung der Wettkämpfe tritt aus der Überlieferung deutlich hervor, mag man sie auch für die älteste Zeit nicht in allen Punkten ganz wörtlich nehmen. In welcher Form die Spiele damals gefeiert wurden, wissen wir nicht genau, da wir hierfür erst aus späterer Zeit Angaben besitzen. Sicher ist nur, daß die Wettkämpfe bis ins frühe 5. Jahrhundert an einem einzigen Tage ausgetragen wurden.

Man würde erwarten, daß das Aufblühen der Spiele unmittelbare Auswirkungen auf die Ausgestaltung des Heiligtums hatte. Dies scheint indes nicht der Fall gewesen zu sein, jedenfalls nicht in einer für uns irgendwie greifbaren Weise. Denn wir können dem 7. Jahrhundert keine Bauten in der Altis mit Sicherheit zuweisen. Das muß nicht bedeuten, daß es keine solchen gegeben hat; sie könnten aus vergänglichem Material gewesen, durch spätere Anlagen restlos zerstört oder bisher unentdeckt geblieben sein. Es muß jedenfalls zugegeben werden, daß die Vorstellung von einem Olympia, das voll war von kostbaren, teilweise auch witterungsempfindlichen Weihgeschenken, aber keinerlei Bauten aufzuweisen hatte, etwas Befremdliches hat. Vielleicht werden Tiefgrabungen in der Altis eines Tages Spuren von ihnen zutage fördern. Dies ist um so mehr zu erwarten, als es schon jetzt Funde gibt, die darauf hindeuten. Gemeint sind bronzene Beschlagbleche teils ornamentaler, teils figürlicher Art, die man sich gern in architektonischer Verwendung denken möchte. Das bedeutendste Beispiel ist das große Relief einer säugenden Greifin aus der zweiten Hälfte des 7. Jahrhunderts (s. S. 87, Taf. 25), das einst eine annähernd quadratische Fläche von rund 0,80 m Seitenlänge bedeckte; man möchte an einen Türbeschlag oder dergleichen denken. Auch für die orientalischen Reliefbeschläge Taf. 24 (s. S. 86) stellt sich diese Frage. Weitere Bronzeverkleidungen dieser Größe werden durch Fragmente bezeugt. Diese großartige Gruppe monumentaler Bronzereliefs ist nicht nur für die Geschichte der griechischen Toreutik höchst bemerkenswert; sie steht für uns zugleich stellvertretend für eine untergegangene Architektur, deren Spuren bisher nicht wiedergefunden werden konnten. Doch selbst wenn wir mit der Existenz von Bauten im 7. Jahrhundert rechnen, so hielten sich diese gewiß in sehr bescheidenem Rahmen; das Aussehen der Altis wird sich dadurch kaum verändert haben. Ihr Bild wird weiterhin durch den heiligen Hain und seine Opferstätten bestimmt worden sein, doch belebte sich dieses Bild durch die ständig wachsende Zahl der Weihgeschenke. Von ihnen soll im folgenden die Rede sein.

Noch während die Dreifußkunst in höchster Blüte steht, kommt ein neuartiger Kesseltypus auf, Rivale zunächst und dann Nachfolger des geometrischen Dreifußkessels: der Greifenkessel, wie man ihn etwas vereinfachend zu nennen pflegt (Abb.

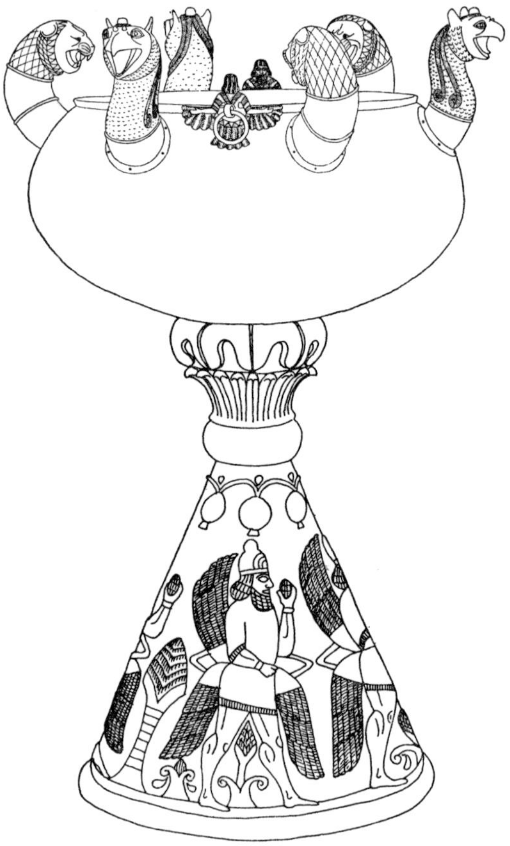

49 Protomenkessel. Bronze.
Frühes 7. Jahrhundert v. Chr.
Rekonstruktion

49). Mit der wuchernden Üppigkeit seines figürlichen Schmucks leitet er eine neue Phase der griechischen Bronzekunst ein. Dabei wird der Gedanke der Verwandlung eines in den sakralen Bereich eingegangenen Gerättypus zu einem Gebilde von rein denkmalhaftem Charakter, wie er dem geometrischen Dreifuß zugrunde liegt, aufgenommen und weiterentwickelt. Das Aussehen der Altis muß in der ersten Hälfte des 7. Jahrhunderts ganz wesentlich mitbestimmt worden sein von diesen – wie wir annehmen müssen, im Freien aufgestellten – teilweise ins Überdimensionale gewachsenen Kesselanathemen mit ihrem der Bilderwelt des Orients entlehnten Zierat. Als Stifter wird man sich neben dem immer noch mächtigen Adel nun auch schon Polisgemeinschaften zu denken haben.

Hatte schon die Dreifußkunst sich in zunehmendem Maße der Ausbildung des figürlichen Schmucks zugewandt, so herrscht dieses Element bei dem neuen Kesseltypus in einem Maße vor, das die ursprüngliche Bestimmung des Kessels fast vergessen läßt. Aus der Kesselschulter wachsen drohend die Köpfe von Tieren und Fabelwesen heraus, die sogenannten Protomen (Abb. 52; Taf. 19–21). Die beweglichen Ringgriffe werden von Attaschen in Gestalt phantastischer Mischwesen gehalten: Flügelwesen mit menschlichem oder tierischem Kopf (Taf. 22, 23). Der Kessel ist nicht starr mit seinem Untergestell verbunden wie die geometrischen Dreifüße, sondern ruht abnehmbar auf einem konischen Untersatz, der mit getriebenen Reliefdarstellungen versehen ist (Abb. 50), oder auf einem Stabdreifuß, dessen Gestänge häufig plastische Figuren schmükken (Abb. 51).

In seiner Art ist der »Greifenkessel« vielleicht das charakteristischste Kunstgebilde des 7. Jahrhunderts, zumindest seiner ersten Hälfte. Dem Zug der Zeit entsprechend ist er eine ganz vom Orient geprägte Schöpfung. Die ersten Kessel dieser Art kamen schon in der 2. Hälfte des 8. Jahrhunderts als Erzeugnisse nordsyrischer Werkstätten des sogenannten späthethitischen Stilkreises nach Griechenland; sie waren mit figürlichen

50 Getriebener Kesseluntersatz, nordsyrischer Import. Bronze. 8./7. Jahrhundert v. Chr. Abrollung des Reliefs. (OlForsch. VI Taf. 69,1)

Flügelattaschen ausgestattet und mit Untergestellen verschiedener Art kombiniert[308]. Ob diese orientalischen Kessel auch schon Protomen trugen, ist eine vielumstrittene, bis heute nicht völlig geklärte Frage. Sie betrifft die frühen, aus Bronzeblech getriebenen Greifen- und Löwenprotomen, denen man ihre Herkunft nicht so ohne weiteres ansehen kann, wie die beiden auf Tafel 19 abgebildeten Beispiele verdeutlichen können[309]. Der Typus ist nordsyrisch, aber es fehlen im Osten einstweilen Funde solcher Protomen. Wenn dies nicht auf Zufall beruht, dann liegt der Schluß nahe, daß die Griechen den aus dem Orient importierten Attaschenkesseln die Protomen selbst hinzugefügt haben[310]. Daß sie den fremdartigen Kesselschmuck selbst erfunden hätten, scheint freilich recht unwahrscheinlich[311]. Doch ist dies letzten Endes nicht ausschlaggebend; die Bedeutung der Kessel und ihrer figürlichen Ausstattung liegt darin, daß wir hier mit einer Deutlichkeit wie kaum sonst die künstlerische Auseinandersetzung der Griechen mit der reichen, alten Formenwelt des Orients beobachten können, jenen Vorgang also, der das Grundthema der griechischen Kunstgeschichte seit dem ausgehenden 8. Jahrhundert bis weit hinein ins 7. Jahrhundert bildet.

Die Kesselattaschen (Taf. 22, 23) sind in dieser Hinsicht geradezu ein Schulbeispiel, denn bei ihnen können wir, anders als bei den Protomen, orientalische Prototypen und griechische Nachahmungen ganz klar voneinander unterscheiden. Das Motiv des Flügelwesens mit menschlichem Oberkörper und Kopf ist in Assyrien beheimatet; ihm

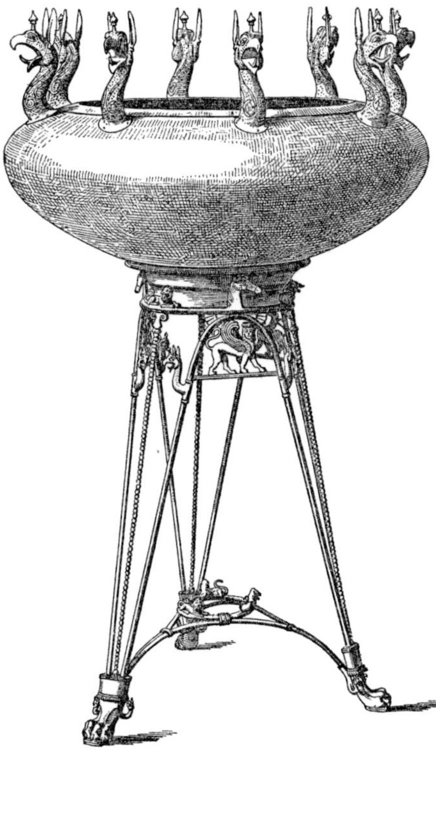

51 Bronzener Greifenkessel mit Stabdreifuß. 6. Jahrhundert v. Chr. Rekonstruktion von A. Furtwängler. (Olympia IV Taf. 49)

liegt die Darstellung des Gottes Assur in der Sonnenscheibe zugrunde. Man bezeichnet die Kesselattaschen dieses Typus daher nicht unzutreffend als »Assurattaschen«. Vermutlich haben die Assyrer selbst zuerst das Assurmotiv für Kesselattaschen verwendet; den von ihnen geschaffenen Typus übernahmen dann im 8. Jahrhundert nordsyrische Bronzewerkstätten, die damals ganz unter assyrischem Einfluß standen, und reproduzierten ihn in leicht abgewandelter Form. Ihren Erzeugnissen war ein erstaunlicher Erfolg beschieden; sie fanden bis nach Italien Verbreitung[312]. Die Griechen haben diesen Kesselschmuck bald auch selbst hergestellt; die griechische Sirenenvorstellung ist gewiß nicht unbeeinflußt davon geblieben. Wie nun aber das orientalische Schema umgestaltet wird, wie daraus ein klares, von echt griechischer Formgesinnung durchwaltetes Gebilde wird, das ist ein Vorgang, den man nicht genug bewundern kann[313]. Der Gesamtaufbau der Attasche wird gleichsam von Grund auf neu durchdacht (vgl. die Gegenüberstellung auf Tafel 22)[314]. Ihr unverwechselbar griechisches Gepräge erhalten diese Attaschen jedoch durch den bewußten, wachen Ausdruck des Gesichts. Die helle Geistigkeit dieser Köpfe, ihre Lebendigkeit und Aktivität stehen in unverkennbarem Gegensatz zu der verharrenden, selbstgenügsamen, indifferenten Haltung der orientalischen Attaschengesichter (vgl. Tafel 23)[315]. Das Ringen um das neue Menschenbild der archaischen Kunst wird hier in erregender Weise spürbar. An der Wende von der spätgeometrischen zur früharchaischen Zeit stehen diese griechischen Kesselattaschen als führende Werke von zukunftsweisendem Charakter. Zusammen mit einer anderen Gattung von Gerätbronzen, die wir bereits kennengelernt haben, den späten Dreifußfiguren (S. 79, Taf. 18), sind sie für den Durchbruch einer neuen plastischen Form von erstrangiger Bedeutung[316].

Auch bei den Protomen sehen wir, wie die griechischen Toreuten und Erzgießer sehr bald eigene Wege gehen und sich von den orientalischen Prototypen formal recht weit entfernen. Das Greifenthema scheint die Griechen jenes Zeitalters ganz besonders gefesselt zu haben; es wird immer von neuem wiederholt, variiert und bis zu seinen letzten formalen Möglichkeiten gesteigert. Dabei macht der Protomenkessel eine tiefgreifende Wandlung durch. Die frühen Kessel waren mit gegossenen Flügelattaschen und dazu mit getriebenen Protomen ausgestattet. Die wohl von den orientalischen Vorbildern übernommene Treibtechnik erlaubte wegen der relativ geringen Schwere der Protomen eine Steigerung des äußeren Formats, die der Tendenz zu immer üppigerer Entfaltung des Kesselzierats entgegenkam.

Die Hauptmotive für die Protomen waren Löwe und Greif; man konnte auch beide kombinieren. So zeigt der einzige auf griechischem Boden gefundene Kessel, der einigermaßen vollständig oder zumindest rekonstruierbar ist — ein Fundstück des Jahres 1956 aus dem Arbeitsschutt der Phidiaswerkstatt — je drei Löwen- und Greifenprotomen, alternierend und mit wechselnder Blickrichtung, dazu zwei bärtige orientalische Flügelattaschen (Abb. 49)[317]. Ob dieses ganze bizarre Ensemble so, wie es ist, samt dem dazu zu ergänzenden Untersatz aus dem Orient importiert oder aus einzelnen Elementen in einer griechischen Werkstatt zusammengesetzt oder etwa von wandernden nordsyrischen Handwerkern gearbeitet wurde, läßt sich einstweilen nicht sicher entscheiden. Jedenfalls entsprach es offensichtlich dem Geschmack auf dem Höhepunkt der »orientalisierenden Welle« im ersten Viertel des 7. Jahrhunderts. Doch die weitere Entwicklung tendierte von der wuchernden Vielfalt zur Vereinheitlichung: die Löwenprotomen sterben aus, die Griffattaschen kommen aus der Mode; was bleibt, ist der reine Greifenkessel. Um die Mitte des 7. Jahrhunderts erreicht er seine höchste Monumentalität. Trümmer, die in der Grabung in nicht geringer Zahl gefunden wurden, bezeugen Kesselanatheme von 3 m Höhe und darüber. Daß der kegelförmige Reliefuntersatz inzwischen dem leichten und hinsichtlich der plastischen Ausstattung sehr variablen Stabdreifuß gewichen war, gehört zur folgerichtigen Entwicklung. Inzwischen wurde der Gußtechnik für Protomen der Vorzug gegeben, weil diese eine größere plastische Prägnanz und Exaktheit der Formgebung ermöglichte (Abb. 52). Freilich waren diesem Verfahren bei den damaligen technischen Mitteln in rein äußerlicher

52 Gegossene Greifenprotome. Bronze. 7. Jahrhundert v. Chr. (Olympia IV Taf. 47, 805)

Beziehung Grenzen gesetzt. Man behalf sich, indem man gegossene Köpfe auf getriebene, durch eine Füllmasse verstärkte Hälse setzte und kam auf diese Weise fast an das Format der größten getriebenen Protomen heran. Die in dieser »Mischtechnik« hergestellten Protomen bezeichnen den Höhepunkt der Greifenkunst.

Der auf Tafel 21 abgebildete Kopf hat seit seiner Auffindung im Frühjahr 1938 längst Berühmtheit erlangt. Zwei sehr ähnliche, schon einige Zeit vorher nicht in der Grabung, sondern als Zufallsfunde geborgene Köpfe stammen aus der gleichen Werkstatt; der eine ist in eine amerikanische Privatsammlung gelangt, der andere in das Athener Nationalmuseum; der in Olympia verbliebene ist der schönste und vollständigste[318]. Mit Recht gilt er nicht nur als eindrucksvollster Repräsentant der ganzen Gattung, sondern darüber hinaus als eine der bedeutendsten plastischen Schöpfungen des 7. Jahrhunderts. Aufs höchste faszinierend ist die Kühnheit und Dynamik der eigenwilligen Formensprache dieses Kopfes, die sich nahezu abstrakter Mittel bedient. Das ineinandergreifende Gegenspiel von Masse und Fläche, von linearem Schwung und innerer tektonischer Verspannung ist so absolut in sich schlüssig, daß es die Kompliziertheit des ungemein geistvollen kompositionellen Gefüges vergessen läßt und wie selbstverständlich wirkt. Ein unbedingter Wille zur Form hält dem Willen zu dämonischer Ausdruckskraft die Waage; das eine geht im andern auf, ohne sich irgendwo zu beeinträchtigen.

In der Folgezeit geht das Format der Greifenkessel wieder zurück, und auch in künstlerischer Hinsicht sind keine solche Höhepunkte mehr zu verzeichnen; die Greifenprotomen werden zu Serienprodukten und sinken schließlich auf ein rein handwerkliches Niveau ab. Der Grund dafür ist wohl darin zu suchen, daß die Kunst seit der Mitte des 7. Jahrhunderts ganz im Banne eines anderen Themas steht: des Menschenbildes. Der Greifenkessel war anachronistisch geworden. Dennoch sind Greifenkessel noch bis ins 6. Jahrhundert hinein hergestellt worden und müssen damals sogar sehr verbreitet gewesen sein. Ihre Geschichte umspannt also nahezu anderthalb Jahrhunderte. Unter den Fundorten steht Olympia, ähnlich wie bei den Dreifußkesseln, weitaus an erster Stelle; lediglich die Spätphase ist nur schwach vertreten[319].

Durch die Olympiafunde werden noch weitere Spielarten des Protomenkessels belegt, von denen eine hier wenigstens genannt sei: der Stierkessel[320]. Sein Ursprung ist wiederum in Assyrien zu suchen. Verschiedene Werkstattkreise im Ausstrahlungsgebiet der assyrischen Kunst sorgten für seine Verbreitung. Ein schönes Beispiel zeigt Tafel 20[321]. Die Griechen scheinen diesen Kesseltypus nicht imitiert zu haben, doch ist sein Einfluß auf die frühgriechische Tierplastik in der Bronzebildnerei greifbar[322].

Was haben den Griechen des 7. Jahrhunderts diese Kessel bedeutet? Warum haben sie sie in so großer Zahl importiert, imitiert, in die Heiligtümer geweiht? Eins läßt sich gewiß sagen: die Vorliebe für diese fremdländischen Geräte kann nur in ihrer religiös-kultischen Bedeutung begründet sein. In Etrurien, wohin solche Kessel, wohl über den griechischen Zwischenhandel, gelangt sind, dienten sie, ebenso wie in Phyrgien, als Grabbeigaben; sie haben dort offenbar eine sepulkrale Sinngebung erhalten[323]. Die Funde von griechischem Boden stammen hingegen ausnahmslos aus Heiligtümern[324]. Als Prunkgefäße von fremdartig-heiligem Charakter wurden diese Kessel von den Griechen erworben oder aus fernen Ländern mitgebracht und in die Heiligtümer gestiftet. Ob etwas von den religiösen Vorstellungen, welche die schmückenden Fabelwesen verkörpern, mit den Kesseln und Untersätzen nach Griechenland gelangte, wissen wir nicht. Sicher ist, daß sie das mythische Denken der Griechen mächtig bewegt haben. Wenn man, wie es heutzutage häufig geschieht, den Sinn der Kesselfiguren lediglich in ihrer »apotropäischen« Funktion sieht, dann ist damit jedenfalls nur ein Teil von dem angesprochen, was die Menschen jener Zeit in ihnen gesehen haben. Für sie waren diese phantastischen Wunderwesen Verkörperungen unbegreiflicher dämonischer Mächte, erfüllt von geheimnisvollem Leben; die Kessel wurden dadurch zu magischen Kraftträgern, die dem Besucher die Heiligkeit der Kultstätte vor Augen führten.

Es ist eine seltsame, fremdartige Welt, die uns hier entgegentritt, die Welt des »orientalisierenden« Griechenland, fremdartig zumindest für den, dessen Griechenlandbild von klassizistischen Klischeevorstellungen bestimmt ist. Lange vergessen und unbekannt ist sie eigentlich erst durch die Funde von Olympia wieder in das Licht unserer Erkenntnis und Anschauung gerückt worden. Die Bedeutung dieses Tatbestandes hat zuerst Furtwängler in seiner bekannten Akademieabhandlung von 1879 erkannt und ausgesprochen[325]. Inzwischen ist diese entscheidend wichtige Stufe längst auch in zahlreichen anderen Heiligtümern und Ausgrabungsstätten sichtbar geworden; aber Olympia ist wegen des einzigartigen Reichtums an Bronzen, gerade auch aus den neuen Grabungen, nach wie vor der bedeutendste Fundort. Nirgends sonst kann man eine derartig unmittelbare Anschauung von dem Eindringen des mannigfaltigen, durch lange Traditionen geprägten Formen- und Bildgutes des Orients in das frühe Griechenland gewinnen. Die erstaunliche Vielfalt der kulturgeschichtlichen Beziehungen mag durch den Hinweis verdeutlicht werden, daß der Radius der Kontakte bis ins ferne Luristan im westlichen Iran reicht[326]. Aus der Gesamtheit des einschlägigen Materials, von dem wir hier nur die Kesselbronzen als größte und aufschlußreichste Denkmälergruppe betrachtet haben, sei wenigstens noch ein Komplex orientalischer Reliefs erwähnt, wie er bisher aus griechischem Boden noch niemals geborgen werden konnte und selbst im Orient seinesgleichen sucht. Es handelt sich um die Fragmente eines großen Bronzebeschlages (Taf. 24), dessen ursprüngliche Bestimmung bisher noch nicht ermittelt werden konnte. Als die Reliefs unter die Erde kamen, waren sie bereits in einem anderen, gleichfalls unbekannten Zusammenhang wiederverwendet worden. Die aus den Bruchstücken erschließbare erhebliche Flächenausdehnung läßt an architektonische Verwendung, beispielsweise als Türbeschläge denken; doch kennen wir im 7. Jahrhundert in Olympia vorerst keinen Bau, der hierfür in Frage käme. Verschiedenartige Motive lassen sich erkennen: heraldische Tiergruppen, z. B. antithetische Böcke, Stiere und Löwen; assyrisierende Flügeldämonen, wie wir sie auch von den getriebenen Kesseluntersätzen kennen, und weitere Darstellungen göttlicher und dämonischer Wesen, zu Szenen vereinigt oder um ornamentale Pflanzenmotive gruppiert; ferner eine Opferprozession, Kultszenen und ein Fries dahinsprengender Reiter[327]. Der späthethitische Stil der Reliefs ist offenkundig; die gleiche nordsyrische Werkstatt hat wahrscheinlich auch einige der getriebenen Kesseluntersätze gearbeitet, die in Olympia gefunden worden sind.

53 Dreifußbein mit getriebenen Darstellungen. Bronze. 7. Jahrhundert v. Chr. (OlBericht VII Taf. 79)

Auch der altehrwürdige Dreifußkessel erlebte noch eine Nachblüte während der orientalisierenden Epoche und entfaltete dabei nochmals neue Möglichkeiten. Mit dem Verschwinden der geometrischen Ornamentik verloren die Dreifußbeine ihren traditionellen Schmuck; ihre immer breiter und höher werdenden Vorderflächen für figürliche Darstellungen zu nützen, war für die so ungemein bilderfreudige Zeit ein naheliegender Gedanke. Er war nicht völlig neu; schon im 8. Jahrhundert hatte man die Eignung der Dreifußbeine als Bildträger entdeckt, doch blieben entsprechende Versuche in dieser Richtung ganz vereinzelt (s. S. 75, 78, Taf. 16). Nun aber wurden ganze Vorderwände mit Darstellungen bedeckt. Ein bis auf den ursprünglich gesondert angesetzten Fuß vollständiges Exemplar konnte im Gebiet des Stadions aus einem der vielen dort gelegenen, häufig sehr fundreichen archaischen Brunnen zutage gefördert werden (Abb. 53)[328]. Es ist 1,21 m hoch und mit vier durch Ornamentstreifen getrennten Bildfeldern geschmückt. Die drei unteren zeigen mythologische Szenen. Der Mann mit der Leier und das Mädchen mit dem Kranz lassen sich als das Liebespaar Theseus und Ariadne identifizieren[329]. Darunter schreiten zwei Männer mit geschulterten Lanzen hinter einem dritten, sich Umwendenden, der einen Botenstab (*Kerykeion*) trägt. Man hat in dem Zug die Gesandtschaft erkennen wollen, die den zürnenden Achill umstimmen soll, wie der 9. Gesang Ilias es schildert; die drei Männer wären dann Phoinix, Odysseus und Aias[330]. Das Achill-Thema wird im untersten Feld wieder aufgenommen; wir sehen dort den Achäerhelden, wie er den frevelhaften Mord an dem jungen Königssohn Troilos beim Altar des thymbräischen Apollon begeht[331]. Das obere, große

Feld schließlich trägt das Bild einer geflügelten Göttin, deren Herrschaft über die Natur die beiden Vögel veranschaulichen, die sie an den Hälsen gepackt hat. Wir pflegen sie nach homerischem Vorbild »Herrin der Tiere« zu nennen; sie ist eine für die religiöse Vorstellungswelt jener Zeit besonders typische Gestalt und wurde vielfach mit Artemis gleichgesetzt; alte, vorgriechische Traditionen und orientalische Einflüsse mischen sich in ihrem Bild (vgl. auch Abb. 55)[332]. Unser Dreifuß, von dem unlängst noch ein weiteres Fragment gefunden wurde[333], ist im letzten Viertel des 7. Jahrhunderts in einer einstweilen nicht sicher lokalisierbaren, jedenfalls nicht peloponnesischen Werkstatt hergestellt worden. Die Gattung läßt sich noch bis ins 6. Jahrhundert hinein verfolgen[334].

Nicht allein Dreifüße und Kesseluntersätze waren Träger solcher Reliefdarstellungen. Die Gattung des getriebenen Bronzereliefs – in Olympia seit geometrischer Zeit bezeugt[335] – ist auch sonst in bedeutenden Beispielen durch Funde belegt. Erwähnt sei die »Säugende Greifin«, das einzige vollständig erhaltene monumentale Metallrelief der griechischen Kunst, geschaffen um 630/20 von einem korinthischen Toreuten (Taf. 25)[336]. Angesichts der Größe möchte man, wie bei den genannten orientalischen Reliefbeschlägen, auch hier an architektonische Verwendung denken, etwa als Metopenbeschlag; doch fehlen dafür, wie gesagt, die konkreten Anhaltspunkte. Die ungewöhnliche Darstellung ist als Idyll aufgefaßt worden. In Wirklichkeit sollen die im Greifenbild beschworenen dämonischen Kräfte noch verstärkt werden durch die drohende Abwehrbereitschaft der Greifin, die, wie jedes Muttertier, bei der Aufzucht der jungen Brut besonders gefährlich ist[337]. Eine ähnliche Potenzierung ist wohl auch in dem bekannten archaischen Motiv der Tierkampfgruppe wirksam: wehe dem, der den reißenden Bestien die Beute streitig machen wollte! Auch dieses Motiv finden wir, wie nicht anders zu erwarten, im Repertoire der Bronzereliefs, so auf einem Fragment, das wiederum von einem monumentalen, großflächig angelegten Beschlag stammt; vom Hauptgegenstand ragt nur ein undeutbarer Rest in die Darstellung hinein (Abb. 54)[338]. Es wäre auch hier verfehlt, das Bild als genrehafte Naturschilderung zu deuten. Was wir sehen, ist im Grunde nichts anderes als ein Ausschnitt aus einem Tierfries, wie solche damals zu Tausenden die bemalten Vasen schmückten: zeichenhaft, handlungslos, als gestalthafte Urbilder geheimnisvoller Kräfte ziehen die Tiere, häufig mit Fabelwesen untermischt, in diesen Friesen dahin. Der Löwe unseres Reliefs offenbart die ihm innewohnende tödliche Kraft und Wildheit, indem er den Hirsch anfällt; die stolz schreitenden Vögel, denen die wunderbare Macht gegeben ist, sich, wann immer sie wollen, von der Erde emporzuschwingen, sind wohl nur aus Raummangel kleiner geraten, denn sie nehmen sonst in den Tierfriesen einen den Großtieren durchaus gleichrangigen Platz ein[339]. Hier wird also weder ein tragisches Geschehnis aus dem Tierreich geschildert noch ein der Natur abgelauschtes Idyll vorgeführt. Was uns stim-

54 Fragment eines getriebenen Bronzereliefs unbekannter Bestimmung: Tierkampfgruppe. 7. Jahrhundert v. Chr. (OlBericht III Taf. 67)

mungshaft anmutet in diesem Bild, ist modernes Empfinden. Das muß man sich klarmachen, wenn man ein solches Werk verstehen will. Wirklich begreifen können wir es wahrscheinlich nicht, weil zwischen ihm und uns Jahrhunderte sentimentaler Naturauffassung liegen, die wir nicht so ohne weiteres überspringen können. Die Werkstatt unseres Reliefs ist am ehesten in Korinth zu suchen. Dem für unsere Begriffe etwas ungewöhnlichen, spitzohrigen und glattmähnigen oder mähnenlosen Löwen begegnet man wohl nur in der korinthischen Vasenmalerei vor dem Eindringen des assyrisierenden Löwentypus; selbst der »rhodische« Damhirsch mit dem gefleckten Fell kommt dort gelegentlich vor[340]. Um die Mitte des 7. Jahrhunderts v. Chr. muß das Werk entstanden sein[341].

Bemerkenswert ist der erhebliche Anteil, den ostgriechische Werkstätten an diesen olympischen Bronzereliefs haben. Das besterhaltene Exemplar der ganzen Gattung zeigt in rechteckigem Feld zwei einander gegenüberstehende Kentauren, die einen gepanzerten Mann zwischen sich festhalten und ihn mit ausgerissenen Baumstämmen traktieren (Taf. 24 c)[342]. Es ist der Lapithenfürst Kaineus; der Sage nach war er unverwundbar und konnte von den wilden Roßmenschen nur bezwungen werden, indem sie ihn in die Erde rammten. Der Held ist bereits bis zu den Waden im Boden versunken, stößt aber gleichwohl jedem seiner Gegner ein Schwert in den Leib. Eigentümlich ist die symmetrische Komposition, die das Geschehen der mythischen Erzählung zum wappenartigen »Zustandsbild« verdichtet, wie wir das auch an anderen Darstellungen der Zeit beobachten können. Mit echt archaischer Liebe zum Detail hat der Meister die Einzelheiten der Gestalten und der zu Ornamenten umstilisierten Bäume ausgeführt. Die Formensprache weist in den inselgriechischen Bereich. An das Kaineusblech, das im 3. Viertel des 7. Jahrhunderts v. Chr. entstanden ist, läßt sich eine Reihe weiterer Bronzereliefs des gleichen Kunstkreises anschließen; die Reihe reicht bis ins 6. Jahrhundert hinein[343]. Unter ihnen hebt sich ein prächtiger, 0,86 m hoher Beschlag heraus, der durch seine Feldereinteilung an die reliefgeschmückten Dreifußbeine erinnert, aber wegen der Verjüngung nach oben eine andere Funktion gehabt haben muß[344]. Der Reliefschmuck beginnt oben mit zwei »Tierfriesmotiven«: sitzende Vögel und ein antithetisches Greifenpaar; darunter, etwas größer, Herakles im Kentaurenkampf, und schließlich im unteren Feld, das fast die halbe Höhe einnimmt, groß und majestätisch die »*Potnia Theron*«, die »Herrin der Tiere« (Abb. 55). Das Blech gehört wohl schon der Wende zum 6. Jahrhundert an, ist jedoch noch ganz vom Geist des 7. Jahrhunderts erfüllt, vor allem das Bild der vierflügeligen, löwenbezwingenden »*Potnia Theron*«.

Als Träger getriebener Reliefdarstellungen wären schließlich auch die Waffen zu nennen. Sie gehören zu den für Olympia besonders charakteristischen Weihgaben, schon seit geometrischer Zeit. Doch ist die große Zeit der Waffenweihungen erst das 6. Jahrhundert; wir werden sie daher im nächsten Abschnitt im Zusammenhang behandeln.

Wir wüßten vom archaischen Bronzerelief der Griechen kaum etwas ohne die olympischen Fundstücke, die stellvertretend für einen blühenden und für die Entwicklung der Bildwelt des griechischen Mythos ungemein wichtigen Kunstzweig stehen, stellvertretend in weiterem Sinne auch für die nur bruchstückhaft auf uns gekommene Reliefbildhauerei der Zeit, ja in gewissem Sinne sogar für die große Malerei, die uns bekanntlich völlig verloren ist, aber ohne Zweifel die übrige Flächenkunst mit inspiriert hat.

Unser Gewährsmann Pausanias hat von all diesen Weihgeschenken kaum noch etwas gesehen. Die Funde, die wir genannt haben, waren meist schon in klassischer Zeit unter der Erde verschwunden. Es ließ sich einfach nicht umgehen, daß immer wieder von Zeit zu Zeit das von Votiven aller Art förmlich überquellende Heiligtum »gesäubert« werden mußte, und man ist, wie sich aus mancherlei Anzeichen schließen läßt, dabei durchaus nicht zimperlich verfahren[345]. Erwünschte Gelegenheit, Überflüssiges und Beschädigtes massenweise loszuwerden, boten die großen Erdbewegungen im Zuge

55 Ausschnitt aus einem getriebenen Bronzerelief: »Herrin der Tiere«.
Um 600 v. Chr. (Olympia IV Taf. 38)

der Bautätigkeit des 5. und 4. Jahrhunderts; dabei wurde das Besitzrecht des Gottes insofern nicht angetastet, als man die Gegenstände im heiligen Bezirk beließ.

Das wenige, was die Zeiten überdauert hatte, bewahrte man als Kostbarkeiten in den Tempeln und Schatzhäusern. Dazu gehört die sogenannte Kypseloslade, ein über und über mit Reliefdarstellungen bedeckter truhenartiger Schrein aus Zedernholz, der zur Zeit des Pausanias im Opisthodom des Heratempels stand, der damals zu einer Art Museum geworden war. Die Lade, von der leider kein Rest erhalten ist, hat Pausanias außerordentlich gefesselt; sie muß ihm als ein wahres Wunderwerk erschienen sein, denn er hat sie bis in die letzten Einzelheiten ihres Reliefschmuckes beschrieben, so eingehend, daß Archäologenscharfsinn eine vollständige Rekonstruktion darauf aufbauen konnte[346]. Daß dies möglich war, ist freilich der Einheitlichkeit der archaischen Bildtypik zu verdanken: viele Themen kehren auf uns erhaltenen zeitgenössischen Erzeugnissen wieder, auf den bemalten Vasen oder auch auf den Schildbandreliefs (s. S. 111). Verwirrend ist für uns die inhaltliche Vielfalt der Bildfolgen, die hier in archaischer Buntheit ausgebreitet sind, wobei uns der Sinn von Anordnung und Kombination vielfach unklar bleibt. Ob das berühmte Werk, eine Stiftung des Tyrannen Kypselos von Korinth oder, nach anderer Version, seiner Söhne, noch im 7. oder schon im 6. Jahrhundert entstanden ist, läßt sich nicht mit Sicherheit sagen, weil die Überlieferung der Regierungszeit des Kypselos nicht ganz eindeutig ist[347]. Als einer der mächtigsten Männer seiner Zeit hat er sich durch reiche Stiftungen in die großen Heiligtümer einen Namen gemacht. In Olympia sah Pausanias außerdem eine von ihm geweihte Zeusstatue aus purem Gold (V 2, 3). Auch sie ist natürlich nicht erhalten, dafür aber eine im Flußbett des Alpheios gefundene goldene Opferschale, deren Weihinschrift die Söhne des Kypselos als Stifter nennt; sie wiegt bei 16,8 cm Durchmesser 836 g und befindet sich heute im Museum of Fine Arts in Boston (Abb. 56)[348]. Mit

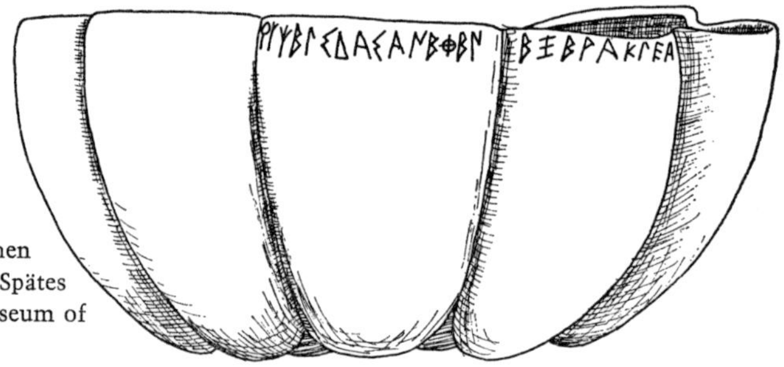

56 Goldschale, im Alpheios gefunden. Weihung der Kypseliden von Korinth an den olympischen Zeus aus der Beute von Heraklea. Spätes 7. Jahrhundert v. Chr. Boston, Museum of Fine Arts.

den gleichen hochaltertümlichen Buchstaben in korinthischem Alphabet waren auch die erläuternden Inschriften auf der Kypseloslade geschrieben, die in vorwärts- und rückwärtslaufenden Windungen (griech. *bustrophedon*) die Zwischenräume zwischen den Figuren füllten; Pausanias hat sich gewissenhaft bemüht, sie zu entziffern, was ihm jedoch nicht immer ganz gelungen ist[349].

Es drängt sich indes die Frage auf, inwieweit die Funde, von denen wir in dem vorstehenden kurzen Überblick eine Vorstellung zu geben versuchten, das 7. Jahrhundert in Olympia wirklich repräsentieren. Bekanntlich ist in diesem Jahrhundert die monumentale Steinskulptur entstanden. Muß dieses Ereignis nicht für ein großes Heiligtum wie Olympia von Bedeutung gewesen sein? Nun ist freilich — vom Bauschmuck des Zeustempels abgesehen — Großplastik in Olympia nur spärlich erhalten. Dennoch besitzen wir zwei in ihrer Art durchaus beachtliche Zeugnisse der frühen Bildhauerkunst: den ältesten großplastischen Steinlöwen, den wir aus Griechenland kennen[350], und Reste eines marmornen Beckens, das von Frauenfiguren getragen wurde, die auf Löwen standen (Abb. 57)[351]. Beide Werke gehören noch der 1. Hälfte des 7. Jahrhunderts an und lassen ahnen, was es einst an früher Plastik hier gegeben haben mag. Das Ausmaß des Verlorenen wird uns indes erst bewußt, wenn wir bedenken, daß es neben der Steinplastik den schon für das 8. Jahrhundert zu erschließenden, zunächst viel bedeutenderen und bis ins 6. Jahrhundert blühenden Kunstzweig der Holzbildnerei gab. Es ist ein weit verbreitetes Vorurteil, daß die Holzplastik nach dem Aufkommen der Steinbildhauerei verschwunden sei. In Wirklichkeit ist sie aus ihrer gleichberechtigten, vermutlich lange Zeit sogar führenden Position erst verdrängt worden, als seit dem letzten Viertel des 6. Jahrhunderts der großformatige Erzguß für die statuarische Freiplastik zur bevorzugten Technik wurde. Damals begann in Olympia die große Zeit der Siegerstatuen. Die beiden ältesten, die Pausanias erwähnt, waren noch aus Holz geschnitzt; sie gehören ins 3. Viertel des 6. Jahrhunderts (s. S. 115). Zumal die Götterbilder wurden jedoch vielfach weit länger in der altehrwürdigen Schnitztechnik gefertigt; letztlich gehört noch der gewaltige Zeus des Phidias in diese Reihe[352]. Pausanias hat außer den beiden Athletenstatuen auch in den Schatzhäusern, die zu seiner Zeit teilweise Abstellräume für alte, schutzbedürftige Weihgeschenke gewesen zu sein scheinen, manche dieser archaischen Holzbildwerke gesehen; bei einigen waren sogar noch die Künstler bekannt. Wir werden später darauf zurückkommen (s. S. 103).

Stellvertretend für die verlorene Großplastik stehen für uns die kleinformatigen

Statuetten, vor allem die bronzenen. Es würde in unserem Rahmen zu weit führen, einen Überblick über die entsprechenden Funde zu geben; wir beschränken uns darauf, einen Blick auf die Zeusbilder zu werfen und knüpfen dabei an das an, was wir im vorigen Abschnitt darüber festgestellt haben. Zwei geometrische Zeus-Typen fanden wir unter den Olympiafunden belegt: Zeus im uralten Schema der Epiphanie mit erhobenen Händen und, seit reifgeometrischer Zeit jene älteste Zeusdarstellung ablösend, Zeus als Krieger mit geschwungener Lanze (s. S. 73). Diese kriegerische Vorstellung des höchsten Gottes hat lange Zeit bestimmend gewirkt; sie läßt sich in Olympia bis ins mittlere 7. Jahrhundert nachweisen. Die Bronzefigur Taf. 26 a, b erweist sich durch ihre überschlanken Proportionen als ein Werk, das ganz am Beginn des 7. Jahrhunderts steht[353]. Kegelhelm und Panzergurt (die homerische »*Mitra*«) sind geometrische Erbstücke; sie gehören offenbar fest zu dem in jener Zeit geprägten Zeusbild und werden mit diesem weitertradiert. Das zeigt eine von Dörpfeld unter dem Heraion gefundene Bronze, die nach ihren entwickelteren Körperformen und der Wiedergabe des Haars etwas jünger sein muß; sie dürfte zwischen 680 und 670 v. Chr. entstanden sein (Taf. 26 c)[354]. Noch um 660 bezeugen diesen Typus zwei Statuetten, bei denen das massige, schwellende Volumen in seltsamem Gegensatz steht zu der als geometrisches Erbe mitgeschleppten harten Formelhaftigkeit der Modellierung (Taf. 26 d, e)[355]. Die Erstarrung, die sich schon bei der Heraion-Bronze ankündigt, ist hier noch weiter fortgeschritten. Wäre darin eine bewußte künstlerische Tendenz zu erkennen, könnte man von »Archaismus« sprechen; besser ist es, den eigentümlichen Stilverhalt als »hieratische Form« zu bezeichnen, wie sie ähnlich etwa die bekannten Sphyrelata von Dreros zeigen, die einen Anhaltspunkt für die Datierung liefern können[356]. Für uns sind diese Zeuskrieger des 7. Jahrhunderts von besonderem Interesse, weil sie, wie Kunze erkannt hat, das lange Nachleben eines geometrischen Göttertypus im traditionsgebundenen, konservativen Olympia zeigen. Sie sind »in ihrer Zeit das einzige typische statuarische Weihgeschenk an den olympischen Zeus« (Kunze)[357]. Die Frage, ob diese Statuetten etwa schon eine großplastische Fassung des Zeusbildes in geometrischer Zeit bezeugen, kann lediglich gestellt, aber nicht beantwortet werden.

57 Marmorbecken mit Stützfiguren. Lakonische Arbeit. 7. Jahrhundert v. Chr. Rekonstruktion von G. Treu. (Olympia III S. 27)

Ebensowenig wissen wir, ob von den Zeusstatuen, die Pausanias aufzählt (V 21,2–24,11), etwa die eine oder andere in den hier betrachteten Zeitabschnitt gehört; eine Angabe, die dies erweisen würde, findet sich nicht in dem ohnehin mit chronologischen Erläuterungen sparsamen Text. Greifbar ist uns lediglich die an anderer Stelle von Pausanias erwähnte goldene Zeusstatue, die Kypselos stiftete, wenngleich wir über ihr Aussehen nichts erfahren[358]. Vermutungsweise dürfen wir wohl das altertümliche, behelmte Zeusbild hierher rechnen, das unser Gewährsmann im Heraion neben dem Kultbild der Göttin sah und das wohl erst nachträglich dorthin gelangt ist; denn mit dem Helm wird Zeus nach dem 7. Jahrhundert schwerlich noch dargestellt worden sein, selbst in Olympia nicht[359]. Schließlich könnten auch zwei unbärtige Zeusbilder, die Pausanias erwähnt, in diese Zeit gehören; das für spätere Zeiten ungewöhnliche Merkmal der Bartlosigkeit würde sie jedenfalls mit den genannten Zeuskrieger-Bronzen verbinden[360].

Für eine Vorstellung vom Statuenbestand des Heiligtums im 7. Jahrhundert reichen diese Überlegungen freilich in keiner Weise aus. Überhaupt läßt sich von der Gesamterscheinung der Altis in jener Zeit keine deutliche Vorstellung gewinnen. Das ändert sich erst mit jenem bedeutungsvollen Ereignis, das die Wende der hier betrachteten Phase zur folgenden bezeichnet: der Bau des ersten monumentalen Tempels leitet ein neues Kapitel in der Geschichte Olympias ein.

Der erste in Olympia nachweisbare Tempel wurde nicht für Zeus gebaut, sondern für Hera. Das ist merkwürdig und hat seit jeher Fragen und Zweifel hervorgerufen. Es fehlt denn auch nicht an Versuchen, diesen scheinbaren Widerspruch aus der Welt zu schaffen, etwa durch die These, der archaische Vorgängerbau des klassischen Zeustempels sei noch nicht gefunden, oder das Heraion selbst sei der älteste Zeustempel, vielleicht sei es auch anfänglich dem Götterpaar gemeinsam geweiht gewesen und erst nach Errichtung des klassischen Baus Hera allein überlassen worden[361]. In der Tat fehlt bisher der schlüssige Beweis, daß sich unter dem Zeustempel nicht doch noch Reste eines älteren Baues verbergen; allerdings dürften die Chancen für eine Nachgrabung an dieser Stelle gering sein. Außerdem wäre der Standort – so weit vom Altar entfernt – höchst seltsam und bedürfte der Erklärung. Für die sonstigen Hypothesen bildet den Ausgangspunkt die merkwürdige Tatsache, daß Pausanias im Heraion altertümliche Standbilder sowohl des Zeus wie der Hera gesehen hat. Doch ist der Pausaniasstelle (V 17,1), sofern sie überhaupt intakt ist[362], nicht zu entnehmen, ob die beiden Götterbilder von Anfang an als Kultbilder zusammen aufgestellt waren. Denn es heißt dort, das Kultbild der Hera sitze auf einem Thron, Zeus aber stehe daneben, bärtig und mit einem Helm auf dem Kopf. Diese unterschiedliche Darstellungsweise wäre bei gleichzeitigen und gleichrangigen Doppelkultbildern eines Tempels verwunderlich. Wahrscheinlicher ist, daß die Zeusstatue erst nachträglich neben dem eigentlichen Kultbild, der thronenden Hera, im Tempel aufgestellt worden ist und vorher anderswo, vielleicht im Freien, gestanden hatte, ähnlich wie andere von Pausanias im Heraion verzeichnete Bildwerke. Im übrigen wäre, selbst angenommen, es handle sich um eine ursprüngliche Gruppe, damit immer noch nicht bewiesen, daß beide Gottheiten gleichberechtigte Inhaber des Tempels waren, da der stehende Zeus neben der thronenden Hera deutlich Nebenfigur ist[363]. Es scheint also wirklich so zu sein, daß Hera lange vor Zeus in Olympia einen Tempel hatte. Alle Versuche, diese Tatsache wegzuinterpretieren, gehen an einem für den Zeuskult sehr bezeichnenden Merkmal vorbei; denn es gehört zum ureigensten Wesen des Himmelgottes, daß man ihn eigentlich nur im Freien verehren kann. Wir kennen bisher keinen Zeustempel, der vor der zweiten Hälfte des 6. Jahrhunderts v. Chr. entstanden wäre; die ältesten griechischen Tempel aber stammen bereits aus dem 8. Jahrhundert. Erst zu einem relativ späten Zeitpunkt also hat man es offenbar als unangemessen empfunden, daß der höchste Gott in seinen Heiligtümern immer noch ohne Tempel war. Aber die Zahl der Zeustempel in Griechenland ist immer auffallend klein geblieben. Wir werden es demnach nicht mehr so verwunderlich finden, daß Hera, der Göttin der Frauen, der Hüterin der Ehe, der Familie, der häuslichen Geborgenheit, als erster von allen in Olympia verehrten Gottheiten ein heiliges Haus errichtet wurde.

Lange Zeit hat man freilich, wie schon erwähnt (S. 50), den Heratempel von Olympia (Taf. 27, 28; Abb. 58–63) für älter gehalten, als er in Wirklichkeit ist. Wilhelm Dörpfeld, der sich nach Abschluß der ersten Ausgrabungen in jahrelanger Arbeit um die Erforschung des Tempels bemühte, hielt ihn für ein Werk des frühen neunten, wenn nicht gar des zehnten Jahrhunderts v. Chr.[364]. Unter dem Bau glaubte er außerdem noch mehrere Vorgänger entdeckt zu haben, die er in das 10. und 11. Jahrhundert datierte, womit er die Nachricht des Pausanias (V 16,1) bestätigt sah, nach der das Heraion von den Skilluntiern acht Jahre nach Oxylos, also bald nach der dorischen Wanderung, erbaut sein sollte[365]. Indes stellte sich bald heraus, daß das olympische Heraion sich auf diese Weise nicht in die Geschichte des griechischen Tempelbaus einordnen ließ, deren Anfänge durch neue Grabungen und Entdeckungen in Samos, Sparta, Perachora, Thermos und anderen Orten allmählich faßbar zu werden begannen. Die von Dörpfeld vertretenen Datierungen erwiesen sich als erheblich zu hoch gegriffen. Auch hielt seine außerordentlich komplizierte Interpretation des Grabungsbefun-

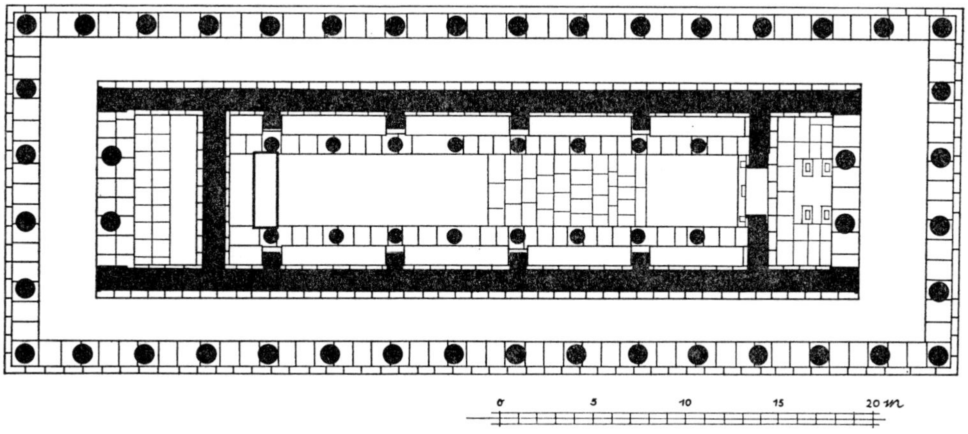

58 Heraion. Grundriß nach A. Mallwitz. (JdI. 81, 1966 Abb. 17)

des, die ihn zur Annahme mehrerer Bauphasen führte (Heraion Ia, Ib, II, IIIa, IIIb), der Überprüfung nicht stand. Deutsche und englische Bauforscher, die sich mit Dörpfelds Ergebnissen kritisch auseinandersetzten, kamen zu wesentlich vereinfachten Lösungen[366]. Übrig blieb schließlich außer dem heute noch sichtbaren Bau, der um 600 v. Chr. errichtet sein muß, nur ein Vorgänger (»Heraion I«), den man um etwa ein halbes Jahrhundert älter schätzte als jenen[367].

Während solche Überlegungen bislang nur von allgemeinen baugeschichtlichen Erwägungen, kritischer Interpretation von Dörpfelds Befunden und einer auf modernen Erkenntnissen basierenden Zeitbestimmung der Funde aus dem Heraion ausgehen konnten, ist unlängst nochmals der Spaten im Heraion angesetzt worden. A. Mallwitz, der die im Sommer 1966 durchgeführte Untersuchung leitete, kam dabei zu dem überraschenden Resultat, daß der Tempel um 600 v. Chr. in einem einzigen Bauvorgang errichtet worden sei[368]. Dörpfelds Argumente für ältere Bauphasen erscheinen danach teils als gegenstandslos, teils finden sie eine andere Erklärung. Das altertümliche Pflaster aus Falzplatten beispielsweise, das Dörpfeld an mehreren Stellen in der Tiefe des Heraions festgestellt hatte und das bisher als sicherstes Indiz für einen Vorgängerbau galt, liegt nach der neuen Auffassung in zweiter Verwendung an seiner jetzigen Stelle und ist nicht als Fußboden für »Heraion I« anzusehen. Die vielerörterte »Brandschicht« erwies sich als keineswegs überall durchgehend; sie kann daher nicht Zerstörungshorizont von Heraion I sein, wie Dörpfeld behauptet hatte, sondern erklärt sich als Opferschicht vor Erbauung des Tempels. Freilich ist auch dieses Ergebnis noch nicht als endgültig zu betrachten, sondern als »Vorbereitung für eine erneute und gründliche Beschäftigung mit dem Bau« (Mallwitz). So seltsam es klingt: nahezu hundert Jahre seit seiner ersten Freilegung ist das Heraion von Olympia immer noch Gegenstand wissenschaftlicher Kontroversen, seine Erforschung ist noch keineswegs abgeschlossen. Möglicherweise stand an der Stelle des Heraions vorher ein bescheidener Bau von altertümlicher Gestalt und Bauweise, etwa wie der ältere Tempel von Perachora (vgl. Abb. 36) oder ähnlich; ob sich freilich ältere Reste in dem vieldurchsuchten Boden noch feststellen lassen werden, scheint fraglich. Wenn wir uns an den derzeitigen Forschungsstand halten, dann läßt sich das Ergebnis, bezogen auf die Geschichte Olympias, in die kurze Formel fassen: der erste monumentale Peripteraltempel in der Altis ist um 600 v. Chr. errichtet worden. Mit diesem Datum beginnt für uns die Baugeschichte Olympias. Allerdings ist diese Zahl nur als ein Annäherungswert zu verstehen. Genauere Feststellungen werden erst möglich sein, wenn bei einer zukünftigen Grabung die letzten von den bisherigen Untersuchungen noch unangetastet gebliebenen Erdpartien erfaßt und die darin liegende Funde ausgewertet sein werden.

Einstweilen stützt sich die Datierung auf den stilgeschichtlichen Befund der Baureste, vor allem der erhaltenen Kapitelle, deren Formen — warum, werden wir noch sehen — einen längeren Entwicklungsablauf vom frühen 6. Jahrhundert an widerspiegeln, sowie

59 Frühkorinthisches Alabastron, unter dem Heraion gefunden. Spätes 7. Jahrhundert v. Chr. (Dörpfeld, Alt-Olympia Abb. 55)

auf die Funde der Grabungen Dörpfelds. Unter diesen ist der berühmteste jene bereits erwähnte 23 cm hohe Bronzefigur vom Typus des behelmten Lanzenschwingers (Taf. 26c; s. S. 91), über deren stilistische Einordnung lange Zeit gestritten worden ist. Wenn diese Statuette — nach ihrem ersten Editor »Steinersche Bronze« genannt[369] — die Archäologie in solchem Maße beschäftigt hat, so verdankt sie dies in erster Linie ihrem Fundort »in einer der Erbauung von Heraion I vorangehenden Schicht« (Dörpfeld)[370]. Die Frühdatierung des ersten Heraions ließ sich natürlich nur halten, solange der von Dörpfeld und seinen Mitarbeitern vertretene hohe Zeitansatz für die Bronze glaubhaft erschien. Dagegen erhoben sich jedoch alsbald Bedenken; man gelangte allgemein zu der Ansicht, daß Dörpfelds Ansatz um mehrere Jahrhunderte herabgerückt werden müsse. Allerdings differierten die Meinungen über die Zeitstellung der Statuette nicht unwesentlich, und dementsprechend schwankten die Vorstellungen über die Erbauung des ersten Heratempels etwa zwischen dem späten 8. und dem mittleren 7. Jahrhundert[371]. Wenn nun aber dieses erste Heraion gar nicht existiert hat, dann hat auch die »Steinersche Bronze« keine Bedeutung mehr für die Frage der Entstehungszeit des Tempels. Mag man sie als subgeometrisch, früharchaisch oder auch als geometrisch ansprechen[372] — das ändert an der Datierung des Heraions nichts; denn dafür können nur die jüngsten Fundstücke ausschlaggebend sein, wie z. B. ein frühkorinthisches Alabastron (Abb. 59), das in das letzte Viertel des 7. Jahrhunderts, vielleicht sogar schon in die ersten Jahre nach 600 v. Chr. gehört[373].

Unser Blick auf die Forschungsgeschichte rechtfertigt sich durch die Bedeutung, die das Heraion von Olympia für unsere Kenntnis des griechischen Tempels und seiner Entwicklung besitzt. Seine »Schlüsselstellung in der Geschichte des dorischen Tempels« (Mallwitz) beruht darauf, daß wir hier an einem relativ gut erhaltenen Beispiel, dessen Standort zudem eines der Zentren griechischer Kultur ist, jene entscheidende Phase der »Steinwerdung des dorischen Tempels« studieren können. Die Herkunft

60 Säulen des Heraions. (Dörpfeld, Alt-Olympia Taf. 10)

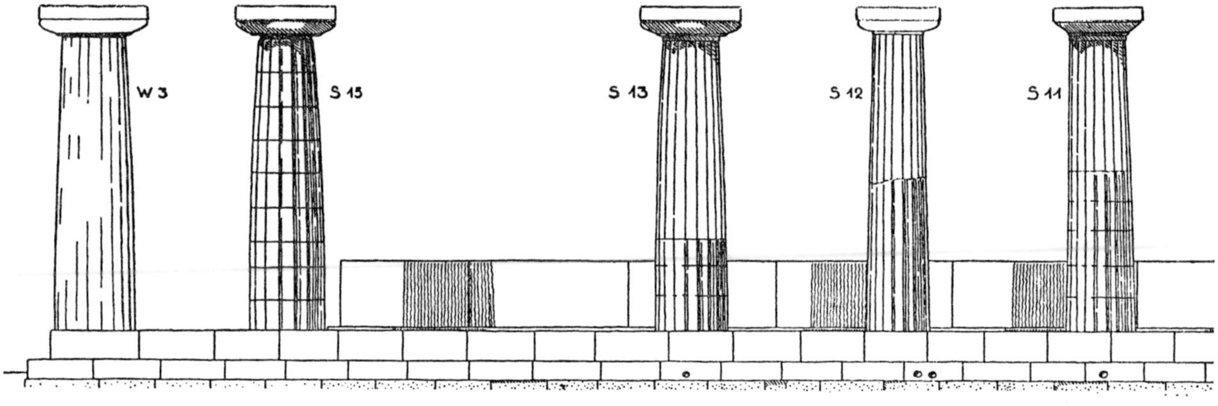

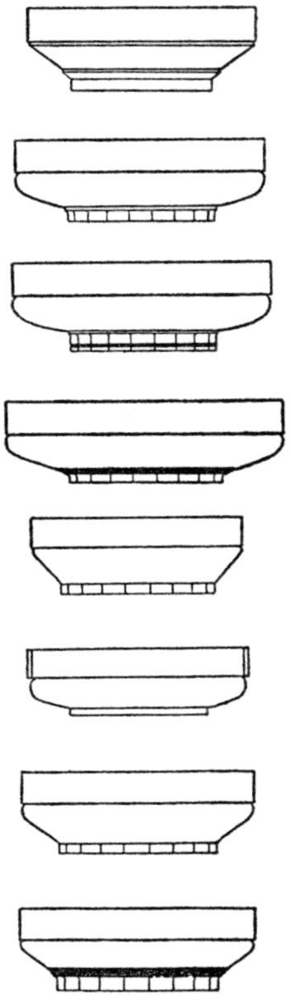

61 Kapitelle des Heraions. (Gardiner, Olympia Abb. 56)

62 Säule des Heraions mit Einarbeitungen. (Alt-Olympia Abb. 40)

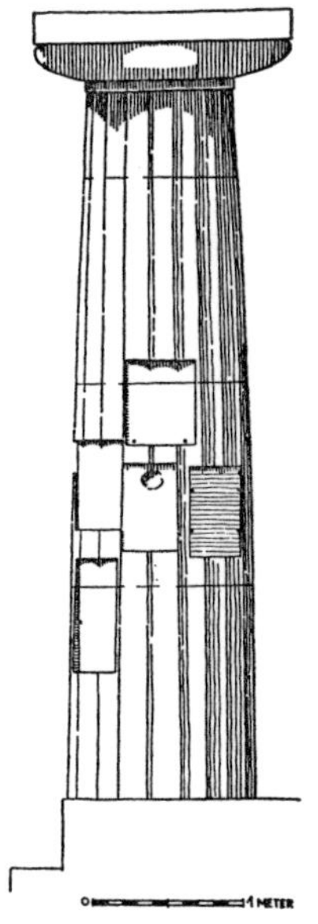

des griechischen Tempels aus der Holzarchitektur ist eine bekannte Tatsache, belegt durch antike Quellen, vor allem Vitruv, und ablesbar noch aus vielen Einzelheiten seines steinernen Formenkanons; sie wird hier nun in einer ganz besonderen Weise dokumentiert[374]. Pausanias berichtet (VI 16,1), daß eine der Säulen im Opisthodom des Heraions aus Eichenholz bestand. In dieser Bemerkung steckt, wie schon die ersten Ausgräber erkannten, der Schlüssel zur Erklärung der auffälligsten Eigentümlichkeit des Heraions. Die Säulenschäfte und Kapitelle weisen nämlich in ihren Abmessungen und Formen erhebliche Verschiedenheiten auf: kaum eine Säule gleicht der anderen (Abb. 60, 61; Taf. 28)[375]. Des Rätsels Lösung besteht darin, daß der Tempel ursprünglich ganz mit Holzsäulen ausgestattet war, die dann allmählich durch solche aus Stein ersetzt wurden. Die letzte ließ man aus Pietät an ihrem Platz, wo sie Pausanias sah und als eine Art Kuriosität vermerkte. Dabei achtete man nun nicht etwa darauf, wie es ein heutiger Baumeister tun würde, daß die neu hinzukommenden Säulen möglichst den schon vorhandenen in der Form angeglichen würden, damit ein einheitlicher Gesamteindruck entstünde, sondern jede Säule wurde »modern«, also dem jeweiligen Zeitgeschmack entsprechend, gestaltet. So kommt es, daß sich die gesamte Formgeschichte der dorischen Säule, insbesondere des Kapitells, vom Beginn des 6. Jahrhunderts bis in die römische Kaiserzeit, an einem einzigen Bau gleichsam wie aus einem Schulbuch ablesen läßt. Aber wir können daraus noch mehr lernen, nämlich dies: wie sehr die griechische Säule als ein im Grunde autonomes plastisches Gebilde empfunden wurde, selbst wenn sie in Reih und Glied der Ringhalle eines Tempels stand. Nur so ist es zu erklären, daß die Uneinheitlichkeit des Gesamteindrucks, den das Heraion geboten haben muß, das griechische Auge offensichtlich nicht gestört hat. Wir können uns heute dieses sonderbare Bild mit Hilfe unserer Phantasie nur schwer vergegenwärtigen, denn die drei wieder aufgerichteten Säulen des Heraions reichen nicht aus, das Phänomen ins Bewußtsein treten zu lassen.

Unser Vorstellungsvermögen läßt uns vollends im Stich, wenn wir uns klarzumachen versuchen, daß diese archaisch niedrigen, gedrungenen Säulen ein hölzernes dorisches Gebälk mit Triglyphenfries trugen, das niemals in Stein umgewandelt worden ist und das man sich durch Schnitzerei und Bemalung, vielleicht auch durch ornamentale und figürliche Bronzebeschläge geschmückt denken muß[376]. Darüber dann ein Dach, das in Technik und Stil den Einfluß Spartas verrät; es muß im Gegensatz zur mutmaßlichen Buntheit der Gebälkzone vergleichsweise düster gewirkt haben, wie die Überreste seiner Terrakottazierate und Ziegeleindeckung zeigen. Auch die Ornamentik, der mächtigen Scheibenakrotere, welche die Giebel krönten, ist auf einen ernsten Farbklang gestimmt. Eine für das äußere Bild des Tempels nicht unwesentliche Besonderheit sei hier noch erwähnt: in die Säulenschäfte waren, wie man wohl zu Recht aus den zahlreichen Einarbeitungen geschlossen hat, gemalte Bilder der Siegerinnen bei den zu Ehren der Hera stattfindenden Mädchenwettkämpfen eingelassen (Abb. 62)[377]. Die ganz und gar »unklassische« Erscheinung des Baus, die insbesondere in späteren Jahrhunderten ungewöhnlich, ja befremdlich im Gesamtbild des Heiligtums gewirkt haben muß, wurde dadurch ohne Zweifel noch betont.

Als hocharchaischer Bau gibt sich das Heraion schon durch die langgestreckte Form seines Grundrisses (50,01 : 18,76 m) zu erkennen (Abb. 58), dessen Proportionen allerdings im Vergleich zu den extrem schmalen Tempeln des 7. und 8. Jahrhunderts bereits ausgeglichener im Verhältnis von Breite und Länge sind. Den sechs Frontsäulen entsprechen sechzehn an den Langseiten (Ecksäulen doppelt gezählt); beim klassischen dorischen Tempel dagegen ist das Verhältnis der Säulenzahlen 6 : 13. Altertümlich ist auch die Zweistufigkeit des Unterbaus, während der dorische Tempel normalerweise drei Stufen besitzt. Das eigentliche Tempelhaus (*Naos*) weist die kanonische Dreiteilung in Vorhalle (*Pronaos*), Hauptmann (*Cella*) und rückwärtige Halle (*Opisthodom*) auf. Ungewöhnlich ist freilich die verschiedene Tiefe von Pronaos und Opisthodom sowie die unterschiedliche Breite der Säulenumgänge an den Front- und Langseiten. Die Wände bestehen nur im unteren Teil, dem heute noch beinah unversehrt aufrechtstehenden,

1,04 m hohen und 1,18 m dicken Orthostatensockel, aus Stein; darauf erhob sich verputztes Lehmziegelmauerwerk und darüber das hölzerne Gebälk des Dachstuhls, das nach unten durch eine hölzerne Decke abgeschlossen war[378]. Es wurde im Inneren gestützt durch zwei Reihen hölzerner Säulen, vermutlich in der üblichen zweigeschossigen Anordnung. Jeweils hinter jeder zweiten Innensäule sprang ein Wandpfeiler etwas in den Raum vor – keine Zungenmauern mit Halbsäulen, wie Dörpfeld meinte[379]. Die Aufgabe dieser Wandvorlagen war es, die Querzüge des Dachstuhls zu tragen, zugleich aber die Lehmziegelwand zu versteifen und ihre langgedehnte Fläche rhythmisch zu gliedern. Sie stellen ein hochaltertümliches Bauelement dar und wurden zu einem späteren Zeitpunkt – wahrscheinlich im Verlauf der hellenistischen Epoche – entfernt; erst dann hatte die Cella die normale dreischiffige Raumordnung des kanonischen dorischen Tempels[380].

In der dämmerigen Tiefe der schmalen, langen und niedrigen, nur durch die Türöffnung beleuchteten Cella stand das Kultbild der Hera, das alle vier Jahre mit einem neuen, von den hierzu ausgewählten sechzehn elischen Frauen gewebten Gewand bekleidet wurde (Paus. V 16,2). Erhalten hat sich das mächtige, von einem eigentümlichen Kopfschmuck, einer Blattkrone, gezierte Haupt des Götterbildes (Taf. 29); seine Stilmerkmale verraten die Hand eines spartanischen Bildhauers[381]. Als kostbares Zeugnis hocharchaischer peloponnesischer Plastik ist dieser monumentale Kopf mit der hoheitsvollen Würde seines Ausdrucks, dem ein mütterlich-gütiger Zug nicht fehlt, eines der bedeutendsten in Olympia gefundenen Kunstwerke. Vereinzelte Zweifel an der Zugehörigkeit des Kopfes zum Kultbild der Hera haben sich nicht durchsetzen können. Daß der aus empfindlichem Mergelkalk bestehende Kopf niemals im Freien der Witterung ausgesetzt war – etwa als Giebelfigur oder Freiplastik – beweist der vorzügliche Oberflächenzustand: sogar die Vorzeichnung für die Augensterne ist sichtbar, und bei der Auffindung fanden sich noch Farbspuren. Für die Aufstellung der überlebensgroßen Figur kommt aber im frühen 6. Jahrhundert ein anderes Gebäude als das Heraion nicht in Frage. Zudem wäre ein archaisches Werk von solchem Format, hätte es sich an anderer Stelle befunden, von Pausanias schwerlich übergangen worden. Es kann daher kein Zweifel bestehen, daß die – übrigens auf Furtwängler zurückgehende – Zuweisung des Kopfes an das Kultbild der Hera richtig ist. Vielleicht besitzen wir sogar noch einen weiteren, freilich sehr viel unscheinbareren Überrest des Kultbildes. Dörpfeld fand bei seinen Nachgrabungen im Heraion unmittelbar vor der Kultbildbasis das Kalksteinbruchstück einer Löwentatze, auf der ein kleiner menschlicher Fuß aufruht. Daraus hat B. Schweitzer eine Reliefkomposition erschlossen, bei der im archaischen Schema des »Herrn der Tiere« eine kleingebildete menschliche Gestalt zwischen zwei Löwen steht (Abb. 63); er denkt sich das Relief als Schmuck der Kultbildbasis[382]. Nach den neuen Erkenntnissen über die Baugeschichte des Heraions entfällt der mißliche Zwang, das rekonstruierte Basisrelief mit einem älteren Kultbild zu verbinden. Schon Schweitzer erkannte die Schwierigkeiten, die sich hierdurch ergaben. Es wäre aber nunmehr zu prüfen, ob die Verbindung des Basisreliefs mit dem Kultbild, zu dem der Herakopf gehört, stilistisch möglich ist, was eine Herabsetzung von Schweitzers Datierung voraussetzen würde. Mir scheint, ein Blick auf den zu Beginn des 6. Jahrhunderts geschaffenen Korfu-Giebel genügt, um diese Frage positiv zu beantworten. Die Rekonstruktion ist unverkennbar von diesem Giebel inspiriert; dort haben wir das gleiche extreme Schwanken der Größenverhältnisse, und sogar Details wie der seltsame »Sehnenstrang« an den Löwentatzen finden sich dort wieder. Sicher war das olympische Werk einfacher und spröder, aber es war, wenn die Rekonstruktion hinsichtlich des Themas zutreffend ist, in Vorstellungswelt und Bildauffassung vom gleichen Geist bestimmt. Für seine Zugehörigkeit zum spartanischen Kunstkreis sprechen die von Schweitzer nachgewiesenen Parallelen aus der lakonischen Elfenbeinschnitzerei.

Die Frage nach der Stellung des Heraions in der Geschichte der antiken Baukunst ist verschieden beantwortet worden. Auch jetzt, nachdem sich die Baugeschichte des Tempels anders und klarer darstellt als bis vor kurzem, ist seine Beurteilung nicht

II Heraion aus Nordwesten

27 a Heratempel, erbaut um 600 v. Chr. Blick von Südwesten. – 27 b Heratempel von Osten

29 Kopf der Hera. Um 600 v. Chr. H. 52 cm

28 Wiederaufgerichtete Säulen des Heratempels

30 a Schatzhausterrasse von Osten

30 b Schatzhausterrasse. Modell von A. Mallwitz. Vor der Terrasse die »Zanes« (Zeusstatuen) und das Metroon; im Hintergrund die Exedra des Herodes Atticus und das Heraion; im Vordergrund Echohalle und Stadion-Westwall mit überwölbtem Durchgang

31 a Fundamente der Schatzhäuser von Megara und Gela. 6. Jahrhundert v. Chr.

31 b Zusammenbrechender Gigant aus dem Giebel des Schatzhauses von Megara. 520/510 v. Chr.

33 Brustpanzer. Bronze. 1. Hälfte 6. Jahrhundert v. Chr. H. 43,5 cm

◁ 32 a Korinthischer Helm mit Silberbeschlägen. 7. Jahrhundert v. Chr. H. 22,6 cm

32 b Persischer Helm, Weihung der Athener, 5. Jahrhundert v. Chr. H. 23,1 cm

32 c Korinthischer Helm, Weihung des Miltiades. 5. Jahrhundert v. Chr.
H. im jetzigen Zustand 18,7 cm. – Die Inschrift lautet: »Miltiades weihte [ihn] dem Zeus«.

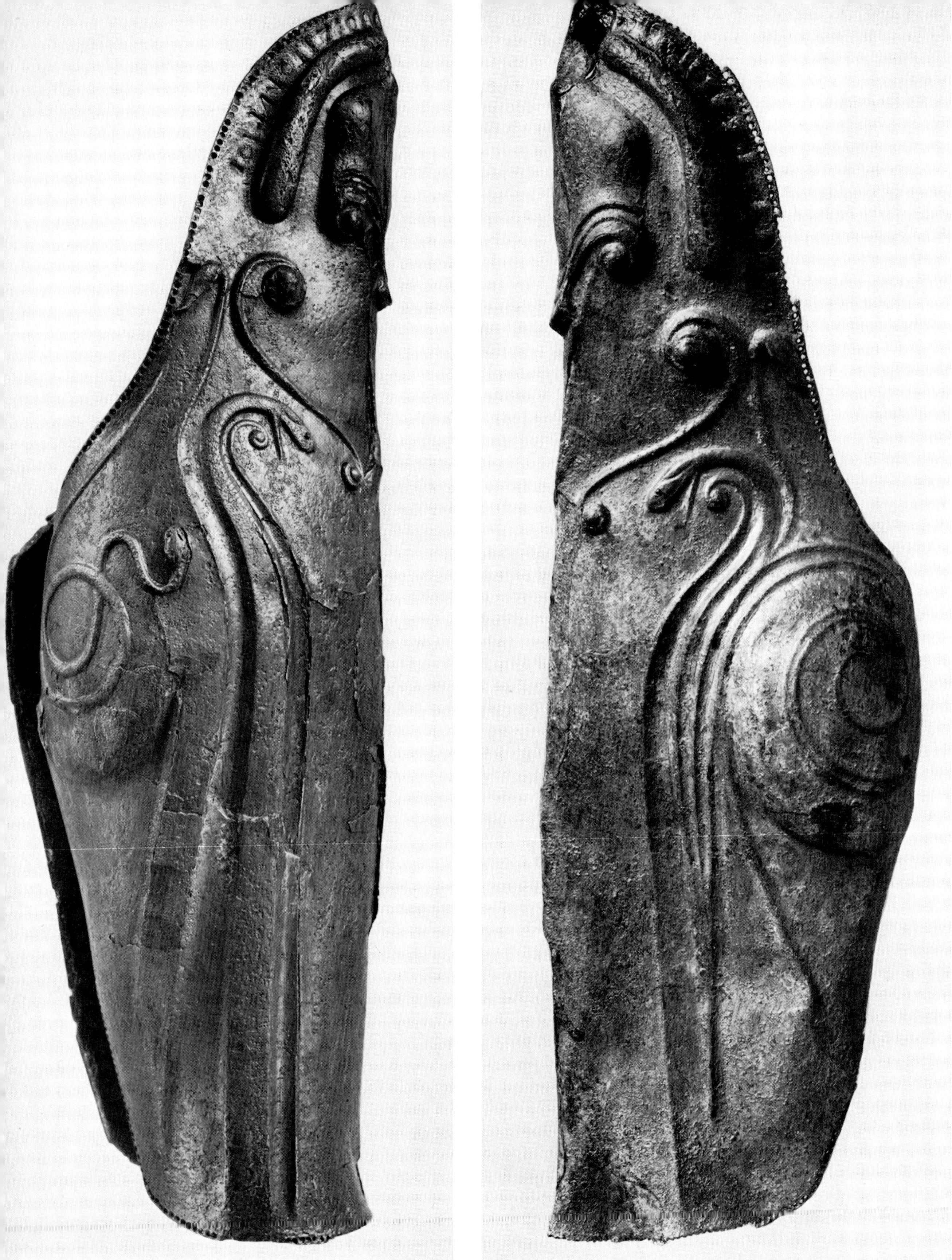

34 a/b Beinschiene. Weihung der Kleonäer. Bronze. 2. Hälfte 6. Jahrhundert v. Chr. H. 42 cm

63 a Kalksteinfragment aus dem Heraion. – b Rekonstruktionsversuch der Kultbildbasis von B. Schweitzer. (Dörpfeld, Alt-Olympia Abb. 54 und Schweitzer, Leipziger Winckelmannsblatt 1944)

leicht, einmal wegen der geringen Vergleichsmöglichkeiten, zum anderen weil uns doch sehr wesentliche Teile des Oberbaues fehlen. Eins läßt sich jedenfalls sagen: es mischen sich hier in sehr eigentümlicher Weise altertümliche und fortschrittliche Merkmale. Fortschrittlich ist in der Grundrißbildung die Kontraktion der Eckjoche als die befriedigendste und daher zukunftsweisende Lösung des »Triglyphenkonflikts«[383] und weiterhin die feste »Verankerung« der Cella in der Ringhalle durch Fluchten der Längswände mit den Achsen der entsprechenden Frontsäulen sowie Übereinstimmung von Außen- und Innensäulen: die Cella »schwimmt« nicht mehr (Gruben). Altertümlich ist hingegen beim Grundriß die unsymmetrische Ausbildung von Pronaos und Opisthodom, beim Aufbau die Wandpfeiler und die Verwendung von Holz für Säulen und Gebälk zu einer Zeit, da in Griechenland bereits die ersten steinernen Ringhallentempel standen. Das Heraion spiegelt anschaulich die baugeschichtliche Situation seiner Entstehungszeit wider. Es war damals alles noch im Werden, und sicher wird ein Unternehmen wie der Bau des Heratempels im Zeusheiligtum von Olympia seinen Anteil an diesem Entwicklungsprozeß haben. Mag auch das Heraion vielleicht nicht zu den »führenden«, den bahnbrechenden Bauschöpfungen der Epoche gehören – auf der Höhe seiner Zeit stand es bei seiner Erbauung zweifellos[384].

Die Errichtung des ersten monumentalen Tempels war ohne Zweifel ein großes Ereignis in der Geschichte des Heiligtums. Es scheint, daß dadurch der Anstoß zu weiterer Bautätigkeit gegeben wurde. Gewiß entsprach dies gleichermaßen der steigenden Bedeutung Olympias wie einem Zug der Zeit. Etwas oberhalb des Heraions, auf einer in den auslaufenden Hang des Kronoshügels einschneidenden Terrasse, die sich weiter nach Osten fortsetzt, erhebt sich eine Reihe kapellenartiger Bauten, die nacheinander hier im Laufe der archaischen Zeit als Stiftungen verschiedener griechischer Staaten entstanden sind, die sogenannten Schatzhäuser (Taf. 30; Abb. 64)[385]. Das älteste mag etwa aus der Erbauungszeit des Heraions stammen, das letzte gehört schon in die frühe Klassik. Sie stehen ziemlich dicht nebeneinander, nicht ganz exakt ausgerichtet und mit etwas unregelmäßigen Zwischenräumen, nach Süden, zur Altis hin gewandt, und bilden eine stattliche Reihe, wie sie in dieser Form kein zweites Heiligtum aufzuweisen hat. Als architektonischer Abschluß nach Norden muß ihr Anblick für das Gesamtbild des Heiligtums sehr wesentlich gewesen sein. Soviel wir wissen, ist jenseits dieser Gebäudereihe, d. h. am ansteigenden Hang, niemals weiter gebaut worden; die im 4. Jahrhundert v. Chr. errichtete Stützmauer, welche die Terrasse gegen den Hang hin absicherte, scheint die nördliche Begrenzung des Heiligtums gebildet zu haben.

Welche Bedeutung haben diese Bauten? Pausanias nennt sie »Schatzhäuser« *(thesauroi)* und vergleicht sie mit ähnlichen Bauten in Delphi, »die einige Griechen dem Apollon errichtet haben« (VI 19,1). Aber was ist eigentlich darunter zu verstehen? Soweit ihr Aufbau bekannt ist, sind es Antentempelchen vom Megarontypus mit Vorhalle und vorderer Säulenstellung; sie gehören also formal in den Bereich der Kultbauten, doch fehlt ihnen der Altar; d. h. sie haben sakralen Charakter, aber keine Tempel-

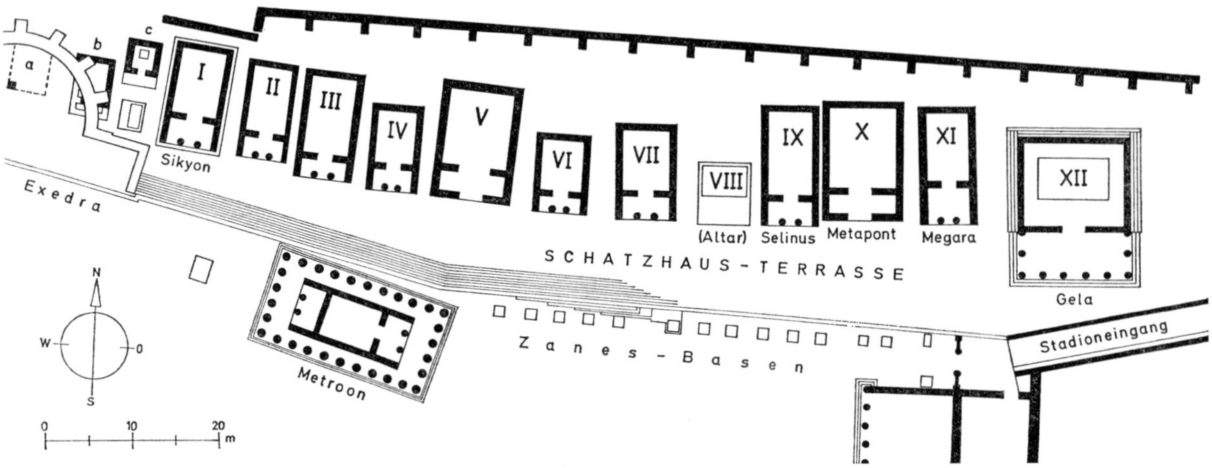

64 Die Schatzhäuser. a–c: Kultbauten am Westende der Schatzhausterrasse

funktion: sie stellen gleichsam kultische Sammel- oder Schwerpunkte der jeweiligen Stifterstaaten im Heiligtum von Olympia dar und dienen natürlich zugleich in hohem Maße der ehrgeizigen Selbstdarstellung dieser Staaten. Der Name der betreffenden Polis war an der Front des »Thesauros« zu lesen. Als Weihung an Zeus, dargebracht von miteinander wetteifernden Gemeinwesen, bilden diese Schatzhäuser jeweils mit den darin aufbewahrten Weihgeschenken eine Einheit, wie ja auch das griechische Wort »*thesauros*« einfach »Schatz« bedeutet, also wohl das Ganze meint, den kostbaren Schrein samt seinem Inhalt. Von diesem Inhalt war freilich zur Zeit des Pausanias schon vieles verlorengegangen, anderes nicht mehr an seinem ursprünglichen Platz, denn die Stadtstaaten, die einst die Schatzhäuser errichtet hatten, gab es nicht mehr. Manche der Thesauroi waren bereits baufällig oder verfallen. In einem von ihnen bewahrte man römische Kaiserstatuen auf; einige waren vollgestopft mit sehr verschiedenartigen Dingen, andere scheinen leer gewesen zu sein, da Pausanias über den Inhalt nichts berichtet; nur vom Geloer-Schatzhaus sagt er ausdrücklich, daß die in der Inschrift genannten Bildwerke nicht mehr vorhanden seien.

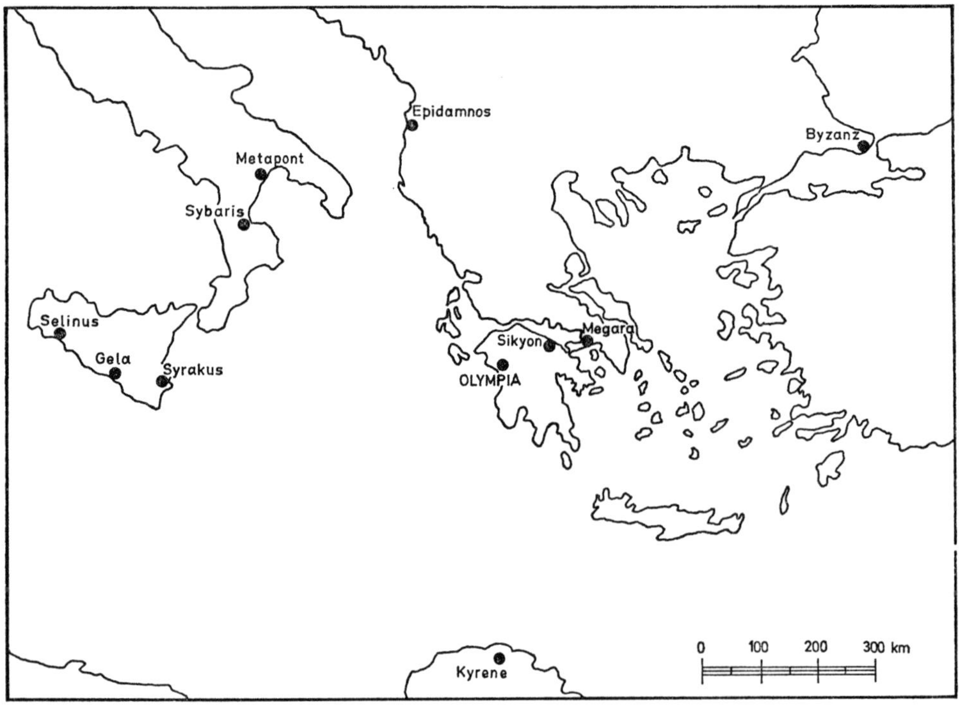

65 Die Stifterstädte der olympischen Schatzhäuser

Die Namen der Stifterstaaten hat uns der Perieget überliefert. Er zählt, von Westen nach Osten fortschreitend, auf (VI 19): Sikyon, Syrakus (von Pausanias wegen der dort aufbewahrten Beutestücke irrtümlich »Karthago« zugeschrieben), Epidamnos, Byzanz, Sybaris, Kyrene, Selinus, Metapont, Megara, Gela. Wir sehen: die Hälfte gehört den Griechenstädten Siziliens (Syrakus, Selinus, Gela) und Unteritaliens (Sybaris, Metapont), auch die Kolonien des Ostens (Byzanz), Südens (Kyrene) und Nordens (Epidamnos) sind vertreten, aber nur zwei mutterländische Städte: Sikyon und Megara (Abb. 65). Die Auswahl ist aufschlußreich, spiegelt aber natürlich nicht etwa getreu die Macht- oder Einflußverhältnisse im Olympia des 6. Jahrhunderts wider: Sparta fehlt, desgleichen Athen, ebenso vermissen wir etwa das reiche Korinth oder das durch seine sieggewohnten Athleten berühmte Kroton. Leider sind wir nicht imstande, alle Schatzhäuser mit Sicherheit zu benennen. Denn Pausanias nennt zehn Namen; auf der Terrasse wurden jedoch die Überreste von vierzehn, vielleicht sogar fünfzehn Baulichkeiten aufgedeckt. Westlich von den nach der üblichen Zählung mit I—XII bezeichneten Fundamenten finden wir die Trümmer zweier Bauten, die mit ziemlicher Sicherheit keine Schatzhäuser waren; es handelt sich um die Tempelchen der Eileithyia und des Sosipolis sowie der Aphrodite Urania, von denen oben bereits die Rede war (S. 31); weiter westlich, unter der Exedra des Herodes Atticus, schließen sich möglicherweise noch Reste eines dritten Kultbaus an (Abb. 64)[386].

Sicher zu benennen sind von den Bauten I—XII nur die Schatzhäuser von Sikyon (I) und Megara (XI), weil sich bei diesen auf den einwandfrei zuweisbaren Architekturteilen die Inschriften erhalten haben; auch das von Pausanias als letztes der Reihe genannte Geloer-Schatzhaus (XII) ist mit Gewißheit identifizierbar. Ebenso ist unbestritten die Gleichsetzung der Grundrisse IX und X mit den Thesauren von Selinus und Metapont, da bei den letzten vier die Reihenfolge durch Pausanias gesichert ist. Ungewiß ist hingegen die Verteilung der restlichen fünf Namen auf die Grundrisse II-VIII, von denen zwei unbenannt bleiben müssen. Entweder ist im Pausaniastext eine Lücke oder es gehören nicht alle Grundrisse zu Schatzhäusern oder aber die Reihe der Schatzhäuser ist von Pausanias schon nicht mehr vollständig angetroffen worden. Welche dieser drei Möglichkeiten zutrifft, wird wohl kaum jemals mehr geklärt werden können, und darin liegt die Schwierigkeit für die Schatzhaus-Topographie. Je nach Beurteilung der genannten Gesichtspunkte hat die Forschung verschiedene Lösungen vorgeschlagen. Dörpfeld und die ersten Ausgräber waren der Meinung, daß die Schatzhäuser II und III zu Pausanias' Zeit zerstört waren und verteilten daher die zehn von ihm genannten Namen auf die Grundrisse I, IV—XII. Diese Benennung behielt längere Zeit Geltung[387]. Später hat Dörpfeld das ganz aus der Reihe fallende kleine Fundament VIII als Unterbau eines Altars erklärt[388]. Ein von dieser Beobachtung ausgehender Vorschlag kam zu einer Verschiebung der Benennungen für die Mittelgruppe, wobei das stark zerstörte Fundament III unbenannt blieb[389]. Diese Anordnung hat fraglos gegenüber der alten eine größere Wahrscheinlichkeit für sich. Daß jedoch die Möglichkeiten damit nicht erschöpft sind, zeigt eine unlängst vorgebrachte These[390], die den stattlichen Grundriß V nicht dem damals noch ziemlich unbedeutenden Byzanz, sondern der ob ihres sprichwörtlichen Reichtums berühmten unteritalischen Stadt Sybaris zusprechen möchte; als von Pausanias übergangen gilt Grundriß VII, während die Altar-Definition für VIII beibehalten wird. Das führt wiederum zu einer weiteren Verschiebung der Namen (vgl. Tabelle Anm. 390). Gewißheit ist nach Lage der Dinge hier nicht zu erlangen.

Auch sonst bleiben manche Fragen offen. Daß die Schatzhausterrasse nicht eine einheitliche, planvolle Anlage darstellt, sondern langsam gewachsen ist, deuteten wir bereits an. Den Entstehungsprozeß können wir freilich nur an einigen Punkten erhellen, denn bei den meisten Bauten auf der Terrasse ist eine chronologische Bestimmung wegen der schlechten Erhaltung unmöglich. Das erste Schatzhaus soll Myron, ein Tyrann von Sikyon, nach seinem Wagensieg bei den 33. Olympischen Spielen (648 v. Chr.) gestiftet haben (Paus. VI 19,2). Nun ist aber gerade das Sikyonier-Schatzhaus (I) nach

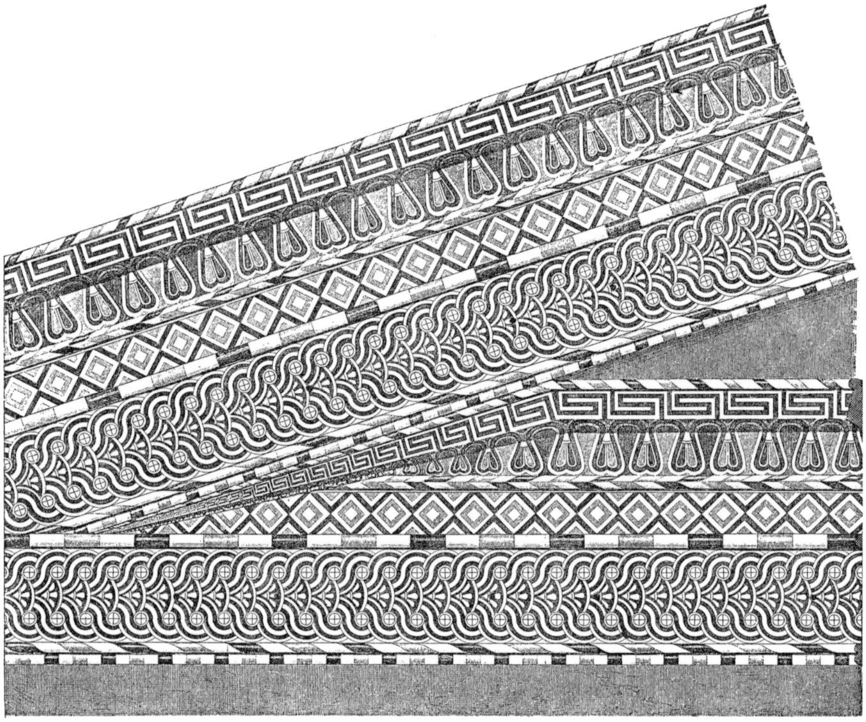

66 Dach des Schatzhauses von Gela, Terrakottaverkleidung. Um 560 v. Chr. (Olympia II Taf. 41,2)

67 Abwicklung des Ornaments vom Dach des Schatzhauses von Gela. Um 560 v. Chr. (OlForsch. I Taf. 41)

Ausweis seiner uns gut bekannten Architekturformen, die in frühklassische Zeit weisen, das jüngste der Reihe (Abb. 69). Allerdings hat eine nachträglich vorgenommene Überprüfung der Fundamente eine ältere Bauperiode festgestellt[391], doch ist diese nicht genau datierbar. In die Mitte des 7. Jahrhunderts jedenfalls wird man diesen Vorgänger, der sogar größer war als der Neubau des 5. Jahrhunderts, nicht ansetzen können. Pausanias ist hier wohl einem Mißverständnis zum Opfer gefallen, das sich sogar noch ziemlich leicht aufklären läßt[392]. Dennoch kann man nicht von vornherein ausschließen, daß das erste Schatzhaus der Reihe (Ia) tatsächlich auch zeitlich das früheste ist. Gewöhnlich wird als ältester Rest das Altarfundament VIII bezeichnet, unter dem Dörpfeld noch eine frühere Anlage (VIIIa) festgestellt hat[393]. Ältestes Schatzhaus mit uns bekanntem Aufbau ist die Stiftung der Geloer (XII), die man nach den Dachterrakotten (Abb. 66, 67) um 560 v. Chr. zu datieren pflegt. In die erste Hälfte des 6. Jahrhunderts gehören vielleicht auch noch die Schatzhäuser V und X wegen ihrer breitgelagerten Grundrisse. Alle übrigen haben die kanonische Form des dorischen Antentempels mit zwei Säulen zwischen den Anten. Von ihnen ist mit Sicherheit das Schatzhaus von Megara (XI) nach seiner gut bekannten Architektur, Baukeramik und Bauplastik in das späte 6. Jahrhundert zu setzen. Um 480/75 hat kürzlich Mallwitz die größtenteils neugefundenen Architekturteile eines Schatzhauses datiert, die er mit dem Grundriß II (Syrakus) verbindet[394]. Der späteste Bau schließlich ist, wie gesagt, das jüngere Sikyonierschatzhaus (um 460 v. Chr.). Beiläufig sei erwähnt, daß Pausanias uns von einem Schatzhaus, nämlich dem von Syrakus, sogar die Namen der Architekten überliefert hat; sie heißen Pothaios, Antiphilos und Megakles, doch bleibt die Nachricht ohne Belang, da wir mit den Namen nichts weiter verbinden können[395].

Aus dem Gesagten ist schon ersichtlich geworden, daß außer Benennung und Datierung auch die architektonische Gestalt bei einem Teil der Schatzhäuser kaum oder überhaupt nicht bekannt ist. Das hängt vor allem damit zusammen, daß sie — ausgeplündert und teilweise verfallen, wie sie waren — größtenteils schon vor dem endgültigen Untergang Olympias dem Abbruch zum Opfer fielen, um Material für späte Bauten zu liefern. Steine des Schatzhauses von Syrakus beispielsweise wurden aus einem Gebäude geborgen, das um die Mitte des 2. Jahrhunderts n. Chr. errichtet worden war, also etwa zur gleichen Zeit, als durch den brutal in die Schatzhausterrasse hineingesetzten römischen Prunkbau des Herodes-Atticus-Nymphäums eine tiefe

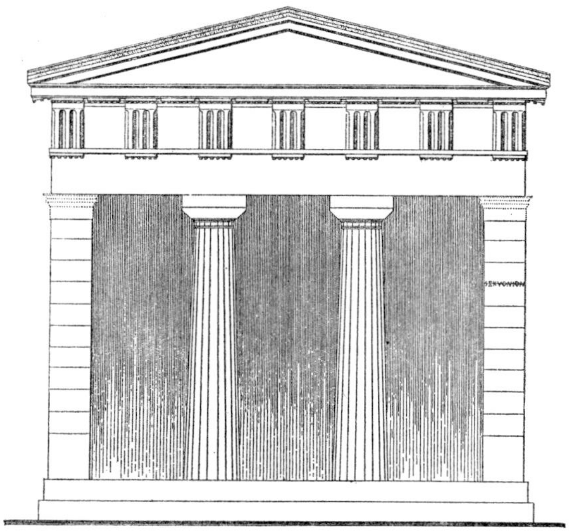

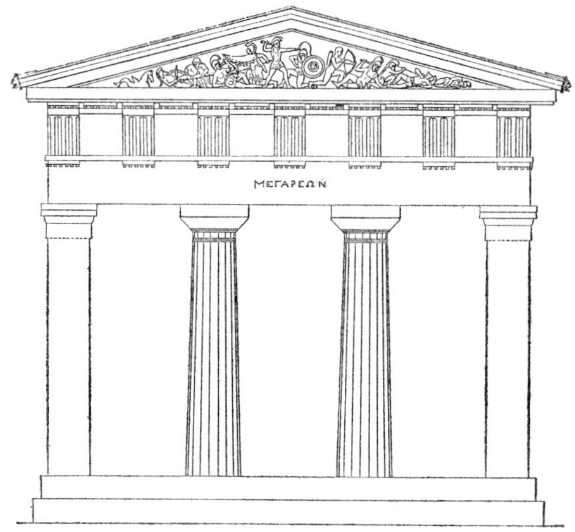

68 Schatzhaus von Megara. Um 520/10 v. Chr. Rekonstruktion. (Olympia II Taf. 36)
69 Schatzhaus von Sikyon. Um 460 v. Chr. Rekonstruktion. (Olympia II Taf. 28)

Wunde in das Gesamtgefüge der Anlage geschlagen wurde. Architekturteile der Schatzhäuser von Megara und Gela fanden die Ausgräber verbaut in der Festungsmauer des 3. Jahrhunderts n. Chr. wieder (s. S. 194), Bauglieder des Sikyonier-Schatzhauses in der byzantinischen Kirche. Nicht immer gelang es jedoch, weit verschleppte oder wiederverwendete Architekturteile den erhaltenen Fundamenten auf der Terrasse zuzuweisen. Es ist zu hoffen, daß künftige Untersuchungen hier noch ein Stück weiterkommen.

Am besten bekannt sind drei Schatzhäuser, die zugleich etwa den Beginn, die Mitte und das Ende des Zeitabschnitts markieren, in denen die Bauten auf der Terrasse entstanden sind, nämlich die Schatzhäuser von Gela, Megara und Sikyon. Die Stiftung der sizilischen Stadt Gela – nicht nur der älteste datierbare Thesauros, sondern auch der größte – gehört zu den merkwürdigsten Bauten Olympias[396]. Ursprünglich stand er frei an beherrschender Stelle über der Altis und dem Stadion (Abb. 74, 111). Er war west-östlich orientiert wie ein Tempel, gebaut als einfacher »Oikos« ohne Vorhalle (13,18 x 10,98 m), der Eingang lag jedoch ganz regelwidrig an der dem Heiligtum zugewandten Langseite. Dorthin blickte offenbar auch die auf einer länglichen Basis aufgestellte Statuengruppe, für die das Schatzhaus gebaut war, die sich jedoch beim Besuch des Pausanias schon nicht mehr im Schatzhaus befand. Das Dach war mit den prächtigsten und farbenfrohesten Dachterrakotten geschmückt, die in Olympia gefunden worden sind (Abb. 66, 67)[397]. Nach Art archaischer sizilischer Bauten verkleideten sie als aufgenagelte Platten mit reicher ornamentaler Bemalung die Dachränder (Geison und Sima), wobei kurioserweise das Simaornament an den Giebelseiten auch über dem Horizontalgeison erscheint, was an sich sinnwidrig ist, aber ganz dem wuchernden Formen-Überschwang des großgriechischen Kunstgeschmacks entspricht. Als im Laufe der Zeit weitere Schatzhäuser auf der Terrasse entstanden, die sämtlich mit der Giebelseite nach der Altis gerichtet waren, mußte die »verkehrte« Richtung des Geloer-

70 Mittelgruppe der Giebelkomposition des Megarer-Schatzhauses. Um 520/10 v. Chr. Rekonstruktion von G. Treu. (Olympia III Taf. 2/3)

Schatzhauses sich störend bemerkbar machen. Man bemühte sich, dem abzuhelfen durch Anfügung einer 5,50 m tiefen, nach Süden geöffneten dorischen Vorhalle mit sechssäuliger Front (Abb. 64). Der Bau vergrößerte sich dadurch nochmals; doch verlor er seine alte Vorrangstellung im 4. Jahrhundert, als das Stadion weiter nach Osten verlegt wurde und der neuerrichtete Westwall Heiligtum und Kampfstätte trennte. Das ursprüngliche Altisgebiet wurde dadurch im Osten etwas kleiner, wodurch das Schatzhaus von Gela gleichsam in einen toten Winkel geriet (Abb. 115).

Farbige Baukeramik, wenngleich nicht in der Üppigkeit wie beim Geloer-Thesauros, schmückte auch die Dächer anderer archaischer Bauten; sie schloß figürliche Dachaufsätze (Akroterfiguren) mit ein und muß, neben der Bemalung wichtiger Architekturglieder, erheblich zur Buntheit des Bildes beigetragen haben, die das Heiligtum in jener Zeit bot. Auch das spätarchaische Schatzhaus von Megara (Abb. 68)[398] trägt solche Dachterrakotten, doch treten sie hier im Gesamtbild des Aufrisses mit seinen strengen dorischen Formen zurück. Ein günstiges Geschick hat uns wesentliche Teile des plastischen steinernen Giebelschmuckes dieses Schatzhauses wiedergeschenkt, die zusammen mit den Architekturgliedern eingemauert im Südteil der westlichen Festungsmauer zum Vorschein kamen. Die noch durchaus als Hochrelief (nicht wie später vollplastisch) gearbeiteten Giebelfiguren bilden dramatisch bewegte Kampfgruppen: es sind die Götter, die in jener legendären »Gigantomachie«, der von der Kunst immer wieder dargestellten Schlacht gegen die urzeitlichen Riesen, ihre Herrschaft über die Welt begründen (Taf. 31 b; Abb. 70)[399]. Die etwas größer gebildeten Giganten, die Unholde der Vorzeit, erscheinen in vollem Waffenschmuck, wie zeitgenössische Hopliten. Die Komposition paßt sich geschickt den Gegebenheiten des Tympanondreiecks an und weist bereits auf spätere Giebellösungen voraus. Bei der Auffindung wiesen die Fragmente stellenweise noch deutliche Farbspuren auf, zum Staunen der Ausgräber; dabei waren es nicht so sehr die Erhaltungsumstände, die beeindruckten, als die Tatsache der Bemalung von Steinskulpturen an sich, die zwar bekannt, aber immer noch recht ungewohnt war – »ein für uns ganz unbegreiflicher Geschmack«, lautete das Urteil[400].

Die Giebelskulpturen des Megarer-Schatzhauses stehen übrigens nicht allein. Es gibt Fragmente, sogar teils von höherer Qualität, die beweisen, daß auch andere Schatzhäuser dorischer Ordnung mit figürlichem Giebelschmuck ausgestattet waren[401]. Nur läßt sich der Gesamtzusammenhang nicht so rekonstruieren wie beim Megarer-Giebel, wie überhaupt die Zuweisung zu bestimmten Schatzhäusern ganz unsicher ist. Eine Ausnahme bildet das Bruchstück einer weiblichen Gestalt mit einem Löwen, in dem eine geistvolle Interpretation die Nymphe Kyrene erkannt hat, die wohl einst zur Mittelgruppe im Giebel des Schatzhauses der gleichnamigen Stadt gehörte[402]. Ein viel zu wenig beachtetes, erlesenes Stück archaischer Plastik von erstaunlicher Feinheit der Arbeit ist das Vorderteil eines Pferdes aus weißem Kalkstein (Abb. 71)[403]; es gehört, wie auch das vorgenannte Fragment, in eine etwas frühere Zeit als die Skulpturen des Megarer-Giebels. Diese zeigen die spätarchaischen Stilformen der Jahre um 520/10 und liefern damit einen guten Anhaltspunkt für die Datierung des Schatzhauses, dessen Benennung durch die (erst nachträglich angebrachte) Inschrift ΜΕΓΑΡΕΩΝ auf dem Architravbalken gesichert ist. Anlaß für die Weihung war ein Sieg der Megarer über die Korinther; mit dem Erlös der Beute wurde das Schatzhaus gebaut: so stand es auf einem erbeuteten Schild zu lesen, der am Giebel angebracht war (Paus. VI 19,13). Es handelt sich dabei um ein Ereignis, von dem wir, wie von vielen dieser archaischen Kämpfe, sonst weiter keine Kenntnis haben.

Im Innern des Megarer-Schatzhauses sah Pausanias eine nicht mehr ganz vollständige Statuengruppe, die den Kampf des Herakles gegen Acheloos im Beisein von Zeus, Ares und Deianeira darstellte. Die Figuren gehörten jener wichtigen archaischen Kunstgattung an, die wir schon erwähnt haben und von der wir uns heute nur noch durch ein paar ganz vereinzelte, meist kleinformatige Fundstücke eine höchst unvollkommene Vorstellung machen können: sie waren aus kostbarem Zedernholz geschnitzt und mit Gold eingelegt und galten als Werke des Spartaners Dontas, der ein Schüler der berühmten hocharchaischen Meister Dipoinos und Skyllis gewesen sein sollte. Die Aufstellung der erlesenen Kunstwerke im Megarer-Schatzhaus ist kaum als ursprünglich anzusehen, sondern eher als eine Maßnahme späterer Zeit; merkwürdig ist jedenfalls, daß eine Athenafigur, die zu der Gruppe gehörte, dem Bericht des Pausanias zufolge im Heraion stand (VI 19,12; vgl. V 17,2). Ohnehin müßte das Weihgeschenk vor Errichtung des Schatzhauses anderswo aufbewahrt gewesen sein, da es älter war als dieses[404]. Eine Statue von ähnlicher Technik konnte der kaiserzeitliche Besucher im benachbarten Schatzhaus von Metapont sehen, das im übrigen total ausgeplündert war, während zur Zeit des hellenistischen Gelehrten Polemon dort noch allein an Silbersachen 132 Schalen aufbewahrt wurden, dazu 3 Goldschalen, 3 Kannen und ein Opfergefäß[405]. Dreieinhalb Jahrhunderte danach sah Pausanias nur noch eine Statue des Endymion, an der »außer dem Gewand auch das übrige aus Elfenbein bestand«, was nicht recht verständlich ist; vielleicht war es einmal ein Goldelfenbeinbildwerk gewesen, von dem das Gold bereits entfernt war. Endymion galt in Elis als alter, dem ätolischen Einwanderungszug zugehöriger Landeskönig (Paus. V 1,3–6); er wurde zwar in Olympia verehrt, man zeigte sogar sein Grab am Ostende des Stadions (Paus. VI 20,9), aber mit Metapont hat er eigentlich nichts zu tun. Man wird auch hier zu fragen haben, ob die Statue nicht erst nachträglich in dem leeren Schatzhaus »abgestellt« worden ist.

71 Kalksteinfragment vom Skulpturenschmuck eines Schatzhauses. Um 550/40 v. Chr. (Olympia III Abb. 12)

Die gleiche Frage stellt sich bei manchen Dingen, die Pausanias im Schatzhaus von Sikyon sah, das offenbar noch in sehr gutem Zustand war[406] und mit Kostbarkeiten geradezu vollgestopft gewesen sein muß. Zum originalen Bestand gehörten ohne Zweifel die beiden »Thalamoi«, eherne Schreine, von denen der eine inschriftlich als Weihgeschenk des Tyrannen Myron von Sikyon gekennzeichnet war, dessen Viergespann 648 v. Chr. einen Sieg errungen hatte[407]. Welche Kostbarkeiten einst in diesen kunstvollen Behältnissen aus tartessischer Bronze aufbewahrt wurden, von denen »einer ionisch, der andere von dorischer Arbeit war«, ist unbekannt; Pausanias jedenfalls sah in dem einen nur noch drei Diskoi liegen, »wie man sie für den Agon des Fünfkampfs benutzt« (VI 19,4), es mögen Weihungen sikyonischer Athleten gewesen sein. Doch was haben die Beutewaffen der lokrischen Stadt Myonia mit Sikyon zu tun, oder das Schwert des Pelops mit goldenem Griff oder das »Horn der Amalthea« (so nannte man das Füllhorn der Glücksgöttin), das der ältere Miltiades nach Olympia geweiht hatte? Sicher ebensowenig wie die holzgeschnitzte Apollonstatue mit vergoldetem Kopf, die ein Weihgeschenk der unteritalischen Stadt Lokroi und ein Werk des Patrokles von Kroton war (VI 19,6). Aber vielleicht ist auch unsere Vorstellung von der Funktion dieser Schatzhäuser falsch, wenn wir uns über ihren so eigenartig zusammengesetzten Inhalt wundern. Die Architektur des Sikyonier-Schatzhauses[408], in dem zur Zeit des Pausanias all diese Dinge zu sehen waren, erweist sich durch ihre ausgewogenen, klaren und strengen Formen als eine Schöpfung der frühen Klassik um 460 v. Chr. (Abb. 69). Man kann Einzelheiten, beispielsweise das Kapitell, gut mit entsprechenden Baugliedern des Zeustempels vergleichen; es ist der gleiche Geist, der gleiche Stilwille, von dem beide Bauten geprägt sind, so sehr sie sich auch, schon von der Größenordnung her, voneinander unterscheiden. Der Bautypus des dorischen Antentempels, dem die meisten olympischen Schatzhäuser folgen, hat hier seine reifste Ausformung erfahren. Die Sikyonier haben die Mühe nicht gescheut, Stein für Stein in heimischen Werkstätten zu bearbeiten und dann nach Olympia zu transportieren; der richtigen Zusammenfügung dienten die zahlreichen Versatzmarken in sikyonischem Alphabet[409]. Die gleichen Buchstabenformen finden sich auch in der Inschrift, die an der einen Wandstirn den Namen der weihenden Stadt verkündete. Auf dem 6,73 x 11,85 messenden Fundament erhob sich einst dieser Bau, der als letztes Schatzhaus in Olympia errichtet wurde. Von keinem anderen Schatzhaus haben sich so viele Steine wiedergefunden. Die eine der beiden Frontsäulen ist fast ganz erhalten, auch viele Stücke vom Triglyphon, das, anders als etwa beim Megarer-Schatzhaus, rings umlief. Der Giebel war ohne plastischen Schmuck. Bezeichnend für die neue Kunstauffassung der Klassik ist, daß der Bau statt der bunten Dachterrakotten ein Marmordach mit einfachen Palmetten-Stirnziegeln trug; die Sima und ihre Verzierung ähneln der des Zeustempels.

Unvermerkt sind wir bereits in eine Epoche gelangt, die wir erst im nächsten Abschnitt behandeln wollen. Der Vorgriff rechtfertigt sich durch die Absicht, die Schatzhausterrasse als Einheit zu behandeln. Doch zurück zur archaischen Bautätigkeit im Heiligtum. Das Heraion und die Schatzhäuser sind Bauten, die in die antike Architekturgeschichte eingegangen sind. Das wird man von den anderen archaischen Bauten Olympias nicht im gleichen Maße behaupten können; ihr künstlerischer Anspruch ist geringer, wir können uns daher kürzer fassen. In der Altis selbst ist die architektonische Ausgestaltung des Pelopions durch eine Umfassungsmauer und eine einfache Toranlage zu nennen (Abb. 74)[410], am Rande der Altis im Nordwesten das Prytaneion, das die älteste Kultstätte der Hestia mit dem ewig brennenden Herdfeuer aufnahm[411], außerhalb der Altis im Süden, weit abgelegen von den übrigen Baulichkeiten, das südliche der beiden Buleuterien (Abb. 72). Dieses schon mehrfach erwähnte, 30,79 m lange, schmale Gebäude, das seinem Namen zufolge der für Heiligtum und Spiele zuständigen Ratsversammlung (Bulé) als Amtslokal diente, ist nicht nur einer der ältesten (um 550 v. Chr.), sondern auch einer der merkwürdigsten Bauten Olympias. Sein Grundriß folgt dem uralten Typus des Apsidenmegarons, den wir bei den Häusern der mittelhelladischen Siedlung in der Altis kennengelernt haben. Eine Mittelstützenreihe teilt den Innenraum in zwei Schiffe, ganz wie bei den ältesten griechischen Tempeln; auch die Orientierung mit der Eingangsseite im Osten entspricht einem Kultbau. Die Front des Gebäudes war als dorischer Antentempel mit drei Säulen gestaltet[412]. All dies wiederholt dann nochmals der wohl schon in das frühe 5. Jahrhundert gehörende, nördlich davon errichtete Parallelbau (s. unten S. 120). Dieser hat jedoch gerade Längswände, während die Mauern des Südbaus eine leichte Krümmung aufweisen, was als altertümlicher Zug gelten darf. Die Rätsel, welche das Bauwerk aufgibt, bleiben einstweilen ungelöst. Dazu gehört auch die Frage nach seiner ursprünglichen Bestimmung, die vielleicht eine andere war als später. Wir wissen darüber nichts. Als Buleuterion jedenfalls wäre der Bau das weitaus älteste Beispiel seiner Gattung in Griechenland gewesen, ein Beispiel zudem, das keine Nachfolge gefunden hätte, denn die Griechen haben für diesen Zweck ganz andere architektonische Lösungen entwickelt[413]. Wenn das Gebäude von Anfang an für die *Bulé* (Ratsversammlung) bestimmt war, so bleibt seine nachträgliche Verdoppelung unerklärt. Denn natürlich

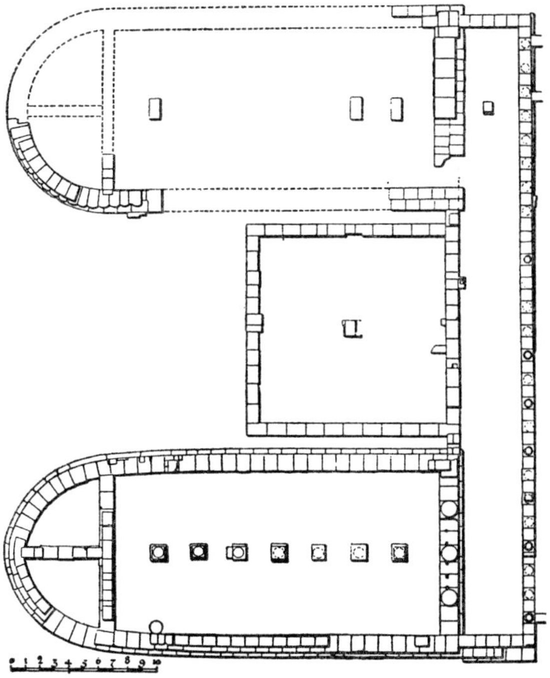

72 Die Buleuterien. (Gardiner, Olympia Abb. 115)

konnte die *Bulé* nur in *einem* Raum tagen. Nun wissen wir, daß für Olympia und seine Spiele – abgesehen von den Priestern, Sehern und dem sonstigen Kultpersonal – zwei Gremien zuständig waren: die *Bulé* und die *Hellanodiken*. Die *Bulé* begegnet uns auf Inschriften, wo sie sich gern feierlich als »die heilige« oder »die allerheiligste« oder auch »die ruhmreiche *Bulé*« bezeichnet. Sie entschied über die Aufstellung von Statuen und Ehrendenkmälern und scheint überhaupt die oberste Instanz in allen das Heiligtum und die Spiele betreffenden Fragen gewesen zu sein. Man konnte sie beispielsweise zwecks Anfechtung eines Urteils der Kampfrichter anrufen; einen solchen Fall überliefert Pausanias (VI 3,7). Sie setzte auch die Höhe der Strafgelder bei Verstößen gegen die heiligen Vorschriften fest. Auf den Inschriften erscheint sie meist als »Olympische *Bulé*«, oft auch zusammen mit »der Stadt Elis« oder »dem *Demos* von Elis«. In einer archaischen Inschrift (Olympia V Nr. 7) wird ihre Zahl mit 500 angegeben – so viele Ratsmitglieder hätten nun freilich keinen Platz im Buleuterion gefunden, doch braucht die Zahl nicht durch alle Zeiten so groß gewesen zu sein. Das zweite Gremium in Olympia bilden die *Hellanodiken* (Kampfrichter), die über die ordnungsgemäße Durchführung der Wettkämpfe wachten und die Sieger ermittelten. Anfänglich soll es nur einen gegeben haben, seit der 50. Olympiade (580 v. Chr.) zwei, wie Pausanias berichtet (V 9,4); man hat dies als ein Zugeständnis an die Pisaten erklärt, kurz vor der Niederwerfung Pisas durch die Eleer um 570 v. Chr. Später wurde die Zahl auf 9 erhöht; die Kampfrichter wurden durch das Los »aus der Gesamtheit der elischen Bürger« bestimmt. Nach Einführung der Demokratie in Elis, die eine Neuordnung der Spiele und einen glänzenden Aufstieg des Heiligtums zur Folge hatte, wurden die *Hellanodiken* aus den Phylen von Elis gewählt; ihre Zahl hat sich während des 5. und 4. Jahrhunderts mehrfach geändert, seit 348 v. Chr. gab es zehn *Hellanodiken*, und so blieb es bis zur Zeit des Pausanias (V 9, 5–6). Es böte sich also die Möglichkeit an, den Doppelbau des Buleuterions als Amtssitz der beiden wichtigsten olympischen Behörden zu erklären, wobei noch zu berücksichtigen wäre, daß den *Hellanodiken* zur Aufrechterhaltung der Ordnung während der Spiele eine Art Polizeitruppe zur Seite stand, die *Rhabduchen* (Stockträger) oder *Alyten*, wie sie in den Inschriften heißen. Doch kommt man über Vermutungen hier nicht hinaus. Bedarf an Verwaltungsräumen hatte ein solch großes Heiligtum gewiß. Man muß auch an die Aufbewahrung der Archive, Siegerlisten und dergleichen denken. Sogar eine Münzprägestätte hatte Olympia zeitweise, wobei freilich nicht gesagt ist, daß sie im Heiligtum selbst stationiert war; sie könnte auch in Elis gearbeitet haben[414].

Neben diese lebhafte Bautätigkeit des 6. Jahrhunderts tritt nun aber noch ein anderes großes Unternehmen, das für die Gestaltung des Heiligtums von ganz entscheidender Bedeutung wurde. Man entschloß sich nämlich, der Wettkampfstätte, dem Schauplatz der Olympischen Spiele, eine feste Form zu geben. So entstand die erste Stadionanlage, wenn auch zunächst nur in einfachster Gestalt und nicht zu vergleichen mit den Anlagen späterer Jahrhunderte (Abb. 74)[415]. Man ging dabei folgendermaßen vor: das Gelände für die Kampfbahn wurde planmäßig geebnet und begrenzt und die anfallenden Erdmassen am Südrand zu einem flachen Wall angeschüttet, der den Zuschauern einen etwas erhöhten Platz bot. Auf der gegenüberliegenden Seite war eine solche Maßnahme wegen des natürlichen Geländeanstiegs nicht nötig. Es ist dies die älteste Stadionanlage (I), die sich archäologisch nachweisen läßt, wenn auch nur in geringen Resten. Denn beim Bau des frühklassischen Stadions (II) wurde die Laufbahn, die ihrer Lage nach der archaischen Kampfbahn folgt, tiefergelegt, wodurch Laufbahn I völlig verschwand; sie ist infolgedessen nicht mehr nachweisbar, sondern nur indirekt zu erschließen aus dem Befund des Südwalls I. Dieser ließ sich in den umfangreichen Anschüttungen der Stadionanlagen II und III des 5. und 4. Jahrhunderts noch beobachten; seine Fundeinschlüsse lieferten auch die Anhaltspunkte für die Datierung[416]. Danach muß Stadion I um die Mitte des 6. Jahrhunderts angelegt worden sein. Wie die Kampfbahn vorher ausgesehen hat und ob die Wettkämpfe an der gleichen Stelle stattfanden, wissen wir nicht. Die Entfernung vom Start bis zum Ziel war sicher damals schon dieselbe wie bei den späteren Stadionanlagen (etwas über 192 m; s. S. 165); sie bildete die Grundlage für ein antikes Längenmaß: 1 Stadion.

Die große Überraschung bei der Entdeckung von Stadion I und II war, daß die archaische und frühklassische Anlage rund 80 m weiter westlich als das bisher bekannte Stadion (III) gelegen war und im Gegensatz zu diesem mit der Altis eine räumlich ungetrennte Einheit bildete (Abb. 73)[417]. Vielleicht war die älteste Kampfbahn, »das Urstadion«, dem Zentrum der Altis noch näher. Man hat vermutet, daß die Strecke für Läufer und Pferde ursprünglich im natürlichen Gelände einfach abgesteckt wurde und daß das Ziel der Zeusaltar oder das Pelopion gewesen sei[418]. Möglicherweise war es auch der heilige Ölbaum, und die Kampfbahn verlief einstmals dort, wo später der Zeustempel errichtet wurde[419]. Einstweilen lassen sich darüber nur Hypothesen aufstellen, aber es ist nicht ausgeschlossen, daß spätere Ausgrabungen in der Altis uns darüber Klarheit verschaffen werden. Fest steht jedenfalls, daß das Stadion des 6. Jahrhunderts für alle Anlagen späterer Jahrhunderte – fünf Perioden lassen sich insgesamt unterscheiden – die Grundlage gebildet hat. Gar nichts wissen wir hingegen

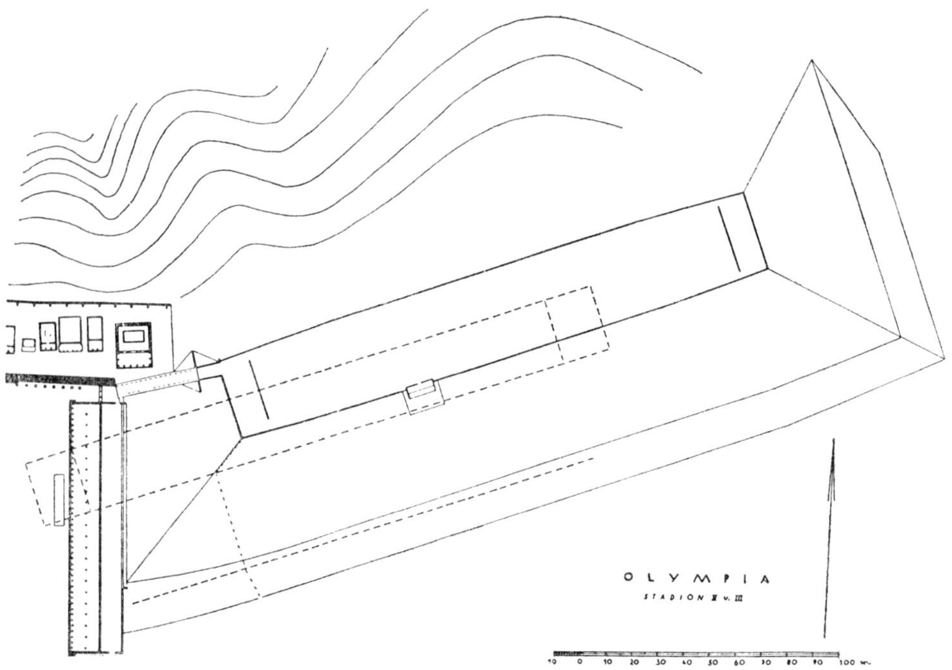

73 Stadion: Verhältnis der älteren zur jüngeren Anlage. (OlBericht V Taf. 5)

vom ältesten Hippodrom; doch kennen wir seine Gestalt in den späteren Epochen ebensowenig. Der mittelalterliche Lauf des Alpheios hat durch das Fortreißen des gesamten Geländes südlich vom Stadion alles unwiederbringlich zerstört; dort aber muß die Pferderennbahn den Angaben des Pausanias zufolge (VI 20,10) gelegen haben.

Die Stadionwälle, besonders die späteren, erbrachten einen Reichtum an Funden, vor allem an Bronzen, den niemand dort erwartet hatte. Manches davon haben wir

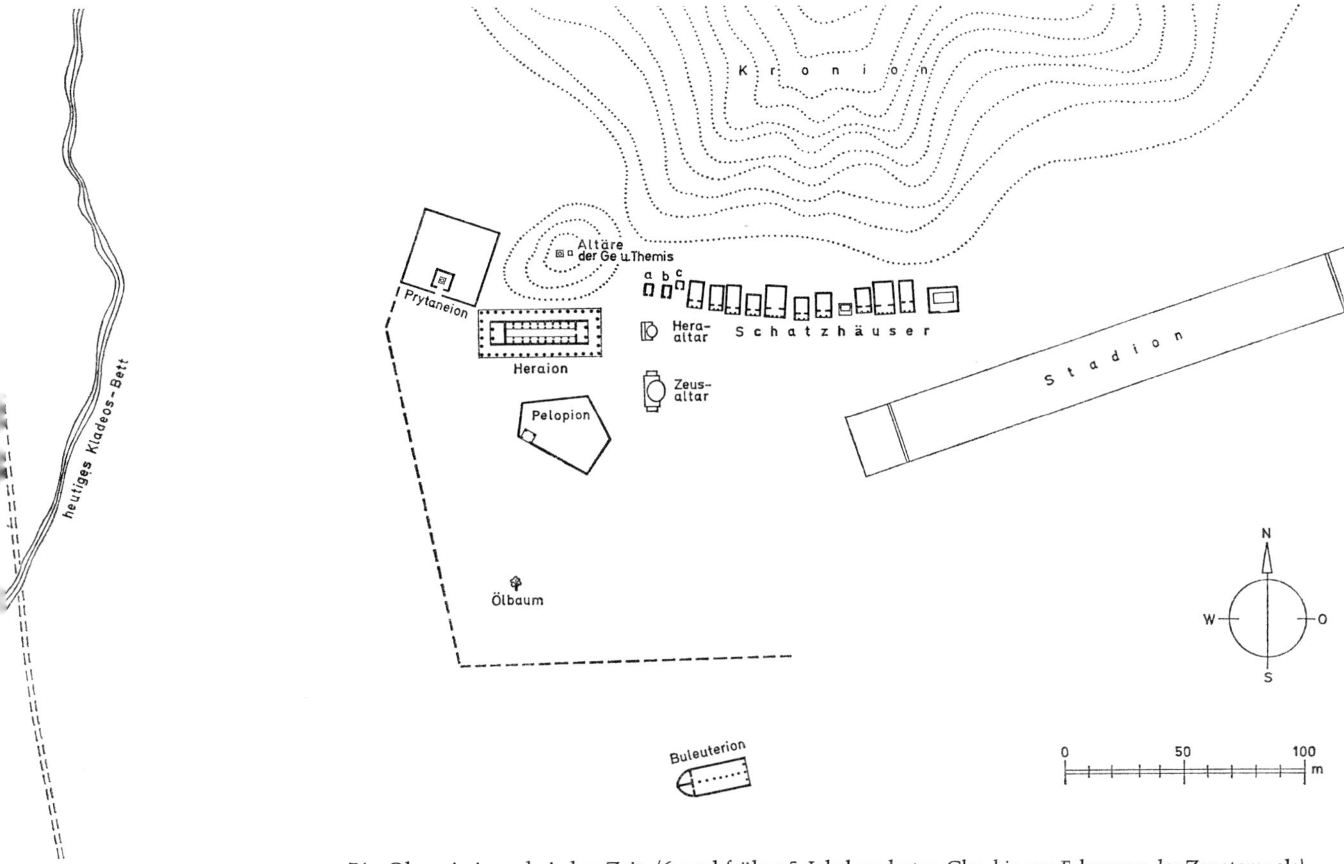

74 Olympia in archaischer Zeit (6. und frühes 5. Jahrhundert v. Chr. bis zur Erbauung des Zeustempels) In dieser Gestalt hat noch Pindar das Heiligtum gesehen. Über die Grenzen der Altis in dieser Zeit wissen wir nichts Genaueres; die gestrichelte Linie im Westen und Süden bezeichnet die Altismauer der klassischen Zeit. Von den eingetragenen Bauten ist das Prytaneion hypothetisch (da wir seine Gestalt in archaischer Zeit nicht kennen, ist nur das Hestiaheiligtum, das zu den ältesten Kultstätten Olympias gehören muß, eingezeichnet; es scheint den Kern aller späteren Umbauten der Anlage gebildet zu haben). In der Reihe der Schatzhäuser müßte das westlichste eigentlich fehlen (Sikyon), da es erst zusammen mit dem Zeustempel gebaut wurde; es hatte aber einen archaischen Vorgänger, dessen Gestalt freilich unbekannt ist. Ob die Schatzhäuser alle die Form des Antentempels hatten, ist unsicher; es sind bei einigen auch andere Lösungen denkbar (vgl. Abb. 64). Von den drei Gebäuden westlich der Schatzhausreihe bezeichnet c das Eileithyia-Sosipolis-Heiligtum, b das Heiligtum der Aphrodite Urania und a den durch die Exedra des Herodes Atticus zerstörten Bau. Vom Stadion ist nur die Laufbahn gezeichnet, da über die Gestalt des Südwalls nichts Näheres bekannt ist. Der Zeusaltar und die Altäre auf dem Gaion sind archäologisch nicht nachgewiesen, sondern nur aus der schriftlichen Überlieferung zu erschließen. Das gleiche gilt für den olympischen Ölbaum

bereits in den vorangehenden Kapiteln erwähnt. Diese Dinge mögen teils zufällig beim Transport von Füllgut aus dem Heiligtum mit in die Anschüttungen geraten sein, teils aber auch infolge regelrechter »Entrümpelungsaktionen«, die man im Zuge der großen Umgestaltungen und Erdbewegungen vornahm, ohne daß man den Göttern etwas von ihrem Eigentum nahm; denn alles blieb ja auf heiligem Boden, in heiliger Erde. Als die Ausgrabung des Südwalls zur archaischen Anschüttung vorstieß, mehrten sich zusehends die Funde von Waffenstücken aller Art, und auf der Walloberfläche fand man schließlich ausgebreitet eine große Anzahl von Rundschilden (Abb. 80; Taf. 36 b)[420]. Pfostenlöcher, die sich bei genauer Beobachtung feststellen ließen, lieferten die Erklärung: auf dem Wall waren einst Waffenmäler (Tropaia) aufgestellt gewesen, die dann später, bei der Aufschüttung des klassischen Walls, abgeräumt und unter den Erdmassen begraben worden waren. Auserlesene Stücke aus der Beute einer

Schlacht oder eines Krieges waren hier einst, zu einer »Panhoplie« vereinigt und auf einen Pfahl montiert, als Weihung an Zeus und zugleich Selbstverherrlichung der Sieger zur Schau gestellt[421]. Eingravierte Inschriften auf den Waffenstücken geben vielfach vom Anlaß der Weihung Kunde, nennen die Namen von Siegern und Besiegten und werden so für uns zu geschichtlichen Denkmälern (Abb. 75, 76). Bezeichnend ist, daß wiederum die westlichen Kolonien zahlenmäßig dominieren. Auf den eigentümlich agonalen Charakter archaischer Kriege werfen diese Waffenweihungen ein höchst bezeichnendes Licht (s. S. 22). Dem Gesamtbild des archaischen Heiligtums muß der

75 Lanzenschuh mit Inschrift. Weihung der Bürger von Methana aus der Lakedämonierbeute. Frühes 5. Jahrhundert v. Chr. (Olympia V 326 Nr. 247)

metallische Glanz der vielen rings um die Wettkampfstätten – Stadion und Hippodrom[422] – und vielleicht auch in der Altis selbst errichteten Waffenmäler eine ganz besondere, keinem anderen griechischen Heiligtum eigene Note verliehen haben. Es wäre denkbar, daß auch noch andere Weihgeschenke, deren Reste in die klassischen Anschüttungen geraten sind, auf den Wällen aufgestellt waren, doch haben sich dafür aus dem Grabungsbefund keine Anhaltspunkte ergeben. Indes genügen schon die zu erschließenden Waffenmäler, um zu erkennen, wie sehr in der archaischen Zeit Heiligtum und Wettkampfstätte als untrennbare Einheit empfunden wurden.

Als Folge der vorstehend geschilderten Umstände beherbergt Olympia heute in den Ausstellungsräumen und Magazinen seines Museums das größte antike Waffenarsenal, das es überhaupt gibt. So ziemlich alles, was dazugehört, ist vertreten: sämtliche Bestandteile der Panzerung – Brustharnisch (Taf. 33), Mitra (Unterleibsschutz: Abb. 78), Beinschienen (Taf. 34 a, b), Oberschenkel-, Knöchel-, Fuß- und Armschienen – dazu Helme und Schilde in großer Zahl (Taf. 32, 35, 36); ferner Schwerter, Pfeilspitzen, Lanzenspitzen und -enden, Pferdegeschirre und -panzer, ja sogar die Spitze eines Rammbocks, der zur Gattung der Belagerungsgeräte gehört (Abb. 77)[423].

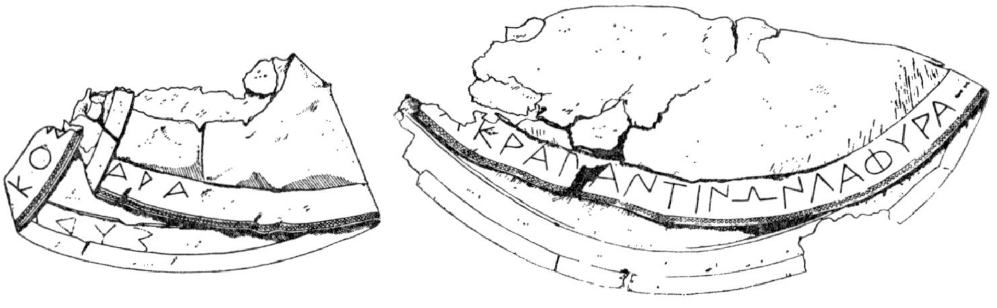

76 Schildfragmente mit Inschrift. Weihung der Syrakusaner aus der Akragantinerbeute. Mitte 5. Jahrhundert v. Chr. (OlBericht V Taf. 25)

Nun hätte gewiß der Besucher, zumal der heutige, keine reine Freude an dieser martialischen Schau, wenn griechische Waffen, wie es die neuzeitlichen sind, technische Erzeugnisse von bloßer Zweckhaftigkeit wären. Doch der unerschöpfliche Gestaltungsdrang der Griechen, der allem, was durch ihre Hand ging, selbst noch dem schlichtesten Gebrauchs- und Alltagsding, den Adel künstlerischer Form verlieh, hat sich auch, und sogar mit besonderer Hingabe, der Waffe bemächtigt, die in der männlichen Welt

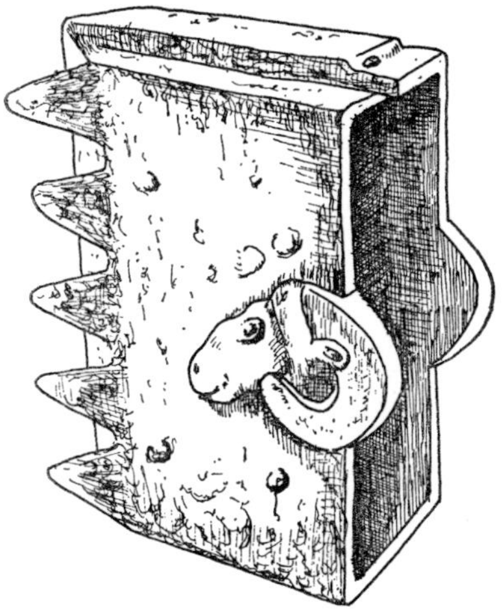

77 Rammbock. Bronze.
1. Hälfte 5. Jahrhundert v. Chr.

jener Zeit einen zentralen Platz einnahm. Letzteres trifft auch für andere Zeitalter und Kulturen zu, in denen die schmückende Ausgestaltung der Waffen, sei es mit dekorativem oder magisch-apotropäischem Effekt, selbstverständlich ist. Kein Volk aber hat je Waffen von solcher Schönheit hergestellt wie die Griechen. Die griechische Rüstungsindustrie war ein Zweig der bildenden Kunst, vor allem in der archaischen Zeit. Dieser Eindruck, den man in Olympia gewinnt, erhält noch einen besonderen Akzent durch die Tatsache, daß die Sieger natürlich immer die prächtigsten Stücke aus der Waffenbeute als Geschenk für den olympischen Zeus ausgewählt haben. So gibt es unter den Helmen, die übrigens schon durch ihre Form die unerhörte plastische Begabung dieses Volkes verraten, nicht wenige mit kostbarer Ausstattung in Form von Einlagen und Beschlägen (Taf. 32 a), von Gravierungen oder getriebenem Relief.

Treibarbeit und gravierte Verzierung mit ornamentalen oder figürlichen Motiven finden sich auch an den sonstigen Rüstungsstücken vielfach. Hierzu gehört die unlängst im Stadion-Nordwall gefundene, leider nur zur Hälfte erhaltene Mitra (Abb. 78), ein bedeutendes Werk der kretischen Toreutik aus dem mittleren 7. Jahrhundert, auf der ein Krieger im Begriff ist, gegen eine thronende Frau das Schwert zu zücken: entweder Orest, der sich zum Mord an seiner Mutter Klytämnestra anschickt oder, nach neuerer Vermutung, Menelaos, der Helena im eroberten Troja wiederbegegnet und von Rachegefühlen übermannt wird, die Helena auf ihre Weise zu beschwichtigen versteht, indem sie ihre Reize enthüllt[424]. Das berühmteste Stück dieser Art ist ein vor über hun-

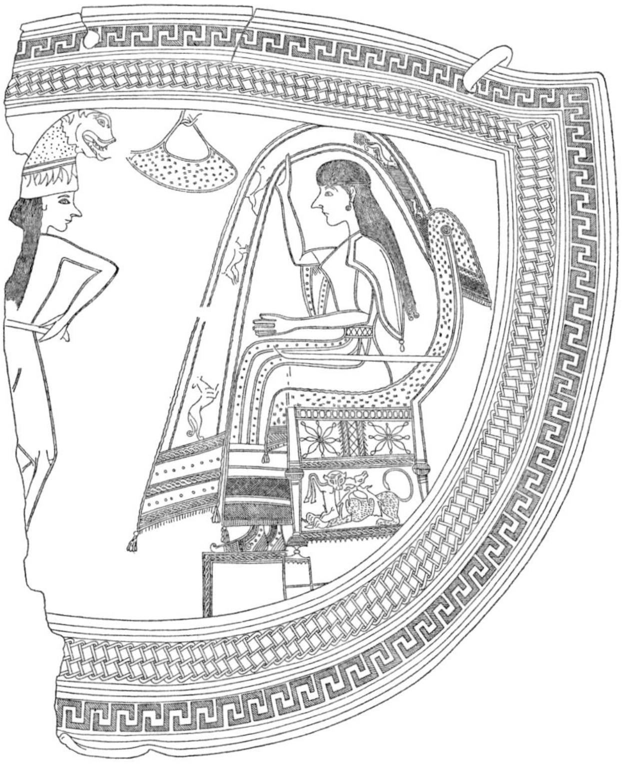

78 Fragmentierte Mitra mit gravierter Darstellung: Menelaos und Helena. Bronze. Mitte 7. Jahrhundert v. Chr. (OlBericht VIII Taf. 103)

79 Panzer mit gravierter Darstellung: Götteraufzug. Bronze 3. V. 7. Jahrhundert. (OlBericht IV Taf. 59)

dert Jahren im Alpheiosbett gefundener Brustpanzer aus dem 3. Viertel des 7. Jahrhunderts mit der Darstellung eines Götteraufzuges (Abb. 79). Der Kitharist kann nur Apollon sein; in dem ihm gegenüberstehenden bärtigen Gott mag man Zeus sehen; die übrigen Gestalten sind nicht sicher benennbar. Das ganze ist als Einführung Apollons in den Olymp gedeutet worden, doch hat man auch andere Möglichkeiten erwogen[425]. Der Panzer stammt wahrscheinlich aus einer inselgriechischen Werkstatt. Dieses Meisterwerk war übrigens jahrzehntelang verschollen, tauchte dann 1969 völlig unerwartet im Kunsthandel auf und ist nun nach Griechenland zurückgekehrt und seit kurzem im Athener Nationalmuseum ausgestellt. Hier handelt es sich um ein wahrhaft fürstliches Rüstungsstück; es wäre natürlich ein Irrtum, zu glauben, jeder griechische Hoplit habe so etwas getragen.

Ein besonders gern genutztes Feld für künstlerische Ausstattung bietet aber vor allem der Schild. Der seit dem Ende des 8. Jahrhunderts in peloponnesischen Waffenschmieden entwickelte Rundschild der griechischen Schwerbewaffneten ist eine lederüberzogene Holzkonstruktion von rund 0,80 bis 1,00 Durchmesser, die durch Metallbeschläge ihre Kampftauglichkeit und ihr dekoratives Aussehen erhält. Die Außenseite wird ganz oder teilweise mit Bronzeblech überzogen; sie trägt das Schildzeichen, das nicht nur schmückende Funktion hat, sondern als Bedeutungsträger kämpferischen Elan signalisieren und dem Gegner Furcht einflößen soll. Ein besonders prächtiges Exemplar vom Stadion-Nordwall (Taf. 36 a) demonstriert dies mit aller Eindringlichkeit: die bizarre Erscheinung des Ungeheuers, das dem Feind einst vom Schildrund entgegenstarrte, wirkt geradezu, als seien hier die Dämonengestalten der Gorgo, des Deimos (Schrecken) und Phobos (Furcht), welche den Schild Agamemnons zierten (Ilias XI 36 f.), in eins zusammengewachsen[426].

Nicht weniger reich, ja sogar häufig noch erheblich aufwendiger, war das Innere dieser Schilde ausgestattet (Abb. 80; Taf. 35, 36 b). Der Armbügel mit seinen beiden meist trapezförmigen Ansatzplatten war in der Regel durch breite, bis zum Rand laufende Riemenstreifen mit dem Schildinneren verbunden. Auch diese waren mit Bronzeblech beschlagen und trugen getriebene Darstellungen. Dabei wurde der ganze Streifen in annähernd quadratische Abschnitte aufgeteilt, und auf diesen kleinen, von Zierleisten umrahmten Bildfeldern entfaltete sich nun der ganze Reichtum des archaischen Mythos. Die verfeinerten modernen Grabungsmethoden ermöglichten es, eine große Anzahl dieser empfindlichen Blechstreifen zu bergen (Taf. 35), was der alten Grabung nur in seltenen Fällen gelungen war. Doch bedurfte es einer jahrelangen, mühevollen Geduldsarbeit, die in der Regel stark korrodierten Reliefs zu »entziffern«. Für die frühe Bildgestaltung der griechischen Götter- und Heldensagen haben die Schildbandreliefs teilweise ganz neue Aufschlüsse gebracht. Ihre Reihe beginnt im letzten Drittel des 7. Jahrhunderts und reicht bis ins 5. Jahrhundert hinein. In den Waffenschmieden des Nordostpeloponnes, vor allem von Argos, sind diese prachtvollen Schildausstattungen geschaffen worden. Sie »sind aus der Kunstgeschichte nicht mehr wegzudenken, ohne daß sie eine unausfüllbare Lücke hinterlassen« (Kunze). Ebenso groß ist ihre Bedeutung für den Mythenforscher, den Religionshistoriker, den Literaturwissenschaftler. Eine kleine Auswahl der Themen haben wir in Abb. 83 zusammengestellt: wir sehen die Taten der Götter (a und b) und der Heroen (c–f), die Schicksale der Helden vor Troja (g–k), das tragische Ende der Stadt (l und m). So bilden die Schildbandreliefs von Olympia für uns fast so etwas wie ein »Bilderbuch« der griechischen Sage. Ihre vorbildliche Veröffentlichung durch Emil Kunze ist inzwischen zu einem unentbehrlichen Handbuch der griechischen Mythendarstellungen geworden[427].

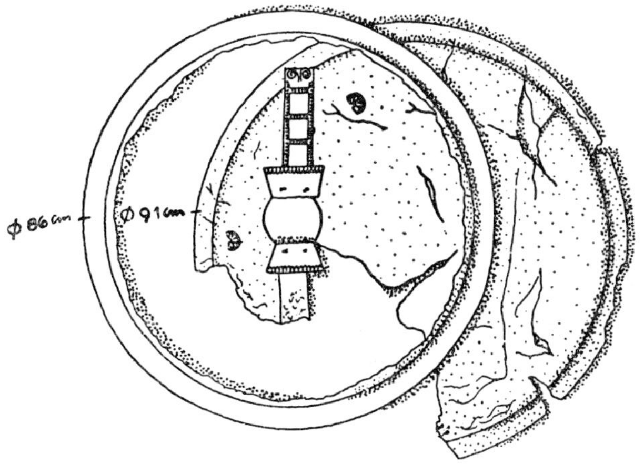

80 Schilde in Fundlage auf dem Stadion-Südwall. (OlBericht II Abb. 45)

Unter den Helmen[428] heben wir nur zwei heraus, die nicht aus formalen, sondern aus historischen Gründen bemerkenswert sind. Beide sind Zeugen einer denkwürdigen Epoche. Der eine trägt eine Inschrift, die ihn als Weihung des großen Miltiades ausweist, des Siegers von Marathon (Taf. 32 c; Abb. 81)[429]. Der andere ist ein Beutestück, möglicherweise aus eben dieser Schlacht (490 v. Chr.): ein Kegelhelm orientalischen Typs mit einer Inschrift, die besagt, daß er eine Gabe der Athener aus der Perserbeute an Zeus ist (Taf. 32 b; Abb. 82)[430]. Es ist das einzige originale Beutestück aus den Perserkriegen, das auf uns gekommen ist.

Daß Zeus, der den Sieg im olympischen Agon wie in der Schlacht verleiht, an Waffen seine Freude hat, ist eine alte Vorstellung. Die Frühzeit verehrte den Gott selbst als

Krieger, wie wir gesehen haben, und schon seit geometrischer Zeit sind Waffen in das Heiligtum geweiht worden, wie dieses etwa Funde früher Kegelhelme bezeugen. Doch handelt es sich zunächst wohl mehr um Einzelstücke, während die Sitte, ganze Panhoplien zu weihen und als Tropaia aufzustellen, erst in hocharchaischer Zeit aufgekommen zu sein scheint. Im 5. Jahrhundert ist sie wieder verschwunden; auf den klassischen Stadionwällen standen keine Waffenmäler mehr. Der Krieg hatte seinen agonalen Charakter verloren[431]. Außerdem stellte man an Weihgeschenke jetzt andere Ansprüche; neben den seit spätarchaischer Zeit sich mehrenden plastischen Bildwerken konnten sich wohl die altväterischen Trophäen nicht mehr recht sehen lassen.

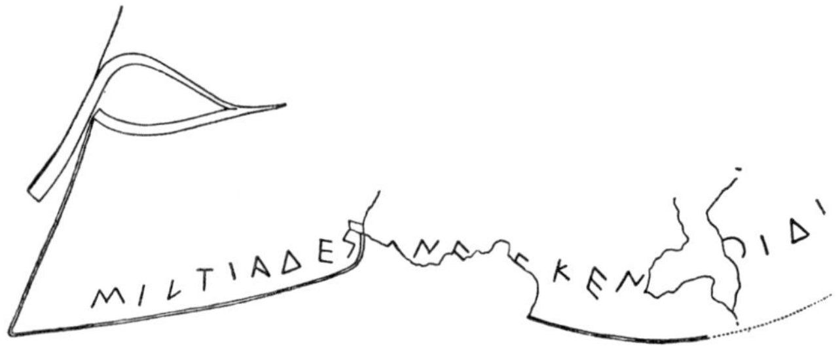

81 Inschrift auf dem Miltiadeshelm: »Miltiades hat ihn dem Zeus geweiht.«

82 Inschrift auf dem Perserhelm: »Dem Zeus (weihen dies) die Athener aus der Meder-Beute«. (OlBericht VII Abb. 75)

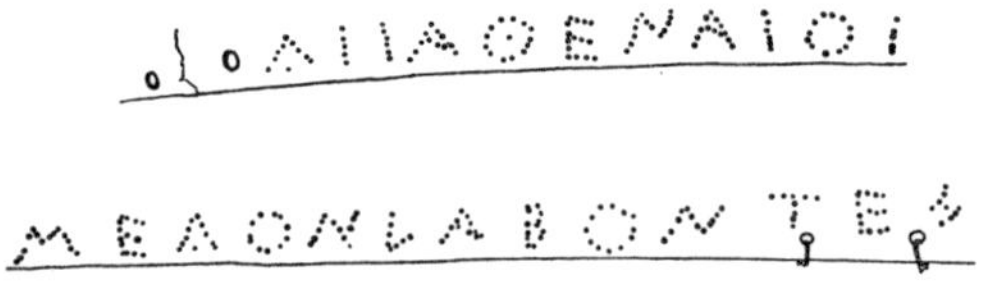

Was später das Bild der Altis wesentlich mit bestimmt, der »Statuenwald« inmitten des natürlichen Hains — damals begann er zu wachsen. Die frühesten Zeugnisse der Steinplastik in Olympia haben wir oben erwähnt: den Kalksteinlöwen, die marmornen Beckenträgerinnen (Abb. 57, den Kopf des Herakultbildes (oben S. 96; Taf. 29). Wir wiesen auch darauf hin, daß die monumentale Steinskulptur, die in Griechenland, soviel wir wissen, um die Mitte des 7. Jahrhunderts entstanden ist, Vorstufen in Holz gehabt hat und daß die Holzplastik als bedeutende Gattung die ganze archaische Zeit hindurch geblüht hat. Auch Olympia besaß kostbare Schnitzwerke dieser Art, wie wir durch Pausanias wissen. In der zweiten Hälfte des 6. Jahrhunderts kam eine neue Technik auf: der großformatige Bronze-Hohlguß. Seit der frühklassischen Zeit beherrscht er die statuarische Freiplastik; fast alle berühmten klassischen Meister, deren Namen und Werke uns die antike Kunstschriftstellerei überliefert hat, waren in erster Linie Erzgießer. Auch diese Technik hatte ältere Vorläufer. Zwar war der Bronzehohlguß aus verlorener Form schon in der ersten Hälfte des 7. Jahrhunderts entdeckt worden und damals bereits zu beachtlichen Leistungen gelangt, wie die Kesselprotomen beweisen (oben S. 84; Taf. 20), doch für die Herstellung großformatiger Bildwerke reichten die technischen Möglichkeiten einstweilen noch nicht aus. Man behalf sich, indem man die Statuen aus einzelnen Teilen zusammensetzte, die aus kräftigem Blech in Treibtechnik gefertigt und auf einen Holzkern genagelt wurden. In Olympia

83 Schildbandreliefs. 6. Jahrhundert v. Chr. a Zeus und Typhon. — b Die Geburt der Athena. — c Herakles und Geryoneus. — d Herakles und der Löwe. — e Theseus und der Minotauros. — f Perseus enthauptet die Medusa. — g Achill tötet Troilos. — h Aias' Selbstmord. — i Priamos erbittet die Leiche Hektors. — k Achill und Penthesilea. — l Der Tod des Priamos. — m Der Kassandra-Frevel. (OlForsch. II Taf. 6,31,30,60, Beil. 7, Taf. 57,5,55,45,66,31,56)

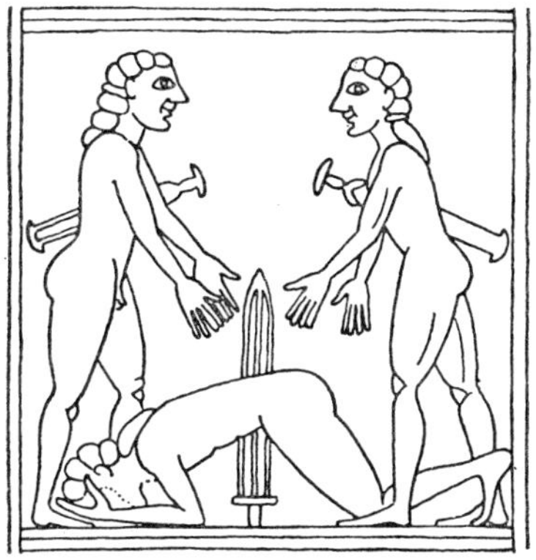
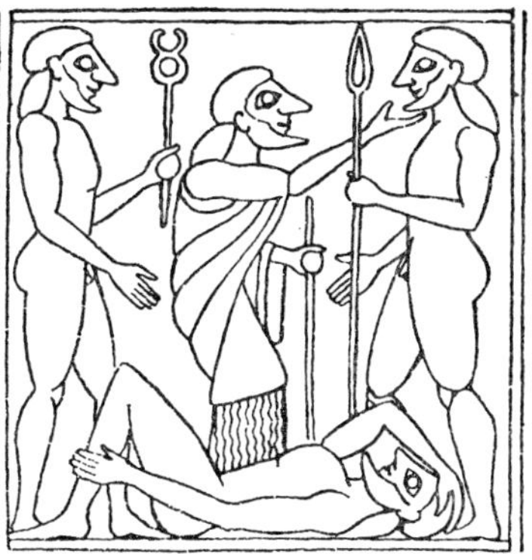

ΓΕΝ

waren solche »Sphyrelata«, wie man diese altertümlichen Pseudo-Erzstatuen nannte, von denen Pausanias in Sparta und anderswo noch einige Exemplare gesehen hat, lange Zeit nur durch geringe Trümmer bezeugt[432], bis im Frühjahr 1965 ein ansehnlicher Rest eines solchen Werkes im Nordwall des Stadions zutage kam. Es grenzt an ein Wunder, daß es gelang, dieses äußerst empfindliche und bereits stark angegriffene Fundstück zu bergen und so zu präparieren, daß sich die ursprüngliche Gestalt nahezu wiederherstellen ließ (Taf. 37)[433]. Es handelt sich um den Oberteil eines geflügelten weiblichen Wesens, annähernd lebensgroß und aus mehreren Blechteilen zusammengesetzt. Ein Flügel fehlt, doch ist die plastische Form überall bewahrt. Das Gesicht ist nahezu unversehrt, sogar die Augeneinlagen aus Bein haben sich erhalten, nur die Augensterne sind verloren. Unten endet das Stück in einem Rand; ob hier der Unterkörper angesetzt war, oder ob die Figur sich gar nicht fortgesetzt hat, also eine Protome war, läßt sich nicht mit Sicherheit entscheiden. Merkwürdig ist noch etwas anderes: die Gestalt hat keine Arme. Sie können weder angesetzt gewesen sein noch aus Flüchtigkeit oder Unvermögen des Künstlers fehlen: betrachtet man die kunstvolle Frisur und die reiche, wenn auch nur flach angelegte Gewandangabe, so erkennt man, daß eine solch grobe Ungeschicklichkeit undenkbar wäre. Das Fehlen der Arme muß also beabsichtigt sein, es kann nur mit dem Wesen der Gestalt zusammenhängen, die hier dargestellt ist und die wir einstweilen nicht benennen können. Göttliche oder dämonische Flügelwesen sind in der archaischen Zeit zahlreicher und vielfältiger als später; die Schwierigkeit der Benennung daher größer. Aber auch die stilistische Bestimmung des Sphyrelatons ist nicht leicht, da es an Vergleichsmöglichkeiten mangelt. Als vollständig erhaltene Beispiele dieser interessanten Gattung kannte man bisher nur drei frühe Kultfiguren aus einem kleinen Tempel in Dreros auf Kreta[434]. Das Exemplar aus Olympia muß, wie Vergleiche mit uns erhaltener Steinplastik lehren, bald nach dem Herakopf (Taf. 29) entstanden sein, gleichzeitig etwa mit den Figuren des Korfu-Giebels oder der stehenden attischen Göttin in Berlin und noch vor dem Kalbträger von der Akropolis, also um 590/80 v. Chr.[435]. Der Wert des sensationellen Fundes für die Archäologie liegt darin, daß wir nunmehr eine Vorstellung vom hohen künstlerischen Rang der Sphyrelata gewinnen können. Sie waren ein wichtiger Zweig der archaischen Großplastik.

Pausanias unterscheidet bei seiner Aufzählung der plastischen Denkmäler, die einen ansehnlichen Teil seiner Beschreibung Olympias ausmacht, fein säuberlich zwischen Weihgeschenken an die Götter einerseits und Sieger- und Ehrenstatuen für Menschen andererseits (V 21,1). Er beginnt mit den »Weihgeschenken« *(anathemata)*, die er wieder in zwei Gruppen einteilt: die Zeusstatuen, die vollständig aufgeführt werden (V 21,2–24,11) und die sonstigen statuarischen Denkmäler (V 25–27); dann folgen die Sieger- und Ehrenstatuen in Auswahl (VI 1–18). Eine solche Trennung wäre jedoch der Zeit, die diese Standbilder errichtete, unverständlich gewesen. Alles, was im Heiligtum ist, ist Weihgeschenk. Nicht nur die Götterbilder, auch die Siegerstatuen: der Sieger bringt mit seiner Statue seinen Sieg, seine Leistung, sich selbst der Gottheit als Gabe dar[436]. Das Recht, ein Standbild in Olympia aufzustellen, stand grundsätzlich jedem Sieger zu. Die Genehmigung durch die Heiligtumsverwaltung oder den elischen Staat war wohl nur eine Formsache, doch wachten die Eleer darüber, daß bei der Ausführung der Statuen gewisse Normen eingehalten wurden, beispielsweise durfte das lebensgroße Format nicht überschritten werden. Dies entsprach ganz dem Geist des fairen Wettkampfs, der in Olympia herrschte und hat wahrscheinlich einen hemmungslosen »Siegerstatuen-Agon« verhindert, in dem sonst womöglich einer den anderen zu übertrumpfen gesucht hätte. Dagegen erscheint es nicht glaubhaft, daß die Hellanodiken die Statuen auf ihren Bildnischarakter hin geprüft haben sollen; sie waren schließlich keine Kunstgelehrten, und die von der Wissenschaft vielerörterte Nachricht des Plinius, nur den dreimaligen Olympiasiegern hätte das Recht auf Porträtähnlichkeit ihrer Statuen zugestanden, dürfte ins Reich der Fremdenführeranekdoten gehören[437].

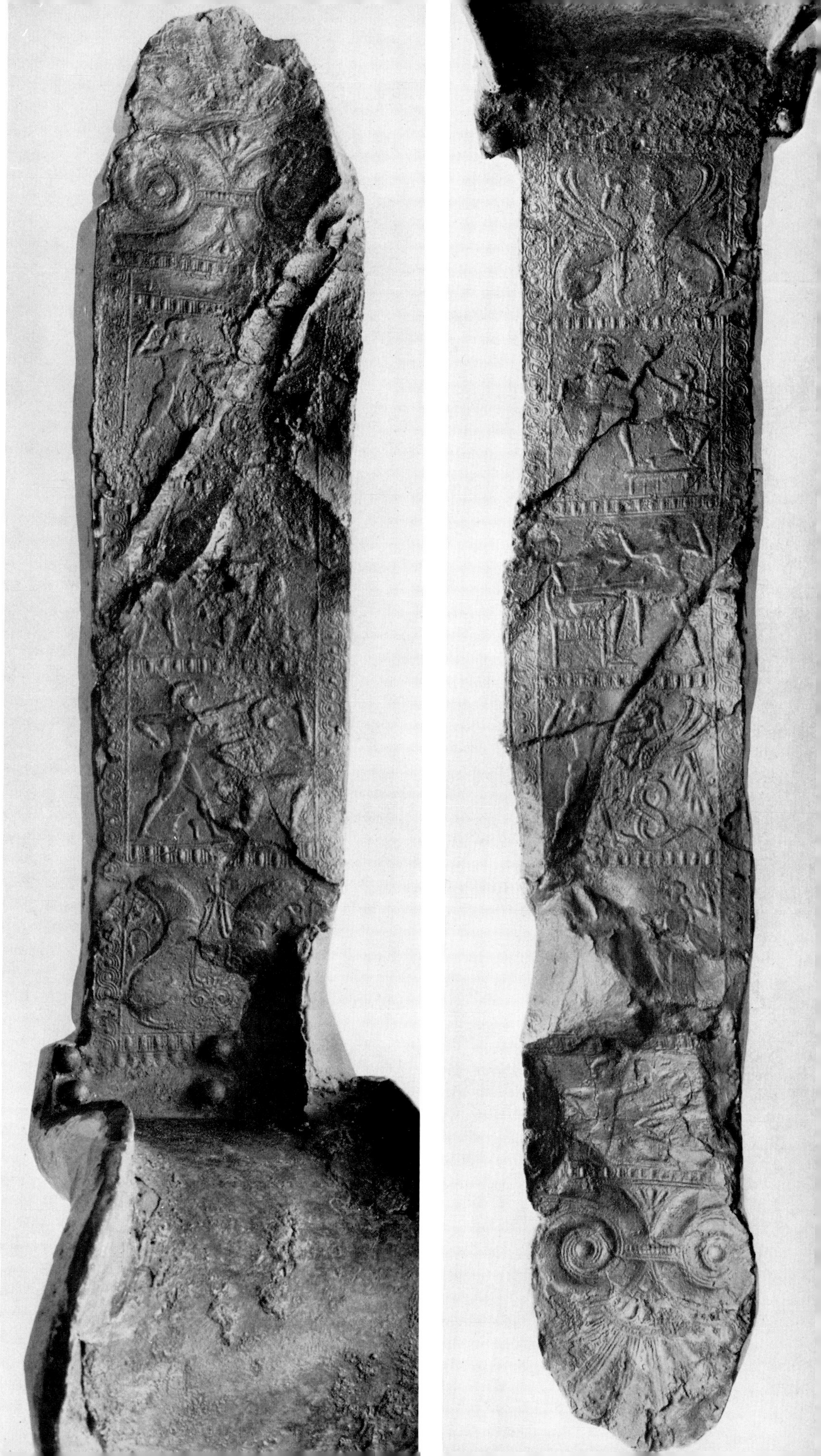

35 a/b Schildbügelstreifen mit Reliefdarstellungen (von oben nach unten, links: Zeus und Typhon, Aias und Kassandra, Herakles und Geras, Löwenwappen; rechts: Sphingenwappen, Achill und Troilos, Orest und Aegisth, anschließend wieder die Folge 1–3 vom Streifen links). Unter Verwendung von Matrizen getriebenes Bronzeblech. 1. Hälfte 6. Jahrhundert v. Chr. Gesamtlänge 80,5 cm

37 Sphyrelaton. Oberteil einer geflügelten weiblichen Gestalt. Über Holzkern getriebenes Bronzeblech, Augeneinlagen aus Bein. 590/580 v. Chr. Knapp unterlebensgroß

◁ 36 a Schildzeichen: gorgonenhaftes Fabelwesen. Getriebenes Bronzeblech. Mitte 6. Jahrhundert v. Chr. H. 56 cm

36 b Schild in Fundlage, mit der Innenseite nach oben. Bronze. 6. Jahrhundert v. Chr. Dm. etwa 97 cm

38 a/b Kopf einer Bronzestatue des Zeus. Athen, National-Museum, aus Olympia.
Peloponnesisch.
Um 520 v. Chr. H. 17 cm

39 a Stehender Zeus im Mantel, Bronzestatuette. Athen, National-Museum, aus Olympia. Sikyonisch (?). 520/10 v. Chr. H. 29 cm

39 b Blitzschleudernder Zeus, Bronzestatuette. Peloponnesisch. Um 480 v. Chr. H. 16 cm

40 Kopf einer Athenafigur. Terrakotta. Aus einer korinthischen Werkstatt. Um 490 v. Chr. H. 22,4 cm

Freilich sind wir nicht imstande, derartige Angaben zu überprüfen, denn von den Hunderten von Siegerstatuen, die in der Altis standen, hat nicht eine den Untergang Olympias überlebt. Nur ein paar Bruchstücke – darunter der berühmte Faustkämpferkopf (Taf. IV, 63) und ein spätklassischer Siegerkopf aus Marmor (Taf. 64, 65) – sind auf uns gekommen. Was wir sonst haben, ist einmal der Pausaniastext, in dem mehr als zweihundert Siegerstandbilder beschrieben werden (VI 1–18) und außerdem Trümmer der inschriftlich bezeichneten Sockel (Abb. 84, 85, 87, 88), die manchmal durch Standspuren der zerstörten Statuen noch Aufschlüsse über ihr Motiv vermitteln; durch sie werden zusätzlich 65 Siegerbilder bezeugt, von denen 44 zu den von Pausanias erwähnten Statuen gehören[438]. Alle Versuche, daraus die tatsächliche Anzahl der einst vorhanden gewesenen Siegesdenkmäler errechnen zu wollen, sind von vornherein zum Scheitern verurteilt, denn Pausanias sagt uns nicht, welchen Prozentsatz des Gesamtbestandes seine Auswahl darstellt, und außerdem müssen wir damit rechnen, daß ein erheblicher Teil der älteren Statuen zur Zeit des Periegeten schon verschwunden war; das sind zwei Unbekannte, die jede Rechnung unmöglich machen.

Der Brauch kann natürlich erst aufgekommen sein, als die Kunst sich der großformatigen Darstellung des Menschen zuwandte, was nach unserer Kenntnis bedeutet: nicht vor der Mitte des 7. Jahrhunderts. Wahrscheinlich sind Siegerstatuen jedoch erst wesentlich später errichtet worden. Damit ist freilich nicht gesagt, daß nicht auch schon vorher Olympiasieger kleinformatige Statuetten als Weihgaben ins Heiligtum gestiftet hätten, wie das übrigens auch später noch üblich war[439]. Die Frage, wann die ersten Siegerstatuen in Olympia aufgestellt wurden, hat schon Pausanias beschäftigt. Er nennt von den zu seiner Zeit noch vorhandenen als älteste die Standbilder des Praxidamas von Aegina und des Opuntiers Rhexibios; der erstere siegte 544 v. Chr. im Faustkampf, der andere zwei Olympiaden später (536 v. Chr.) im Pankration; beide Statuen standen »nicht weit von der Säule des Oinomaos«, also im Zentrum der Altis[440]. Allerdings scheint sich Pausanias hier in gewisser Weise selbst zu widersprechen, denn kurz zuvor hatte er die Statue des spartanischen Knaben Eutelidas erwähnt, der in der 38. Olympiade (628 v. Chr.) einen Doppelsieg errang (Paus. VI 15,8). Aber höchstwahrscheinlich handelt es sich hier um einen der Fälle, in denen einem berühmten Athleten erst lange Zeit nach seinem Sieg ein Denkmal in der Altis gesetzt wurde, und wir glauben sogar, die Gründe hierfür erraten zu können[441]. Die Standbilder des Praxidamas und Rhexibios waren noch in altertümlicher Weise aus Holz geschnitzt, während sonst vornehmlich Bronze das Material der Siegerstatuen war. Waren diese beiden auch vielleicht nicht die ersten, wie Pausanias behauptet, so dürften sie doch mit Sicherheit zu den ältesten Siegerstatuen gehören. Unsere Überlieferung kennt noch zwei frühere Beispiele, doch handelt es sich dabei um Standbilder, die Olympiasiegern in ihrer Heimatstadt errichtet wurden[442]. Vielleicht ist überhaupt die Aufstellung der Siegerstatuen in der heimatlichen Polis der ältere Brauch, während das Recht, im Heiligtum selbst solche Denkmäler zu errichten, erst später, möglicherweise nach anfänglichem Widerstand, von den elischen Behörden gewährt wurde. Im übrigen sind wohl erst seit dem letzten Viertel des 6. Jahrhunderts, als sich bedeutende Bronzegießerwerkstätten in der Peloponnes und anderswo entwikkelten, die Bilder der Sieger in Olympia häufiger geworden.

Das plastische Motiv der Siegerstatuen war in archaischer Zeit sicher noch allgemein das des streng frontal stehenden nackten Jünglings, das »Kuros-Schema«. Pausanias beschreibt es bei der Statue des dreifachen Olympioniken Arrhachion (572, 568 und 564 v. Chr.), die er in Phigalia, der arkadischen Heimatstadt des Athleten, sah und von der er sagt, daß sie sehr altertümlich wirke, namentlich durch ihre Haltung: »die Füße stehen nämlich nahe beieinander und die Arme liegen bis zu den Schenkeln eng am Körper an«[443]. 1890 wurde in Phigalia der Torso einer Statue entdeckt, die genau der Beschreibung des Pausanias entsprach, doch die anfängliche Vermutung, sie sei mit der Arrhachion-Statue identisch, bestätigte sich leider nicht, denn sie erwies sich als älter[444]. Es hat wohl in der Kaiserzeit nicht mehr allzu viele archaische Siegerstatuen gegeben, sonst wären Pausanias die altertümlichen Züge der Arrhachion-Statue nicht so mitteilenswert erschienen.

Amüsant sind in diesem Zusammenhang Nachrichten über den Ringer Milon, die zeigen, wie befremdlich Siegerbilder dieser Art den Zeitgenossen des Pausanias erschienen sind. Milon war einer der erfolgreichsten Athleten der archaischen Zeit, ja wohl der berühmteste Sportler des Altertums überhaupt. Von seinen Kraftleistungen gab es unzählige Geschichten, sein Name und seine Taten sind sprichwörtlich noch bei Cicero und später. Sechsmal siegte er in Olympia, ebensooft in Delphi, neunmal in Nemea

84 Basis der Siegerstatue des Milon. Spätes 6. Jahrhundert v. Chr. (Olympia V Nr. 264)

und zehnmal auf dem Isthmos[445]. Er stammte aus der sportbegeisterten unteritalischen Griechenstadt Kroton; seine Siege liegen zwischen 540 und 516. Seine Statue, die er angeblich selbst in die Altis trug, wird nicht erst nach dem letzten Sieg, sondern auf dem Höhepunkt seines Ruhms errichtet worden sein. Sie war jedenfalls ein Werk der spätarchaischen Kunst und stammte von Dameas, einem Landsmann Milons. Der siegreiche Athlet stand mit dicht beieinanderstehenden Füßen auf einer Rundbasis, von der wir übrigens sehr wahrscheinlich einen Rest besitzen, den man ganz zu Unrecht in Zweifel gezogen hat (Abb. 84)[446]. Die Statue hielt in der Linken einen Granatapfel (wie man ihn in Unteritalien den Göttern opferte), während die Rechte mit abgespreiztem Daumen ausgestreckt war; die Stirn war mit einer Siegerbinde geschmückt[447]. Für einen Kenner der archaischen Kunst ist das alles nichts Ungewöhn-

85 Inschrift von der Siegerstatue des Pantares von Gela. Spätes 6. Jahrhundert v. Chr. (Olympia V Nr. 142)

liches (Taf. 5 a), doch versteht man, daß die Siegerstatue des berühmten Ringers den Vorstellungen einer späteren Zeit nicht entsprach. Die Spätzeit deutete die ihr seltsam erscheinenden archaischen Züge anekdotenhaft um. Das liest sich dann bei Pausanias so (VI 14,6–7): »Er konnte einen Granatapfel so halten, daß er ihm trotz aller Anstrengung nicht entwunden werden konnte, aber auch nicht durch Druck beschädigt wurde, und auf einem eingefetteten Diskos stehend machte er alle zum Gespött, die ihn herunterzustoßen versuchten. Er band sich auch eine Darmsaite wie eine Siegerbinde oder einen Kranz um die Stirn, hielt den Atem an, daß sich die Adern mit Blut füllten und zersprengte so mit der Kraft seiner Adern die Saite. Erzählt wird auch, wie er den rechten Oberarm an den Körper preßte, den Unterarm ausstreckte und die

Hand mit geschlossenen Fingern und nach oben weisendem Daumen vorstreckte; und niemand war imstande, den kleinen Finger von seiner Stelle zu bewegen.« Ganz offensichtlich sind all diese Geschichten aus der Beschaffenheit der Statue herausgesponnen.

Die erste Siegerstatue, von der wir wissen, daß sie nicht dem alten Kuros-Schema folgte, sondern eine bewegte, der Disziplin des Athleten angemessene Haltung zeigte, ist die des Faustkämpfers Glaukos; sie ist bereits im frühen 5. Jahrhundert entstanden,

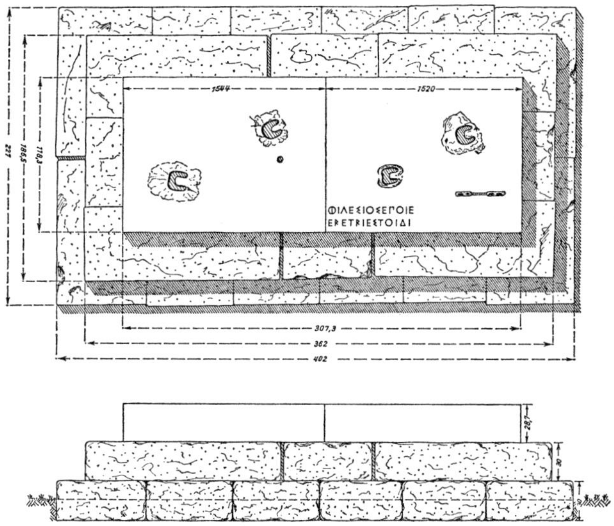

86 Basis des Stiers der Eretrier. Um 500 v. Chr. (Eckstein, Anathemata Abb. 10)

in einer Zeit also, in der die Freiplastik sich derartigen Motiven zuzuwenden begann[448]. Kurz zuvor hatte sich als erster hippischer Olympionike Kleosthenes aus Epidamnos mit Viergespann und Wagen darstellen lassen (516 v. Chr.); das Siegesdenkmal schuf der große argivische Erzbildner Hageladas, der Lehrer Polyklets[449]. All dies sind Meilensteine der Entwicklung, Daten, die die antike Kunstwissenschaft verzeichnete und die noch in der Kaiserzeit bekannt waren. Bronzestatuen, wie etwa der bekannte Tübinger Waffenläufer (Taf. 5 d) oder der New Yorker Diskuswerfer (Taf. 5 b) können uns eine Vorstellung von dieser Wandlung der Siegerstatue an der Schwelle zur Klassik geben. Abgesehen von der Milon-Basis ist der einzige sichere Rest einer archaischen Siegerstatue eine zerbrochene bronzene Inschrifttafel, die den Namen des Pantares von Gela nennt (Abb. 85); er siegte, vermutlich mit dem Viergespann, gegen Ende des 6. Jahrhunderts[450]. Im übrigen haben in archaischer Zeit unter den statuarischen Weihgeschenken in der Altis ohne Zweifel die Götter- und Heroenbilder weitaus dominiert. Von dem, was Pausanias in seiner schon erwähnten Übersicht aufzählt, gehört natürlich nur ein Teil in den Bereich der archaischen Kunst. Im einzelnen läßt sich das schwer feststellen, doch ist z. B. der von ihm genannte zwölf Fuß hohe Zeus der Lakedämonier nach den Schriftformen der wiedergefundenen Basis dem 6. Jahrhundert zuzurechnen[451]; desgleichen die von dem Zankläer Euagoras geweihte, für ihre Zeit wohl recht bemerkenswerte Bronzegruppe, welche Herakles im Kampf mit einer berittenen Amazone zeigte und über deren Datierung Pausanias interessante Angaben macht[452]. Spätarchaisch ist vielleicht auch eine von den Thessalern gestiftete Zeusstatue, für die ein thebanischer Bildhauer namens Askaros als Künstler genannt wird[453].

Von einem archaischen Zeusstandbild aus Bronze hat sich der Kopf erhalten (Taf. 38; s. S. 118). Im übrigen sind Ohr und Horn eines ehernen Stiers das einzige, was sich mit Sicherheit auf eines der bei Pausanias erwähnten archaischen Weihgeschenke beziehen läßt; sie gehören zu einem Anathem der Eretrier, dessen inschriftlich bezeichnete Basis sich noch heute an ihrer ursprünglichen Stelle östlich der vom Zeustempel vorbeiführenden Prozessionsstraße befindet (Abb. 86)[454]. Der Stier fiel spätantiker Metallgier zum Opfer; beim Abbruch der Statue lösten sich Horn und Ohr und blieben unbeachtet neben der Basis liegen, wo die Ausgräber sie fanden. Doch nur selten lassen sich, wie hier, Fundstück und Pausaniastext direkt miteinander verbinden. Irrig war beispielsweise die Zuschreibung zweier marmorner Kriegerköpfe, denen noch ein Arm mit Schildrest hinzuzurechnen ist, zu einem von Pausanias eingehend beschriebenen Weihgeschenk, einer Figurengruppe, die der Arkader Phormis gestiftet hatte (Paus. V 27,17)[455]. Denn die beiden Köpfe sind stilistisch nicht einheitlich, gehören also nicht zum gleichen Weihgeschenk, und außerdem müssen die Figuren des Phormis-Anathems, wie aus der Beschreibung des Pausanias hervorgeht, aus Bronze gewesen sein.

Ein Arkader, der gleich dem eben genannten Phormis sein Glück in Sizilien gemacht hatte, war auch Praxiteles, der Stifter eines figurenreichen Weihgeschenks, von dem der heutige Besucher nur noch den breiten Unterbau mit seiner Inschrift nahe der Südostecke des Zeustempels sieht[456]. Das Denkmal, an dem vier Bildhauer gearbeitet hatten, war schon vor der Erbauung des Tempels hier errichtet worden. Von den statuarischen Gruppenanathemen, deren Aufkommen in Olympia das Morgenrot der frühen Klassik ankündigt, ist dies eines der ersten; es bewahrt noch die altertümliche Form der Nebeneinanderreihung frontal stehender Statuen, wie wir das aus dem ionischen Osten kennen.

Fragen wir zum Schluß, wie die spätarchaische Kunst den Herrn des Heiligtums gesehen hat, so ist das bedeutendste Zeugnis ein Kopf, der von einer halblebensgroßen Bronzestatue stammt und in hoher Fundlage 1877 aus dem Schutt vor der Südwestecke des Zeustempels zutagekam (Taf. 38)[457]. Pausanias könnte dieses Zeusbild also noch gesehen haben, und vielleicht ist es sogar, ohne daß wir es wissen, in seiner Aufzählung enthalten. Man wundert sich, warum dieser Kopf so gut wie unbekannt geblieben ist und in die Kunstgeschichten und Bildbände keine Aufnahme gefunden hat; denn er ist, obgleich unterlebensgroß, höchst wichtig als eines der wenigen auf uns gekommenen Beispiele der im letzten Drittel des 6. Jahrhunderts aufblühenden neuartigen Erzbildnerei, der Kunst des monumentalen Hohlgusses, die sich damals über Griechenland verbreitete. Für Olympia hat das Fundstück noch eine besondere Bedeutung als einziger Überrest der vielen statuarischen Zeusbilder des Heiligtums. Umgeben von einem feingliedrigen Kranz zierlich gedrehter Löckchen und einem nach spätarchaischer Sitte keilförmig geschnittenen Bart blickt uns ein ernstes, hoheitsvolles Gesicht an, dessen Ausdruck einst durch die verlorenen Augeneinlagen noch einen besonderen Akzent erhielt. Das Haar fiel, wie die Ansätze erkennen lassen, in einzelnen Flechten nach vorn auf die Brust, während im Nacken seine lang herabwallende Fülle aufgebunden und von Spangen zusammengehalten ist, so, wie die Aristokraten nach der Mode der damaligen Zeit ihr Haar trugen. Der Stirnreif kündet den herrscherlichen Rang. Die spröde, verhaltene Formensprache dieses Kopfes, seine knappe, äußerst präzis umgrenzte Plastizität, sind von ausgesprochen dorischer Art. Die strenge, fast ein wenig hochmütige Verschlossenheit schafft eine unmißverständliche Distanz zum Betrachter. Daß dieser Kopf zu einem Götterbild gehört, bedarf keines ausdrücklichen Beweises. Es ist Zeus, der Herrscher, der strenge Richter, dessen strafender Zorn jeden trifft, der gegen die von ihm gesetzte Ordnung verstößt:

Zeus, Vater Zeus, dein ist die Macht im Himmel,
du schaust auf aller Menschen Werk herab,
auf Bös und Gutes, selbst der Tiere Frevelmut
und Rechttun kommt vor dein Gericht.

Archilochos, Fragm. 88 Übers. Latte

Wir kennen das Motiv der Statue nicht[458]. Am liebsten möchte man sie sich in der Art denken, wie eine Bronzestatuette der gleichen Zeit aus Olympia den Gott zeigt: Zeus als Herrscher, mit Diadem und Mantel, das Zepter in der Hand, gleichsam als

König vor sein Volk tretend (Taf. 39 a)[459]. Das Werk steht unter den Zeusstatuetten von Olympia merkwürdig isoliert, wie schon Kunze gesehen hat[460]; denn diese folgen seit spätarchaischer Zeit einem ganz anderen Typus. Er knüpft in gewisser Weise an das alte Bild des Lanzenschwingers an, nur ist die irdische Waffe nun mit der dem Gotte ureigenen mythisch-himmlischen Waffe des Blitzes vertauscht (Taf. 39 b). Zeus, mit geschwungenem Blitz in Ausfallstellung vorstürmend, ist an sich ein Motiv, das aus der erzählenden Flächenkunst stammt. Denn zu dem Angreifer gehört ein Gegner: Typhon, wie auf den Schildbandreliefs (s. Abb. 83) oder ein Gigant. Dort, in der Darstellung der Gigantomachie, hat das Motiv wahrscheinlich seinen Ursprung; im frühen 6. Jahrhundert erscheint es in dem schon erwähnten Korfu-Giebel, und von dort zieht sich die Bildtradition durch die archaische Zeit bis weit hinein ins 5. Jahrhundert. Aus dem erzählenden Zusammenhang herausgelöst und freiplastisch verselbständigt wurde es anscheinend im späten 6. Jahrhundert. In Olympia setzt kurz vor 500 v. Chr. die Reihe der Statuetten ein, die jenem von der Großplastik geschaffenen Typus folgen und in der Zeit des Strengen Stils ihren künstlerischen Höhepunkt haben[461]. Unter den monumentalen Zeusstatuen der Altis war das Motiv, das die kleinplastischen Funde des Heiligtums widerspiegeln, ohne Zweifel mehrfach vertreten; sogar auf den elischen Münzen erscheint der olympische Zeus seit dem frühen 5. Jahrhundert unter diesem Bilde. Von den weiteren Fragen, die sich daran knüpfen, soll im nächsten Kapitel noch die Rede sein. Hier sei vorerst nur festgestellt, daß dieser weit verbreitete, machtvolle Zeustypus in der archaischen Kunst entstanden ist, und zwar in der Peloponnes; der Impuls dürfte von Olympia ausgegangen sein und letztlich wohl auf die uralte Vorstellung von Zeus, dem lanzenschwingenden Kämpfer, zurückgehen (s. S. 91).

Das 5. Jahrhundert

Wir haben im vorigen Kapitel die Jahrhundertschwelle bereits hin und wieder überschritten, denn die spätarchaische Stilphase reicht noch ins 5. Jahrhundert v. Chr. hinein. Kultur- und Geschichtsepochen lassen sich selten exakt in Jahrhundertgrenzen zwängen. Das 5. Jahrhundert, das wir das Jahrhundert der griechischen Klassik zu nennen pflegen, umfaßt, archäologisch gesprochen, den Ausgang der archaischen Epoche (bis etwa 480 v. Chr.), die Frühklassik (»Strenger Stil«, bis zur Jahrhundertmitte), die Hochklassik (nicht ganz die zweite Jahrhunderthälfte) und den Beginn der Spätklassik (»Reicher Stil«, etwa ab 410). Dennoch ist es berechtigt, das ganze Jahrhundert als eine Einheit zu sehen, sofern man sich klarmacht, wieviel in diesem Zeitraum geschehen ist.

Das fünfte Jahrhundert ist, wie für das ganze Griechenland, so auch für Olympia das größte Jahrhundert gewesen. Das Heiligtum erhielt ein neues, der Epoche der Klassik gemäßes Gesicht (Abb. 111). Es entstanden damals die beiden Werke, in denen alles, was griechische Kunst in Olympia je geschaffen hat, kulminiert: der Zeustempel mit seinem plastischen Schmuck und das gewaltige Kultbild — künstlerische Glanzleistungen ihrer Zeit und zugleich Unternehmungen größten Stils, die einen ungeheuren Aufwand erforderten. Sie machten Olympia weltberühmt und haben bis zu seinem Untergang unzählige Besucher angezogen, die die Stätte nicht allein der Spiele wegen aufsuchten. Einen Widerhall ihrer Eindrücke vernehmen wir noch heute aus den Schriftzeugnissen, die auf uns gekommen sind.

Mit dem Tempel und seinem Kultbild erhielt Olympia endlich ein wirkliches Zentrum, etwas, das ihm bisher gefehlt hatte. Doch sind damit nur die Höhepunkte von dem angesprochen, was hier im fünften Jahrhundert geschaffen wurde. Es entstanden die letzten Schatzhäuser; manche älteren Anlagen wurden »modernisiert«: das Pelopion erhielt ein größeres Propylon, das Geloer-Schatzhaus eine neue Vorhalle; das Prytaneion wurde umgestaltet; nördlich des Buleuterions wurde ein Parallelbau errichtet. Eine neue, monumentale Stadionanlage entstand und, so dürfen wir vermuten, auch die Rennbahn für die Pferde- und Wagenrennen samt ihren Zuschauerwällen wurde neu hergerichtet. Was schließlich an Kostbarkeiten und Schätzen aller Art, namentlich an statuarischen Weihgeschenken in diesem Zeitraum ins Heiligtum gestiftet wurde, übersteigt unsere Vorstellungskraft bei weitem. Die größten Künstler des 5. Jahrhunderts haben nachweislich für Olympia gearbeitet und die Götter-, Heroen- und Siegerbilder geschaffen, mit denen sich die Altis zunehmend füllte: Myron und Pythagoras, Kalamis und Onatas, Polyklet und Phidias, um nur die bekanntesten zu

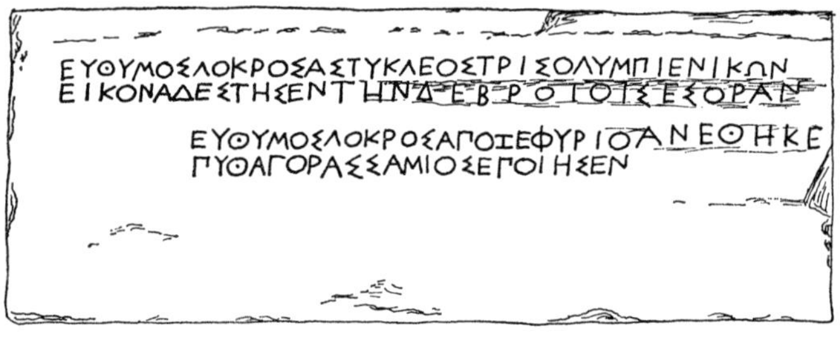

87 Basis der Siegerstatue des Euthymos mit Künstlersignatur des Pythagoras (letzte Zeile): »Pythagoras von Samos hat es gemacht«. Um 480/70 v. Chr. (Olympia V Nr. 144)

nennen. Ihre Werke, die Olympia zu einer Kunststätte ersten Ranges machten, sind untergegangen; nur vereinzelt erhaltene Sockel zeugen noch von dem Verlorenen (Abb. 87, 88). Auch römische Nachbildungen sind selten. Siegerstatuen wurden anscheinend nur ausnahmsweise kopiert; ein solcher Fall könnte bei der polykletischen Knabenstatue vorliegen, die unter dem Namen »Ephebe Westmacott« bekannt geworden ist. Zwar hat sich der vermutete Zusammenhang mit einer bestimmten olympischen Siegerstatue als unhaltbar erwiesen, doch mag das Werk hier stellvertretend als schönes Beispiel für die Siegerbilder des Polyklet und anderer klassischer Meister genannt werden (Taf. 6 a)[462].

Den Namen des Meisters, der die für uns heutige Olympiabesucher eindrucksvollsten Zeugnisse klassischer Plastik, die Metopen und Giebelskulpturen des Zeustempels entworfen und mit seiner Werkstatt ausgeführt hat, kennen wir nicht. Bei Pausanias steht eine mit Sicherheit falsche Angabe[463], und alle Bemühungen der Forschung, ihn ausfindig zu machen oder zumindest seine Heimat und seine künstlerische Herkunft zu ermitteln, haben bisher zu keinem eindeutigen Ergebnis geführt. Er bleibt für uns der große Unbekannte, obgleich er zu den führenden Künstlern seiner Zeit gehört haben muß. Wir nennen ihn den »Olympia-Meister«.

88 Basis der Siegerstatue des Kyniskos von Polyklet. Um 460/50 v. Chr. (Olympia V Nr. 149)

Ein Unbekannter ist im Grunde auch der Architekt, der in Olympia den vollkommensten dorischen Tempel der Frühklassik gebaut hat. Zwar weiß Pausanias, wie er hieß: Libon, und er sagt, daß er »ein Einheimischer« gewesen sei[464]. Aber für uns ist Libon ein bloßer Name, mit dem wir nichts anzufangen vermögen. Wir kennen außer dem Zeustempel keine anderen Bauten von ihm, wir wissen nicht, wie und wo er zu einem so bedeutenden klassischen Baumeister geworden ist, wir wissen nichts über sein Leben, über seine Aufträge, über seinen Kontakt mit anderen Architekten der Zeit. Er ist für uns faßbar nur in diesem einen großen Werk, hinter dem seine Persönlichkeit verschwindet. Vielleicht ist der Name und die Angabe seiner Herkunft nichts weiter als eine elische Legende. Elis gehört künstlerisch zu den unergiebigsten Landschaften, und daß der beste nur denkbare Baumeister für den Zeustempel ausgerechnet in der Nähe Olympias zu finden war, erscheint mehr als unwahrscheinlich – es sei denn, Libon war ein Fremder, der das Bürgerrecht von Elis erworben hatte.

Lediglich der dritte jener drei Großen, die den neuen kultisch-künstlerischen Mittelpunkt Olympias schufen, ist für uns eine festumrissene Gestalt: Phidias. Nur besitzen wir leider sein Werk nicht, das Goldelfenbeinbild des Zeus, das im Tempel stand. Wie und wann es zerstört wurde, wird wohl niemals mehr ganz geklärt werden können; aber über sein Aussehen wissen wir einiges, freilich nicht genug, um uns eine auch nur annähernd konkrete Vorstellung davon machen zu können. Und so geht es uns überhaupt bei Phidias: wir erfahren aus den Quellen viel über ihn, denn er war der berühmteste Bildhauer des Altertums, doch wir haben von seiner Kunst nur ein unscharfes Bild. Seine plastische Auffassung, die Größe seiner künstlerischen Visionen, seinen entscheidenden Beitrag zum Wunder der griechischen Hochklassik – all das glauben wir in den Skulpturen des Parthenon fassen zu können, die nach der Überlieferung unter seiner Leitung in Athen geschaffen wurden; aber was daraus und aus einer Anzahl römischer Kopien seiner Statuen über seinen persönlichen Stil zu gewinnen ist, hat die Forschung bisher allzu optimistisch beurteilt. Kein Werk, das mit Gewißheit eigenhändig von ihm stammt, ist auf uns gekommen.

Aus Gründen, die wir nicht kennen, sind Tempel und Kultbild nicht gleichzeitig geschaffen worden. Der Tempel stand bereits, als Phidias den Auftrag für das Zeusbild erhielt; bis zum Beginn der Arbeiten und schließlich bis zur endgültigen Fertigstellung der Kolossalstatue mit all ihrem Beiwerk verging dann noch eine beträchtliche Zeitspanne. So kommt es, daß der Tempel und sein Skulpturenschmuck die Stilformen des frühklassischen Strengen Stils aufweisen, während das Kultbild ein Werk der Hochklassik war; als Spätwerk des Phidias verkörperte es sogar die reifste Phase der Hochklassik.

Strahlenden Glanz verlieh die Kunst der großen klassischen Meister dem Heiligtum von Olympia. Aber unvergleichlich müssen auch die olympischen Festfeiern dieser Zeit gewesen sein. Ein Widerhall der Hochstimmung jener Tage klingt noch bis zu uns herüber in den Siegesliedern Pindars:

Das beste ist das Wasser, und das Gold sticht hervor, wie leuchtendes Feuer
bei Nacht, aus dem stolzen Reichtum.
Wenn du aber Kampfspiele zu besingen
wünschst, mein Herz,
dann spähe nicht neben der Sonne
nach einem anderen, glühenderen Gestirn am Tage durch den einsamen Äther,
denn nicht gibt es neben Olympia ein vornehmeres Wettspiel zu preisen.
Von dorther wird der ruhmverbreitende Hymnos umgelegt
dem Geist der weisen Dichter, auf daß sie preisen
des Kronos Sohn . . .

Ol. I 1–10. Übers. Dornseiff

So erklingt der Ruhm der Feststätte. Und nie wieder sind die dort bekränzten Sieger mit solch hohen Dichterworten gefeiert worden, wie etwa mit diesen:

Wohlan, nimm die dorische Leier vom Nagel,
wenn irgend die Freude an Pisa und Pherenikos
den Geist in süßestes Sinnen versenkt hat,
als das Pferd am Alpheios entlangjagte, den Leib
ungestachelt im Lauf hingebend,
und so mit dem Sieg vereinte seinen Herrn,
den rossekampffrohen König von Syrakus. Es leuchtet sein Ruhm
in des Lyders Pelops männerstolzer Gründung . . .

Ol. I 17–24. Übers. Dornseiff

Diese Verse gelten dem sizilischen Fürsten Hieron und seinem berühmten Rennpferd Pherenikos, das 476 c. Chr. siegte. In einem anderen Lied wird Zeus selbst aufgefordert, gleichsam an der Siegesfeier für Psaumis aus der sizilischen Stadt Kamarina teilzunehmen, dessen Gespann 452 v. Chr. als erstes durchs Ziel ging:

Höchster Zügelhalter des rastlos laufenden Donners, Zeus! Deine Horen,
die zu leier-buntem Gesang im Kreise sich schwingen, sandten mich
als Zeugen der erhabensten Wettspiele.
Glückt Freunden der Sieg, so freuen sich sogleich
auf die süße Botschaft hin die Edlen.
O Sohn des Kronos, der du den Ätna hast
als windumbrauste Falle des hundertköpfigen gewaltigen Typhon,
nimm auf um der Chariten willen
diesen Festzug für den olympischen Sieg,
das am längsten strahlende Licht gewaltiger Leistungen.

Denn von Psaumis' Wagen
kommt er, der, bekränzt mit pisatischem Ölzweig, Ruhm zu erwecken
eilt für Kamarina . . .

Ol. IV 1–13. Übers. Dornseiff

Sogar bis ins dunkle Totenreich dringt das Lied des Dichters und gibt dem verstorbenen Vater, Kleodamas aus Orchomenos, Kunde vom Olympiasieg seines Sohnes Asopichos im Stadionlauf der Knaben (488 v. Chr.):

Geh nun zum schwarzwandigen Haus
Persephones, Echo, dem Vater die rühmliche Botschaft zu bringen,
damit du, wenn du Kleodamas siehst, seinen Sohn ansagst,
daß ihm im berühmten Tal von Pisa
bekränzt hat Thaleia mit herrlicher Kampfspiele Flügeln das junge Haar.

Ol. XIV 20–24. Übers. Dornseiff

Manche dieser Festfeiern sind der Nachwelt unvergeßlich geblieben. So die Spiele der 83. Olympiade (448 v. Chr.), an denen zwei Brüder, die Rhodier Akusilaos und Damagetos siegten, der eine im Faustkampf, der andere im Pankration; für den letzteren war es schon der zweite Olympiasieg. Sie waren Söhne des berühmtesten Faustkämpfers seiner Zeit, des Diagoras. Als Angehöriger einer vornehmen rhodischen Familie hatte er nicht nur in Olympia, sondern desgleichen in Delphi, Nemea und auf dem Isthmos Siege erkämpft; Pindars VII. Olympische Ode ist ihm gewidmet. Die siegreichen Söhne sollen den Vater unter dem begeisterten Jubel der Menge auf den Schultern durchs Stadion getragen haben; Plutarch berichtet, daß ein Spartaner ihm zugerufen habe: »Stirb, Diagoras, denn in den Olymp kannst du nicht aufsteigen!« Tatsächlich soll Diagoras von der übergroßen Freude überwältigt, an Ort und Stelle gestorben sein[465]. Von der vielleicht denkwürdigsten Feier, die das Stadion sah, den Spielen der 76. Olympiade (476 v. Chr.), der ersten nach den Perserkriegen, und den Ehrungen für den damals anwesenden Themistokles haben wir schon gehört (S. 19). Im Gedächtnis geblieben sind auch die Spiele des Jahres 444 v. Chr., bei welcher Gelegenheit Herodot aus seinem Geschichtswerk vorgelesen haben soll. Wir haben darüber einen – freilich späten – Bericht, der sich bei Lukian findet (2. Jahrhundert n. Chr.). Dort heißt es u. a. (Herod. 1): »Alle kannten ihn, besser sogar als die Olympiasieger. Es gab keinen, der nicht seinen Namen gehört hatte, und die, welche seinem Vortrag in Olympia beigewohnt hatten, erzählten davon in ihren Heimatstädten. Überall, wo er auftauchte, zeigten sie mit den Fingern auf ihn und sagten: ›Das ist Herodot, der die Geschichte der Perserkriege in ionischer Sprache aufgezeichnet und unsere Siege verherrlicht hat.‹ « Zu den vielen denkwürdigen Spielen dieses Jahrhunderts gehören zweifellos auch die des Jahres 416 v. Chr., bei denen Alkibiades, der ehrgeizige athenische Politiker und reiche Aristokrat, sieben seiner Viergespanne im gleichen Rennen starten ließ, »was weder ein Privatmann noch ein König je getan hatte« (Plutarch, Alk. 11, 2). Nach Thukydides wurde nicht nur der erste, sondern auch der zweite und vierte Platz von einem Gespann des Alkibiades belegt. Dieser Sieg, auf den Euripides ein Epigramm dichtete, sollte noch in den politischen Auseinandersetzungen des folgenden Jahres eine Rolle spielen, als es um den Oberbefehl bei der athenischen Unternehmung gegen Sizilien ging und jene verhängnisvolle Fehlentscheidung fiel, die letzten Endes die Niederlage Athens im Peloponnesischen Krieg bewirkte. Alkibiades, dessen herausfordernd-prunksüchtiges Auftreten in Olympia großen Eindruck machte, bewirtete nach seinem triumphalen Erfolg die gesamte Festversammlung. Größere Prachtentfaltung hat die Altis wohl bis zu den Tagen Neros nicht wieder gesehen. Ein Ruhmesblatt für Olympia war dies freilich nicht, denn hier wurden die Wettkämpfe für das politische Machtstreben eines Einzelnen mißbraucht[466]. Aber dafür, was ein olympischer Wagensieg noch am Ende des 5. Jahrhunderts bedeutete, ist es ein überwältigendes Zeugnis.

Um die Zeit, als man mit dem Bau des Zeustempels begann, ist auch die äußere Form der Spiele in neuer, für die Folgezeit maßgeblicher Weise festgelegt worden. Die Feier der 77. Olympiade (472 v. Chr.) wurde für die Geschichte der Olympischen Spiele in dieser Hinsicht ein Epochendatum von einschneidender Bedeutung. Die Zahl der Wettkämpfer war damals so groß, die Pferderennen und der Fünfkampf nahmen so viel Zeit in Anspruch, daß sich der letzte Agon, das Pankration, bis spät in die Nacht hineinzog, wie Pausanias berichtet (V 9, 3). Daher beschloß man, die Wettkämpfe, die bis dahin an einem einzigen Tag ausgetragen wurden, auf mehrere Tage zu verteilen. Leider ist bei Pausanias gerade an dieser wichtigen Stelle eine Textlücke, und seine Angaben sind nicht klar genug, um die Reihenfolge der Wettkämpfe genau rekonstruieren zu können. Außerdem traten, wie oben bemerkt (S. 81), nach 472 v. Chr. noch weitere Agone hinzu, so daß man mit gewissen Änderungen rechnen muß. Wir wissen also über den Ablauf der Olympischen Spiele im einzelnen nichts Genaues. Die spärlichen Quellen erlauben verschiedene Schlüsse, und die meisten modernen Darstellungen sind infolgedessen zu einem erheblichen Teil reine Phantasie. Fest steht nur die Dauer von fünf Tagen für die Spiele seit dem 5. Jahrhundert. Im Mittelpunkt standen das große Opfer an Zeus, die von den Eleern in einem feierlichen Gottesdienst dargebrachte Hekatombe, und das Festmahl im Prytaneion. Es mußte der Tag des Vollmonds sein, und wahrscheinlich bildete diese Feier nicht den Auftakt oder den Abschluß der Spiele, wie meist angenommen wird, sondern die Wettkämpfe gruppierten sich um diesen Tag herum, der wohl der vorletzte der fünf Tage war. Die Olympischen Spiele fanden bekanntlich im Hochsommer statt, Mitte August; was das in Griechenland bedeutet, weiß jeder, der einmal um diese Zeit dort gewesen ist[467]. Der erste Tag war den Vorbereitungen gewidmet: die Athleten zogen unter Führung der elischen Kampfrichter, deren Zahl damals zehn betrug, in feierlicher Prozession von Elis kommend, wo sie die vorgeschriebenen Übungen absolviert hatten, in Olympia ein, von zahlreichen Einheimischen und Gästen begleitet und von der Festversammlung erwartet und begrüßt. Nach Darbringung eines Opfers begaben sich die Wettkämpfer zum Altar des Zeus Horkios und legten dort den olympischen Eid ab; auch der erst 396 v. Chr. eingeführte Wettstreit der Trompeter und Herolde fand an diesem Tag statt. Am zweiten Tag begannen die Spiele mit den Knabenagonen; den dritten Tag füllten die Kämpfe im Hippodrom, die Pferde- und Wagenrennen. In der Nacht wurde das jährliche Opfer für Pelops dargebracht; dann folgte der vierte Tag mit dem großen Opfer an Zeus. Der fünfte Tag schließlich brachte die Entscheidung in den Laufwettbewerben, im Pentathlon (Lauf, Weitsprung, Diskus- und Speerwurf, Ringen) und in den schwerathletischen Disziplinen Ringkampf, Faustkampf, Pankration; dazu kam der Waffenlauf. Den Abschluß bildete die Kranzverleihung; in den Siegesfeiern, die sich dann durch die ganze Nacht und vielleicht auch noch den nächsten Tag hinzogen, klang das Fest aus. Auf die Spuren der gewaltigen Gelage, die dabei stattfanden, stößt der Archäologe vielfach bei den Ausgrabungen.

Noch bevor der Zeustempel begonnen wurde, wuchs in den ersten Jahrzehnten des 5. Jahrhunderts in der Altis die Menge der statuarischen Weihgeschenke. In der griechischen Kunst ist gerade die Übergangszeit von der spätarchaischen zur frühklassischen Stilphase besonders fruchtbar gewesen; das lehrt am besten die rotfigurige Vasenmalerei, während die originale Großplastik jener Zeit größtenteils verloren ist und Kopien selten sind. Allgemein kann man sagen, daß von der Zerstörung die statuarische Plastik am stärksten betroffen wurde, weit mehr als Architektur und Kleinkunst. Das ist in Olympia nicht anders wie in vielen Zentren der antiken Kultur, wenn auch manche Stätten in dieser Hinsicht mehr vom Glück begünstigt waren. Bronze ist ein begehrtes Metall, man kann es leicht einschmelzen und wiederverwenden, sogar Geld läßt sich daraus herstellen. In dem völlig verarmten Griechenland der Spätantike und des frühen Mittelalters war ein Heiligtum wie Olympia mit seinem Bestand an Statuen und sonstigen Weihgeschenken – soweit diese die bereits vorangegangenen Dezimierungen während der römischen Zeit überlebt hatten – gewiß ein ungemein ausbeutungswertes Reservoir für den Metallhunger einer Zeit, der kaum andere Rohstoffquellen zur Verfügung standen. Die Bronzestatuen wurden zerschlagen und wanderten in die Schmelzöfen; in der Grabung zahlreich gefundene Bruchstücke – Finger, Zehen, Locken, Gewandzipfel, Augeneinlagen, Wimpernbleche und vielerlei unkenntliche Fragmente – zeugen als »Abfall« von diesem traurigen Vorgang[468]. Marmorstatuen wurden, sofern ihre Trümmer als Baumaterial unbrauchbar waren, zu Kalk gebrannt, den man für den Mörtel zum Bau der Häuser brauchte. So ging die großartige, in Jahrhunderten zusammengekommene Plastik des Heiligtums zugrunde. In der Altis zeugen nur noch die Postamente und Inschriften von der verlorenen Pracht, und auch sie sind natürlich stark gelichtet.

Vom Aufkommen des mehrfigurigen statuarischen Weihgeschenks in spätarchaischer Zeit haben wir bereits im vorigen Kapitel gesprochen. Ein neuartiger Kunstgriff war die Umwandlung der strengen Rechteckbasis zum halbrunden, exedraförmigen Postament, wodurch die Statuen aus der geradlinigen Reihung gelöst und lockerer gruppiert werden konnten. So war auf der noch teilweise erhaltenen Basis eines nach den Perserkriegen vom Achäerbund gestifteten Gruppenanathems eine berühmte Szene der Ilias (VII 161 ff.) dargestellt: die neun Helden, die um den greisen Nestor versammelt sind, um den Schicksalsspruch zu erwarten, der einen von ihnen durch das Los zum Zweikampf mit Hektor bestimmen sollte[469]. Pausanias hat das Weihgeschenk, ein Werk des großen äginetischen Erzbildners Onatas, noch gesehen und ausführlich beschrieben (V 25, 8–10): Nestor stand, den Helm mit den darin liegenden Losen in der Hand, auf einem eigenen kreisförmigen Sockel, um ihn herum auf dem weitgespannten Bogen der Halbrundbasis gruppiert die Erzstatuen der homerischen Helden; nur die Figur des Odysseus fehlte, sie war von Nero nach Rom entführt worden. Noch aufwendiger war die Statuenweihung der Stadt Apollonia im nördlichen Epirus, von der Pausanias gleichfalls eine detaillierte Beschreibung gibt (V 22, 2–4): je fünf griechische und trojanische Helden standen sich kampfbereit gegenüber, an den Enden Achill und Memnon, deren göttliche Mütter Thetis und Eos in der Mittelgruppe mit Zeus vereint waren, von dem sie, jede für ihren Sohn, den Sieg erflehten. Die Identifizierung der zum Teil erhaltenen Basis und damit die Lokalisierung des Weihgeschenks im Süden der Altis ist erst vor kurzem gelungen[470].

Pausanias erwähnt noch eine Anzahl solcher Statuengruppen; wir können sie hier nicht alle aufzählen[471]. Ein gewisser Mikythos, der ähnlich wie die obengenannten Arkader Phormis und Praxiteles (S. 118) in Sizilen zu offenbar recht beträchtlichem Reichtum gelangt war, stiftete gar zwei solcher umfangreicher Anatheme (Paus. V 24, 6 und 26, 2–5)[472]. Die figurenreichste Gruppe in Olympia, zugleich ein rührendes Denkmal liebevoller und frommer Gesinnung der klassischen Zeit, hielt die Erinnerung an ein tragisches Unglück wach, das die Stadt Messina einst betroffen hatte: ein Schiff, das nach altem Brauch einen Knabenchor zu einem Fest nach dem gegenüberliegenden Rhegion (dem heutigen Reggio) brachte, war in der Meerenge zwischen Sizilien und dem Festland im Sturm untergegangen. Aus Trauer stifteten die Bürger der Stadt die Bronzestatuen der ertrunkenen 35 Knaben samt Lehrer und Flötenspieler nach Olympia, wo sie auf der südlichen Altismauer aufgestellt wurden[473].

Den Statuengruppen standen oft die Einzelweihungen an Aufwendigkeit nicht nach; wetteiferten die Stifter bei jenen in der Anzahl der Figuren miteinander, so bei diesen im Format der Standbilder. Überlebensgroße Kolosse gab es zumal unter den Zeusstatuen, bei denen Pausanias gelegentlich die Maße angibt. Eine der größten und berühmtesten war eine gemeinsame Weihung der Griechen aus der Beute von Platää, der letzten Entscheidungsschlacht der Perserkriege 479 v. Chr.[474]. Die Statue maß 10 Ellen (4,40 m); der Gott war, wie man aus dem länglichen Basisfundament erschlossen hat, im Motiv des Blitzschwingers dargestellt[475]; auf der einen Seite der Basis waren die Namen der an der Schlacht beteiligten griechischen Städte verzeichnet[476]. Übertrumpft wurde der Zeus von Platää im 4. Jahrhundert durch einen ehernen Zeuskoloß, den die Eleer aus dem Erlös der Arkaderbeute von 365 v. Chr. errichteten. Seine Höhe gibt Pausanias mit 27 Fuß (ca. 8 m) an; es war das größte je in der Altis aufgestellte Götterbild[477].

Von den statuarischen Weihgeschenken der klassischen Zeit, die Pausanias in der Altis gesehen hat, ist einzig die Nike des Paionios auf uns gekommen, ein Werk des späten 5. Jahrhunderts (Taf. 62; s. S. 159 f.). Sie ist eine Marmorskulptur, während die sonst von Pausanias beschriebenen Götterbilder und Statuen durchweg aus Bronze gegossen waren. Daß es daneben noch Bildwerke aus anderem, ganz unscheinbarem Werkstoff, keineswegs aber von geringerer künstlerischer Bedeutung in der Altis gegeben hat, ist erst durch die Ausgrabungen bekannt geworden. In teilweise vorzüglicher Erhaltung und in der vollen Farbenpracht ihrer ursprünglichen Bemalung fanden sich nämlich Reste großformatiger Terrakottafiguren, Zeugnisse eines besonderen Gebiets der griechischen Plastik. Ihre Blütezeit war die spätarchaische und frühklassische Zeit.

Aus vielen verstreut in der Füllerde der Stadionwälle gefundenen Bruchstücken konnte im Lauf der Jahre jene Gruppe zusammengefügt werden, die nunmehr das vollständigste Stück dieser Gattung bildet: Zeus, der mit dem geraubten Knaben Ganymed mächtigen Schritts davoneilt (Taf. III)[478]. Der Kopf des Zeus wurde schon 1879 ausgegraben, die übrigen Teile 1939, 1942 und 1952. Die Gruppe war höchstwahrscheinlich als Freiplastik im Heiligtum aufgestellt, nicht als Giebelbekrönung auf einem Bau, wie man wegen der eigentümlichen Form der Basis zunächst vermutet hatte[479]. Das Bildwerk hat nur etwas über hundert Jahre in der Altis gestanden; dann wurde es, beschädigt und unansehnlich geworden, abgeräumt und kam unter die Erde[480]. Daher hat es Pausanias nicht mehr gesehen; er erwähnt jedoch eine andere freiplastische Gruppe desselben Themas, höchstwahrscheinlich ein Bronzewerk der gleichen Zeit[481]. In der Kunst der Spätarchaik und des Strengen Stils waren Darstellungen göttlicher Liebesverfolgungen besonders beliebt, wie uns die Vasenmalerei lehrt[482]. In diesen Themenkreis gehörte beispielsweise auch die Statuengruppe, die Zeus bei der Entführung der Nymphe Aigina in Gegenwart ihrer Schwestern und ihres Vaters zeigte und die als Stiftung der peloponnesischen Stadt Phlius in der Altis aufgestellt war[483]. Unserem Empfinden mag es seltsam erscheinen, die Götter, denen man Ehrfurcht schuldet, bei ihren Liebesabenteuern darzustellen, noch dazu in ihren Heiligtümern. Für die Griechen lag darin nichts Anstößiges; nicht nur weil sie ein natürlicheres Verhältnis als wir zum Erotischen hatten – wozu bei ihnen als selbstverständliches Element auch die Knabenliebe gehörte –, sondern weil die sieghafte Unwiderstehlichkeit in der Liebe ganz wesentlich mit zum Bild einer griechischen Gottheit gehört. Denkwürdig und wunderbar sind insbesondere Liebesbegegnungen der Götter mit Sterblichen. Eine solche war auch die Entführung des schönen Knaben Ganymed durch Zeus[484]. Das erotische Moment ist bei der olympischen Terrakottagruppe eindeutig gekennzeichnet durch den Hahn, den der Geraubte in der Hand hält: er ist das klassische Liebesgeschenk griechischer Männer an die von ihnen umworbenen Knaben[485]. Betört von der List des Gottes wird der Knabe zum Olymp entrückt; als Mundschenk wird er fortan in ewiger Jugend den Unsterblichen dienen. Was das Bildwerk aussagen will, offenbart sich am ehesten, wenn man die beiden Köpfe miteinander vergleicht: bewußt ist die Gruppe so aufgebaut, daß sie für den Betrachter von tiefergelegenem Standpunkt aus nahe zusammenrücken. Energisch, zielsicher, überlegen ist der Ausdruck des stolz erhobenen göttlichen Antlitzes; um den Mund spielt kaum merklich ein leises Lächeln, Zeichen unverhohlenen Triumphs. Der Knabe hingegen hat den Kopf geneigt; das Gesicht, überschattet von einer in der griechischen Plastik einmaligen Pracht kunstvoll angeordneter Locken, blickt herab zur Erde, die dem Entführten entschwindet; die noch kindlichen Züge scheinen ungläubiges Staunen über das auszudrücken, was ihm geschieht; in ihre träumerische Versunkenheit mischt sich ein ganz leichter Zug von Melancholie, etwas wie Abschiedsschmerz. Die Knabenliebe ist besonders mit der Adelskultur der Dorer verbunden gewesen, jener Griechen also, von denen Olympia maßgebend geprägt wurde. Ihre Welt und ihr Lebensgefühl ist hier verkörpert, fast wie in einem Gedicht Pindars. Man könnte sagen, daß es in

Olympia kein Kunstwerk gibt, das »pindarischer« in seiner Wesensart wäre als diese Terrakottagruppe[486].

Die künstlerischen Vorzüge der Zeus-Ganymed-Gruppe sind oft gewürdigt worden. Entstanden ist sie um 470, also zu der Zeit, als man in Olympia an den Skulpturen des Zeustempels zu arbeiten begann; ein peloponnesischer Meister, der in einer korinthischen Werkstatt beschäftigt war, hat sie geschaffen[487]. Gewiß hat diese Werkstatt ihre zerbrechlichen Erzeugnisse in Olympia selbst hergestellt, vielleicht führte sie auch Aufträge für Dachterrakotten und Akrotere aus. Terrakottawerkstätten aus Korinth hatten schon seit Jahrzehnten für das Heiligtum gearbeitet. Der korinthische Ton ist nämlich wegen seiner Feinkörnigkeit und hellen Farbe für plastische Bildwerke der beste, den es in Griechenland gibt. Die erfahrenen Meister dieser Werkstätten brachten es fertig, daraus Bildwerke herzustellen, die in ihrer Wirkung Marmorskulpturen gleichen. Das zeigt der Kriegertorso Tafel 41, der nur wenig älter ist als die Zeus-Ganymed-Gruppe und wegen seines besseren Erhaltungszustandes den nahezu originalen Eindruck vermittelt[488]. Elfenbeinfarben, mit äußerster Feinfühligkeit modelliert und spiegelglatt poliert, schimmert die Oberfläche des nackten Körpers in makelloser Vollendung und Schönheit; wechselnde Beleuchtung erzeugt auf ihr sogar Glanzlichter. Wie die Griechen es vermochten, jeder Technik und jedem Material das Letztmögliche abzugewinnen, ist immer wieder aufs neue erstaunlich und bewundernswert. Ton ist ein Werkstoff ohne materiellen Wert; aber die Hände der Meister jener korinthischen Werkstätten schufen daraus Gebilde von erlesener Kostbarkeit, die künstlerisch den Stein- oder Bronzewerken der Zeit in keiner Weise nachstehen. Der Krieger gehört zu einer Kampfgruppe, von der zahlreiche weitere Fragmente gefunden worden sind; sie bestand aus zwei Gegnern, die um einen Gefallenen kämpfen, höchstwahrscheinlich auch noch aus weiteren Figuren[489]. Wir haben also hier einmal ein Exempel für jene mehrfigurigen plastischen Gruppenanatheme des frühen 5. Jahrhunderts, die Pausanias beschreibt (s. S. 125). Auch dieses Werk freilich hat er nicht mehr gesehen, wie er überhaupt kein Beispiel der spätarchaisch-frühklassischen Tonplastik erwähnt. Ihre Lebensdauer ist verständlicherweise nicht lang gewesen, überdauert haben im wesentlichen die Marmor- und Bronzebildwerke, abgesehen von den Resten von Holzskulptur, die sich im Schutz der Schatzhäuser erhalten hatten (s. S. 103). Daß die Terrakottaplastiken früh unter die Erde kamen, ist indes für uns gerade ein Glücksfall, denn sie haben sich auf diese Weise erhalten, während die sonstige statuarische Freiplastik fast restlos dem Untergang anheimfiel.

Älter als die Krieger- und die Zeus-Ganymed-Gruppe ist der ungemein eindrucksvolle Kopf einer Athena (um 490 v. Chr.), die, wie zahlreiche Bruchstücke beweisen, gleichfalls Teil eines Gruppenanathems war, vielleicht eines Herakleskampfes (Taf. 40)[490]. Die klaren, großgesehenen Züge der Göttin werden von zierlich gedrehten Löckchen umrahmt und von einem blütengeschmückten Diadem bekrönt. Sie trägt einen leichten attischen Helm, von dessen langgestieltem Helmbusch sich nur noch der Rest einer eisernen Stütze erhalten hat. Was den Betrachter bis ins Innerste trifft, das ist der Blick der Augen, dessen Wirkung die unversehrte Bemalung bewahrt hat, ein Blick, den man nicht so schnell wieder vergessen kann. Es ist ein Eindruck, der, wie E. Kunze es ausgedrückt hat, »bis zu dem Gefühl unmittelbarer leiblicher Gegenwart« reicht[491]. Man mag daraus ermessen, welches entscheidende Element uns bei den meisten griechischen Statuen fehlt, die ihre ursprüngliche Bemalung oder (bei Bronzen) ihre gesondert eingesetzten Augeneinlagen verloren haben. Die Kraft des Formenvortrags, der feste Bau, die Dichte der plastischen Substanz des Athenakopfes sind echt peloponnesisch. Man begreift, daß in dieser Kunstlandschaft der Strenge Stil entstanden sein muß, dessen Keim dieses noch durchaus spätarchaische Werk bereits in sich trägt. Seine Entfaltung läßt sich nirgends besser als in Olympia studieren: wenn man die Entwicklung verfolgt, welche die eben betrachteten Reste monumentaler griechischer Tonplastik repräsentieren[492], und wenn man sich dann dem Hauptwerk des Strengen Stils zuwendet, den Skulpturen des Zeustempels.

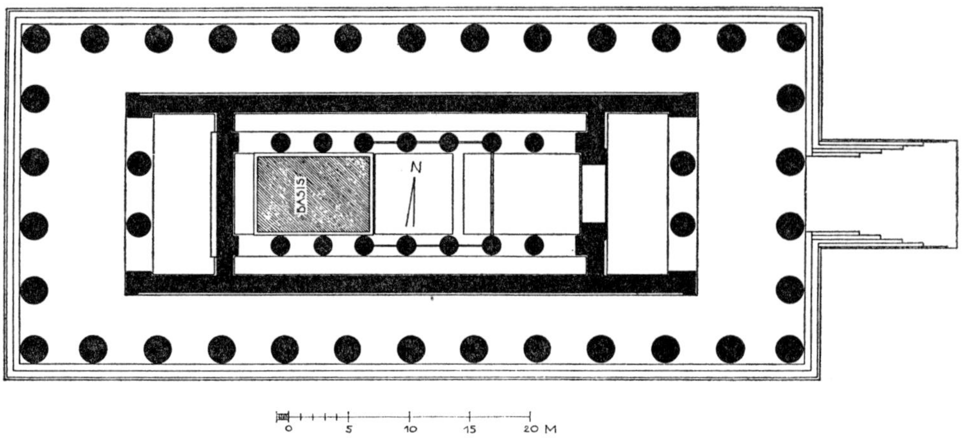

89 Zeustempel, Grundriß. (Gruben, Die Tempel der Griechen Abb. 41)

Als man sich gegen 470 v. Chr. entschloß, dem Herrn des olympischen Heiligtums einen eigenen Tempel zu bauen (Taf. 42, 43; Abb. 89–93), erhob sich als erstes die Frage: wo sollte dieser Tempel stehen? Dort, wo er eigentlich hingehört hätte, nämlich in die Nähe des großen Aschenaltars, war kein Platz. Hier waren die alten Kultstätten des Pelops und der Hera im Wege, und hätte man den Tempel in den freien Bereich östlich davon gesetzt, wäre der Altar an die Westseite des Baus geraten, was für einen griechischen Tempel unmöglich ist[493]. Man wählte daher einen Bauplatz im südlichen Teil der Altis, dort also, wo zwischen den Bäumen des Hains seit Beginn des Jahrhunderts die statuarischen Weihgeschenke sich häuften und wo auch seit Menschengedenken der heilige Ölbaum stand, von dem alle vier Jahre in feierlicher Zeremonie die Kränze für die olympischen Sieger geschnitten wurden. Da der Tempel fern vom Altar errichtet werden mußte, hat man, wie es scheint, diesen Baum als Orientierungspunkt ausersehen[494]. Man mußte freilich den Bau, wollte man ihn so groß wie möglich machen – und das wollte man offenbar –, bis hart an das altehrwürdige Wahrzeichen Olympias heranrücken, da im Osten, entlang des von Süden zum Zeusaltar führenden Weges, eine größere Zahl von Weihgeschenken den verfügbaren Raum einengte[495].

Über Anlaß und Zeitpunkt des Tempelbaus gibt Pausanias folgende lakonische Notiz: »Der Tempel und das Kultbild wurden Zeus aus dem Erlös der Beute errichtet, als die Eleer Pisa und die Nachbarstädte, die mit den Pisaten zusammen abtrünnig geworden waren, im Kriege vernichtet hatten« (V 10, 2). Daß damit nicht die Eroberung Pisas um 570 v. Chr.[496] gemeint sein kann, ist klar. Man hat daher an die Zerstörung triphylischer Städte gedacht, von der Herodot einmal beiläufig sagt, sie sei zu seiner Zeit erfolgt[497]. Die Pausaniasstelle bleibt ein wenig problematisch; man fragt sich auch, ob die Beute eines lokal begrenzten Kriegszuges überhaupt ausreichte, ein solch gewaltiges Unternehmen, wie es der Bau des Zeustempels samt Skulpturenschmuck und Goldelfenbeinkultbild darstellt, zu finanzieren. Wie dem auch sei: auf jeden Fall setzt das Projekt einen politischen und wirtschaftlichen Aufschwung von Elis voraus, wie er sich historisch in der demokratischen Reform des Staates von 472 v. Chr. und in der Gründung der Hauptstadt im darauffolgenden Jahr manifestiert[498]. Und natürlich dient der Zeustempel auch der Demonstration dieser neuen Machtstellung von Elis.

Daß der Bau um 470 begonnen sein muß, läßt sich auch am stilistischen und stratigraphischen Befund ablesen[499]. Für die Vollendung besitzen wir ein historisches Indiz. 457 v. Chr. erfochten die Spartaner und ihre Verbündeten einen Sieg bei Tanagra gegen die Argiver, Athener und Ionier; sie weihten zum Dank einen goldenen Schild nach Olympia, der am Dachfirst des Zeustempels angebracht wurde. Da anzunehmen ist, daß die Weihung bald nach der Schlacht erfolgte, darf man schließen, daß der Bau bei der Feier der 81. Olympiade (456 v. Chr.) fertig war[500]. Nicht mehr als anderthalb Jahrzehnte, vielleicht weniger hat also allem Anschein nach die Bauzeit betragen. Daß diese Berechnung stimmt, dafür zeugt der Bau selbst: er ist samt seinem Skulpturenschmuck ein einheitliches Gebilde von großartiger Geschlossenheit, ausgeführt in einem Zuge, ohne Verzögerung oder Unterbrechungen. Das heißt natürlich nicht, daß der Tempel nicht individuelle Feinheiten, auch Spuren einer selbst in einem so kurzen Zeitraum sich vollziehenden Stilentwicklung aufwiese. Diese sind indes äußerst subtil. Erst die differenzierende und auf verfeinerten Meßmethoden aufbauende Analyse formaler Details im Zuge der wissenschaftlichen Neubearbeitung des Zeustempels, die der Münchener Bauforscher Friedrich Krauss und seine Schüler vor einiger Zeit in Angriff genommen haben, hat solche Unterschiede sehen gelehrt[501]. Die alten Ausgräber hatten bei der Erstpublikation ein ziemlich summarisches Bild von diesem Bau gegeben, nicht nur, weil die Riesenaufgabe der Veröffentlichung der Ausgrabung des gesamten Heiligtums ihnen notwendigerweise Beschränkung auf das wichtigste auferlegte, sondern weil sie noch im Banne normativer Anschauungen des Klassizismus standen[502]. Das geht aus der merkwürdigen Tatsache hervor, daß in manchen Fällen erstaunlich genaue Beobachtungen, die in den Grabungstagebüchern festgehalten sind, in der Publikation zugunsten schematisierender Vorstellungen von kanonischen Formen und Proportionen unterdrückt wurden, die man aus einzelnen »typischen« Werkstücken gewonnen zu haben glaubte. Erst die genaue Erfassung aller noch irgendwie meßbaren Trümmer kann das im eigentlichen Sinn Individuelle dieses Baus erschließen. Einzelne wichtige Ergebnisse liegen bereits vor. So hat sich beispielsweise herausgestellt, daß Durchmesser und Gestalt der Säulen, insbesondere aber die Kapitelle an

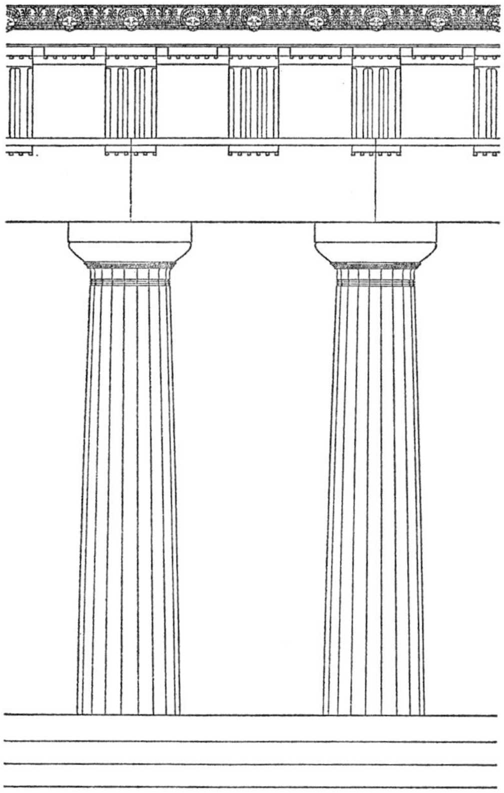

90 Zeustempel, Ringhalle (Langseite). (Schoenebeck – Kraiker, Hellas Abb. 10)

Frontseiten und Langseiten verschieden sind. An den Langseiten (Abb. 90) ist die strenge frühklassische Form reiner ausgeprägt als an den Frontseiten. Von den Frontkapitellen zeigen wiederum die der Westseite etwas entwickeltere Stilformen als die der Ostseite (Abb. 91). Ebenso weichen die Antenkapitelle der Ostseite von denen der Westseite geringfügig ab[503]. Eine Einwärtsneigung, wie sie am Parthenon und anderen klassischen Tempeln zu beobachten ist, scheinen die Säulen des Zeustempels nicht gehabt zu haben[504]. Wohl aber hatte der Tempel eine Kurvatur, d. h. eine leichte Krümmung aller Horizontalen als optisches Regulativ; sie ist freilich bisher nur für die Frontseiten ermittelt worden[505]. So erweist sich das ungemein fein abgestimmte formale Gefüge dieser großen Schöpfung der griechischen Architektur als höchst kompliziert, und je weiter man in seine Geheimnisse eindringt, desto mehr zeigt sich, daß es weit entfernt von einem abstrakten »Kanon« ist.

Durch die Errichtung des Zeustempels erhielt das Heiligtum nicht nur ein neues Zentrum der religiösen Verehrung und der Repräsentation, sondern auch optisch einen ganz neuartigen Akzent. Weißschimmernd erhob sich auf künstlichen Anschüttungen und massivem Unterbau der gewaltige Baukörper hoch über die Statuen und Weihgeschenke, über die sonstigen Gebäude und Anlagen, ja selbst über die alten Bäume des Hains hinaus (Taf. 2). Welcher Kontrast etwa zu dem niedrigen, altertümlichen Heratempel mit seinen damals teilweise noch aus Holz bestehenden Säulen, dem düsterfarbigen hölzernen Gebälk und Tondach! Zwar bestanden beim Zeustempel nur die Skulpturen und das Dach samt seiner ringsum mit Löwenköpfen besetzten Umrandung wirklich aus Marmor, doch hatte man sämtliche aus einheimischem Muschelkonglomerat bestehenden Bauglieder mit einem feinen, aus Marmormehl hergestellten Stuck überzogen und so dem Bau das Aussehen eines Marmortempels verliehen, bereichert durch die fein abgestimmten farblichen Akzente der Bemalung. Der heute grauverwitterte, unscheinbare Stein, den Pausanias Poros nennt und der in der Nähe Olympias

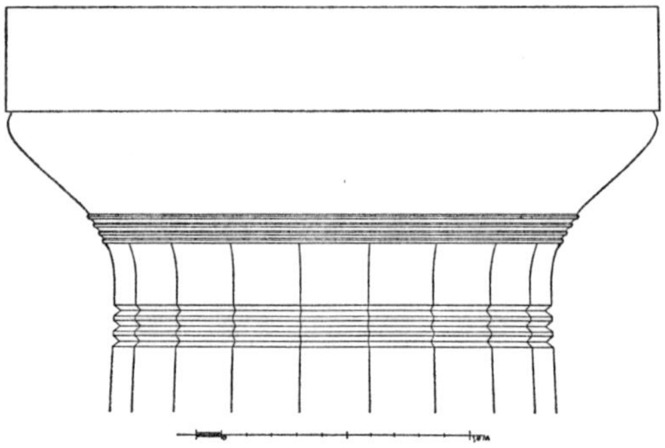

91 Zeustempel, Kapitell der Ostfront. (Krauss, Robert Boehringer, eine Freundesgabe 384 Abb. I b)

und auf der anderen Seite des Alpheios gebrochen ist, stellt ein denkbar ungeeignetes Baumaterial dar: er ist von wechselnder Dichte, porös und brüchig, von Muscheln durchsetzt und daher äußerst schwer zu bearbeiten. Einen Schriftsteller unserer Tage hat dieser eigenartige Stein — aus dem übrigens die meisten Bauten Olympias errichtet sind — zu der poetischen Äußerung inspiriert: »Das bröselige Gestein besteht aus kleinen Muschelschalen, die noch nicht einmal verkalkt, sondern nur zu einem grauen Stoff zusammengebacken sind, im einzelnen noch ganz erhalten, noch ganz nah dem Leben und dem tierischen Gewese. Es ist, als ob Myriaden dieser schaligen Tierchen herbeigekrochen seien, von heiliger Baugier erfüllt[506].« Um so bewundernswerter ist die Präzision der Steinmetzarbeit, die sich heute noch an guterhaltenen Partien der umherliegenden Trümmer beobachten läßt (Taf. 42 b). Dies ist um so erstaunlicher, als sämtliche Unebenheiten leicht durch den hinterher aufgetragenen Stuck hätten ausgeglichen und verdeckt werden können. Dennoch hat man alle Formen, alle Feinheiten der Profile, der Kanten und Kurven so sorgfältig wie irgend möglich ausgearbeitet. Es zeigt sich hier eine Werkgesinnung, eine innere Haltung, die wir auch sonst an griechischen Bauten spüren: Hingabe, Ehrlichkeit und Treue gegenüber der Aufgabe, der Wille, das beste überhaupt Mögliche zu leisten im Bewußtsein, daß man dies der Gottheit, der das Ganze geweiht ist, schuldig ist.

Die Brüchigkeit des Baumaterials ist schuld an dem Verfall, der nach dem Einsturz des Tempels einsetzte und schnell fortschritt, so daß sich heute dem Besucher ein

92 Zeustempel, Schnitt. (Schefold, Klassisches Griechenland Fig. 38)

Trümmerfeld darbietet (Taf. 42, 43), aus dem die Phantasie die einstige Gestalt des Baus kaum wiedererstehen lassen kann. Die vor einigen Jahren begonnenen neuen Untersuchungen an der Ruine haben nicht nur die subtilen Feinheiten der Architekturglieder und damit das eigentlich Individuelle des Baus erschlossen; sie haben leider auch ergeben, daß die Zerstörung weiter fortgeschritten ist, als man gedacht hatte. Die Erstpublikation Dörpfelds von 1896 hatte darüber hier und da hinweggetäuscht. Wie sich nunmehr herausstellte, läßt sich nicht einmal mehr die Säulenhöhe exakt bestimmen; freilich handelt es sich dabei nur um Zentimeterbeträge, die bei den monumentalen Dimensionen des Tempels kaum ins Gewicht fallen[507]. Dennoch zeigt sich hier das Ausmaß des Verfalls, und die Schwierigkeiten werden deutlich, die einer an sich wünschenswerten Wiederaufrichtung des Tempels, oder zumindest gewisser Teile, entgegenstehen. An der Südseite des Fundaments liegen noch einige der mächtigen Säulen in Sturzlage, so, wie das Erdbeben von 522 oder 551 n. Chr., welches den Zeustempel zerstörte, sie hingeschleudert hat (Taf. 42 b)[508]. Krauss hat sie genau untersucht, und er meint, daß die Säulen des Zeustempels von Olympia »wahrscheinlich die schönsten dorischen Säulen waren, die es gegeben hat«[509].

Pausanias gibt die Höhe des Tempels mit 68 Fuß an (20,13 m); das entspricht ziemlich genau dem, was die Archäologen errechnet haben. Länge und Breite, am Stylobat gemessen, betragen 64,12 : 27,68 m[510]. Damit ist der Zeustempel von Olympia der größte Tempel auf der Peloponnes[511]. Seine gewaltigen Abmessungen beeindrucken noch heute den Betrachter, wenn er staunend vor den Trümmern von Gebälkquadern, Triglyphen, Säulentrommeln, Kapitellen oder Geisonblöcken steht, aus denen die Größe und herbe Schönheit der frühklassischen Formensprache dieses dorischen Baus dem aufgeschlossenen Sinn noch vernehmbar ist. Jeweils sechs Säulen an den Fronten und dreizehn an den Langseiten bildeten die Ringhalle um die Cella (Abb. 89). Der Innenraum mit den Abmessungen 28,74 : 13,26 m war durch doppelstöckige Säulenstellungen in drei Schiffe aufgeteilt, das mittlere doppelt so breit wie die seitlichen. Der Tempel erhob sich auf einem Unterbau, dessen drei Absätze so hoch sind, daß man sie nur mit Mühe erklimmen kann. Sie sind nicht als Treppenstufen gedacht, sondern als monumentaler Sockel; den Zugang bildete an der Ostfront eine große Rampe.

Hoch oben über Säulen, Gebälk und Triglyphenfries bot sich dem antiken Betrachter als Bekrönung der Architektur der Anblick des Giebeldreiecks mit seinem Skulpturenschmuck. Von der Wirkung dieses Anblicks können wir nur schwer eine Vorstellung gewinnen, denn wir sehen die kolossalen Figuren heute im Museum in niedriger Aufstellung etwa in Augenhöhe vor uns, aus einer Entfernung und einem Blickwinkel also, für die sie nicht bestimmt sind. Dafür können wir ihre wunderbare plastische Durchformung bis ins einzelne verfolgen, wie dies einem antiken Betrachter niemals möglich war. Der einstige Einklang von Architektur und Plastik ist uns freilich verloren. Nur die zeichnerische Darstellung kann uns eine Ahnung davon geben. Eine Rekonstruktion der Westfront des Tempels von P. Grunauer, bei der neue Beobachtungen über die genaue Placierung der Figuren im Giebelfeld verwertet sind, zeigt erstmals den rhythmischen Zusammenklang von Giebelfiguren und Triglyphenfries (Abb. 93)[512].

Beim Einsturz des Tempels wurden die Skulpturen zerschmettert und unter den Trümmern des Baus begraben. Die Ausgräber fanden sie teilweise noch in Sturzlage,

93 Westfront des Zeustempels, Rekonstruktion von P. Grunauer

wodurch sich wichtige Aufschlüsse für die Rekonstruktion ergaben. Der größere Teil der Bruchstücke wurde allerdings von den Bewohnern des frühbyzantinischen Dorfes, die den Zeustempel als Steinbruch benutzten, verschleppt und in ihre Häuser verbaut; einiges ist dabei vernichtet worden[513]. Dennoch wurden von sämtlichen Figuren beider Giebel mehr oder weniger umfangreiche Teile wiedergefunden (Taf. 44–55); nicht eine einzige fehlt ganz, manche sind nahezu vollständig. Funde jüngerer Zeit lehren, daß immer noch Hoffnung auf weitere Ergänzungen besteht[514].

94 Westgiebel des Zeustempels, Rekonstruktion

Die Wiedergewinnung dieses Hauptwerkes der griechischen Plastik des Strengen Stils ist in erster Linie das Verdienst von Georg Treu, der während der Grabung alle Beobachtungen sorgfältig festhielt und sich dann in jahrelanger mühevoller Arbeit der Zusammensetzung der Figuren aus den zahllosen Fragmenten widmete. Die Ergebnisse sind im III. Band des Olympiawerkes niedergelegt. Auch an der Wiederherstellung der Gesamtkomposition der beiden Giebel hat Treu entscheidenden Anteil. Seine gegen alle Angriffe erfolgreich verteidigte Rekonstruktion des Westgiebels hat sich allgemein durchgesetzt und kann als gesichert betrachtet werden (Abb. 94)[515]. Die ursprüngliche Aufstellung der Ostgiebelfiguren (Abb. 95) ist hingegen immer noch in manchen Punkten umstritten.

Die heutige Anordnung des Westgiebels im Museum von Olympia (Taf. 44) ist falsch und wird hoffentlich bei der zu erwartenden Neuaufstellung im Museumsneubau korrigiert werden. Die frauenraubenden Kentauren beiderseits der Mittelfigur müssen vertauscht werden; links und rechts neben Apollon sind zunächst die beiden Einzelkämpfer Peirithoos und Theseus anzuordnen; nur so ergibt sich eine sinnvolle Komposition (Abb. 94). Dargestellt ist der Kampf der Lapithen und Kentauren, ein von der griechischen Kunst auch sonst gern behandelter Mythos. Die Kentauren, die im thessalischen Waldgebirge Pelion hausten, waren einst, so erzählte man, zur Hochzeit des Lapithenkönigs Peirithoos geladen. Doch auf dem Höhepunkt des Festes brach ihre ungezügelte, halbtierische Natur durch; vom Wein berauscht vergriffen sie sich an den Frauen, den Mädchen und weinausschenkenden Knaben und versuchten gar die Braut zu entführen. Ein wilder Kampf entbrannte, bei dem die Kentauren schließlich in die Flucht geschlagen wurden.

Im Westgiebel von Olympia wird diese alte Geschichte als dramatischer Vorgang mit unerhört drastischer Eindringlichkeit erzählt. Von der Giebelmitte nach den Ecken und wieder zurück wogt das Kampfgeschehen in gewaltigen Wellenbewegungen auf und ab; fast vergißt man über dem Eindruck des heftigen Hin und Her die kunstvolle Komposition der ineinander verschlungenen Kampfgruppen. Da wird gerungen, gebissen, gestochen, geschlagen und gewürgt; Hände verkrallen sich ineinander, klammern sich an Gliedmaßen, zerren an Haaren und Bärten, tasten nach Brüsten. Die Gesichter sind verzerrt von Schmerz, Angst oder Kampfeswut; man glaubt, Schreie und Stöhnen aus den geöffneten Mündern zu vernehmen. Nur in der Giebelmitte herrscht lautlose Stille, wie im Zentrum eines Wirbelsturms. Da steht groß und majestätisch, von den Kämpfern unbemerkt, der Gott. Von schmaler Standfläche nach oben strebend, wächst die mächtige Gestalt empor, die strahlende Herrlichkeit des nackten Leibes wird von einem Haupt bekrönt, das in der Kunst nicht seinesgleichen hat (Taf. 46). Es ist Apollon; wenn es dafür noch eines Beweises bedürfte, so liefern ihn die Spuren an der gesenkten linken Hand, die einst Pfeil und Bogen trugen. Der rechte Arm ist erhoben, die Hand weist mit ausgestrecktem Zeigefinger nach links[516]; in der gebieterischen Geste kündigt sich der Ausgang des noch unentschieden hin und her wogenden Ringens bereits an: es ist der Wille des Gottes, daß der Frevel bestraft werde, daß Gesetz und Gesittung siegen sollen.

Dem Gotte zunächst, gleichsam unter seinen Augen, kämpfen die beiden Hauptgestalten des dargestellten Mythos, Peirithoos und sein Freund Theseus, der auch zum Fest geladen war und dem Lapithenfürsten nun Beistand leistet. Von den Statuen der beiden Heroen ist nur wenig erhalten, denn sie waren ganz am vorderen Rand des

Giebels aufgestellt und vermutlich durch ein großes Eisen am Rücken an der Giebelwand befestigt; darum wurden beim Sturz die Oberkörper der Figuren völlig zertrümmert; erhalten blieben nur die Köpfe und Stücke der Arme sowie Teile der Unterkörper mit den im Kampfgetümmel herabgeglittenen Festgewändern[517]. In der linken Giebelhälfte folgte auf die Gestalt des Peirithoos jene fast vollständig erhaltene Gruppe, die man als den Kentaurenfürsten Eurytion mit der geraubten Braut Deidameia gedeutet hat (Taf. 47). Es folgt ein Kentaur,der einen Knaben zu entführen trachtet, und hierauf die sogenannte Ringergruppe: ein Kentaur, der von einem Lapithen niedergerungen wird, während er ein ins Knie gesunkenes Mädchen, das sich verzweifelt von ihm freizumachen sucht, an den Haaren festhält. Auf die beiden in die Giebelecken geflüchteten Dienerinnen, die angstvoll das Getümmel verfolgen, kommen wir noch zurück. Die Polster, auf denen sie sich gelagert haben, deuten an, daß sich das Geschehen in einem Raum, im Festsaal des Königshauses, abspielt.

Die rechte Giebelhälfte entspricht in der Anlage symmetrisch der linken Seite. Hier kämpft Theseus mit hoch über dem Kopf geschwungener Waffe, die man als Beil ergänzt hat, während Peirithoos das Schwert führte. Die Waffe richtet sich gegen einen Kentauren, der bereits von der Frau, die er mit den Vorderbeinen umschlungen hat, heftig bedrängt wird. Es folgt ein Kentaur, der den Würgegriff des von ihm geraubten Knaben durch einen Biß in dessen Arm abzuwehren sucht, die sogenannte Beißergruppe (Taf. 48). Schließlich die der Ringergruppe auf der linken Seite entsprechende »Stechergruppe«: hier wird dem wiederum bereits niedergebrochenen Kentauren, der diesmal seine ihm entgleitende Beute am Fuß festhält, von dem rechts angreifenden Lapithen ein Messer in die Brust gestoßen.

Mit den vier Eckfiguren hat es eine besondere Bewandtnis[518]. Drei von ihnen bestehen aus pentelischem Marmor, nicht aus parischem, wie die übrigen Giebelskulpturen. Nur die ganz rechts liegende ist, bis auf den angestückten linken Arm, aus parischem Marmor; sie ist also einmal repariert worden. Die Figur ganz links aus pentelischem Marmor entspricht ihr im großen und ganzen; bei genauem Hinsehen bemerkt man indes eine gröbere Ausführung: es handelt sich also um eine Ersatzfigur (Taf. 50). Offensichtlich hat sich der Steinmetz bemüht, das nicht mehr reparaturfähige Original möglichst getreu wiederzugeben; auch für den Kopf dürfen wir das vermuten, obgleich uns die Vergleichsmöglichkeit bei der Originalfigur rechts fehlt. Ganz anders steht es jedoch mit den zwei kauernden Dienerinnen, die in beiden Giebelecken, von den Liegenden halb verdeckt, auf diese folgen. Sie sind mit ihren faltigen Gesichtern in ganz realistischer Weise als alte Frauen charakterisiert, wie wir das sonst an keiner einzigen Gestalt der Olympiagiebel finden. Haben etwa schon die Originalfiguren, die sie ersetzten, derartige Züge aufgewiesen? Das wäre für die Zeit, in der die Giebel entstanden sind, eine außerordentliche Kühnheit gewesen, obwohl es auf Vasenbildern dergleichen vereinzelt gibt. Man hat vermutet, daß es sich nicht um »Kopien« handle, sondern um freie Nachbildungen im Geschmack einer späteren Zeit, wenn nicht überhaupt um Neuschöpfungen, die zu dichterer Füllung der Giebelecken im Zuge der genannten Restaurierungsarbeiten geschaffen worden sind. Daß der Zeustempel im Laufe seiner Geschichte Beschädigungen erlitten hat, sei es durch Erdbeben oder aber durch Absinken der Fundamente an den Ecken, läßt sich auch an anderen Indizien nachweisen. Ganze Partien der Architektur mußten, wie neuere Untersuchungen gelehrt haben, ausgebessert, ja sogar ganz ausgewechselt werden. Schon um die Mitte des 4. Jahrhunderts war eine solche durchgreifende Reparatur notwendig[519]. Ob damals bereits die Eckfiguren des Westgiebels erneuert werden mußten oder ob sie erst in hellenistischer oder gar römischer Zeit gearbeitet sind, ist eine archäologische Streitfrage. Größere Beschädigungen sind am Dach des Zeustempels nachweislich um 40 v. Chr. entstanden[520]. Eine Inschrift kündet von der Wiederherstellung durch Agrippa. Dies sowie andere Indizien lassen eine Datierung der Ersatzfiguren in frühaugusteische Zeit als die derzeit am besten begründete erscheinen. Bereits Treu hatte entdeckt, daß die Giebelfiguren stellenweise enger zusammengerückt worden sind als ursprünglich vor-

III
Zeus
und Ganymed.
Terrakotta.
Um 470
v. Chr.

41 Torso eines Kriegers,
aus einer Kampfgruppe.
Terrakotta.
Korinthisch. 480/470 v. Chr.
Etwa Dreiviertel-Lebensgröße

◁ 42 a Zeustempel, erbaut 470–456 v. Chr. Kapitell der Ringhalle
42 b Zeustempel, gestürzte Säulen der Südseite

43 a Zeustempel von Westen
43 b Zeustempel, Cella von Südwesten

44 Zeustempel, Westgiebel: Mittelgruppe. (Die heutige Aufstellung im Museum ist falsch. Beiderseits des Apollon sind Theseus und Peirithoos zu ergänzen; die beiden Gruppen der frauenraubenden Kentauren müssen ausgetauscht werden: s. Abb. 94). Ursprüngliche H. des Apollon: 3,15 m

45 Zeustempel, Ostgiebel: Mittelgruppe (Pelops – Zeus – Oinomaos). Ursprüngliche H. des Zeus: 3,15 m

46 Zeustempel, Westgiebel: Apollon 47 Zeustempel, Westgiebel: die Braut

48 Zeustempel, Westgiebel: sog. Beißergruppe. H. 2,05 m

49 Zeustempel, Westgiebel: Lapithin aus der sog. Stechergruppe

50 Zeustempel, Westgiebel: Dienerin aus der linken Giebelecke. Ersatzfigur etwa 30 v. Chr.

gesehen war[521]. Doch läßt sich schwer sagen, ob dies sich schon bei der ersten Aufstellung als notwendig erwies oder auf einen späteren Eingriff zurückzuführen ist. Angesichts der beiden halb abgeschnittenen Knabenräubergruppen und mancher anderer Anzeichen fragt es sich ohnehin, wie weit Entwurf und Ausführung beim Westgiebel auseinandergingen. Es ist mit Recht gesagt worden, daß man »im ganzen Giebel an den gewaltsamen Änderungen die Unruhe und den fast ungebändigten Trieb eines Genies im Verwerfen und Umformen« spüre[522].

Zum Technischen sei angemerkt, daß die einzelnen Figuren und Gruppen fast freiplastisch angelegt, auf der Rückseite und auch an manchen anderen Partien jedoch nicht immer ganz ausgearbeitet sind. Wir müssen uns die gewaltige Arbeitsleistung vorstellen, die ein solches Werk erforderte: insgesamt waren zweiundvierzig Skulpturen für die beiden Giebel herzustellen (die Viergespanne mitgerechnet), dazu noch die zwölf Metopenreliefs an der Cella. Moderne Bildhauer haben geschätzt, daß ein Mann an einer einzigen lebensgroßen Statue aus parischem Marmor etwa ein Jahr zu meißeln hätte[523]. Die Giebelfiguren von Olympia sind jedoch überlebensgroß, und selbst wenn wir mit einer erheblichen Zahl von ausführenden Bildhauern und Steinmetzen rechnen, können dennoch jeweils nicht allzu viele Hände gleichzeitig an einer Figur gearbeitet haben. Bei der erstaunlich kurzen Bauzeit von weniger als anderthalb Jahrzehnten für den gesamten Tempel ist es daher verständlich, wenn man sich Arbeit gespart hat, wo man konnte: an den nicht sichtbaren Partien der Figuren oder an solchen Stellen, wo Farbe die Detailausführung ersetzte. Denn auch dies müssen wir uns in unserer Vorstellung hinzudenken: die Wirkung der Farbe, die sicherlich gedämpft und keinesfalls »bunt« war, aber doch, wie bei jeder griechischen Skulptur, als ein uns verlorenes Element ihren Anteil an der künstlerischen Gestaltung hatte[524].

Eine Frage stellt sich schließlich noch: welchen Sinn hat das Thema und warum hat man es zur plastischen Ausgestaltung eines Giebels des Zeustempels ausersehen? Die beherrschende Göttergestalt im Zentrum der Darstellung ist nicht Zeus, sondern Apollon. Apollon spielt jedoch weder im Kult noch im Mythos von Olympia eine Rolle. Hinzu kommt, daß die Sage vom Kampf der Kentauren und Lapithen in Thessalien beheimatet ist. Auch der attische Heros Theseus ist in Olympia ein Fremdling. Schon Pausanias hat sich darüber seine Gedanken gemacht und nach Erklärungen dafür gesucht[525]. Auch in unserer Zeit hat es nicht an derartigen Versuchen gefehlt. Man hat behauptet, es sei überhaupt nicht die thessalische Kentauromachie gemeint, sondern eine elische oder arkadische Version der Sage, wobei man mehrere Möglichkeiten mit Hilfe der Literatur zu konstruieren suchte[526]. Überzeugend ist freilich keine dieser Hypothesen, denn *die* Kentauromachie ist nun einmal die »thessalische«. Sie war ein in der griechischen Kunst gerade damals viel dargestelltes Thema. Wir begegnen ihr auf den Vasen jener Zeit. Berühmt war vor allem das Kentauromachiegemälde in dem gegen 470 errichteten Theseusheiligtum in Athen, ein Werk der Polygnotschule, nach Pausanias (I 17, 2) des Mikon[527]. Ob man deshalb aber von einem »kühnen Attizismus« des Olympiameisters sprechen darf[528], ist sehr die Frage. Eine direkte Abhängigkeit des Westgiebelentwurfs von polygnotischer Malerei läßt sich schwerlich beweisen. Es scheint vielmehr, daß das Thema damals zum Allgemeingut der griechischen Kunst geworden ist; die führenden Meister der Zeit haben an seiner Gestaltung mitgewirkt, jeder auf seine Weise. Es spiegelt, ebenso wie ein anderes großes Thema jener Zeit, die Amazonomachie, das Lebensgefühl einer Generation, die noch unter dem überwältigenden Eindruck der großen Siege der Perserkriege stand. Die Griechen haben dieses gewaltige Geschehen unter dem Aspekt der Bestrafung der Hybris, der Besiegung der Barbarei gesehen, und eben dies ist, in das Medium des Mythos transponiert, im Westgiebel des Zeustempels von Olympia dargestellt[529]. Darum erscheint auch der Zeussohn Apollon, der Gott der Reinheit, des Maßes, der Ordnung, der schon bei Homer als unerbittlicher Rächer für Frevel und Hybris auftritt, in der Giebelmitte, obgleich er mit der Geschichte vom Kampf der Lapithen und Kentauren nichts zu tun hat. Etwas kommt vielleicht noch hinzu: Apollon ist von den Griechen immer als

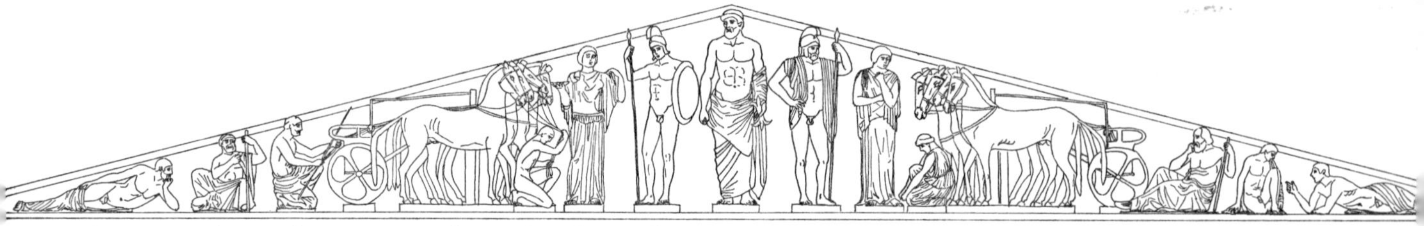

95 Ostgiebel des Zeustempels, Rekonstruktion

jugendlicher Gott aufgefaßt worden, und dies, zusammen mit dem agonalen Grundzug des Kentaurenkampfthemas, mag der ganzen Darstellung hier in Olympia noch eine eigene Note, eine Sinngebung besonderer Art verliehen haben. Ähnlich ist ja auch Herakles, dessen Taten der Metopenzyklus am Pronaos und Opisthodom des Tempels gewidmet ist, nicht allein der dorische Lieblingsheros, sondern zugleich Urbild athletischer Kraft, Abgott der Palästra, Inbegriff agonalen Strebens. Gewiß dürfen wir beide Gestalten, Apollon und Herakles, als Leitbilder der athletischen Jugend, die sich hier versammelte, ansprechen, als gestalthafte Verkörperung jenes Geistes, der Olympia damals, in seiner größten Zeit, erfüllt hat.

Beim Ostgiebel (Taf. 51–55; Abb. 95) liegen die Probleme anders. Hier ist vom Inhaltlichen her alles klar: Gegenstand der Darstellung ist die Wettfahrt von Pelops und Oinomaos. Gewiß gab es keinen Mythos, der geeigneter gewesen wäre, die Eingangsfront des Zeustempels zu schmücken. Alles stand für den antiken Betrachter in einem augenfälligen Sinnbezug zum Heiligtum und seinem göttlichen Herrn, zu den lokalen Heroen, zu den Kulten und Spielen und ihrer in die Vorzeit zurückreichenden Stiftung. Den Inhalt der Geschichte und ihre Stellung im Zusammenhang der Mythen Olympias haben wir schon behandelt (s. S. 38). Es bleibt uns zu fragen, wie der Olympiameister sich mit dem überlieferten Stoff auseinandergesetzt, ihn zu etwas plastisch Darstellbarem, zur monumentalen Giebelkomposition umgeformt hat.

Zuvor müssen wir uns jedoch über die Benennung der Figuren und ihre einstige Anordnung im Giebeldreieck Klarheit verschaffen. Dabei ergeben sich, wie bereits angedeutet, gewisse Schwierigkeiten; trotz aller Bemühungen hat sich bis heute nicht bei allen Figuren einwandfrei klären lassen, welche Stelle sie in der Gesamtkomposition einnahmen. Die leidenschaftlich geführte Diskussion hierüber zieht sich über fast ein Jahrhundert hin; sie setzte schon mit der Auffindung der ersten Skulpturenfragmente ein und dauert bis heute an. Zahllose Lösungsvorschläge sind gemacht worden; Einigkeit ist bisher nicht erzielt[530].

Umstritten ist namentlich die Rekonstruktion der Mittelgruppe (Abb. 96 a–d). Von den fünf stehenden Gestalten ist eindeutig nur die Position des Zeus. Klar ist weiterhin, daß auf Grund der Größenverhältnisse die beiden als Krieger gekennzeichneten männlichen Figuren den Gott flankiert haben müssen. Auch ihre Identifizierung macht keine Schwierigkeiten und ist nie in Zweifel gezogen worden. Die stolz aufgerichtete bärtige Gestalt mit erhobenem Haupt und herausfordernd in die Seite gestützter rechter Hand kann nur Oinomaos sein. Der in bescheidener Haltung verharrende Jüngling mit leicht gesenktem Antlitz, der am linken Arm einen Schild trug und dessen Brustpanzer mit bronzenem Zierat beschlagen war, ist zweifellos Pelops. Nach Pausanias standen Oinomaos und seine Gattin Sterope rechts von Zeus, Pelops und Hippodameia links. Aber heißt das »vom Beschauer aus gesehen« oder »zur rechten bzw. linken Seite des Gottes«? Der Sprachgebrauch ist bei Pausanias in diesem Punkt leider nicht einheitlich. Die beiden Figuren sind also theoretisch austauschbar, und damit beginnen die Schwierigkeiten[531]. Denn die Männer ziehen die Frauen nach sich, und bei diesen schwankt die Benennung, obgleich der Meister sie ganz verschieden charakterisiert hat. Die eine *(K)*[532] trägt den dorischen Peplos in seiner reichsten und strengsten Form, die linke Hand hebt den Zipfel eines auf der Schulter liegenden Schleiers, als wollte sie ihr Antlitz verhüllen; die Aktion der Rechten ist nicht ganz klar. Die Haltung der anderen *(F)* ist gelöster, die Gewandanordnung weniger konventionell; die Gebärde, mit der sie das Haupt in die Hand stützt, drückt besorgte Nachdenklichkeit aus; Anklänge an die Gestalt des Pelops sind spürbar, während die starre Haltung der anderen mehr an die des Oinomaos erinnert. Dies und andere Erwägungen haben viele Interpreten veranlaßt, die Figuren solcherart paarweise einander zuzuordnen; für sie drückte die Gebärde der »Sinnenden« *(F)* die angstvolle Beklommenheit der Braut aus, deren Schicksal hier entschieden wird, die unbewegte Haltung der anderen *(K)* hingegen den stolzen Sinn der Königin[533].

Mir scheinen indes gewichtigere Gründe für die umgekehrte Benennung der beiden Frauen zu sprechen. Manche Beobachter haben Altersunterschiede zu sehen geglaubt und die Figur *K* als die Tochter, *F* als die Mutter bezeichnet[534]; Sicherheit darüber ließe sich wohl nur gewinnen, wäre uns das Gesicht der letzteren erhalten. So sind wir im wesentlichen auf die Deutung von Haltung und Tracht angewiesen. Wer südliche Mentalität und Gesittung kennt, weiß, daß in dieser Hinsicht die Strenge der Konvention Mädchen und Braut stärker bindet als die verheiratete Frau. Hinzu kommt bei der Peplosträgerin *K* der Griff nach dem Schleier, ein typischer Gestus, der »Sittsamkeit« ausdrücken soll, wie sie der Braut ziemt. Sie steht vor uns im feierlichen Festgewand, in der starren Pracht des Brautstaates; ihre ganze Erscheinung hat etwas Förmliches und ist zugleich mädchenhaft zurückhaltend, scheu, verschlossen. Die andere verrät hingegen durch die Ungezwungenheit ihrer Haltung die Überlegenheit ihres gesellschaftlichen Status: es ist die Königin. Im dialektischen Verhältnis von Gemeinsamkeiten und Unterschieden, durch das die beiden Paare charakterisiert sind, zeigt sich die hohe Kunst des Olympiameisters. Die Freiheit in der Verhaltensweise der Sterope ist — ungeachtet der Verschiedenheit der plastischen Motive, welche der rhythmischen Auflockerung der Gruppe dient — dem königlich-stolzen Auftreten des Oinomaos innerlich verwandt. Aber zu seiner selbstsicheren Pose steht das grüblerische, Zweifel und Sorgen ausdrückende Gebaren seiner Gattin in tiefem Gegensatz; sie wendet sich von ihrem Gemahl ab, nichts verbindet die beiden mehr miteinander. Andererseits bildet die herbe Strenge der bräutlichen Erscheinung Hippodameias eine deutliche Antithese zu der weicheren, gelockerten Haltung, der latenten Beweglichkeit des jugendlichen Helden an ihrer Seite; doch die bescheidene Zurückhaltung, die beide auszeichnet und etwa dem entspricht, was die Griechen mit dem unübersetzbaren Begriff der *»aidōs«* meinten, läßt ihre wesensmäßige Zusammengehörigkeit erkennen. Die Kontrastierung der statuarischen Typen ergibt eine Gruppe von feindurchdachter rhythmischer Differenzierung, die, wie mir scheint, bei keiner anderen Figurenanordnung so überzeugend wirkt. Nicht minder bewundernswert ist die großartige innere Spannung der gegensätzlichen Charaktere, die dabei sichtbar wird und die noch gesteigert wird durch die alles überragende Erscheinung des Gottes in ihrer Mitte, deren bewegungsloses Verharren etwas Unheimliches hat.

Aus dem Gesagten ergibt sich, daß wir einer Aufstellung der Mittelgruppe den Vorzug geben, bei der die Figuren von links nach rechts in folgender Reihenfolge angeordnet sind: Hippodameia *(K)*, Pelops *(G)*, Zeus *(H)*, Oinomaos *(I)*, Sterope *(F)* (Abb. 95, 96 b)[535]. Die Angabe des Pausanias, Oinomaos stehe rechts von Zeus, ist demnach vom Betrachter aus gemeint, was sicher das Natürlichste ist. Für die Stellung der beiden männlichen Figuren ist nicht unwichtig, daß man sich die einst vorhandenen Bronzespeere hinzudenkt; ihre aufsteigenden Linien stellen sich der abfallenden Giebelschräge entgegen, würden hingegen bei umgekehrter Anordnung der Männer langweilig wirken und zudem in ungebührlicher Weise Zeus »bedrohen«. Die Öffnung beider Gestalten nach außen entspricht ganz der Abwendung von der Mittelfigur bei Peirithoos und Theseus im Westgiebel. Wie dort ist der Gott auch hier unsichtbar anwesend gedacht — wer dürfte es wagen, ihn anzublicken! Die Männer wenden sich den Frauen zu. Von den Giebelecken aber läuft die Bewegung nach der Mitte; alles ist in Stellung und Blick auf die Protagonisten des Dramas, auf die Mittelgruppe hin orientiert.

Den größten Raum der seitlichen Giebelfelder nehmen die beiden Gespanne ein. Die Wagen waren aus Bronze und sind verloren. Prachtvoll sind die Pferde in der nervösen Unruhe der Erwartung des bevorstehenden Rennens geschildert, das ein Kampf auf Leben und Tod sein wird. Den Raum vor ihren Köpfen füllen kniende Dienergestalten: links ein Pferdebursche *(B)*, der wohl die Zügel des Gespanns hielt, rechts in ehrerbietiger Haltung eine Dienerin *(O)*, die zur Königin gehört (Taf. 54); man hat gemeint, sie binde ihr die Sandale, doch hat sich dies als falsch erwiesen. Von den auf die Rennwagen folgenden Gestalten sind zwei bärtig: man hat sie als die Ahnherren der beiden olympischen Sehergeschlechter, Iamos und Klytios gedeutet[536]. Der rechte *(N)* blickt mit unverkennbaren Anzeichen schmerzlicher Bewegtheit auf Oinomaos (Taf. 52); der linke *(L)* scheint zuversichtlich, sein Blick ist gen Himmel gerichtet. Symmetrische Responsion ist bei diesen Figuren bewußt vermieden: der unheilahnende Seher rechts sitzt näher bei der Mittelgruppe, gleich hinter dem Wagen, dort, wo auf der anderen Seite ein zügelhaltender Diener *(C)* hockt; dem aufwärtsblickenden Seher links entspricht drüben ein sitzender Knabe, der wohl zum Gesinde des Königshauses gehört *(E)*, eine der reizvollsten Giebelfiguren (Taf. 55). Für die liegenden Gestalten in den Giebelecken überliefert uns Pausanias die Namen: es sind die Flußgötter Alpheios und Kladeos; sie bezeichnen den Ort der Handlung: Pisa-Olympia. Der behäbig Gelagerte links *(A)*, der bärtig zu denken ist, kann nur Alpheios sein; die von ihm eingenommene Giebelecke weist denn auch nach Süden, in Richtung auf den Fluß. Kladeos, der kleine, bei Regenfällen mitunter plötzlich anschwellende Nebenfluß des Alpheios, ist in dem jugendlichen Liegenden rechts *(P)* mit dem wachen, temperamentvollen Ausdruck verkörpert (Taf. 53). Bei Pausanias wird Kladeos auf der Seite des Oinomaos, Alpheios auf der des Pelops genannt; dies ist ein wichtiger Fingerzeig, daß die Anordnung der Mittelgruppe, für die wir uns entschieden haben, richtig ist[537].

Denn vergessen wir nicht: richtig kann nur eine Aufstellung und Bennung der Figuren sein, die mit den wenigen sicheren Anhaltspunkten, die wir haben, in Einklang steht. Sichere Anhaltspunkte bilden einzig die Figuren, deren Platz im Giebel eindeutig feststeht[538]. Das sind außer Zeus und den beiden Flußgöttern die Gespanne und, wegen der Größenverhältnisse, die jeweils auf den Wagen folgende Figur, also der Seher rechts *(N)* und der zügelhaltende Diener links *(C)*. Der Seher *(N)* mit seinem ahnungsschweren Ausdruck ist eine für die Aufstellungsfrage entscheidende Figur, denn er »zieht« Oinomaos, dessen Untergang er voraussieht und den er natürlich anblikken muß, wenn die Darstellung einen Sinn haben soll, unweigerlich auf die rechte Giebelseite. Übrig bleiben vier Figuren, über deren Verteilung man sich weitgehend geeinigt hat. Die beiden im Motiv verwandten Knienden, das Mädchen *(O)* und der jugendliche nackte Diener *(B)* fügen sich am besten in den freien Raum unterhalb der Pferdeköpfe ein. Dann bleibt für den zweiten Seher *(L)* nur der Platz zwischen Alpheios und Gespannhalter auf der linken, für den hockenden Knaben *(E)* aber die entsprechende Stelle auf der rechten Giebelseite.

Überprüfen wir die so gewonnene Anordnung am Pausaniastext, scheint sich freilich eine Schwierigkeit zu ergeben. Denn dort wird auf der Seite des Oinomaos nach Sterope und vor dem Gespann Myrtilos, der Wagenlenker des Königs, erwähnt. An dieser Stelle sitzt jedoch nach unserer Rekonstruktion das kniende Mädchen. Gibt das nicht denjenigen Recht, die Oinomaos auf die andere Seite des Zeus stellen wollen? Denn dort finden wir ja vor dem Gespann jenen Pferdeburschen *(B)*, auf den man die Bemerkung des Pausanias beziehen könnte. Aber wer ist dann der Mann, der hinter dem Gespann kniet? Wenn einer auf die Deutung als Wagenlenker Anspruch hat, dann doch eigentlich nur er. Freilich trägt er nicht das typische Wagenlenkergewand. Man sieht: so kommen wir nicht weiter. Wir müssen bedenken, daß für Pausanias sämtliche Figuren zwischen der Mittelgruppe und den Flußgöttern Wagenlenker und Pferdeknechte sind[539]. Er hat auch die beiden Seher verkannt. Und offensichtlich hat er das Mädchen neben Sterope für einen Wagenlenker gehalten[540]. Wenn jemand im

a Nach Loeschcke – Treu – Furtwängler

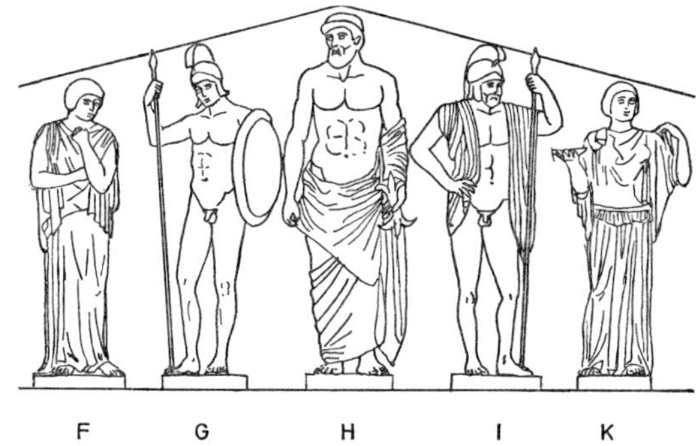

b Nach Hirschfeld – Kekulé

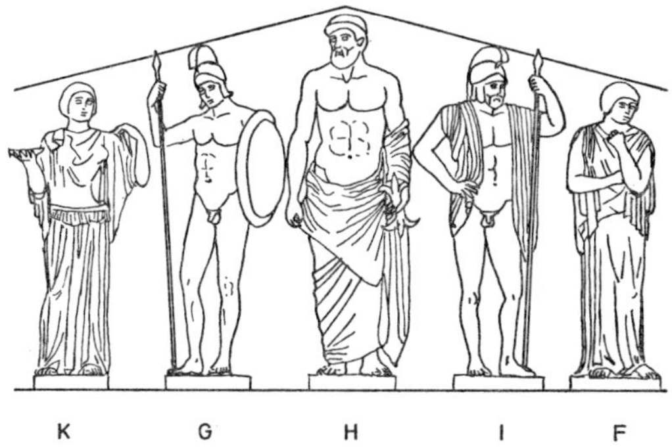

c Nach Studniczka – Buschor

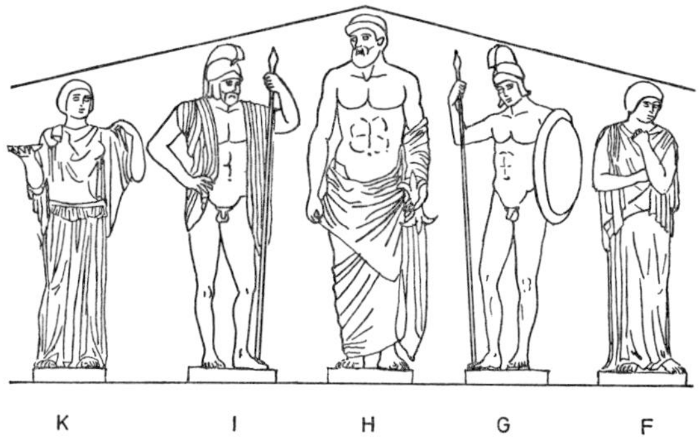

d Nach Säflund

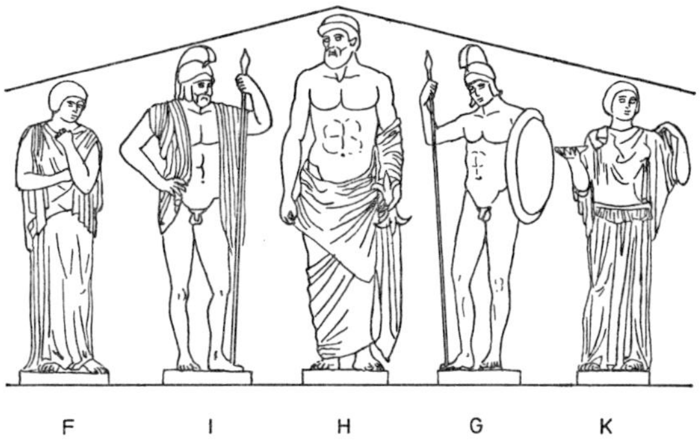

96 Rekonstruktionsversuche der Mittelgruppe des Ostgiebels des Zeustempels. (Richtig scheint am ehesten Lösung b: siehe S. 137)

Giebel Myrtilos suchte, dann konnte er am ehesten auf jene Figur verfallen, denn antike Wagenlenker tragen bekanntlich ein langes Gewand (wenn auch keinen Peplos, aber das war von unten so genau nicht zu erkennen). Es handelt sich also um einen Irrtum des Pausanias, und zwar um einen recht verständlichen. Denn auffällig ist es in der Tat, daß auf der »Oinomaos-Seite« niemand sich um Pferde und Wagen zu kümmern scheint, während drüben in der anderen Giebelhälfte das Gespann von zwei Bediensteten gewartet wird. Muß das nicht Bedenken an der Richtigkeit der Rekonstruktion erregen? Myrtilos, der Wagenlenker des Oinomaos, spielt im Mythos zweifellos eine Rolle, in manchen Versionen der Sage ist er sogar die entscheidende Figur. Kann er im Giebel gefehlt haben? Wir dürfen die Frage getrost bejahen. Denn mit Myrtilos kommt ein zwielichtiges Element, kommen List, Verrat und Liebesintrige in die Geschichte hinein. Hier im Olympiagiebel jedoch scheint alles auf Zeus bezogen, der beherrschend im Mittelpunkt steht: göttliches Wirken allein entscheidet das Schicksal der Personen des Dramas, nicht Betrug und Ränkespiel. War dies die Intention des Olympiameisters, wollten seine Auftraggeber die verschieden erzählte Geschichte so dargestellt sehen, dann bestand allerdings Grund genug, die Gestalt des Myrtilos wegzulassen. Sie fehlt übrigens auch bei Pindar in seiner um die gleiche Zeit geschriebenen I. Olympischen Ode: Pelops siegt allein durch göttliche Hilfe[541]. Mit Recht hat Buschor gefordert, daß die Giebelplastik von Olympia »nur am höchsten Maßstab, an der großen Dichtung der Zeit gemessen werden dürfe, die frei und kühn mit dem Mythos schaltet, ihn zum Gefäß ihrer neuen großen Ideen macht«[542].

Im Ostgiebel von Olympia gibt es keine Wagenlenker. Die Helden fahren allein. Alles ist auf die Hauptfiguren des Mythos konzentriert. Was wir sehen, ist auf der einen Seite ein Gespann, das von Dienern zur Abfahrt bereitgehalten wird, und auf der anderen Seite ein Gespann, das offenbar noch gar nicht startbereit ist: es steht ohne Bedienung da[543]. Bekanntlich ließ Oinomaos seinen Gegnern immer einen Vorsprung, da er ohnehin sicher war, sie mit seinen unbesiegbaren Pferden, einem Geschenk seines göttlichen Vaters Ares, einzuholen. So war es immer geschehen, und jedesmal hatte den unglücklichen Freier die Lanze des Königs gefällt. In überheblicher Siegesgewißheit steht Oinomaos da. Pelops wird im nächsten Augenblick den Wagen besteigen und davonfahren, während sein Gegenspieler noch nicht einmal die Dienerschaft herbeigerufen hat, den Wagen zur Abfahrt zu richten.

Das Thema des Giebels ist nicht das Rennen selbst, sondern jener ungeheure Augenblick, in dem alles noch in der Schwebe ist. Es herrscht eine unheimliche, fast beklemmende Spannung. Jede der scheinbar handlungslos verharrenden Figuren ist von ihr ergriffen, wenn auch die andeutende, aber ungemein fein differenzierende Sprache dieser Kunst ein genaues Aufmerken erfordert, um vernehmbar zu werden; sie ist daher auch nicht immer verstanden worden[544]. Innere Bewegung verrät sogar die fast statuarisch anmutende Gestalt des Zeus. Die Finger seiner rechten Hand greifen in kaum verhaltener Unruhe ins Gewand: eine fast unmerkliche Geste, die dennoch viel verrät (Taf. 51)[545]. Bei Zeus liegt die Entscheidung; wie sie ausfallen wird, ist durch die Rechtswendung des Hauptes, die aus dem Halsansatz sicher zu erschließen ist, angedeutet. Dort, an der bevorzugten Seite, steht Pelops. Ihm wird der Sieg zufallen[546]. Für Oinomaos aber, der zur Linken des Gottes steht, ist der Blitz bestimmt, den Zeus' linke Hand einst hielt: er wird den Palast des Königs einäschern. Der König, der in frevelhafter Weise alle Freier seiner Tochter heimtückisch dem Tode überantwortet hat, posiert zwar in betonter Überlegenheit, doch die Erregung hat auch ihn gepackt. Sein Mund ist geöffnet, die Zähne sichtbar; er scheint schwer zu atmen, oder es ist gerade ein herrisches Wort über seine Lippen gegangen (Taf. 45). Die Königin wendet sich ab von diesem Mann, den Trotz und Hybris verblendet haben. Sie ahnt mit jener feinen Intuitionsgabe, wie nur Frauen sie haben, das Unheil, das sich über ihrem Hause zusammenzieht und das auch sie mit sich reißen wird. Der weiter rechts hinter dem Wagen des Königs hockende Seher ahnt nicht, er weiß bereits, was geschehen wird; seine gefurchte Stirn, sein verdüsterter Blick, die Art, wie er das sorgenvolle Haupt in

51 Zeustempel, Ostgiebel: Zeus. Ursprüngl. H. 3,15 m

◁ 52 Zeustempel, Ostgiebel: Seher

◁ 53 Zeustempel, Ostgiebel: Kladeos

54 Zeustempel, Ostgiebel: rechtes Gespann,
Dienerin, Hippodameia.
(Die vermutlich richtige Anordnung der Figuren
ist aus Abb. 95 und 96 b zu ersehen)

55 Zeustempel, Ostgiebel: sitzender Knabe. H. 0,95 m

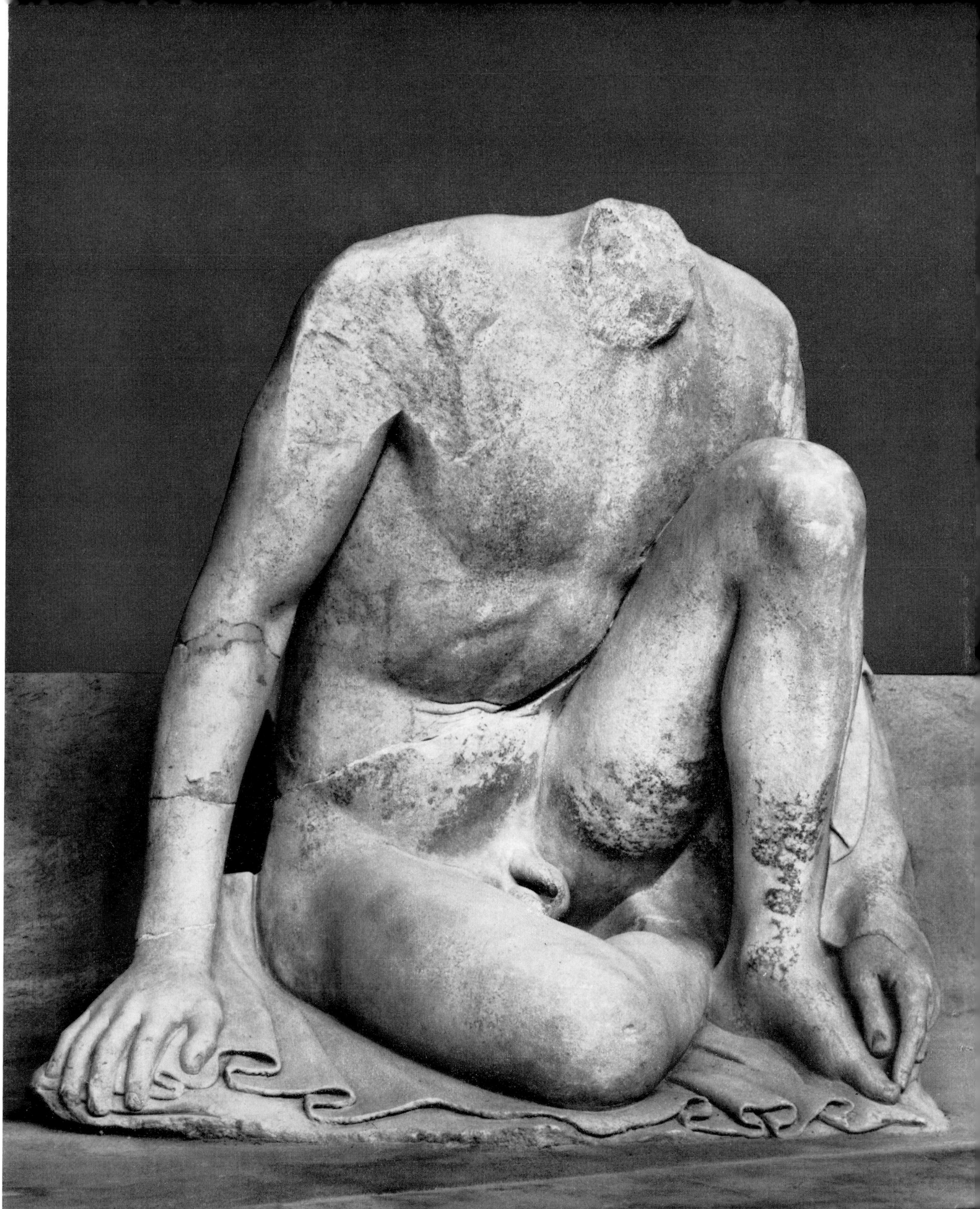

56 Zeustempel, Metope 3: Herakles bringt Athena die erlegten stymphalischen Vögel.
Paris, Louvre (Athena und Kopf des Herakles Original, das übrige Gipsabguß nach den in Olympia verbliebenen Bruchstücken). H. 1,60 m

57 Zeustempel, Metope 10: Herakles, das Himmelsgewölbe tragend, Atlas mit den Hesperidenäpfeln und Athena. H. 1,60 m

58 Funde aus der Phidiaswerkstatt: a Tönerne Matrize, Gewandpartie. H. 38,5 cm. – b Tonformen zur Herstellung gläserner Palmettenblätter. H. 10–12,7 cm. – c Bestandteile gläserner Ornamentauflagen (Palmettenblätter)

59 Funde aus der Phidiaswerkstatt: a Elfenbeinabfälle. – b Griffel und Modellierwerkzeuge aus Bein. – c/d Goldschmiedehämmerchen aus Bronze. – e Scherbe von einem Krater des Kleophon-Malers (Nike, einen Kitharoden bekränzend). 435/430 v. Chr. ▷

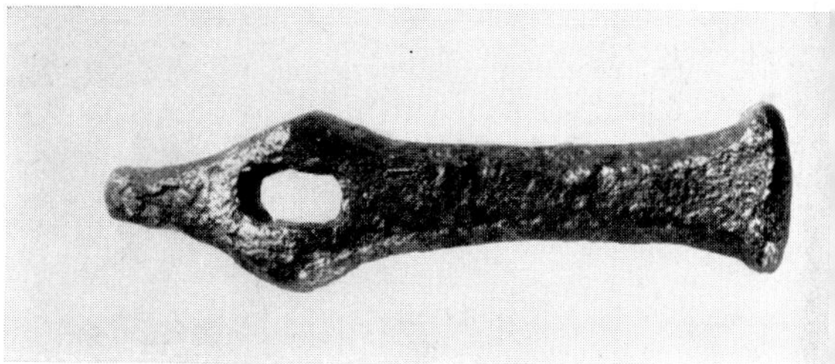

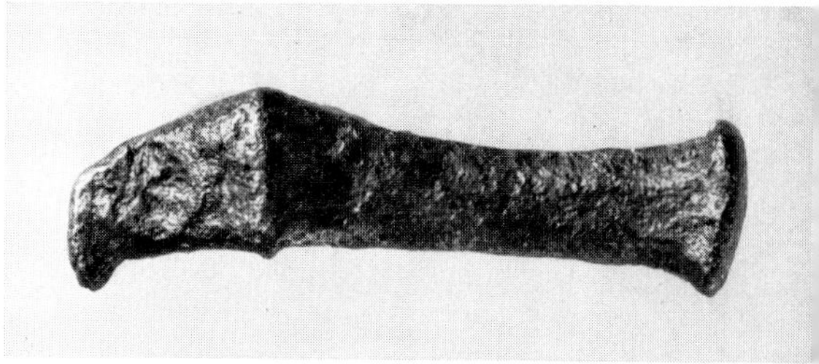

60 a Hadrianische Münze mit dem Kopf des phidiasischen Kultbildes.
2. Jahrhundert n. Chr. Berlin, Staatliche Museen, Münzkabinett

60 b Hadrianische Münze mit Darstellung des phidiasischen Kultbildes.
2. Jahrhundert n. Chr. Florenz, Museo Archeologico

60 c/d Schwarzgefirnißtes Riefelkännchen mit Graffito des Phidias auf der Unterseite:
»Des Phidias [Eigentum] bin ich«. Um 440/430. H. 7,7 cm

die Hand stützt, verraten es deutlich genug. Sein Verhalten macht ihn zu einer Schlüsselfigur, in der die Tragik des Geschehens sich auf besondere Weise spiegelt. Er sieht das Verhängnis kommen, aber er kann es nicht aufhalten (Taf. 52)[547]. Der König nimmt die stumme Warnung im Auge des Sehers nicht wahr, und wenn er sie wahrnähme, würde es ihm nichts nützen. Die Würfel sind gefallen, der Gott hat entschieden.

Der antike Betrachter kannte natürlich den Mythos. Er wußte, wie die Geschichte ausgehen würde und verstand all die leisen Andeutungen, denen wir nur mühsam und durch langes Versenken in die Eigenart dieser Kunst auf die Spur zu kommen vermögen und die uns dennoch, zumal bei falscher Anordnung der Figuren, teilweise verschlossen bleiben. Betrachten wir nochmals das Ganze (Abb. 95), so wird jetzt deutlich, wie die Dramatik im wesentlichen aus der großen Spannung der beiden Giebelhälften erzeugt wird. Jede Seite »gehört« einem der Kontrahenten. Zeus steht in der Mitte. Er ist allein, isoliert, ganz in seiner eigenen Sphäre, großartig erfaßt in der Einsamkeit seines göttlichen Seins und seines Entschlusses. Der Blick des Betrachters wandert, seiner Kopfwendung folgend, zunächst nach links, wo Pelops steht, abwartend und in den Willen des Gottes ergeben, doch bereit zur Tat. Dort ist alles gerüstet. Es herrscht hoffnungsvolle Erwartung, die aufgerichtete Haltung der Braut drückt Vertrauen aus, der Seher blickt zuversichtlich gen Himmel, die Pferde stehen »auf dem Sprung«, sie sind von den Dienern kaum zu zügeln, Aktivität und Entschlossenheit geht von der ganzen Gruppe aus. Auf der anderen Seite hingegen herrscht Niedergeschlagenheit, Passivität, unheilschwangere, düstere Stimmung. Eine Art Lähmung scheint sich über alle gelegt zu haben. Von der sorgenvollen Versunkenheit der Königin und des Sehers sprachen wir bereits. Aber auch das Mädchen läßt bedrückt den Kopf hängen, und selbst der hockende Knabe scheint von der eigentümlichen Apathie erfaßt, die so lastend über der Szene liegt. Der Giebel zerfällt ganz deutlich in eine »positive« und eine »negative« Seite. Nichts geschieht, und dennoch ist hier eine ganze Geschichte dargestellt.

Dies ist nun freilich eine Art, mythische Erzählung in die Bildsprache der Kunst umzusetzen, die ganz anders ist, als man es bisher gewohnt war. Und damit beantwortet sich auch eine letzte Frage, die wir noch stellen müssen, nämlich die, ob sich eine zeitliche Reihenfolge bei der Entstehung der beiden großen Giebelkompositionen feststellen läßt, wie wir dies bei anderen Tempeln beobachten können. Man würde erwarten, daß der Giebel über der Eingangsseite zuerst fertiggestellt wurde, während man sich mit der Rückseite Zeit ließ; so ist es beispielsweise beim Parthenon, aber auch schon bei den beiden ursprünglichen Giebeln des Aphaiatempels von Ägina. Auch beim Zeustempel von Olympia wird, sofern die Frage überhaupt gestellt wird, meist der Ostgiebel für das frühere, der Westgiebel für das jüngere Werk gehalten, freilich weniger aus äußeren Gründen, sondern weil man gewöhnlich den Stil des Westgiebels für reifer, fortgeschrittener hält als den des Ostgiebels; er gilt im Werk des Olympiameisters als die vollendetere Leistung[548]. Vergleicht man indessen die beiden Giebel als Kompositionseinheiten von ihrer Darstellungsweise her miteinander, so wird deutlich, daß der Erzählstil des Westgiebels im Grunde noch archaisch ist. In der breit ausgemalten Schilderung des Kampfgeschehens, der Freude an der Bewegtheit und Vielfalt der Szenen, der Liebe zum Detail und zu harten Kontrastwirkungen erweist er sich als ein Werk, das bei aller neuartigen Kühnheit und Wucht der plastischen Gestaltung noch durchaus in der Nachfolge älterer Traditionen steht[549].

Die Darstellungsweise des Ostgiebels stößt dagegen in völlig neue Bereiche der Kunst vor. Der Mythos wird über die Äußerlichkeiten der überlieferten Vorgänge hinausgehoben in die Bedeutsamkeit der zeitlosen Aussage, in eine reinere, höhere Wirklichkeit. Man hat oft gefragt, welcher Moment denn eigentlich gemeint sei: die Vorbereitung zum Wettkampf, das Opfer vor dem Aufbruch, der Vertrag der beiden Kontrahenten – aber die Frage ist falsch. Es ist überhaupt kein bestimmter Punkt im Handlungsablauf dargestellt, sondern das mythische Geschehen ist in ein einziges Bild zu-

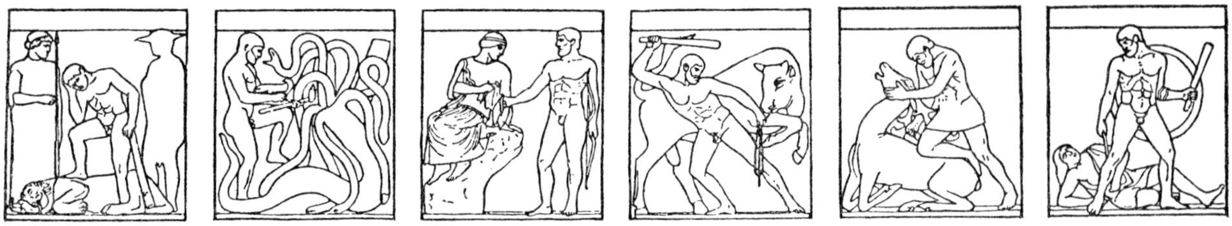

97 a Westmetopen des Zeustempels. (Fuchs, Die Skulptur der Griechen Abb. 456, 457)

sammengefaßt, das vor den Betrachter hingestellt wird als Spiegel der Wahrheit, die der Mythos verkündet. Was hier vor uns steht, entspricht dem Bild des Mythos, wie es die attische Tragödie geformt hat. Hier wird keine alte Sage erzählt, sondern die Unabwendbarkeit des Schicksals gezeigt, dessen Lauf von den Göttern bestimmt wird. Und dies ohne alles Pathos. Es herrscht eine Atmosphäre von beinahe nüchterner Sachlichkeit, die weit entfernt ist von allem Stimmungshaften, das moderne Betrachtungsweise in diese Giebelkomposition hineinzusehen pflegt. Das Drama ist gleichsam von außen nach innen verlegt, in die Gestalten selbst. Das Walten der Gottheit bildet bei beiden Giebeln das Leitmotiv; auch die Bestrafung der Hybris und die mythische Überhöhung des agonalen Gedankens sind Elemente, die Ost- und Westgiebel thematisch miteinander verbinden. Aber welch ein Schritt von der vordergründigen Erzählweise des Westgiebels zum entrückten, handlungslosen Sein jener einsamen Gestalten des Ostgiebels[550]!

Daß zwei so verschiedenartig konzipierte Giebel an einem Tempel vereinigt sind, ist nur in einer Zeit möglich, in der sich ein tiefgreifender Wandel vollzog. Dabei kann es sich, wie die stilistische Analyse der einzelnen Figuren lehrt, keinesfalls um eine erhebliche zeitliche Distanz handeln; die Arbeit an den beiden Giebelkomplexen könnte sich sogar teilweise überschnitten haben[551]. Entscheidend ist lediglich, daß der Ostgiebel alle archaischen Reminiszenzen hinter sich gelassen hat, daß er ganz in das reine Licht der Klassik getaucht, ganz erfüllt ist vom Geist eines neuen Zeitalters.

Wenn der Besucher über die große Rampe zum Tempel hinaufschritt und in den Säulenumgang eintrat, erblickte er über dem Gebälk des Vorraums der Cella eine Reihe von Reliefs. Dies ist eine Besonderheit des Zeustempels: während die Außenmetopen glatt und unverziert gelassen waren[552], hat man die Metopenfelder über Pronaos und Opisthodom der Tempelcella skulpiert. Als Thema für die zwölf aus architektonischen Gründen sich ergebenden Metopen wählte man die Taten des dorischen Lieblingshelden Herakles, des Zeussohnes und — wie viele glaubten — Gründers des Heiligtums und der Spiele (Abb. 97 a/b). Ob ein aus den zahllosen Abenteuern des Heros herausgehobener Zwölferzyklus von Herakleskämpfen damals schon bestand oder etwa durch die Olympiametopen erst geschaffen wurde, wissen wir nicht. Später jedenfalls scheint man mit dem »Dodekathlos« (Zwölfkampf) jene Taten bezeichnet zu haben, die der Held im Dienste des Königs Eurystheus kraft göttlichen Schicksalsspruches vollbringen mußte. Am Zeustempel von Olympia hat diese Folge der zwölf Heraklestaten ihre klassische Form erhalten.

Von allen Metopen haben sich mehr oder weniger zahlreiche Bruchstücke im Tempelschutt oder verbaut in späten Mauern wiedergefunden. Ihre Zusammenfügung in jahrelanger, mühsamer Arbeit und damit die weitgehende Wiedergewinnung des ganzen Zyklus ist wiederum das Verdienst von Georg Treu[553]. Seine Arbeit wurde noch dadurch erschwert, daß einige Metopenfragmente bereits 1829 bei den französischen Schürfungen am Zeustempel gefunden und nach Paris mitgenommen worden waren. Im Museum von Olympia sind diese Teile in Form von Abgüssen mit dem originalen Bestand vereinigt. Die Anordnung der Metopen am Bau, ihre Verteilung und Reihenfolge ergibt sich aus der Beschreibung des Pausanias, die durch die Fundlage der Fragmente in vielen Fällen bestätigt werden konnte[554].

Der Zyklus beginnt an der Rückfront der Cella oben links mit der Tötung des nemeischen Löwen. Es folgen der Kampf mit der Hydra, die Erlegung der stymphali-

97 b Ostmetopen des Zeustempels. (Fuchs, Die Skulptur der Griechen Abb. 458, 459)

schen Vögel, das Einfangen des kretischen Stiers, die Bezwingung der kerynitischen Hirschkuh und der Amazonenkampf. An der Vorderseite der Cella sah man dann, wie Herakles dem erschreckten Eurystheus den erymantischen Eber bringt, wie er das Diomedes-Roß zähmt, den dreileibigen Riesen Geryoneus erschlägt, die Hesperidenäpfel von Atlas empfängt, den Höllenhund Kerberos aus der Unterwelt heraufholt und schließlich, wie er den Augiasstall reinigt. Für die meisten Themen gab es bereits eine alte Bildüberlieferung. Es ist nun aufs höchste bewundernswert, mit welch souveräner Freiheit der Olympiameister dieser Tradition gegenübersteht.

Das zeigt sich schon bei der ersten Metope der ganzen Reihe, der Löwenmetope (Abb. 98). Kein anderes Heraklesabenteuer war in der archaischen Kunst so beliebt gewesen: auf einer schier endlosen Reihe von Darstellungen auf Vasen und in der Kleinkunst sehen wir den Helden mit dem Untier ringen – ein Bildschema, das letztlich auf den Orient zurückgeht[555]. Der Olympiameister schafft etwas völlig Neues. Nicht im Kampf zeigt er den Helden: der Löwe liegt bereits tot am Boden ausgestreckt, der Sieger hat den Fuß auf ihn gesetzt und legt erschöpft den Kopf in die Hand des aufgestützten rechten Armes; mit der Linken stützt er sich auf die Keule. Herakles ist auf dieser Metope unbärtig, noch ganz jugendlich, fast knabenhaft. Noch nie war er in der Kunst so ganz und gar unheldisch dargestellt worden: schon nach seiner ersten Tat ermattet und verzagt, in trübe Gedanken versunken vor sich hinstarrend, den langen, schweren Weg bedenkend, der vor ihm liegt. Stünden nicht die beiden beistandverheißenden Gottheiten neben ihm, Athena und – von Treu aus geringen Resten erschlossen – Hermes, so müßte man am glücklichen Ausgang der Geschichte zweifeln. Was wir hier sehen, ist nicht einfach eine »Vermenschlichung« des Heros, wie man vielfach gemeint hat, es ist mehr. Der Künstler, der dieses ungewöhnliche Heraklesbild schuf, war ein Zeitgenosse des Aischylos. Herakles ist nicht mehr als der übermenschlich starke Kämpfer gesehen, der die Welt von Ungeheuern befreit, sondern als eine tragische Gestalt, als Duldender und Leidender, der ein unbegreifliches Schicksal auf sich nimmt, das die Götter über ihn verhängt haben. Streng und kühl blickt Athena auf ihn herab; ihre Züge sind von fast männlicher Herbheit. Nichts deutet darauf hin, daß Herakles die beiden Gottheiten bemerkt. Trotz ihrer Gegenwart ist die Verlassenheit des Helden der vorherrschende Eindruck. Götternähe ist hier zugleich Götterferne unter dem tragischen Aspekt einer neuen Weltsicht: dem Bewußtsein der Verlorenheit des Einzelnen in der unauflösbaren Spannung zwischen Freiheit und Schicksal.

Auf der nächsten Metope kämpft Herakles mit der vielköpfigen Hydra; die Darstellung hält sich, soweit der Erhaltungszustand es erkennen läßt, im Rahmen der Tradition, sie konzentriert jedoch den Kampf auf das unbedingt Notwendige und verzichtet auf das hergebrachte Beiwerk. Höchst originell ist dann wiederum die Art, wie auf dem folgenden Relief die Vernichtung der stymphalischen Vögel erzählt wird (Taf. 56). In der archaischen Fassung war Herakles als Bogenschütze dargestellt, von den mörderischen Vögeln umflattert[556]. Die Olympiametope steht in der Ikonographie dieser Sage völlig einzig da. Gezeigt ist, ähnlich wie auf der Löwenmetope, nicht der Kampf selbst, sondern der Augenblick danach: Herakles bringt die erlegten Vögel der auf einem Felsen sitzenden Athena. Aufrecht naht er sich der Göttin, der athletische Leib scheint kraftvoll und ungebeugt, doch ist das Antlitz gezeichnet von Spuren überstandener Mühen und sorgenvoller Erwartung weiterer Prüfungen. Über den Zügen Athenas aber liegt ein leises Lächeln: die schwerelose Heiterkeit göttlichen Seins[557]. Die sich

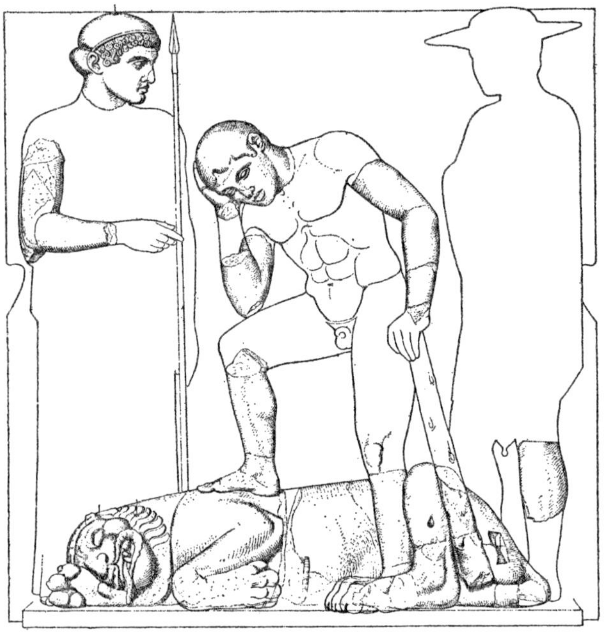

98 Löwen-Metope. (Olympia III Taf. 35,1)

anschließende Stiermetope ist ein Meisterstück frühklassischer Reliefkomposition: in mächtigen, sich überkreuzenden Diagonalen sind Stier und Held gegeneinandergestellt, beide nahezu gleich an Kraft; so wird die Schwere des Ringens, die Größe der Leistung verdeutlicht. Neu gegenüber der älteren Bildtypik, die das Einfangen, Niederzwingen, Fesseln zeigte, ist auch hier wieder, wie die Aktion gleichsam in der Schwebe gehalten und so dem Augenblick Dauer verliehen wird. Es folgt die Bezwingung der kerynitischen Hirschkuh, deren goldenes Geweih Herakles erbeuten sollte; doch ist das Erhaltene zu gering, als daß sich ein klares Bild von der Eigenart der Bildauffassung gewinnen ließe. Das gleiche gilt von der nächsten Metope, der letzten in der westlichen Reihe, die Herakles im Kampf mit der Amazonenkönigin Hippolyte zeigte, der er den Gürtel abzugewinnen hatte. Die beiden letztgenannten Metopen waren in jüngster Zeit Gegenstand von Ergänzungs- und Veränderungsversuchen, die für beide Reliefs Zuwachs durch neu angepaßte Fragmente erbrachten; doch fehlt über die Rekonstruktionsversuche noch der abschließende Bericht[558].

Die Reihe über der Eingangsseite der Cella beginnt, wiederum von links nach rechts gezählt, mit der Geschichte vom erymantischen Eber, die in einer ans Burleske streifenden Weise erzählt wird (Abb. 99): Eurystheus hat sich in seiner Angst in ein großes Vorratsgefäß verkrochen, während Herakles mächtigen Schritts heraneilt und das lebend gefangene Tier drohend über das Haupt des Königs hält. Es ist dies die einzige Metope, die getreu einem archaischen Bildschema folgt. Gerade die volkstümlich-humoristischen Züge, die der Heraklessage vielfach anhaften, sind sonst bewußt gemieden[559]. Wir wissen nicht, warum der Olympiameister in diesem Fall auf eine eigene, neuartige Fassung des Mythos verzichtet hat. Vielleicht wegen der großen Beliebtheit dieses Bildtypus. Oder wollte der Meister zeigen, daß er auch so etwas konnte? Durchaus klassisch in der Auffassung und kompositorisch der Stiermetope verwandt ist das folgende Relief. Das Thema der Zähmung jener blutdürstigen, menschenfressenden Rosse des Thrakerkönigs Diomedes, in der Kunst höchst selten dargestellt, ist hier auf seinen wesentlichen Kern reduziert, verdichtet zu einem fast handlungslosen Bild voller Ruhe und Kraft. Dagegen ist die nächste Metope wieder ganz von heftigster Aktion erfüllt; nächst der Ebermetope ist die Geryoneusmetope die »archaischste« des ganzen Zyklus — aber wie sollte die Geschichte vom Kampf mit dem dreileibigen Märchenriesen auch anders dargestellt werden?

99 Eber-Metope.
(Olympia III Taf. 35,7)

Es folgt ein Relief, das wegen der kühnen Eigenständigkeit der künstlerischen Erfindung und der Großartigkeit der plastischen Gestaltung immer besonders bewundert worden ist: die Atlasmetope (Taf. 57). Wieder erscheint Herakles als der vom Schicksal heimgesuchte Dulder: schwer lastet auf ihm das Himmelsgewölbe, das er tragen muß, solange Atlas unterwegs ist, ihm die Hesperidenäpfel zu holen. Wenn er nicht unter dem ungeheuren Gewicht zusammenbricht, das er tiefgebeugten Hauptes hält, so verdankt er dies Athena, die, für ihn selbst unsichtbar, hinter ihm stehend, mit göttlicher Leichtigkeit und Anmut, nur durch Berührung ihrer einen Hand, dem Helden die Last tragen hilft. Die Gewinnung der goldenen Äpfel, die Herakles aus dem Garten der Hesperiden vom Ende der Welt herbeiholen mußte, war eine weitläufige Geschichte, deren einzelne Etappen von der Kunst verschieden gestaltet worden sind. Die archaische Zeit zeigte den Helden kämpfend, sei es, daß er mit dem Meergreis Nereus ringt, der ihm den Weg zu den Äpfeln verraten soll[560], sei es, daß er sich die Äpfel selbst holt[561] oder daß er Atlas, der den Himmel auf seinen Schultern trägt, mit Gewalt dazu bringt, ihm die Äpfel zu übergeben[562]. Auf der Olympiametope ist keine Rede von Gewalt oder Kampf, nur vom stummen Leiden des Helden; doch ist die Rettung nah: Atlas kommt als Befreier. Die Stimmung, die über der Szene liegt, ist tiefernst. Daß bei der Geschichte List mit im Spiel ist, ja sogar schlauer Betrug, davon ist nichts zu spüren. Der Meister muß diesen Zug der Sage gekannt haben, aber er hat ihn verdrängt[563]. Für ihn hat der Mythos einen anderen, tieferen Sinn. Mit den goldenen Äpfeln der Hesperiden ist die Unsterblichkeit verbunden; es kündigt sich bereits das Ende des mühseligen Weges an, der den Helden durch Leiden zur Erlösung führt[564].

An die Grenzen des Erdkreises war Herakles beim Hesperidenabenteuer gelangt; nun verläßt er gar die irdische Sphäre, steigt hinab zum Hades, nicht mehr von Athena, sondern von Hermes, dem Totengeleiter, geführt. Den vielköpfigen Höllenhund Kerberos heraufzuholen, lautete sein Auftrag (Abb. 100). Die archaische Kunst hatte diese Sage gern ins Märchenhafte oder Burleske gewendet[565]. Doch der Olympiameister weiß auch diesem heiklen Thema einen neuen Ernst abzugewinnen, indem er Herakles und seinen stummen göttlichen Geleiter die Szene ganz beherrschen läßt. Wiederum ist nicht der Kampf gezeigt, sondern nur sein Ende; das Erzählerische ist auf ein Minimum reduziert. Die Metope ist schlecht erhalten, dennoch ist das Wesentliche klar. Vom Kerberos, der von Herakles mit unwiderstehlicher Kraft emporgezogen wird,

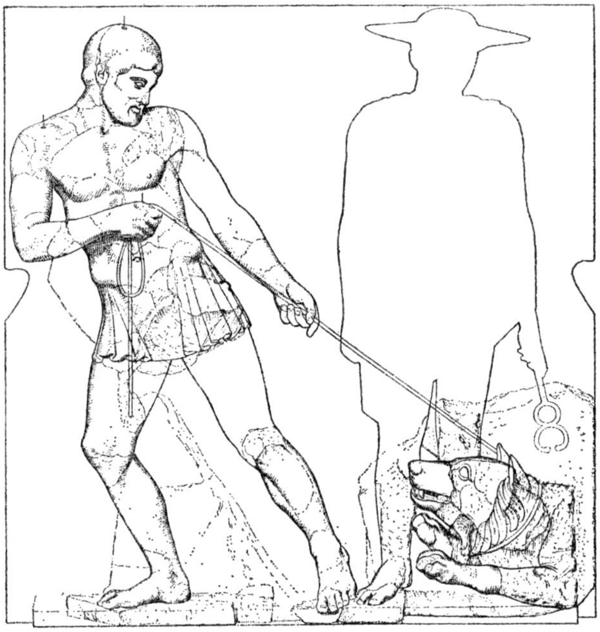

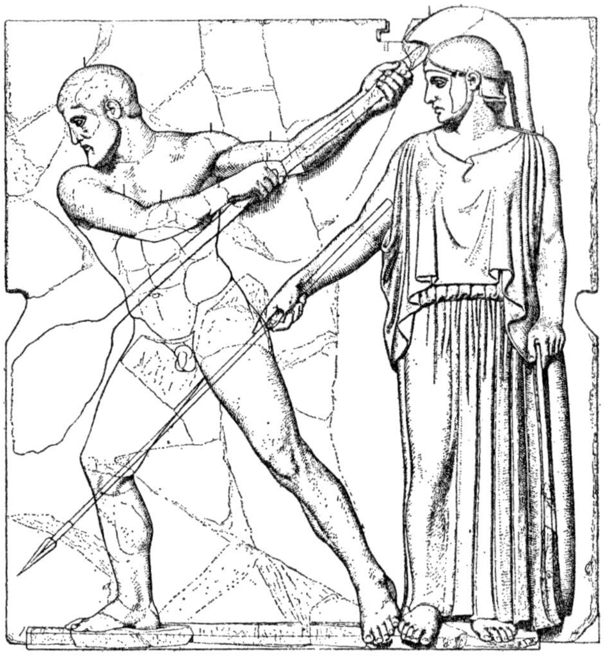

100 Kerberos-Metope. – 101 Augias-Metope. (Olympia III Taf. 35, 11 und 12)

taucht an der rechten unteren Ecke der Metope nur das Vorderteil auf. Das Abstruse ist dem Höllentier genommen, es ist nur einköpfig gebildet; bezwungen wird es nicht allein durch die ihm angelegte Fessel, sondern ebensosehr durch die gesammelte Festigkeit des Blickes seines Überwinders[566].

Bei Euripides und Apollodor, wie wohl überhaupt nach der geläufigen Vorstellung war diese Tat, bei der Herakles das äußerste erreicht hatte, indem er die den Sterblichen gesetzten Grenzen überwand, die letzte. Am Zeustempel aber folgt noch eine weitere Geschichte; daß sie den Schluß- und Höhepunkt des ganzen Zyklus bildet, hat seinen Grund in ihrer Zugehörigkeit zu den lokalen Mythen der Landschaft um Olympia. Sie scheint damals im übrigen Griechenland gar nicht bekannt gewesen zu sein[567] und paßt auch nicht recht in den Zwölferzyklus, da weder ein Gegner oder Ungeheuer zu bezwingen ist, noch die Tat im Dienst des Eurystheus geschieht, sondern auf Befehl des Augias, eines elischen Königs. Der Künstler wurde durch seine Auftraggeber vor keine leichte Aufgabe gestellt. Schon unser sprichwörtlicher Gebrauch der Redewendung vom »Augiasstall« zeigt, daß der Geschichte etwas Komisches anhaftet; sie scheint vom Erhabenen ebensoweit entfernt zu sein wie vom Poetischen. In der Kunst war sie anscheinend bis dahin überhaupt noch nicht dargestellt worden. Und dennoch: der Olympiameister hat aus dem schwierigen Stoff eine der schönsten Metopen des ganzen Zyklus gemacht (Abb. 101). Weit ausholend und voll federnder Kraft ist die mächtige Bewegung, mit der Herakles das Werkzeug führt, von dem wir nicht genau wissen, war es Gabel, Besen oder aber einfach eine Stange, mit der er die Schleusen des aufgestauten Alpheios öffnete, dessen Fluten die Ställe reinigen sollten. Rechts steht Athena, feierlich, erstmals hier mit Helm und Schild ausgestattet und mit der gerichteten Bewegung der Lanze das Werk des Helden unterstützend. Ihre in strenger Vorderansicht gegebene Gestalt setzt mit den betonten Senkrechten der Gewandfalten und des Schildes einen starken Akzent, der nicht nur die diagonale Aktionsrichtung der Komposition dieser Metope betont, sondern als deutliche Fermate der ganzen Reihe wirkt.

Trat der Besucher nach Durchschreiten der Vorhalle durch die hohe Tür in das Innere des Tempels, so bot sich ihm ein überwältigender Anblick. Er stand vor dem größten Wunderwerk, das die Altis beherbergte: dem Zeus des Phidias (Abb. 102). Der Gott war als thronender Weltenherrscher dargestellt, das adlerbekrönte Zepter in der Linken, auf der Rechten die geflügelte Siegesgöttin. Die kostbarsten Materialien waren für das Kultbild verwendet worden: Gold, Elfenbein, Edelsteine; der Thron war mit Figuren, Reliefs und Ornamenten geschmückt. Das schwarze Pflaster vor der Statue steigerte noch die Wirkung; alles strahlte in unbeschreiblicher Pracht, wenn das Licht durch die geöffnete, fast 10 m hohe zweiflügelige Tür in den Tempelraum drang. Das Bildwerk hatte eine Höhe von 12,37 m ohne Basis, was etwa der Höhe eines vierstöckigen modernen Hauses entspricht[568]. Auf dem goldenen Fußschemel war die Künstlersignatur zu lesen: »Phidias, des Charmides Sohn, der Athener, hat mich geschaffen.« Es war das am meisten bewunderte Werk des größten klassischen Bildhauers der Griechen, ja wohl das berühmteste Kunstwerk des Altertums überhaupt.

Der Unterbau, auf dem sich der Koloß erhob, füllte die gesamte Breite des Mittelschiffs und ein Drittel seiner Länge aus; der Raum schien zu klein, das gewaltige Götterbild zu fassen. Spätere Zeiten haben das gelegentlich kritisiert. Strabon, ein Autor der augusteischen Epoche, schreibt über den Zeus des Phidias: »Er ist im Vergleich zu der außerordentlichen Höhe des Tempels von solcher Größe, daß man sagt, der Künstler habe das Ebenmaß verfehlt. Er bildete nämlich den Gott sitzend, doch so, daß er mit dem Scheitel fast die Decke berührt. Man gewinnt so den Eindruck, als würde der Gott, wenn er sich erhöbe, das Tempeldach durchstoßen[569].« Diese Äußerung ist nicht uninteressant, denn sie spiegelt das veränderte Kunstempfinden einer Zeit wider, die Figur und Raum als eine optische Einheit auffaßte. Für die Klassik hingegen war das plastische Kunstwerk ein autarkes Gebilde, das für sich, unabhängig vom räumlichen Rahmen, gesehen wurde. Doch ist damit nicht alles erklärt. Denn, wie schon erwähnt, sind Tempel und Kultbild nicht gleichzeitig konzipiert, wie etwa beim Parthenon, wo Phidias Schöpfer von Bauplastik und Kultbild zugleich war, ja überhaupt als der leitende Geist hinter dem gesamten Unternehmen der perikleischen Akropolisbauten stand. In Olympia fand Phidias den Tempel bereits fertig vor, als er den Auftrag für das Kultbild erhielt. Er hatte in Athen soeben die Goldelfenbeinstatue der Athena Parthenos vollendet. Das Aufsehen, das dieses Werk erregte, war wohl der Anlaß, ihn nach Olympia zu holen. Als er den neuen Auftrag übernahm, wollte er ein Werk schaffen, das jenes noch übertreffen sollte.

Was Phidias vorschwebte, war dergestalt, daß ihm der Rahmen, den er vorfand, dafür kaum ausreichend erschienen sein mag. Von den außergewöhnlichen Maßnahmen und Vorbereitungen, die zur Realisierung notwendig waren, können wir uns noch ein Bild machen. Schon die Planung scheint sich über Jahre hingezogen zu haben, und die Arbeiten selber nahmen dann nochmals beträchtliche Zeit in Anspruch. Eine ganze Schar von Gehilfen und Werkleuten war daran beteiligt. Von den Mitarbeitern des Phidias ist nur einer mit Namen überliefert: sein Schüler Kolotes (Plin. n. h. 35, 54). Am Rande der Altis wurde als Atelier eigens ein Gebäude errichtet, das in seinen Dimensionen annähernd der Tempelcella entsprach und noch späteren Generationen als Sehenswürdigkeit gezeigt wurde: die Phidiaswerkstatt. Auch im Tempel selbst ließ Phidias umfangreiche Veränderungen vornehmen. Wir kommen darauf noch zurück. All das sind jedoch Äußerlichkeiten, die kaum etwas besagen über die Größe der religiösen Vision, die geistige Auseinandersetzung des Meisters mit seiner Aufgabe. Aus unseren Quellen spricht die für das ganze Altertum geltende Überzeugung, daß kein Bildhauer je wieder ein solches Götterbild geschaffen habe. Über das Geheimnis der inneren Berufung aber, das rationalem Begreifen unfaßbar bleibt, konnte man nur in der Form der Legende etwas aussagen. »Der Gott selbst«, heißt es bei Pausanias, »soll ein Zeugnis für die Kunst des Phidias abgelegt haben. Als nämlich die Statue fertiggestellt war, betete Phidias zu Zeus, er möge ihm ein Zeichen geben, ob das Werk seine Zustimmung finde. Da sei nun, heißt es, sofort ein Blitz niedergefahren, und zwar an der Stelle, wo man noch jetzt ein bronzenes Gefäß als Erinnerungsmal sehen kann« (V 11, 9).

Von keinem anderen Werk der bildenden Kunst haben wir so viele Erwähnungen in

102 Die Zeusstatue des Phidias, Rekonstruktion von F. Adler. (Die Rückenlehne des Throns ist nach neueren Erkenntnissen zu hoch). (Olympia II Taf. 11)

der antiken Literatur[570]. Sie stammen zwar durchweg aus relativ später Zeit, spiegeln aber auf höchst eindrucksvolle Weise die Faszination wider, die von diesem Werk ausgegangen sein muß, eine Faszination, die weit über den Bereich des Ästhetischen, des Bildungserlebnisses oder auch des bloß naiven Staunens hinausgeht und in die Tiefenschichten der religiösen Empfindungswelt reicht. Ein Beispiel, das im Gedächtnis der Nachwelt unvergessen blieb, war das Verhalten des Aemilius Paullus, des Siegers von Pydna, bei seinem Besuch in Olympia 168 v. Chr. Vor dem Zeus des Phidias schien es ihm, »als sei der Gott selbst gegenwärtig«; es bemächtigte sich seiner eine solche Ergriffenheit, daß er ein großes Opfer darbringen ließ. Ausgerechnet ihm, dem römischen Feldherrn, wurde das vielzitierte Wort zugeschrieben, Phidias sei der einzige, der wirklich den Zeus Homers nachgebildet habe, wie ihn die berühmten Iliasverse schildern[571]:

Sprachs und winkte Gewährung mit dunklen Brauen Kronion
Und die ambrosischen Locken des Herrschers wallten nach vorne
Von dem unsterblichen Haupt; es erbebten die Höhn des Olympos.

Ilias I 528 ff

Damals wurde das Werk bereits unter die sieben Weltwunder gezählt, und selbst unter diesen scheint es, zumindest später, in gewissem Sinne den höchsten Rang eingenommen zu haben; denn wir lesen bei Philon von Byzanz: »Darum haben wir gewiß für die anderen der sieben Sehenswürdigkeiten einfach Bewunderung, dieses aber verehren wir kniefällig«[572]. Es wurde als Unglück angesehen, zu sterben, ohne den Zeus des Phidias gesehen zu haben. Umgekehrt hieß es, daß, wer ihn gesehen habe, nie mehr im Leben ganz unglücklich werden könne. Dion Chrysostomos, ein Philosoph und Rhetor trajanischer Zeit, meint in seiner 12. Olympischen Rede, die ein eniziger Hymnus auf den phidiasischen Zeus ist: »Wer schwer bedrückt ist in seiner Seele, wer viel Mißgeschick und Leid im Leben erfahren hat und so von Sorgen heimgesucht wird, daß er selbst die Erquickung des Schlafes entbehren muß, auch der wird, so glaube ich, wenn er vor diesem Bildwerk steht, alles vergessen, was es im menschlichen Leben an Schwerem und Furchtbarem gibt«[573]. Die unvergleichliche Wirkung, die von dem Zeus des Phidias ausging, klingt noch nach in der erbitterten Polemik der Kirchenväter, in der alle Beredsamkeit aufgewandt wird, um das berühmte Götterbild, das geradezu als Inbegriff des heidnischen Bilderkults erscheint, herabzusetzen, es zu »entzaubern« und als wertloses Menschenwerk zu erweisen[574].

Über die Schicksale des berühmten Kunstwerks erfahren wir manche Einzelheiten aus unseren Quellen. Schon in hellenistischer Zeit waren infolge des feuchten Klimas von Olympia Risse im Elfenbein aufgetreten; mit den Restaurierungsarbeiten beauftragte man einen angesehenen Bildhauer jener Zeit, Damophon von Messene; er empfahl nach Beseitigung der Schäden die regelmäßige Behandlung des Kultbildes mit Öl, die man noch zur Zeit des Pausanias anwandte (IV 31,6; V 11,10). Die Pflege der kostbaren Statue war einem eigens hierfür zuständigen Gremium anvertraut, den sogenannten Phaidrynten, die sich merkwürdigerweise als leibliche Nachkommen des Phidias betrachteten[575]. Zur Zeit Caesars soll das Kultbild von einem Blitz getroffen worden sein[576]. Lukian berichtet, daß man ihm zwei seiner goldenen Locken gestohlen habe, jede sechs Minen an Wert[577]. Pausanias spricht von einer fehlenden Athletenfigur am Thron (V 10,3), erwähnt aber sonst keine Beschädigungen. Doch schon einige Jahrzehnte vorher hatte der Redner Dion Chrysostomos den Zustand des Kultbildes mit den Homerversen umschrieben[578]:

Nicht zum besten bist du gepflegt, von traurigem Alter
Bist du gedrückt, trägst Schmutz an dir und schlechte Gewandung.

Odyssee 24, 249 f.

Damals war die Statue schon weit über fünfhundert Jahre alt. Noch 384 n. Chr. wird die Existenz des Zeusbildes in Olympia durch einen antiken Autor bezeugt[579]; aber über seine weiteren Schicksale geben die Quellen keine zuverlässigen Auskünfte mehr. Unter Theodosius II. soll der Zeustempel auf ein 426 erlassenes Edikt hin niedergebrannt worden sein[580], was jedoch in dieser Form nicht zutreffen kann; der Bau hat jedenfalls noch längere Zeit, wahrscheinlich bis ins 6. Jahrhundert, aufrecht gestanden (s. S. 196). Wenn christliche Eiferer aber wirklich damals im Tempel Feuer gelegt haben, könnte die Statue dabei verbrannt sein. Andererseits soll sie sich einer Bemerkung des byzantinischen Historikers Kedrenos zufolge im Lausospalast in Konstantinopel befunden haben und dort im Jahre 475 bei einer Feuersbrunst zerstört worden sein[581]. Das Schicksal, aus Olympia entführt zu werden, hatte dem Kultbild schon einmal gedroht, als Kaiser Caligula ihren Abtransport nach Rom angeordnet hatte; er hatte auch vor, ihr Haupt gegen sein eigenes Porträt auszutauschen. Damals verhinderten mysteriöse Vorfälle die Ausführung des Befehls[582]. Es erscheint mehr als zweifelhaft, ob einer späteren Zeit der ungeheuer schwierige Transport, der ein völliges Auseinandernehmen und Wiederzusammensetzen des kolossalen Bildwerks erfordert hätte, überhaupt zuzutrauen ist. Wir wissen, daß Konstantin eine Reihe berühmter Kunstwerke aus Griechenland in die neue Hauptstadt bringen ließ. Aber der phidiasische Zeus hat mit Sicherheit noch in nachkonstantinischer Zeit in Olympia gestanden. Und konnte, so muß man sich fragen, später einem christlichen Herrscher die Überführung des berühmtesten heidnischen Götterbildes in seine Hauptstadt überhaupt wünschenswert erscheinen? Die Nachricht ist daher mit Recht angezweifelt worden[583]. So verliert sich also die Spur des vielbewunderten Werkes im Dunkel; von seinem Untergang haben wir keine zuverlässige Kunde. Fest steht lediglich, daß von der Statue auch nicht der kleinste Rest in den Ausgrabungen gefunden wurde. Nur einige Trümmer vom Steinkern der Basis, davon zwei von ihrem profilierten Fußglied, konnte die alte Grabung identifizieren; aus ihnen ließen sich Gestalt und Aufbau der Basis rekonstruieren[584].

Es ist verständlich, daß die Wissenschaft seit jeher versucht hat, von diesem uns für immer verlorenen Werk eine Vorstellung zu gewinnen. Hierfür stehen außer den literarischen auch eine Anzahl archäologischer Zeugnisse zur Verfügung. Unter den Schriftquellen ist die wichtigste die eingehende Beschreibung, die Pausanias dem Kultbild gewidmet hat; sie ist von der üblichen Nüchternheit, bringt aber eine Menge wertvoller Fakten (V 11): »Der Gott sitzt auf einem Thron und ist aus Gold und Elfenbein gemacht; ein Kranz liegt auf seinem Haupt, der Ölbaumzweige nachahmt. In der Rechten trägt er eine Nike, auch sie aus Elfenbein und Gold; sie trägt eine Siegerbinde und auf dem Kopf einen Kranz. In der linken Hand hält der Gott ein Zepter, das mit lauter Metalleinlagen verziert ist; der Vogel aber, der auf dem Zepter sitzt, ist ein Adler. Aus Gold sind auch die Sandalen des Gottes und ebenso sein Gewand; das Gewand ist mit Figuren und Lilien eingelegt.« Mehr ins Detail geht Pausanias bei der Beschreibung des Throns: »Der Thron ist in abwechslungsreicher Arbeit aus Gold und kostbaren Steinen und Ebenholz und Elfenbein gemacht. Gemalte und plastische

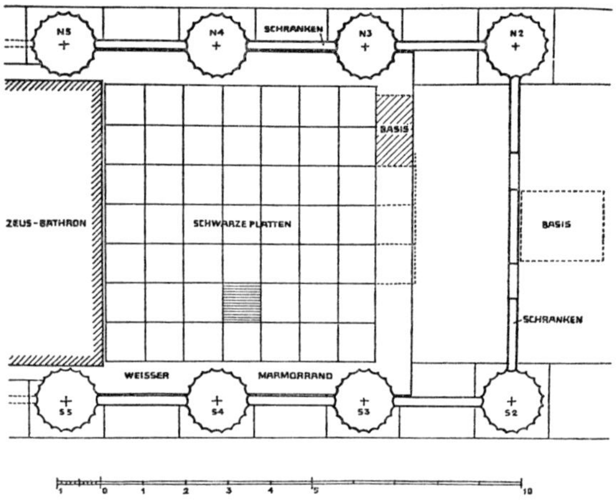

103 Zeustempel, Umgestaltung der Cella vor der Kultbildbasis. (Dörpfeld, Alt-Olympia Abb. 63)

Figuren sind an ihm angebracht. Vier Niken in tänzerischer Haltung befinden sich an jedem Thronbein; zwei weitere am Fuß eines jeden Beins. Über den beiden vorderen Beinen liegen thebanische Knaben, die von Sphingen geraubt werden, und unter den Sphingen töten Apollon und Artemis mit Pfeilen die Kinder der Niobe. Zwischen den Beinen des Throns sind vier leistenartige Verstrebungen, welche jeweils ein Bein mit dem anderen verbinden. Die Leiste gegenüber dem Eingang trägt sieben Figuren, von der achten weiß man nicht, wie sie abhanden gekommen ist. Es dürfte sich um Darstellungen altertümlicher Wettkämpfe handeln, denn Knabenagone [im Pankration] gab es zur Zeit des Phidias noch nicht[585]. Von der Knabenfigur, die sich eine Siegerbinde um den Kopf legt, heißt es, sie gleiche dem Pantarkes; dieser aus Elis stammende Knabe soll der Liebling des Phidias gewesen sein. Pantarkes errang auch einen Sieg im Knabenringkampf bei der 86. Olympiade[586]. An den übrigen Leisten ist die Schar dargestellt, die mit Herakles gegen die Amazonen kämpfte; es sind zusammen neunundzwanzig Figuren, und auch Theseus findet sich unter den Mitkämpfern des Herakles. Der Thron wird nicht nur von den Beinen getragen, sondern außerdem von ebenso vielen Säulen, die zwischen den Thronbeinen stehen ... Auf der Rückenlehne des Thrones hat Phidias oberhalb des Kopfes der Statue auf der einen Seite die drei Chariten, auf der anderen die drei Horen dargestellt. Im Epos heißt es von ihnen, sie seien Töchter des Zeus. In Homers Ilias ist ihnen der Himmel anvertraut wie Wächtern eines Königshofes.« Es folgt dann noch eine Beschreibung des Fußschemels und der Basis: »Der Schemel unter den Füßen des Zeus, den man in Attika Thranion

104 a Niobidenfries vom Zeusthron, Rekonstruktion von E. Buschor. (Schefold, Klassisches Griechenland Fig. 39)

nennt, hat goldene Löwen [als Stützen] und in Relief gearbeitet den Kampf des Theseus gegen die Amazonen, den ersten Kampf der Athener gegen einen fremden Stamm. Was sonst noch an Ausschmückung um den Zeus ist, das sind an der Basis, die den Thron trägt, goldene Figuren: Helios, der seinen Wagen besteigt, Zeus und Hera, [Hephaistos][587] und neben ihm Charis; an sie schließt sich Hermes an, und an Hermes Hestia. Auf Hestia folgt Eros, der die aus dem Meer steigende Aphrodite empfängt. Aphrodite wird von Peitho bekränzt. Auch Apollon mit Artemis sind dargestellt, Athena und Herakles und am Ende der Basis Amphitrite und Poseidon und schließlich Selene, die ein Pferd reitet, wie mir scheint.«

Dieser Beschreibung des Pausanias, der ausführlichsten übrigens, die wir überhaupt von einem plastischen Bildwerk der Antike besitzen, stellt sich, wie gesagt, eine Fülle von Literaturzitaten an die Seite, die Nachrichten über die Statue, Urteile über ihre Wirkung, erbauliche Betrachtungen und mancherlei Anekdotisches enthalten. Der hellenistische Dichter Kallimachos behandelte in einem Gedicht, von dem sich Teile auf Papyrusbruchstücken wiedergefunden haben, die Maße der Statue, wodurch wir Aufschlüsse über die Größenverhältnisse und Proportionen erhalten[588]. Wie verhält sich nun zu dieser schriftlichen Überlieferung die archäologische? Ist es möglich, beide zur Deckung zu bringen und damit eine Anschauung von der Statue wiederzugewinnen?

Der Befund an Ort und Stelle gibt Aufschluß über die Art der Aufstellung, die ungefähre Größe der Basis (6,65 : 9,93 m)[589] und die Umgestaltungen in der Cella (Abb. 103). Vor der Basis wurde der Fußboden in einem Quadrat von 6,39 m Seitenlänge tiefergelegt und mit schwarzen Kalksteinplatten gepflastert; die Einfassung bildete eine Umrandung aus weißem Marmor, die auch die Basis mit einschloß; die Marmorblöcke mußten unter die Säulen geschoben werden, welche das Mittelschiff seitlich begrenzen[590]. Die Zwischenräume zwischen den Mittelschiffsäulen, bei der zweiten Säule nach dem Eingang beginnend, waren durch bemalte Schranken abgetrennt, die auch quer durch die Cella liefen und so einen neuneinhalb Meter tiefen Vorraum vor dem Kultbild schufen; die Einlassungsspuren sind noch an einigen Säulen sichtbar[591]. Die

104 b Niobidenfries vom Zeusthron, Rekonstruktion von E. Buschor. (Schefold, Klassisches Griechenland Fig. 40)

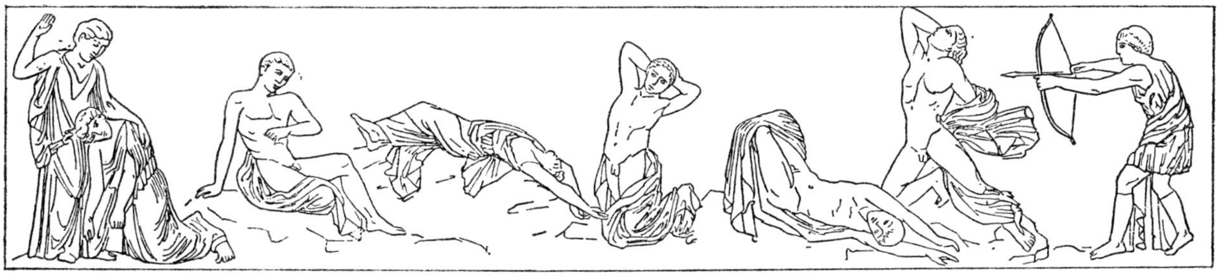

Gemälde auf den Schranken, deren Themen Pausanias angibt (V 11,4–6), schuf der große klassische Maler Panainos, ein Bruder des Phidias.

Zur »originalen« archäologischen Überlieferung gehört auch der Befund der Phidiaswerkstatt, auf den wir noch zu sprechen kommen. Aber fragen wir zunächst nach den »indirekten« archäologischen Zeugnissen. Die Berühmtheit des phidiasischen Zeus hat die Kopisten auf den Plan gerufen, die für die Bedürfnisse kunstliebender Römer bestimmte Teile »reproduzierten«. Hierfür war insbesondere das »Beiwerk«, zumal der Schmuck des Throns geeignet. Ähnlich wie bei den Schildreliefs der Athena Parthenos hat man auch Teile des Zeusthrons in Marmor kopiert. Nachweisen läßt sich dies für die Niobidenfriese, die der Beschreibung des Pausanias zufolge die Umrandungen der Sitzfläche an beiden Seiten des Throns zierten. Wie zuerst Furtwängler erkannte, haben sich davon Reliefkopien erhalten; aus den teils bruchstückhaft, teils umgeformt überlieferten Wiederholungen hat man versucht, die beiden ursprünglichen Friese zu rekonstruieren: Apollon und Artemis mit jeweils sieben Niobiden. Die Figuren scheinen als ausgeschnittene Reliefs aus Elfenbein oder Gold dem Ebenholz des Throns aufgelegt gewesen zu sein (Abb. 104 a, b)[592]. Die knabenraubenden Sphingen, welche die Seitenlehnen des Throns stützten, hat F. Eichler in Kopien aus schwarzem Stein wiedererkannt, von denen Trümmer bei den österreichischen Grabungen in Ephesos zutage gekommen waren. Die Bruchstücke ließen sich mit Fragmenten vereinigen, die schon lange zuvor am gleichen Fundort von dem Engländer Wood gefunden und in das British Museum in London gelangt waren. Dadurch konnte schließlich die Rekonstruktion endgültig geklärt werden (Abb. 105)[593]. Die dunkle Farbe des Steins soll wohl das Ebenholz des Originals nachahmen. Auch andere Figuren, die als Schmuck des Kultbildes erwähnt werden, hat man versucht, in Kopien nachzuweisen. Doch sind solche Versuche, abgesehen von den beiden genannten Fällen, trotz aller darauf verwandten Mühe bisher nicht über den Bereich der unbeweisbaren Spekulation hinausgekommen; dies gilt auch für das Relief der Basis[594]. Auch die Nike auf der rechten Hand des Zeus hat man in einem mehrfach kopierten Werk wiedererkennen wollen, doch hat der Vorschlag keine Zustimmung gefunden, da der Typus archaistisch ist[595].

105 Knabenraubende Sphinx vom Zeusthron, Rekonstruktion von F. Eichler. (Nach ÖJh. 45, 1960, 18 Abb. 14)

Kopien der ganzen Statue in kleinem Format, wie wir sie von der Athena Parthenos kennen, mag es gegeben haben. Gefunden hat sich bisher nichts dergleichen. Die einzigen Nachbildungen, die wir besitzen, haben Miniaturformat; es sind Darstellungen auf elischen Münzen hadrianischer Zeit. Das beste Exemplar befindet sich in Florenz (Taf. 60 b)[596]. Trotz des winzigen Maßstabs sind sogar Details des Thronschmukkes wiedergegeben: eine verblüffende Leistung der Münzstempelschneider jener Zeit, in der das klassische Griechenland noch einmal eine Renaissance erlebte. Dennoch läßt sich eine Vorstellung vom Stil des Werkes, von seiner individuellen Form, von dem Einzigartigen, das es gehabt haben muß, vom spezifisch »Phidiasischen« nicht gewinnen. Einen Schritt weiter führt eine andere hadrianische Prägung, die nicht die ganze Statue, sondern nur ihren Kopf im Profil zeigt; sie war lange nur durch ein einziges, ziemlich abgegriffenes Stück in Paris belegt, bis die Berliner Münzsammlung ein erheblich besser erhaltenes Exemplar erwerben konnte (Taf. 60 a)[597]. Doch auch in dem schönen Kopf dieser Münze, deren Aussagewert stark überschätzt worden ist, fassen wir nur einen schwachen Abglanz des phidiasischen Zeus.

Dies war der Stand der Forschung, als 1954 die Ausgrabung bei der Verfolgung einer aus dem Bereich der römischen Gästehäuser nach Osten führenden Mauer in das Gebiet südlich der byzantinischen Kirche vorstieß und dort in der Tiefe ausgedehnte Ablagerungen von Werkstattschutt feststellte. Daß in dieser Gegend die Phidiaswerkstatt gelegen haben mußte, war aus Pausanias zu erschließen (V 15,1), doch hatten sich die alten Ausgräber nicht einigen können, ob der zur Kirche umgewandelte »Bau A« (Taf. 71 b) oder der schmale, langgestreckte »Bau C« südlich davon hierfür in Frage käme[598]. In den über vier Jahre sich hinziehenden, äußerst erfolgreichen neuen Untersuchungen konnte nun nicht nur geklärt werden, daß »Bau A« mit der Phidiaswerkstatt gleichzusetzen ist, sondern es gelang auch die chronologische Fixierung und Re-

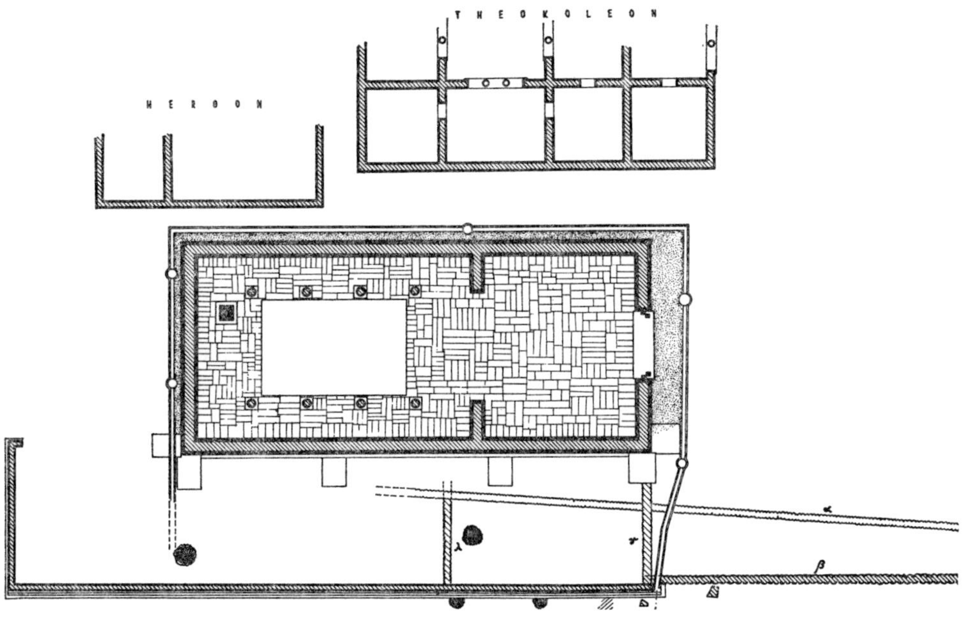

106 Phidiaswerkstatt, Grundriß. (OlForsch. V Taf. 9)

konstruktion dieses in seiner Art einmaligen Bauwerkes, das einst genügend Platz geboten hatte, das Kultbild in seiner ganzen Größe bis zur endgültigen Fertigstellung aufzunehmen (Abb. 106, 107). Die Deutung wurde gesichert durch unverkennbare Spuren des Werkstattbetriebs im Innern des Baus. Aber mehr noch: es stellte sich heraus, daß ein Teil des Arbeitsschuttes in der Nähe der Werkstatt verblieben und zur Auffüllung des südlich anschließenden, leicht abschüssigen Geländes verwendet worden war. Zum Glück war die alte Grabung in diesem Gebiet nicht sehr tief vorgedrungen, so daß die Schichten größtenteils noch ungestört waren.

Was hier an Funden zutage kam, führte nun erstaunlich nahe an den Arbeitsprozeß selbst heran. Es fanden sich Abfälle der verwendeten Materialien: Elfenbein und Bein

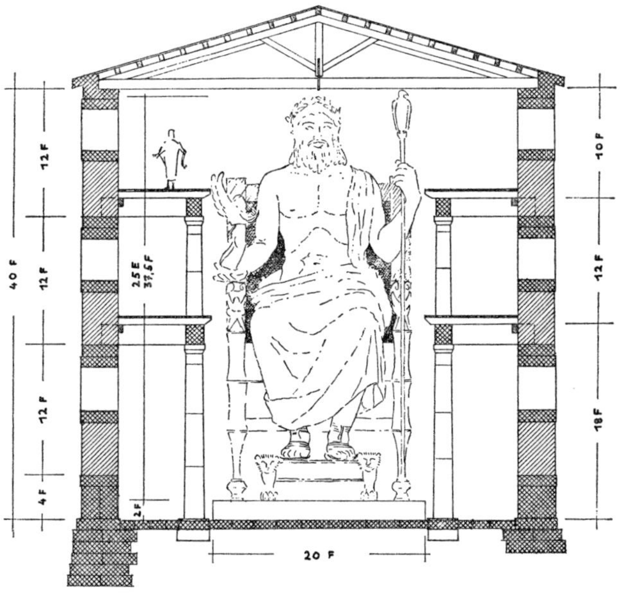

107 Phidiaswerkstatt, Rekonstruktion von A. Mallwitz. (OlForsch. V Taf. 8)

(Taf. 59 a), Bronze, Blei und Eisen, sogar ein winziges Stückchen Gold, Halbedelsteine, Bergkristall, Obsidian und andere Mineralien, Farbstoffe in pulverisierter und kristalliner Form, Glas und Bernstein. Weiterhin Werkzeuge verschiedener Art (Taf. 59 b–d) und allerlei Arbeitsgerät[599]. Und schließlich das bemerkenswerteste: Tonmatrizen von bisher völlig unbekannter Zurichtung[600]. Sie zerfallen in zwei Hauptgruppen: die eine, unten flach und mit einem hochstehenden Rand versehen, zeigt Negativ-Ausschnitte von Gewandpartien, meistens in sehr großem Maßstab; es kann kein Zweifel bestehen, daß diese Formen in irgendeiner Weise mit der Oberflächengestaltung des Zeusmantels zusammenhängen, wenn auch der technische Vorgang, dem sie dienten, noch nicht restlos geklärt ist (Taf. 58 a). Vereinzelte Bruchstücke in kleinerem Format – darunter ein besonders schönes Fragment, das vom Stil eine Vorstellung vermittelt – müssen zu einer der Thronfiguren (Horen, Chariten, Niken) oder zur Siegesgöttin auf der Hand des Zeus gehören. Bei dem zweiten Matrizentypus handelt es sich um Formen zum Gießen von Ornamentpartikeln aus Glas: Palmetten- und Blütenblätter, Palmettenkerne, Dreisterne, Rauten (Taf. 58 b). In einer derartigen Form fand sich noch die Glasmasse, womit die Deutung gegeben war. Glasausgüsse aus diesen Formen, die als fehlerhaft ausgeschieden worden waren, kamen gleichfalls in größerer Zahl zutage; das Format ist unterschiedlich, je nach Verwendungszweck (Taf. 58 c). Da ihre glatte Rückseite keinerlei Wölbung aufweist, müssen sie zur Anbringung auf einer planen Fläche, also wohl vorwiegend am Thron, bestimmt gewesen sein. Übrigens fanden sich unter dem Abfall sogar Splitter von Rohglasblöcken; Glasfachleute haben festgestellt, daß sie aus Persien importiert waren. Die Griechen konnten zu jener Zeit Glas noch nicht selbst herstellen; was wir an Glasfunden aus vorhellenistischer Zeit haben, ist meist phönikischer Import. Glas muß damals den Wert von Edelstein gehabt haben. Beachtung verdienen unter dem reichen Fundmaterial außerdem Fragmente rotfiguriger Vasen (Taf. 59 e)[601], die in Olympia auffallen, denn attische Keramik ist hier etwas höchst Seltenes; es darf wohl angenommen werden, daß Phidias eine Anzahl seiner Mitarbeiter aus Athen mitgebracht hatte. In den letzten Ausgrabungstagen kam noch ein schwarzgefirnißtes Kännchen zum Vorschein, das auf der Unterseite als Besitzvermerk den – wohl eigenhändig eingeritzten – Namen des Meisters selbst trägt: ΦΕΙΔΙΟ[Υ] ΕΙΜΙ »ich gehöre dem Phidias« (Taf. 60 c, d)[602]. Dieses in gewisser Weise erstaunlichste Fundstück aus der olympischen Werkstatt des großen Atheners, »das einzige unmittelbar persönliche Zeugnis seiner Erdentage« (Kunze)[603], erbrachte die letzte Bestätigung für die Richtigkeit der Deutung des ganzen Befundes.

Was diese Funde für die Rekonstruktion des Werkvorganges am Kultbild ausgeben, läßt sich noch nicht völlig überblicken[604]. Eines steht jedenfalls fest: das Verfahren muß äußerst kompliziert gewesen sein. Man hat zur Erreichung der letzten Vollendung, die man dem Werk zu geben gewillt war, keine Mühe gescheut. Es wurden alle technischen Möglichkeiten der Zeit genützt, man hat neue Verfahren ersonnen, wohl auch viel experimentiert. Vielleicht lassen sich die Gewandformen, deren Verwendungszweck schwer zu erklären ist, als Reste eines Versuchs verstehen, der abgebrochen und schließlich aufgegeben wurde[605]. Der ganze Aufwand erscheint jedenfalls ebenso einzigartig wie das Werk selbst.

Zu den wichtigsten Resultaten der neuen Grabungen im Bereich der Phidiaswerkstatt gehören die Aufschlüsse, die sich aus der chronologischen Auswertung der Funde ergeben. Für die Datierung des phidiasischen Zeus fehlte es bisher an sicheren Anhaltspunkten. Es war daher umstritten, ob er zeitlich vor der Athena Parthenos anzusetzen sei oder danach. Denn ein stilistisches Urteil war nach Lage der Dinge schwer möglich, und über Phidias' letzte Lebenszeit berichten die Quellen Widersprüchliches. Einmal heißt es, der Meister sei nach Fertigstellung der Parthenos in einen Prozeß verwickelt worden, wegen Unterschlagung von Gold (oder Elfenbein) verurteilt und nach Elis verbannt worden; nach einer anderen Version starb er dagegen in Athen im Gefängnis durch Krankheit oder Gift[606]. Der Prozeß, der von Gegnern des Perikles angezettelt worden war und in Wirklichkeit den Staatsmann treffen sollte, muß nach den Anhaltspunkten, die unsere Quellen liefern, in der Zeit zwischen 433 und 431 v. Chr. stattgefunden haben, unmittelbar vor Ausbruch des peloponnesischen Krieges[607]. Wenn Phidias danach in Athen gestorben sein sollte, könnte er den olympischen Zeus natürlich nur vor der Parthenos geschaffen haben. Die Grabung erwies die anderslautende, besser bezeugte Überlieferung nunmehr eindeutig als die richtige. Denn die zusammen mit dem Werkstattschutt gefundene Keramik läßt sich in einen Zeitraum zwischen 430 und 410 v. Chr. datieren[608]. Damit wurde erstmals ein exakter Anhaltspunkt für die Spätdatierung des Zeus geliefert. Die Errichtung des Werkstattgebäudes erfolgte nach Ausweis des Schichtbefundes zwischen 440 und 430 v. Chr. In dieses Jahrzehnt fällt auch der Olympiasieg des elischen Knaben Pantarkes (436 v. Chr.); wenn zwischen Phidias und dem Knaben wirklich eine Beziehung bestanden hat, möchte man gern annehmen, daß der Meister bei jener Olympiade anwesend war[609].

Es scheint also, daß die Vorbereitungen für die Verwirklichung des Planes, eine große Kultstatue nach Athener Vorbild für Olympia zu schaffen, gleich nach Vollendung der Athena Parthenos (438 v. Chr.) eingesetzt haben. Die ersten Kontakte zwischen Phidias und den Vertretern des elischen Staates mögen sogar in die Zeit zurückreichen, als der Künstler noch an der Parthenos arbeitete. Der Beginn der Arbeiten zog sich jedoch noch längere Zeit hin, da erst das Werkstattgebäude den Wünschen des Meisters entsprechend errichtet werden mußte; auch war die Aufbringung der enormen finanziellen Mittel für die großen Mengen kostbarer und seltener Werkstoffe wohl ein nicht so ganz einfach zu bewältigendes Problem. Bau und Materialbeschaffung setzten bereits genaue Vorstellungen über die Dimensionen des Kultbildes sowie Art und Umfang des Arbeitsprogramms voraus. Phidias muß also an der gesamten Planung von Anfang an mit beteiligt gewesen sein. Es ist daher anzunehmen, daß er während dieser Zeit mehrfach in Olympia gewesen ist, um die Vorbereitungen zu überwachen; das erwähnte Kännchen (Taf. 60 c, d), das um 440/30 datiert werden kann, ist Zeugnis für einen solchen Besuch. 432 v. Chr. fand in Athen der Prozeß gegen ihn statt, der ihn aus seiner Heimatstadt vertrieb. Er ging nun endgültig nach Olympia; die eigentliche Arbeit am Kultbild begann vermutlich erst damals. Der genaue Zeitpunkt der Vollendung läßt sich verständlicherweise aus dem archäologischen Befund nicht ablesen; 410 v. Chr. ist die äußerste Grenze, denn damals ist, wie die datierenden Keramikfunde zeigen, die Werkstatt endgültig ausgeräumt worden[610]. Um 410 setzt in der griechischen Kunst mit dem sogenannten Reichen Stil bereits die Wende zur Spätklassik ein. Die Vollendung der Zeusstatue, der Tod des Phidias bezeichnen zugleich das Ende einer Epoche. Im Zeus von Olympia gipfelt die Hochklassik; er ist das größte und letzte Werk jener Stilphase, die den Höhepunkt der griechischen Kunst darstellt.

Phidias hatte mit der Athena Parthenos einen neuen Typus des Kultbildes geschaffen. In der bis zum äußersten getriebenen Steigerung von monumentalem Format und Pracht der Ausstattung kommt die Erhabenheit des Gottesbegriffes der Zeit zum Ausdruck – eine Erhabenheit, in der sich freilich schon das Fernerrücken der Götterwelt ankündigt. Das Übermenschliche der Götter wird jetzt stärker betont als vordem. Ihr Wirken spiegelt sich in dem »Beiwerk« der Statue, den mythischen Szenen und Figuren. Das Kultbild »redet« auf diese Weise gleichsam zum Betrachter. All dies ist im Vergleich zur Parthenos beim olympischen Zeus offensichtlich weiterentwickelt und vervollkommnet worden. Die Großartigkeit der Gesamterscheinung, die Dimensionen und die Aufwendigkeit der Materialien übertreffen alles bisher Dagewesene. Das mythologische Beiwerk besteht, rechnet man alles zusammen, aus mindestens 120 Figuren[611]. »Die Kultstatue ist ein lebendiger Bildträger geworden wie der Tempel« (Schweitzer). Es ist nicht verwunderlich, daß man sich angesichts der Ungewöhnlichkeit dieses Kultbildtypus gefragt hat, ob Statuen wie die Athena Parthenos und der olympische Zeus überhaupt noch als Kultbilder im herkömmlichen Sinn aufzufassen sind[612]. Auf der Akropolis wurde das alte Kultbild der Athena weiter verehrt, nachdem das Goldelfenbeinbild des Phidias im neuerrichteten Parthenon aufgestellt war. Aber wie war es in Olympia?

Ist es denkbar, daß der Zeustempel jahrzehntelang ohne Kultbild gestanden hat, oder gab es schon vor dem phidiasischen ein älteres Kultbild? Bejaht man den ersten Teil der Frage, dann gäbe es verschiedene Erklärungen: entweder waren durch den gewaltigen Tempelbau die elischen Finanzmittel erschöpft, oder der Auftrag war zunächst anderweitig vergeben worden, kam aber nicht zur Ausführung; vielleicht zögerte sich dann auch nach der Gewinnung des Phidias die Sache durch die vielfältigen Verpflichtungen des Meisters in Athen noch erheblich länger hinaus als ursprünglich erwartet. Sicher ist, daß der Tempel nicht für dieses Kultbild geplant war, denn sonst wäre die spätere Umgestaltung der Cella nicht nötig gewesen[613]. Man hat daher nach Anhaltspunkten für ein älteres Kultbild gesucht. Daß dieses etwa mit dem altertümlichen behelmten Zeus identisch sein könnte, den Pausanias im Heraion sah,

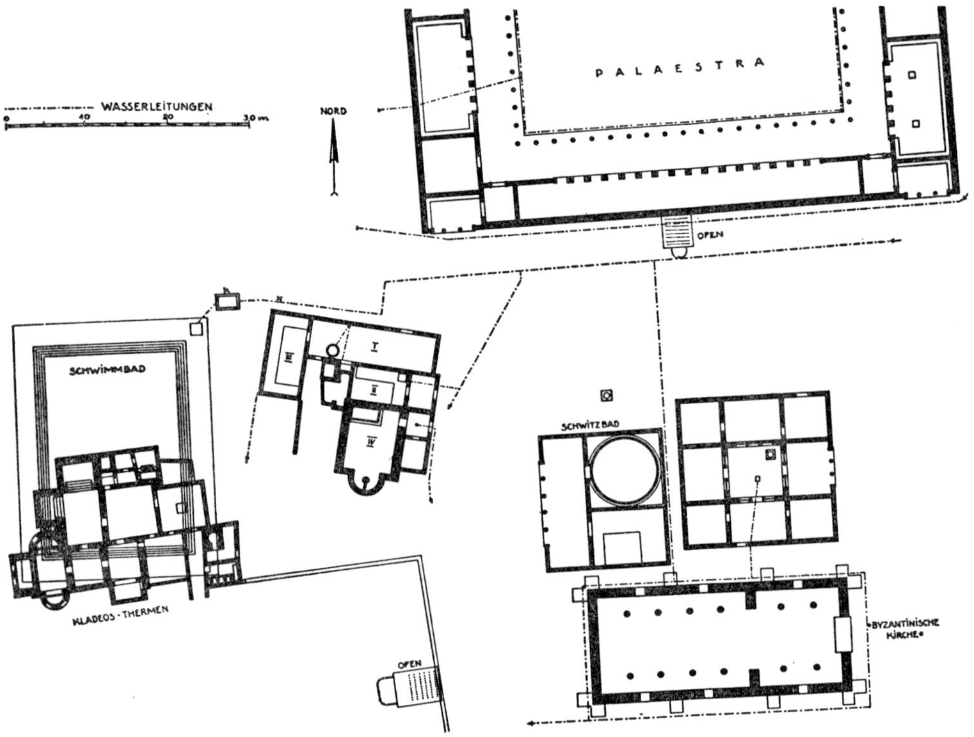

108 Die Badeanlagen westlich der Altis (OlBericht IV Taf. 11)

darf als abwegiger Gedanke aus den Überlegungen ausscheiden[614]. Manche Forscher haben sich, ausgehend von elischen Münzdarstellungen und olympischen Kleinbronzen des Strengen Stils (Taf. 39 b), von denen bereits die Rede war (s. S. 118), ein Kultbild vom »Blitzschwingertypus« als Vorgänger des phidiasischen Zeus vorgestellt[615]. Dem ist jedoch entgegengehalten worden, daß dieser Typus sich für eine Aufstellung im Tempel wenig eigne und daher wohl nur für Weihgeschenke im Freien verwendet worden sei[616]. Wer dies akzeptiert, wird sich daher das vorphidiasische Kultbild, sofern es ein solches gegeben hat, eher als frontale Sitzstatue denken; auch für diese These läßt sich übrigens mit Münzbildern der Zeit argumentieren[617]. Unklar bleibt freilich in jedem Fall, wo das alte Kultbild nach dem Ersatz durch das neue geblieben ist[618]. Es kann ja nicht einfach verschwunden sein. Aber letztlich ist diese ganze Frage nicht von erheblichem Belang. Denn Phidias hat mit seinem Werk das Bild des Zeus auf ganz eigene und einmalige Weise neu geprägt, auf eine Weise, die jahrhunderte-

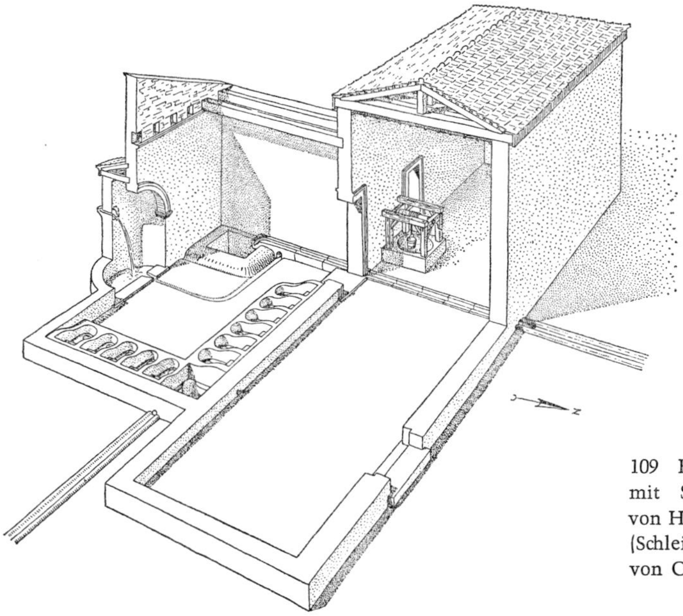

109 Badehaus des 5. Jahrhunderts mit Sitzwannen, Rekonstruktion von H. Schleif.
(Schleif, Die neuen Ausgrabungen von Olympia Taf. 7 a)

lang maßgebend blieb, ja als »Gottvaterbild« der Antike noch weit über diese hinaus gewirkt hat.

Die Werkstatt wurde, wie schon erwähnt, nach Beendigung der Arbeiten ausgeräumt und gesäubert; wahrscheinlich ist sie aber danach noch gelegentlich für künstlerische Zwecke benutzt worden[619]. Zur Zeit des Pausanias wurde sie – in erneuertem Zustand – von den Besuchern Olympias mit einer Ehrfurcht betrachtet, die durchaus religiösen Charakter hatte: im Inneren der Werkstatt befand sich ein Altar[620], und so blieb das Bewußtsein davon erhalten, daß dieser Bau von den Vorfahren nicht für einen profanen Zweck errichtet worden war, sondern für ein Werk im Dienste des höchsten Gottes.

Die Gegend, die man als Bauplatz für die Phidiaswerkstatt ausgewählt hatte, war lange völlig unbebaut gewesen[621]. In archaischer Zeit diente sie wohl als Lagerplatz für Festgäste oder auch als Übungsgelände der Athleten. Im 5. Jahrhundert aber entstanden hier gleich eine ganze Anzahl von Bauten (Abb. 108). Nördlich der Werkstatt finden wir zwei Anlagen, von denen die eine, die einen Rundbau einschließt, früher als »Heroon« bezeichnet wurde, die andere, ein einfaches Peristylhaus, als Vorläufer

110 Schwimmbad und Badehaus des 5. Jahrhunderts. Rekonstruktion von H. Schleif.
(Schleif, Die neuen Ausgrabungen von Olympia Taf. 9 a)

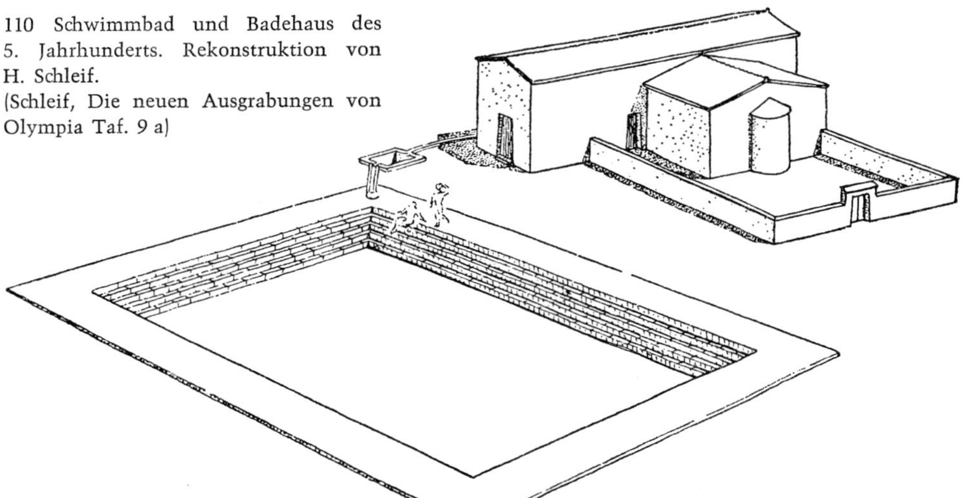

des späteren »Theokoleon« gilt. Die neuen Ausgrabungen haben auch für diese Bauten neue Aufschlüsse erbracht. Das »Heroon« stellte sich als Schwitzbad heraus; ein nachträglich hier aufgestellter Heroenaltar – für antike Badeanlagen nichts Ungewöhnliches – hatte zu der Fehldeutung Anlaß gegeben[622]. Welchem Zweck das Peristylhaus diente, das in späterer Zeit mehrfach erweitert und umgebaut wurde, wissen wir nicht; die Benennung »Theokoleon« ist jedenfalls unsicher[623]. Schwitzbad und Peristylhaus sind gleichzeitig mit der Phidiaswerkstatt oder nur wenig früher errichtet. Unweit westlich dieser Gebäudegruppe bestand damals bereits eine Badeanlage einfacher Art, eine lange rechteckige Halle mit einem Brunnen, aus dem Wasser für kalte Waschungen geschöpft werden konnte. Diese im frühen 5. Jahrhundert entstandene Anlage wurde in der zweiten Jahrhunderthälfte durch einen Anbau erweitert, der an beiden Seiten mit Sitzbadewannen ausgestattet war (Abb. 109). Doch damit nicht genug: sogar ein Schwimmbad hat es im 5. Jahrhundert schon gegeben (Abb. 110); es lag westlich dieses Badehauses am Kladeosufer und ist »das einzige in Griechenland bisher nachgewiesene offene Schwimmbecken klassischer Zeit« (Kunze)[624].

111 Olympia im 5. Jahrhundert v. Chr. nach Erbauung des Zeustempels (Zeit des Phidias). Der Plan enthält nur die Bauten; auf Eintragung der Altäre, Statuen- und Weihgeschenkbasen, deren Lage teilweise bekannt ist, wurde verzichtet. Hypothetisch ist der Grundriß des Prytaneions. Die Datierung der Ufermauer, die das Heiligtum vor den Überschwemmungen des Kladeos schützte, ist unsicher; doch dürfte sie am ehesten ins 5. Jahrhundert gehören, als die ersten Bauten in diesem Gebiet entstanden. Die Gestalt des Südostbaus wird durch Veröffentlichung der neuen Grabungsergebnisse möglicherweise eine Veränderung erfahren; östlich davon sind weitere Baureste aufgedeckt worden. Von einer Rekonstruktion des Hippodroms wurde abgesehen

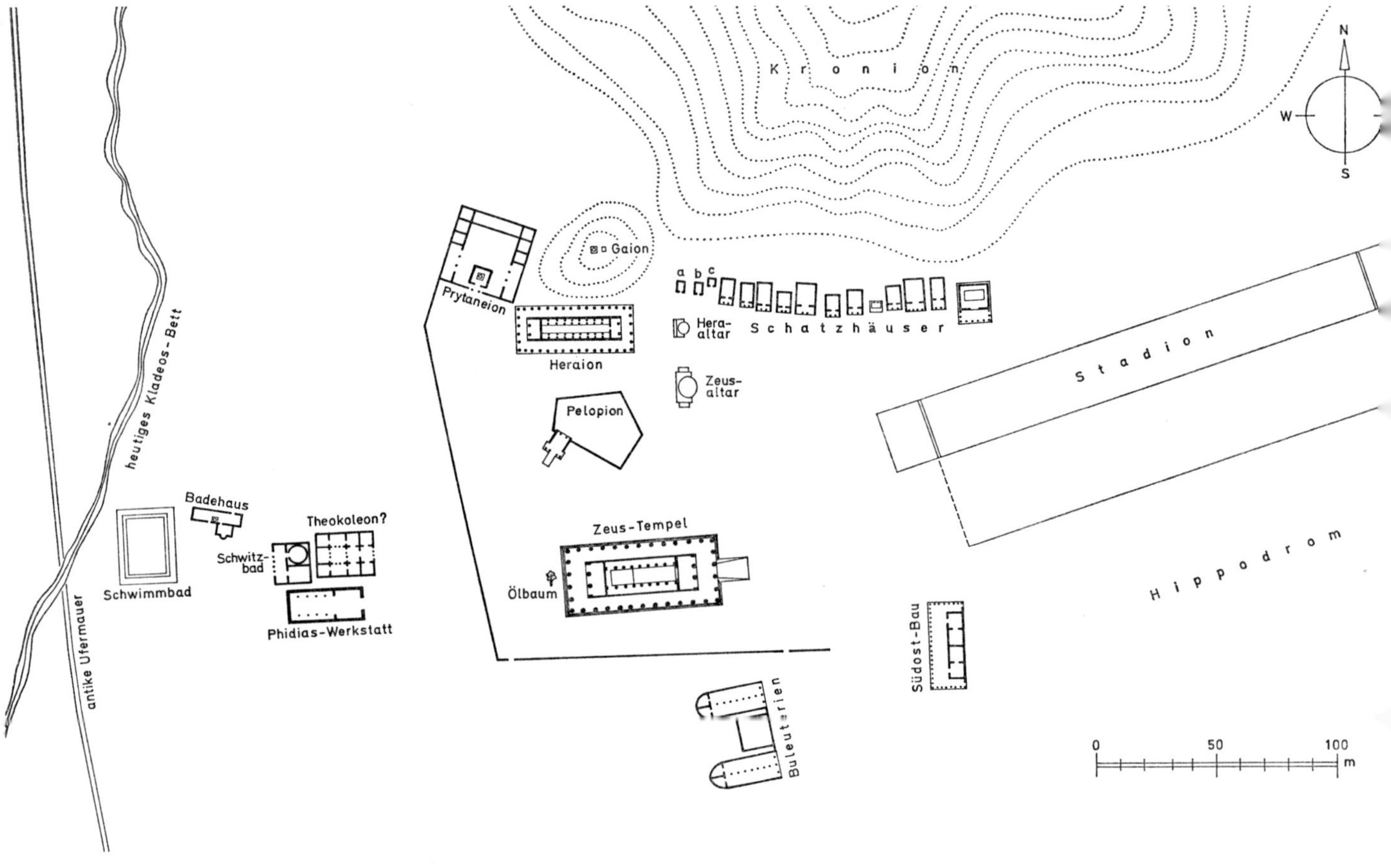

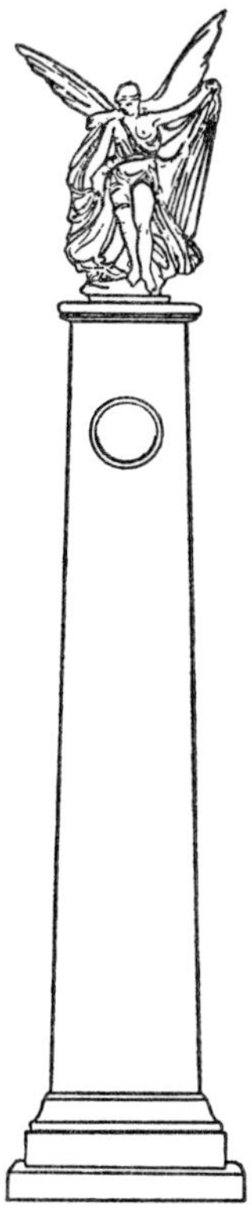

112 Nike des Paionios. Um 420 v. Chr. Rekonstruktion. Ursprüngliche Gesamthöhe des Monumentes 11,90 m. (Schefold, Klassisches Griechenland Fig. 168)

Diese Badeanlagen sind wichtig nicht nur, weil sie als älteste ihrer Art einen bedeutenden Platz in der Geschichte des antiken Badewesens einnehmen[625], sondern weil sie eine neue Art von Bautätigkeit in Olympia einleiten, die vor allem den Bedürfnissen der Athleten Rechnung trägt. Durch diese Bautätigkeit, die sich am reichsten in den folgenden Jahrhunderten entfalten sollte, erhielten die im Gebiet zwischen Kladeos und Altis gelegenen Übungsplätze der Olympiakämpfer allmählich einen festen architektonischen Rahmen. Daß auch die wichtigste Sportanlage Olympias, das Stadion, noch vor der Mitte des 5. Jahrhunderts erneuert wurde, haben wir bereits erwähnt (S. 120). Die Laufbahn des archaischen Stadions wurde tiefergelegt, der Erdaushub diente zur Aufhöhung des bis dahin nur ganz flachen Südwalls (Abb. 111). Auch aus der Altis und deren Umgebung wurde Erde für die Aufschüttung herangeschafft. Dabei gerieten zahlreiche Reste alter, beschädigter Weihgeschenke mit in die Wallfüllung. Auch die Waffenmäler, stolze Zeugnisse archaischer Kämpfe, wurden nun abgeräumt und zugedeckt[626]. Die frühklassische Laufbahn zeichnete sich bei der Ausgrabung in den unter der Echohalle und westlich davon angelegten Suchgräben als klar begrenzter, schnurgerader Horizont ab[627]: ein Beweis dafür, wie sorgfältig sie gepflegt worden war. Sie besaß eine aus Steinquadern bestehende Einfassung und war auch bereits mit Start- und Zielschwellen von ähnlicher Art ausgestattet, wie wir sie im Stadion des 4. Jahrhunderts sehen. Die Gestalt der Böschung, Höhe und Anstiegswinkel lassen sich beim Südwall noch genau rekonstruieren; auf der Rückseite war er durch eine abgetreppte Stützmauer abgesichert, von der sich noch Reste unter der Anschüttung des spätklassischen Walls gefunden haben; für die Entwässerung der Laufbahn sorgte ein Abzugskanal[628]. Im Norden der Laufbahn, wo das zum Kronoshügel hin natürlich ansteigende Gelände bis dahin den Zuschauern Platz geboten, aber auch lagernde und schmausende Festgäste während der Spielzeit aufgenommen hatte[629], wurde nun gleichfalls eine künstliche Anschüttung aufgebracht. Im Osten begnügte man sich mit der Böschung, die durch die Eintiefung der Laufbahn in das dort ansteigende Gelände entstanden war. Nach Westen, zur Altis hin, war das Stadion offen. Seit der 72. Olympiade (472 v. Chr.) hat sich eine neue Ordnung der Spiele durchgesetzt, die für die Folgezeit maßgebend blieb (Paus. V 9,3). Möglicherweise steht die Neugestaltung der Wettkampfstätte – »das erste monumentale Stadion« (Kunze) – in Zusammenhang mit diesem wichtigen Datum. Südlich vom Stadion lag, wie wir durch Pausanias wissen, die Kampfbahn für die Pferde- und Wagenrennen, der Hippodrom. Wir erwähnten bereits, daß die gesamte Anlage unwiederbringlich dem Alpheios zum Opfer gefallen ist, der im Mittelalter sein Bett nach Norden verlagert hat[630]; infolgedessen bleibt uns unbekannt, ob die Stadionerneuerung auch den Hippodrom mit einbezogen hat. Die sonstige Bautätigkeit im 5. Jahrhundert bezieht sich auf die Erneuerung oder Umgestaltung bereits bestehender Anlagen; wir haben sie am Anfang dieses Kapitels bereits erwähnt (s. auch den Übersichtsplan Abb. 111). Aber kehren wir zum Schluß noch einmal zur Skulptur zurück.

Wir haben gesehen, daß die griechische Plastik des Strengen Stils in Olympia unvergleichlich reich vertreten ist. Für die 2. Hälfte des 5. Jahrhunderts läßt sich gleiches leider nicht sagen. Nur ein einziges großformatiges Originalwerk von Rang vertritt unter den Skulpturfunden des Heiligtums die Epoche der Hochklassik. Es ist eine marmorne Nike (Taf. 62; Abb. 112)[631], die einst einen neun Meter hohen dreiseitigen Pfeiler bekrönte und durch die erhaltene Künstlersignatur (Abb. 113) als Werk des Paionios ausgewiesen ist, eines Bildhauers, der aus der thrakischen Griechenstadt Mende stammte. Wir haben diese Inschrift schon einmal erwähnt, weil sie in dem Zusatz zur Künstlersignatur ein interessantes Dokument liefert für einen Künstleragon, bei dem Paionios gesiegt hatte (s. S. 22). Es ging dabei um den Auftrag für die bekrönenden Mittelfiguren (Akrotere) über den beiden Giebeln des Zeustempels. Dort standen, wie uns Pausanias berichtet (V 10,4), vergoldete Niken, während die Giebelecken von goldenen Dreifußkesseln bekrönt waren. Nike und Dreifuß weisen beide auf olympischen Agon und olympischen Sieg hin, sind glückverheißende und anspornende Symbole Olympias. Daß Paionios ein Meister in der Verfertigung schwebender Figuren gewesen sein muß, beweist uns seine marmorne Siegesgöttin. Es war ein naheliegender, schon von der archaischen Kunst aufgegriffener Gedanke, für plastische Gebilde, die zur Aufstellung in luftiger Höhe bestimmt waren, auf Dachfirsten oder Säulenmonumenten, Flügelwesen zu wählen: Sphingen, Greifen, Niken. Aber wie hier die Siegesgöttin mit ausgebreiteten Flügeln und segelartig geblähtem Mantel, vom Wind umbraust wirklich vom Himmel herabzufliegen scheint, das war — für unsere Kenntnis jedenfalls — in solcher Kühnheit noch nie zuvor dargestellt wor-

113 Inschrift der Paionios-Nike: »Die Messenier und Naupaktier weihten [dies] dem Zeus von Olympia aus dem Zehnten [der Siegesbeute] von den Feinden. Paionios von Mende hat es gemacht, [derselbe,] der auch als Sieger [im Wettbewerb] die Akrotere auf dem [Zeus-] Tempel schuf.« (Olympia V Nr. 259)

den. Wir wissen natürlich nicht, inwieweit dies Erfindung des Paionios ist, wie groß also sein persönlicher Anteil an dieser Schöpfung ist, zumal wir kein weiteres Werk von ihm besitzen, von seiner Künstlerpersönlichkeit folglich keine Vorstellung haben. Für uns ist die Nike des Paionios der Beitrag der klassischen Kunst zu diesem Thema. Der Sieg, für den dieses ragende Denkmal unweit des Zeustempels an dem hier vorbeiführenden Weg aufgestellt wurde, war nicht im Stadion oder Hippodrom erfochten, sondern auf dem Schlachtfeld. Den Anlaß verkündet die Inschrift, durch die gleichzeitig das Bildwerk datiert wird: es ist bald nach 421 v. Chr. von den verbündeten Messeniern und Naupaktiern für siegreiche Unternehmungen gegen die Spartaner im archidamischen Krieg geweiht worden (Abb. 113). Der Gegner ist in der Inschrift nicht genannt; es ist nur von »den Feinden« die Rede, was ganz ungewöhnlich ist. Aber Sparta war eine Großmacht, und da hieß es vorsichtig sein. Die Zeitgenossen ebenso wie die Nachwelt (Paus. V 26,1) haben natürlich immer gewußt, wer mit »den Feinden« gemeint war, und die Spartaner haben das Denkmal großzügig geduldet, obgleich sie schon wenige Jahre später in der Lage gewesen wären, seine Beseitigung zu fordern[632].

Die Nike des Paionios steht für uns stellvertretend nicht nur für die hochklassische Plastik Olympias, sondern in weiterem Sinne für all die vielen uns verlorenen Weihgeschenke und Siegesmäler in der Altis. Unlängst hat man die Basis teilweise wieder aufgerichtet; sie bildet nun einen weithin sichtbaren optischen Akzent über dem Trümmerfeld.

Das 4. Jahrhundert ist eine Epoche ausgedehntester Bautätigkeit in Olympia gewesen. In keiner Phase seiner Geschichte hat das Heiligtum eine so tiefgreifende Umgestaltung erfahren wie damals. Dabei hat es in dieser Zeit keine so glanzvollen Spiele mehr gegeben wie im vorangegangenen Jahrhundert; es fehlen die großen Persönlichkeiten, die ruhmreichen Namen. Die Teilnahme der Westgriechen tritt mehr und mehr zurück: die Spiele sind im wesentlichen wieder eine Angelegenheit der mutterländischen Griechen geworden. Die makedonischen Könige suchen in der zweiten Jahrhunderthälfte den sizilischen Fürsten nachzueifern, deren Rennpferde im 5. Jahrhundert in Olympia legendären Ruhm ernteten. Aber die Zeiten haben sich geändert. Betrugs- und Bestechungsaffären häufen sich, das Berufsathletentum tritt auf den Plan. In die erste Hälfte des Jahrhunderts fallen erneute Auseinandersetzungen um den Besitz des Heiligtums. Sie waren eine Folge des Zusammenbruchs der spartanischen Hegemonie nach der Niederlage gegen die Thebaner bei Leuktra (371 v. Chr.) und der damit verbundenen Umschichtung der Machtverhältnisse auf der Peloponnes. In dieser Situation versuchen die Arkader als Feinde der Eleer die Pisaten in ihre alten Rechte einzusetzen und damit selbst Einfluß auf Olympia zu gewinnen. Es kommt zu einer militärischen Besetzung und – etwas noch nie Dagewesenes – 364 v. Chr. sogar zu Kämpfen auf dem Boden der Altis, als die Eleer, um die Abhaltung einer »pisatischen« Olympiade zu verhindern, die im Heiligtum verschanzten Arkader angreifen. Diese konnten sich jedoch zunächst behaupten, und erst im Friedensschluß von 362 v. Chr. wurde Elis wieder Herr von Olympia und Leiter der Spiele[633]. Man wird diese Vorgänge nicht überschätzen dürfen; dennoch sind die Zeichen des inneren Verfalls nicht zu übersehen.

Dem Heilgtum ist indes von alldem nichts anzumerken. Im Gegenteil: seine äußere Erscheinung wird im Laufe des 4. Jahrhunderts immer stattlicher. Ruhm und Glanz seiner größten Zeit scheinen noch weit in die nachfolgende Epoche hineingewirkt zu haben – ein Phänomen, das man übrigens auch sonst in der Geschichte beobachten kann, wenn das Bild, das die kulturelle Entwicklung zeigt, eigentlich nicht den Zeitläuften entspricht. Darüber hinaus mögen die erbitterten Kämpfe um die politische Vorherrschaft in Griechenland, von denen der größte Teil dieses Jahrhunderts erfüllt ist, eine stimulierende Wirkung auf die Unternehmungslust und das künstlerische Schaffen gehabt haben.

Gleich zu Beginn des Jahrhunderts entstand noch einmal ein Tempel in der Altis; es war der letzte, der in Olympia errichtet wurde. Er war der Meter Theon, der Götter-

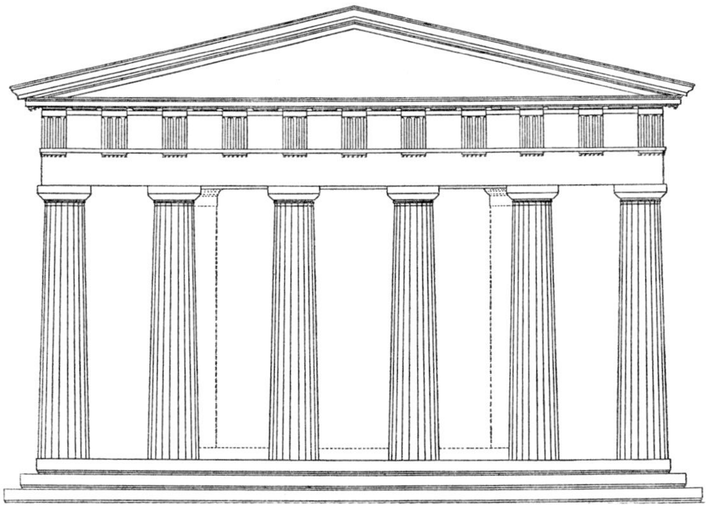

114 Das Metroon. Um 400 v. Chr. Rekonstruktion der Frontseite. (Olympia II Taf. 34)

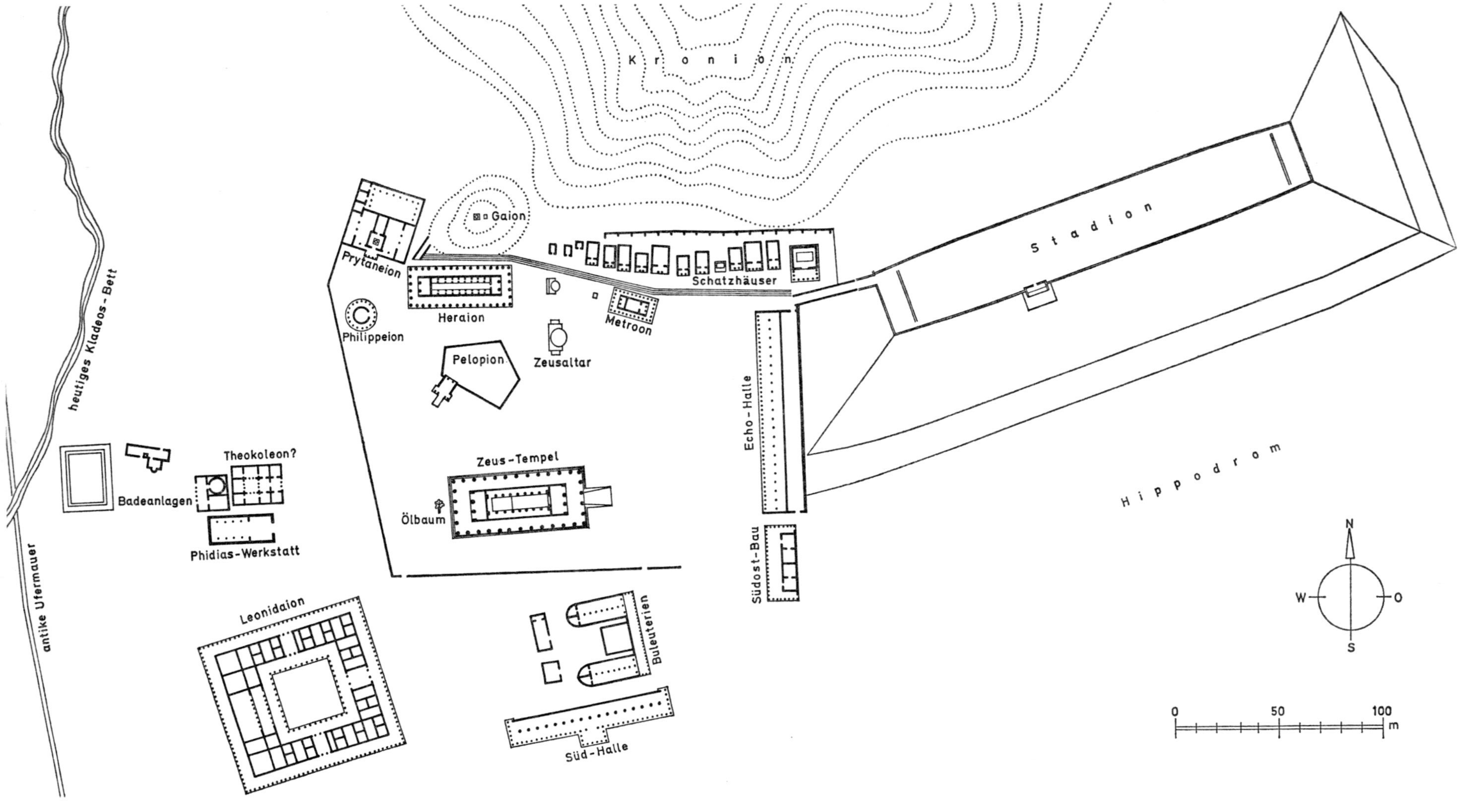

115 Olympia im 4. Jahrhundert v. Chr.

Hypothetisch ist wiederum die Gestalt des Prytaneions. Der Grundriß des Leonidaions ist nicht als endgültig zu betrachten; das Resultat der vollständigen Freilegung ist noch nicht veröffentlicht. Für das Gebiet im Südosten der Altis sind ebenfalls neue Aufschlüsse zu erwarten. Die beiden Bauten westlich der Buleuterien sind im alten Grabungsplan mit E und D bezeichnet; ihre Funktion ist unbekannt, die Datierung unsicher. Beim Stadion-Nordwall ist gegenüber der Kampfrichtertribüne der Platz der Demeterpriesterin zu denken, dessen Gestalt (Altar) wir jedoch erst seit römischer Zeit kennen. Zwischen den verschiedenen Bauten muß man sich die große Menge der statuarischen Weihgeschenke vorstellen, deren Basen hier nicht eingezeichnet sind; nur bei einem kleinen Teil von ihnen ist der Standort bekannt.

mutter geweiht (Abb. 114). Die äußere Gestalt des spätklassischen Baus ist schlicht: ein einfacher dorischer Peripteros mit sechs Säulen an der Front und elf an den Langseiten, Metopen und Giebel unverziert. Die Maße liegen weit unter denen der beiden anderen Tempel. Der Bau ist stark zerstört, seine Rekonstruktion nicht in allen Punkten gesichert[634]. Die Stätte, an welcher er errichtet wurde (Abb. 115), war, wie wir oben sahen, uralter heiliger Grund (S. 31). Warum man der Muttergottheit, die hier verehrt wurde, um 400 v. Chr. noch einen Tempel erbaute, wissen wir nicht[635]. Zur Zeit des Pausanias diente er längst dem Kult der römischen Kaiser, der unter Augustus hier eingerichtet wurde; nur der Name »Metroon«, den der Tempel auch damals noch trug, zeugte von seiner einstigen Bestimmung. Die Datierung des Metroons ergibt sich aus der Tatsache, daß die vor seiner Nordostecke beginnende Statuenreihe den Bau bereits voraussetzt[636]. Es handelt sich um die berühmten »Zanes«, Zeusstatuen, die aus Strafgeldern der Athleten errichtet wurden; die ersten sechs von ihnen wurden 388 v. Chr. aufgestellt (vgl. Abb. 64). Der Tempel muß im frühen 4. Jahrhundert entstanden sein.

In die gleiche Zeit gehört wohl ein Bauwerk im Südosten der Altis, das zwar ganz abgetragen wurde, als hier in frührömischer Zeit eine große Peristylvilla gebaut wurde, dessen Architekturglieder sich aber in späteren Mauern wiederfanden[637]. Es bestand aus einer Flucht von vier fast quadratischen Räumen, die auf drei Seiten von Säulenhallen umgeben waren (Abb. 115). Pausanias hat dieses Gebäude nicht mehr gesehen, infolgedessen macht die Benennung Schwierigkeiten. Versuche, aus anderen Schriftquellen Aufschlüsse über seine Bestimmung zu gewinnen, haben zu keinem gesicherten Ergebnis geführt, so begnügt man sich damit, vom »Südostbau« zu sprechen. Hier wird an einem Beispiel einmal deutlich, in welch hilfloser Lage wir wären, wenn wir den Pausaniastext nicht hätten; ein großer Teil der Bauwerke und sonstigen Reste würde für uns namenlos bleiben. Östlich von dem genannten Gebäude wurden in den letzten Jahren weitere Fundamente aufgedeckt, die zu einem größeren Baukomplex gehören, der etwas später zu sein scheint und ebenfalls zusammen mit dem »Südostbau« abgebrochen wurde[638].

Um die Mitte des Jahrhunderts setzt in Olympia eine Bautätigkeit ein, bei der es nicht mehr um die Errichtung einzelner Gebäude geht, sondern um eine durchgreifende Umgestaltung des gesamten Heiligtums, das nun als Ganzes in eine umfassende architektonische Planung einbezogen wird. Ein solcher Gedanke hatte der archaischen und klassischen Zeit ferngelegen. Das Heiligtum als Ganzes war »formlos«; Olympia bestand aus einer allmählich gewachsenen Ansammlung von Bauten und Anlagen, die in keiner Weise aufeinander bezogen waren. Das sollte nun anders werden. Das neue Raumempfinden der Spätklassik und des frühen Hellenismus verlangte für die bestehenden Bauten einen architektonischen Rahmen, der übersichtliche Verhältnisse schaffte und die Vielfalt der Baukörper und Formen zu einem einheitlicheren Erscheinungsbild zusammenfaßte (Abb. 115).

Um das zu ermöglichen, war es zunächst einmal notwendig, eine klare Trennung zwischen Kultstätten und Wettkampfanlagen zu vollziehen. Dies konnte nur erreicht werden durch eine Verlegung des Stadions aus dem Bereich der Altis heraus, nach Osten — ein mit gewaltigen Erdbewegungen verbundenes Unternehmen. Ferner mußte eine deutliche Markierung der Grenze zwischen Altis und Stadion geschaffen werden. Gewiß ist die radikale Trennung von Altis und Stadion nicht allein aus ästhetischen Gründen erfolgt. Es kommt darin zugleich die Veränderung im Wesen der Spiele zum Ausdruck. Diese hatten offenbar ihren religiösen Charakter so weit verloren, daß eine Abgrenzung des kultischen Bereichs vom immer profaner gewordenen Festtreiben geboten schien. Die alte Einheit von Heiligtum und Wettkampfstätte, wie sie bis zur Mitte des 4. Jahrhunderts bestanden hatte, war nicht mehr zeitgemäß. Zwar waren der mythische Ursprung der Spiele und ihre religiöse Weihe nicht vergessen, aber sie waren dem Bewußtsein fernergerückt. Von nun an gehörte die Altis den Göttern, das Stadion den Athleten und der lärmenden Zuschauermenge. Es war der schwerwiegendste Eingriff in der ganzen Geschichte des Heiligtums. Aber vielleicht bewirkte der Entschluß, sich den veränderten Zeitverhältnissen anzupassen, daß Olympia seine Rolle als der führende Austragungsort sportlicher Agone auch weiterhin behielt.

Die Laufbahn des Stadions (III) wurde also um 82 m nach Osten verlegt und außerdem ein Stück nach Norden gerückt[639] (Abb. 73). Die Richtung blieb die gleiche, doch war die neue Laufbahn fast 10 m breiter als die alte und hatte leicht konvex geschwungene Ränder – ob dies eine optische Raffinesse ist oder ob praktische Gründe dafür maßgebend waren, wissen wir nicht (Abb. 116)[640]. Der Abstand vom Start zum Ziel, die Laufstrecke des einfachen Stadionlaufes, der ältesten und vornehmsten Disziplin der Olympischen Spiele, war natürlich zu allen Zeiten die gleiche. Im spätklassischen Stadion fanden die Ausgräber Start- und Zielschwelle zwar beschädigt, aber noch an Ort und Stelle; der Abstand, jeweils von der Mittellinie der Start- und Zielschwelle gemessen, beträgt nach Dörpfeld 192,28 m, nach Mallwitz 192,24 m[641]. Das antike Längenmaß, dem die Kampfbahn von Olympia den Namen »olympisches Stadion« lieferte, betrug 600 Fuß. Geht man von den realen Meßwerten aus, kommt man allerdings auf ein Fußmaß, das sonst nicht nachweisbar ist; wir können auf die metrologischen Probleme, die sich hieraus ergeben, nicht eingehen.

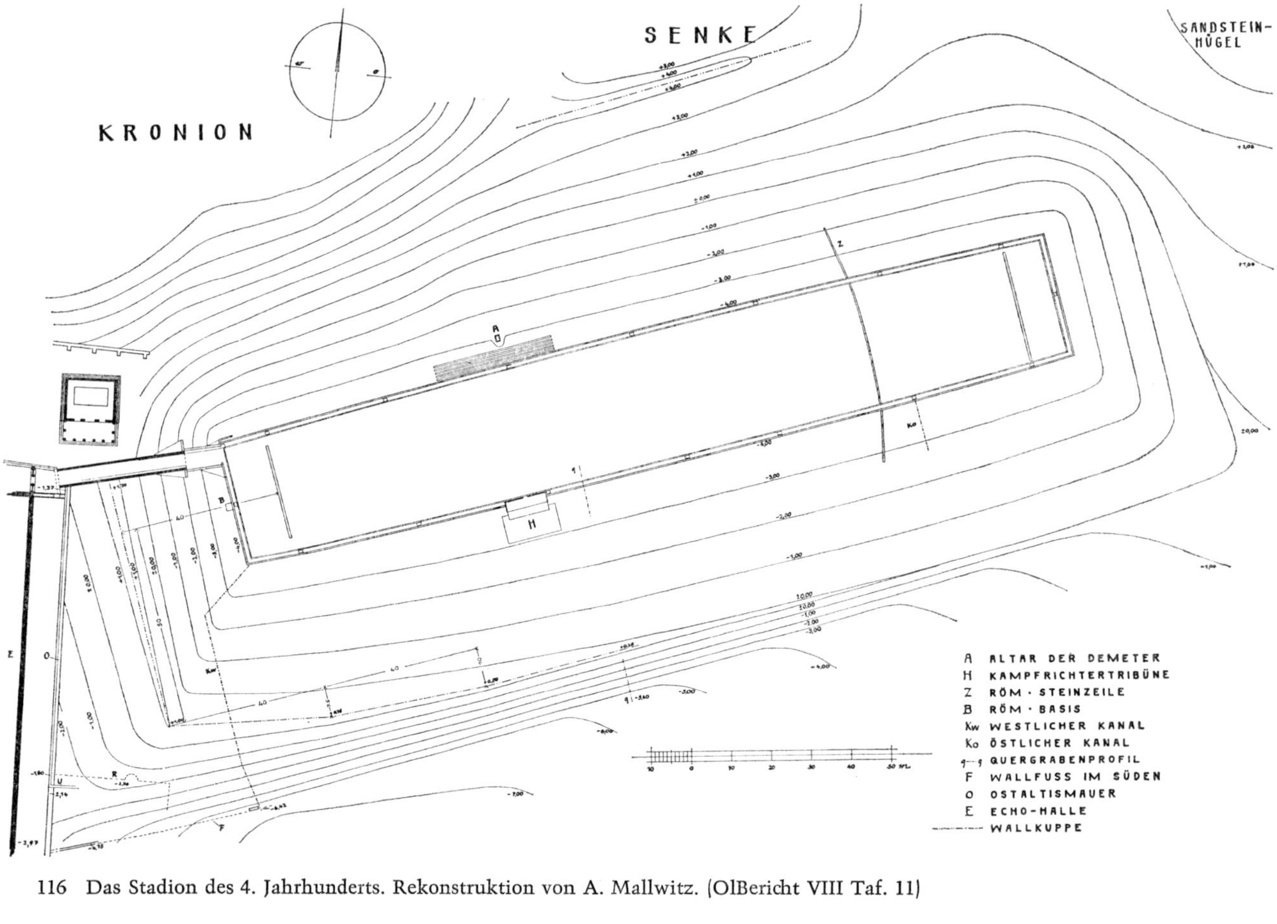

116 Das Stadion des 4. Jahrhunderts. Rekonstruktion von A. Mallwitz. (OlBericht VIII Taf. 11)

Der Abstand von Wallfuß zu Wallfuß beträgt 212,54 m. Die neue Stadionanlage erreichte nunmehr eine Gesamtlänge von insgesamt rund 310 m; am Südrand gemessen beträgt sie sogar 335 m. Der künstlich aufgeschüttete Südwall wurde verbreitert und erhöht (Abb. 117). Er erhielt auf der Rückseite eine steile Böschung und besaß eine Stützmauer, wie sie das frühklassische Stadion hatte. Die Entwässerung der Laufbahn erfolgte durch zwei nach Süden führende unterirdische Kanäle; für den west-

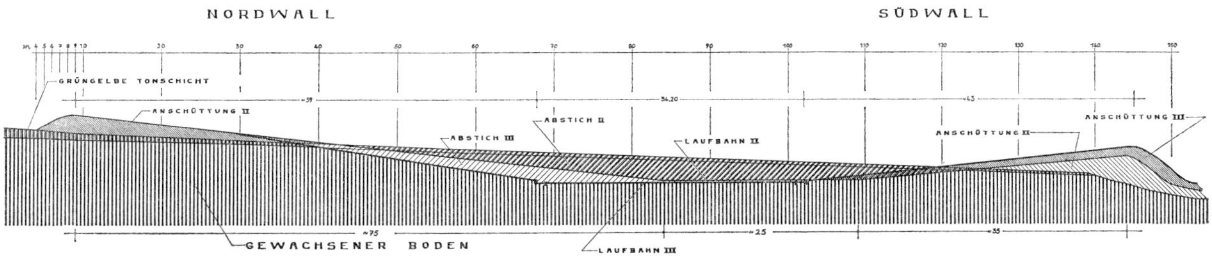

117 Rekonstruierter Querschnitt durch das Stadion von A. Mallwitz. (OlBericht VIII Taf. 7)

lichen benutzte man teilweise die ältere Vorrichtung. Ein neuer Wall wurde im Westen aufgeschüttet. Damit war das Stadion nunmehr ringsum von Zuschauerwällen umgeben. Im Norden mußte wegen der Verlegung der Laufbahn ein Teil der alten Nordwallanschüttungen abgetragen werden; der Ostwall wurde als Böschung in das ansteigende Gelände geschnitten[642]. Die Laufbahn erhielt eine steinerne Einfassung, neben der eine Wasserrinne entlang lief; sie führte Frischwasser, das aus steinernen Becken geschöpft werden konnte — für Zuschauer und Athleten eine köstliche Erquickung in der Sommerhitze. Start und Ziel waren, wie schon beim frühklassischen Stadion, durch Steinschwellen markiert, die jeweils zwei Rillen für die Füße der startenden Läufer besaßen; die einzelnen Plätze waren durch Zwischenpfosten unterteilt[643]. Für den einfachen Stadionlauf starteten die Läufer, wie seit jeher, im Osten. Sie liefen in Richtung auf die Altis, obgleich der neue Westwall den Blick zum Tempel und Altar des Zeus verdeckte. Beim Doppellauf (Diaulos) war der Start im Westen, die östliche Schwellenreihe diente diesmal als Wendemarke. Der Raum zwischen Schwellenreihe und Wallfuß ist im Westen etwas größer als im Osten, wohl um den Läufern mehr Platz zum Auslaufen zu lassen[644]. Für die Kampfrichter war am Südwall eine steinerne Plattform errichtet, auf der die Sessel der zehn (zeitweilig zwölf) Hellanodiken aufgestellt wurden (Abb. 118)[645]. Im übrigen gab es auch im neuen Stadion keine Steinsitze, wie wir sie von den Stadionanlagen in Delphi, Epidauros und anderswo kennen[646]. Der Kampfrichtertribüne gerade gegenüber befand sich auf dem Nordwall der Platz — später ein Altar —, von dem aus die Priesterin der Demeter Chamyne als einzige verheiratete Frau den Wettkämpfen zuschauen durfte. Das Heiligtum, dem sie diente, war uralt und lag auf einem Hügel am Ende des Hippodroms[647].

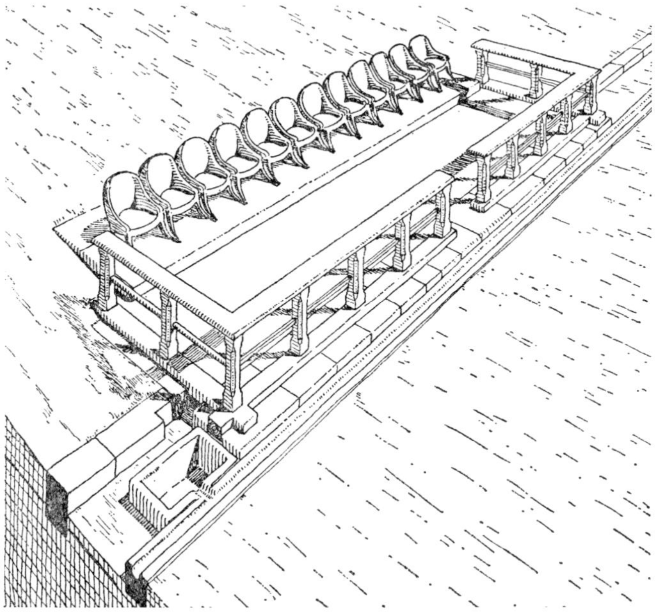

118 Kampfrichtertribüne im Stadion. Rekonstruktion von H. Schleif. (Schleif, Die neuen Ausgrabungen von Olympia Taf. 3)

Mit der Anlage des neuen Stadions waren, wie bereits angedeutet, weitere Baumaßnahmen verbunden. Der Westwall wurde auf seiner Rückseite durch eine große Stützmauer befestigt, die gleichzeitig die östliche Begrenzung der Altis bildete. Ihr wurde in ganzer Länge eine zweischiffige Säulenhalle vorgelegt (Abb. 115). Man nannte sie »Echohalle«, weil in ihr angeblich ein siebenfaches Echo gehört wurde, wenn man zum Zeustempel hinüberrief: ihr ursprünglicher Name war jedoch, wie man zu Pausanias' Zeit noch wußte, »Stoa Poikile« gewesen (Bunte Halle), wegen ihrer Wandgemälde, die aber damals schon nicht mehr existierten (Paus. V 21,17). Die Halle hatte eine Tiefe von 12,5 m; zwischen ihrer Rückseite und der Ostwallmauer lag ein offener Hof von 8,5 m Breite, der vermutlich zur Aufbewahrung von Sportgeräten und dergleichen diente[648]. Der Aufbau der Echohalle ließ sich aus den nachmals verbauten Architekturgliedern rekonstruieren: 44 dorische Säulen bildeten die 98 m lange Vorderfront; sie waren von einem dorischen Gebälk bekrönt, die Innensäulen trugen vermutlich korinthische Kapitelle. Der ganze Bau wurde in römischer Zeit durchgreifend restauriert. Die Echohalle nimmt die durch die Front des älteren Südostbaus bereits vorgegebene Richtung auf und bildete nun mit diesem zusammen eine riesige Säulenflucht von über 140 m Länge als architektonische Abgrenzung der Altis im Osten (vgl. Abb. 127). Stadion-Westwall, Ostaltismauer und Echohalle sind zweifellos Glieder einer einzigen großzügigen Planung. Ausgeführt wurde anscheinend zunächst der Westwall, dessen unregelmäßige Form sich dadurch erklärt, daß er die Divergenz zwischen Stadionachse und Altis-Ostgrenze ausgleichen muß[649]. Auf geringfügige Veränderungen, die das Stadion III nachträglich erfuhr und von denen eine noch in die zweite Hälfte des 4. Jahrhunderts fällt, brauchen wir hier nicht näher einzugehen[650]. Entscheidend ist, daß diese Stadionanlage für die gesamte Folgezeit maßgeblich blieb; denn die übrigen durch die Ausgrabungen festgestellten Stadionperioden IV und V, die in die römische Kaiserzeit fallen, bringen keine tiefgreifende Änderungen mehr; sie sind im Grunde weiter nichts als Wiederherstellungs- und Erhaltungsmaßnahmen.

Von der Wirkung dieser großen spätklassischen Stadionanlage kann sich jeder Besucher Olympias heute eine lebendige Anschauung verschaffen. Denn nach dem Abschluß der langwierigen, durch den Krieg zeitweise unterbrochenen Grabungsarbeiten ist das Stadion III in seiner ursprünglichen Gestalt wiederhergestellt worden (Taf. 61). Genaue Beobachtungen während der Ausgrabung lieferten die notwendigen Anhaltspunkte, um diese – im Grunde nur aus Erdanschüttungen (Abb. 117) bestehende – imposante Anlage rekonstruieren zu können[651].

Stieg man etwa in Höhe der Kampfrichtertribüne über den Südwall, so gelangte man in den Hippodrom, und zwar gerade an die Stelle, wo sich die Startvorrichtung für die

119 Wagenrennen. Schwarzfigurige Hydria, Berlin. Spätes 6. Jahrhundert v. Chr. (Boetticher, Olympia Abb. 18)

Pferde befand. So berichtet uns Pausanias (VI 20, 10). Wir wissen nicht, ob mit dem Bau des spätklassischen Stadions auch eine Erneuerung der Kampfstätte für die hippischen Agone verbunden war; doch ist das eine ohne das andere eigentlich schwer vorstellbar. Denn einmal mußte schon die Verlegung des Stadions Folgen für den Hippodrom haben, und außerdem wird in älterer Zeit die Pferderennbahn gleich dem Stadion bescheidener in ihrer Ausgestaltung gewesen sein und nun einer Erneuerung bedurft haben. Es scheint daher richtig, das wenige, was wir über die ruhmreiche Kampfstätte der olympischen Pferde- und Wagenrennen (vgl. Abb. 119; Taf. 4 a, b) wissen, an dieser Stelle einzufügen, in der Annahme, daß auch der Hippodrom in spätklassischer Zeit seine endgültige Gestalt bekommen hat. Da wir infolge der restlosen Vernichtung des Hippodroms eine Beschreibung aus eigener Anschauung nicht liefern können, geben wir am besten Pausanias selbst das Wort (VI 20,10–21,1)[652]: »Der Ablaufstand *(aphesis)*, von dem aus die Pferde starten, hat die Form eines Schiffbugs, dessen Spitze der Rennbahn zugewandt ist. Seine breite Seite ist in der Nähe der Agnaptoshalle[653]. Vorn an der Spitze ist auf einer Stange ein eherner Delphin angebracht. Jede der beiden Seiten des Ablaufstandes ist über 400 Fuß lang, in sie sind Kammern eingebaut; über ihre Verteilung entscheidet das Los. Vor den Viergespannen oder den Reitpferden ist jeweils ein Tau als Startschranke gespannt. Genau in der Mitte des Bugs wird zu jeder Olympiade ein Altar aus ungebrannten Ziegeln, die außen verputzt sind, aufgestellt. Auf dem Altar sitzt ein Adler aus Bronze mit weit ausgebreiteten Schwingen. Auf Weisung des Rennleiters kann nun ein im Inneren des Altars befindlicher Mechanismus in Bewegung gesetzt werden. Geschieht das, so steigt der Adler in die Höhe, so daß er allen Zuschauern sichtbar wird, während der Delphin niedersinkt. In diesem Augenblick fallen die Seile vor den beiden der Agnaptoshalle zunächst liegenden Startkammern, und die dort wartenden Pferde laufen los. Sobald sie die Höhe der zweiten Plätze erreicht haben, senken sich auch dort die Seile, und in gleicher Weise geht es bei allen Pferden weiter, bis vor der Spitze des Schiffbugs alle miteinander sich in einer Linie befinden. Von da an beginnt sich nun die Kunst der Wagenlenker und die Schnelligkeit der Pferde zu erweisen. Diese kunstvolle Starteinrichtung hat Kleoitas als erster ersonnen, und er war auf die Erfindung so stolz, daß er auf seine Statue in Athen eine Inschrift mit folgendem Epigramm setzte:

Der den Ablauf der Pferde erfand in Olympia, Kleoitas,
des Aristokles Sohn, hat dieses Standbild gemacht[654].

Nach Kleoitas soll Aristeides diese Vorrichtung noch durch eine weitere Erfindung verbessert haben.

Die eine Seite der Rennbahn ist etwas länger als die andere, und an dieser längeren Seite, die durch einen Erdwall begrenzt wird, steht in der Nähe des Durchgangs, der durch diesen Wall führt, der sogenannte Taraxippos, der Schrecken der Pferde. Er hat die Gestalt eines runden Altars, und wenn die Pferde an ihm vorüberlaufen, erfaßt sie ohne jeden ersichtlichen Grund ein heftiger Schreck, so daß sie scheuen und Verwirrung anrichten. Oft werden dabei die Wagen zerschmettert und die Wagenlenker verletzt. Deshalb bringen auch die Wagenlenker Opfer dar und flehen den Taraxippos an, er möge ihnen gnädig sein.« Es folgt eine längere Erörterung über die verschiedenen Ansichten zur Erklärung des Taraxippos, dann schließt Pausanias mit den Worten: »Auf einer der Zielsäulen steht eine Bronzestatue der Hippodameia, die eine Siegerbinde in der Hand hält, um damit Pelops zu schmücken. Die andere Seite des Hippodroms ist nicht eine künstliche Erdanschüttung, sondern ein niedriger Hügel.«

Diese Beschreibung ist wortreich, aber so wenig präzis, daß sich eine Anschauung vom Aussehen des Hippodroms daraus nicht gewinnen läßt. Wir verstehen nicht, warum die Seiten der Rennbahn verschieden lang waren (die längere Seite war offenbar die südliche; dort wird man den Erdwall anzunehmen haben). Ebensowenig ist einzusehen, worin nun eigentlich die Vorteile der so eingehend geschilderten mechanischen Startvorrichtung bestanden, insbesondere wie die Chancengleichheit für die einzelnen startenden Pferde oder Viergespanne bewirkt wurde. Wir wissen auch nicht, wann die Konstrukteure dieser ingeniösen Einrichtung gelebt haben; vielleicht gehören sie erst einer späteren Zeit an. Mit Sicherheit geht aus der Beschreibung hervor, daß der Hippodrom parallel zum Stadion, aber im ganzen weiter östlich als dieses gelegen haben muß, da der Startplatz sich in Höhe der Kampfrichtertribüne des Stadions befand. Daß die Rennbahn breiter war als die Stadion-Laufbahn, ist von vornherein klar, da – nach Art aller antiken Hippodrome – die Gespanne wenden und auf der Gegenbahn zurückfahren mußten. Eine erhebliche Breite läßt sich auch aus der Angabe erschließen, daß die Schenkel des Dreiecks, welches die Startvorrichtung bildete, eine Länge von 400 Fuß hatten (118,40 m).

Über die Länge des Hippodroms kann man nichts Sicheres sagen, soviel auch darüber spekuliert worden ist. Es heißt bei Pausanias an einer anderen Stelle, daß ein »Pferdelauf« *(dromos hippios)* zwei »Doppelläufen« *(diauloi)* entspreche; das wären 4 Stadien, also fast 770 m[655]. Das heißt natürlich nicht, daß der Hippodrom die vierfache Länge des Stadions hatte, wie zuweilen behauptet wird, denn das Rennen bestand, wie gesagt, im Umrunden der Bahn. Doch auch aus dieser Feststellung ergibt sich noch kein Längenmaß für die gesamte Anlage; wir wissen ja nicht, wieviel für die Kehre abzurechnen ist und wie groß der Auslauf am Ziel war. So kommt es, daß die verschiedenen Rekonstruktionsversuche, die bisher vorgelegt wurden, erheblich voneinander abweichen und insgesamt als wertlos zu betrachten sind; wir können es uns ersparen, darauf einzugehen[656]. Sicher ist, daß der Start im Westen war, da die Ablaufvorrichtung dort lag, und auch das Ziel muß dort gewesen sein. Es gab, wie in jedem Hippodrom, zwei Wendemarken, die zu umrunden waren; sie waren in Olympia von Statuen bekrönt. Pausanias nennt nur die eine, Hippodameia; auf der anderen wird man Pelops ergänzen dürfen. Durch Pindar wissen wir, daß der Wettkampf im zwölfmaligen Umrunden der Wendemarken bestand[657].

Doch zurück zur Altis. Von der architektonischen Neugestaltung der Ostseite des heiligen Bezirks hatten wir gesprochen. Im Norden bildete schon seit dem frühen 5. Jahrhundert die Reihe der Schatzhäuser einen wirkungsvollen Abschluß; zur optischen Zusammenfassung dieses Bildes wurde nun noch eine gleichmäßig durchlaufende, treppenartig abgestufte Terrassenmauer angelegt, die gleichsam einen gemeinsamen Sockel für die Schatzhäuser bildete (Taf. 30). Sie begann bei der Echohalle und zog sich bis zum Heraion hin; an ihrem westlichen Ende führte eine Rampe zum Gaion hinauf. Zweimal war ein leichter Knick unvermeidlich, nämlich dort, wo sie hinter den beiden Tempelbauten, dem Heraion und dem Metroon, vorbeiführte. Die Datierung der Terrassenmauer ergab sich aus Beobachtungen an den Statuenbasen, die zwischen Metroon und Echohalle vor ihr aufgereiht sind: es sind jene aus Strafgeldern der Athleten errichteten Zeusstandbilder, die im elischen Dialekt »Zanes« hießen. Die erste Serie (I–VI) war, wie schon erwähnt, 388 v. Chr. aufgestellt worden, die anschließende Reihe (VII–XII) 332 v. Chr.; die VII. Basis ist im Fundament mit der Stufenmauer so verbunden, daß beide gleichzeitig sein müssen (Abb. 64)[658].

Für die vielen von der Seeseite oder dem triphylischen Bergland her kommenden Festbesucher und Pilger war die dem Alpheiostal zugewandte Südseite des Heiligtums die »Ansichtsseite«. Dort lag auch ein alter Eingang in die Altis, der gewiß ebenso wichtig war wie der im Nordwesten, durch den die von Elis Kommenden das Heiligtum betraten. Hier im Süden wurde nun ein großer Hallenbau errichtet, der sich mit einer dorischen Säulenfront von 80,56 m Breite nach dem Alpheiostal öffnete. Die lange Säulenreihe wurde, wie sich erst bei der endgültigen Freilegung 1938 herausstellte, in der Mitte unterbrochen durch eine giebelbekrönte Vorhalle (Abb. 120)[659]. Die ganze Anlage entstand in der Zeit zwischen 360 und 350 v. Chr.; sie ist also geringfügig älter als die Echohalle[660]. Wie diese war auch die Südhalle zweischiffig mit korinthischen Innensäulen und geschlossener Rückwand. Ihre Richtung ist durch die hinter ihr liegenden Buleuterien bestimmt; in römischer Zeit erfuhr sie eine Erneue-

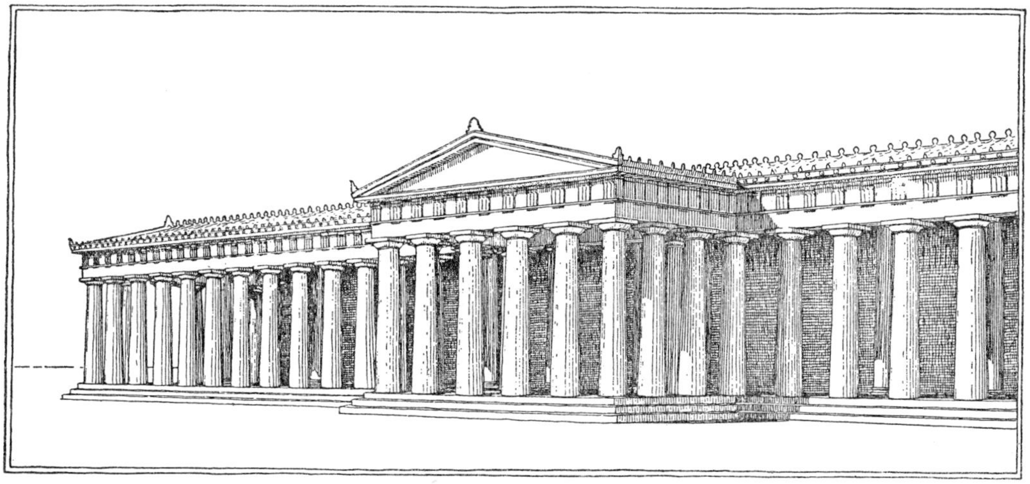

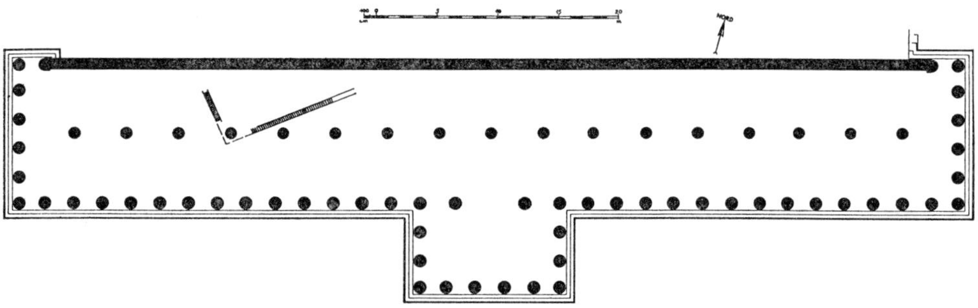

120 Südhalle. Um 360/50 v. Chr. Grundriß und Rekonstruktion von H. Schleif. (Schleif, Die neuen Ausgrabungen von Olympia Abb. 2 und Taf. 4 a)

rung. Der antike Name des Bauwerks ist unbekannt. Man hat es mit der von Pausanias (V 15,4) erwähnten «Proedrie« identifizieren wollen[661]; doch weder läßt sich dies beweisen, noch wissen wir recht, was die Proedrie, unter der man andernorts die Ehrensitze im Theater versteht, hier in Olympia überhaupt bedeutet hat. Ähnlich wie beim Südostbau müssen wir uns auch hier mit einer nichtssagenden Bezeichnung behelfen. Das Dilemma liegt darin, daß wir einerseits ein paar bei Pausanias überlieferte Gebäudenamen nicht unterbringen können und auf der anderen Seite einige nicht identifizierte Bauten haben, und es ist in diesen Fällen bisher nicht gelungen, beides zur Deckung zu bringen. Dazu kommen noch Hinweise bei anderen Autoren, die unklar sind, wie z. B. die Nennung eines Theaters bei Xenophon (Hell. VII 4,31). So kommt es, daß es in der Topographie Olympias immer noch einige »weiße Flekken« gibt.

Der neue, monumentale Gesamteindruck der Südseite des Heiligtums wurde noch erhöht durch ein Bauwerk, das bald darauf etwas weiter westlich errichtet wurde: das Leonidaion (Abb. 115). Es trägt seinen Namen nach seinem Erbauer und Stifter, einem gewissen Leonides aus Naxos; die Auffindung von Resten der Bauinschrift verhalf zur Identifizierung des anfänglich unbenannt gebliebenen Gebäudes[662]. Das Leonidaion ist schon durch seine Dimensionen bemerkenswert. Von dem in hellenistischer Zeit erbauten Gymnasium abgesehen, ist es das flächenmäßig ausgedehnteste Gebäude Olympias. Nach dem Prinzip des griechischen Peristylhauses gruppieren sich die Räume rings um einen quadratischen Innenhof mit dorischen Säulen. Außen ist der ganze Komplex von einer rings umlaufenden prächtigen Kolonnade ionischer Ordnung umgeben. Das Gebälk bekrönte eine plastische Rankensima mit Löwenköpfen. Zuweisbare Architekturglieder fanden sich in so großer Zahl in späten Mauern verbaut, daß das Gebäude in seinem Aufbau im großen und ganzen gut bekannt ist, von ein paar unsicheren Punkten abgesehen, auf die wir hier nicht einzugehen brauchen. Die Stilformen verraten schon die Nähe des Hellenismus. Der Bau gehört bereits in die zweite Hälfte des 4. Jahrhunderts, etwa in die Zeit um 330 v. Chr.

Über die Funktion des Leonidaions sagt uns Pausanias lediglich, daß zu seiner Zeit die römischen Statthalter von Griechenland dort abzusteigen pflegten, wenn sie Olympia besuchten; das Gebäude war für diesen Zweck eigens umgestaltet und erneuert, sogar mit Wandmalereien und einer Gartenanlage ausgestattet worden. Es ist zwar eine reine Vermutung, daß auch die ursprüngliche Bestimmung des griechischen Leonidaions die eines Gästehauses für vornehme Besucher und offizielle Festgesandtschaften gewesen sei; doch dürfte dies die wahrscheinlichste Erklärung sein. Denn für den Amtssitz einer elischen Behörde oder eines Priesterkollegiums — so ältere Annahmen — hätte wohl der auswärtige Stifter schwerlich sein Geld gespendet. Die großzügige Raumanordnung und der repräsentative architektonische Rahmen zeigen, daß an hochgestellte oder besonders bevorzugt zu behandelnde Gäste gedacht war. Die Phantasie mag sich ausmalen, wer im Laufe der Jahrhunderte hier gewohnt hat — sicher auch manche uns bekannte Berühmtheit. Für den Wandel der Zeit ist dieser Bau wiederum symptomatisch: bis weit ins 4. Jahrhundert hinein gab es auch für die Vornehmen und Mächtigen kein »standesgemäßes« Absteigequartier in Olympia. Erst jetzt, als die Hochblüte schon überschritten war, wurde ein Bau wie das Leonidaion für notwendig erachtet.

In der Art der Zimmeraufteilung entsprechen sich, wie ein Blick auf den Grundriß zeigt, Nord- und Südtrakt: der Osttrakt weicht hingegen ab, und im Westflügel finden wir saalartige Repräsentationsräume. Die Raumgliederung im einzelnen ergab sich erst bei der unlängst erfolgten endgültigen Freilegung der von der alten Grabung nur zur Hälfte aufgedeckten Ruine. Wahrscheinlich ragte der Westflügel als Baukörper mit eigener Dachkonstruktion aus den anderen drei Trakten heraus[663]. Die weiträumigere Ausgestaltung der Westseite hat zur Folge, daß der Außengrundriß des Leonidaions kein regelmäßiges Quadrat bildet, sondern ein Rechteck von 80,18 - 74,00 m Seitenlänge. Ausgerichtet ist dieses Rechteck nach der etwas schräg nordsüdlich verlaufenden Prozessionsstraße, der auch die klassische Westmauer der Altis folgt und von der Pausanias nicht ohne Spott bemerkt, daß die Eleer etwas als »Straße« bezeichneten, was in Athen bestenfalls »Gasse« heißen würde (V 15,2). Wegen der etwas verschobenen Orientierung des Leonidaions bildet seine südliche Front mit der benachbarten Südhalle keine einheitliche Flucht; doch schlossen sich die beiden langen Säulenfronten für den vom Alpheiostal kommenden Besucher ohne Zweifel zu einem imposanten Ganzen zusammen. Immerhin verdient die selbst bei derartigen, auf Vereinheitlichung zielenden Bauplanungen gewahrte Selbständigkeit der Baukörper als eine typisch griechische Eigentümlichkeit Beachtung.

Zu den Neugestaltungsmaßnahmen im Süden des Heiligtums, das sein Aussehen im 4. Jahrhundert völlig veränderte, ist vielleicht auch die Errichtung der ionischen Säulenhalle zu rechnen, welche die beiden Buleuterionbauten und den quadratischen Zwischenbau zu einer einheitlichen Baugruppe verband, die dem östlich vorbeiführenden Zugangsweg zur Altis zugewandt war (Abb. 115)[664]. Ob der quadratische Mittelbau und die ionische Vorhalle dem gleichen Bauvorgang zuzurechnen sind, wie vielfach angenommen wird[665], läßt sich vorderhand nicht entscheiden. Auch ist die Bestimmung des Mittelbaus nicht völlig geklärt; wahrscheinlich stand hier die Statue des Zeus Horkios, vor welcher die Athleten den olympischen Eid abzulegen hatten (Paus. V 24,9—11). Der heilige Bezirk des Schwurgottes müßte, wenn dies richtig ist, natürlich seit altersher hier gelegen haben, wodurch sich der Abstand der beiden Buleuterien voneinander erklären würde. Ob die beiden nur in den Fundamenten erhaltenen Rechteckbauten *D* und *E* westlich der Buleuterien ebenfalls damals errichtet wurden oder ob sie etwa schon älter sind, ist unbekannt; eine neuere Vermutung sieht in dem einen derselben das Hippodameion[666].

Die Bautätigkeit der zweiten Hälfte des 4. Jahrhunderts erstreckte sich nicht ausschließlich auf die Peripherie des Heiligtums; auch in der Altis selbst wurde damals noch einmal ein Bauwerk errichtet. Es ist unmittelbar mit den schwerwiegenden politischen Ereignissen dieser Zeit verknüpft: das Philippeion, ein kleiner, säulenumstandener Rundbau, der formal einem Typus folgt, wie er unter anderem für den Heroenkult Verwendung fand (Abb. 121). Er dient der Selbstverherrlichung einer Dynastie, die damals die Herrschaft über Griechenland angetreten hatte: des makedonischen Königshauses. Pausanias behauptet (V 20,9 f.), der Bau sei von Philipp nach dem Zusammenbruch Griechenlands bei Chaeronea (338 v. Chr.) errichtet. Da der König jedoch schon zwei Jahre nach der Entscheidungsschlacht starb, ist anzunehmen, daß das

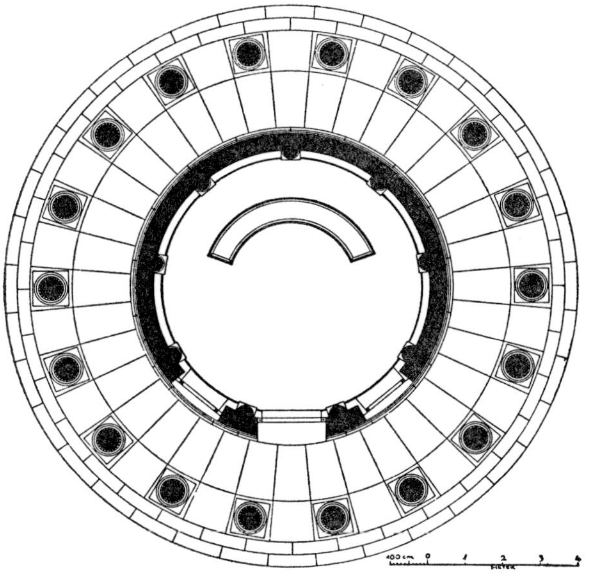

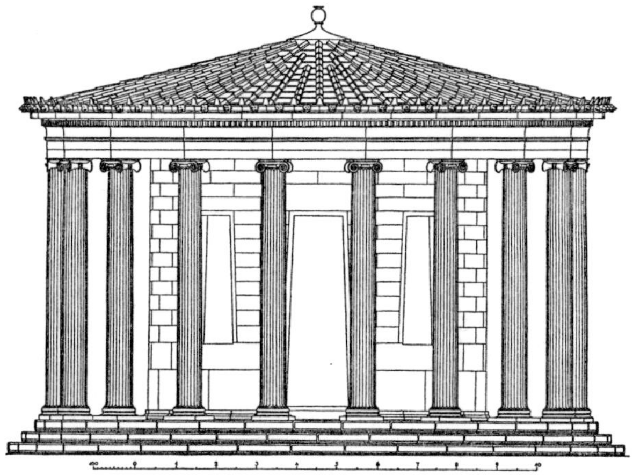

121/122 Das Philippeion. Um 330 v. Chr. – 121 Grundriß (OlForsch. I Taf. 2). – 122 Rekonstruktion von H. Schleif. (OlForsch. I Atlas Taf. 1)

Bauwerk, obwohl es den Namen seines Stifters trägt, erst von dessen Sohn Alexander vollendet wurde. Ob dieser auch die Ausstattung besorgte oder ob deren Auswahl bereits von Philipp festgelegt war, wissen wir nicht; jedenfalls standen in dem Rundbau, Götterbildern gleich, die goldelfenbeinernen Standbilder Alexanders, seines Vaters Philipp, seiner Mutter Olympias sowie seines Großvaters Amyntas und dessen Gemahlin Eurydike, sämtlich von der Hand des Atheners Leochares, eines der berühmtesten Bildhauer seiner Zeit. Die reich profilierte Basis ist heute noch zu sehen; die Statuen waren zur Zeit des Pausanias schon teilweise ins Heraion überführt[667]. Das zierliche Rundtempelchen stand auf einem marmornen Unterbau von 15,24 m Durchmesser, die Cella war von achtzehn ionischen Säulen umgeben, ihre Innenwand durch neun vorgelegte korinthische Halbsäulen gegliedert. Da die meisten Bauglieder bei der Ausgrabung in späteren Mauern wiedergefunden wurden, ließ sich das Philippeion vollständig rekonstruieren (Abb. 122)[668].

Als recht genau datiertes Bauwerk aus der Wende von der Spätklassik zum Hellenismus und einziger griechischer Rundbau ionischer Ordnung gehört das Philippeion zu den bemerkenswertesten Architekturdenkmälern Olympias. Von der Geschichte des Heiligtums her gesehen markiert dieser Bau, genau wie die Schlacht, die den Anlaß zu seiner Errichtung gab, eine Zeitenwende. Gleichviel, wie man ihn auffassen mag – als Siegesmonument, Heroon, Denkmal des Herrscherkultes oder als eine Art Schatzhaus –, entscheidend ist die hierin sich manifestierende Durchsetzung eines Anspruchs auf politische Repräsentation auf dem heiligen Boden der Altis, wie sie in dieser Form bisher unbekannt war. Die hellenistischen Herrscher und ihre Nachfolger, die Römer, sind auf diesem Wege weitergeschritten. Ihre Monumente erheben sich von nun an neben den Siegeszeichen friedlicher und kriegerischer Agone der miteinander wetteifernden Griechen, die im Zeitalter der Polis, in den großen Jahrhunderten Olympias, dem Heiligtum das Gepräge gegeben hatten.

Die Bilder der Götter, Helden und siegreichen Athleten – das waren die großen Themen der plastischen Weihgeschenke in der Altis gewesen, und sie blieben es auch im 4. Jahrhundert. Von den berühmten Bildhauern der Spätklassik haben fast alle nachweisbar für Olympia gearbeitet. Unter den von Pausanias erwähnten Siegerstatuen stehen, soweit sie datierbar sind, diejenigen des vierten Jahrhunderts denen des fünften zahlenmäßig kaum nach. Wiedergefunden wurde in den Ausgrabungen der Bronzekopf eines Faustkämpfers (Taf. IV, 63)[669], der uns viel verrät von der Persönlichkeit eines Athleten der Zeit um 330 v. Chr., denn damals ist das Werk, nach seinen Stilformen zu urteilen, geschaffen worden. Es ist seit seiner Auffindung immer bewundert worden als eindrucksvolle Porträtstudie eines Berufsathleten: der Künstler hat sich nicht gescheut, die Physiognomie dieses Boxers mit der platten Nase, den verschwollenen Ohren, den kleinen Augen, der niedrigen, wulstigen Stirn und dem brutal vorgeschobenen Kinn schonungslos darzustellen. Zwar ist die klassische Form nicht gesprengt – die Haarstilisierung etwa folgt noch durchaus älteren Traditionen –, aber wir haben es hier mit einer Art von Wirklichkeitserfassung zu tun, wie es sie bis dahin nicht gegeben hatte; sie wird in der Folgezeit das Hauptanliegen der Porträtkunst werden. Als einen bahnbrechenden Meister auf diesem Gebiet nennt die antike Tradition den Bildhauer Silanion aus Athen. Von ihm ist unter anderem die Siegerstatue eines Faustkämpfers namens Satyros in Olympia bezeugt (Paus. VI 4,5), und mit dieser hat man unseren Bronzekopf in Verbindung gebracht[670]. Der Kopf ist ein Bildnis mit ausgesprochen realistischen Zügen, allerdings weniger Individualporträt als vielmehr Porträt eines bestimmten Berufsstandes, eines Menschentypus. Nicht um die Darstellung des Boxers Satyros – oder wer immer der Porträtierte sein mag – geht es dem Künstler in erster Linie, sondern um die Darstellung des Boxers schlechthin. Und darin liegt etwas eminent Griechisches. Insofern unterscheidet sich auch ein griechisches Porträt von jedem römischen; der Realitätsbegriff ist ein anderer. Die Forschung hat sich sehr um die Identifizierung dieses Siegerbildes bemüht; aber uns interessiert eigentlich an diesem Kopf gar nicht so sehr, wer hier dargestellt ist; was uns fesselt, ist die Gestaltung der Wesenszüge: die rücksichtslose Härte, die aus diesem Gesicht spricht, das Lauernde, Verschlagene und zugleich auch das im Grunde Triste dieser Existenz eines alten, sieggewohnten Draufgängers, der nun am Ende seiner Laufbahn steht.

Dem klassischen Ideal stärker verpflichtet ist ein um 340 v. Chr. zu datierender Kopf, der von einer marmornen Siegerstatue stammt (Taf. 64, 65)[671]. Er ist sicher kein eigenhändiges Werk eines der großen, bekannten Meister der Zeit, verrät aber unverkennbar ihren Einfluß, vor allem den des Skopas und des Lysipp. Unter den Kunstwerken Olympias ist dieser Kopf ziemlich unbemerkt geblieben, obgleich er als bedeutender Rest einer originalen Siegerstatue der späten Klassik Beachtung verdient. Der Dargestellte muß Sieger im Faustkampf oder Pankration gewesen sein; das zeigen als typisches ikonographisches Kennzeichen die verschwollenen Ohren. Er trägt eine Binde im kurzgeschnittenen, unruhig gelockten Haar; das Auge ist klein und tiefeingebettet, der »skopasischen« Form angenähert. Der starke, stämmige Hals saß einst auf einem athletisch gebauten Körper, auf dem der Kopf relativ klein wirkte; wir müssen uns die Proportionen ähnlich wie bei der Statue des Agias in Delphi vorstellen, die hier stellvertretend für die Siegerstatuen jener Zeit stehen mag (Taf. 6 b)[672]. Agias war gleichfalls Pankratiast, er war Olympiasieger und Periodonike, hatte also auch bei den Pythien gesiegt; seine Statue in Delphi wurde allerdings erst lange nach seinem Tod in den dreißiger Jahren des 4. Jahrhunderts von einem seiner Nachkommen errichtet[673]. Sie steht deutlich unter dem unmittelbaren Einfluß Lysipps und ist nur

IV Faustkämpfer.
Kopf einer bronzenen Siegerstatue.
Um 330 v. Chr. H. 28 cm

wenig jünger als der Marmorkopf in Olympia. Wie bei diesem ist der verschattete Blick aus tiefliegenden Augen in eine ziellose Ferne gerichtet und wie von leiser Schwermut verdüstert; das Gesicht mit dem leicht geöffneten, atemholenden Mund ist von physischer Erschöpfung gezeichnet, der durchtrainierte Körper ganz entspannt und ohne jede Siegerpose. Welcher Abstand zu dem Knabensieger Polyklets (Taf. 6 a)! Auch dieser triumphiert nicht; seine Haltung drückt fromme Scheu vor den Göttern aus. Aber seine Gestalt ist wie von überirdischem Glanz umflossen. Nüchterner und härter ist der Geist, der aus der Statue des Agias spricht, Ausdruck einer illusionslosen Welt. Lysipp scheint einen neuen unheroischen Typus der Siegerstatue geschaffen zu haben, den wir im Bild des Agias fassen. Die Gestalt ist von Tragik umwittert; der Sieg wird in jener Zeit nicht mehr naiv als höchstes Glück des Lebens hingenommen wie zu Pindars Zeiten; er ist fragwürdig geworden, fragwürdig wie die menschliche Existenz überhaupt. Einsamkeit umgibt den Sieger, wie alle, die durch große Leistung über andere emporragen. Er trägt schwer an seinem Sieg, denn er weiß, daß er jetzt auf der Höhe seiner Lebensbahn steht; er weiß, daß es danach nur noch Abstieg geben kann; er weiß um die Vergeblichkeit alles menschlichen Mühens.

Von der Hand eines der größten Meister der Spätklassik stammt schließlich jene Marmorgruppe, die wohl als das meistbewunderte, populärste Kunstwerk Olympias gelten kann: der Hermes des Praxiteles (Taf. 66, 67)[674]. Die Statue des jugendlichen Götterboten, der das Dionysosknäblein auf dem Arm hält, erlangte nach ihrer Auffindung rasch Weltberühmtheit. Sie gehört zu den bekanntesten Antiken überhaupt, zu jener kleinen Gruppe von Werken der griechischen Kunst, die jedem geläufig sind. Unbeschadet seiner Beliebtheit ist das Werk recht verschieden beurteilt worden. Viele haben in ihm den Inbegriff antikisch-männlicher Schönheit, die letztmögliche Vollendung in der Darstellung des nackten Körpers schlechthin gesehen; andere wiederum haben gefunden, daß gerade diese Vollendung, die absolute Makellosigkeit der plastischen Durchbildung das Werk ungenießbar mache[675]. Die Beurteilung von Kunstwerken ist dem Zeitgeschmack unterworfen, und uns mag vielleicht heute die Kunst des Olympiameisters mehr zu sagen haben als die des Praxiteles. Zu einer gerechten Würdigung können wir jedoch nur gelangen, wenn wir ein solches Werk aus dem Geist seiner Zeit zu verstehen suchen. Der moderne Betrachter wird sich vor allem fragen: worin besteht eigentlich der religiöse Gehalt eines solchen Götterbildes? Ist die Gestalt des mit dem Kind spielenden Gottes nicht völlig in ästhetischen Wohlklang aufgelöst, vermenschlicht, zum Genrebild, zur Idylle verwandelt?

Die Wege zum Verständnis der Götterbilder des 4. Jahrhunderts hat G. Rodenwaldt in einer bekannten Berliner Akademieabhandlung von 1943 gewiesen[676]. Er hat dort gezeigt, daß die Bildwerke des Praxiteles und der anderen spätklassischen Meister gegenüber der Erhabenheit des hochklassischen Götterbildes »die Seligkeit des göttlichen Daseins« verkörpern[677], im Sinne der homerischen Formel von den »leicht lebenden Göttern« (θεοὶ ῥεῖα ζώοντες). Die Mühelosigkeit ihrer Existenz, die Unberührtheit von irdischem Leid — darin besteht schon nach jener alten Vorstellung die Vollkommenheit der Götter. Die Kunst der Spätklassik schenkte ihr einen neuen Ausdruck, indem sie den Göttern die vollkommenste Schönheit verlieh und zugleich eine absolute Freiheit, sich in der ihnen allein zugehörigen Sphäre ganz auf sich selbst bezogen zu bewegen. Der Hermes des Praxiteles ist mit sich und dem Dionysosknaben allein, er bedarf nicht des Betrachters, noch nimmt er diesen wahr oder tritt in eine Beziehung zu ihm; sein Blick geht an dem Kind, das sich ihm zuwendet, vorbei ins Unbestimmte. »Autarkie und selige Stille«[678] sind die Kennzeichen der Göttlichkeit dieser Gestalt, des Hermes ebenso wie anderer praxitelischer Götterbilder: des Sauroktonos, der knidischen Aphrodite.

Der Wissenschaft hat der Hermes des Praxiteles einige Fragen aufgegeben, deren Beantwortung teilweise noch umstritten ist. Aus der eigentümlichen Beschaffenheit der Oberfläche — der äußerst sorgfältigen, porzellanartig wirkenden Glättung der Figur einerseits, der roh gelassenen Rückseite andererseits sowie einer Reihe weiterer Besonderheiten – hat man den Schluß gezogen, es könne sich beim Hermes nicht, wie bisher angenommen, um ein spätklassisches Original der Zeit um 340 v. Chr. handeln. Römische Kopie oder Arbeit eines anderen Praxiteles hellenistischer Zeit – das waren heftig diskutierte Möglichkeiten. Die These ging auf technische Indizien zurück, die C. Blümel beobachtet hatte, der zugleich Praktiker, nämlich Bildhauer war[679]; sie hat daher auf die vorwiegend mit stilistischen Kriterien arbeitenden Archäologen starken Eindruck gemacht, kritischer Nachprüfung aber letztlich doch nicht standgehalten und wird heute nur noch von wenigen vertreten[680]. Tatsache ist allerdings, daß die Marmorgruppe in römischer Zeit restauriert worden ist. Die Politur und verschiedene Überarbeitungsspuren, etwa am Baumstamm, sind also nachträglich entstanden und verfälschen das ursprüngliche Bild. Die Hand des Praxiteles ist nur noch an den hiervon nicht betroffenen Partien, z. B. am Haar und Gewand des Hermes zu erkennen, die mit einer Virtuosität ohnegleichen gearbeitet sind. Derartiges gibt es bei keiner römischen Kopie. Die kaiserzeitliche Restaurierung des Hermes hängt offenbar mit der Neuaufstellung der Gruppe in Olympia zusammen. Hier stoßen wir auf ein weiteres Problem. Der Hermes wurde im Heraion gefunden; aus der Sturzlage ergibt sich, daß er in der zweiten Nische der Nordseite der Tempelcella gestanden haben muß. Dort hat ihn auch Pausanias gesehen, der ihn (V 17, 3) zusammen mit anderen im Tempel aufgestellten Bildwerken nennt und hinzufügt, es handle sich um eine Arbeit des Praxiteles. Die Statuen, die damals im Heraion standen, sind, wie wir schon erwähnt haben, größtenteils erst nachträglich dorthin zusammengetragen worden. Auch die Hermesgruppe war nicht für die Aufstellung im Heraion bestimmt; sie ist wahrscheinlich überhaupt nicht für Olympia gearbeitet, denn weder Hermes noch Dionysos – er ist ja eigentlich die Hauptperson! – genossen in Olympia besondere Verehrung. Die Gruppe muß in einem Dionysosheiligtum der Umgebung gestanden haben – in welchem, ist wohl kaum noch zu eruieren[681]. Aber interessant in diesem Zusammenhang ist die Bemerkung im »homerischen« Dionysoshymnos, der Gott sei nach Meinung einiger »am tiefwirbelnden Alpheios geboren«[682]. Dies war also eine lokale Sagenversion, die sicherlich mit jener Kultstätte in irgendeinem Zusammenhang steht. Die Gruppe des Praxiteles zeigt das Dionysosknäblein auf dem Arm des Götterboten, der es zu den Nymphen bringen wird, wo es aufgezogen werden soll. Auf dem Wege dorthin ruht Hermes ein wenig aus, er hat seinen Mantel auf einen Baumstamm gebreitet, an den er sich lehnt, und spielt mit dem Kind, indem er ihm einen Gegenstand hinhält, vermutlich eine Traube, nach welcher der künftige Weingott greift. Später wurde die Gruppe als berühmtes Meisterwerk nach Olympia gebracht, weil es hier besser aufgehoben war und von mehr Menschen bestaunt werden konnte. Vielleicht war das ländliche Dionysosheiligtum, in dem es ursprünglich gestanden hatte, schon im Verfall begriffen, wie so manche alte Kultstätte zur Zeit des Pausanias. Frisch »aufpoliert« wurde der Hermes dann im Heraion aufgestellt, das damals schon beinahe den Charakter eines Museums angenommen hatte. Bei dem vernichtenden Erdbeben, das den Tempel zu Fall brachte, stürzte er von seiner Basis und wurde von den Lehmziegeln der Cellamauer überdeckt, die durch das eindringende Regenwasser allmählich zu einer einheitlichen Masse zerflossen und den Gott einhüllten. So wurde er, wohl konserviert, am 8. Mai 1877 gefunden, seinen Bewunderern zur Freude, seinen Kritikern zum Prüfstein objektiven Urteilsvermögens.

61 a Blick auf das Stadion von Nordosten

61 b Blick vom Westwall in das Stadion. Im Vordergrund die Zielschwelle; auf halber Höhe links der Altar der Demeter Chamyne, rechts die Kampfrichtertribüne

63 Faustkämpfer. Kopf einer bronzenen Siegerstatue. Um 330 v. Chr. H. 28 cm

◁ 62 Herabschwebende Nike. Marmorstatue des Paionios. Um 420 v. Chr. H. 1,95 m

64/65 Jugendlicher Pankratiast oder Faustkämpfer. Kopf einer marmornen Siegerstatue.
Um 340 v. Chr. H. 27 cm

66/67
Hermes mit dem
Dionysosknäblein.
Marmorgruppe des
Praxiteles.
Um 340 v. Chr.
H. 2,12 m

68 a Die Palästra, erbaut im 3. Jahrhundert v. Chr. Blick von Norden

68 b Überwölbter Stadioneingang. 3. Jahrhundert v. Chr. Blick von Westen

Hellenismus · 3. - 1. Jahrhundert v. Chr.

Als »Hellenismus« bezeichnet man die rund dreihundert Jahre griechischer Geschichte und Kultur zwischen dem Ende der Klassik und dem Beginn der römischen Kaiserzeit oder, um zwei Namen zu nennen, zwischen Alexander und Augustus. Jede der beiden großen Gestalten steht an einem Wendepunkt der Weltgeschichte, hat eine neue Epoche heraufgeführt. Der entscheidende Einschnitt liegt beide Male, wie gewöhnlich, nicht an einer Jahrhundertwende; unsere in der Überschrift angegebene Einteilung ist also nur als grobes Schema zu verstehen. 338 v. Chr. ist das Zeitalter der Polis zu Ende; König Philipp von Makedonien erringt auf dem Schlachtfeld von Chaeronea die Herrschaft über Griechenland. Seinem Sohn Alexander gelingt der Sieg über den persischen Großkönig, die Ausdehnung der griechischen Herrschaft bis nach Ägypten und Indien; doch verhindert sein früher Tod (323 v. Chr.) die Konsolidierung dieses Riesenreiches. Der Versuch, die Einheit des Alexanderreiches zu bewahren, scheitert schließlich in der Schlacht bei Ipsos (301 v. Chr.). Es beginnt das Zeitalter der hellenistischen Teilreiche. Der Hellenismus war eine recht bewegte Epoche, eine Zeit unaufhörlicher Kriege und des ständigen Wechsels der politischen Konstellationen. Währenddessen erfolgt im Westen der Aufstieg der neuen Weltmacht Rom. Für das alte, mutterländische Griechenland waren dies keine glücklichen Zeiten. Ein fortschreitender wirtschaftlicher Niedergang machte sich bemerkbar, nicht nur als Folge der kriegerischen Zerstörungen, sondern weil jetzt neue Zentren weit außerhalb Griechenlands sich bilden: in Ägypten, Kleinasien und Syrien. Die Schwergewichte verlagern sich nach Osten und Süden. Olympia kann seinen alten Rang, seine traditionelle Stellung behaupten, aber die Verarmung und Verwilderung rings im Land werfen ihre Schatten, und die Abhängigkeit von der Willkür der mit wechselndem Glück ihre Reiche verteidigenden Herrscher hatte ihre Folgen.

Die Alexanderzeit haben wir bereits im vorangegangenen Kapitel behandelt. Sie war für das Heiligtum noch einmal eine glanzvolle Epoche gewesen: das Leonidaion, das Philippeion, die Schatzhausterrassenmauer entstanden damals; die Stadion-Laufbahn erhielt ihre endgültige Form *(III B)*. Die große Bautätigkeit des 4. Jahrhunderts findet zunächst keine Fortsetzung. Erst nach langer Zeit, im späten 3. Jahrhundert wird sie wieder aufgenommen, beschränkt sich jedoch auf die Peripherie des Heiligtums (Abb. 123). Bezeichnenderweise sind es die sportlichen Übungsstätten, die nun in großem Stil ausgebaut werden. Offenbar stellte das Berufsathletentum der hellenistischen Zeit Ansprüche, die weit über das herausgingen, was Olympia in dieser Hinsicht zu bieten hatte. Um die Spiele attraktiv zu halten, um die Hochleistungssportler der Zeit anzuziehen, mußten entsprechende Trainingsanlagen und Unterkunftsmöglichkeiten geschaffen werden.

Gegen Ende des 3. Jahrhunderts entsteht nördlich des Bäderbezirks und des »Theokoleon« die Palästra (Abb. 124)[683], eine nahezu quadratische Anlage von 66,35 : 66,75 m Außenabmessung. Um einen freien Platz von rund 41 m Seitenlänge läuft eine dorische Säulenhalle, hinter der die einzelnen Räume liegen, die sich teils nur mit Türen, meist aber mit weiten, lichten Säulenstellungen ionischer Ordnung nach innen öffnen. Man muß dabei bedenken, daß sich die trainierenden Athleten nur während der Sommermonate hier aufhielten, da die Spiele im August stattfanden. Zwei Zugänge liegen im Süden. Ein repräsentativer Eingang mit einem vorgelegten Propylon findet sich im Nordwesten, also nicht, wie man erwarten würde, nach der Altis hin gelegen; offenbar betraten die vom Gymnasium her kommenden Athleten hier die Palästra. Diese dorische, giebelbekrönte Vorhalle (Abb. 125) stammt übrigens von einem anderen Bau und ist hier wiederverwendet — ein für das steinarme Olympia durchaus nicht ungewöhnlicher Vorgang[684].

Die Palästra ist dem Wortsinn nach die Kampf- und Übungsstätte der Ringer; sie besteht in der Regel aus einem mit Sand bestreuten Platz, um den sich rings über-

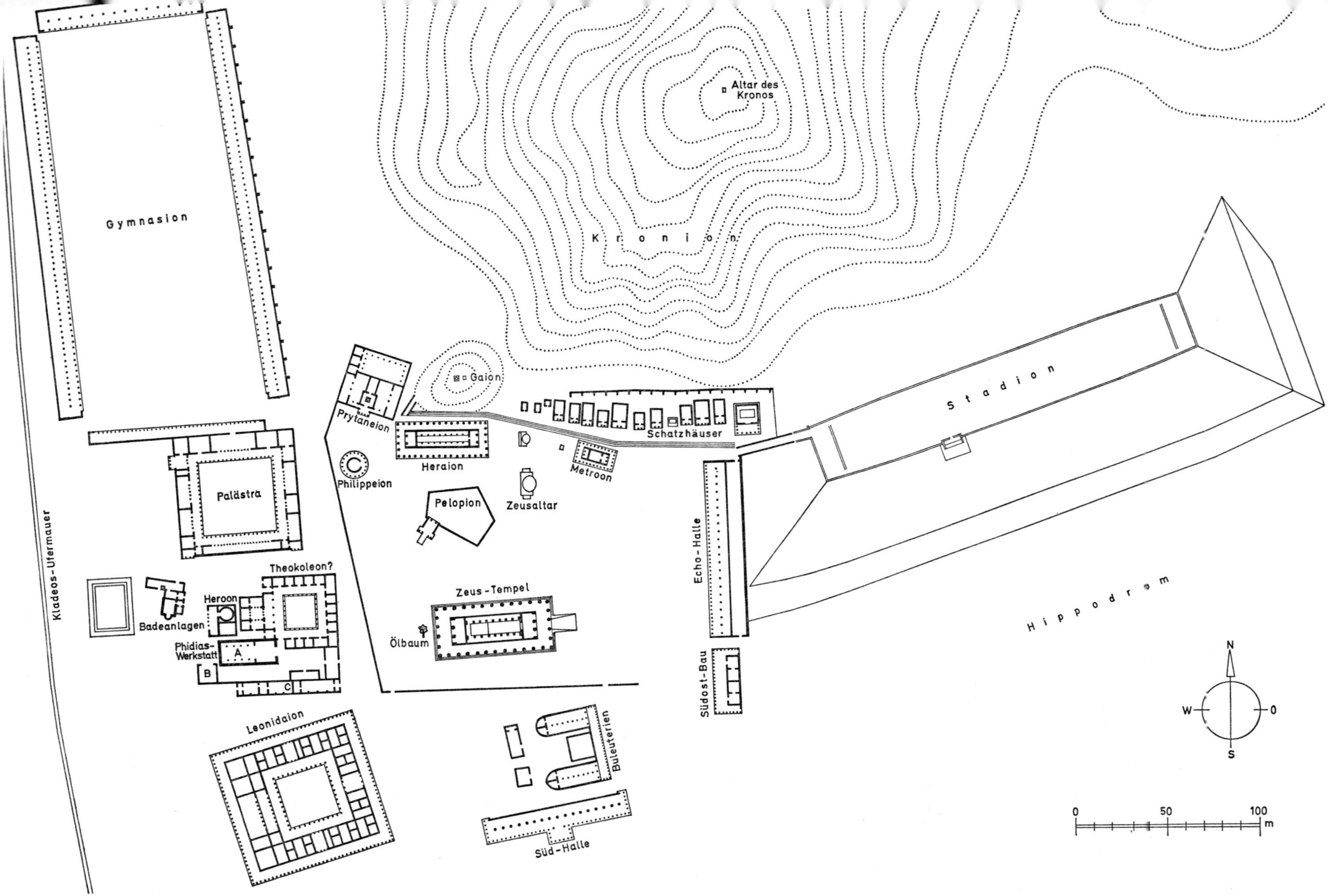

123 Olympia in hellenistischer Zeit. (3.–1. Jahrhundert v. Chr.)
Vom Gymnasium ist nur die Ost- und Südhalle bekannt (wenn auch nicht vollständig), die Nordhalle lediglich nachgewiesen; die Westhalle ist auf unserem Plan frei ergänzt, jedoch ohne die von H. Schleif hier angenommenen Athletenwohnungen, die nach Pausanias auf der Ostseite gelegen haben müssen. Zu ergänzen sind, wie bei den anderen Plänen, auch hier die Weihgeschenkbasen in der Altis und ihrer Umgebung.

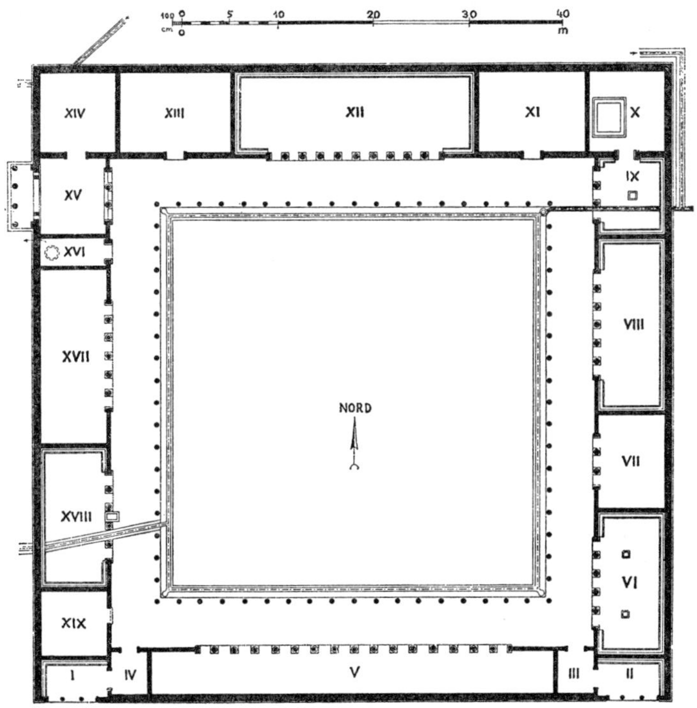

124 Die Palästra, Grundriß. 3. Jahrhundert v. Chr. (OlBericht IV Taf. 4)

125 Palästra, Eingang an der Westseite. 3. Jahrhundert v. Chr. Rekonstruktion von H. Schleif. (Schleif, die neuen Ausgrabungen von Olympia Taf. 5 a)

dachte Räume herumziehen, deren Bestimmung sich teilweise dem archäologischen Befund entnehmen läßt, teilweise aus der schriftlichen Überlieferung zu erschließen ist[685]. Die Beschreibung einer »Muster-Palästra« gibt uns Vitruv im 5. Buch (Kap. 11) seines Architekturhandbuches. Dort werden Auskleideräume erwähnt, Räume zur Aufbewahrung der Sportgeräte und des Salböls, zum Waschen und zur Körperpflege, Übungsräume mit Ledersäcken für die Boxer, und der »Ephebensaal« *(Ephebeum)*, der für den Unterricht bestimmt war (vgl. Abb. 7); manche Palästren hatten sogar eine Bibliothek, z. B. Delphi und Pergamon. Dieser Standardtyp der griechischen Palästra hat sich wohl im 4. Jahrhundert entwickelt, aber die Einrichtung als solche ist literarisch schon für weit ältere Zeiten gesichert[686]. Zur Palästra, die nicht nur den Ringern, sondern auch den Boxern, Pankratiasten und Weitspringern als Übungsstätte diente, gehört als Ergänzung für die übrigen leichtathletischen Disziplinen das Gymnasium. Es besteht aus einer offenen und einer überdachten Laufbahn *(Dromos* und *Xystos)* und einem freien Platz für die Speer- und Diskuswerfer und für Ballspiele. Palästra und Gymnasium gehören zusammen und sind gewöhnlich eng miteinander verbunden; sogar die Bezeichnungen werden bei den antiken Autoren nicht immer streng auseinandergehalten: beide zusammen können Gymnasium heißen oder auch umgekehrt[687]. Der junge Grieche verbrachte, wie wir schon gesehen haben (S. 23), einen großen Teil des Tages in Palästra und Gymnasium seiner Heimatstadt. Dort stellten sich auch die Philosophen und Rhetoren ein, weshalb wir heute noch unsere höheren Schulen »Gymnasien« nennen, ohne daran zu denken, daß das Wort eigentlich »Sportplatz« bedeutet. Die Namen zweier Gymnasien in Athen, die Akademie und das Lykeion[688], sind dadurch unsterblich geworden, daß in dem einen Plato, in dem anderen Aristoteles lehrte; wir verwenden daher diese Namen heute für bestimmte Bildungsinstitutionen.

Obgleich die Palästra in Olympia durchaus den uns bekannten Beispielen entspricht[689], ist sie keine Ausbildungsstätte für die Jugend, wie wir sie aus vielen griechischen Städten kennen (z. B. Athen, Elis, Sparta, Knidos, Priene, Pergamon, Eretria), sondern sie dient hier natürlich dem Training der Olympiakämpfer. Von den insgesamt 19 Räumen ist der nordwestliche Eckraum *(XIV)* als Waschraum eingerichtet[690]; südlich schließt sich der Vorraum des Eingangs an *(XV)*. Der in der Nordostecke gelegene Raum X ist mit einem Bassin zum Baden ausgestattet. Neben dem westlichen der beiden Südeingänge *(I und II)* liegt das einzige verschließbare Zimmer *(XIX)*, das vermutlich zur Aufbewahrung der Sportgeräte diente. In einigen Räumen fanden sich Postamente, auf denen Altäre oder Statuen gestanden haben müssen *(VI, IX, XVIII)*. Mehrere Räume sind mit rings umlaufenden Bänken ausgestattet, einige von ihnen haben saalartige Größe *(VI, VIII, XII, XVIII)* — aber ob sie als »Hörsäle« für den Unterricht gedacht sind[691], ob hier je Philosophen und Rhetoren gelehrt haben »und diejenigen, welche an wissenschaftlichen Bestrebungen Gefallen fanden, sitzend ihren Vorträgen und Diskussionen folgten«[692], darf man bezweifeln. Jedenfalls reichen dazu die eingebauten Sitzbänke als Beweis nicht aus. Olympia ist nie eine Stätte geistiger Ereignisse, Darbietungen oder Begegnungen gewesen; es gab hier auch keine musischen Agone bei den Spielen wie in Delphi und anderswo. Daß Olympia erst so verhältnismäßig spät, am Ende des 3. Jahrhunderts, eine Palästra bekam, hängt vermutlich mit der alten Vorschrift zusammen, nach der die für die Spiele gemeldeten Athleten den letzten Monat vor dem Fest mit den Vorbereitungen und Übungen in strenger Klausur in Elis zubringen mußten (Paus. VI 23, 1). Vielleicht ist dies später geändert oder freizügiger gehandhabt worden, so daß man seit hellenistischer Zeit auch in Olympia selbst trainieren konnte, was natürlich wesentlich zweckmäßiger war. Ein großer Teil der Säulen und Antenpfeiler der Palästra sind vor einigen Jahren wieder aufgerichtet worden, so stellt die großzügige hellenistische Anlage heute eine der reizvollsten Ruinen von Olympia dar (Taf. 68 a)[693].

Nördlich an die Palästra schließt sich das Gymnasium an, die notwendige Ergänzung für die Lauf- und Wurfübungen (Abb. 123). Die Länge war durch die Wettkampfstätte vorgegeben: sie mußte mindestens ein Stadion betragen. So kommt es, daß das Gymnasium eine Gesamtausdehnung von 220 m hat; die Breite ist unbekannt; sie wird auf 120 m geschätzt. Es ist wahrscheinlich die flächenmäßig größte Bauanlage Olympias überhaupt gewesen, im Vergleich zu dem Gymnasium freilich, das sich eine reiche Stadt des hellenistischen Ostens wie Pergamon leisten konnte, von fast rührender Schlichtheit. Die riesigen Dimensionen sind schuld daran, daß das Gymnasium bis heute nicht vollständig ausgegraben ist. Ohnehin ist es nur fragmentarisch erhalten; denn die Westseite hat der Kladeos weggerissen, der im Mittelalter sein Bett nach

Osten verlagert hatte. Freigelegt wurde die einschiffige Südhalle, soweit sie erhalten ist (etwa 70 m), samt dem im Osten gelegenen römischen Prachttor, sowie der südliche Teil der zweischiffigen Osthalle. Ein in entsprechendem Abstand angelegter Suchgraben stellte das Nordende der Halle fest; damit war ihre Länge ermittelt[694]. Das Mittelstück, über das jetzt die Autostraße nach Arkadien verläuft, blieb unausgegraben. Eine Nordhalle wurde 225 m von der Südhallenfront entfernt am Kladeosabbruch festgestellt, ist jedoch bis heute unausgegraben; sie scheint wie die Osthalle zweischiffig gewesen zu sein. Eine Westhalle wird man annehmen dürfen[695]. Pausanias erwähnt im Zusammenhang mit dem Gymnasium die Wohnungen der Athleten und sagt von ihnen, sie seien »an die Wand der Säulenhalle nach Sonnenaufgang angebaut und nach Westen gerichtet« (VI 21, 2). H. Schleif ist in seiner Rekonstruktion davon ausgegangen, daß »die Säulenhalle nach Sonnenaufgang« nach Osten geöffnet, also im Westen gelegen war. Ebenso kann aber gemeint sein »die ostwärts gelegene Säulenhalle«; dann müßten die Athletenwohnungen westlich an die Osthalle angebaut und nach dem Gymnasium zu geöffnet gewesen sein. Solange die Halle nicht vollständig ausgegraben ist, kann man diese Möglichkeit nicht ausschließen. Sollten sich die Athletenwohnungen dort nicht finden, dann ist die Pausaniasnachricht ein sicherer Beleg für die Existenz einer Westhalle; einstweilen ist diese, wie gesagt, nur eine Vermutung. Die 210 m lange und 11,65 m breite Osthalle stellt offensichtlich den *Xystos*, die überdachte Laufbahn dar, daneben ist die Laufbahn im Freien (*Dromos* oder *Paradromis*) zu denken[696]; auf dem weiten Platz zwischen den Säulenhallen konnten Speer- und Diskuswerfer ihre Übungen absolvieren. Die Säulen scheinen sämtlich dorischer Ordnung gewesen zu sein. Das Gebälk ist aus Holz zu denken. Da das Gymnasium sich mit seiner Südhalle an die Nordmauer der Palästra anlehnt, diese also voraussetzt, muß es etwas später gebaut worden sein. Doch wird man den zeitlichen Abstand nicht groß annehmen wollen, denn, wie gesagt, Palästra und Gymnasium gehören zusammen. So sind die Ausgräber zu einem Ansatz im frühen 2. Jahrhundert v. Chr. gekommen. Die heute in der Osthalle aufgestellten Säulentrommeln und Kapitelle stammen größtenteils von einer späten Wiederherstellung.

Zu einem Gymnasium gehören, wie wir aus Vitruv und durch ausgegrabene Beispiele wissen, Badeanlagen. Die Palästra hat nur einen Waschraum und einen kleinen Baderaum; mehr war nicht nötig, da Olympia, wie wir sahen, über Bäder verfügte und diese in hellenistischer Zeit noch weiter ausgebaut wurden. Wir erinnern uns, daß aus dem ersten, frühklassischen Badehaus durch Umbau in der zweiten Hälfte des 5. Jahrhunderts das »ältere Sitzbad« geworden war (s. S. 159). Diese schon um 400 v. Chr. in ein Warmbad verwandelte Anlage wird nun in frühhellenistischer Zeit erheblich erweitert; zwanzig neue Wannen kommen hinzu, Wasserversorgung und Heizung werden verbessert[697]. Um 100 v. Chr. entsteht anstelle dieses — inzwischen baufällig gewordenen — »jüngeren Sitzbades« ein Neubau, dessen Hauptraum mit einem Tonnengewölbe und einer Fußbodenheizung ausgestattet ist: das »griechische Hypokaustenbad« (Abb. 126). Es ist bedeutsam als frühes, sicher datiertes Beispiel seiner Art in Griechenland[698]. Damit hatte Olympia eine für jene Zeit hochmoderne Badeanlage erhalten. Sie ist über 200 Jahre in Betrieb gewesen. Auch das Schwimmbad wurde, wie aus dem Ausgrabungsbefund hervorging, noch bis ins 1. Jahrhundert v. Chr. hinein benutzt[699]. Es mag sein, daß das Hypokaustenbad als Ersatz für das alte Schwitzbad gedacht war, das in klassischer Zeit nicht weit davon errichtet worden war (s. S. 157) und vielleicht den Ansprüchen nicht mehr genügte. Vielleicht ist es damals außer Betrieb gesetzt und ganz dem Heroenkult geweiht worden[700]. Östlich davon war etwa gleichzeitig mit dem Schwitzbad und der Phidiaswerkstatt ein Peristylhaus errichtet worden, das gewöhnlich als ältester Zustand des »Theokoleons« angesehen wird (s. S. 158). Dieser Bau wurde in hellenistischer Zeit erheblich erweitert und völlig umgestaltet (Abb. 123). Ein großer Säulenhof, um den sich auf drei Seiten regelmäßige kleinere Räume gruppierten, ist dem alten Bau damals vorgelegt worden; der ganze Komplex wurde dann durch einen weiteren Trakt (»Annex *U*«) an die südlich der

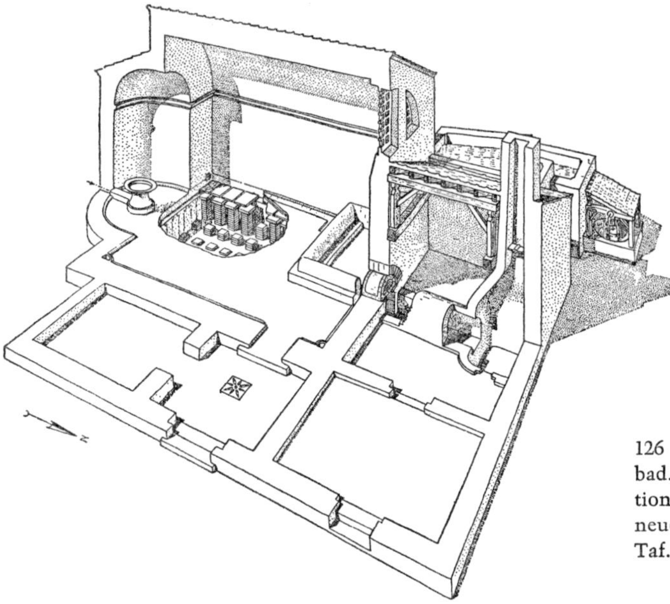

126 Das griechische Hypokaustenbad. Um 100 v. Chr. Rekonstruktion von H. Schleif. (Schleif, Die neuen Ausgrabungen von Olympia Taf. 9 b)

Phidiaswerkstatt entstandenen Bauten *C* und *T* angeschlossen und bildete so eine große Baugruppe im Westen des Altis-Vorgeländes zwischen Leonidaion und Palästra. Ob die bisher übliche Bezeichnung als Amts- und Wohnsitz der Priesterschaft (»Theokoleon«) zutreffend ist, wird, wie oben bereits bemerkt, neuerdings bezweifelt. Man sieht diese Anlage jetzt mehr in Zusammenhang mit den hier gelegenen Werkstätten, die sich in hellenistischer Zeit vermehrt hatten, und möchte sie »wenn auch nicht ausschließlich für Arbeitsplätze, eher als Wohnungen für Handwerker, Sklaven und als Sitz für diejenigen Behörden, die für die Instandhaltung des Heiligtums und seiner Bauten verantwortlich waren«, erklären[701]. Ein älterer Vorschlag hatte in dem Baukomplex wegen der Nachbarschaft des Schwitzbades eine Palästra gesehen[702]. Man sollte diese Möglichkeit vielleicht nicht ganz von der Hand weisen, zumal im Hinblick darauf, daß die hellenistische Bautätigkeit in Olympia in besonderem Maße auf die Bedürfnisse der Athleten und des sportlichen Übungsbetriebs zugeschnitten war. Beweisen läßt sich freilich weder die eine noch die andere Deutung, solange nicht Inschriften oder sonstige Indizien eine sichere Benennung der strittigen Gebäude ermöglichen.

Als Baumaßnahme hellenistischer Zeit im Bereich der Sportstätten sei schließlich noch der tunnelartige, überwölbte Durchgang erwähnt, der durch den Westwall direkt ins Stadion führt (Taf. 68 b)[703]. Er gehört zu jenen seltenen Beispielen hellenistischen Wölbungsbaus, die zeigen, daß den Griechen diese Technik durchaus vertraut war, daß sie sie jedoch nur für Zwecke des Nutzbaus anwendeten, nicht wie die Römer im Bereich der künstlerischen Architektur; anders ausgedrückt: Bogen und Wölbung hatten für die Griechen keinerlei ästhetische, sondern rein technische Bedeutung.

Es waren nicht allein diese profanen Zwecken dienenden Bauten der hellenistischen Zeit, welche das Bild des Heiligtums veränderten; hinzu kam eine neue Art von Denkmälern. Sie beginnt, wie wir im vorigen Kapitel sahen, mit dem Philippeion, das der Selbstverherrlichung Alexanders und seiner Familie dient. Es konnte nicht ausbleiben, daß seinen Nachfolgern, den Diadochen, gleichfalls an solcher Repräsentanz in Olympia gelegen sein mußte. Sie brauchten ihre Ehrendenkmäler nicht selbst aufzustellen; das besorgten andere für sie, denn es gab viele, die auf die Gunst der Herrschenden angewiesen waren: die Eleer und andere Staaten oder Staatenbünde, aber ebenso auch ehrgeizige Einzelpersonen, die nach Einfluß und Macht strebten — alle überboten sich darin, für empfangene »Wohltaten« den Machthabern ihren Dank in solch sichtbarer Weise abzustatten. So finden wir neben den Reiterstatuen Philipps und Alexanders solche des Seleukos I. Nikator und Antigonos I. Monophthalmos, sämtlich von den Eleern gestiftet[704]. Die beiden letzteren standen außerdem, obgleich zu Lebzeiten große Gegner, friedlich vereint in einer Gruppe, die ein Privatmann aus Elis gestiftet hatte[705]. Nicht weit davon zwei weitere Gruppen: die Figur der Hellas, den Antigonos III. Doson und Philipp V. bekränzend, und die Personifikation von Elis, die Demetrios I. Poliorketes und Ptolemaios I. Soter den Kranz aufsetzt[706]. Eine weitere Statue des Demetrios I. Poliorketes stand an anderer Stelle zusammen mit der seines Vaters Antigonos I. Monophthalmos[707]. Die Machtverhältnisse wechselten häufig, und so vermehrten sich auch die Ehrenstatuen schnell. Pausanias gibt uns nur eine kleine Auswahl; weitere Beispiele haben die Ausgrabungen in Form von Postamenten und Inschriften geliefert[708]. Reiterstandbilder, die beliebteste Art, Feldherren und Könige zu ehren, formierten sich zu ganzen Reihen: vor der Echohalle; beiderseits der Feststraße, die am Leonidaion vorbeiführt; entlang der Südaltismauer. Viele der Sockel und Fundamente sind noch erhalten und können uns einen Begriff von der Wirkung solcher »Statuengalerien« geben; eine vor kurzem unternommene Zusammenstellung kam auf nicht weniger als 64 Reiterbasen im Bereich des Heiligtums[709]. Leider ist nur ein kleiner Teil von ihnen durch Inschriften identifizierbar; unter den Geehrten finden sich Könige und kleinere Dynasten, Strategen und Söldnerführer der hellenistischen Zeit sowie römische Statthalter und Provinzialbeamte[710]. Natürlich sind die Reiterstatuen nur eine, wenn auch besonders häufige, Gattung unter den Ehrendenkmälern. Neben sie treten die Einzelstatuen und Statuengruppen.

Das aufwendigste Monument dieser Art wird durch eine 24 m lange Basis vor der Echohalle bezeugt, auf der sich einst zwei 8,89 m hohe ionische Marmorsäulen erhoben, von denen ansehnliche Reste noch jetzt an Ort und Stelle erhalten sind; sie trugen die wahrscheinlich vergoldeten Statuen des Ptolemaios II. Philadelphos und seiner Schwester Arsinoë, die der König nach ägyptischem Brauch zur Gattin genommen hatte[711]. Das an beherrschender Stelle errichtete imposante Denkmal, das mit einer Gesamthöhe von 12 bis 13 m die Echohalle weit überragte (Abb. 127), ist bei Pausanias merkwürdigerweise nicht erwähnt, konnte aber durch wiedergefundene Inschriftbruch-

127 Das Ptolemäerweihgeschenk. Um 270 v. Chr. Rekonstruktion von W. Hoepfner. (Hoepfner, Zwei Ptolemäerbauten Beil. 21)

stücke identifiziert werden[712]. Als Datum ergibt sich aus der historischen Situation die Zeit um 270 v. Chr. Kallikrates, Admiral und einflußreicher Mann am alexandrinischen Hof, hat das Monument als Ehrung für das ptolemäische Herrscherpaar errichten lassen[713]. Damals war das Ptolemäerreich mit seiner die Meere beherrschenden Flotte die führende hellenistische Großmacht. 261 v. Chr. verlor Ptolemaios II. nach einem unglücklichen Krieg die Vorherrschaft an seinen Rivalen Antigonos II. Gonatas.

Seit der 1. Hälfte des 2. Jahrhunderts erscheinen in zunehmendem Maße Römer unter den mit Ehrendenkmälern bedachten Persönlichkeiten; wie für die hellenistischen Könige war auch für sie Olympia der geeignetste Platz, sich auf panhellenischem Boden in die griechische Welt einzuführen. Im Laufe dieses Jahrhunderts ging nach schweren Kämpfen die Herrschaft über Griechenland in die Hände Roms über. 168 v. Chr. wurde König Perseus in der Entscheidungsschlacht bei Pydna von Aemilius Paullus besiegt. Es war »der Anfang vom Ende der hellenistischen Staatenwelt« (Bengtson). Von dem denkwürdigen Besuch des römischen Siegers in Olympia haben wir schon gesprochen (s. S. 148). Eine Erhebung des Achäischen Bundes wird 146 v. Chr. von L. Mummius niedergeschlagen. Damit war das Schicksal Griechenlands besiegelt; seit 145 v. Chr. war es römische Provinz. Die Römer sind damals mit grausamer Härte in Griechenland vorgegangen. Korinth ließ Mummius 146 v. Chr. zur Strafe völlig zerstören; die Kunstwerke der Stadt wurden, soweit sie nicht von den Truppen sinnlos vernichtet worden waren, nach Rom gebracht. Am Zeustempel von Olympia ließ der Sieger 21 vergoldete Schilde aus der Beute des Achäischen Krieges aufhängen; sie hingen dort noch zur Zeit des Pausanias[714]. Aber das war nicht die einzige Art, wie der Zerstörer Korinths sich in Olympia verewigte. Zwei Reiterstatuen errichtete er sich selbst[715]; eine dritte wurde ihm vom elischen Staat gestiftet »für seine Verdienste und wegen der Wohltaten, die er den Eleern und allen anderen Griechen erwiesen hat«, wie die Inschrift meldete[716]. Später wurde dann das große Monument errichtet, dessen rund 11 : 2 m große Basis im Süden der Altis noch sichtbar ist; es trug die Statuen des Mummius und der 10 römischen Legaten, die vom Senat zur Ordnung der Verhältnisse in die neue Provinz entsandt worden waren[717].

Mit rücksichtsloser Gewalt ging einige Zeit später Sulla gegen das Heiligtum vor. 85 v. Chr., am Ende des ersten Mithridatischen Krieges, erpreßte er, um seine Truppen auszahlen zu können, Geld aus dem Tempelschatz von Olympia und entführte wertvolle Weihgeschenke; das gleiche Schicksal erlitten Delphi und Epidauros[718]. Eine weit größere Gefahr drohte jedoch Olympia durch den Plan Sullas, die Olympischen Spiele nach Rom zu verlegen: er befahl bei der 175. Olympiade (80 v. Chr.) »die Wettkämpfer samt allem, was sonst an Sehenswürdigkeiten in Olympia war«, nach Rom zu transportieren. In Olympia fand damals lediglich der Wettlauf der Knaben statt[719]. Vier Jahre später aber feierte man die Spiele wieder am alten Ort – Olympia und seine Tradition waren stärker als Sulla. Die Siegerliste dieser Olympiade verzeichnet jedoch nur Eleer und einen Mann aus dem messenischen Kyparissia. Und ähnlich sieht es auch bei den folgenden Olympiaden aus: von wenigen Ausnahmen abgesehen kommen die Athleten aus der Peloponnes, überwiegend aus der näheren Umgebung Olympias. Die Kriege zwischen Caesar und Pompejus, zwischen Antonius und Octavian trugen weiter zur Verelendung Griechenlands bei. Am Ende der hellenistischen Zeit waren die Olympischen Spiele »ein lokales Sportfest« geworden[720].

Römische Kaiserzeit · 1. - 3. Jahrhundert n. Chr.

Am Ausgang der hellenistischen Epoche hatte Olympia den Tiefpunkt des mit der Nachklassik einsetzenden Niedergangs erreicht. Unter Sulla war sogar seine Existenz ernsthaft in Frage gestellt; das Weiterbestehen der Spiele hing am seidenen Faden. Olympia hat diese tödliche Bedrohung überstanden; mit dem Beginn der Kaiserzeit (30 v. Chr.) zeichnet sich bereits eine Besserung ab, ein neuer Aufstieg bahnt sich an.

Die Gründe für den Niedergang waren, wie gesagt, allgemeiner Natur gewesen und beruhten auf der politischen Gesamtentwicklung; das gleiche gilt für den Wiederaufstieg. Von dem Verfall, der sich als Folge der unaufhörlichen Kriege und des harten Vorgehens der Eroberer in der ersten Zeit nach dem Verlust der Freiheit überall in Griechenland bemerkbar machte, konnte das Heiligtum nicht unberührt bleiben. Dabei haben die Römer Olympia und das gesamte elische Gebiet offenbar mit besonderem Respekt behandelt, und die Schätze des Heiligtums blieben — von dem räuberischen Eingriff Sullas abgesehen — unangetastet. Freilich mußte diese Schonung immer wieder erkauft werden durch Konzessionen an die Machthaber, wie die erwähnten Mummius-Monumente und die sonstigen Ehrungen für die Römer der späten Republik zeigen. Man mag das eine kluge Politik der Eleer nennen[721]; in Wahrheit war der Zustand für das Heiligtum unwürdig und für die Griechen demütigend. Lediglich die reichen elischen Grundbesitzer haben offenbar aus dieser Situation ihren Nutzen gezogen; ihnen kann es damals nicht schlecht gegangen sein, wie die Statuenweihungen der einheimischen Nobilität gerade aus jener Zeit beweisen[722].

Wie sehr das Heiligtum und die Spiele damals heruntergekommen waren, läßt eine zufällig erhaltene Nachricht ahnen, die von finanziellen Zuwendungen eines auswärtigen Fürsten, des Königs Herodes von Judäa, berichtet; dort heißt es, daß die Agone aus Geldmangel nicht mehr in einer Form stattfänden, die ihres großen Namens würdig sei[723]. Den Verfall der Bauten beleuchtet die Tatsache, daß seit etwa 40 v. Chr. herabgefallene Marmorziegel des Zeustempels in größerem Umfang zur Aufzeichnung der Beamtenlisten und von Inschriften verwendet werden. Vermutlich hatte um diese Zeit ein Erdbeben größere Schäden verursacht[724].

Die Neuordnung des römischen Imperiums unter Augustus brachte dem ganzen Reich den langersehnten Frieden und schuf wieder sichere Verhältnisse und wirtschaftlichen Wohlstand. Auch für Olympia begannen nach der vorangegangenen Misere wieder bessere Zeiten. Augustus persönlich liebte zwar die Griechen nicht besonders; er hat es ihnen zeitlebens nicht verziehen, daß sie so begeisterte Parteigänger seines großen Widersachers Antonius gewesen waren[725]. Aber wie alle gebildeten Römer seiner Zeit schwärmte er für das alte, das »klassische« Griechenland. Außerdem betrieb er im Zuge seiner restaurativen Innenpolitik mit großem Eifer die Wiederherstellung religiöser Überlieferungen und Kulte. Davon profitierte indirekt auch Olympia. Zwar gibt es bezeichnenderweise kein Zeugnis für eine persönliche Beteiligung des Augustus an der Erneuerung des Heiligtums, obgleich sich die Behörden offensichtlich sehr um das Wohlwollen des Kaisers bemüht haben: stiftete man ihm doch sogar einen Kult in der Altis und stimmte der Aufstellung seiner Bildnisstatue vor dem Zeustempel zu[726]. Immerhin konnte sich Olympia wiederholter Gunstbeweise von Mitgliedern des Kaiserhauses erfreuen. Reste einer monumentalen Inschrift in lateinischer Sprache mit dem Namen des Schwiegersohns des Augustus, Marcus Agrippa, sind von den Ausgräbern zweifellos zu Recht auf die Wiederherstellung des beschädigten Zeustempels bezogen worden[727]. Zu diesen auch aus anderen Indizien nachweisbaren Erneuerungsarbeiten in frühaugusteischer Zeit gehören aller Wahrscheinlichkeit nach auch die oben erwähnten Ersatzfiguren des Westgiebels (s. S. 134 mit Anm. 520). Auch die Wettkampfstätten wurden instandgesetzt (Stadion IV).

Bemerkenswert ist, daß die kaiserliche Familie sogar Olympiasieger stellte. Nichts kann besser den neuen Auftrieb beleuchten, den die zu lokaler Bedeutungslosigkeit abgesunkenen Spiele damals erfuhren. Es scheint, als hätten die Römer der frühen Kaiserzeit die Nachfolge der sizilischen Tyrannen und der makedonischen Könige antreten wollen. Tiberius, der Adoptivsohn des Augustus und spätere Nachfolger, errang einen Sieg im Wagenrennen: das Datum steht nicht genau fest, muß aber vor 4 n. Chr. liegen[728]. 17 n. Chr. gewann sein Neffe Germanicus, damals der bei der Bevölkerung beliebteste Angehörige der Kaiserfamilie, den olympischen Kranz[729]. In beiden Fällen traten die hochgestellten Festteilnehmer natürlich nicht persönlich als Wettkämpfer auf — das blieb einem Nero vorbehalten; siegreich waren, wie immer beim Wagenrennen, die Gespanne, die von berufsmäßigen Wagenlenkern dirigiert

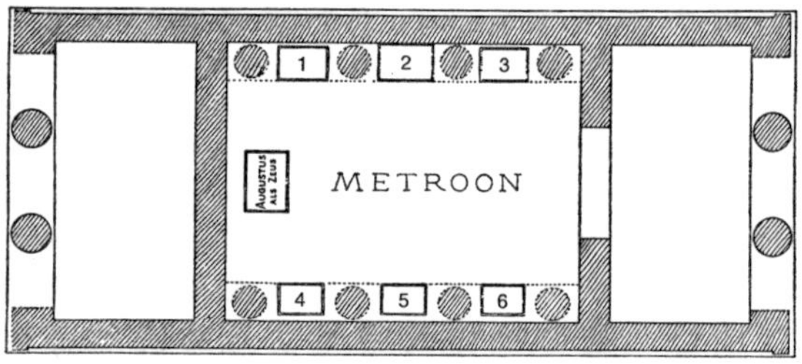

128 Das Metroon in römischer Zeit. 1. Jahrhundert n. Chr. (Olympia III Abb. 291). An der rückwärtigen Wand Augustus als Zeus. 1 Domitian (?) — 2 Claudius als Zeus. — 3 Titus. — 4 Domitia (?) — 5 Agrippina d. J. — 6 Julia Titi (?)

wurden und deren Besitzer den Siegertitel erhielten. Am Grabungsbefund läßt sich das Aufblühen der Spiele in der frühen Kaiserzeit aus der damals erfolgten Wiederherstellung des Stadions ablesen; es handelt sich um die von den Archäologen als »IV« bezeichnete Phase. Der Südwall wurde nochmals aufgehöht, und die Kampfrichtertribüne erhielt wahrscheinlich bei dieser Gelegenheit eine neue Gestalt[730].

Der Kaiserkult wurde, wie gesagt, schon unter Augustus in Olympia eingerichtet. Zu diesem Zweck wurde das Metroon gründlich überholt und teilweise umgestaltet. Die am Architrav über dem Eingang angebrachte Weihinschrift nennt den neuen Inhaber des Tempels: »Augustus, Sohn Gottes und Retter Griechenlands und des gesamten bewohnten Erdkreises[731].« Die vorzüglich gearbeitete Kultstatue, von der sich ansehnliche Reste gefunden haben, besaß zweieinhalbfache Lebensgröße und muß den rückwärtigen Teil der schmalen Cella nahezu ausgefüllt haben. Der Kaiser war, wie sich noch erschließen läßt, in der Gestalt des Zeus und mit dessen Attributen dargestellt: Zepter und Blitzbündel[732]. Weitere Kaiserstatuen kamen im Laufe der Zeit hinzu. Am vollständigsten erhalten ist die des Claudius (Taf. 69), laut Signatur ein Werk der athenischen Bildhauer Philathenaios und Hegias[733]. Der etwas melancholische Gesichtsausdruck dieses begabten und gutgesinnten, aber schwächlichen Herrschers, der unfreiwillig und durch reinen Zufall zu seiner Kaiserwürde gekommen war, steht in merkwürdigem Kontrast zur pathetischen Götterpose der Statue, die wiederum Zeus darstellen soll, mit Zepter und großem Mantel, mit Adler und Siegesgöttin. Während Augustus sich in Rom und Italien nicht so in göttlicher Gestalt hätte abbilden und verehren lassen können wie es in Olympia und den östlichen, hellenisierten Reichsteilen geschah, ist die Statue des Claudius schon nach einem stadtrömischen Vorbild gearbeitet[734]; der Kaiserkult war nunmehr im gesamten Imperium etabliert. Neben Claudius standen im Metroon noch Panzerstatuen des Titus[735] und eines weiteren Kaisers der flavischen Dynastie, wahrscheinlich des Domitian[736]; ferner drei Standbilder kaiserlicher Frauen, die Treu als die jüngere Agrippina, Domitia und Julia Titi gedeutet hat (Abb. 128)[737]. Selbstverständlich waren das nicht die einzigen Kaiserstatuen in Olympia. Bilder der römischen Imperatoren standen im Zeustempel[738] und im Heraion[739], im Schatzhaus von Kyrene[740] und an verschiedenen Stellen der Altis[741], schließlich ist das Nymphäum des Herodes Atticus als Aufstellungsort eines ganzen Ensembles von Kaiserstatuen zu nennen (s. S. 191; Abb. 135).

In die frühe Kaiserzeit fallen zwei Ereignisse, die Olympia in Aufregung versetzten und beide auf persönliche kaiserliche Initiative zurückgingen. Das eine war der Befehl Caligulas, den Zeus des Phidias nach Rom zu überführen. Eine Reihe unerklärlicher

69
Marmorstatue des Kaisers Claudius, signiert von den Bildhauern Hegias und Philathenaios. Aus dem Metroon. Mitte 1. Jahrhundert n. Chr. H. 2,10 m

70 Marmorstatue eines Jünglings. 2. Viertel 2. Jahrhundert n. Chr.

71 a Turm der spätantiken Festungsmauer. Um 267 n. Chr. aus Bauteilen des Leonidaions errichtet

71 b Blick von Osten auf die frühchristliche Kirche (im 5. Jahrhundert n. Chr. durch Umgestaltung der Phidiaswerkstatt entstanden) und das Werkstattgelände südlich davon (Bau C). Im Hintergrund oben rechts die Kirche des hl. Georg von Druwa

72 a Ausgrabung des Zeustempels (1876)

72 b Ausgrabung des Stadion-Nordwalls (1960)

Vorfälle verhinderten jedoch die Ausführung. Das eigens zum Transport des Kolosses gebaute Spezialschiff wurde auf der Fahrt nach Griechenland vom Blitz getroffen, und als schließlich, nachdem der zuständige Statthalter die Sache vergeblich hinauszuzögern versucht hatte, mit der Zerlegung der Statue begonnen werden sollte, ließ diese plötzlich ein dröhnendes Gelächter hören, so daß die aufgebauten Gerüste zu schwanken begannen und die Werkleute in panischem Entsetzen die Flucht ergriffen[742]. Es ist, soviel ich weiß, der einzige überlieferte Fall, daß ein antikes Götterbild gelacht haben soll. Tragikomische Aspekte kennzeichnen auch das zweite Ereignis, das spektakuläre Auftreten Neros in Olympia im Jahre 69 n. Chr. Die Feier der 211. Olympiade hätte regulär 67 n. Chr. stattfinden sollen; doch wurde sie auf Wunsch des Kaisers um zwei Jahre verschoben, damit er eine für diesen Termin geplante Griechenlandreise mit der Teilnahme an den Spielen verbinden konnte. Außergewöhnliche Vorkehrungen wurden in Olympia für den kaiserlichen Besuch getroffen. In kaum noch zu überbietender Servilität ließen die elischen Behörden den klassischen Südostbau am Ostrand der Altis niederlegen und an seiner Stelle eine palastartige Anlage als Quartier für den Kaiser und sein Gefolge bauen[743]. Damit nicht genug, wurde in aller Eile noch ein Triumphbogen am südöstlichen Altiseingang errichtet, ja wahrscheinlich wurden bei dieser Gelegenheit sogar die Altismauern erneuert, wodurch sich im Süden eine nicht unbeträchtliche Erweiterung des Heiligtums ergab[744]. Der Verlauf der Spiele entsprach diesen Vorbereitungen; niemals hatte Olympia etwas Derartiges gesehen. Daß Nero siegen würde, stand natürlich von vornherein fest; aber damit er möglichst viele Siegeskränze mitnehmen konnte, wurde eine Anzahl neuer Agone eigens für ihn geschaffen, darunter auch musische – seine besondere Stärke! –, obgleich es sie nie in Olympia gegeben hatte. Im Hippodrom fuhr er höchstpersönlich mit einem Zehnergespann – auch dies etwas ganz neues –, fiel aber während des Rennens aus dem Wagen und mußte wieder hineingehoben werden; schließlich gab er auf, wurde aber dennoch mit dem Siegerkranz ausgezeichnet[745]. Nach seinem Tod im darauffolgenden Jahr beeilten sich die Eleer, diese Feier zur »Anolympias« zu erklären und aus den offiziellen Listen zu streichen; und Kaiser Galba, der Nachfolger Neros, soll von den Kampfrichtern die Summe von 250 000 Drachmen, mit der sie sich ihre Dienste hatten honorieren lassen, zurückverlangt haben[746]. Im übrigen wäre es falsch, anzunehmen, daß Olympia sich bei dieser Gelegenheit durch würdelose Haltung besonders hervorgetan hätte. Ganz Hellas wetteiferte nämlich damals in Ergebenheitsbeweisen. Von der agonalen Leidenschaft Neros blieb keine griechische Wettkampfstätte verschont, und überall regnete es Siegeskränze. Sie wurden bei der triumphalen Rückkehr des Kaisers nach Rom alle vor ihm hergetragen, und über ihre Zahl gibt es bei den Chronisten schwindelerregende Angaben[747].

So unwürdig und blamabel dies alles für Olympia war, zeigt es doch auf der anderen Seite, was ein Sieg an dieser altberühmten Stätte immer noch bedeutete. Glücklicherweise haben sich derart beschämende Vorfälle niemals wiederholt. Allerdings ist die Nero-Episode für das Heiligtum mit einem beträchtlichen Aderlaß verbunden gewesen. Nicht nur wurde in die Bausubstanz eine unwiederbringliche Lücke geschlagen; auch die Kunstwerke sind dezimiert worden. In welchem Ausmaß Neros Befehl, alle Statuen früherer Sieger umzustürzen und zu beseitigen[748], sich im Heiligtum ausgewirkt hat, wissen wir nicht – möglicherweise überhaupt nicht; hundert Jahre später stand jedenfalls noch eine stattliche Anzahl von ihnen. Aber die im Fundament des Triumphbogens verbauten Statuenbasen sprechen eine deutliche Sprache[749], und von einigen berühmten Werken ist zufällig überliefert, daß Nero sie damals nach Rom mitnahm[750].

In der nun bald tausendjährigen Geschichte der Spiele waren die Ereignisse des Jahres 69 nur eine Episode, die ohne Wirkung blieb. Die Agone fanden weiter nach den alten Formen, Regeln und Riten statt, über deren genaue Einhaltung die Eleer wachten. Nur der Rahmen hatte sich geweitet; das Fest war nicht mehr »hellenisch«, es war »ökumenisch« – oder, wie wir sagen würden: »international« – geworden[751].

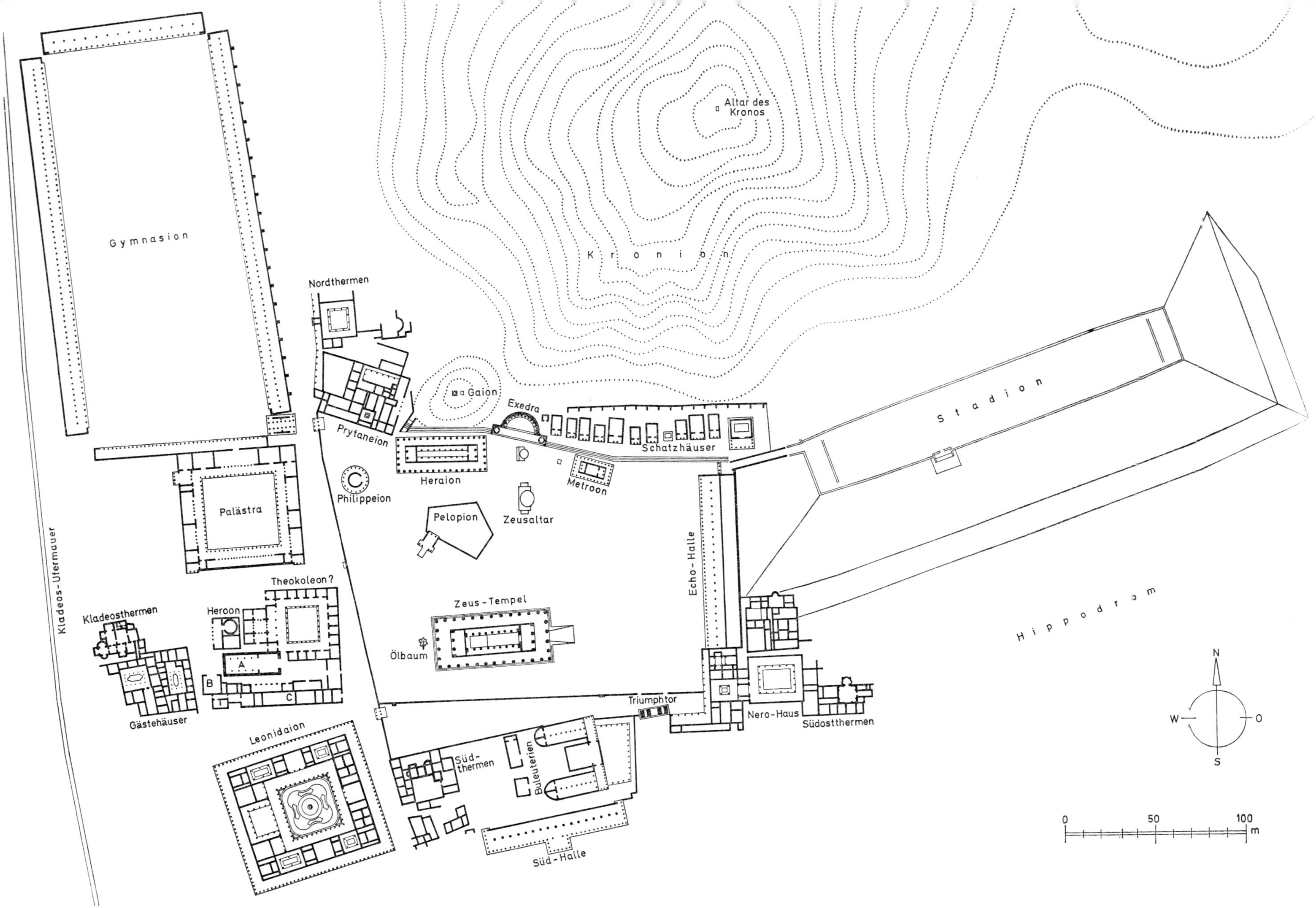

129 Olympia in der römischen Kaiserzeit (1.–3. Jahrhundert n. Chr.)

Griechenland war aufgegangen im römischen Imperium, das sich selbst leicht übertreibend mit der *»oikumene«*, dem gesamten bewohnten Erdkreis, zu identifizieren pflegte, und alle seine Bürger waren nach Olympia geladen. Viele Athleten kamen aus den hellenistischen Zentren des Ostens; Alexandria beispielsweise stellte im Lauf der Kaiserzeit allein 27 Olympiasieger, Athleten aus Ephesos konnten während dieser Epoche 15 Siege für ihre Stadt erringen, milesische Wettkämpfer deren 10[752]. Daneben gibt es Syrer, Phöniker, Afrikaner, Illyrer, ja sogar einen Babylonier, und der letzte registrierte Olympiasieger war ein Armenier. Es spiegelt sich hier die Schwerpunktverschiebung, die sich während dieser Zeit vollzogen hat; während des gleichen Zeitraums konnten die Städte des griechischen Mutterlandes zusammen nicht mehr als 35 Siege für sich verzeichnen, das sind nur etwa 16 Prozent der überlieferten Gesamtzahl. Zugleich zeichnet sich eine Wandlung im Charakter der Wettkämpfe ab, mochte auch ihre Form äußerlich gleich geblieben sein. Sie werden nun von Berufsathleten bestritten, die namentlich für die reichen Großstädte des Ostens antraten, wo sie entsprechende Förderung erfuhren. Sie waren sogar in Clubs organisiert, den sogenannten *»Xystoi«*, und ihr Selbstbewußtsein spricht aus den ruhmredigen Siegerinschriften jener Zeit, von denen sich einige erhalten haben[753]. Solche Inschriften können auch eine Vorstellung von der Menge der Sportfeste und Agone vermitteln, die es damals gab und auf denen die »Stars« unter den Berufsathleten auftraten. Am führenden Rang der Olympischen Spiele hat sich jedoch dadurch nichts geändert[754].

Die Renaissance Griechenlands im 2. Jahrhundert unter Hadrian und den antoninischen Kaisern brachte auch für Olympia noch einmal eine Blütezeit. Die Altis erhielt neuen Glanz durch Restaurierung und Modernisierung von Gebäuden und Wettkampfanlagen, durch eine Reihe von Neubauten, durch Stiftung von Statuen und Weihgeschenken. Das Heiligtum erreichte jetzt seine größte Ausdehnung (Abb. 129). Die Spiele lockten eine ständig wachsende Besuchermenge aus allen Teilen des Reiches an; die Popularität Olympias war niemals größer gewesen als damals. Man dichtete sogar noch einmal Siegeshymnen wie in den Tagen Pindars[755]; Rhetoren und Philosophen traten wieder auf; selbst das uralte Orakel, immer noch in den Händen der einheimischen Seherfamilien der Iamiden und Klytiaden, wurde neu belebt[756]. Die Beamtenlisten zeigen eine Vermehrung des Kultpersonals; das Ausmaß der Opfer und Gottesdienste läßt die große Altarperiegese bei Pausanias erkennen[757].

Nie zuvor war Olympia in solchem Maße Gegenstand literarischer Beschäftigung gewesen. Das meiste, was wir über Olympia wissen, verdanken wir Autoren des 2. Jahrhunderts. Phlegon von Tralles schrieb damals sein Werk über die Olympioniken, das denkwürdige Ereignisse und Überlieferungen verzeichnete, wovon wir leider nur weniges durch Auszüge und Zitate kennen; doch basiert die uns erhaltene Siegerliste des Julius Africanus auf diesem Standardwerk[758]. Sein Zeitgenosse Pausanias widmete Olympia nicht weniger als zwei der acht Bücher seiner »Beschreibung Griechenlands«; sie wurden zwischen 174 und 176 niedergeschrieben[759]. Weder Athen noch Delphi oder irgendein anderer Ort Griechenlands ist in seinem Werk auch nur entfernt in solcher Ausführlichkeit behandelt – es gibt keinen eindrucksvolleren Beweis für das einzigartige Ansehen Olympias in jener Zeit. Dion von Prusa, genannt Chrysostomos, publizierte eine große Rede über den Zeus des Phidias[760]. Das damals berühmteste Götterbild der Welt wird dort beschrieben als »friedlich und in allen Zügen mild«, als »sanft und erhaben, mit ungetrübt heiterem Ausdruck«, so, wie es angemessen sei für »den Geber des Lebens und Gedeihens und aller Güter, den gemeinsamen Vater, Retter und Hüter der Menschen, soweit es einem Sterblichen vergönnt war, sich ein Bild zu machen von der überirdischen Größe dieses göttlichen Wesens«[761]. Aus solchen Formulierungen spricht der klassizistische Zeitgeschmack, von dem auch die hadrianischen Münzemissionen mit dem Haupt des phidiasischen Zeus bestimmt sind, die damals geprägt wurden (Taf. 60 a). Darüber hinaus ist die fast christlich anmutende monotheistische Tendenz unüberhörbar, von der die Charakteristik des Göttervaters bei Dion gefärbt ist; die überwältigende Wirkung des phidiasischen Zeus auf die Men-

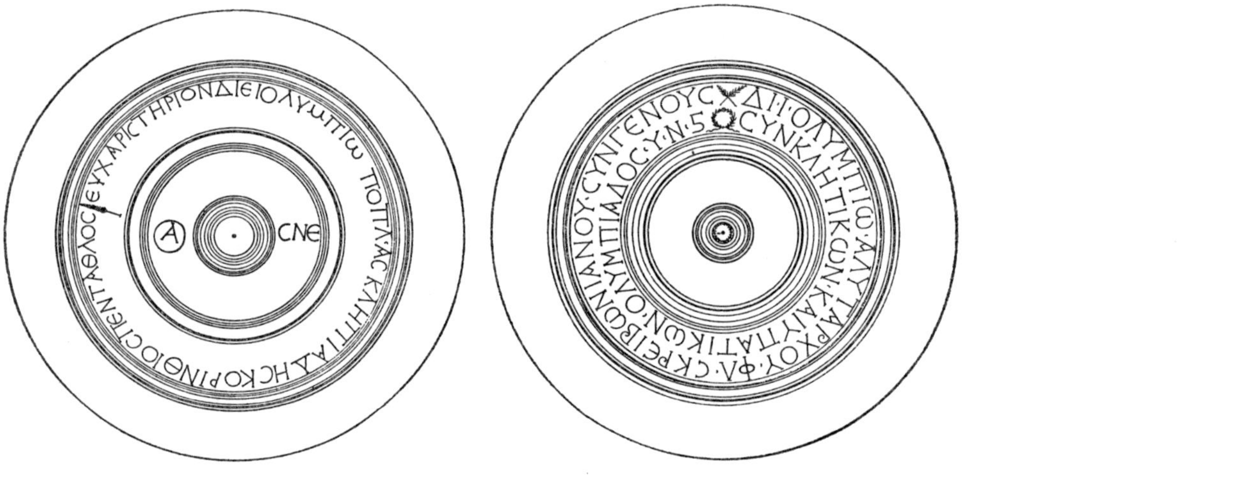

130 Bronzediskus, Weihung des Olympiasiegers im Fünfkampf, Publius Asclepiades; auf der Rückseite Vermerk des registrierenden Heiligtumsbeamten. 241 n. Chr. (Olympia V Abb. 241 und 240)

schen jener Epoche erscheint von hier aus in einem besonderen Licht. Andere Autoren der Zeit rühmten die Spiele und die griechische Athletik, die sich in ihnen beispielhaft darstellte, unter dem überhöhenden Aspekt einer ethischen Werthaftigkeit; das bezeichnendste Zeugnis ist der »Anacharsis« Lukians, aus dem wir schon einmal zitiert haben (S. 17). Lukian selbst hat nach eigener Aussage viermal die Olympischen Spiele besucht; das letzte Mal war er Zeuge eines aufsehenerregenden Vorfalls, den er in einer seiner Schriften mit boshaftem Sarkasmus dargestellt hat: die Selbstverbrennung eines abenteuerlichen kynischen Philosophen namens Peregrinus vor versammeltem Volk[762]. So schonungslos sein Spott über die Tat und ihre Aufnahme durch ein sensationslüsternes Publikum ist – über Olympia selbst und die Spiele fällt kein ironisches Wort; im Gegenteil, der Autor macht aus seiner ehrlichen Bewunderung kein Hehl.

Wie es damals bei den Spielen zuging: von dem tumultuarischen Durcheinander, dem bunten Treiben, dem Gewimmel der Menschenmassen, dem Andrang in den Unterkünften und Bädern, dem Lärm und der Aufregung im Stadion bei den Wettkämpfen, von alldem geben uns zeitgenössische Schriftsteller ein lebendiges Bild; erinnert sei an die schon oben herangezogenen Äußerungen von Epiktet, Dion Chrysostomos und anderen[763]. Aber man kam nicht allein zu den Spielen und nicht aus reiner Sportbegeisterung nach Olympia. Das Heiligtum war eine der größten Sehenswürdigkeiten Griechenlands, und eine Griechenlandreise, zu den Ursprüngen der Philosophie und Kunst, der Wissenschaft und aller höheren Kultur, gehörte im Zeitalter des neuerwachten Philhellenismus zur Bildung. Was aber wäre eine solche Griechenlandreise gewesen ohne einen Besuch in Olympia! »Jeder betrachtet es als ein Unglück, wenn er stirbt, ohne den Zeus des Phidias gesehen zu haben« sagt in hadrianischer Zeit Epiktet zu seinen Schülern[764]. Und wieviel gab es hier sonst noch zu bestaunen! Fremdenführer standen bereit, den Besuchern alles zu erklären: die Bauten, Bildwerke und Weihgeschenke, aber auch die religiösen, mythologischen und historischen Überlieferungen, die verschiedenen Kulte mit ihren altehrwürdigen Vorschriften und Traditionen. Welcher Art die Informationen waren, die diese Leute vermittelten, sehen wir bei Pausanias. Wir entnehmen seiner Darstellung auch, wie groß das antiquarische Interesse des damaligen Publikums gewesen sein muß: das Hauptgewicht seiner Beschreibung liegt auf den Zeugnissen der großen, weit zurückliegenden Vergangenheit. Je älter etwas ist, desto bemerkenswerter; die Gegenwart wird fast völlig ausgespart. Damit soll nicht gesagt sein, daß Olympia für den kaiserzeitlichen Besucher ein reines Museum gewesen wäre. Das Heiligtum mit seinen Kulten war noch lebendig; in einer Epoche neuerwachender Religiosität hatte es sicherlich sogar von dieser Seite her noch eine beträchtliche Anziehungskraft. Aber der Reiz des beinah unvorstellbar Alten, das man hier sehen konnte, muß die Menschen jener Epoche stark beeindruckt haben.

Hier gab es Traditionen, deren Ursprünge sich im mythischen Dämmerlicht einer fernen Vorzeit verloren. Pausanias hat sich eifrig bemüht, allen Nachrichten und Legenden über die Anfänge dieser unvergleichlichen Stätte und ihrer Kampfspiele nachzugehen und hat in seinem Werk die verschiedenen Versionen aus schriftlichen und mündlichen Quellen zusammengetragen[765]. Gewiß taten die Fremdenführer und überhaupt die Einheimischen das ihre dazu, das Prestige Olympias durch Übertreibungen gerade in dieser Richtung zu stärken und zu mehren. Ein bronzener Diskus (Abb. 130) mag als bezeichnendes Dokument hierfür erwähnt werden. Die Inschrift auf der einen Seite stammt von dem Stifter und besagt, daß Publius Asclepiades aus Korinth als Dank für seinen Sieg im Fünfkampf bei der 255. Olympiade (241 n. Chr.) diesen Diskus dem Zeus weiht. Die Rückseite trägt den offiziellen Bestätigungsvermerk des zuständigen Beamten, des Alytarchen Flavius Scribonianus, der sich stolz »Verwandter von Senatoren und Consularen« nennt und als Datum die 456. Olympiade angibt. Das ist kein Schreibfehler, wie manche gemeint haben, sondern eine andere Olympiadenrechnung, die den Beginn der Spiele nicht 776 v. Chr. ansetzt, sondern acht Jahrhunderte früher, im Jahre 1580 v. Chr.[766].

Olympia war immer betont konservativ gewesen, aber erst in der Kaiserzeit wurde diese Haltung zum besonderen Kennzeichen und dementsprechend gepflegt. Charakteristisch hierfür ist die künstlich altertümelnde Sprache, deren sich die Eleer in ihren Inschriften bedienten. Bezeichnend ist auch, daß keiner der neuen, im römischen Reich rasch populär gewordenen orientalischen Religionen hier Fuß fassen konnte. Selbst Delphi hatte damals seinen Osiris-Kult. Aber in Olympia blieb Zeus' Herrschaft, die hier seit undenklichen Zeiten bestand, unangefochten. So kommt es, daß den Kirchenvätern der olympische Kult und die monotheistisch gedeutete Gestalt des Göttervaters ein besonderer Dorn im Auge war, und es ist vielleicht nicht zuviel gesagt, wenn Norman Gardiner Olympia »das letzte Bollwerk des philosophischen Heidentums in seinem Kampf gegen das Christentum« nennt[767].

Das 2. Jahrhundert ist noch einmal eine Zeit intensiver Bautätigkeit in Olympia gewesen. Das Leonidaion wurde völlig renoviert; dabei wurden mehrere der Räume in offene Höfe umgewandelt, die nach römischer Art Impluvien, säulenumstellte und mit Pflanzen geschmückte Wasserbecken erhielten (Abb. 129). Licht und Luft kam auf diese Weise in das Innere, und es entstand eine abwechslungsreiche Raumgruppierung von ganz neuartiger Wirkung. Die Ausstattung der Räumlichkeiten entsprach der neuen Bestimmung des Gebäudes, das nunmehr den römischen Statthaltern Griechenlands bei ihren Besuchen in Olympia als Unterkunft diente (Paus. V 15, 2). Der Innenhof wurde in eine typisch römische Gartenanlage umgewandelt, mit Blumenbeeten, Statuenschmuck und Wasserbassins[768]. Modernisiert wurden auch der »Theokoleon« und das Prytaneion[769]. Im Westen der Altis, an der Stelle des alten Schwimmbades, baute man zu Beginn des 2. Jahrhunderts eine mit allem zeitgemäßen Komfort ausgestattete Thermenanlage (Abb. 108, 131 f.)[770]; sie bildet das letzte Glied in einer Kette von Badeanlagen, die im Laufe der Jahrhunderte in dieser Gegend des Heiligtums errichtet wurden und ist zugleich der erste römische Thermenbau in Olympia. Er erwies sich schon bald als nicht mehr ausreichend. Das Publikum war im Zeitalter des antiken Tourismus anspruchsvoll geworden. Während bis dahin Anlagen für derart profane Bedürfnisse auf ein bestimmtes Gebiet beschränkt blieben, entstanden sie nun allenthalben. Im Südosten, an das Nerohaus anschließend, wurde in severischer Zeit eine Thermenanlage errichtet (Abb. 129), deren achteckiger, mosaikgeschmückter Mittelsaal – das »Oktogon«, wie es die alten Ausgräber nannten – noch heute aufrecht steht. Sein unglaublich solides Ziegelmauerwerk hat bei der mittelalterlichen Alpheiosverlagerung, dem der Hippodrom und ein Drittel des Stadions zum Opfer fielen, gleichsam als Wellenbrecher gewirkt und große Teile des Heiligtums, vielleicht sogar die ganze

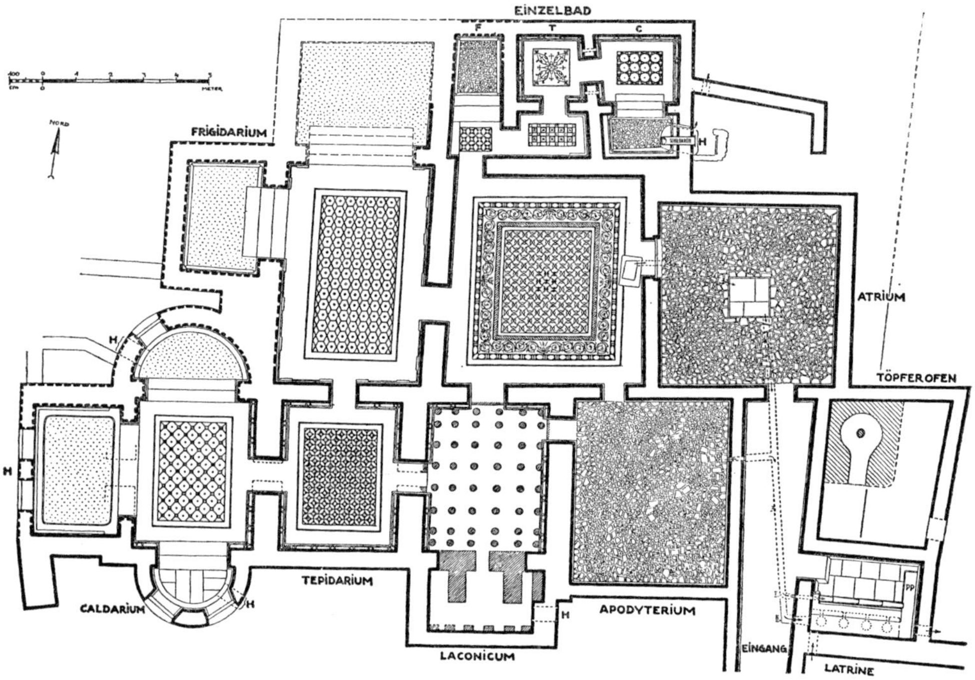

131 Kladeos-Thermen, Grundriß.
2. Jahrhundert n. Chr. (OlBericht IV Taf. 22)

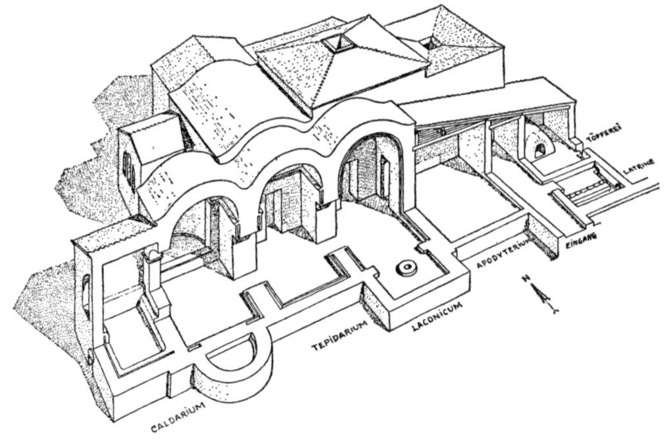

132 Kladeos-Thermen. 2. Jahrhundert n. Chr. Rekonstruktion von H. Schleif. (Schleif, Die neuen Ausgrabungen in Olympia Taf. 11 a)

Altis, vor der Zerstörung bewahrt (vgl. Abb. 16). Wäre sein römischer Erbauer bekannt, verdiente er ein Denkmal. Die ganze Anlage mitsamt ihrer Umgebung ist erst in den letzten Jahren ganz ausgegraben worden[771]. Ein dritter Thermenbau liegt im äußersten Norden gegenüber dem Gymnasium und harrt noch der endgültigen Freilegung. Seine Ausstattung war gleichfalls ansehnlich, wie ein großes, von der alten Grabung aufgedecktes, heute vorsorglich wieder zugeschüttetes Mosaik zeigt[772]. Die offenbar ziemlich ausgedehnte Anlage, die ebenfalls ins 2. Jahrhundert gehören dürfte, scheint gut erhalten zu sein, denn ein Ruinenstück ragt noch jetzt über das heutige Geländeniveau neben der Autostraße nach Arkadien empor. Schließlich sind noch die »Südthermen« östlich des Leonidaions zu nennen, das späteste der in Olympia errichteten Bäder, soweit diese uns bis jetzt bekannt sind (Abb. 129)[773]. Doch nicht nur Bäder, auch ein gastliches Dach für die Nacht und Speise und Trank erwartete der kaiserzeitliche Olympiabesucher. Dies boten sicherlich die umliegenden Dörfer, für die der Fremdenverkehr eine willkommene Einnahmequelle war; doch auch in Olympia selbst sorgten nunmehr eigens zu diesem Zweck errichtete Baulichkeiten für die Unterbringung der Besucher, die einst ihre Zelte im Freien aufgeschlagen hatten. Ein solches römisches Gästehaus wurde unmittelbar südlich der Kladeosthermen aufgedeckt (Abb. 133)[774]; weitere sind gewiß in der noch unausgegrabenen Peripherie des Heiligtums verborgen. In die Zeit Hadrians oder kurz danach fällt schließlich die letzte am Grabungsbefund deutlich feststellbare Erneuerung des Stadions, die nochmals mit einer Erhöhung des Südwalls und einer Vergrößerung der Kampfrichtertribüne verbunden war. Dieses »Stadion V« hat höchstwahrscheinlich Pausanias gesehen[775].

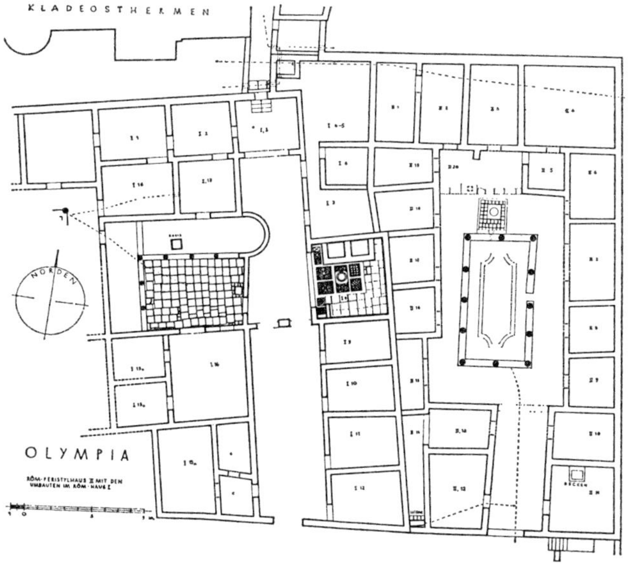

133 Gästehaus südlich der Kladeos-Thermen. 2. Jahrhundert n. Chr., im 3. Jahrhundert n. Chr. umgebaut. (OlBericht VI Taf. 7)

Die Bautätigkeit der Kaiserzeit erschöpfte sich indes nicht in solchen Nutzbauten; auch ein architektonischer Kunstbau wurde noch einmal in der Altis errichtet (Abb. 134/135). Er hatte freilich rein profanen Charakter und diente der Schaustellung privater Munifizenz. Es handelt sich um ein »Nymphäum«, Wasserspiele vor einer großen, exedraförmig geschwungenen Schaufassade, flankiert von kleinen Rundtempelchen mit Springbrunnen und geschmückt mit den Statuen der Stifterfamilie und des von ihr verehrten Kaiserhauses. Herodes Atticus, ein Millionär, Sophist und großzügiger Kunstmäzen aus Athen, ließ den Prunkbau, der das Endstück einer von ihm nach Olympia geführten Wasserleitung bildete, um 160 n. Chr. auf seine Kosten errichten. Die olympischen Behörden hatten, natürlich nicht ohne Berechnung, seiner Gattin Regilla die Würde einer Demeterpriesterin verliehen; hierfür revanchierte sich Herodes durch seine Stiftung, die als Verschönerung des Heiligtums gedacht war. Von dem Bauwerk ist heute nur noch der aus Ziegeln bestehende Mauerkern zu sehen, doch hat sich von der Marmorverkleidung und dem Statuenschmuck so viel erhalten, daß eine Rekonstruktion möglich ist (Abb. 135). Die Statuenbasen mit den Inschriften waren größtenteils als Pflastermaterial in der byzantinischen Kirche wiederverwendet, von den Statuen selbst fanden sich beträchtliche Reste in der Ruine des Nymphäums. Durch eine sorgfältige Auswertung des Befundes ließen sich 17 Statuen zuweisen, die in den 15 Nischen des Monuments aufgestellt waren, wobei Mitglieder des Kaiserhauses mit Angehörigen der Herodesfamilie im Verhältnis 1 : 2 wechselten[776]; an den Stirnseiten der Exedra standen rechts und links die Stifter, Herodes und Regilla. Auf der Attika bekrönten die Statuen der drei Kaiser Hadrian, Antoninus Pius und Marc Aurel das Bauwerk, das einen seltsamen Kontrast zu seiner Umgebung gebildet haben muß. Denn es erhob sich als weißschimmernder Fremdkörper mitten zwischen den ältesten Kultstätten und Bauwerken Olympias am Fuß des Kronoshügels; in nächster Nachbarschaft lagen Heraion, Prytaneion, Eileithyiatempel und Sikyonierschatzhaus, der Heraklesaltar, die Aschenaltäre der Hera, der Ge und Themis. Zwei ältere Bauten,

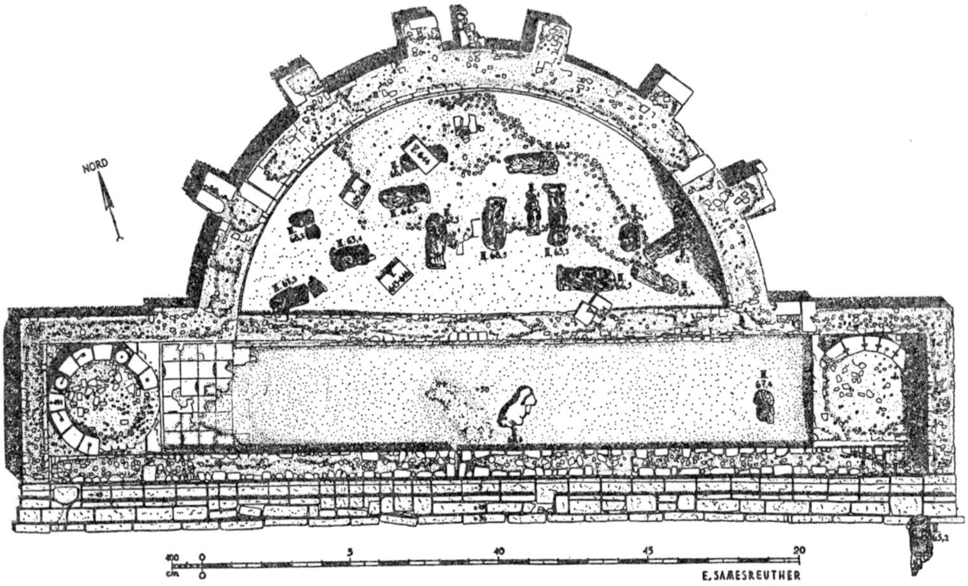

134 Exedra des Herodes Atticus, Grundriß. Erhaltungszustand mit den Statuen in Fundlage. Um 160 n. Chr. (OlForsch. I Taf. 35)

die wohl damals schon im Verfall begriffen waren, fielen dem Neubau zum Opfer (Abb. 10, 64)[777].

Es ist schon immer aufgefallen, daß Pausanias das Monument mit Stillschweigen übergeht, obwohl er es gesehen haben muß, als er um 170 n. Chr. in Olympia war und obwohl er an anderen Stellen zeitgenössische Denkmäler erwähnt, wenn auch sein eigentliches Interesse natürlich ganz entschieden den Altertümern gilt. Eine Animosität gegen Herodes Atticus kann schwerlich der Grund sein, da der Autor andernorts Stiftungen dieses zu seiner Zeit reichsten Mannes Griechenlands verzeichnet, so seine Bauten in Athen, aber auch die von ihm geweihten Kultbilder in dem Olympia benachbarten Heiligtum der Demeter Chamyne[778]. Daß Pausanias persönlich den neuen Bau als geschmacklos empfunden hat, wird man ihm kaum zutrauen wollen, aber er könnte beeinflußt worden sein. Ist vielleicht Herodes mit seinem so aufdringlich zwischen die altehrwürdigen Kultstätten gesetzten Prunkmonument auf die Kritik der Zeitgenossen gestoßen, insbesondere der konservativen Kreise in Elis, die wohl auch sonst eine wichtige Informationsquelle für Pausanias gewesen sind? In der Tat läßt ein uns zufällig erhaltenes Zeugnis erkennen, daß die Meinungen über die neuen Wasserspiele geteilt waren und daß es Leute gab, die fanden, so etwas paßte eigentlich nicht nach Olympia[779]. Möglicherweise wollte Pausanias seine schweigende Zustimmung mit dieser Ansicht dadurch ausdrücken, daß er das Bauwerk einfach überging.

Aus der plastischen Hinterlassenschaft dieser Zeit ragt die Mantelstatue eines auf einen Pfeiler gestützten Jünglings heraus, deren Trümmer nahe der Palästra gefunden wurden; sie ist in späthadrianischer oder frühantoninischer Zeit entstanden (Taf. 70)[780]. Die edlen Züge mit dem träumerischen, in sich versunkenen Ausdruck erinnern an Antinous, den Geliebten Hadrians; doch gehen die Anklänge über den Zeitstil und das eigentümlich Stimmungshafte jener Porträts nicht hinaus. Der jugendliche Unbekannte ist als Palästrit gekennzeichnet durch das schmale Band, das er im Haar trägt und das ursprünglich über der Stirn in einer blattförmigen Lasche endigte, die wir von Athletendarstellungen der Klassik kennen[781]. Hier wird in romantischer Verklärung noch einmal das griechische Jünglingsbild einer Zeit heraufbeschworen, in der die olympische Idee ihre reinste Ausprägung erfahren hatte. In der leisen Schwermut, die das Antlitz überschattet, liegt der besondere Reiz des Werkes, zugleich aber

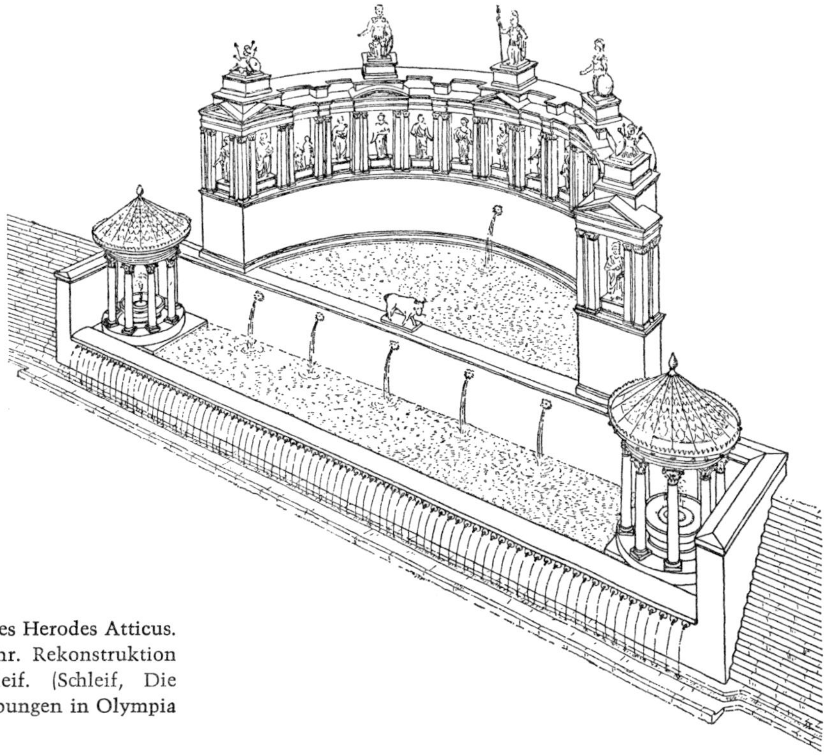

135 Exedra des Herodes Atticus. Um 160 n. Chr. Rekonstruktion von H. Schleif. (Schleif, Die neuen Ausgrabungen in Olympia Taf. 12 a)

auch ein geheimer Hinweis darauf, daß die Epoche, die sich noch einmal am Ideal des Griechentums begeistert hatte, ihrem Ende zugeht.

Die Spätblüte Olympias, die durch die hadrianische Renaissance eingeleitet wurde und sich unter den Antoninen am reichsten entfaltete, war nicht von Dauer. Daß Pausanias das Heiligtum auf dem Höhepunkt dieses letzten Aufschwungs in seiner Geschichte gesehen und diesen Zustand durch seine Beschreibung für uns festgehalten hat, muß man als einen ausgesprochenen Glücksfall bezeichnen. Wenn seinem Werk dann doch kein großer Erfolg beschieden war, ist das auf die bald einsetzende Verschlechterung der allgemeinen Lage zurückzuführen[782]. Schon in spätantoninischer Zeit verdüsterte sich der politische Horizont. Schwere Zeiten für das römische Weltreich zogen herauf. Die Kaiser verbringen jetzt den größten Teil ihrer Regierungszeit fern von Rom bei den Legionen, die an den Grenzen des Imperiums in ständigen Abwehrkämpfen gegen die andringenden Barbaren stehen. Die Anzeichen des wirtschaftlichen Niedergangs sind an den im 3. Jahrhundert errichteten Bauten Olympias abzulesen: schlechtes Mauerwerk, windschiefe Wände, ärmliche Ausstattung (Abb. 133)[783]. Daß die Zahl der Besucher damals immer noch sehr groß war, lehren die Münzfunde; doch verrät die minderwertige Qualität der blechartig dünnen Geldstücke gleichzeitig die Finanzmisere des Reiches. Olympia hätte sich indes zweifellos noch für längere Zeit einer zwar bescheidenen, aber unangefochtenen Existenz erfreuen können, wäre nicht im 3. Viertel des 3. Jahrhunderts ein katastrophales Ereignis eingetreten, das den Lebensnerv des Heiligtums wenn auch nicht ganz abschnitt, so doch derart einschnürte, daß man fürderhin nur noch von einem kümmerlichen Dahinvegetieren sprechen kann.

Seit der Mitte des 3. Jahrhunderts erscheinen germanische Heerscharen und Flotten am Horizont der östlichen Mittelmeerwelt. Im Jahre 267 drangen Stoßkeile der Heruler, eines ostgermanischen Stammes, quer durch Griechenland bis nach Athen, wo sie schwerste Zerstörungen anrichteten, und tief in die Peloponnes vor; sie verwüsteten Korinth, Argos und Sparta[784]. Der Vormarsch der Barbaren muß eine unbeschreibliche Panik ausgelöst haben[785]. In kopfloser Reaktion auf die bestürzenden Nachrichten entschlossen sich die olympischen Behörden, einen großen Teil der Bauten des Heiligtums zu opfern, um aus dem Material eine Festungsmauer zu errichten, die nur das Zentrum der Altis einschloß: sie benützte den Zeustempel und die Südhalle gleichsam als Nord- und Südbastion und verband die beiden großen Baukörper miteinander (Abb. 136). Ganz oder teilweise abgebrochen wurden damals das Leonidaion, mehrere Schatzhäuser, die Echohalle, die Buleuterien, das Pelopiontor und sogar einer der drei Tempel: des Metroon. Außerdem wanderten zahllose Sockel von Statuen und Weihgeschenken in die Mauer. Diese war dann bei der Freilegung des Heiligtums in ihren noch erhaltenen Teilen für die Ausgräber eine Fundgrube ersten Ranges: Stück für Stück zog man die Bauglieder, Inschriften und Basisblöcke heraus und konnte so ganze Gebäude und Weihgeschenke wieder rekonstruieren[786]. Die Folge davon war, daß die »byzantinische Mauer«, wie man sie zunächst fälschlich nannte, nach Entfernung der in sie verbauten Teile schließlich beinahe verschwunden war. Erst neuerdings ist an einer damals unberührt gebliebenen Stelle südlich der Südthermen als letzter noch erhaltener Rest ein Turm dieser Festungsanlage freigelegt worden (Taf. 71 a); er besteht vorwiegend aus Säulentrommeln, Kapitellen und Architravblöcken des Leonidaions. Bei dieser Gelegenheit ließ sich auch aus dem Befund selbst und dem Kontext der benachbarten Bauten die Datierung der Mauer bestimmen: sie ist nicht erst in der 2. Hälfte des 5. Jahrhunderts oder gar in der Zeit Justinians errichtet worden, wie die alten Ausgräber dachten, sondern aus Anlaß des Herulereinfalls von 267 n. Chr.[787].

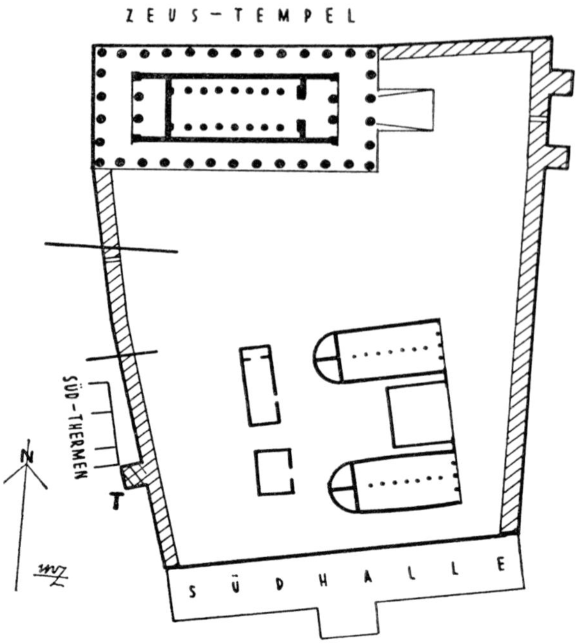

136 Festungsmauer, Planskizze von A. Mallwitz. (Kunze, Neue deutsche Ausgrabungen 276 Abb. 10)

Das neue Ausgrabungsergebnis war eine Überraschung. Zeigte es sich doch nunmehr, daß der »Anfang vom Ende« Olympias erheblich früher lag, als bisher angenommen. Denn nicht anders kann man die einschneidende Maßnahme jener Notzeit bezeichnen, von der sich Olympia nie wieder erholt hat. Der damals rapide einsetzende Verfall war freilich auch schon aus anderen Anzeichen zu erschließen gewesen: beispielsweise brechen die Verzeichnisse des Kultpersonals mit dem Jahr 265 plötzlich ab[788], und die letzte nachweisbare Siegerstatue Olympias wurde 261 errichtet[789]; auch schriftlich bezeugte Siegernamen gibt es von da an bis zur endgültigen Einstellung der Spiele nur noch ganz vereinzelt.

Es war also nicht so, daß die Ereignisse des Jahres 267 das Heiligtum wie ein Blitz aus heiterem Himmel trafen und seinen Untergang gewaltsam herbeiführten; vielmehr wirkte, wie meist in der Geschichte, beides zusammen, innerer Niedergang und äußere Gewalteinwirkung. Die griechische Athletik war Ausdruck eines diesseitsbestimmten, antik-heidnischen Lebensideals; wenn dieses von anderen Ideen verdrängt wurde, mußte auch sie absterben. Die letzte literarische Würdigung des griechischen Sports, das Werk Philostrats aus der ersten Hälfte des 3. Jahrhunderts, wirkt wie ein Abgesang[790]. Für die zweite Wurzel der Größe Olympias, den Zeuskult, gilt ähnliches: auch er konnte dem siegreich vordringenden Christentum nicht auf die Dauer standhalten. So hat der Herulersturm die um die Mitte des 3. Jahrhunderts sich bereits abzeichnende Entwicklung nur beschleunigt, aber nicht eigentlich verursacht.

Die Heruler sind nie nach Olympia gelangt. Sie zogen wieder ab; die Vorsichtsmaßnahmen erwiesen sich als überflüssig. Das Leben ging weiter, auch in Olympia; aber wie sah das Heiligtum aus! Die Stätte glich einem wüsten Trümmerhaufen, verunstaltet zudem noch durch die häßliche Mauer. Viele Bauten waren abgetragen oder standen als halbe Ruinen da; die Statuen und Weihgeschenke waren größtenteils abgeräumt oder innerhalb der Festungsmauern gestapelt, soweit sie nicht den Weg in die Schmelzöfen gewandert waren, um die Arbeitskräfte für den Mauerbau und die Bergungsmaßnahmen zu bezahlen. Aber unangetastet in seiner alten Pracht und Majestät thronte noch immer das gewaltige Goldelfenbein-Kultbild im Zeustempel. Es kann kein Zweifel bestehen, daß die hastige Errichtung der Festungsmauer in allererster Linie den Zweck hatte, den wertvollsten Besitz des Heiligtums, den Zeus des Phidias, zu schützen. Um dies zu erreichen, schien kein Opfer zu gering. Man war bereit, bei einem Angriff notfalls den größten Teil des Heiligtums preiszugeben, sogar die ältesten Kultstätten im Norden der Altis, ja selbst das kultische Zentrum, den Altar des Zeus, und sich auf eine Bastion zurückzuziehen, die den kostbarsten Schatz Olympias einschloß und zugleich einen festen Platz bot, um alles zusammenzutragen, was an beweglichen Schätzen als rettenswert erschien.

Ungeschützt außerhalb der Befestigung blieb auch das Heraion, Olympias ältester Tempel, der schon im 2. Jahrhundert n. Chr., als Pausanias ihn sah, eine Art Museum geworden war. Seit wann man angefangen hat, Statuen und Weihgeschenke hier zusammenzutragen, wissen wir nicht. Pausanias, dessen Aufzählung unvollständig ist[791], nennt hauptsächlich archaische Werke: Sitzbilder der Horen von dem Aegineten Smilis, eine Themis des Spartaners Dorykleides, fünf Hesperiden seines Landsmannes Theokles, die ursprünglich im Schatzhaus von Epidamnos standen, eine aus dem Megarer-Schatzhaus herübergebrachte Athena von Medon – alles sehr frühe Werke, angeblich aus der Schule der kretischen Meister Dipoinos und Skyllis um 600 v. Chr.; weiter Sitzbilder der Demeter und Kore, Standbilder des Apollon, der Artemis, Leto, Tyche, des Dionysos, der Nike, alle in Goldelfenbeintechnik und »anscheinend sehr alt«; aus spätklassischer und nachklassischer Zeit schließlich der Hermes des Praxiteles, eine bronzene Aphrodite des Sikyoniers Kleon, eines Meisters der Polykletschule, und ein sitzender Knabe des Boëthos; dazu die Goldelfenbeinbilder aus dem Philippeion; nicht erwähnt sind Porträtstatuen aus römischer Zeit. Außer diesen plastischen Bildwerken sah Pausanias im Heraion auch kostbare Weihgaben und Geräte verschiedener Art: die berühmte Kypseloslade, deren hochaltertümliche Reliefs er bis ins einzelne beschrieben hat, ein kleines elfenbeinverziertes Bett, das als Spielzeug der Hippodameia erklärt wurde, den Diskus des Iphitos und den aus Gold und Elfenbein gefertigten Tisch, auf dem bei der Siegerehrung die Kränze lagen, ein mit Reliefs, ähnlich wie am Zeusthron, ausgestattetes Werk des Phidiasschülers Kolotes, der auch am Kultbild des Zeustempels mitgearbeitet hatte[792]. Gewiß wird man die Kunstwerke und Schätze, soweit sie materiellen Wert hatten, in den Tagen der Herulergefahr in die Festung verbracht haben[793]. Den Hermes des Praxiteles ließ man an seinem Platz; er war aus Marmor und daher nur von geringem Wert. Der Heratempel hat noch längere Zeit danach gestanden; er ist sogar in der späten Kaiserzeit noch einmal ausgebessert worden[794].

Auch sonst scheint es gewisse Versuche gegeben zu haben, die Schäden zumindest teilweise wieder gutzumachen; doch reichten die Kräfte nur noch zu ganz begrenzten Maßnahmen. Am Zeustempel wurden nochmals Reparaturen durchgeführt; man hat dies, vielleicht nicht zu Unrecht, mit dem Wirken des Kaisers Diokletian in Zusammenhang gebracht, der die Wiederherstellung der alten Kulte betrieb und unter dessen Regierung die letzte Christenverfolgung stattfand[795]. In der Ruine des Leonidaions richtete man einige Räume her[796]; der Theokoleon wurde restauriert. Unterkünfte wurden immer noch gebraucht, auch die Bäder sind teilweise wieder in Betrieb genommen worden. Denn die Olympischen Spiele wurden weiterhin gefeiert, und auch Zeus hatte noch immer Verehrer, die ihm Opfer darbrachten und die heiligen Riten vollzogen. Das änderte sich erst, als von seiten des Staates massiver Druck gegen die heidnischen Kulte und ihre Anhänger ausgeübt wurde. Doch dies geschah erst über ein Jahrhundert später.

Das große Heiligtum lag im Sterben; aber dieses Sterben war ein langwieriger Prozeß. Jahrhunderte hatte es gedauert, bis Olympia aus dem Dämmer der Vorzeit ins Licht der Geschichte trat, über Jahrhunderte zog sich nun auch sein Ende hin. Werden und Vergehen der denkwürdigen Stätte haben auch dies gemeinsam, daß sie unserer Erkenntnis weitgehend entzogen sind; die Vorgänge zeichnen sich nur umrißhaft ab, vieles bleibt zweifelhaft, manches ganz verborgen. Schließlich verliert sich die Geschichte des Heiligtums dort, wo sie, für uns nicht mehr faßbar, begonnen hat: im Dunkel der Geschichtslosigkeit.

Die diokletianischen Reparaturen am Zeustempel sind die letzten nennenswerten Instandsetzungsarbeiten in der Altis. Das Aufhören jeder Pflege mußte den schnellen Verfall der Bauten zur Folge haben. Zwar sind die Spiele noch das ganze 4. Jahrhundert hindurch gefeiert worden, aber in welchem Rahmen, vermögen wir uns nur schwer vorzustellen. Die Tatsache, daß aus dem ganzen Zeitraum nur ein einziger Siegername überliefert ist, spricht für sich. Es ist der letzte antike Olympiasieger, den wir kennen, ein armenischer Prinz namens Varazdates. Wenn es stimmt, daß er im Jahre 374 den armenischen Königsthron bestieg, fällt sein Sieg wahrscheinlich in eine der vorangehenden Olympiaden; man nimmt entweder die 287. (369 n. Chr.) oder die 288. (373 n. Chr.) an[797]. Immerhin ist dieser letzte überlieferte Name ein Hinweis darauf, daß die Olympischen Spiele anscheinend auch damals noch eine gewisse »internationale« Bedeutung hatten. Für ihre Lebenskraft zeugt am offenkundigsten die Tatsache, daß sie schließlich durch kaiserlichen Machtspruch ausdrücklich verboten werden mußten. Dies geschah in den letzten Regierungsjahren Theodosius I., 393 oder 394 n. Chr., nachdem die Olympischen Spiele eben zum 293. Male gefeiert worden waren[798]. Der byzantinische Autor, der uns dieses Datum überliefert hat, behauptet, daß damals auch der Zeus des Phidias nach der kaiserlichen Residenz Konstantinopel überführt worden sei; dort sei er noch viele Jahre in dem Palast des Patriziers Lausos zu sehen gewesen, bis er bei einer Feuersbrunst zugrunde ging. Wir haben bereits erwähnt, daß schwere Bedenken gegen die Richtigkeit dieser späten und vereinzelten Nachricht sprechen, der wohl eine Verwechslung mit irgendeinem anderen Zeusbild oder eine falsche Quelleninterpretation zugrunde liegt[799].

Die Geschichte Olympias ist mit dem Verbot der Spiele noch nicht zu Ende. Es ist nicht einmal gesagt, ob die Spiele nach dem Verbot wirklich ganz eingestellt wurden oder etwa als eine Art lokales Volksfest noch eine Zeitlang weiterlebten. Durch ein Edikt vom 13. November 426 verfügte Theodosius II. die Zerstörung aller heidnischen Tempel. Eine — freilich späte — Quelle will wissen, der Zeustempel sei damals »niedergebrannt« worden[800]. Diese Nachricht wird durch den Grabungsbefund widerlegt, aus dem klar hervorgeht, daß der gewaltige Bau durch ein Erdbeben zum Einsturz gebracht wurde; Brandspuren sind nirgends festgestellt worden. Ohnehin wäre ein solcher massiver Steinbau nicht durch Feuer zu zerstören gewesen, noch überhaupt — für damalige Verhältnisse jedenfalls — durch Menschenhand. Wohl aber könnte damals das Kultbild dem zerstörerischen Haß gegen die alte Religion zum Opfer gefallen sein, vorausgesetzt, es existierte zu jenem Zeitpunkt noch. Denn 395, also zwei Jahre nach dem Verbot der Spiele, führte eine Invasion der Goten unter Alarich bis in die Peloponnes; ganz in der Nähe Olympias, auf der Hochfläche des Pholoëgebirges, wurden sie von den nachsetzenden Truppen Stilichos eingeschlossen und entgingen nur mit knapper Not der Vernichtung[801]. Sollten sie — was nicht historisch bezeugt ist — bis in das Heiligtum gelangt sein, so wäre das Goldelfenbeinbild schwerlich von ihnen verschont geblieben. Doch war der Zeus des Phidias zu jener Zeit durch fanatische Christen gewiß nicht weniger gefährdet wie durch beutegierige Barbaren; 391 beispielsweise vernichtete in Alexandria eine von Mönchen angeführte Menge das Sarapeion und das berühmte Kultbild des Sarapis[802]. Wie dem auch sei — die von oben angeordnete Zer-

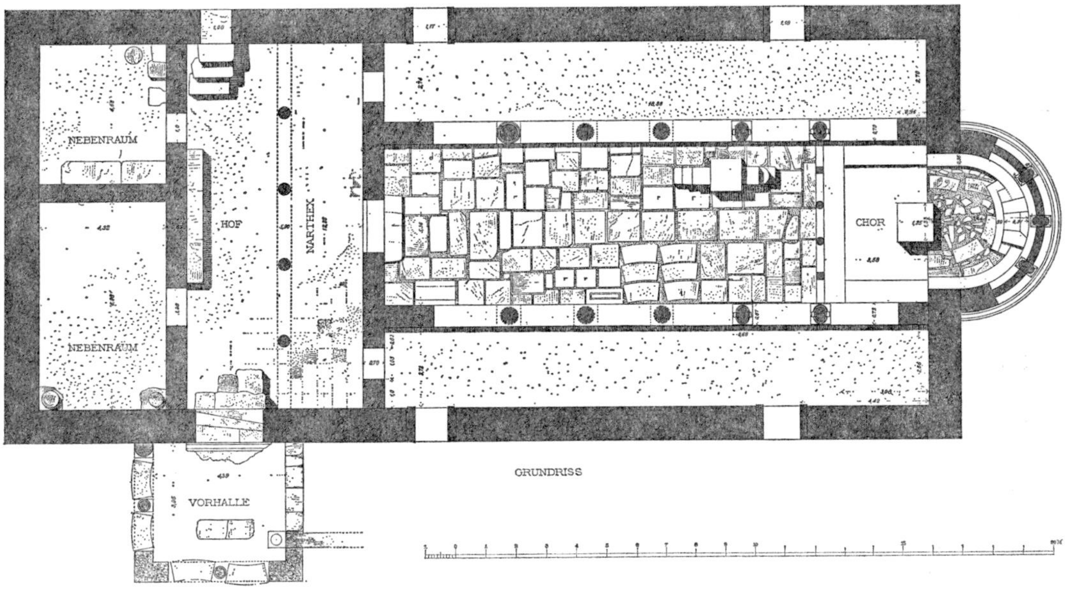

137 Umgestaltung der Phidiaswerkstatt zur frühchristlichen Kirche. 5. Jahrhundert n. Chr. (Olympia II Taf. 68)

störungswelle von 426 kann das olympische Zeusbild auf keinen Fall überlebt haben. Die letzte Bezeugung seiner Existenz in Olympia durch einen antiken Autor stammt aus dem Jahre 384 n. Chr.[803]. Damit ist der Zeitpunkt seines Untergangs mit ziemlicher Sicherheit eingegrenzt zwischen die Jahre 384 und 426.

Nach mehr als anderthalb Jahrtausenden war die Herrschaft des Zeus in Olympia zu Ende gegangen. Sein Bild war verschwunden, sein Kult eingestellt; sein gewaltiger, hochberühmter Aschenaltar wurde zerstört, so gründlich, daß die Ausgrabung nicht die geringste Spur davon wiedergefunden hat. Ebenso erging es den übrigen Altären und Götterbildern in der Altis. Damit erlosch jedoch das Leben an der heiligen Stätte noch nicht. Um die Überwindung der heidnischen Kulte zu besiegeln, wurde in Olympia eine Kirche gebaut, wahrscheinlich noch in der ersten Hälfte des 5. Jahrhunderts[804]. Es handelt sich dabei freilich nicht eigentlich um einen Neubau; vielmehr benutzte man dazu ein bereits vorhandenes Gebäude, und zwar die Phidiaswerkstatt am Westrand der Altis (Taf. 71 b; Abb. 137). Die Umgestaltung dieses stattlichen, schon einmal in römischer Zeit grundlegend erneuerten Baus[805] erstreckte sich im wesentlichen auf den Innenraum und die Anfügung einer Apsis sowie eines Narthex mit Säulenstellungen und Arkaden. Das Material für die Um- und Anbauten wurde aus den antiken Bauwerken des Heiligtums gewonnen. So besteht das Pflaster des Kirchenschiffs aus den Inschriftsockeln des Herodes-Atticus-Nymphäums: die Statuen wurden zu diesem Zweck von ihren Plätzen herabgestürzt, die Basisblöcke herausgenommen und zu Platten gespalten. Auch eine Anzahl von Kapitellen dieses Baus konnte man brauchen. Weiterhin wurden Bauglieder aus dem Philippeion, einigen Schatzhäusern und anderen Gebäuden wiederverwendet, auch ein Teil des römischen Plattenbelags im Pronaos des Zeustempels, dazu Statuenbasen und Inschriftblöcke.

138 Kreuzförmige Anhänger, Fundstücke aus christlichen Gräbern. 5./6. Jahrhundert n. Chr. (Olympia IV Taf. 71, 1340. 1341. 1342)

Die in ihrer Art nicht unbedeutende frühchristliche Kirche legt in der Bescheidenheit ihrer Ausstattung Zeugnis ab für die Ärmlichkeit der Zeit, ebenso wie die in ihrer Umgebung aufgedeckten frühchristlichen Gräber, die, wenn überhaupt, nur geringe Beigaben enthielten (Abb. 138, 139)[806]. Im Heiligtum muß es damals schon wüst ausgesehen haben; die Bauten dienten als Steinbruch, Naturkatastrophen taten das ihre hinzu; Schutt, Schwemmsand und Geröllmassen ließen den Boden in der Altis ansteigen. Aber immer noch standen einzelne Bauwerke aufrecht, erhob sich vor allem der Tempel des Zeus über der dem Verfall preisgegebenen Stätte als erstaunliches Monument der Größe einer vergangenen Zeit, das den Menschen des frühchristlichen Olympia täglich vor Augen stand. Wo haben diese Menschen gewohnt? Zu der Kirche muß eine Siedlung gehört haben, die bisher noch nicht gefunden ist. Gewisse Anzeichen lassen vermuten, daß sie südlich des Heiligtums im noch nicht ausgegrabenen Gebiet nach dem Alpheios zu gelegen ist[807]. Denn das Dorf, auf das die alten Ausgräber im Gebiet der Altis stießen, entstand erst nach dem großen Erdbeben im 6. Jahrhundert, das auch den Zeustempel zerstörte.

Der Zeitpunkt dieser Katastrophe, die den Untergang des Heiligtums besiegelte, ist nicht mehr mit völliger Sicherheit zu ermitteln. Zwei große Erdbeben, die überall in der Peloponnes und in ganz Griechenland schwerste Verwüstungen bewirkt haben, sind für das 6. Jahrhundert überliefert; mit ihnen wird gewöhnlich die endgültige Zerstörung Olympias in Zusammenhang gebracht. 522 verzeichnen die Quellen ein furchtbares Erdbeben, das vor allem in Kleinasien ausgedehnte Schäden hervorrief, dessen Wirkung sich aber auch auf Griechenland erstreckte. Für das festländische Hellas noch schlimmer scheint ein Erdbeben gewesen zu sein, das am 7. oder 9. Juli 551 das östliche Mittelmeergebiet heimsuchte und bis nach Syrien und Mesopotamien spürbar war. In Patras sollen 4000 Menschen umgekommen sein; Korinth, Naupaktos, Chäronea und andere Städte sanken in Trümmer; eine Flutwelle richtete in den Küstengebieten große Verwüstungen an[808]. Welche von beiden Katastrophen den Zeustempel zum Einsturz brachte, wissen wir nicht; sicher haben beide sich verheerend auf die Altis ausgewirkt. Die Elementarkraft, die den ganzen Tempel auf einen Schlag zu Boden streckte, legte alles nieder, was noch aufrecht stand. Lediglich das schier unzerstörbare Ziegelmauerwerk der kaiserzeitlichen Bauten — Thermen, Exedra, Kirche — hielt der Erschütterung stand, wenn auch Gewölbe, Decken und ein Teil der Wände einstürzten.

139 Christliche Tonlampe. 5. Jahrhundert n. Chr. (Olympia IV 212 Abb. 1365)

Regengüsse und Flußüberschwemmungen deckten Schwemmsand über die Trümmer; Gestrüpp begann zu wuchern. Eine Zeitlang blieb die Stätte völlig verödet. Das Leben schien erstorben. Woher die Ansiedler kamen, die sich dann hier, in der einsamen Gegend vorübergehend noch einmal niederließen, wissen wir nicht. Jedenfalls hat die Ruinenstätte nochmals Menschen angelockt, die hier nach Bronzeklammern, Eisendübeln, Bleivergüssen, nach Bruchstücken von Erzstatuen und sonstigen vermuteten Schätzen gruben und im übrigen ihr Leben offenbar recht kümmerlich fristeten. Sie bauten ihre ärmlichen Häuser aus den Trümmern der zerstörten Bauten, aus zerschmetterten Quadern, Teilen von Giebelfiguren des Zeustempels und Fragmenten von Marmorstatuen. Das Dorf hatte sein Zentrum anscheinend östlich des Zeustempels (Abb. 140); die Häuser mit ihren engen Ställen und Höfen, ihren schiefwinkligen, krummen Wänden und schmalen Gäßchen erstreckten sich bis an den Rand des Stadions und auf der anderen Seite bis zur Kirche, die noch einmal instandgesetzt wurde, und darüber hinaus bis an den Kladeos. Die Grundmauern dieser Häuser waren das erste, worauf die Ausgräber stießen, als sie die Freilegung des Heiligtums in Angriff nahmen[809].

Von langer Dauer scheint diese letzte Besiedlung Olympias nicht gewesen zu sein. Die in den Hütten des Dorfes bei der Ausgrabung gemachten Münzfunde gehen nicht über die Zeit Justinus II. hinaus (565–578)[810]. Gewisse Anzeichen deuten darauf hin, daß die Ansiedlung fluchtartig verlassen worden ist; vielleicht waren die Avareneinfälle von 589 der Anlaß oder irgendein anderes Ereignis in jenen unruhigen Zeiten.

So verliert sich das Schicksal der letzten Bewohner Olympias im Ungewissen. Die Spuren reichen nicht über das 6. Jahrhundert hinaus. Danach blieb die Stätte ganz den Naturgewalten überlassen. Sie griffen von verschiedenen Seiten an. Im Süden nagte der Alpheios, der sein Bett verlagerte und erweiterte und immer mehr Erdmassen mit sich riß, bis im Laufe der Zeit der ganze Hippodrom und erhebliche Teile des Stadions verschwunden waren; tiefere Einbrüche in die Altis verhinderten zum Glück die starken Mauern der römischen Thermen im Südosten des Heiligtums[811]. Im Westen trug der Kladeos bei Überschwemmungen Sand und Geröll in das Gebiet des Heiligtums;

im Norden spülten die jährlichen Winterregen Erdmassen von den Hügelabhängen herunter. Schließlich waren die Ruinen gänzlich zugedeckt. Wie die stellenweise bis zu 6 m hohen Schwemmschichten über dem antiken Boden, die die Ausgrabung überall zu beseitigen hatte, im einzelnen entstanden sind, ist bis heute nicht ganz geklärt. Tatsache ist jedenfalls, daß die Trümmerstätte auf diese Weise allmählich dem Auge entzogen wurde (Taf. 1) und schließlich vollständig in Vergessenheit geriet. Sogar der Name ging verloren. In einer venezianischen Karte von 1516, dem sogenannten Portulan des Battista Palnese, heißt die olympische Ebene »Andilalo«[812]. Olympia war von der Landkarte verschwunden.

140 Nachantike Häuser östlich des Zeustempels. 2. Hälfte 6. Jahrhundert n. Chr. (Ausschnitt aus Olympia, Mappe Bl. V b)

Die Wiederentdeckung und Ausgrabung Olympias

Die Lage Olympias war im Mittelalter nicht mehr bekannt. Auch die Renaissance-Gelehrten wußten nicht, wo sie Olympia lokalisieren sollten. In Merians »Topographia Italiae« von 1688 heißt es: »Olympia war eine berühmte Stadt, nach vieler Meinung auff dem Berge Olympo, oder wie andere wollen, zwischen dem Ossa und dem Olympo, nicht weit von Elis und Pisa, in der Provintz Belvedere gelegen, berühmt nicht nur wegen der herrlichen Handelschafft, so allda getrieben worden, sondern auch wegen der da gehaltenen Spiele. Heutiges Tages soll sie, wie Gastaldus will, Longanica genennet werden[813].« Erst 1766 wurde Olympia wiederentdeckt. Der englische Altertumsforscher Richard Chandler identifizierte auf einer Reise durch die Peloponnes die Stätte auf Grund der Angaben des Pausanias und stieß dort auf ein Kapitell und Teile der Cellawände des Zeustempels, die aus den Verschüttungen herausragten[814]. 1787 besuchte der Franzose Fauvel Olympia, beschrieb die sichtbaren Reste des Zeustempels und berichtete, daß sie von den Einheimischen als Steinbruch benutzt würden[815]. Den ersten Plan von Olympia finden wir in der damals vielgelesenen romanhaften Beschreibung des antiken Griechenland von Barthélemy »Voyage du jeune Anacharsis«, die 1788 erschien und der ein Atlas beigegeben war. Der 1780 von Barbié du Bocage gezeichnete Plan des Heiligtums (Abb. 141), der außer Alpheios und Kladeos keine richtige Eintragung enthält, demonstriert auf recht eindrucksvolle Weise, wie es mit unserer Kenntnis der Stätte bestellt wäre, wenn wir allein auf die Beschreibung des Pausanias angewiesen wären[816]. 1807 erschien dann bereits ein Grundriß des Zeustempels, der nach den Angaben der englischen Reisenden Edward Dodwell und William Gell gezeichnet war, die 1806 Olympia besucht hatten[817]. Ein Jahr zuvor war der bedeutende englische Topograph Martin Leake in Olympia gewesen[818]. 1811 kam Charles Cockerell, der Entdecker der Ägineten und des Tempels von Phigalia, nach Olympia, und 1813 nahm der junge Architekt Allason im Auftrag von John Spencer Stanhope den ersten Plan von Olympia auf trigonometrischer Grundlage auf, der später noch den französischen und deutschen Ausgräbern ein wertvolles Hilfsmittel war[819].

Doch bevor Olympia überhaupt wiederentdeckt war, entstand schon die Idee, das Heiligtum auszugraben. Sie wurde zum erstenmal ausgesprochen von dem französischen Benediktiner Bernard de Montfaucon in einem 1723 geschriebenen Brief an den gerade zum Erzbischof von Korfu ernannten nachmaligen Kardinal Quirini: »So sind Sie denn endlich in dem gelehrten Griechenland stationiert, und wenn dies voraussichtlich auch nicht von Dauer sein wird, können Sie, mit Ihrem Interesse für das Altertum, doch leicht reiche Entdeckungen machen, die Ihnen für immer eine Berühmtheit bei der gelehrten Welt sichern ... Korfu ist eine alte Kolonie der Korinther, voll von alten Monumenten und fast sämtlich in dorischem Dialekt abgefaßten Inschriften. Auch Zakynthos und Kephallenia besitzen solche. Aber was ist das alles im Vergleich zu der diesen Inseln gegenüberliegenden Küste von Morea! Hier ist das alte Elis, wo die Olympischen Spiele gefeiert wurden, wo man eine Unzahl von Denkmälern für die Sieger errichtete: Statuen, Reliefs, Inschriften. Die Erde muß dort davon vollgepfropft stecken; und dabei ist besonders wesentlich, daß meines Wissens dort noch niemand gesucht hat. Und das liegt doch in Ihrem Bereich. Sie können dort mit ge-

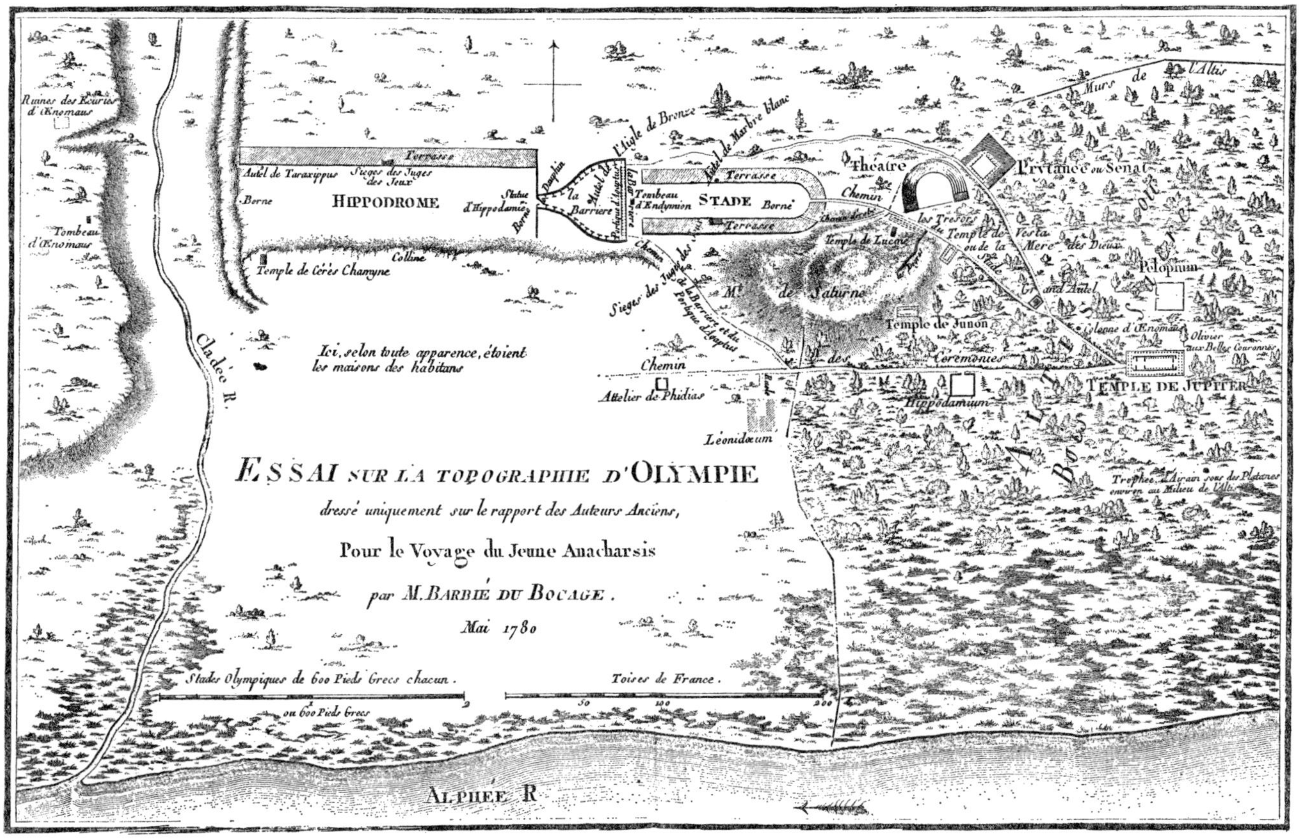

141 Der älteste Plan von Olympia (1780). (Atlas zu Barthélemy, Le Voyage du jeune Anacharsis Taf. 18)

ringen Kosten reiche Ernte halten[820].« Freilich erwies sich das Unternehmen später dann doch nicht als ganz so einfach, wie sich der gelehrte Abbé das vorgestellt hatte; doch bis dahin sollte noch geraume Zeit vergehen. Einstweilen blieb seine Anregung, mit der er seiner Zeit weit vorauseilte, unbeachtet.

Nicht ganz ein halbes Jahrhundert später äußerte sich kein Geringerer als Johann Joachim Winckelmann, der Begründer der neueren Archäologie, im gleichen Sinn. Am Schluß des ersten Teils seiner »Anmerkungen über die Geschichte der Kunst des Altertums« von 1767 schreibt er: »Ich kann nicht umhin, zum Beschluß dieses Kapitels ein Verlangen zu eröffnen, welches die Erweiterung unserer Kenntnisse in der griechischen Kunst sowohl als in der Gelehrsamkeit und in der Geschichte dieser Nation betrifft. Dieses ist eine Reise nach Griechenland, nicht an Orte, die von vielen besucht sind, sondern nach Elis, wohin noch kein Gelehrter noch Kunstsachverständiger hindurchgedrungen ist... Ich bin versichert, daß hier die Ausbeute über alle Vorstellungen ergiebig seyn, und daß durch genaue Untersuchung dieses Bodens der Kunst ein großes Licht aufgehen würde[821].« In einem Brief vom 13. Januar 1768 aus Rom an Christian Gottlob Heyne in Göttingen äußert Winckelmann dann im Zusammenhang mit seinen Reiseplänen die Absicht, selbst in Olympia zu graben: »Eine Nebenabsicht meiner Reise ist, eine Unternehmung auf Elis zu bewirken, das ist: einen Beitrag, um daselbst, nach erhaltenem Firman von der Pforte, mit hundert Arbeitern das Stadion umgraben zu können... Was jemand ernstlich will, kann alles möglich werden, und diese Sache liegt mir nicht weniger am Herzen als meine Geschichte der Kunst und wird nicht leicht in einer anderen Person gleiche Triebfedern finden[822].« Winckelmann hat bekanntlich niemals griechischen Boden betreten; sein tragischer Tod im Sommer des gleichen Jahres, an dessen Beginn der Brief an Heyne geschrieben wurde, machte allen Plänen ein Ende. Dodwell hat in seiner 1819 erschienenen Reisebeschreibung Griechenlands nochmals auf die Ausgrabungsabsichten Winckelmanns hingewiesen[823], und 1821 gab es in Deutschland Versuche, durch Subskription die Mittel für eine Grabungsunternehmung zusammenzubringen, was damals natürlich schwierig war. Die Anregung war gedacht als »Erinnerung an unseres Winckelmanns Idee zu einer Ausgrabung in Olympia, und Vorschlag zu einem Nationaldenkmal zu Ehren Winckelmanns, begründet auf Dodwells Schilderung des gegenwärtigen Zustands der olympischen Ebene«[824]. Männer wie Leo von Klenze und Friedrich Thiersch unterstützten den Vorschlag. Im gleichen Jahr begann in Griechenland der Freiheitskampf gegen die Türkenherrschaft, an dem ganz Europa lebhaften Anteil nahm. Diese Ereignisse machten derartige Pläne zunächst illusorisch, führten aber im weiteren Verlauf der Dinge zur ersten Grabungsunternehmung in Olympia.

Französische Gelehrte, die im Gefolge des 1828 im messenischen Golf gelandeten Hilfskorps des Marschalls Maison nach Griechenland kamen, führten als »Expédition scientifique de Morée« eine Erforschung der Peloponnes durch. Am 9. Mai 1829 traf die archäologische Sektion der Expedition unter Dubois in Olympia ein und begann am nächsten Tag ihre Arbeit. Geplant war eine Ausgrabung des Zeustempels[825]. Man grub an den teilweise sichtbaren Cellamauern entlang und legte dann den Pronaos frei. Eine Woche später kamen als Verstärkung die Architekten der Expedition unter Abel Blouet. Die Arbeiterzahl wuchs auf 100 Mann; französische Pioniersoldaten dienten als Aufseher. Als man auch am Westende des Tempels in die Tiefe ging, kamen die ersten Skulpturenfunde: zunächst zwei Herakleisköpfe, dann die Stiermetope, der nemeische Löwe und schließlich die auf einem Felsen sitzende Athena der Stymphalidenmetope (Taf. 56). Im Osten wurden Teile der Diomedes- und der Geryoneusmetope aus dem Schutt des Tempels geborgen. Obwohl die Unternehmung sichtlich vom Glück begünstigt war, wurde sie schon nach sechs Wochen wieder eingestellt. Inoffiziellen Berichten zufolge untersagte der griechische Präsident Kapodistrias, ein Feind der Franzosen, der Expedition die Fortsetzung der Arbeiten; doch gab die Nationalversammlung ihre Zustimmung zum Abtransport der Funde nach Paris. So kam der Louvre in den Besitz eines Teils der Olympia-Metopen[826]. Die Ergebnisse der Ausgrabung, deren Hauptgewinn in einer Aufmessung und Rekonstruktion des Zeustempels bestand, sind von Abel Blouet in der Publikation der »Expédition de Morée« eingehend dargelegt worden[827]. Es war nunmehr erwiesen, daß eine Freilegung des Heiligtums auf gute Erfolge rechnen konnte; ein verheißungsvoller Anfang war gemacht. Man wird, bei aller Bewunderung für den Entdeckergeist jener Zeit, im Nachhinein dem Schicksal dankbar sein, daß es zunächst nicht zur Weiterführung dieser Anfänge kam. Denn für eine systematische Ausgrabung nach wissenschaftlichen Methoden und mit modernen Dokumentationsmitteln war die Zeit noch nicht reif.

Die Fortsetzung der von der französischen Expedition auf dem Boden Olympias begonnenen Ausgrabungstätigkeit wurde in der Folgezeit verschiedentlich ins Auge gefaßt; am erfolgreichsten erwiesen sich schließlich die Bemühungen von deutscher Seite[828]. Ein begeisterter Verfechter erwuchs der Idee in dem jungen Altertumsforscher Ernst Curtius. 1836 entschloß er sich als Dreiundzwanzigjähriger zur Annahme einer Hauslehrerstelle in Athen; 1838 unternahm er eine Peloponnesreise, die ihn auch nach Olympia führte. Dort fand er die Ruine des Zeustempels schon wieder verschüttet und überwachsen vor[829]. 1840 war er zum zweitenmal in Olympia. »Unter den wichtigeren Orten in Hellas ist keiner so unkenntlich geworden wie Olympia«, schrieb er später in seinem Hauptwerk »Peloponnesos«[830]. Damals war er bereits Professor in Berlin und ein berühmter Mann; er hatte jetzt andere Möglichkeiten, an die Realisierung von Plänen zu gehen, die ihm schon bei seinem ersten Besuch in Olympia gekommen sein mögen, als er in einem Brief an seine Eltern meinte, daß »Elis dem Grabenden sehr viel verspreche«. Am 10. Januar 1852 hielt er jenen berühmten Vortrag im Saal der Berliner Singakademie, dessen überwältigender Erfolg ihn selbst überrascht haben mag und der allgemein als der entscheidende Anstoß zur Ausgrabung Olympias gilt[831]. Bis zum Beginn der Arbeiten sollten jedoch noch einmal mehr als zwanzig Jahre vergehen.

Ernst Curtius hatte nicht nur die Gabe, für idealistische Gedanken und Ziele Begeisterung zu erwecken, er besaß auch einen bemerkenswerten Tatsachensinn und die Fähigkeit, die Chancen zur Verwirklichung seiner Pläne richtig einzuschätzen. Er hatte erkannt, daß private Initiative dazu nicht ausreichte, daß es darauf ankam, die breite Öffentlichkeit und ihre höchsten Exponenten, die Vertreter des Staates, zu gewinnen. Durch seine Tätigkeit als Prinzenerzieher hatte er einen unmittelbaren Kontakt zum preußischen Königshaus, der sich für die Olympia-Pläne als äußerst wichtig erweisen sollte. Unter den Zuhörern des Olympia-Vortrages von 1852 in Berlin waren König Friedrich Wilhelm IV. und der Kronprinz, Curtius' ehemaliger Zögling, der spätere Kaiser Wilhelm I. Sie waren von dem Zukunftsbild eines wiedererweckten Olympia, das Curtius entwarf, ebenso beeindruckt wie die übrigen Anwesenden und fühlten sich von dem eindringlichen Appell am Schluß des Vortrages selbst angesprochen. »Von neuem wälzt der Alpheios Kies und Schlamm über den heiligen Boden der Kunst«, hatte Curtius ausgerufen, »und wir fragen mit gesteigertem Verlangen: Wann wird sein Schoß wieder geöffnet werden, um die Werke der Alten an das Licht des Tages zu fördern?« Der König war nach dem Vortrag auf den Redner zugeeilt und hatte ihm seine Unterstützung zugesagt; auch der Kronprinz versprach, für die Sache einzutreten, »wenn die rechte Stunde gekommen sein werde«.

Die Einlösung des Versprechens wurde jedoch zunächst durch politische Ereignisse verhindert; daß der Gedanke dennoch weiter am Leben erhalten wurde, ist in erster Linie dem persönlichen Verhältnis zu verdanken, das Curtius mit dem Kronprinzen verband, der inzwischen als Wilhelm I. den preußischen Königsthron bestiegen hatte und 1871 zum deutschen Kaiser gekrönt wurde[832]. Bald darauf wurde das bis dahin von Preußen geförderte Olympia-Projekt zu einer Angelegenheit des neugegründeten Reiches. Damit waren die Voraussetzungen für eine Unternehmung großen Stils geschaffen. 1873 leitete der deutsche Botschafter die entsprechenden Schritte bei der griechischen Regierung ein[833]. Im letzten Augenblick wurden jedoch die schon entscheidungsreifen Pläne durchkreuzt durch eine private Initiative. Heinrich Schliemann, berühmt geworden durch seine soeben erfolgreich durchgeführte Trojagrabung, erschien im Sommer 1873 in Athen und machte den griechischen Regierungsstellen ein Konkurrenzangebot[834]. Es war bereits vom Parlament akzeptiert worden, da verweigerte das Ministerium seine Zustimmung und gab dem deutschen Reich den Zuschlag. Am 25. April 1874 wurden die Verträge unterzeichnet. Schliemann zog sich verbittert und gekränkt nach Mykenae zurück, für dessen Ausgrabung er eine Lizenz erwirkt hatte; in Olympia aber ließ zur gleichen Zeit Ernst Curtius die ersten Suchgräben ziehen. Die eigentlichen Grabungsarbeiten begannen erst im Herbst 1875, nachdem die Verträge ratifiziert und die Mittel vom Reichstag genehmigt worden waren[835].

Der Vertrag zwischen Deutschland und Griechenland war etwas Neues in der Geschichte der archäologischen Tätigkeit von Ausländern im Süden. »Deutschland übernimmt alle Kosten des Unternehmens«, hieß es in Artikel IV, und: »Griechenland erwirbt das Eigentumsrecht an allen Erzeugnissen der alten Kunst und allen anderen Gegenständen, welche die Ausgrabungen zutage fördern werden.« Es sollte, so bestimmte Artikel VI, von Griechenlands »eigener Entschließung abhängen, ob es zur Erinnerung an die gemeinschaftlich unternommenen Arbeiten und in Würdigung der Opfer, welche das deutsche Reich dem Unternehmen bringt, diesem die Duplikate oder Wiederholungen von Kunstgegenständen abtreten will, welche bei den Ausgrabungen gefunden werden«. Griechenland hat diese Großzügigkeit später in sehr nobler Weise honoriert durch Überlassung solcher »Duplikate« an die Berliner Museen. Bisher hatten Ausgrabungen nur dazu gedient, Museen oder Privatsammlungen mit den gefundenen Schätzen zu füllen. Namentlich die Länder des Vorderen Orients boten hierzu ideale Möglichkeiten, während in Griechenland ein strenges, auf das Wirken von Ludwig Roß zurückgehendes Antikengesetz die Ausfuhr von Kunstgegen-

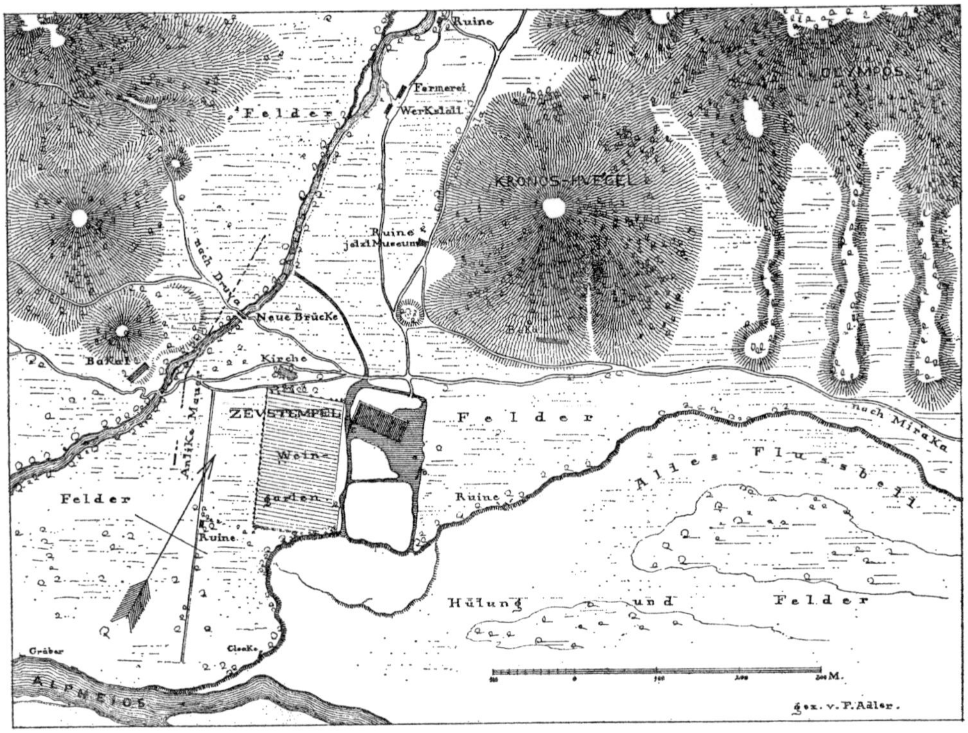

142 Olympia nach der ersten Ausgrabungskampagne (Frühjahr 1876). Planskizze von Adler. (Olympia I Abb. 117)

ständen verbot. Den illegalen Antikenschmuggel konnte dieses Gesetz nicht verhindern[836], aber für eine offizielle Übereinkunft mußte es die Grundlage bilden. So wurde in dem Vertrag zum erstenmal seitens der Ausgräber auf alle Besitzansprüche auf die gefundenen Objekte verzichtet. Die Ausgrabung sollte allein wissenschaftlichen Zielen dienen, oder, wie es in der offiziellen Publikation formuliert ist, »den Interessen der Kunst und Wissenschaft, die ein Allgemeingut aller Nationen bilden«[837]. Nach dem Vorbild des deutsch-griechischen Olympia-Vertrages schlossen 1889 die Franzosen mit Griechenland ein Abkommen zur Ausgrabung von Delphi[838].

In sechs großen, jeweils von Herbst bis Frühjahr währenden Kampagnen wurde von 1875 bis 1881 die Altis und ihre unmittelbare Umgebung freigelegt. Schon die Beseitigung der gewaltigen Verschüttungen, die in ganz ungewöhnlicher Höhe das Heiligtum bedeckten (Taf. 1, 72; s. S 199), war eine beachtliche Leistung; die späteren Ausgräber haben sich dazu einer Feldbahn bedient, damals arbeitete man mit Pferdekarren. Das Unternehmen stand unter der Oberleitung von Ernst Curtius und des Berliner Baurats Friedrich Adler; die örtliche Grabungsleitung hatte der junge Architekt Wilhelm Dörpfeld; unter den zahlreichen archäologischen Mitarbeitern war der bedeutendste Adolf Furtwängler. Man begann dort, wo auch die französische Expedition angesetzt hatte, beim Zeustempel und zog von hier aus Gräben in verschiedene Richtungen, um Anhaltspunkte für die Topographie des Heiligtums zu gewinnen (Abb. 142; Taf. 72 a)[839]. Im folgenden Jahr wurde das Heraion ausgegraben; es folgten die Schatzhäuser und andere Bauten, zugleich wurde das zentrale Grabungsfeld um den Zeustempel ständig erweitert. Am Ende der vierten Grabungskampagne war die eigentliche Altis im wesentlichen freigelegt, bis zum April 1881 auch der größte Teil der Bauten im Westen, Norden, Süden und Südosten (Abb. 143)[840]. Bei einigen Objekten begnügte man sich aus arbeitsökonomischen Gründen mit einer teilweisen Freilegung, so beim Leonidaion, der Südhalle, der Palästra. Vom Gymnasium grub man nur ein kleines Stück der Osthalle aus. Ganz verzichtet wurde auf eine Freilegung des Stadions, bei dem lediglich die Ausdehnung und ungefähre Gestalt durch Suchgräben ermittelt wurde. Insgesamt stellt die »alte Grabung« eine für ihre Zeit bewundernswerte, auch von den späteren Ausgräbern immer wieder als vorbildlich gerühmte Leistung dar[841]. Für die Methodik der archäologischen Spatenforschung setzte sie völlig neue Maßstäbe. Es war die erste wissenschaftliche Ausgrabung im modernen Sinn, etwas, das sich von der Schatzgräberei der voraufgegangenen Zeit grundsätzlich unterschied.

Die monumentale Publikation, deren Erscheinen der hochbetagte Ernst Curtius nur noch teilweise erlebte[842], legte die Ergebnisse in einer Form vor, die als abschließend zu verstehen war. Olympia galt jetzt als ausgegraben. Ein Museum wurde gebaut, Hotels entstanden, die Altis wurde ein Ziel des Tourismus, wenn auch zunächst noch in bescheidenen Grenzen. Immerhin besuchten bis zum Jahrhundertende über elftausend Ausländer Heiligtum und Museum[843]; ihre Zahl wuchs, als eine Eisenbahnlinie nach Olympia gelegt wurde.

Die Ausgrabung hatte noch eine von ihren Urhebern nicht vorausgesehene Nebenwirkung. 1896 fanden in Athen die I. Olympischen Spiele der Neuzeit statt. Ihr Zustandekommen war das Werk eines Mannes, dessen unbeirrbarer, zielstrebiger Idealismus in mancher Hinsicht an Ernst Curtius erinnert, des Barons Pierre de Coubertin (1862–1937). Seine Idee einer Neubelebung der Olympischen Spiele des Altertums ist nach eigenem Zeugnis durch die archäologische Wiedererweckung der antiken Stätte angeregt worden. In seinem 1908 erschienenen Erinnerungsbuch schreibt er: »In der alten Geschichte hatte nichts mein Nachdenken mehr angeregt als das alte Olympia. Unaufhörlich richtete diese Stätte der Träume ihre Wandelgänge und Säulenreihen vor meinen Jünglingsgedanken auf ... Lange bevor ich daran dachte, auf seinen Ruinen ein Prinzip der Lebenserneuerung aufzubauen, hatten meine Gedanken sich damit beschäftigt, sie wiederherzustellen und ihre äußeren Umrisse wiedererstehen zu lassen. Deutschland hatte die Überreste Olympias ausgegraben; warum sollte es Frankreich nicht gelingen, seinen alten Glanz zu erneuern? Von solchen Gedanken bis zu dem weniger glänzenden, aber fruchtbareren Plan, die Spiele wiederzuerwecken,

143 Olympia nach Abschluß der Ausgrabungsarbeiten am 20. März 1881. Situationsplan von Dörpfeld. (Boetticher, Olympia Taf. 19/20)

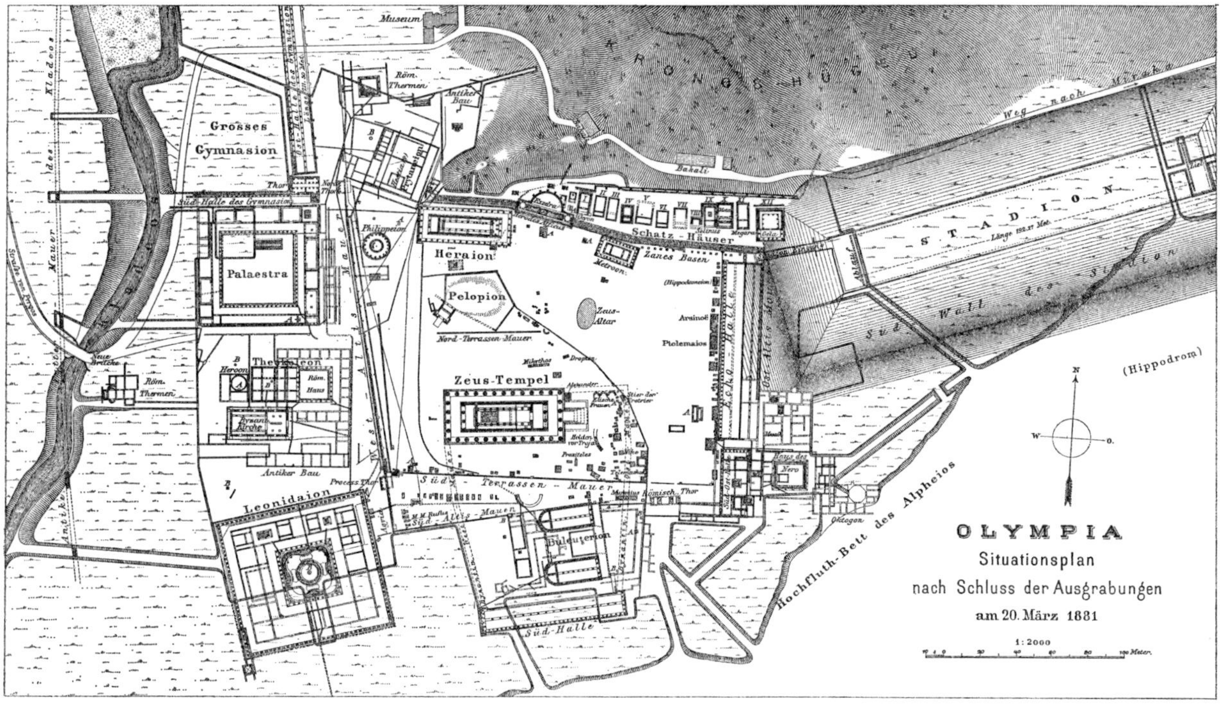

war kein weiter Weg, besonders als die Stunde geschlagen hatte, wo der völkerverbindende Sport von neuem seine Rolle in der Welt zu spielen begann«[844]. So ist die Olympiagrabung also auch der Anstoß dafür gewesen, daß wir heute wieder Olympische Spiele feiern.

In der Wissenschaft gibt es keinen Stillstand und keine endgültigen Ergebnisse. Die große Olympia-Publikation hatte ein möglichst geschlossenes Bild der Ausgrabungsresultate geben wollen. Doch waren sich ihre Verfasser sehr wohl bewußt, daß manche Frage offengeblieben war. Der aufmerksame Leser konnte bei genauem Hinsehen sogar Widersprüche entdecken, die zeigten, daß die Ausgräber in der Beurteilung mancher Probleme nicht immer einer Meinung waren. Gegensätzliche Ansichten bestanden vor allem über die wichtige Frage nach dem Alter des olympischen Heiligtums. Der »Entwurf einer Geschichte Olympias«, den Ernst Curtius für den I. Band des Olympiawerks beigesteuert hatte, beruhte im wesentlichen auf der literarischen Überlieferung, nach der die Anfänge des Heiligtums in die ältesten Zeiten zurückgehen sollten. Wie Curtius sah auch Dörpfeld diese Überlieferung durch die Ausgrabungen grundsätzlich bestätigt; er vertrat die Auffassung, daß der älteste Bau Olympias, das Heraion, im 11. Jahrhundert v. Chr. entstanden war, »bald nach Oxylos«, wie die Quellen sagten[845]. Einem so hohen Ansatz stand jedoch die Datierung der Kleinfunde durch Furtwängler entgegen. Schon 1879 hatte dieser in seiner berühmt gewordenen Abhandlung »Die Bronzefunde von Olympia und deren kunstgeschichtliche Bedeutung« erklärt: »Keines der einigermaßen bestimmbaren Stücke der Bronzen Olympias kann mit Wahrscheinlichkeit über das 8. Jahrhundert hinaufgerückt werden«[846]. Olympia mußte folglich eine Gründung der geometrischen Zeit sein. Wollte Dörpfeld seine hohe Datierung der Anfänge des Heiligtums gegenüber dieser rasch sich durchsetzenden Ansicht halten, mußte er Beweise dafür liefern. Er entschloß sich daher zu Nachgrabungen am Heraion und in dessen Umgebung, die er in den Jahren 1906 bis 1929 durchführte. Dabei gelang ihm, wie wir oben gesehen haben (S. 49 ff.), der Nachweis einwandfrei prähistorischer Überreste auf dem Boden der Altis, wodurch die Diskussion um das Alter und die Ursprünge Olympias auf eine neue Grundlage gestellt wurde[847].

Dörpfelds Tätigkeit bestand in Untersuchungen begrenzten Umfangs, die nur als Ergänzung der großen Unternehmung des vergangenen Jahrhunderts gedacht waren; die alten Grabungsgrenzen von 1881 wurden nirgends überschritten. Indessen regte sich mehr und mehr der Wunsch nach einer Wiederaufnahme der Arbeiten im großen Stil, um das unvollendet gebliebene Werk der alten Grabung zum Abschluß zu bringen. Den äußeren Anstoß zur Fortsetzung der Ausgrabungen in Olympia bildete die Abhaltung der Olympischen Spiele in Berlin im Jahre 1936. Es wurde beschlossen, vor allem das Stadion freizulegen, ferner das Grabungsgebiet auch an anderen Stellen zu erweitern und ergänzende Untersuchungen über die bereits bekannten Bauten und Funde durchzuführen. Nach vorbereitenden Sondagen im Herbst 1936 und Frühjahr 1937[848] und der offiziellen Eröffnung, die der vierundachtzigjährige Dörpfeld noch miterlebte, begannen die Arbeiten im Stadion im Herbst 1937. Unter der Leitung von Emil Kunze und Hans Schleif wurde zunächst ein großer Quergraben zur Feststellung der Schichtverhältnisse gezogen und dann in vier Kampagnen bis zum Frühjahr 1942 der Süd- und Westwall des Stadions ausgegraben. Außerdem wurden die Grabungsgrenzen rings um die Altis, vor allem nach Westen und Süden weiter vorgeschoben, wobei einst nur teilweise freigelegte Bauten vollständig ausgegraben und weitere neu entdeckt wurden. 1942 erzwang der Krieg schließlich den Abbruch der Arbeiten[849].

Als eine Aufgabe, welche die Archäologen vor große Schwierigkeiten stellte, aber auch ganz unverhoffte Ergebnisse erbrachte, hatte sich die Stadiongrabung erwiesen. Sie beschenkte die Ausgräber mit einer solchen Fülle von Funden, daß darüber der eigentliche Zweck der langwierigen und kostspieligen Unternehmung, die Stätte der Olympischen Wettkämpfe der Antike wiederzugewinnen, fast in den Hintergrund trat. Die alten Ausgräber hatten geglaubt, auf eine Freilegung des Stadions verzichten zu können, weil, wie Dörpfeld es später formulierte, diese »nach unseren Erfahrungen keine Ergebnisse versprach, die den hohen Grabungskosten entsprochen hätten«[850]. Bei der Untersuchung der Zuschauerwälle stellte sich jedoch heraus, daß die Anschüttungen eine große Menge älterer Weihgeschenke enthielten (s. S. 106), weshalb sich eine vollständige Abtragung als notwendig erwies. Die gewaltigen Erdbewegungen, die hierzu erforderlich waren, haben sich vollauf gelohnt; das Bild der geometrischen, archaischen und frühklassischen Kunst Olympias ist durch diese Funde in ungeahnter Weise bereichert worden.

Nach einer Pause von zehn Jahren wurden im Herbst 1952 die Arbeiten wieder aufgenommen, geleitet wiederum von Emil Kunze, dem seit 1953 Alfred Mallwitz zur Seite stand. Wie schon in der Vorkriegsgrabung bestand der Grabungsstab außerdem aus einer wechselnden Zahl jüngerer Mitarbeiter. Finanzieller Träger war nunmehr die Deutsche Forschungsgemeinschaft. Zunächst wurden die noch übriggebliebenen Reste des Stadion-Westwalls abgetragen und die Untersuchung im Gebiet der Echohalle zur Klärung der archaischen und frühklassischen Stadionanlagen (s. S. 106) zu Ende geführt. Dann verlagerte sich der Schwerpunkt der Grabungstätigkeit in den Westen und Süden des Heiligtums; die endgültige Freilegung des Leonidaions und die Untersuchungen der Überreste der Phidiaswerkstatt bildeten für die nächsten Jahre die wichtigsten Aufgaben[851]. Im Herbst 1958 wurde die Stadiongrabung erneut aufgenommen; nachdem die Laufbahn von der Schwemmerde befreit war, konnte nun auch der Nordwall ausgegraben werden (Taf. 72 b). Einem langgehegten Wunsch weiter Kreise entsprechend wurde anschließend das olympische Stadion in der Form, die es im 4. Jahrhundert v. Chr. erhalten hatte, wiederhergestellt (Taf. 61). Diese technisch nicht einfache und außerordentlich aufwendige Maßnahme ließ sich nur mit Hilfe großzügiger Spenden verwirklichen, die Carl Diem, ein langjähriger Förderer dieses Vorhabens, zusammenbrachte[852]. Erst im Sommer 1962, rund ein Vierteljahrhundert nach Beginn der Ausgrabungsarbeiten im Stadion, konnte das Werk abgeschlossen werden[853]. Mittlerweile hatte sich die Grabung einem anderen Ziel zugewendet: der Erforschung des nur unvollkommen bekannten, teilweise noch unausgegrabenen Gebietes im Südosten des Heiligtums. Die Ergebnisse sind noch nicht veröffentlicht[854]; im Frühjahr 1966 kamen die Arbeiten zum Abschluß.

Wenn auch seither die Ausgrabungstätigkeit ruht, so bedeutet dies nicht, daß die Erforschung Olympias damit beendet wäre. Viele Grabungsergebnisse und Funde harren noch der Veröffentlichung, manches schon Bekannte muß neubearbeitet werden. Der Zustand der Trümmerstätte erfordert Aufräumungs- und Konservierungsmaßnahmen. Aber auch der Spaten wird eines Tages wieder angesetzt werden müssen, vor allem in der Altis selbst, wo manche Frage ungelöst geblieben ist oder sich neu gestellt hat. Daß hier noch überraschende und wichtige Aufschlüsse zu gewinnen sind, hat die Ausgrabung der Phidiaswerkstatt bewiesen. Auf Punkte, die der Klärung bedürfen, sind wir im Verlauf unserer Darstellung immer wieder gestoßen. So sei am Schluß dem Wunsch und der Hoffnung Ausdruck gegeben, daß der Boden Olympias, der seit nahezu hundert Jahren ein so überaus fruchtbares Arbeitsfeld der Altertumswissenschaft ist, unsere Erkenntnis auch in Zukunft weiter bereichern möge.

Anhang

ABKÜRZUNGEN

AA.	Archäologischer Anzeiger im Jahrbuch des Deutschen Archäologischen Instituts.
AAA.	Athens Annals of Archaeology
AJA.	American Journal of Archaeology
AM.	Mitteilungen des Deutschen Archäologischen Instituts. Athenische Abteilung.
AntK.	Antike Kunst
ArchClass.	Archeologia Classica
ArchDelt.	'Αρχαιολογικὸν Δελτίον
ASAtene	Annuario della Scuola Archeologica di Atene
Ashmole-Yalouris	*B. Ashmole – N. Yalouris*, Olympia. The Sculptures of the Temple of Zeus. 1967.
AuA.	Antike und Abendland, herausgegeben von *B. Snell.*
BCH.	Bulletin de correspondence hellénique
Berve-Gruben-Hirmer	*H. Berve – G. Gruben*, Griechische Tempel und Heiligtümer. Aufnahmen von M. Hirmer. 1961.
Boetticher, Olympia	*A. Boetticher*, Olympia, das Fest und seine Stätte² 1886.
Buschor-Hamann	*E. Buschor – R. Hamann*, Die Skulpturen des Zeustempels zu Olympia. 1924.
Curtius-Kaupert, Olympia und Umgebung	Olympia und Umgebung. Zwei Karten und ein Situationsplan, gezeichnet von Kaupert und Dörpfeld, herausgegeben von Curtius und Adler. 1882.
Dörpfeld, AO.	*W. Dörpfeld*, Alt-Olympia. I/II. 1935.
EAA.	Enciclopedia dell'arte antica
Ephem.	Ephemeris Archaiologike
FGrHist.	Die Fragmente der griechischen Historiker, herausgegeben von *F. Jacoby*.
Gardiner, Olympia	*E. N. Gardiner*, Olympia, its History and its Remains. 1925.
Gruben	*G. Gruben*, Die Tempel der Griechen. Aufnahmen von M. Hirmer. 1961.
HdA.	Handbuch der Altertumswissenschaft
Hitzig-Blümner	Des Pausanias Beschreibung von Griechenland. Mit kritischem Apparat herausgegeben von *H. Hitzig*, mit erklärenden Anmerkungen versehen von *H. Hitzig* und *H. Blümner*. I–III. 1896–1910 (Nachdruck 1963 bis 1964).
JdI.	Jahrbuch des Deutschen Archäologischen Instituts
JHS.	Journal of Hellenic Studies
Kunze, Neue Meisterwerke	*E. Kunze*, Neue Meisterwerke griechischer Kunst aus Olympia. 1948.
Kunze, Neue deutsche Ausgrabungen	*E. Kunze*, Olympia, in: Neue deutsche Ausgrabungen im Mittelmeergebiet und im Vorderen Orient (1959) 263 ff.
LAW.	Lexikon der Alten Welt. 1965.
Lippold, Griech. Plastik	*G. Lippold*, Die griechische Plastik. Handbuch der Archäologie, 5. Lieferung. 1950.
Lullies-Hirmer	*R. Lullies*, Griechische Plastik. Aufnahmen von *M. Hirmer*. 1956.
Meyer, Pausanias	Pausanias, Beschreibung Griechenlands. Neu übersetzt und mit einer Einleitung und erklärenden Anmerkungen versehen von *Ernst Meyer*. 1954 (² 1967).
Moretti, Olympionikai	*L. Moretti*, Olympionikai. I vincitori negli antichi agoni olimpici. Mem. Acc.Linc.Ser. VIII Bd. VIII, 2, 1959.
MusHelv.	Museum Helveticum
Nilsson, GgrR.	*M. P. Nilsson*, Geschichte der griechischen Religion I² 1955, II² 1959.
ÖJh.	Jahreshefte des Österreichischen Archäologischen Instituts
OlBericht	Bericht über die Ausgrabungen in Olympia
OlForsch.	Olympische Forschungen
Olympia	Olympia. Die Ergebnisse der vom Deutschen Reich veranstalteten Ausgrabungen. Herausgegeben von *E. Curtius* und *F. Adler*. Tafelbd. I–IV, Textbde. I–V, Mappe. 1890 ff.
Overbeck, Schriftquellen	*J. Overbeck*, Die antiken Schriftquellen zur Geschichte der bildenden Künste bei den Griechen 1868 (Nachdruck 1959).
RE.	Pauly's Realenzyklopädie der Klassischen Altertumswissenschaft
RM.	Mitteilungen des Deutschen Archäologischen Instituts. Römische Abteilung.
Rodenwaldt-Hege	Olympia. Aufgenommen von *W. Hege*, beschrieben von *G. Rodenwaldt*.
Roscher, ML.	*W. H. Roscher*, Ausführliches Lexikon der griechischen und römischen Mythologie I–VI (1884–1937).

BIBLIOGRAPHIE

DIE AUSGRABUNGSPUBLIKATIONEN

Französische Expedition (1829):

Expédition scientifique de Morée ordonnée par le gouvernement français . . . par Abel Blouet etc. Vol. I (Paris 1831) S. 56 ff. Taf. 56–78.

Alte Ausgrabung (1875–1881):

OLYMPIA, die Ergebnisse der vom Deutschen Reich veranstalteten Ausgrabung, herausgegeben v. *E. Curtius* und *F. Adler*. 5 Bände Text, 4 Tafelbände und 1 Foliomappe. 1890–1897.

I. Topographie und Geschichte. Von *F. Adler, E. Curtius, W. Dörpfeld, P. Graef, J. Partsch, R. Weil.*
II. Die Baudenkmäler. Von *F. Adler, R. Borrmann, W. Dörpfeld, F. Graeber, P. Graef.*
III. Die Bildwerke in Stein und Ton. Von *G. Treu.*
IV. Die Bronzen und die übrigen kleineren Funde. Von *A. Furtwängler.*
V. Die Inschriften. Von *W. Dittenberger* und *K. Purgold.*

Olympia und Umgebung. 2 Karten und 1 Situationsplan, gezeichnet von *Kaupert* und *W. Dörpfeld*, herausgegeben von *E. Curtius* und *F. Adler*. 1882.

Ausgrabungen von Wilhelm Dörpfeld (1906–09, 1921–23, 1927–29):

W. Dörpfeld, Alt-Olympia, 2 Bände. Berlin 1935.

Neue Ausgrabungen (1937–1942, 1952–1966):

BERICHTE über die Ausgrabungen in Olympia, bisher 8 Bände, 1937–1967.

I. Bericht. Herbst 1936 und Frühjahr 1937. Von *W. Wrede, A. v. Gerkan, R. Hampe, U. Jantzen*. 1937.
II. Bericht. Winter 1937/38. Von *E. Kunze* und *H. Schleif*. 1938.
III. Bericht. Winter 1938/39. Von *E. Kunze* und *H. Schleif*, mit Beiträgen von *R. Eilmann*. 1940.
IV. Bericht. 1940 und 1941. Von *E. Kunze* und *H. Schleif*, mit Beiträgen von *R. Eilmann* und *U. Jantzen*. 1944.
V. Bericht. Winter 1941/42 und Herbst 1952. Von *E. Kunze*, mit Beiträgen von *H.-V. Herrmann* und *H. Weber*. 1956.
VI. Bericht. Winter 1953/54 und 1954/55. Von *E. Kunze*, mit Beiträgen von *F. Eckstein, H.-V. Herrmann, A. Mallwitz, H. Walter*. 1958.
VII. Bericht. Frühjahre 1956 bis 1958. Von *E. Kunze*, mit Beiträgen von *E. Goette, Ch. Habicht, A. Mallwitz, F. Willemsen*. 1961.
VIII. Bericht. Herbst 1958 bis Sommer 1962. Von *E. Kunze*, mit Beiträgen von *H. Bartels* und *A. Mallwitz*. 1967.

Olympische FORSCHUNGEN, herausgegeben von *E. Kunze* und *H. Schleif*, bisher 6 Bände, 1944–1966.

I. *H. Schleif* und *H. Zschietzschmann*, Das Philippeion; *H. Schleif* und *H. Weber*, Das Nymphaeum des Herodes Atticus; *H. Schleif* und *H. K. Süsserott*, Großgriechische Dachterrakotten; *H. Weber*, Angriffswaffen; *H. Weber*, Eisengerät. 1944.
II. *E. Kunze*, Archaische Schildbänder. 1950.
III. *F. Willemsen*, Dreifußkessel von Olympia, alte und neue Funde. 1957.
IV. *F. Willemsen*, Die Löwenkopf-Wasserspeier vom Dach des Zeustempels. 1959.
V. *A. Mallwitz* und *W. Schiering*, Die Werkstatt des Pheidias in Olympia. 1964.
VI. *H.-V. Herrmann*, Die Kessel der orientalisierenden Zeit. I. Teil: Kesselattaschen und Reliefuntersätze. 1966.

GESAMTDARSTELLUNGEN

A. Boetticher, Olympia, Das Fest und seine Stätte. 2. Aufl. 1886.
E. N. Gardiner, Olympia. Its History and Remains. 1925.
Olympia, aufgenommen von *W. Hege*, beschrieben von *G. Rodenwaldt*. 1936 (2. Aufl. 1937).
A. Mallwitz, Olympia und seine Bauten. 1972 (konnte hier nicht mehr berücksichtigt werden).

ZUSAMMENFASSUNGEN. FORSCHUNGSBERICHTE

W. Wunderer, Olympia (Berühmte Kunststätten Bd. 83) 1935.
L. Ziehen, Olympische Spiele. Kulte von Olympia. RE. XVII (1937) 2520 ff.; RE. XVIII 1 (1942), 1 ff.
J. Wiesner, Olympia, Topographie und Geschichte der Monumente. RE. XVIII 1 (1942) 71 ff.
E. Langlotz, Die Bedeutung der neuen Funde in Olympia. In: Das Neue Bild der Antike I, 1942, 153 ff.
H. Schleif, Die neuen Ausgrabungen in Olympia und ihre bisherigen Ergebnisse für die antike Bauforschung (Europäische Studienmappen) 1943.
E. Meyer, Pausanias, 1954, 600 ff. (Archäologischer Kommentar zum Pausanias-Text Buch V–VI).
E. Kunze, Olympia. In: Neue Deutsche Ausgrabungen im Mittelmeergebiet und im Vorderen Orient, 1959, 263 ff.
Olympia in der Antike. Ausstellungskatalog Essen, 1960.
H. Berve, Olympia: In: *H. Berve – G. Gruben – M. Hirmer*, Griechische Tempel und Heiligtümer, 1961, 10 ff.
D. Mustilli, Olympia, Storia del santuario (Lezioni, raccolte dalla Dott. L. Forti. Corso monografico di Archeologia 1962/63).
U. Jantzen, Olympia. In: Enciclopedia dell'arte antica V (1963), 635 ff.
G. Gruben, Olympia. In: Die Tempel der Griechen (1966) 43 ff.
E. Kirsten – W. Kraiker, Olympia. In: Griechenlandkunde 5. Aufl. 1967, 265 ff.

EINZELUNTERSUCHUNGEN (AUSWAHL)

I. GESCHICHTE, TOPOGRAPHIE, ARCHITEKTUR, FUNDE

A. Trendelenburg, Pausanias in Olympia. 1914.
Ch. T. Seltman, The Temple Coins of Olympia. 1921.
K. Lehmann-Hartleben, Rezension *E. N. Gardiner*, Olympia. Gnomon 2, 1927, 385 ff.
A. Schleif, Der Zeusaltar in Olympia. JdI. 49, 1934, 138 ff.
L. Deubner, Kult und Spiel im alten Olympia. 1936.
O. W. v. Vacano, Das Problem des alten Zeustempels von Olympia. 1937.
R. Hampe, Ein bronzenes Beschlagblech aus Olympia. AA. 1938, 359 ff.
W. B. Dinsmoor, An Archaeological Earthquake at Olympia. AJA. 45, 1941, 399 ff.
H. Riemann, Die Bauphasen des Heraion von Olympia. JdI. 61/62, 1946/47, 30 ff.
E. Kunze – H. Weber, The Olympian Stadium, the Echo Colonnade and an »Archaeological Earthquake«. AJA. 52, 1948, 490 ff.
J. Gerstenberg, Die Wiedergewinnung Olympias als Stätte und Idee. 1949.
R. Hampe, Herakles in Olympia? Studies Presented to D. M. Robinson I, 1951, 335 ff.

E. *Kunze*, Eine Waffenweihung der Athener in Olympia, in: Festschrift C. Weickert, 1955, 7 ff.
E. *Kunze*, Eine wiedergefundene Gefäßattasche. AA. 1956, 133 ff.
F. *Krauss*, Die Säulen des Zeustempels von Olympia, in: Robert Boehringer, Eine Freundesgabe, 1957, 365 ff.
F. *Krauss*, Beobachtungen am Zeustempel von Olympia, in: Neue Ausgrabungen im Nahen Osten, Mittelmeerraum und in Deutschland (Bericht über die Tagung der Koldewey-Gesellschaft in Regensburg 23.–27. 4. 1957) 28 ff.
Ch. *Habicht*, Eine Urkunde des akarnanischen Bundes. Hermes 85, 1957, 86 ff.
I. D. *Kontes*, Τὸ ἱερὸν τῆς 'Ολυμπίας κατὰ τὸν Δ' π. χ. αἰῶνα. Athen 1958 (griech.).
W. *Zschietzschmann*, Wettkampf- und Übungsstätten in Griechenland I 1960, 13 ff. II 1961, 14 ff.
H.-V. *Herrmann*, Zur ältesten Geschichte von Olympia. AM. 77, 1962, 3 ff.
A. *Mallwitz*, Das Heraion von Olympia und seine Vorgänger. JdI. 81, 1966, 310 ff.
H. W. *Parke*, The Oracles of Zeus: Dodona, Olympia, Ammon (1967) 164 ff.
A. *Mallwitz*, Ein Scheibenakroter aus Olympia. AM. 83, 1968, 124 ff.
A. *Hönle*, Olympia in der Politik der griechischen Staatenwelt. Diss. Tübingen 1968.
F. *Eckstein*, ΑΝΑΘΗΜΑΤΑ. Studien zu den Weihgeschenken Strengen Stils im Heiligtum von Olympia. 1969.
W. D. *Heilmeyer*, Gießereibetriebe in Olympia. JdI. 84, 1969, 1 ff.
P. *Grunauer*, Der Zeustempel in Olympia – Neue Aspekte, in: Bericht der Koldewey-Gesellschaft über die 25. Tagung für Ausgrabungswissenschaft und Bauforschung 1969 in Speyer, 13 ff.
W. *Hoepfner*, Zwei Ptolemaierbauten. Das Ptolemaierweihgeschenk in Olympia und ein Bauvorhaben in Alexandria. AM. Beiheft 1, 1971.

II. DIE KUNST VON OLYMPIA

A. *Furtwängler*, Die Bronzefunde von Olympia und deren kunstgeschichtliche Bedeutung. Abh. Ak. Berlin 1879 = Kl. Schr. I 339 ff.
W. W. *Hyde*, Olympic Victor Monuments and Greek Athletic Art. 1921.
F. *Studniczka*, Die Ostgiebelgruppe am Zeustempel in Olympia. Abh. Ak. Leipzig 37, 1923, Heft 4.
E. *Buschor* – R. *Hamann*, Die Skulpturen des Zeustempels zu Olympia. Text u. Tafeln. 1924 (Der Text von *Buschor* gekürzt wieder abgedruckt in: E. *Buschor*, Von griechischer Kunst. Ausgewählte Schriften[2] 1963, 65 ff.).
F. *Winter*, Der Ostgiebel des Zeustempels zu Olympia. AM. 50, 1925, 1 ff.
E. *Buschor*, Die Olympiameister. AM. 51, 1926, 163 ff.
G. *Rodenwaldt*, Bemerkungen zu den Skulpturen von Olympia. JdI. 41, 1926, 205 ff.
B. *Schweitzer*, Zu den Skulpturen von Olympia. JdI. 43, 1928, 230 ff.
W. H. *Schuchhardt*, Die Ersatzfiguren im Westgiebel des Zeustempels zu Olympia. AA. 1930, 525 ff.
E. *Langlotz*, Die Herkunft des Olympiameisters. JdI. 49, 1934, 24 ff.
F. *Eichler*, Thebanische Sphinx. ÖJh. 30, 1937, 75 ff.
G. *Becatti*, Il maestro d'Olimpia I/II. Critica d'Arte 4, 1939, 1 ff., 53 ff.
H. *Bulle*, Der Ostgiebel des Zeustempels zu Olympia. JdI. 54, 1939, 137 ff.
E. *Kunze*, Zeus und Ganymedes. 100. Winckelmannsprogramm der Archäologischen Gesellschaft zu Berlin, 1940.
H. *Schrader*, Das Zeusbild des Pheidias in Olympia. JdI. 56, 1941, 1 ff.
G. *Rodenwaldt*, Zum Ostgiebel von Olympia. JdI. 57, 1942, 199 ff.
G. *Becatti*, Il maestro d'Olympia. (Quaderni per lo studio dell'archeologia 6) 1943.
D. K. *Hill*, Hera, the Sphinx? Hesperia 13, 1944, 353 ff.
C. *Blümel*, Der Hermes eines Praxiteles. 1944.
E. *Kunze*, Zeusbilder in Olympia. Antike und Abendland 2, 1946, 95 ff.
E. *Kunze*, Neue Meisterwerke griechischer Kunst aus Olympia. 1948.
W. H. *Schuchhardt*. Die Niobidenreliefs am Zeusthron in Olympia. MdI. 1, 1948, 15 ff.
L. *Laurenzi*, Revisioni e prospettive critiche sui marmi di Olimpia. ArchClass. 2, 1950, 7 ff.
E. *Kunze*, Etruskische Bronzen in Griechenland. In: Studies Presented to D. M. Robinson I, 1951, 736 ff.
H. *Möbius*, Die Mittelgruppe des Ostgiebels von Olympia. Studies Presented to D. M. Robinson I, 1951, 626 ff. (= Studia Varia, 1967, 187 ff.).
J. *Liegle*, Der Zeus des Phidias. 1952.
S. *Stucchi*, La decorazione figurata del tempio di Zeus ad Olimpia. ASAtene 30/32, 1952/54, 75 ff.
W. *Fuchs*, Dionysos aus dem Metroon-Giebel? AM. 71, 1956, 66 ff.
P. *Amandry*, Apropos de Polyclète: Statues d'olympioniques et carrière de sculpteurs. Charites (1957) 63 ff.
W. *Schwabacher*, Olympischer Blitzschwinger, AntK. 5, 1962, 9 ff.
P. *Mingazzini*, Il tavolo crisoelefantino di Kolotes ad Olimpia. AM. 77, 1962, 293 ff.
U. *Jantzen*, Maestro di Olimpia. In: Enciclopedia dell'arte antica V, 1963, 656 ff.
W. H. *Schuchhardt*, Inhalt und Form bei den Olympia-Metopen. Festschrift f. Hugo Friedrich (1965) 239 ff.
W. *Schwabacher*, Nochmals der Olympische Blitzschwinger. RM. 72, 1965, 209 ff.
J. *Fink*, Der Thron des Zeus in Olympia. 1967.
B. *Ashmole* – N. *Yalouris*, Olympia. The Sculptures of the Temple of Zeus. 1967.
E. *Simon*, Zu den Giebeln des Zeustempels von Olympia. AM. 83, 1968, 147 ff.
Ch. P. *Kardara*, The Head of Zeus. AJA. 74, 1970, 325 ff.
M. L. *Säflund*, The East Pediment of the Temple of Zeus at Olympia. A Reconstruction and Interpretation of its Composition. 1970.

III. ZU DEN OLYMPISCHEN SPIELEN

L. *Weniger*, Das Hochfest des Zeus in Olympia. I. Die Ordnung der Agone. Klio 4, 1904, 125 ff. II. Olympische Zeitenordnung. Klio 5, 1905, 1 f. III. Der Gottesfriede. Klio 5, 1905, 184 f.
E. N. *Gardiner*, Greek Athletic Sports and Festivals. 1910.
P. *Stengel*, Die griechischen Kultusaltertümer (HdA. V 3)[3] 1920, 191 f.
E. N. *Gardiner*, Athletics of the Ancient World. 1930.
F. *Mezö*, Geschichte der Olympischen Spiele. 1930.
J. *Melber*, Olympia. Aufstieg und Verfall der Olympischen Spiele. 1936.
J. *Jüthner*, Herkunft und Grundlagen der griechischen Nationalspiele. Antike 15, 1939, 331 ff.
C. *Blümel*, Sport der Hellenen (Katalog zur Ausstellung anläßlich der XI. Olympiade in Berlin). 1936.
K. *Meuli*, Der Ursprung der Olympischen Spiele. Antike 17, 1941, 189 ff.
L. *Moretti*, Iscrizioni agonistiche grecche. 1953.
L. *Moretti*, Olympionikai. I vincitori negli antichi agoni olimpici. Mem. Acc. Linc. Ser. VIII Bd. VIII, 2, 1959 (dieser Teil erschien bereits 1957). Nachträge: L. Moretti, Klio 52, 1970, 295 ff.
W. *Rudolph*, Olympischer Kampfsport in der Antike. Faustkampf, Ringkampf und Pankration in den griechischen Nationalfestspielen. 1965.
J. *Jüthner*, Die athletischen Leibesübungen der Griechen (aus dem Nachlaß herausgegeben, bisher erschienen Band I u. II 1) 1965–1968.
H. *Bengtson*, Die Olympischen Spiele in der Antike. 1971.

FOTONACHWEIS

Deutsches Archäologisches Institut Athen
Tafel 2 a, b. 3 a–c. 6 b. 9 a–f. 10 a–e. 13 a, b. 14. 15 a, b. 16 a, b. 17 a, b. 18 a, b. 19 a, b. 20. 21. 22 a, b. 23 a–f. 24 a–c. 25. 26 a, b, d, e. 30 b. 32 a–c. 33. 34 a, b. 35 a, b. 36 a, b. 37. 39 a, b. 40. 41. 58 a–c. 59 a–e. 60 c, d. 61 a, b. 64. 65. 68 a, b. 69. 70 a, b. 71 a, b. 72 b.

National-Museum Athen
Tafel 26 c. 38 a, b.

Staatliche Museen zu Berlin (Pergamon-Museum), Antiken-Sammlung
Tafel 4 c. 5 a. 7 b. 8 b, c.

Staatliche Museen Preußischer Kulturbesitz Antikenabteilung, Berlin
Tafel 8 a. 12 b.

Prof. Dr. Max Hirmer, Hirmer Fotoarchiv, München
Tafel I. II. III. IV. 4 a, b. 27 a, b. 28. 29. 30 a. 31 a. 43 a, b. 44. 45. 47–57. 63. 63. 66. 67.

K. F. Krösser München
Tafel 68 b.

Staatliche Antikensammlungen München
Tafel 4 d. 7 a.

Badisches Landesmuseum Karlsruhe
Tafel 8 d, e.

Prof. Dr. Peter Robert Franke Saarbrücken
Tafel 60 b.

Archäologisches Institut der Universität Tübingen:
Tafel 5 d.

Britisches Museum London
Tafel 5 c. 6 a.

Metropolitan Museum New York
Tafel 5 b. 13 c.

Photo Walter Hege
Tafel 46.

Verfasser
Tafel 11 a–e. 12 a. 16 c. 31 b. 42 a, b.

Für die Beschaffung von Photos, für Publikations-Genehmigungen, Hinweise und sonstige Hilfen dankt der Verfasser D. Ahrens – München, U. Gehring – Berlin (West), P. Grunauer – München, G. Heres – Berlin (Ost), K. Herrmann – Olympia, E. Kunze – München, A. Mallwitz – Athen, Prestel Verlag – München, J. Thimme – Karlsruhe, E. Touloupa – Athen, D. Willers – Athen.

Die Pläne zeichnete Hannelore Hoeser, Regensburg.

Die übrigen Zeichnungen stammen, soweit sie nicht anderen Publikationen entnommen sind, vom Verfasser.

ANMERKUNGEN

Die nachstehenden Anmerkungen enthalten Nachweise und Belege zu den im Text angeführten Fakten und Meinungen. Sie sollen dem kritischen Leser zeigen, auf welchen Voraussetzungen das dort Gesagte beruht und ihm die Möglichkeit der Kontrolle bieten. Wer zu bestimmten Punkten über die manchmal nur knappen Angaben des Textes hinaus Informationen sucht, findet hier teils nähere Erläuterungen, teils Hinweise auf weiterführende Literatur. Der nicht unbeträchtliche Umfang dieses Anhangs erklärt sich aus dem Bestreben, den Text zu entlasten und für den nichtarchäologischen Leser möglichst lesbar zu halten. Deshalb wurde die wissenschaftliche Dokumentation und die Auseinandersetzung mit der bisherigen Forschung größtenteils in den Anmerkungsteil verlegt.

1 Über die hier angedeuteten allgemeinen Grundlagen orientiert am besten *G. van der Leeuw*, Phänomenologie der Religion² (1956); s. bes. 269 ff., 382 ff., 445 ff. Zur Forschungsgeschichte: *Nilsson*, GgrR. I² 3 ff. – Die künstlerische Hinterlassenschaft der Griechen betrachtet *K. Schefold* unter dem Aspekt des Religiösen in seinem bekannten Buch »Griechische Kunst als religiöses Phänomen« (rde. 98, 1959).

2 *R. Harder*, Eigenart der Griechen. Einführung in die griechische Kultur (Herder-Bücherei 120, 1962) 176.

3 *Harder* a. O. 81.

4 Platon, Phaidros 279 B. Es folgt dann die (nun freilich völlig unkonventionelle, ganz und gar sokratische) Bitte: »Verleiht mir, daß ich schön werde von innen, und daß alle Äußerlichkeiten bei mir im Einklang mit meinem Inneren stehen mögen.«

5 Mit der Entstehung dieses einseitigen Geschichtsbildes und seinen zeitgeschichtlichen Voraussetzungen (vor allem in Deutschland) hat sich *H. E. Stier* im ersten Teil seines gedankenreichen Buches »Grundlagen und Sinn der griechischen Geschichte« (1945) eingehend und kritisch auseinandergesetzt; dort auch in den Anmerkungen das einschlägige Quellenmaterial. – Positive moderne Würdigung des griechischen Polisstaates: *V. Ehrenberg*, Der Staat der Griechen² (1965) 107 ff.; *Harder* a. O. 155 ff.

6 *H. Berve* in: Berve-Gruben-Hirmer 10 ff. Vgl. unten Anm. 16.

7 Aus einer Bemerkung des Pausanias (VIII 48,2) läßt sich schließen, daß, in Analogie zu anderen Wettkämpfen, der Sieger auch in Olympia außerdem noch einen Palmenzweig erhielt; seit wann, wissen wir nicht, doch wird es sich um einen späten Brauch handeln.

8 Ob aus freudiger Erregung oder Erschöpfung, bleibt ungewiß. Den einen Fall berichtet Aelian, Var. hist. IX: es handelt sich um einen Athleten aus Kroton, dessen Namen er nicht kennt. Der zweite ist der Fünfkämpfer Ainetos, dessen Siegerstatue Pausanias in seinem Heimatort Amyklai bei Sparta sah (Paus. III 18,7).

9 Hierzu *A. Hönle*, Olympia in der Politik der griechischen Staatenwelt (1968) 41 ff. (Sparta), 45 ff., 53 ff., 65 f. (Athen) u. passim.

10 Die überlieferten Fälle behandelt (in einschränkend kritischer Weise) *Hönle* a. O. 98 ff. Pausanias erwähnt (V 6,7) am jenseitigen Alpheiosufer »einen Berg mit hohen, schroffen Felsen namens Typaion« (Lokalisierung unsicher); ein Gesetz der Eleer bestimmte, daß man von dort die Frauen herabstürze, »wenn sie dabei ertappt wurden, daß sie zu dem olympischen Fest gekommen waren oder auch nur an den für sie verbotenen Tagen den Alpheios überschritten haben«. Daraus geht hervor, daß das Verbot nur für bestimmte Tage, wahrscheinlich eben für die Zeit der Spiele galt, während das Heiligtum sonst natürlich den Frauen offenstand. Die Gründe für das Verbot kennen wir nicht. Man hat allerlei Vermutungen darüber geäußert, die jedoch meist wenig einleuchtend sind (vgl. *L. Weniger*, RE. XVIII 1, 34 f.). Originell, aber schwerlich zutreffend ist die Begründung *J. Burckhardts* (Griechische Kulturgeschichte³ [Nachdruck 1962] IV 106): »Der Grund war ohne Zweifel die Besorgnis vor schrankenlosem weiblichen Beifall aus nicht gymnastischem, sondern anderem Motiv, nach nicht gymnastischen Qualitäten«. Es handelt sich wohl im Grunde um ein religiöses Tabu, das auf sehr alte rituelle Bestimmungen zurückgehen wird. Es gab auch sonst kultische Feiern, von denen Frauen ausgeschlossen waren, ebenso wie umgekehrt Männer an bestimmten, nur Frauen vorbehaltenen Kulten nicht teilnehmen durften (das durch Aristophanes' Stück bekannteste Beispiel sind die Thesmophorien in Athen; Zusammenstellung weiterer Beispiele: *Nilsson*, GgrR. I² 75). Ein kultisches Tabu betraf, was in diesem Zusammenhang vielleicht nicht unwichtig ist, auch den Aschenaltar des Zeus im Zentrum des olympischen Heiligtums: Frauen und Mädchen durften nur die unterste Stufe (Prothysis) betreten; auf den oberen Teil durften nur Männer steigen (Paus. V 13,10). Eine andere Pausaniasstelle besagt, daß das Verbot, bei den Spielen zuzuschauen, auf verheiratete Frauen beschränkt war (Paus. VI 20,9); doch bestehen Zweifel, ob der Text an dieser Stelle intakt ist (vgl. *H. A. Harris*, Greek Athlets and Athletics [1964] 183).

11 Die bekannte Geschichte erzählt Pausanias (V 6,7 f.); über den Namen der Frau herrschte bei seinen Gewährsmännern Uneinigkeit: die einen gaben ihn mit Kallipateira, die anderen mit Pherenike an.

»Nachdem ihr Mann gestorben war, begleitete sie, als Gymnastiklehrer verkleidet, ihren Sohn Peisirodos, der bei den olympischen Spielen mitkämpfte. Als Peisirodos siegte, sprang Kallipateira über die Umfriedung, in der man die Sportlehrer abgesondert hielt, und entblößte sich dabei. Obwohl sie nun als Frau erkannt war, ließ man sie straffrei ausgehen mit Rücksicht auf ihren Vater, ihre Brüder und ihren Sohn: sie alle hatten olympische Siege errungen. Man machte daraufhin ein Gesetz, daß von da an auch die Sportlehrer nackt bei den Spielen zu erscheinen hätten«. Die Frau gehörte zur ruhmreichen Olympionikenfamilie der Diagoriden von Rhodos (s. S. 123); der Sohn siegte (wahrscheinlich 404 v. Chr.) im Faustkampf der Knaben; seine Statue stand in einer Gruppe mit den Siegerstatuen seiner Familie in Olympia. Sämtliche Belegstellen (auch zur umstrittenen Namensform) bei *Moretti*, Olympionikai unter Nr. 356.

12 Das Heiligtum der Demeter Chamyne ist nach dem, was wir bei Pausanias (VI 21,1) darüber hören, sehr alt; es lag am Ostende des Hippodroms, muß also wahrscheinlich auf einer der kleinen Anhöhen gesucht werden, die östlich vom Stadion nahe an die heutige Straße von Norden herantreten. Das Vorrecht der Priesterin, als einzige Frau den Spielen zuzusehen, wird in den antiken Quellen nicht begründet. Möglicherweise war es eine Art Entschädigung dafür, daß das alte Heiligtum durch die Ausdehnung der Wettkampfanlagen und ihre Verlagerung nach Osten in klassischer Zeit beeinträchtigt und in den Bereich von Stadion und Hippodrom geraten war (vgl. AM. 77, 1962, 18; eine ganz andere Erklärung gibt *A. Mallwitz,* OlBericht VIII 74). Reste des Altars, die aus römischer Zeit (2. Jh. n. Chr.) stammen, wurden bei den Ausgrabungen genau an der von Pausanias bezeichneten Stelle auf dem Nordwall gegenüber der Kampfrichtertribüne gefunden: *A. Mallwitz* a. O. 69 ff. Taf. 12–15, 25–29.

13 Das geht aus einer Bemerkung bei Plutarch, Numa 1 hervor.

14 Aus der einschlägigen Literatur sei vor allem genannt: *A. Körte,* Die Entstehung der Olympionikenliste, in Hermes 39, 1904, 334 ff.; *K. J. Beloch,* Griechische Geschichte[2] (1912) I 2, 148 ff.; *F. Jakoby,* FGrHist. III b (1955) 221 ff. Versuche, die Echtheit um jeden Preis zu verteidigen (z. B. *Brinkmann,* Rhein.Mus. 70, 1915, 622 ff.), haben die Zweifel nicht beseitigen können; zu optimistisch urteilt auch *H. Bengtson,* Griechische Geschichte in: HdA. III 4^2 (1960) 70. Es gab im Altertum eine ganze Literatur über die Olympischen Spiele und ihre Geschichte. Nichts davon ist uns erhalten. Was wir haben, ist eine Liste der Sieger im Stadionlauf von der 1. bis zur 249. Olympiade (776 v. Chr. bis 217 n. Chr.), die Julius Africanus, Verfasser eines fünfbändigen chronographischen Werkes, im 3. Jh. n. Chr. zusammengestellt hat; sie ist uns in der armenischen Fassung der Chronik des Kirchenvaters Eusebios erhalten und in neuerer Zeit durch einen Papyrusfund aus Ägypten teils bestätigt, in einigen Fällen auch korrigiert worden (vgl. *Robert,* Hermes 35, 1900, 141 ff.; *Diels,* Hermes 36, 1901, 75 ff.). Ergänzend zu dieser Liste der Stadioniken und dem Papyrusbruchstück treten die zahlreichen Erwähnungen von Siegernamen in der antiken Literatur und auf Inschriften. Für einige Olympiaden haben wir auf diese Weise sogar die Namen der Sieger in sämtlichen Wettkampfarten. Letzte Zusammenstellung aller bislang bekannten Siegernamen in chronologischer Reihenfolge, mit Quellen- und Literaturnachweisen: *Moretti,* Olympionikai; Ergänzungen: Klio 52, 1970, 295 ff. Authentische Zeugnisse der Sieger aus Inschriften besitzen wir erst seit dem 6. Jh. v. Chr. – Was die Siegerliste des Hippias betrifft, so kann die Forschung zwar begründete Bedenken an der Zuverlässigkeit vorbringen, sie kommt aber hinsichtlich des Quellenmaterials und der Arbeitsweise des elischen Sophisten über Vermutungen nicht hinaus. Daß es vor Hippias in Olympia überhaupt keine Siegerverzeichnisse gegeben haben soll, ist unwahrscheinlich. Pausanias spricht z. B. an zwei Stellen von Siegeraufzeichnungen durch die Hellanodiken (VI 6,3 und VI 8,1). Die entscheidende Frage ist nur, wie weit sie hinaufreichten. Es handelt sich also darum, den Punkt zu bestimmen, »wo die urkundlich überlieferte Liste endet und Hippias' Rekonstruktion anfängt« *(Beloch* a. O. 151). Das können wir natürlich nicht, und deshalb gehen die Meinungen darüber auseinander. Wenn man mit dem Einsetzen zuverlässiger Unterlagen etwa seit der 50. Olympiade rechnet, so ist das eine ziemlich vage Annahme (vgl. *Körte* a. O. 238 f.). Ebenso hypothetisch ist jedoch auch die von Wilamowitz vertretene Auffassung, Hippias habe eine vollständige Liste mit authentischen Siegernamen von Ol. 1 an vorgelegen, deren Anfang er nur zeitlich auseinandergezogen habe, da die Spiele ursprünglich nicht penteterisch gewesen seien, sondern alljährlich stattgefunden hätten (Pindaros 484 f.; dagegen *Nilsson,* RE. XVII 2, 2388; vgl. *F. Kiechle,* Messenische Studien [1957] 12). Das Jahr 776 als »Aufhänger« für seine Liste ermittelte Hippias nach Beloch (a. O. 152) durch zeitliche Fixierung des Gründer-Königs Iphitos mittels genealogischer Generationsrechnung. »Das erste aufs Jahr datierte Ereignis auf unserem Erdteil«, wie *U. v. Wilamowitz-Moellendorff* es genannt hat (Reden und Vorträge 179), wäre demnach eine spekulative Fiktion. Für unseren Zusammenhang ist die Frage der Echtheit der Siegerliste in ihren älteren Teilen nicht so sehr wegen der Siegernamen oder der Chronologie wichtig, sondern wegen der Geschichte der Spiele. Denn die Einführung der verschiedenen Wettkampfarten ist mit der Olympiadenzählung der Siegerliste verknüpft. Wenn diese in den älteren Partien Konstruktion ist, dann sind die überlieferten Daten für die zum einfachen Stadionlauf allmählich hinzugetretenen Agone ebenso mit einem Fragezeichen zu versehen, zumindest bis zu dem Zeitpunkt, von wo an man die Siegerliste für einigermaßen gesichert hält. Körte hat sogar die Überlieferung über die Einführung der Wettkampfarten insgesamt für fingiert erklärt und angenommen, Hippias sei bei der Rekonstruktion der historischen Abfolge von der Reihenfolge ausgegangen, in welcher die Agone zu seiner Zeit abgehalten wurden (a. O. 241). Abgesehen davon, daß über den Verlauf des Festes und die Reihenfolge der Kämpfe widersprüchliche Angaben vorliegen (s. unten S. 124), wird man sich schwer entschließen können, die gesamte Entwicklungsgeschichte der olympischen Agone für Erfindung zu halten. Auch hier wird sich Richtiges mit Irrtum und Kombination mischen (s. dazu *J. Jüthner,* Philostratos über Gymnastik [1909] 68 f.). Wir werden auf diese Fragen zurückkommen (s. unten S. 124). Hier nur soviel: man wird heute weniger über Wert oder Unwert der Leistung eines bestimmten Autors streiten, dessen Werk uns nicht erhalten ist, sondern eher geneigt sein, in der olympischen Siegerliste ein Stück Tradition zu sehen. Hippias von Elis ist zum ersten Mal mit den Mitteln der Wissenschaft seiner Zeit an diese Tradition herangegangen. Seine Arbeit war offensichtlich ein Erfolg, und Generationen von Gelehrten haben daran weitergearbeitet, so Timaios, Eratosthenes, Phlegon von Tralles und andere Autoren vielleicht auch Aristoteles. Dieser freilich verfuhr bei der Redaktion der delphischen Siegerliste (s. Anm. 16) weitaus vorsichtiger und ging über einen gesicherten Punkt nicht hinaus; doch war der Wissenschaftsbegriff seiner Zeit ein anderer. Es ist dagegen völlig richtig, wenn man von Hippias gesagt hat, man müsse es ihm hoch anrechnen, »daß er nicht versucht hat, die Liste bis auf Herakles hinaufzuführen« *(Beloch* a. O. 151). – Letzter zusammenfassender Überblick: *H. Bengtson,* Die olympischen Spiele in der Antike (1971) 21 ff.

15 Einen bemerkenswerten neuen Gesichtspunkt bringt *F. Kiechle,* Messenische Studien (1957) 9 ff. Positiv ist auch das Urteil von *A. Hönle,* Olympia und die Politik der griechischen Staatenwelt (1968) 6 f.

16 Wie in Olympia (s. S. 37) führte man auch anderswo die Einführung der Spiele auf mythische Gründer oder auf die Götter selbst zurück; die überlieferten Daten beziehen sich lediglich auf die endgültige Festlegung bestimmter Normen, die in der ersten Hälfte des 6. Jhs. erfolgte und wohl damit zusammenhängt, daß sich danach die »klassischen vier« gegenüber einer Vielzahl von anderen als die »eigentlichen« panhellenischen Spiele durchsetzten. Die Pythien sollen ursprünglich alle 8 Jahre gefeiert worden sein, seit 582 v. Chr. alle 4 Jahre, und zwar in jedem 3. Olympiadenjahr.

Im 4. Jh. v. Chr. hat übrigens kein geringerer als Aristoteles die Liste der delphischen Sieger publiziert. Die Isthmien fanden alle 2 Jahre statt, jeweils im 2. und 4. Olympiadenjahr; Festleiter waren die Korinther. Auch die Nemeen wurden in zweijährigem Rhythmus gefeiert (Nemea: Zeusheiligtum in der nordöstlichen Peloponnes, südlich von Korinth gelegen); die Spiele wurden zuerst von Kleonai, später von Argos geleitet. Im Gegensatz zu Olympia sind die anderen panhellenischen Agone sehr viel früher verfallen. – Über die Reihenfolge der Entstehung der einzelnen Feste scheint es im Altertum die verschiedensten Versionen gegeben zu haben. In der Chrestomathie des Helladios (4. Jh. n. Chr.; im Auszug erhalten bei Photios, Bibliothek Cod. 279, 533 b) waren die Panathenaeen als älteste Wettkämpfe angegeben, es folgen die eleusinischen, die isthmischen und darauf die Olympischen Spiele, dann die Nemeen und schließlich die Pythien. Nach Aristoteles (frg. 635) stehen die Olympischen Spiele unter den griechischen Wettkämpfen dem Alter nach an 7. Stelle. Wieviel reine Spekulation in solchen Angaben steckt, ist für uns im einzelnen heutzutage nicht mehr durchschaubar.

17 Nachweise: RE. VIII 1, 45 ff.; RE. XVIII 1, 255. Vgl. auch *E. N. Gardiner*, Athletics in the Ancient World (1930) 44 f. Zu Sybaris: *Hönle* a. O. 87 ff. Zu den Olympien in Daphne s. unten Anm. 19.

18 *E. Curtius*, Olympia I 57: »Wir glauben nicht, daß Sulla nur die einmalige Entthronung Olympias beabsichtigte, und wir können nicht zweifeln, daß der Plan bestanden hat, die Feier am Alpheios dauernd aufzuheben oder doch auf einen dürftigen Rest zu beschränken und sie durch ein hauptstädtisches Olympienfest zu ersetzen. Rom sollte als Sitz der neuen Olympien die wahre Hauptstadt, das geweihte Zentrum der griechisch-römischen Welt werden«. Nur der Stadionlauf der Knaben durfte damals in Olympia selbst stattfinden (Appian., bell. civ. I 99).

19 Die nach Augustus' Sieg bei Aktium (31 v. Chr.) seit 28 v. Chr. in Nikopolis gefeierten Spiele genossen in der Kaiserzeit hohes Ansehen; vorübergehend wurde sogar nach Aktiaden statt nach Olympiaden gerechnet. Σεβάστεια (= Augustalia) sind inschriftlich für mehrere Städte der griechischen Welt bezeugt (Nachweise: RE. II A 1, 952). Zu den von Domitian gestifteten Capitolia (griech. Καπετώλεια Ὀλύμπια): Sueton, Dom. 4; das Preisrichteramt übte der Kaiser selbst in griechischer Tracht aus. In Neapel gab es Ἰταλικὰ·Ῥωμαῖα Σεβαστά die den Beinamen ἰσολύμπια (= mit Olympia gleichwertig) führten: eine große Inschrift, welche die Festordnung dieser Spiele enthält, wurde ausgerechnet in Olympia gefunden (Olympia IV Nr. 56; dort weitere Nachweise); sie sollte wohl der Information der dort versammelten Athleten dienen. Die ursprünglich von Antiochos Epiphanes im 2. Jh. v. Chr. gegründeten Spiele in Daphne bei Antiochia erhielten 44 n. Chr. von den Eleern das Recht, sich Olympien zu nennen und stellten seitdem eine genaue Kopie der Olympischen Spiele dar. Aus solchen und anderen Zeugnissen tritt uns in eindrucksvoller Weise die Ohnmacht und zugleich die Größe Olympias in römischer Zeit entgegen. – In diesem Zusammenhang mag auch an das berühmt-berüchtigte Auftreten Neros in Olympia (hierzu S. 185) sowie an den Wagensieg des späteren Kaisers Tiberius im Jahre 4 v. Chr. und den seines Adoptivsohnes, des damals ungemein populären und beliebten Germanicus (17 n. Chr.), erinnert werden (s. S. 184).

20 Die Isthmien und Nemeen sind dementsprechend »trieterisch«. Der Begriff »Olympiade« wird in der Antike nur gelegentlich (z. B. bei Herodot, vereinzelt auch bei Pindar) für die Olympischen Spiele selbst verwendet. Diese hießen in der Regel τὰ Ὀλύμπια (die Olympien).

21 Als von den Eleern offiziell nicht anerkannt (sog. Anolympiaden) gelten die Spiele der 8. Olympiade (748 v. Chr.), die nach der Überlieferung König Pheidon von Argos usurpiert hatte, sowie die der 34. und 104. Olympiade (644 und 364 v. Chr.), die mit Unterstützung der Messenier bzw. der Arkader von den Pisaten geleitet wurden (s. unten S. 44 u. S. 47). Eine andere Bewandtnis hat es mit der Feier der 211. Olympiade, die auf das Jahr 65 n. Chr. fiel; damals mußten die Spiele auf Befehl Neros bis zu seiner Ankunft in Griechenland verschoben werden und fanden daher erst 67 n. Chr. statt (hierüber S. 185); sie wurden ebenfalls in der Liste der Olympischen Spiele nicht verzeichnet. Die antiken Angaben über die von den Eleern nicht anerkannten Spiele gehen in einigen Punkten auseinander: s. S. 44. Hierzu *U. v. Wilamowitz-Moellendorff*, Pindaros (1922) 468 f. Zu den Kämpfen zwischen Elis und Pisa um die Leitung der Spiele und die außerordentlich verwickelte Überlieferungslage jetzt am besten: *E. Meyer*, RE. XX 2, 1747 ff.; vgl. unten S. 43 ff.

22 S. hierzu *J. Gerstenberg*, Die Wiedergewinnung Olympias als Stätte und Idee. Ein Beitrag zur Geistesgeschichte (1949).

23 *E. Curtius*, Olympia. Ein Vortrag. Im Druck erschienen 1852; Auszüge wiederabgedruckt in: Olympia, von *Ernst Curtius*, mit ausgewählten Texten von Pindar, Pausanias, Lukian, Photos von *M. Hürlimann* (1935); die zitierte Stelle dort S. 64. Daß das dort entworfene Bild historisch völlig unzutreffend ist, hat zuletzt *A. Hönle*, Olympia in der Politik der griechischen Staatenwelt (1968) 168 ff. nachgewiesen. Gerade die Spiele des denkwürdigen Jahres 480, auf die *E. Curtius* anspielt, zeigten, »daß panhellenische Motive politischer Art die Olympiabesucher nicht bewegten« (*Hönle* a. O. 173).

24 *J. Ph. Fallmerayer*, Gesammelte Werke (1861) II, 433. – *J. Burckhardt* wollte in den Olympischen Spielen sogar »den einzigen Durchbruch durch die Gegnerschaft der Volksstämme und weiterhin die einzige, große Protestation gegen die Zersplitterung in lauter abgeschlossene und verfeindete Poleis« sehen (Griechische Kulturgeschichte^{3} IV 93). – Im gleichen Sinne noch z. B. *H. Berve*, Griechische Geschichte I^{2} (1951) 104, wo »die große Bedeutung, die Olympia für die geistige Einheit des Griechentums gewann« darin gesehen wird, daß die Griechen hier »schon früh über alle Stammesverschiedenheiten hinweg sich ihres gemeinsamen Volkstums bewußt wurden«. *H. Bengtson*, Griechische Geschichte^{2} (1960) 84, spricht von »gewissen einigenden Tendenzen«, die von den panhellenischen Heiligtümern ausgegangen seien, setzt jedoch hinzu: »Allerdings gebricht es ihnen an Durchschlagskraft im politischen Leben des griechischen Volkes, um so mehr bedeuten sie aber für die ideelle Einheit der griechischen Nation«.

25 Unsere Überlieferung weiß von drei derartigen Fällen: 1) Die »Olympische Rede« des Sophisten Gorgias (5. Jh.), in der er die Griechen ermahnte, sich zu einem Krieg gegen die Perser zu vereinigen (*H. Diels*, Fragmente der Vorsokratiker^{8} [1906] frg. 7–8 a; vgl. *U. v. Wilamowitz-Moellendorff*, Aristoteles und Athen I [1906] 172). – 2) Eine 388 v. Chr. in Olympia gehaltene Rede des Lysias, die sich vor allem gegen die sizilische Tyrannis des älteren Dionysios richtete und von der ein größeres Stück erhalten ist (Lysias 33, überliefert durch Dion. Hal., De Lysia 29–30); die Menge plünderte damals die Prunkzelte der Syrakusaner (Diodor XIV 109). – 3) Eine Rede des Themistokles gegen Hieron von Syrakus, in der er die Menge auffordert, das Zelt des Tyrannen zu zerstören und seine Rennpferde vom Wettkampf auszuschließen. Diese von Plutarch (Them. 25) mit Berufung auf Theophrast berichtete Geschichte wird jetzt allgemein als Erfindung angesehen, weil sie eine zu auffällige Dublette zur Rede des Lysias darstellt. – Mit Recht hat *L. Ziehen* (RE. VIII 1, 36) betont, daß die geringe Zahl von nicht mehr als zwei glaubwürdigen Zeugnissen zeige, wie erstaunlich wenig die Olympischen Spiele für politische Zwecke ausgenutzt worden seien. Übrigens war es wohl weder Gorgias noch Lysias so sehr um die tatsächliche politische Wirkung zu tun als vielmehr um den persönlichen rednerischen Erfolg, durch den sie sich hier dem zahlreichen Publikum bekannt zu machen hofften. Für diesen Zweck war allerdings die Gelegenheit der Olympischen Spiele denkbar günstig. Übrigens ist Gorgias auch in Delphi als Festredner aufgetreten.

26 Isokrates, Paneg. 12.

27 Gorgias, Olympische Rede (s. oben Anm. 25).

28 *A. Hönle*, Olympia in der Politik der griechischen Staatenwelt (1968) 4. Ebd. 119: »In der gemeinsamen Feier des olympischen Festes und der gemeinsamen Siegesfreude mag durchaus ein flüchtiges griechisches Nationalgefühl aufgekommen

sein. Das bedeutet aber keineswegs ein Bekenntnis zu gemeinsamer Politik«.

29 *L. Ziehen,* RE XVIII 1, 42.

30 Thukydides III 8–15. Vgl. *Hönle* a. O. 210.

31 Thukydides V 49 f.; *Hönle* a. O. 154 f.

32 Die antiken Quellen zum Auftreten des Alkibiades in Olympia bei *Moretti,* Olympionikai 109 zu Nr. 345; vgl. *Hönle* a. O. 206 ff. S. auch unten S. 123 mit Anm. 466.

33 *Hönle* a. O. 210.

34 Das hat *H. E. Stier* in seinem 1945 veröffentlichten Buch »Grundlagen und Sinn der griechischen Geschichte« nachdrücklich betont: »Im Gegenteil, die nationale Eitelkeit und Eifersucht der Einzelstaaten waren damals wie heute wichtige und wesentliche Faktoren, um die Bedeutung dieser Spiele zu erhöhen; nicht minder bedeutsam als der Name des Siegers war der seiner Heimat, die ihn dafür mit überschwenglichen Ehrungen ... lohnte ... Die leitende Absicht war keineswegs, wie es Isokrates mit bewußter Tendenz um seiner politischen Ziele willen im ›Panegyrikos‹ hinstellt, daß sich die Hellenen hier ihrer Verwandtschaft bewußt werden sollten« (a. O. 124). Auch in der von *K. J. Beloch* (Griechische Geschichte[2] [1912–1927] I 1, 329) vertretenen Ansicht, Heiligtümer wie Olympia, Delphi, Dodona seien Keimzellen »erwachenden Nationalgefühls«, das »seinen äußeren Ausdruck zunächst auf religiösem Gebiet« gefunden habe, sieht *Stier* mit Recht den »typischen Ausdruck eines Zeitalters, das ... den nationalen Faktor als primum movens ansah und das Religiöse gern als atavistische Durchgangsstufe für die allein als reale Kräfte des geschichtlichen Lebens angesprochenen nationalen Tendenzen abtat« (a. O. 125). Man wird darüber freilich nicht die große Bedeutung vergessen dürfen, welche das allgemeinverbindliche Standesethos und der »internationale« Charakter der griechischen Adelsgesellschaft für Formung und Wesen der Olympischen Spiele gehabt haben, die von dieser Schicht begründet und jahrhundertelang getragen worden sind.

35 Der Ausdruck »Polisegoismus« stammt von *V. Ehrenberg* (Der Staat der Griechen[2] [1965] 115). – In diesem Zusammenhang sei daran erinnert, daß die antiken Siegerlisten stets den Heimatort jedes Olympioniken verzeichnen.

36 Astylos von Kroton, einer der erfolgreichsten Läufer der Antike, der dreimal hintereinander (Ol. 73–75) in allen drei Laufwettbewerben siegte und noch in der 76. Olympiade Sieger im Waffenlauf wurde, hat sich bei den 74. und 75. Olympischen Spielen (484 und 480 v. Chr.) als Syrakusaner ausrufen lassen; die Krotoniaten haben daraufhin seine im heimatlichen Heraheiligtum aufgestellte Statue entfernt (Paus. VI 13,1), vgl. hierzu *A. Hönle,* Olympia in der Politik der griechischen Staatenwelt (1968) 84 ff. Der Kreter Sotades wurde in der 99. Olympiade (384 v. Chr.) Sieger im Langstreckenlauf; als er bei den folgenden Spielen (380 v. Chr.) wiederum siegte, ließ er sich gegen eine Geldsumme aus der ephesischen Staatskasse als Bürger von Ephesos deklarieren; seine Landsleute bestraften ihn dafür mit Verbannung (Paus. VI 18,6). Dagegen blieb Kleinopatros von Milet den Bestechungsversuchen des Tyrannen Dionysios gegenüber standhaft, der ihn dazu bewegen wollte, seinen im Faustkampf siegreichen Sohn Antipatros (Ol. 97 = 392 v. Chr.) als Syrakusaner ausrufen zu lassen (Paus. VI 2,6). Später waren solche Bestechungsformen häufig, wie sich aus Anspielungen bei Dio Chrysostomos (XXXII 4; LXVI 11) und anderen späten Autoren entnehmen läßt. – Etwas anderes ist es, wenn ein aus politischen Gründen aus seiner Heimat vertriebener oder emigrierter Athlet für die Stadt, die ihn als Bürger aufgenommen hat, als Sieger auftritt. Das berühmteste derartige Beispiel ist der Kreter Ergoteles, dessen Sieg im Langstreckenlauf für die sizilische Stadt Himera (Ol. 77 = 472) Pindar in der 12. Olympischen Ode gefeiert hat. Ein Fragment der Inschrifttafel von seiner Statue, die Pausanias (VI 4,11) erwähnt, wurde bei den Ausgrabungen wiedergefunden: *E. Kunze,* Kret. Chron. 7, 1953, 138 ff.; OlBericht V, 1956, 154 ff. Abb. 61–62.

37 Von besonderer Bedeutung ist bekanntlich das Verhältnis der westlichen Kolonien zu Olympia; hierzu *Hönle* a. O. 67 ff.; vgl. auch *Gardiner,* Olympia 90 f.; *T. J. Dunbabin,* The Western Greeks (1948) 40.

38 *V. Ehrenberg,* Der Staat der Griechen[2] (1965) 112. Ehrenberg weist auch auf die Schmach des Verlierers hin, wie sie in Pindars Schilderungen Ol. VIII 69 oder Pyth. VIII 85 ff. zum Ausdruck kommt und in der sich »vielleicht noch mehr« als durch die Ehrungen die Identifizierung des Siegers mit seiner Polis zeigt.

39 Lukian, Anacharsis 15 (Übers. *A. Boetticher).* Vgl. dagegen als Zeugnis der klassischen Zeit Platon, Staat 465 D. Die Formulierungen klingen ähnlich, und doch werden die Wertakzente in sehr bezeichnender Weise anders gesetzt.

40 Dion Chrys. XXXII 74–75.

41 Philostr., gymn. 9, 265. Diese Bemerkung hat *L. Ziehen* zur Erklärung der auffälligen Tatsache herangezogen, daß seit der Mitte des 6. Jhs. bis weit ins 4. Jh. hinein die Spartaner keine Siege mehr in Olympia errangen (RE. XVIII 1, 44 f.); doch ist es sicher falsch, daraus auf eine zurückgehende oder gar aussetzende Beteiligung Spartas bei den Spielen zu schließen. Mit dem merkwürdigen Phänomen hat sich unlängst *A. Hönle* eingehend beschäftigt (a. O. 120 ff.). Das Abbrechen der spartanischen Olympionikenreihe 552 v. Chr. wird gewöhnlich mit der Umwandlung Spartas zum reinen Militärstaat in Zusammenhang gebracht: vgl. etwa *H. Berve,* Sparta (1937) 41; *H. I. Marrou,* Geschichte der Erziehung im klassischen Altertum (1957) 37. *A. Hönle* weist darauf hin, daß nach Ausweis der Siegerlisten die Spartaner damals von den überlegenen Athleten aus Unteritalien und Sizilien verdrängt worden sind; sie führt das Versagen wohl mit Recht darauf zurück, daß Sparta sich bewußt den auf spezifische sportliche Höchstleistungen ausgerichteten neuartigen Ausbildungsmethoden verschloß, wie sie gerade in den großgriechischen Gymnasien und Palästren (offenbar unter Einfluß des Pythagoräertums) entwickelt wurden (a. O. 135 f.). In diesem Sinn ist wohl auch das bekannte Wort des Aristoteles zu verstehen: »Gegenwärtig sind einige von den Gemeinwesen, die den Ruf haben, am meisten für die Erziehung zu tun, darauf bedacht, den jungen Leuten die Beschaffenheit von Athleten zu geben; sie schaden dadurch der harmonischen Ausbildung und Entwicklung des Körpers. Die Spartaner dagegen haben diesen Fehler zwar vermieden, machen dafür aber die jungen Leute durch die ihnen auferlegten harten Anstrengungen roh und wild, als ob das der beste Weg zur Tapferkeit wäre« (Arist. Polit. 1338 b).

42 Chionis, der bei den Spielen von 664, 660 und 656 v. Chr. insgesamt sechs Siege errang *(Moretti,* Olympionikai Nr. 42–47), erhielt eine Statue von der Hand Myrons, also rund zweihundert Jahre später; auf einer daneben aufgestellten Stele, die sich als offizielle Staatsweihung auswies, waren die Siege noch eigens durch eine Inschrift verzeichnet (Paus. VI 13,2). Auch das Denkmal für den spartanischen Knabensieger Eutelidas (Doppelsieg 628 v. Chr.: *Moretti* Nr. 63–64) ist wohl erst im 5. Jh. aufgestellt worden: *P. Amandry,* Charites (1957) 68 Anm. 21. Vgl. *A. Hönle,* Olympia in der Politik der griechischen Staatenwelt (1968) 141 f. unten S. 115 mit Anm. 441.

43 Plutarch, Alex. 4. – Alexanders Vater Philipp hatte seine Rennpferde beim Wagenrennen in Olympia laufen lassen und nach dem Vorbild der sizilischen Fürsten seine Siege (Ol. 106–108 = 356–348 v. Chr.) auf Münzen prägen lassen *(P. R. Franke–M. Hirmer,* Die giechische Münze [1964] 116, Taf. 171).

44 S. Anm. 25. Über das Verhältnis der sizilischen Tyrannen zu Olympia eingehend *Hönle* a. O. 106 ff.

45 So erfolgte z. B. die Erneuerung des Panhellenischen Bundes auf Betreiben des Demetrios Poliorketes bei den Isthmien des Jahres 302 v. Chr. Und besonders berühmt ist die Proklamation der Freiheit der Hellenen, die bisher unter makedonischer Herrschaft gestanden hatten, durch T. Quinctius Flamininus bei den isthmischen Spielen von 196 v. Chr. – In Olympia ließ Alexander d. Gr. 328 v. Chr. seinen Befehl verkünden, daß sämtliche griechische Staaten ihre Verbannten zurückrufen sollten (Diodor XVII 109,1; XVIII 8,3–4; vgl. Livius XXXVII 35.3).

46 Lukian, Herod. 1. Vgl. unten S. 123.

47 Überliefert sind Vorträge der Sophisten Hippias von Elis, Prodikos von Keos, Polos von Akragas, des Historikers und

Rhetors Anaximenes von Lampsakos (Lukian, Herod. 3). Dionysios I. von Syrakus ließ von Rhapsoden eigene Gedichte vortragen, allerdings mit negativem Erfolg (Diodor XIV 109; vgl. oben Anm. 25). Über Vorträge des neupythagoräischen Philosophen Apollonios von Tyana (1. Jh. n. Chr.) berichtet Philostrat (Vita Apoll. IV 31). Überhaupt besuchten Philosophen gern Olympia, wie Lukian, Herod. 3 und noch zwei Jahrhunderte später der Neuplatoniker Themistios bemerkt (Themist. XXVIII, 342). Zwei der berühmten Sieben Weisen, Thales und Chilon, sollen in Olympia gestorben sein, der erstere infolge Durst und Hitze (Diog. Laert. I 10. 12), der letztere aus Freude über den Sieg seines Sohnes im Faustkampf der Knaben (Diog. Laert. I 76; s. hierzu *Moretti*, Olympionikai, unter Nr. 1024). Auch allerlei wunderliche Heilige scheinen sich vor dem Publikum präsentiert zu haben. Wir kennen durch die eingehende Schilderung Lukians (de morte Peregrini) den Fall des kynischen Wanderpredigers Peregrinus, der nach mehrfachem Auftreten in Olympia (wobei er u. a. die Griechen zum bewaffneten Aufstand gegen die Römer aufrief, ein anderes Mal den Herodes Atticus scharf angriff) nach vorheriger Ankündigung während der Spiele des Jahres 165 n. Chr. sich vor den Augen der Menge als Beispiel philosophischer Haltung selbst verbrannte. – Daß Künstler bei Gelegenheit der Spiele ihre Werke ausstellten, ist an sich ein naheliegender Gedanke; überliefert ist merkwürdigerweise nur ein einziger Fall, die Ausstellung des Gemäldes »Die Hochzeit Alexanders mit Rhoxane« durch den Maler Aëtion, der damit großen Erfolg hatte (Lukian, Herod. 4).

48 Plutarch, Them. 17: »Man erzählt, daß bei der nächsten Feier der Olympischen Spiele« (nach der Schlacht bei Salamis), »als Themistokles im Stadion erschien, die Zuschauer sich kaum um die Wettkämpfe kümmerten, sondern den ganzen Tag die Augen nur auf ihn gerichtet hielten und ihn unter Jauchzen und Händeklatschen den Fremden gezeigt hätten«. Bei Pausanias lesen wir (VIII 50,3), daß die ganze versammelte Zuschauermenge beim Erscheinen des Themistokles im Stadion sich zu seinen Ehren spontan von ihren Plätzen erhoben habe.

49 *A. Hönle*, Olympia in der Politik der griechischen Staatenwelt (1968) 169.

50 *J. Burckhardt*, Griechische Kulturgeschichte[3] (Nachdr. 1962) IV 84 ff.; vgl. I 289, 295 f. Sprachlich ist Burckhardt's Wortbildung »agonal« nicht glücklich, wie *V. Ehrenberg* (Ost und West, in: Schriften der Phil. Fak. d. Univ. Prag 15, 1935, 64) bemerkt: den griechischen Wörtern ἀγώνιος bzw. ἀγωνιστικός entsprechend müßte es »agonisch« oder »agonistisch« heißen. In der modernen Terminologie wird jedoch »agonistisch« gewöhnlich nur in direktem Zusammenhang mit dem antiken Sport verwendet, während sich für den weiteren Bedeutungsbereich im Sinne eines griechischen Lebensprinzips die latinisierende Wortbildung Burckhardt's durchgesetzt hat. – Zum antiken Wortgebrauch: für die Olympischen Spiele ist ὁ ἐν 'Ολυμπίῃ ἀγών überliefert (Herodot VI 127). Als Wettkampfarten werden unterschieden: ἀγὼν γυμναστικός und ἱππικός (in Olympia), des weiteren μουσικός, χορικός, χορηγικός usw. Agon im Sinne von Rechtsstreit z. B. bei Demosthenes (15,30, 40,13; 40,57). Auch die Taten des Herakles heißen Agon (Sophokles Trach. 158).

51 *R. Harder*, Eigenart der Griechen (1962) 143. 146. Eine gute Charakterisierung des Phänomens gibt auch *H. Berve*, Vom agonalen Geist der Griechen, Festschrift Karl Oettinger (1967) 13 ff.

52 *Burckhardt* a. O. IV 85.

53 *Harder* a. O. 142.

54 *Harder* weist darauf hin, daß die Grundregeln dieser »Spielethik« bereits im 23. Buch der Ilias enthalten sind (a. O. 142). Zum olympischen Eid vgl. Paus. V 24,9 f. Von Verstößen gegen die olympischen Wettkampfregeln berichtet Pausanias einiges (V 21, 3 ff.).

55 Tacitus, ann. XIV 20 f. Übersetzung nach *J. Melber*, Olympia (1936) 95 f.; dort 106 ff. weitere Zeugnisse.

56 Vgl. *J. Regner*, RE. XVIII 1, 238; *F. Mezö*, Geschichte der Olympischen Spiele (1930) 85 ff. (Milon von Kroton).

57 Der Chorege, d. h. der Mann, der die Bezahlung und Ausstattung des Chors aus eigenen Mitteln unternahm, erhielt den Preis für das Stück, dessen Dichter gesiegt hatte. Zuweilen waren die Dichter auch ihre eigenen Choregen. – Zum Theateragon vgl. *V. Ehrenberg*, Aristophanes und das Volk von Athen (1968) 28 ff.

58 Aristophanes, Frösche 814 ff. – Zum Agon von Homer und Hesiod vgl. *W. Schmid-O. Stählin*, Geschichte der griechischen Literatur I 1 (1929) 253 f.; *E. Vogt*, Rhein. Mus. 102, 1959, 193 ff.; *K. Hess*, Der Agon zwischen Homer und Hesiod (1960); dazu *E. Vogt*, Gnomon 33, 1961, 697 ff.; auf den Zusammenhang mit den »Fröschen« verweist *Dornseiff*, Gnomon 20, 1944, 136 f.

59 Paus. X 7, 2–7. Zu den musikalischen Agonen insgesamt s. *M. Wegner*, Das Musikleben der Griechen (1949) 109 ff.; dort auch Listen von Darstellungen solcher Agone in der Kunst. Zu den chorischen Agonen s. *Schmid-Stählin* a. O. I 4 (1946) 485 f. und RE. III 2431 ff.

60 Hesiod, Aspis 201 ff.

61 Plinius, Nat. Hist. XXXV 58; Aelian, Var. Hist. IX 11.

62 Plinius, Nat. Hist. XXXIV 53. Den Preis erhielt Polyklet. Außer ihm beteiligten sich: Phidias, Kresilas und Phradmon. In römischen Kopien sind uns diese vier Amazonen noch erhalten; vgl. *Lippold*, Griech. Plastik 171 f.

63 Das Weihgeschenk: Olympia III 182 ff.; *Rodenwaldt-Hege*, 48 ff. Abb. 29 (Rekonstruktion) Taf. 82–85; *Lippold* Griech. Plastik 205, Taf. 71,2. Die Inschrift: Olympia V Nr. 259; Das neue Bild der Antike I (1942) Abb. gegenüber S. 97. Vgl. Paus. V 26,1. Eine feinsinnige Interpretation der Inschrift gibt *R. Harder* in: Festschrift B. Schweitzer (1954) 192 ff.

64 *H. Berve*, Festschrift K. Oettinger 13.

65 *Berve* a. O. 19 f. – Agonale Elemente in der Sprache: ebd. 22.

66 Zu den Waffenweihungen in Olympia vgl. *Kunze*, OlBericht II 67 ff.; III 76 ff.; V 35 ff., 69 ff.; VIII 83 ff.; s. unten S. 107. Es ist eine moderne Verkennung des agonalen Geistes jener Zeit, wenn man das Heiligtum von Delphi wegen seiner zahlreichen Siegesmäler und Beuteweihungen als »das große monumentale Museum des Hasses von Griechen gegen Griechen« bezeichnet (*J. Burckhardt*, Griechische Kulturgeschichte[3] I 285). – Zum agonalen Charakter des Krieges in archaischer Zeit s. auch *H. Berve*, a. O. 16 ff.

67 J. Burckhardt, a. O. IV 90; dort weitere Nachweise. Zu Gymnasium und Palästra vgl. ferner: *E. N. Gardiner*, Greek Athletic Sports and Festivals (1910) 467 f.; *J. Delorme*, Gymnasion. Bibl. Ec. Fr. 196 (1960); *G. Carettoni*, EAA. V (1963) 882 ff. – Vgl. Paus. VII 27,2.

68 *R. Hampe*, Text zu Brunn-Bruckmann, Denkmäler griech. u. röm. Skulptur Taf. 786 ff.; *Lullies-Hirmer*, Griechische Plastik Taf. 98–101. Die Bronzestatue gehörte zu einem Viergespann, das als Weihgeschenk für einen Wagensieg bei den pythischen Spielen (478 oder 474 v. Chr.) von dem sizilischen Tyrannen Polyzalos von Gela gestiftet und wohl von einem großgriechischen Künstler gearbeitet worden ist (eine Signatur des böotischen Bildhauers Sotades kann, entgegen früheren Vermutungen, nicht zu diesem Weihgeschenk gehören). – Zum besonderen Rang und den soziologischen Voraussetzungen der hippischen Agone vgl. *A. Hönle*, Olympia in der Politik der griechischen Staatenwelt (1968) 53 ff., 150 ff.

69 OlBericht III 133 ff. Taf. 59–64; *Lullies-Hirmer* Taf. 104. Das Pferd kann durchaus zu einem Siegesdenkmal gehört haben, bezeugt doch Pausanias z. B. für die Wagenweihungen des Spartaners Polypeithes und der Kyniska ausdrücklich das kleine Format: s. *Kunze*, OlBericht III 135.

70 Materielle Vorteile winkten dem Sieger lediglich in seiner heimatlichen Polis, wie vielfach bezeugt: s. oben S. 11. Bekannt ist das Gesetz Solons, das bestimmte, daß jedem athenischen Olympiasieger die Summe von 500 Drachmen ausgezahlt werden sollte (Plutarch, Solon 23,5; hierzu *Hönle* a. O. 56 ff.).

71 Das spartanische Leitbild der kriegerischen Areté tritt besonders prononciert in den Elegien des Tyrtaios hervor und wird dort (z. B. in Frgm. 9 *Diehl*) in ausgesprochenem Gegensatz zur »zweckfreien« Agonistik gestellt. Daß Überlegenheit im Krieg das einzige Ziel der spartanischen Erziehung war, bezeugt Platon (Laches 182 E); bei Plutarch findet sich der Hinweis, daß in Sparta die ath-

letischen Übungen nicht von Paidotriben, also den sonst hierfür zuständigen Sportlehrern, geleitet würden (Apophth. Lac. 27, Mor. 233 E), und Aristoteles kritisiert den einseitigen »Wehrsport« der Spartaner, indem er ihnen vorwirft, sie machten »die Jugend durch die ihnen auferlegten harten Anstrengungen roh und wild, als ob das der beste Weg zur Tapferkeit sei« (Politik VIII 1338 b; vgl. oben S. 18 Anm. 41). Für Platon ist die Gymnastik bezeichnenderweise zusammen mit den musischen Künsten ein Mittel zur Bildung der Seele (Staat III 410 B – 411 D). – Spartanische Stimmen zu den olympischen Spielen hat *Hönle* a. O. 136 ff. zusammengestellt; hier wie überhaupt bei den »Apophthegmata« ist allerdings hinsichtlich der Frage der Authentizität Vorsicht geboten, da ihnen oft allzu offenkundig das tendenziös gefärbte Spartabild der nachklassischen Zeit zugrunde liegt. Daß in Sparta »der Wert eines olympischen Sieges schon in klassischer Zeit gering geschätzt« wurde (*Hönle* a. O. 140), wird man aus solchen angeblichen Selbstzeugnissen wohl schwerlich schließen dürfen.

72 J. Burckhardt, Griechische Kulturgeschichte^2 (1956) IV 90; vgl. ebd. 85.

73 Paus. V 26,3. Die Statue des personifizierten Agon trug Sprunggewichte (Halteren) in den Händen wie ein Athlet. Sie gehörte zu dem vielfigurigen Weihegeschenk des Mikythos aus Rhegion und stammte von der Hand des argivischen Bildhauers Dionysios. Nach dem, was wir über die Lebenszeit des Mikythos wissen (Herodot VII 170; Paus. V 26,4) muß es sich um ein Werk der frühen Klassik handeln; vgl. *Lippold*, Griech. Plastik 103; *F. Eckstein*, Anathemata (1969) 33 ff. – Der personifizierte Agon war übrigens auch auf den Reliefs dargestellt, mit denen Kolotes den olympischen Kranztisch geschmückt hatte; unter den zahlreichen dort abgebildeten Göttergestalten stand er bezeichnenderweise neben Ares (Paus. V 20,3).

74 Prinzipiell hierzu: *Nilsson*, GgrR. I^2 73 ff.; *G. van der Leeuw*, Phänomenologie der Religion^2 (1956) 445 ff.

75 *Nilsson*, GgrR. I^2 74. Vgl. auch *G. van der Leeuw* a. O. 447: »Also nicht des Heiligtums wegen ist die Stätte heilig, sondern die Heiligkeit der Stätte ist Ursache zur Errichtung des Heiligtums«.

76 *G. van der Leeuw* a. O. 446.

77 Hierzu grundlegend: *M. P. Nilsson*, The Minoan-Mycenaean Religion and its Survival in Greek Religion^2 (1950). Vgl. auch *Nilsson*, GgrR. I^2 303 ff.

78 *P. Perdrizet*, Fouilles de Delphes V 1 (1908) 14 f. Abb. 57–60. Besonders interessant ist das dort Abb. 60 wiedergegebene Stück (eine nackte weibliche Gestalt auf einem dreifüßigen Thron), in welchem der Typus der auf dem Dreifuß sitzenden, orakelgebenden Pythia vorgebildet zu sein scheint. Wichtig ferner als Kultgerät das unter dem Apollontempel gefundene minoische Marmorrhyton ebd. 3 Abb. 13 b. – Mykenische Scherbenfunde unter dem Apollon-Altar und im Heiligtum der Athena Pronaia: ebd. S. II f.; vgl. ferner *Lerat*, BCH. 81, 1957, 708 f.; BCH. 85, 1961, 357 f.; *R. Hägg*, Opuscula Atheniensia VIII (1968) 54; *G. Roux*, Delphi (1971) 25 ff. Abb. 4.

79 Aischylos, Eumeniden 1 ff. (die dort zwischen Themis und Apollon noch eingeschobene Phoibe ist wegen des Namens – als Verbindungslied zu Phoibos Apollon – eine allzu durchsichtige Konstruktion). Weitere literarische Zeugnisse: Euripides, Iphigenia Taurica 1259 ff.; Plutarch, de Pythiae oraculis 402 d; Paus. X 5,5.

80 Die antiken Zeugnisse gesammelt bei *P. Amandry*, La mantique Apollonienne à Delphes (1950) 19 ff.; 41 ff.; 128 f.; eine instruktive Darstellung der Vorgänge auf Grund der Quellen gibt *G. Roux*, Delphi (1971) 135 ff.

81 Ich habe entgegen dieser allgemein verbreiteten Auffassung (vgl. etwa *Nilsson*, GgrR. I^2 204) versucht, den Omphalos in den Zusammenhang vorgriechischer Opfervorrichtungen zu stellen: *H.-V. Herrmann*, Omphalos (Orbis antiquus 13) 1959. – Die griechische Deutung des Omphalos als »Nabel der Welt« ist sekundär; daß es sich um ein vorapollinisches Kultobjekt handelt, ist allgemein anerkannt.

82 Leider ist eine Vorstellung davon heute nicht mehr zu gewinnen. Die Zerstörungen durch Menschenhand und Naturgewalten sowie die unsachgemäß durchgeführten ersten Ausgrabungen unter *Th. Homolle* (1892–1901) haben im Adyton des Apollontempels alle Spuren unwiederbringlich vernichtet. Das bestätigte sich bei einer 1913 durch *F. Courby* vorgenommenen sorgfältigen Nachgrabung (Fouilles des Delphes II 1 c, La terrasse du temple [1927] 47 ff.). Die im ganzen genommen enttäuschenden Untersuchungsergebnisse haben dazu geführt, daß man die Existenz eines Erdschlundes (aus dem nach den antiken Berichten das die Pythia inspirierende *pneuma* gestiegen sein soll) überhaupt zu leugnen oder aber als Priestertrug abzutun pflegt (s. etwa *Bousquet*, BCH. 64/65, 1940/41, 288; *Amandry*, a. O. 219; *H. W. Parke-D. E. W. Wormell*, The Delphic Oracle [1956] 19 f.; *Nilsson*, GgrR. I^2 172 mit Anm. 3; *W. Fauth*, RE. XXIV [1963] 534 ff.). Für die Vorstellung vom einstigen Aussehen des Adytons haben die wichtigen Ausführungen von *Roux* in seinem neuen Buch über Delphi eine völlig neue Grundlage geschaffen (*G. Roux*, Delphi [1971] 88 ff.). Unter sorgfältigster Prüfung aller Quellen und mit ebensoviel Kühnheit wie feiner Einfühlungsgabe in die delphischen Gegebenheiten und ihre einmaligen Besonderheiten versucht er eine Rekonstruktion der Stätte des delphischen Orakels, die in einigen Punkten verfehlt sein mag, grundsätzlich jedoch eine neue Ausgangsbasis zum Überdenken aller Probleme darstellt. Mir scheint, daß hier in der Tat ein Weg gewiesen wird, der aus der verfahrenen Situation, in der sich die Forschung seit Jahrzehnten befindet, herausführt. Besonders wichtig ist in diesem Zusammenhang die neuartige Erklärung des *chasma* (a. O. 105 ff.). Das *pneuma*, das gewöhnlich als aufsteigender Dampf vorgestellt wird, braucht durchaus nichts Materielles gewesen zu sein: *Roux* a. O. 141 ff.

83 *Gruben* 68. Die Situation: ebd. 65 f. Abb. 53 und 54 Nr. 16–19.

84 *H. v. Geisau*, RE. XXIV (1963) 606 ff. (mit älterer Literatur und Quellenhinweisen); *Roux* a. O. 39 ff. Zum Ortsnamen Pytho vgl. *Fauth* a. O. 517 f.

85 Vom Aschenaltar des Zeus haben sich archäologisch keinerlei Reste nachweisen lassen; seine Lage ist jedoch nach Pausanias V 13,8 zu bestimmen: »... ἴσον μὲν μάλιστα τοῦ Πελοπίου καὶ τοῦ ἱεροῦ τῆς Ἥρας ἀπέχων, προκείμενος μέντοι καὶ πρὸ ἀμφοτέρων «; d. h. etwa in der Mitte des Dreiecks Heraion-Pelopion-Metroon. – Weiteres s. unten S. 67 f.

86 Paus. VI 20,1; Dion. Hal. I 34,3.

87 Einwände gegen die von *E. Curtius*, *L. Weniger*, *W. Dörpfeld* und anderen begründete Erkenntnis, die vor allem von *U. v. Wilamowitz* erhoben wurden und denen *M. P. Nilsson* und *L. Deubner* folgten, sind, wie bereits *L. Ziehen* (RE. XVIII 1,67 f.) gezeigt hat, nicht stichhaltig. Eine eingehende Darlegung des Problems, der Kontroverse und des heutigen Forschungsstandes habe ich AM. 77, 1962, 3 ff. gegeben. Die Entgegnung von *R. Hampe* (Gymnasium 72, 1965, 79 ff.) bezieht sich vorwiegend auf die Datierung der von mir (a. O. 26 ff. Beil. 2,1–2) herangezogenen Terrakottastatuette; seine Bemerkungen zum mythologischen Verhältnis zwischen Kronos und Zeus scheinen mir der Logik zu ermangeln.

88 Die Ausgrabungen zu Olympia I (1875/76) Taf. 1–3 (Ausschnitt: AM. 77, 1962 Beil. 1,2); *Boetticher*, Olympia Taf. 1 (= AM. 77, 1962 Beil. 1,1).

89 Die Ausgrabungen zu Olympia I (1875/76) Taf. 33; II (1876/77) Taf. 32; III (1877/78) Taf. 29/30; IV (1878/79) Taf. 30/31.

90 Ausgrabungen zu Olympia V (1879/1881) Taf. 31/32; öfters wieder abgedruckt, z. B. bei *Boetticher*, Olympia Taf. 19/20.

91 Olympia, Mappe B 1, 6 b.

92 Erst *A. v. Gerkan* hat auf diesen Fehler hingewiesen und den ursprünglichen Zustand wieder in Erinnerung gebracht: OlBericht I 16.

93 *Dörpfeld*, AO. 16; 262 f.

94 *v. Gerkan*, OlBericht I 12 ff. Abb. 5. Es handelt sich um eine ältere, nach Erbauung des Heraions errichtete, und um eine jüngere Anlage, die sich überschneiden. Über die Kuppe des Gaion ließ v. Gerkan 1936 zwei Suchgräben ziehen, die kein Ergebnis brachten (a. O. 14); ihr Verlauf ist ersichtlich aus dem Plan a. O. Beil. 1. – Auf jeden Fall müßte hier eine sorgfältige Nachgrabung nochmals alle Möglichkeiten einer Klärung ausschöpfen.

95 Das ist aus Pindar, Ol. VI 5 und 70 zu schließen. Die Erinnerung an die ursprüngliche Orakelstätte auf dem Gaion hat sich erstaunlicherweise bis zur Zeit des Pausanias erhalten, obgleich das olympische Orakel damals gar nicht mehr

existierte. Daß Olympia seine Bedeutung ursprünglich seinem Orakel verdankte, sagt auch Strabo (VIII 353). Die Annahme, Zeus sei, »bevor er als Schützer der Spiele verehrt wurde, der Gott des olympischen Orakels gewesen« (*A. Hönle*, Olympia in der Politik der griechischen Staatenwelt [1968] 15) findet in der Überlieferung keine Stütze.

96 Pindar, Ol. VI 28 ff.; Paus. VI 17,6. Die Iamiden führten ihr Geschlecht auf Apollon selbst zurück (vgl. Pindar, Ol. VI 39 ff.), während Klytios, der Ahn der anderen Seherfamilie, ein Nachkomme des mythischen Sehers Melampus war (Paus. VI 17,6). – Zu den olympischen Sehergeschlechtern eingehend: *L. Weniger*, Archiv f. Religionswiss. 18, 1915, 53 ff. Zum olympischen Orakel: *H. W. Parke*, The Oracle of Zeus: Dodona, Olympia, Ammon (1967) 164 ff. Inschriften: Olympia V Nr. 58–141. – Den Niedergang des Orakels damit zu erklären, daß die Eleer es nach der Besitzergreifung des Heiligtums wegen der alteinheimischen Herkunft der Sehergeschlechter bewußt vernachlässigt oder gar unterdrückt hätten, geht zweifellos zu weit und ist jedenfalls unbeweisbar: *Hönle* a. O. 18 f.

97 Ol. VI 66 f. Pindar spricht in dieser Ode, in der er die Genealogie der Iamiden gibt, von dem »doppelten Schatz des Sehertums« θησαυρὸν δίδυμον μαντοσύνας), für den er eine zeitliche Abfolge angibt:

». . . für jetzt die Stimme zu vernehmen,
die keine Täuschung kennt; wenn aber
der ausweg-kühne Herakles käme,
der ehrwürdige Sproß der Alkaiden, und
dem Vater
gründen würde das völkerreichste Fest
und die größte Ordnung der Spiele
dann solle er auf dem höchsten Altar
des Zeus ein Orakel errichten,
so befahl er . . .«
(Ol. VI 66 ff. Übers. Dornseiff)

Ein vereinzeltes Zeugnis (Hesych s. v. φρυκτὸς δελφίς) weist noch auf eine dritte Gattung, nämlich das Losorakel. Diese altertümliche Orakelart hat es ursprünglich auch in Delphi einmal gegeben (*Amandry*, La mantique Apollonienne à Delphes [1950] 25 ff.; hierzu einschränkend *Berve*, Gnomon 24, 1952, 6 f.).

98 Vgl. *L. Ziehen*, RE. VIII 1, 61; *Gardiner*, Olympia 49. *Parke* denkt an Vogelstimmen (a. O. 178). – Zu Dodona, wo Zeus' Stimme im Rauschen der heiligen Eiche vernommen wurde, s. *S. I. Dakaris*, Antike Kunst, Beiheft I (1962), 38 f., 48. Übrigens läßt sich auch für Dodona erschließen, daß vor Zeus eine weibliche Gottheit die Inhaberin des Orakels war: *Dakaris* a. O. 48 f. Zum Einfluß Dodonas auf das olympische Orakel s. *Parke* a. O. 25 f., 164 ff.

99 Xenophon, Hell. IV 7,2; vgl. *Weniger*, Archiv f. Religionswiss. 18, 1915, 99. Zu den besonderen Kontakten Spartas zum olympischen Orakel eingehend: *Hönle* a. O. 19 ff. Das Orakel wurde von den Spartanern regelmäßig bis ins 3. Jh. hinein in staatlichen Angelegenheiten befragt; vgl. *Parke* a. O. 187 ff.

100 *Mallwitz*, JdI. 81, 1966, 310 ff. – Zum Heraion s. unten S. 92 ff. Zur stark umstrittenen Frage des Alters des Herakultes in Olympia vgl. AM. 77, 1962, 12 ff. (mit Lit.). S. auch unten S. 69.

101 Paus. VI 20,2–6: »An den Abhängen des Kronoshügels gegen Norden zwischen den Schatzhäusern und dem Hügel ist ein Heiligtum der Eileithyia, und darin wird Sosipolis, ein einheimischer elischer Dämon, verehrt. Die Eileithyia nennen sie die olympische, und sie wählen der Göttin jedes Jahr eine Priesterin. Die dem Sosipolis dienende Alte lebt nach dem Gesetz der Eleer in Keuschheit, und sie trägt selber dem Gott Bäder hinein und setzt ihm mit Honig vermischte Brote vor. Im vorderen Teil des Tempels, denn er ist zweiräumig gebaut, steht ein Altar der Eileithyia, und dorthin dürfen Menschen hineingehen; im inneren Teil hat Sosipolis seinen Kult, und dort darf niemand außer der den Gott bedienenden Priesterin eintreten, wobei sie ein weißes Tuch über Kopf und Gesicht zieht. Im Heiligtum der Eileithyia singen währenddessen auch Frauen und Mädchen einen Hymnos; sie opfern ihm auch verschiedenes Räucherwerk, halten aber Trankopfer von Wein danach für nicht erlaubt. Auch ein Eid beim Sosipolis ist bei den wichtigsten Angelegenheiten üblich. Es wird auch erzählt, wie die Arkader mit einem Heer in Elis einfielen und die Eleer ihnen entgegentraten, daß da eine Frau zu den Feldherrn der Eleer gekommen sei mit einem kleinen Kind an der Brust und gesagt habe, sie habe das Kind selbst geboren und gebe es nach einem Traum den Eleern als Bundesgenossen. Die Beamten legten, da die Frau ihnen aufrichtig gesprochen zu haben schien, das Kind nackt vor das Heer. Die Arkader griffen nun an, und da war das Kind bereits zu einer Schlange geworden. Durch diesen Anblick wurden die Arkader erschreckt und wandten sich zur Flucht, die Eleer setzten ihnen nach, gewannen einen bedeutenden Sieg und nannten den Gott danach Sosipolis (»Stadterretter«). Dort, wo die Schlange sich nach der Schlacht verkrochen zu haben schien, erbauten sie das Heiligtum; auch die Eileithyia mit ihm zusammen zu verehren, hielten sie deshalb für angezeigt, weil diese Göttin das Kind zu den Menschen gebracht hatte« (Übers. Ernst Meyer). – Die am Schluß erzählte Geschichte trägt deutlich ätiologische Züge und soll vor allem den Namen Sosipolis erklären. Daß dieser Name griechisch ist, braucht nicht gegen die vorgriechische Herkunft des Kind-Schlange-Dämons zu sprechen: möglicherweise steckt ein volksetymologisch gräzisierter vorindogermanischer Name dahinter, vielleicht in Angleichung an den in der Stadt Elis mit Tyche zusammen verehrten Sosipolis. – Für Eileithyia, die in der griechischen Religion die dienende Funktion einer geburtshelfenden Gottheit angenommen hat, darf jetzt vorgriechische Herkunft als gesichert gelten (*Nilsson*, GgrR. I² 313; zum Namen vgl. *Malten*, JdI. 28, 1913, 40 ff.). Der hochaltertümliche Charakter des Kultes zeigt sich in den strengen Tabu-Vorschriften, der Honigspende, dem Weinverbot; in dem »Badewasser«, das dem Gott vorgesetzt wird, könnte sich eine mißverstandene alte Wasserspende erhalten haben, wie sie vielfach für chthonische Gottheiten bezeugt ist (*P. Stengel*, Griechische Kultusaltertümer³ (1920) 103). – Zur Identifizierung dieses Heiligtums mit dem Bau westlich des Sikyonier-Schatzhauses, die auf C. Robert zurückgeht (AM. 18, 1893, 37 ff.), s. AM. 77, 1962, 6 ff.

102 Der Typus ist in der Idolplastik der mykenischen Zeit mehrfach belegt und begegnet schon im Neolithikum; Nachweise: AM. 77, 1962, 6 Anm. 15 u. 16.

103 Zur ungriechischen Herkunft der Aphrodite Urania: *Nilsson*, GgrR. I² 520 f.; *H. Herter*, Die Ursprünge des Aphroditekultes, in: Éléments orienteaux dans la religion grecque (Colloque de Strasbourg 1958) 61 ff. (mit reichen Nachweisen). – Die Fundamente westlich des archaischen Baus neben dem Sikyonierschatzhaus (Olympia II Taf. 83; *Weber-Schleif*, OlForsch. I 65 Abb. 10, Taf. 33) sind teilweise von der Herodes-Exedra überbaut: s. AM. 77, 1962, 8 f. Abb. 1.

104 S. die Schnitte bei *Dörpfeld*, AO. Taf. 6 und 8; 66 Abb. 1. Die frühen Opferablagerungen, die Dörpfeld bei seinen Tiefgrabungen westlich des Metroons feststellte, sind von den beiden prähistorischen Schichten darunter durch eine Sandschicht getrennt, so daß eine direkte Kultkontinuität nicht nachweisbar ist. Zu den mit diesem Heiligtum zusammenhängenden Problemen vgl. AM. 77, 1962, 14 ff. (mit Nachweisen). S. auch unten S. 163.

105 Die etymologischen Herleitungsversuche kommen zu einander völlig widersprechenden Ergebnissen. Vgl. *O. Gruppe*, Griechische Mythologie II (1906) 1284 Anm. 3; *L. Weniger*, NJbKlAlt. 19, 1907, 100 f. (ein im übrigen höchst verdienstvoller Aufsatz über die Artemiskulte in Olympia, aus dem die Feststellung hervorzuheben ist, daß »kein zweiter Dienst außer Zeus dort so reich ausgestattet gewesen« ist, wie der der Artemis; a. O. 98). Vgl. unten S. 70, Anm. 254.

106 Olympia I Taf. 43; Text S. 60; *Dörpfeld*, AO. 263 ff. Abb. 69. 70; *Herrmann*, AM. 77, 1962, 18 Anm. 67. Eine Klärung des ungedeuteten Befundes (der vielleicht im jetzigen Zustand unvollständig ist) kann nur von einer Nachgrabung erwartet werden.

107 *Gardiner*, Olympia 175 f.

108 *Jacoby*, FGrHist. II B 257 F 1, 10–11. – Im Gegensatz zum *Kotinos*, dessen Früchte ungenießbar sind und wenig Öl enthalten, heißt der veredelte Ölbaum, der durch Aufpfropfen aus der wilden Olive gewonnen wird, *Elaia*; doch ist der Sprachgebrauch für den olympischen Kranzbaum nicht immer einheitlich. – Vgl. zu dem gesamten Fragenkreis die

ausgezeichnete Studie von *L. Weniger*, Der heilige Ölbaum in Olympia (Gymnasial-Programm Weimar 1895), ferner ders., Altgriechischer Baumkultus (1919) 32 ff.

109 Die Stelle lautet im griechischen Text: κατὰ δὲ τὸν ὀπισθόδομον μάλιστά ἐστιν ἐν δεξιᾷ πεφυκὼς κότινος· καλεῖται δὲ ἐλαία Καλλιστέφανος (Paus. V 15,3). – Keinesfalls kann der Ölbaum nordwestlich vom Zeustempel gestanden haben, wie auf meiner Skizze AM. 77, 1962, 16 Abb. 2 irrtümlich angegeben (ich hatte seinerzeit den Zusammenhang nicht beachtet und war von der Vorstellung ausgegangen, »rechts vom Opisthodom« sei vom Blickwinkel eines in der rückwärtigen Tempelhalle stehenden Betrachters aus gemeint). Falsch ebenfalls: *Jantzen*, Olympia (Ausstellung Essen 1960) 16 und auf allen folgenden Planskizzen; auch die Behauptung Jantzens: »Die Lage im Zentrum der Altis, nahe beim Pelopion, spricht bereits für ein hohes Alter der Verehrung« (a. O. 16) ist damit gegenstandslos.

110 *E. Curtius*, Die Altäre von Olympia (AbhBerlin 1881) 26; *Dörpfeld* in: Olympia I 77 f.; vgl. Olympia II 165; *L. Weniger*, Der heilige Ölbaum in Olympia 1 f. Diese Lokalisierung des heiligen Ölbaums geht auf eine Idee *F. Adlers* zurück, wie aus *Dörpfelds* Grabungstagebuch (Kampagne 1879/80, Woche vom 17.–22. April 1880, S. 138) hervorgeht.

111 Ausgrabungen von Olympia V, 1881, Taf. 31–32; *Boetticher*, Olympia Taf. 19–20; Olympia, Lageplan (Foliomappe), Blatt VI e. Text Olympia II 166 (Nr. 16). Die Lage des Mauerstücks (Nivellement: – 2,54 m, bezogen auf Stylobat Zeustempel) ist an sich nicht tiefer als die verschiedener Statuenbasen in der Umgebung. Eine Nachgrabung an der heute durch spätere Anschüttungen aufgehöhten Stelle, die ich im August 1971 mit freundlicher Hilfe von Dipl.-Ing. K. Herrmann durchführen konnte, ergab, daß die Steinsetzung nicht mehr vorhanden ist. Sie ist wohl entweder im Zuge der Tiefgrabungen vor dem Zeustempel abgeräumt oder später zerstört worden. Eine Durchsicht der Grabungstagebücher erbrachte leider darüber keinen Aufschluß. So bilden die Pläne der alten Grabung die einzige Dokumentation des interessanten Mauerstücks. – Vor der Ostfront, also auf der anderen Seite des Zeustempels, erwähnt *R. Weil* (AM. 2, 1877, 165) Aussparungen im (römischen?) Marmorpflaster, »mit 0,65–0,75 m Seitenlänge, von einer niedrigen Marmorwand eingefaßt; offenbar bestimmt, um Bäumen, die darin standen, die nötige Feuchtigkeit und Luft zuzuführen, zugleich aber auch ein wichtiger Anhalt dafür, wie bis in die Nähe des Tempels das Terrain mit Baumwuchs ausgestattet war«. Der Befund ist in keinem der veröffentlichten Pläne eingetragen.

112 *H. Walter*, Das griechische Heiligtum (1965) 59 Abb. 60. Vgl. unten Anm. 116. – In Olympia kam der Ölbaum nicht vor die Vorderfront des Tempels, sondern vor seine Rückseite zu stehen, denn er ist, wie weiter unten ausgeführt (S. 35), kein »Kultbaum« im eigentlichen Sinne.

113 Vgl. die Olympia IV Taf. 16, 263 abgebildete Gruppe (Inv. Br. 1457, jetzt Athen, Nat. Mus. 6236), die nach Olympia IV Text S. 41 vor der Nordfront des Zeustempels gefunden wurde. Sie ist das besterhaltene und qualitätsvollste, aber nicht das einzige Beispiel dieses Typus in Olympia: ein Exemplar ist nach Berlin gelangt (Inv. 8502: *Neugebauer*, Katalog der statuarischen Bronzen im Antiquarium Berlin I (1931) Taf. 5,28, gefunden vor der Nordwestecke des Zeustempels), zwei weitere zählt Furtwängler auf (Olympia IV 41 f.: Inv. 2579; jetzt JdI. 84, 1969, 4 Abb. 4–6, und Inv. 8124). Auf keines der Stücke trifft merkwürdigerweise *Furtwänglers* oben zitierte Fundangabe zu (Olympia IV 5); es muß sich also entweder im Katalog ein Fehler eingeschlichen haben (was auch sonst hin und wieder festzustellen ist), oder Furtwängler irrte sich bei seiner Angabe im einleitenden Text. Das ist heute nicht mehr zu entscheiden, hat auch letztlich geringes Gewicht in Anbetracht der extremen Fundstreuung infolge der vielen Erdbewegungen im Laufe der Jahrhunderte in der Altis. Nymphenkult gab es, wie oben (S. 32) erwähnt, an mehreren Stellen in Olympia; Anlaß für Weihungen solcher Tanzgruppen, die ich insgesamt als Nymphenreigen deuten möchte, war also auch sonst gegeben. Ein Neufund aus dem Südosten der Altis: OlBericht VIII 216. Taf. 107,3. – Zum Motiv vgl. *Brinkmann*, Altgriechische Mädchenreigen, BJb. 130, 1925, 118 ff., s. besonders 136 f.; *F. Weege*, Der Tanz in der Antike (1926) 33 f. Abb. 36; vgl. unten S. 75 Anm. 283–285.

114 *U. v. Wilamowitz-Moellendorff*, Pindaros (1922) 238: »Es mag sein, daß schon die Eleer darauf verfallen waren, dem unscheinbaren Siegeszeichen, das sie verliehen, göttliche Herkunft zu verleihen; aber was Pindar erzählt, darf doch für seine Erfindung gelten.« Das mag für die Einzelheiten zutreffen (Verbindung mit der Erzählung von der Erlegung der heiligen Hirschkuh, vielleicht auch Besuch bei den Hyperboreern), doch gehört grundsätzlich die Pflanzung des Ölbaums und des Hains in ein und denselben Zusammenhang mit der Gründung des Heiligtums, der Absteckung der Altis, der Stiftung der Spiele durch Herakles (s. vor allem Ol. X 24 ff.). – Nach Pausanias (V 14,3) war der *Kotinos* am Ufer des Alpheios heimisch; er folgt hier (wie auch sonst) der elischen Tradition.

115 *Jantzen*, Olympia (Ausstellung Essen 1960) 16; zurückhaltend: *Nilsson*, GgrR. I^2 210.

116 Die literarischen Quellen zum griechischen Baumkult gesammelt bei *M. W. de Visser*, Die nicht menschengestaltigen Götter der Griechen (1903) 117 ff.; *Nilsson*, GgrR. I^2 209 ff. (mit ält. Lit.); eine gute Charakterisierung und kritische Darstellung der Forschungsgeschichte (die ursprünglich vom Naturbegriff im Rousseau'schen Sinn ausging) bei *G. van der Leeuw*, Phänomenologie der Religion[2] (1956) 42 ff. – Das interessanteste, weil archäologisch jetzt durch einen erstaunlichen Grabungsbefund faßbare Beispiel für Baumkult als Ausgangspunkt eines bedeutenden Heiligtums ist der Lygosbaum im Heraion von Samos: *Homann-Wedeking*, AA. 1964, 222 ff.; *H. Walter*, Das griechische Heiligtum (1965) 13 ff. Abb. 7 u. 8. Damit ist die Bemerkung *Nilssons*, der Baumkult sei »verschwunden, ohne archäologische Spuren zu hinterlassen« (GgrR. I^2 212) ebenso überholt wie die generelle Leugnung eines griechischen Baumkultes durch *U. v. Wilamowitz-Moellendorff* (Glaube der Hellenen[3] [1959] I 122 f.).

117 *Nilsson*, GgrR. I^2 246 f. (Nymphen, Dryaden, Hamadryaden); vgl. *van der Leeuw*, a. O. 42 f.

118 Daß diese Zweige von dem Kranzbaum stammen, ist nicht ausdrücklich gesagt; sie können auch von den übrigen Kotinosbäumen des Hains genommen worden sein. Vgl. *Weniger*, Der heilige Ölbaum in Olympia 15.

119 Paus. V 10,1: »Den heiligen Hain des Zeus nennen sie unter Veränderung des Namens (παραποιήσαντες τὸ ὄνομα, d. h. in Abänderung oder Verfälschung des Wortes ἄλσος) seit altersher Altis«. Das Wort Altis kommt außer bei Pausanias auch bei Pindar (Ol. X 46, neben ἄλσος im vorhergehenden Vers!) und Xenophon (Hell. VII, 4, 29) vor. Die Etymologie von ἄλσος ist kontrovers: s. zuletzt hierzu *H. Frisk*, Griechisches Etymologisches Wörterbuch (1960) 79; *P. Chantraine*, Dictionnaire étymologique de la langue grecque I (1968) 65. Ob ἄλσος und Ἄλτις zusammenhängen, ist demnach unsicher; im Gegensatz zur älteren Forschung (*Boisacq, Walde*) steht die Sprachwissenschaft heute der antiken Auffassung, die Pausanias wiedergibt, kritisch gegenüber (vgl. *Chantraine* a. O.; *Forbes*, Glotta 36, 1957, 257).

120 Bemerkenswert scheint mir der Versuch *Wenigers* (a.O. 8 ff.), die dem Aristoteles zugeschriebene Stelle über ein »Pantheion mit einem heiligen Ölbaum« (θαυμάσια ἀκούσματα 51; dazu Schol. Aristoph. Plutos 586 und andere Quellen) auf Olympia zu beziehen und darunter einen »Hain im Hain« zu verstehen, der aus Kotinosbäumen bestand und allen Göttern geweiht war; seine Stelle wurde dann später teilweise vom Zeustempel eingenommen, wodurch vom alten Kotinos-Hain nur ein Rest übrigblieb. Freilich bleibt diese Hypothese letztlich unbeweisbar.

121 Es gab in Olympia schon eine sehr frühe Darstellung der Wettfahrt: auf der sog. Kypseloslade, einer mit mythologischen Szenen mannigfacher Art geschmückten Truhe, Weihung des Tyrannengeschlechtes der Kypseliden von Korinth. Das uns nicht erhaltene Kunstwerk, das wahrscheinlich aus dem späten 7. Jh.

stammt, sah Pausanias im Opisthodom des Heraions; es erregte sein besonderes Interesse und er widmete ihm eine ungewöhnlich eingehende Beschreibung (V 17,5–19,10; Rekonstruktionsversuch: *v. Massow*, AM. 41, 1916, 1 ff. Taf. 1–4; vgl. *K. Schefold*, Frühgriech. Sagenbilder [1964] 68 f. Abb. 26). Die Darstellungen waren in Friesen übereinander angeordnet; auf dem untersten sah Pausanias: »Oinomaos, wie er Pelops verfolgt, der Hippodameia bei sich hat; beide von ihnen haben zwei Pferde, und die des Pelops sind sogar geflügelt« (V 17,7). Die Behauptung *K. Schauenburgs:* »Pelops erscheint verhältnismäßig spät auf Kunstwerken« (LAW. 2246) ist daher unzutreffend.

122 Ältestes literarisches Zeugnis sind die großen Eoien (Hesiod frg. 147; Paus. VI 21, 10 ff.). Zusammenhängende Erzählungen bei Apollodor (Epitome II 4 ff.) und Diodor (IV 73); ferner eine große Anzahl von Erwähnungen bei anderen Autoren und Scholiasten (vgl. *C. Robert*, Die griechische Heldensage I [1920] 206 ff.; *Weizsäcker* in: Roscher, ML. III 1, 764 ff.; *Scherling* in: RE. Suppl. VII 849 ff.). Der Stoff ist auch mehrfach dramatisch behandelt worden, so von Sophokles (Oinomaos, vielleicht auch ein Stück Hippodameia: *W. Schmid-O. Stählin*, Geschichte der griechischen Literatur I 2 [1934] 440 f.) und Euripides (Oinomaos: *Schmid-Stählin* a. O. I 3, 57 f.; 409 v. Chr. aufgeführt); der Ausbau der Sage zur verwickelten Intrigen- und Liebesgeschichte mag dort seine Vollendung gefunden haben; vgl. *Robert* a. O. 215 ff. – Die vielfach geäußerte Annahme, es handle sich ursprünglich um eine alte Brautraubgeschichte (weil Hippodameia auf dem Wagen mitfährt), die erst in Olympia zur Wettfahrtgeschichte umgewandelt worden sei (so z. B. *C. Robert*, Bild und Lied 187 Anm. 35) ist keineswegs zwingend.

123 Über die Art, wie Pindar hier den Mythos umgebildet hat, treffend: *U. v Wilamowitz-Moellendorff*, Pindaros (1922) 234 ff.; unverständlich ist nur die Auffassung, »daß es nach Pindar scheinen könnte, als hätte Pelops die Flügelrosse, die er zur Überfahrt von Lydien braucht, auch in der Wettfahrt gehabt; das wird doch nicht beabsichtigt sein« (a. O. 237 Anm. 2). Natürlich ist das beabsichtigt und ein echter alter Sagenzug: vgl. oben Anm. 121 zur Darstellung auf der Kypseloslade. Zur Umgestaltung der Pelopssage insgesamt bei Pindar: *Kakridis*, Philologus 85 (N. F. 39) 1930, 463 ff.

124 Übernommen auch von Pausanias (IX 40,11). Sohn des Hermes nennt den Pelops auch ein Scholion zu Ilias B 104. Daß das Szepter vom Vater auf den Sohn vererbt wird und infolgedessen Hermes in dieser älteren Überlieferung als Vater des Pelops vorauszusetzen ist, wird allgemein auch von der modernen Forschung angenommen (vgl. *Scherling* a. O. 855). Sonst findet sich die einzige Abweichung von der seit dem 7. Jh. durchgehend einheitlichen Tantalos-Genealogie bei einem im übrigen unbekannten Autor Autesion im Scholion zu Pindar Ol. I 37 a und IX 15 a (vgl. *Jakoby*, FGrHist. IV 345): dort heißt es, Pelops sei »ein Achäer aus Olenos« (südl. von Patras).

125 Diodor IV 73 (wo die Geburt des Oinomaos aus der Verbindung der Harpina mit Ares nach Pisa verlegt wird); Pausanias berichtet V 22,6 von einem Weihgeschenk der Phliasier in Olympia, bestehend aus den Statuen des Zeus, des Asopos und fünf seiner Töchter, darunter Harpina. – Eurythoë heißt die Gemahlin des Oinomaos nach Schol. Eurip. Or. 99; vgl. auch Schol. Apoll. Rhod. I 172 (wo irrtümlich Eurythoë zur Mutter des Oinomaos gemacht wird). Damit ist Oinomaos mit dem Danaidenhause von Argos verbunden: ohne Zweifel ein alter Sagenzug. Vgl. *Weizsäcker*, ML. III 1,764. – Erste eingehende Darstellung des ganzen Problems der ursprünglichen Beheimatung der Pelopssage in Mykenae bzw. der mykenischen Argolis bei *E. Thraemer*, Pergamos (1888) 33 ff.; vgl. ferner *Bloch* in: Roscher, ML. III 2, 1869 ff. und *Scherling* in: RE. Suppl. VII 849 ff. – Zu Myrtilos: *Scherling*, RE. XVI 1, 1151 ff. Die neuerdings übliche Ableitung des Namens von hethitisch Mursili (vgl. z. B. *H. J. Rose*, Griech. Mythologie [1955] 251 Anm. 1) halte ich in Anbetracht des mythologischen Gesamtzusammenhangs, der sich immer mehr als einheitlich und bodenständig nordostpeloponnesisch herausstellt, für abwegig. Ob die Gestalt des Myrtilos zum Grundbestand der Wettkampfgeschichte gehört oder nicht, wird sich kaum feststellen lassen; die Annahme, der Verrat des Myrtilos sei erst so spät zur ursprünglichen Fassung (einfache Wettfahrt oder Brautraub) hinzugefügt worden, daß weder Pindar noch der Meister des Olympia-Ostgiebels ihn gekannt hätten, (so z. B. *Scherling*, RE. XVI 1, 1152 ff., mit wenig stichhaltigen Argumenten) scheint mir jedenfalls unglaubhaft. Daß Myrtilos eine alte Sagengestalt ist, geht m. E. aus seiner Abstammung von Hermes hervor; man könnte übrigens gerade darin auch eine sehr alte mythologische Querverbindung zu Pelops sehen.

126 Erkannt zuerst von *Ph. Buttmann*, Mythologus II (1829) 170; vgl. *Thraemer* a. O. 83 f.; *M. P. Nilsson*, The Mycenaean Origin of Greek Mythology (1963) 44.

127 *Ed. Meyer*, Geschichte des Altertums II[3] (1953) 250. Ihm folgt auch *U. v. Wilamowitz-Moellendorff*, Glaube der Hellenen[2] I (1932) 62: »Wenn einmal so ziemlich der ganze Peloponnes unter der politischen Oberherrschaft von Mykene zusammengefaßt war, so muß das Volk auch einen gemeinsamen Namen gehabt haben, und den hat *Philipp Buttmann* in den Pelopes entdeckt, die in dem Namen der Halbinsel unverkennbar stecken; schon die Bildung verrät den Stammnamen. Der Eponymos Pelops ist dementsprechend in der Ilias Vorfahr der Könige von Mykene«. Ähnlich auch *Ernst Meyer*, RE. XIX 1 (1937) 382, obgleich der Name »Peloponnesos« bei Homer nicht vorkommt (älteste Belege: Kyprien und Apollonhymnus). – Die Vorstellung eines »Großkönigtums von Mykenae« nach dem Vorbild orientalischer Großreiche, gestützt von einer bedeutenden Seemacht, findet sich auch bei *H. E. Stier*, Grundlagen und Sinn der griechischen Geschichte (1945) 207 ff. Doch führt die Tatsache der engen Nachbarschaft bedeutender befestigter Herrensitze in der Argolis (Mykenae, Argos, Tiryns, Midea, Asine usw.) wohl richtiger zu der Annahme einer »friedlichen Koexistenz auf kantonaler Grundlage, sei es mit einem örtlichen Oberherren, sei es in einem mehr oder weniger lockeren Bündnis« (*F. Matz*, Kreta und frühes Griechenland [1962] 217 f.). – Die Benennung der Peloponnes nach den »Pelopes« könnte sich auch so erklären, daß die Dorer bei ihrem Eindringen vom Isthmos her in die Peloponnes zuerst auf diesen Stamm stießen und nach ihm der ganzen Halbinsel den Namen gaben; die Geschichte kennt, wie man weiß, auch sonst Parallelen zu diesem Vorgang.

128 Daß ein König Oinomaos in Lesbos bezeugt ist, wo übrigens auch der Wagenlenker des Pelops, Killos oder Killas, begraben war und der Name Myrtilos mehrfach als Eigenname belegt ist, zeigt ebenfalls, daß der ganze Sagenstoff mit den in äolisches Gebiet verdrängten Achäern dorthin gelangte (erkannt bereits von *E. Thraemer*, Pergamos [1888] 65 ff.); vgl. *Weizsäcker* in: Roscher, ML. III 1, 772 mit sämtlichen antiken Quellenbelegen. Die ältere Ansicht, die den umgekehrten Weg annahm, noch bei *C. Robert*, Die griechische Heldensage I (1920) 208 f.

129 Das Hippodameion ist bisher nicht gefunden worden, seine Lokalisierung gehört zu den größten topographischen Rätseln von Olympia. Die Schwierigkeit beruht auf den unklaren Angaben des Pausanias (VI 20,7 und V 22,2). Der alte Ansatz im Nordosten der Altis (s. etwa *Gardiner*, Olympia 191 f.; *Rodenwaldt-Hege*, Planskizzen Abb. 13–15 und Modell von *H. Schleif:* hier Taf. 2 a) hat sich durch die neue Erkenntnis erledigt, daß das archaische und frühklassische Stadion weit nach Westen in die Altis hineinreichte. Vgl. unten S. 68 f.

130 Paus. V 20,6 f. Von dem schützenden kleinen Bau wurden bei der Ausgrabung keinerlei Reste gefunden. Die Aufschrift, die auf einer Bronzetafel verzeichnet war, lautete:

Denn auch ich, Fremder, bin Rest berühmter Gebäude,
die ich einst Säule war im Hause des Oinomaos.
Jetzt stehe ich neben dem Kroniden mit diesen Fesseln,
ehrenvoll; denn nicht verzehrte mich des Feuers sengende Glut.

(Übersetzung Ernst Meyer)

Das Epigramm muß in jedem unvoreingenommenen Leser den Eindruck erwekken, als sei die Säule erst nachträglich an ihren jetzigen Aufstellungsort »neben dem Kroniden« (d. h. beim Tempel oder Altar des Zeus) gebracht worden. So hat auch W. Dörpfeld, der den Palast des Oinomaos auf einem Hügel in der Nähe Olympias entdeckt zu haben glaubte (s. unten S. 48), die Stelle verstanden (*Dörpfeld*, AO. 33). Merkwürdig ist jedenfalls, daß Pausanias von den »Grundmauern des Oinomaoshauses« nicht im gleichen Zusammenhang spricht, auch umgekehrt die Oinomaos-Säule bei der Erwähnung der Palastreste nicht nennt, obgleich beide topographisch in der gleichen Gegend der Altis angesetzt werden müssen. Bei der Säule ist der Standort ausdrücklich angegeben (zwischen Zeusaltar und Zeustempel: Paus. V 20,6), beim Oinomaoshaus kann die Lage in der Nähe des Zeusaltars aus dem Zusammenhang erschlossen werden. Der Hinweis darauf findet sich in der Altarperiegese (V 14,7) und dient dazu, die Überlieferung zu erläutern, die zwei benachbarte Zeusaltäre mit Oinomaos in Verbindung brachte: der eine nämlich, der dem Zeus Herkeios (dem häuslichen Schutzgott) geweiht war, wurde dem »Hausaltar« des Oinomaos gleichgesetzt, der andere (für Zeus Keraunios, den »Blitzgott«) war angeblich zur Erinnerung daran errichtet worden, daß der Blitz des Zeus den Palast des Oinomaos zerstört hatte. – Mir scheint, daß der Pausaniastext eine Deutung stützen kann, die in der Säule und den Hausresten zwei verschiedenartige Denkmäler sieht, welche ursprünglich nichts miteinander zu tun haben (anders *C. Robert*, Die griechische Heldensage [1920] I 206 f.). Ich würde die Möglichkeit nicht ausschließen, daß das, was als Grundmauern des Oionomaoshauses gezeigt wurde, mit einem der vorgeschichtlichen Apsidenhäuser identisch ist (s. unten S. 50), denn die Häuser 2 und 3 liegen ja in unmittelbarer Nähe der Stelle, wo der Zeusaltar angenommen werden muß (s. *Dörpfeld*, AO. Taf. 17). Bei der Oinomaossäule hingegen dürfte es sich, wie schon öfter vermutet worden ist, um ein Objekt handeln, das in den Bereich des »Säulenkultes«, des »anikonischen Kultmales« gehört: *Nilsson*, GgrR. I² 208; *Jantzen*, Olympia in der Antike (Ausstellung Essen 1960) 17 f.; *H. Drerup*, Festschrift F. Matz (1962) 36; *Herrmann*, AM. 77, 1962, 23.

131 Pausanias beschreibt das Oinomaosgrab als einen Erdhügel mit Steineinfassung (γῆς χῶμα περιῳκοδομένον λίθοις : VI 21,3); das klingt zuverlässig und läßt auf eine Anlage ähnlich dem Pelopion oder Hippodameion schließen, wobei es sich durchaus um einen echten mykenischen Grabhügel handeln kann. Dagegen bleibt die Art der Ruinen (ἐρείπια οἰκοδομημάτων), die als Ställe des Oinomaos ausgegeben wurden, natürlich völlig ungewiß. Gefunden wurde bisher von all dem keine Spur, was in Anbetracht der meterhohen Verschüttungen, die für das linke Kladeosufer ebenso vorauszusetzen sind wie im Gebiet der Altis, nicht verwunderlich ist.

132 Harpina: Paus. VI 21,8; Strabo VIII 357; nach Lukian, de morte Peregrini 35 lag der Ort 20 Stadien (ca. 3,8 km) von Olympia ostwärts. Die Lokalisierung ist ungewiß. Bei *Curtius-Kaupert*, Olympia und Umgebung, Karte 1, ist Harpina in der Nähe des heutigen Dorfes Miraka angegeben, doch suchen andere Forscher den Ort auf dem südlichen Alpheiosufer. – Der »Freierhügel« lag nach Pausanias in der Nähe dieses Ortes (VI 21,9). Pelops hatte den dort von Oinomaos bestatteten Freiern der Hippodameia zu Ehren ein gemeinsames Grabdenkmal errichten und alljährlich Totenopfer darbringen lassen.

133 Paus. VI 22,1; dazu das Scholion zu Pindar Ol. X 55 c, wo die Entfernung von Olympia mit 6 Stadien angegeben wird (also etwas mehr als 1 km), während das Scholion zu Pindar Ol. X 55 a von 3 Stadien spricht. Nach dem Zusammenhang der Erwähnung bei Pausanias muß die ihm gezeigte Stelle, an der angeblich Pisa einst gelegen haben sollte, östlich von Olympia anzusetzen sein. Zu dem ganzen Problem s. unten S. 48.

134 Heiligtum der Artemis Kordaka: Paus. IV 22,1. Die Lokalisierung ist ungewiß. Nachrichten über orgiastische Züge des Kults sprechen für ein hohes Alter des Heiligtums. Zur Zeit des Pausanias war es schon verfallen; die eherne Lade mit den Gebeinen des Pelops wurde, wie er schreibt, in einem Gebäude in der Nähe aufbewahrt. Zum Artemiskult in Olympia und Umgebung s. *Weniger*, NJbKlAlt. 19, 1907, 96 ff. – Schulterblatt des Pelops: Plinius, nat. hist. XXVIII 34; vgl. Paus. V 13,6. Über die Legenden, die sich um diese Reliquie rankten: Paus. V 13,4.

135 Elis bildete keine politische Einheit. Es bestand aus dem Kernland im Nordwesten, der großen fruchtbaren Küstenebene (*koilé Elis*, das »hohle Elis« genannt) und aus dem in mehr oder weniger lockerer Abhängigkeit dazu stehenden Untertanen- oder Periökenland. In dieser Beziehung hatte Elis eine ähnliche Struktur wie Lakonien. Die sehr dichte Besiedlung war meist dörflicher Natur; die Hauptstadt Elis entstand überhaupt erst im 5. Jh. (nach Diodor 470 v. Chr.). Zum Periökenland, dessen Besitz Elis im Verlauf der Geschichte öfters streitig gemacht wurde (teils von den Bewohnern selbst, teils von den Nachbarn, vor allem Sparta und Arkadien), gehören auch die ursprünglich selbständigen Landschaften Pisatis und Triphylien. Zu den sehr komplizierten politischen, historischen und topographischen Problemen, auf die hier nicht eingegangen werden kann, vgl. *E. Curtius*, Olympia I 16 ff.; *Swoboda*, RE. V (1905), 2368; *B. Niese*, Genethliakon Robert (1910) 3 ff.; *H. Berve*, Griechische Geschichte I² (1951), 57 ff.; *Ernst Meyer*, Der kleine Pauly II (1967) 249 ff. Die heterogene Zusammensetzung des elischen Gebiets spiegelt sich deutlich in den Dialektunterschieden von Elis, Triphylien und der Pisatis wider, die sich bis in die klassische Zeit hinein erhalten haben; hierüber hat zuletzt *F. Kiechle* eingehend gehandelt (Rhein. Mus. f. Phil. 103, 1960, 226 ff.).

136 »Epeioi«: Ilias II 619; IV 537; XI 688, 732 744; XII 686; XV 519; XXIII 632; Odyssee IV 635. »Eleioi«: Ilias XI 671; der Landschaftsname »Elis« kommt bei Homer mehrfach vor.

137 Hauptquellen: Ephoros bei Strabo VIII 357; X 463 f.; Apollodor II 8,3; Paus. V 3,5–7. Oxylos wurde von den Herakliden (= Dorern) bei ihrer Wanderung nach der Peloponnes zum Führer erkoren, weil ein Orakelspruch ihnen aufgetragen hatte, sie sollten sich »dem Dreiäugigen« anschließen. Die Herakliden begegneten dem auf einem Maultier reitenden Oxylos, der einst wegen einer Verfehlung aus Aitolien nach Elis geflohen und nun auf der Rückkehr in seine Heimat begriffen war, und sie erkannten in ihm den vom Orakel Bezeichneten: er hatte nämlich ein Auge durch einen Bogenschuß verloren, besaß also mit seinem Reittier zusammen drei Augen. Er zeigte als Ortskundiger den Dorern den Schiffsweg über Naupaktos und führte sie in die Peloponnes. Als Lohn bedingte er sich die Landschaft Elis aus und führte die Herakliden aus Angst, sie möchten die schöne und fruchtbare Landschaft für sich beanspruchen, um Elis herum durch Arkadien. Er teilte dann das eroberte Land unter die Einwanderer auf; angeblich war der (sonst unbekannte) Ort Sphakteria an der Grenze zwischen Elis und Messenien die Stätte, wo die feierlichen Verträge zwischen Oxylos und den Herakliden über die Neuordnung der Besitzverhältnisse geschlossen wurden. Vgl. *L. Weniger*, ML. III 1, 1233 ff.

138 Für dieses äußerst komplizierte Überlieferungsproblem von grundlegender Wichtigkeit: *Ernst Meyer*, RE. XX 2 (1950), 1732 ff. (s. v. Pisa), besonders 1747 ff.; vgl. auch *Kiechle*, Rhein. Mus. f. Phil. 103, 1960, 336 ff. – Eine kurzgefaßte Übersicht bei *Gardiner*, Olympia 83 ff.; vgl. auch ebd. 53 ff. – In der Arbeit von *A. Hönle*, Olympia in der Politik der griechischen Staatenwelt (1968) wird die »elische Version« wieder als historisch authentisch angesehen (a. O. 5 ff., 24 ff., 38 ff. u. passim), was mir im Hinblick auf die bisher erzielten Ergebnisse der Forschung ein Rückschritt zu sein scheint.

139 Vgl. auch Xenophon, Hell. III 2, 31; Diodor XV 78, 2.

140 Herodot VI 127; Ephoros bei Strabo VIII 358; Paus. V 22,2. Nach elischer Version (Paus.) hatten die Pisaten Pheidon gegen die Eleer zur Hilfe gerufen (die älteren Quellen wissen jedoch davon nichts); er soll dann einer Koalition der Eleer und Spartaner erlegen sein. Die Gestalt des argivischen Königs stellt bekanntlich die Geschichtswissenschaft wegen der unklaren Quellenlage vor schwierige chronologische Probleme. Die heute überwiegende Auffassung, nach

der die Regierungszeit Pheidons in die Mitte des 7. Jhs. anzusetzen sei (vgl. *H. Bengtson*, Griechische Geschichte in HdA III A² [1960] 81), steht freilich im Widerspruch zur olympischen Siegerliste. Man hat daher Pheidons Eingreifen in Olympia in die »pisatische« 28. Olympiade setzen wollen; dagegen hat unlängst *A. Hönle* die 32. Olympiade vorgeschlagen (a. O. 36 f., 39 f.).

141 Strabo VIII 355: »Es standen ihnen auch die Lakedämonier bei ... und zwar war diese gemeinsame Unternehmung so erfolgreich, daß nun das ganze Land bis nach Messenien hinein Elis genannt wurde; und so ist es bis auf den heutigen Tag geblieben, während von den Pisaten, Triphyliern und Kaukonen sich nicht einmal der Name erhalten hat«. Vgl. auch Strabo VIII 358 (mit Berufung auf Ephoros). – »Die Spartaner wurden bei ihrer Hilfe von der Erwägung geleitet, daß sie damit einen Bundesgenossen sowohl gegen die Arkader ... als gegen etwaige Aufstandsversuche Messeniens gewannen; dann mußte es ihnen erwünscht sein, größeren Einfluß auf Olympia zu erlangen«: *Swoboda*, RE. V 2391; vgl. *Kiechle*, Rhein. Mus. 103, 1960, 350. – Unter »Pisatis« wurde zur Zeit Strabos, vielleicht auch schon früher, offenbar nur die Umgebung Olympias nördlich des Alpheios verstanden. Ursprünglich scheint sich aber das alte Herrschaftsgebiet von Pisa auch auf das südliche Alpheiosufer erstreckt zu haben, z. B. auf Städte wie Phrixa und Skillus; vgl. *Ernst Meyer*, RE, XX 2, 1736 ff. – Mit dem Einfluß Spartas auf Olympia im 8. und 7. Jh. befaßt sich eingehend *Hönle* a. O. 29 ff. Zu Teilnahme und Erfolg spartanischer Athleten bei den Olympischen Spielen: ebd. 41 ff., 128 ff.

142 *Moretti*, Olympionikai Nr. 89; ein namentlich nicht bekannter Athlet aus Lenos, einem Ort der Pisatis (das auf Phlegon von Tralles zurückgehende Zeugnis ist bei Stephanos v. Byzanz überliefert: FGrHist. 257, frg. 7). – Wir kennen im übrigen nur einen Sieger aus Pisa selbst, den Läufer Hypenos, der 724 v. Chr. im Diaulos siegte (*Moretti*, Olympionikai Nr. 15). – In den offiziellen Olympionikenlisten wurden die pisatischen Sieger als Eleer bezeichnet, wobei die elische »Redaktion« sich auch auf Sieger der ältesten Zeiten erstreckte: schon Antimachos, Stadionsieger der 2. Olympiade, wird als »Eleer aus Dyspontion« bezeichnet (Dyspontion gehört zu den bei Strabo VIII 357 genannten acht pisatischen Städten).

143 Auch nach der bei Pausanias vorliegenden elischen Überlieferung findet die kriegerische Auseinandersetzung mit Pisa nach der 48. Olympiade statt. – Die Angabe des Pausanias, daß man seit der 50. Olympiade die Hellanodiken (deren Zahl damals auf zwei, später auf neun erhöht wurde) aus der Bürgerschaft von Elis wählte, würde gut zu den übrigen Nachrichten bezüglich der Übernahme der Spielleitung durch Elis um diese Zeit passen, ist jedoch wegen textkritischer und sonstiger Bedenken angezweifelt worden: vgl. *Ernst Meyer*, RE XX 2, 1751; *Ders.*, Pausanias, Beschreibung Griechenlands (1954) 602 Anm. 1 und 2 zu S. 251. – Im einzelnen können die Ereignisse nicht mehr rekonstruiert werden; vgl. die ausgezeichnete Darstellung von *Swoboda* a. O. 2390 ff. sowie *K. J. Beloch*, Griechische Geschichte² (1912) I 1 386 m. Anm. 1. Als historisches Originaldokument ist in diesem Zusammenhang, wie zuerst *A. Kirchhoff* erkannte, die Inschrift Olympia V Nr. 11 wichtig, die ein Licht auf die Verteilung des pisatischen Gebietes nach der Eroberung wirft.

144 RE. XX 2, 1748.

145 Die Einzelheiten bei *Swoboda* a. O. 2395 ff. Beim Friedensschluß blieb die Pisatis mit Olympia sowie die Leitung der Spiele bei Elis, weil die Spartaner »der Meinung waren, die, welche ihre alten Rechte geltend machten, seien Dorfbewohner und den Aufgaben der Festleitung nicht gewachsen« (Xenophon, Hell. III 2,31; s. *H. Bengtson*, Die Staatsverträge des Altertums II [1962] 162 f. Nr. 217). Doch wurden die Eleer damals gezwungen, dem ehemaligen Periökenland (und damit auch dem Gebiet von Olympia) die alte Autonomie zurückzugeben (Xenophon, Hell. III 2,23; vgl. *Kahrstedt*, Nachr. Gött. Gel. Ges. 1927, 158). Zu den Bemühungen der Eleer, in der Folgezeit die Zusammengehörigkeit der Pisatis mit Elis nachdrücklich zu demonstrieren, vgl. *Kiechle*, Rhein. Mus. 103, 1960, 360 ff.

146 Vgl. hierzu *Kiechle*, Rhein. Mus. 103, 1960, 357 ff.

147 *Körte*, Hermes 39, 1904, 224 ff.; *Malten*, RM. 38/39, 1923/24, 300 ff.; besonders 311 f.; *Dörpfeld*, AO. 42 ff.; *Meuli*. Antike 17, 1941, 189 (mit reichem ethnologischen Vergleichsmaterial). Anders: *Jüthner* (Antike 15, 1939; Die athletischen Leibesübungen der Griechen I [1965] 77), der, ähnlich wie *Gardiner* (Olympia 67 f.) überhaupt religiösen Ursprung der Spiele leugnet. – Die antiken Quellen: Phlegon (FGrHist. II B 257 frg. 1); Strabo VIII 355; Scholion zu Pindar Isthm. Hypoth. a; Scholion zu Pindar Ol. I, 149; Clemens Alexandrinus, Protr. II 34.

148 *O. W. v. Vacano*, Das Problem des alten Zeustempels in Olympia (1937), 25; *Kunze*, OlBericht IV 109 ff.; *L. Deubner*, Sport und Spiel im alten Olympia (1936) 25 ff.

149 Aristoteles hat den Diskos offensichtlich für echt gehalten; für ihn war er interessant wegen der historischen Fixierung des Lykurg, des halbmythischen Gesetzgebers von Sparta: Plutarch, Lykurg 1; vgl. 23 (wobei nicht sicher ist, ob dieser Lykurg mit dem auf dem Iphitos-Diskos Genannten identisch sein muß). Kleosthenes von Pisa ist bei Phlegon von Tralles (FGrHist. II B frg. 1) und im Scholion zu Plato, res publ. 5, 465 D als dritter vertragschließender Partner genannt. Eine eingehende Auseinandersetzung mit den Problemen des Diskos findet sich bei *A. Hönle*, Olympia in der Politik der griechischen Staatenwelt (1968) 7 ff.

150 Den Diskos als elische Fälschung des 4. Jhs. zu erklären (*Kondis*, Hieron 116 ff.; *Kiechle*, Gnomon 35, 1963, 372 f.; *H. Bengtson*, Die olympischen Spiele in der Antike [1971] 13) besteht kein hinreichender Grund. Der moderne Beurteiler vergißt leicht, wie nahe beieinander Mythos und Geschichte in der Antike lagen. Doch wird man sich schwerlich entschließen können, ihn als ein echtes Dokument des 8. Jhs. anzusehen (so in neuerer Zeit etwa *W. den Boer*, Laconian Studies [1954] 106 ff.; *Berve*, Gnomon 29, 1957, 10 f.). Daß es sich gleichwohl um einen archaischen Gegenstand gehandelt hat, dafür spricht eigentlich mit aller Deutlichkeit die Beschreibung des Pausanias und der Umstand, daß der Perieget die Inschrift nicht, wie er das sonst zu tun pflegt, wörtlich oder dem Inhalt nach referiert: offensichtlich war er nicht imstande, sie zu entziffern (vgl. *Hönle* a. O. 9 mit Anm. 2).

151 Die Darstellung findet sich auf dem untersten Fries, wo die Leichenspiele für Pelias das 3. Bildthema bilden: Pisos ist dort mit vier anderen bekannten Helden als Teilnehmer der Wettfahrt mit dem Zweigespann genannt (Paus. VI 17,9); es ist klar, daß er nur wegen seiner Verbindung zu Olympia hier vorkommt, da er in der Ikonographie der Peliasspiele sonst fehlt.

152 RE. XX 2, 1750.

153 *Ernst Meyer*, RE. XX 2, 1737. 1739 f. nennt Apollodor als Quelle für den entsprechenden Passus bei Strabo. Für Strabo bildet die Tatsache, daß Pisa nicht unter den »acht Städten der Pisatis« erscheint, das wesentliche Argument für diese These, doch sind offensichtlich die Namen dieser Städte schon in hellenistischer Zeit nicht mehr alle bekannt gewesen, geschweige denn ihre Lage. Die Erklärung Strabos, Pisa sei in Wirklichkeit keine Stadt, sondern der Name einer jetzt »Bisa« genannten Quelle, die »bei Kikysion gelegen sei, der größten der acht pisatischen Städte«, ist natürlich nur eine Verlegenheitslösung. Im übrigen hat sich die These der Nichtexistenz Pisas im Altertum offenbar nicht durchgesetzt.

154 So (im Anschluß an *G. Busolt*, *B. Niese* und andere) *Ernst Meyer* a. O. 1737 ff., der zu beweisen sucht, daß »Pisa mit Sicherheit, so oft das auch bestritten worden ist, der Name einer Landschaft war«, also ursprünglich das gleiche bedeutet habe wie die spätere Bezeichnung »Pisatis«. Die von *Meyer* mit herangezogene Urkunde Olympia V Nr. 11 ist jedenfalls kein Beweis dafür, sondern bezeugt, wie schon *Ernst Curtius* m. E. ganz richtig bemerkt hat, gerade im Gegenteil die Existenz eines Stadtgebietes von Pisa, dessen Feldmark nach der Zerstörung unter die Nachbargemeinden aufgeteilt worden war (Olympia I 18; vgl. oben Anm. 143). Daß »der Ort in der antiken Tradition fest verankert ist«,

betont auch *H. Bengtson* (Die olympischen Spiele in der Antike [1971] 14). Die Unsicherheit in der Lokalisierung bei den späten Schriftstellern beweist gar nichts; auch von anderen Orten der Pisatis wußte man zur Zeit Strabos und des Pausanias schon nicht mehr, wo sie gelegen hatten. Methodisch ergibt sich daraus nur, daß man sich von überlieferten Entfernungs- und Himmelsrichtungsangaben getrost freimachen kann, wenn man versuchen will, die Stätte von Pisa zu identifizieren. Wenn Pisa nicht auf dem von *Dörpfeld* ausgegrabenen Hügel liegt, der wahrscheinlich mit der von Pausanias vergeblich besuchten Stelle identisch ist (s. Anm. 155 und 156), dann entfällt damit der Zwang, die Stätte in einer Entfernung von 6 Stadien östlich von Olympia zu suchen; sie kann ebensogut z. B. im Westen angesetzt werden. Lediglich eins steht fest: Pisa muß in unmittelbarer Nähe Olympias gelegen haben, das geht schon aus dem synonymen Wortgebrauch Olympia – Pisa hervor.

155 *E. Curtius*, Olympia I 18. Die Lage des Hügels ist kenntlich auf Karte 2 von *Curtius-Kaupert*, Olympia und Umgebung, sowie *Dörpfeld*, AO. Taf. 1. Vgl. unsere Abb. 16.

156 *Dörpfeld*, AM. 33, 1908, 318 ff.; *Ders.*, AO. 273 ff. Abb. 77 Beil. 23, 24, Taf. 23; *Buck*, Hesperia 32, 1964, 234 Nr. 44; *McDonald-Simpson*, AJA. 65, 1961, 226 f. Nr. 9.

157 Kurz erwähnt: BCH. 83, 1959, 655; vgl. BCH. 84, 1960, 720; *McDonald-Simpson* a. O. 226 Nr. 7.

158 Vgl. vor allem Olympia I 26 ff.

159 *A. Furtwängler*, Die Bronzefunde von Olympia und deren kunstgeschichtliche Bedeutung, AbhBerlin 1879 (*A. Furtwängler*, Kleine Schriften I 339 ff.). Furtwängler teilte die frühen Tier- und Menschenfigürchen aus Ton und Bronze in zwei Gruppen ein: in primitive, keine stilistisch faßbaren Merkmale aufweisende, und »geometrische« (unter Verwendung eines von A. Conze für die älteste griechische Keramik wegen ihrer abstrakt-linearen Muster geprägten Begriffs). Für die »geometrischen« Statuetten stellte er fest, »daß keines der einigermaßen bestimmbaren Stücke über das 8. Jh. hinaufgerückt werden könne« (Kl. Schr. I 419). Im übrigen nahm er zwischen »primitiven« und »geometrischen« Votiven keinen chronologischen Unterschied an, sondern ein gleichzeitiges Nebeneinander, wobei er die Verschiedenheiten als lokale Werkstatteigentümlichkeiten erklärte (a. O. 359). Dagegen werden in dem 1890 erschienenen Band Olympia IV (28 f.) die primitiven Bildungen als die ältesten angesehen und eine Entwicklung von ihnen zu den »geometrischen« Formen und schließlich zum Archaismus angenommen. Die primitiven Figuren sieht Furtwängler als »eine in sich völlig abgeschlossene einheitliche Gattung« an, die dem Geometrischen als stilistische Vorstufe vorangeht, aber wegen des Fehlens mykenischer Funde nachmykenisch sein müsse; weiteres hierzu unten S. 72. Eine von ihm geplante eingehende Begründung hat er in Olympia IV nicht gegeben, was ihm später Dörpfeld zum Vorwurf gemacht hat, der gleichzeitig die Ursache dafür andeutet; sie muß in der Person von E. Curtius gesucht werden, der die revolutionären Ansichten Furtwänglers nicht teilte (*Dörpfeld*, AO. 3 f.; vgl. *Furtwängler*, Kl. Schr. I 454). Furtwängler hat seine Auffassung über das Alter des Heiligtums und die ältesten Perioden der griechischen Kunst nach Curtius' Tod nochmals präzisiert in einem Sitzungsbericht der Bayerischen Akademie von 1906 (= Kl.Schr. I 446 ff.), in dem er zugleich einiges in Olympia IV Gesagte korrigiert (vor allem zum vermeintlich besonders hohen Alter der Schichten unter dem Heraion, eine Ansicht, die durch den Fund einer früharchaischen Bronzestatuette unhaltbar geworden war). – Vgl. auch *Neugebauer*, Katalog der statuarischen Bronzen im Antiquarium Berlin I (1931) 9 f.

160 Sog. »Zeusaltar« (prähistorische Mauerreste südlich des Metroon und östlich vom Pelopion, fälschlich zu einer Ellipse ergänzt): Olympia II 161 ff. Nr. 1 Taf. 132, auch auf den großen Gesamtplan (Mappe Bl. VI b) so eingezeichnet. *Dörpfeld* hat schon Olympia II 163 Bedenken geäußert, weil die Lage nicht mit der Beschreibung des Pausanias übereinstimmt. Später hat er die Reste als zu einem der prähistorischen Apsidenhäuser gehörig erkannt (»Haus 7«: AO. 73 f. 92 f. Abb. 14 Taf. 17). Auch Dörpfelds »Haus 1« war schon von der alten Grabung gefunden und gleichfalls als Altarfundament gedeutet worden (zwischen Heraion und Pelopion: Olympia II 163 Nr. 2; *Dörpfeld*, AO. 93 f. Abb. 18 Taf 5 und 17; von *Puchstein*, *Trendelenburg* und anderen als Reste des großen Zeusaltars erklärt, vgl. *Dörpfeld*, AO. 74). – Die beiden prähistorischen Gefäße: *Furtwängler*, Olympia IV Taf. 69, 1283 (aus dem zu Haus 1 gehörigen Pithosgrab 3: *Dörpfeld*, AO. 96 Abb. 19) und 1284 (Fundort: »nordöstlich des Zeustempels«). Beide Gefäße sind im Text S. 189 unbestimmt als »älteste, handgemachte Vasen« behandelt; später bezeichnete sie Furtwängler gegen Dörpfeld als »nachmykenisch« und bestritt auch den prähistorischen Charakter der von Dörpfeld inzwischen neugefundenen, diesen Gefäßen genau entsprechenden Keramik (Kl. Schr. I 452 f.). – Zu weiteren, möglicherweise prähistorischen Gefäßen aus der alten Grabung s. unten Anm. 179.

161 *Dörpfeld*, Alt-Olympia (1935). Wichtig unter den in den AM. erschienenen Vorberichten vor allem ein Aufsatz seines archäologischen Mitarbeiters *F. Weege:* Einzelfunde von Olympia 1907–1909 (AM. 36, 1911, 163 ff.); vgl. auch *E. Buschor* und *B. Schweitzer*, Einzelfunde in Olympia 1922 (AM. 47, 1922, 48 ff.).

162 *Riemann*, JdI. 61/62, 1946/47, 30 ff. Auch *Dinsmoor* und *Searls* schieden unabhängig von Riemann in einem fast gleichzeitig erschienenen Aufsatz »Heraion II« aus: AJA. 49, 1945, 62 ff. *Gruben* (Die Tempel der Griechen 48 f.) schließt sich dieser Vereinfachung an; er datiert Heraion I in die Mitte des 7. Jhs., Heraion II (= Dörpfelds Heraion III) um 600 v. Chr.

163 *A. Mallwitz*, Das Heraion von Olympia und seine Vorgänger, JdI. 81, 1966, 310 ff.

164 Die so lange umstrittene Frage der Datierung kann, wie *Mallwitz* mit Recht bemerkt (a. O. 313) erst durch eine abschließende Ausgrabung aller bisher noch unangetasteten Teile des Heraion endgültig geklärt werden, wobei eine genaue Erfassung und Bestimmung der Keramik den Ausschlag geben muß. – Eine spätere Veränderung betrifft lediglich das Cellainnere: vgl. unten S. 96.

165 Zur »idäischen Grotte« (*Dörpfeld*, AO. 106 ff.): *Hampe*, Studies presented to D. M. Robinson I (1951) 336 ff.; *Herrmann*, AM. 77, 1962, 8 ff. – Die von *Dörpfeld* (AO. 104 ff. Taf. 4, 6, 7) als »griechisches Brunnenhaus« gedeuteten Reste gehören zu zwei durch die Herodes-Exedra überbauten archaischen Kultbauten: *Schleif-Weber*, OlForsch. I 65 Abb. 10 Taf. 33; *Hampe* a. O. Abb. 2; *Herrmann* a. O. Abb. 1.

166 »Altarfundament« südlich vom Heraion (s. oben Anm. 160) = Haus 1: *Dörpfeld*, AO. 93 f. Abb. 18 Taf. 5 und 17. Der Grundriß ist aus den geringen Resten nicht mehr zu ermitteln. Ob es sich wirklich um ein Haus vom Typus der übrigen handelt, ist daher nicht absolut sicher. In der Steinsetzung fand sich ein Kindergrab (Pithosbestattung mit einem der oben Anm. 3 genannten Gefäße): *Dörpfeld*, AO. 96 Abb. 18 und 19, »Grab 3«. – »Zeusaltar« = Haus 7: s. oben Anm. 160.

167 *Dörpfeld*, AO. 73 ff. Gesamtplan: Taf. 17. – Haus 1: s. Anm. 166; Haus 2: 8 ff. Abb. 9 Beil. 3 b; Haus 3: 81 ff. Abb. 7 (Grundriß) Abb. 8 (Schnitt) Beil. 3 a; Haus 4 (nachmykenisch, nicht zur bronzezeitlichen Siedlung gehörig; vgl. S. 71): 90 ff. Abb. 13 Beil. 4 b; Haus 5: 87 f. 76 Abb. 3 (Grundriß) 77 Abb. 4 (Schnitt) Beil. 2; Haus 6: 89 f. Abb. 11 Beil. 4 a; Haus 7: oben Anm. 166, vgl. *Gardiner*, Olympia 26 ff.; *Rodenwaldt-Hege* 17 f. Abb. 6. – Die Funde: *Weege*, AM. 36, 1911, 163 ff. Abb. 1–22 Taf. 5 und 6; *Dörpfeld* AO. Abb. 10 und 12, Beil. 25, Taf. 22.

168 Monochrome Keramik mit Ritzmustern: *Weege* a. O. 164 ff. Abb. 1 ff. Taf. 5; *Dörpfeld*, AO. Beil. 25 Taf. 22. »Minysche« Importstücke oder Imitationen: s. vor allem zweihenkelige Becher wie *Weege* a. O. 167 Nr. 13–20 Abb. 5–7; *Dörpfeld*, AO. 86 Abb. 10 Taf. 22, 14 bis 15. Mattmalerei: *Weege* a. O. 175 f. Abb. 19. 20 b, c. – Zur Beurteilung dieser Keramik vgl. *Sperling*, AJA 46, 1942, 84 Nr. 27; *McDonald-Simpson*, AJA. 65, 1961, 226 Nr. 8; *Herrmann*, AM. 77, 1962, 24 Anm. 97. – Leider hat diese reiche und wichtige Fundgruppe mittelhelladischer Keramik bis heute keinen sachverständigen Bearbeiter gefunden. –

Vgl. auch die Fundstelle bei Miraka östlich Olympia (Dörpfelds »Pisa«): oben S. 48 Anm. 156. Inzwischen sind weitere mittelhelladische Fundstellen bekanntgeworden: s. unten S. 63 Anm. 240.

169 Zum Typus der Apsidenhäuser: *D. M. Robinson*, RE. Suppl. VII (1940), 224 ff. *Herrmann* AM. 77, 1962, 24 Anm. 97; *Schachermeyr*, AA. 1962, 213; *Drerup*, AA. 1964, 183 ff.; *Ders.*, Griechische Baukunst in geometrischer Zeit (Archaeologia Homerica II O, 1969) 82, 92 f.

170 *Dörpfeld*, AO. 77 ff. Abb. 3–5 Beil. 2.

171 *Dörpfeld*, AO. Taf. 6 und Taf. 8; vgl. auch Taf. 7.

172 Fragmente frühhelladischer »Schnabeltassen« und Pithoi: s. unten S. 61 Anm. 197, 198. Die Scherben lagen unterhalb der tiefsten Schichten des Stadion-Nordwalls »in den tieferen Schwemmschichten als Treibgut und wurden nie in einem deutbaren Zusammenhang gefunden« (OlBericht VIII 22); sie sind offenbar aus den Trümmern einer irgendwo oberhalb von Altis und Stadion vorauszusetzenden Siedlung in die Talsenke unterhalb des Kronoshügels eingeschwemmt worden. – Zu den mittelhelladischen Funden in der Umgebung s. unten S. 63 Anm. 240.

173 Für die geometrische Zeit ist der Bautypus durch das bekannte Tonmodell eines Kultbaus aus dem Athenatempel von Perachora (*H. Payne*, Perachora I [1940] Taf. 8; hier Abb. 36) sowie durch mehrere Grabungsfunde bezeugt: *H. Drerup*, Griechische Baukunst in geometrischer Zeit (Archaeologia Homerica, II, O, 1969) 25 ff., 92 ff.; dazu jetzt ein Kultbau des 8. Jhs. in Eretria: AJA. 75, 1971, 302 Abb. 3. Im Apollonheiligtum von Thermos (Aetolien) schließt sich der älteste Tempel (»Tempel B«), der bis gegen Ende des 7. Jhs. gestanden hat, mit seiner gekrümmten Rückwand und der ovalen Führung seiner hinteren Stützenfundamente an einen prähistorischen Vorgängerbau vom Typus des Apsidenmegarons an: *Rhomaios*, Arch. Delt. 1, 1915, 222 ff. Abb. 2; *Gruben* 32 f. Abb. 25; *Drerup*, Marburger Winckelmanns-Programm 1963, 1 ff.; *Ders.*; AA. 1964, 187 f.; *Ders.* Griechische Baukunst in geometrischer Zeit 14 ff. – S. unten S. 71 f.

174 *Dörpfeld*, AO, 118 ff. Abb. 21–24 Taf. 5 unten. Von den 17 Suchgräben ergaben 8 einen positiven, 5 einen schlecht er haltenen bzw. unsicheren, 4 einen nega tiven Befund: AO. 120 Abb. 23.

175 Ob die Oberfläche von Pelopion I an dieser Stelle festgestellt wurde oder vielleicht nur auf Grund von Beobachtungen an anderen Stellen rekonstruiert ist, läßt sich dem Text nicht entnehmen. Merkwürdig ist auch, daß auf Abb. 21 (= *Dörpfeld* AO. Abb. 3) der Steinkreis nirgends eingezeichnet ist, obwohl er eigentlich im Bereich von Haus 5 hätte auftreten müssen. Auch ist wohl die Hügeloberfläche auf dem Schnitt Abb. 22 zu flach gezeichnet, denn der Hügelfuß mit dem Steinkreis muß dort in größerer Tiefe angenommen werden (etwa bei – 250). Möglicherweise ist also die Überschneidung von Apsidenhaus 5 und Pelopion I bei der Ausgrabung nicht exakt beobachtet worden, sondern beruht nur auf einer Kombination Dörpfelds. Korrekterweise hat Dörpfeld daher auch im Grundriß und Schnitt den Steinkreis nicht eingezeichnet. Dies ist jedoch letzten Endes von geringem Belang, da die Folgerungen sich aus dem Gesamtbefund ohne weiteres ergeben. Der exakte Beweis könnte nur durch eine Nachgrabung erbracht werden. – Inwieweit die drei Hügeloberflächen auf Taf. 5 unten beobachtet oder nur rekonstruiert sind, muß gleichfalls dahingestellt bleiben (s. auch Anm. 176).

176 Auf dem Schnitt *Dörpfeld* AO. 80 Abb. 6 ist der Steinkreis von Pelopion I im Bereich der NW-Ecke des Pelopions bei etwa – 280 eingetragen mit der Bemerkung »von SW nach NO ansteigend«. Darunter liegt bei – 363 eine Kiesschicht »mit prähist. Henkel«: sicher nicht die Schicht der Apsidenhäuser (die rund 2 m höher liegt), sondern eine ältere Schwemmablagerung, in welcher der prähistorische (frühhelladische?) Henkel lediglich Streufund ist. AO. Taf. 5 liegt der Steinkreis im Norden bei – 290 m, im Süden bei – 300 m, während »Grab 3« (Haus 1) mit – 123 m OK. und – 173 m UK. eingetragen ist. Man fragt sich indes, ob Dörpfeld das schon von der alten Grabung freigelegte »Grab 3« überhaupt noch in intaktem Zustand vorgefunden hat. Im Text wird dazu nichts gesagt; man hat den Eindruck, daß Dörpfeld sich auf alte Beobachtungen stützt; er verweist auf den großen Lageplan der alten Grabung (AO. 93 f., 96). Daher bleibt dieser Befund wohl besser ganz außer Betracht.

177 So z. B. mit Entschiedenheit noch *O. W. v. Vacano*, Das Problem des alten Zeustempels in Olympia (1937) 21 f., 25; ähnlich *J. Wiesner*, RE. XVIII 1 (1939) 78: »Wichtig ist, daß sich keine Kontinuität des Kultes feststellen läßt«. In gleicher Weise äußerten sich in jüngster Zeit auch *P. Ålin*, Das Ende der mykischen Fundstätten auf dem griechischen Festland (1962) 69 (». . . daß mindestens dieser Platz in mykenischer Zeit keine bedeutende Rolle spielte«) und *V. R. d'A. Desborough*, The Last Mycenaeans and their Successors (1964) 91: »There are no grounds as yet for supposing that Olympia was a sanctuary area of the Mycenaean periods«; desgleichen *J. Bouzek*, Homerisches Griechenland (1969) 63: »Mykenische Besiedlung ist im Tempelbezirk (Altis) und auch in dessen Umgebung belegt, aber ein sicherer Beweis dafür, daß hier eine Kultstätte bestanden hätte, liegt nicht vor«. Dagegen stellen *McDonald* und *Simpson* (AJA. 65, 1961, 226 Nr. 7) fest: »The continuity from MH through LH has very important implications for the prehistory of the cult«.

178 *Rodenwaldt-Hege* 17.

179 *Furtwängler*, Kl.Schr. I 342 und 452 ff.; *Ders.*, Aegina 471; *Buschor und Schweitzer*, AM. 47, 1922, 48. Lange war die unter Apsidenhaus 4 gefundene spätmykenische Scherbe (AM. 36, 1911, 176 Abb. 20 a; s. oben S. 51) das einzige sicher datierbare publizierte Fundstück Olympias aus der mykenischen Epoche. Zwei geriefelte Becherfüße (Olympia IV 199 Nr. 1285 und 1286 Taf. 69) sind möglicherweise mykenisch (*A. Furumark*, The Mycenaean Pottery [1941] 61 Abb. 17, 276), können aber auch nachmykenisch (protogeometrisch?) sein, vgl. *Benton*, BSA. 44, 1949, 309 f. Abb. 1; *Desborough* a. O. 91. *Furtwängler* erwähnt a. O. noch zwei weitere Exemplare, die »in tiefen Schichten unter dem Heraion, zusammen mit den primitiven Tieren und Menschen gefunden wurden«. *Dörpfeld* nennt AO. 87 unter den Funden aus der Zerstörungsschicht über Haus 5 zwei Becherfüße, die er für mykenisch hält, einer davon geriefelt. Mykenisch kann auch die Hydria Olympia IV Taf. 69, 1287 sein, was schon *Furtwängler* erwog (a. O. 199); zustimmend: *Ålin* a. O. 69; zweifelnd: *Desborough* a. O. 91. – Wie tief verwurzelt die Vorstellung von der angeblich »mykenischen Fundlücke« in Olympia auch heute noch ist, mag etwa die folgende Äußerung aus einem 1968 erschienenen Aufsatz des schwedischen Archäologen *R. Hägg* über »Mykenische Kultstätten im archäologischen Material« (Opuscula Atheniensia VIII [1968] 55) verdeutlichen: »In der nächsten Umgebung lagen jedenfalls in dieser Periode – im Gegensatz zu dem, was früher angenommen worden ist – mehrere Siedlungen, deren Einwohner einen Kult in der Altis gefeiert haben könnten. Das fast vollständige Fehlen mykenischer Keramik im heiligen Bezirk spricht jedoch gegen diese Annahme«. – Ein Urteil über die mykenische Keramik von Olympia wird sich erst fällen lassen, wenn die Altis einmal in ihren tiefsten Schichten systematisch erforscht sein wird. Solange dies nicht der Fall ist, möge man sich vor Augen halten, was *Dörpfeld* AO. 281 f. über die Grabungspraxis schreibt: »bei den großen olympischen Ausgrabungen sind . . . fast keine Topfscherben gesammelt oder auch nur beachtet worden«. Dörpfeld gibt zu, daß er »selbst damals . . . ihren Wert noch nicht gekannt und ihre große Bedeutung erst im Jahre 1882 von Schliemann in Troja gelernt« habe: »Es unterliegt daher für mich keinem Zweifel, daß in Olympia damals manche mykenische und zahllose vormykenische Scherben mit den Erdmassen unbeachtet in den Alpheios und Kladeos geworfen worden sind«. Im übrigen bleibt zu beachten, daß wir einstweilen noch nicht genau wissen, ein wie großer Teil bisher unklassifizierter prähistorischer Gefäßreste von monochromer lokaler Gebrauchsware in mykenische Zeit gehört, solange für sie keine stratigraphischen Beobtungen vorliegen.

180 S. unten S. 65 Anm. 222.

181 Zuerst in der Akademieabhandlung von

1879 (= Kl. Schr. I 341 ff.), dann in Olympia IV 28 ff.

182 Vorgeschichtliche Funde sind, wie bereits mehrfach erwähnt, in den neuen Grabungen, deren Ziele außerhalb der eigentlichen Altis lagen, nur als Streufunde ohne stratigraphischen Zusammenhang aufgetreten. – Bei der Ausgrabung der Phidiaswerkstatt am Westrand der Altis erwies sich, daß dieses Gebiet noch bis zum späten 8. Jh. v. Chr. zum Überschwemmungsgebiet des Kladeos gehörte (*Schiering*, OlForsch. V, 1964, 139). Zwar fanden sich auch hier vereinzelte prähistorische Scherben (mittelhelladische Ritzware: a. O. Taf. 59), doch scheint dieses Gebiet erst im Verlauf des 7. Jhs. der Nutzung zugänglich geworden zu sein. Dieses Ergebnis ist wichtig insofern, als es das Feld für noch erfolgversprechende Untersuchungen früher Schichten nach Westen zu einschränkt.

183 Olympia IV 43. Als wichtigster Fundort wird wiederum das Gebiet zwischen Pelopion und Heraion angegeben, und zwar »jene tiefste Schicht, welche älter als das Heraion ist«. Außerdem wird die Umgebung des Altars vor dem Metroon genannt.

184 Olympia IV 4; *Furtwängler*, Kl. Schr. I 342.

185 Vgl. auch den etwas weiter westlich gelegten Schnitt *Dörpfeld*, AO. Taf. 6.

186 Vgl. Olympia IV 1, wo die stratigraphische Situation im Heiligtum geschildert wird. Dort heißt es von den Schichten z. B.: »Vielfach ist ihre regelmäßige Folge gestört, was bei der allmählichen Anlage der zahlreichen großen Bauten und Basen, der Wasserleitungen und zuletzt noch der christlichen Gräber nicht anders als natürlich ist; denn mit all diesem war ja ein Aufwühlen tieferer Schichten verbunden. So konnte es immer geschehen, daß ältere Gegenstände aus der Tiefe in höhere Schichten kamen, und umgekehrt, daß spätere Dinge in die Tiefe gerieten. Vereinzelte Fälle des Vorkommens von Gegenständen in dieser oder jener Schicht dürfen also nur mit Vorsicht zu chronologischen Schlüssen herangezogen werden«. Es heißt auch weiterhin, daß »nur in verhältnismäßig wenigen Fällen genaue Einzelbeobachtungen vorliegen«.

187 Olympia IV 30. Die Richtung, die »allmählich aus der Rohheit des Primitiven zu höheren Kunstformen führte« (d. h. zum eigentlichen geometrischen Stil) war für Furtwängler hingegen jene, die sich »an den Stil des gehämmerten und gebogenen Blechs anlehnte«.

188 Kl. Schr. I 341 ff.

189 Vgl. Sitzungsber. d. Bayer. Akademie 1906 = Kl.Schr. I 446 ff. – Man wird, vom heutigen Forschungsstand her gesehen, mit einem längeren Nebeneinander primitiver, vorwiegend in lokalen Werkstätten hergestellter Produkte ohne ausgeprägte Stilmerkmale mit solchen Erzeugnissen rechnen müssen, die, aus den künstlerischen Zentren Griechenlands stammend, die Stilhöhe ihrer Zeit repräsentieren. Das macht alle chronologischen Spekulationen über den Ablauf der geometrischen Plastik so schwierig, gerade wenn man vom Fundmaterial eines Heiligtums von so »internationalem« Charakter wie Olympia ausgeht.

190 Ich nenne nur einige charakteristische Fundkomplexe von der Peloponnes: *H. Schliemann*, Mykenae (1878) Abb. 2–6. 114–119. 161 Taf. A, a. b. Taf. C, k; *A. J. B. Wace*, Chamber Tombs at Mycenae (1932) Taf. 23,7. 47, 7. 18; *C. W. Blegen*, Korakou (1921) Abb. 132; *Ders.*, Prosymna (1937) Abb. 114. 132. 155. 308. 491. 565. 613–616; *C. W. Blegen-M. Rawson*, The Palace of Nestor at Pylos (1966) I 2 Abb. 302. – *Furtwängler* hat in seiner Ausgrabungspublikation von Aegina die Ähnlichkeit der dort gefundenen Votivstatuetten mykenischer und geometrischer Zeit hervorgehoben: *A. Furtwängler*, Aegina (1906) 375; vgl. die Beispiele ebd. Taf. 108 und 109.

191 Olympia IV 43 f. Taf. 17.

192 Olympia IV 44 zu Nr. 279; *Herrmann*, AM. 77, 1962, 29 Beil. 2,3.

193 Olympia IV Taf. 16, 237; *Herrmann* a. O. 29 Beil. 2, 4; *Kunze*, OlBericht VIII (1967) 214 f. Taf. 107, 1–2. Kunze verweist auf ein Parallelstück in Oxford aus der Sammlung R. M. Dawkins, dessen Herkunft unsicher ist (*J. Boardman*, The Cretan Collection at Oxford [1961] Taf. 44, 526).

194 Im Stadion-Nordwall kam unlängst ein Exemplar zu Tage, dem zwar der Kopf fehlt, das aber dieser Statuette im übrigen völlig gleicht: *Kunze* a. O. 214 Taf. 106, 2–3. Der Ausgräber vermutet für beide Figuren Entstehung in der gleichen Werkstatt.

195 So bei der Anm. 194 genannten Bronzestatuette.

196 OlBericht IV (1944) 105 Taf. 32,1. Ähnlich: OlBericht VIII (1967) 214 Taf. 106 b.

197 BCH. 84, 1960, 714; ArchDelt. 17, 1961/62, Chron. 109 Taf. 122; OlBericht VIII (1967) 13 Abb. 10, 11.

198 *Kunze*, OlBericht VIII (1967) 14. – Zum Gefäßtypus s. *K. Müller*, Tiryns IV (1938) 11 f.; *E. Vermeule*, Greece in the Bronze Age[2] (1966) 40.

199 OlBericht VIII 22 f. Abb. 13. Vergleichsbeispiele: ebd. 14 Anm. 9.

200 OlBericht VIII 13. Zum fraglichen Rest einer prähistorischen Mauer s. ebd. 22 f. Abb. 14.

201 Fundort nördlich des Kronoshügels bei der Baustelle des neuen Museums: BCH. 90, 1966, 824; ArchDelt. 19, 1964, 174; beim Dorf Pelopion (etwa 7 km nordwestlich Olympia): *Schachermeyr*, AA. 1962, 198; im Gebiet des antiken Hafens Pheia (Bucht von Hagios Andreas, nördl. Katakolon): *Schachermeyr* a. O. 198; dort wurden auch zwei Kykladenidole gefunden: Ephem. 1957, 42 Taf. 12; BCH. 83, 1959, 649 ff. Abb. 7; ein weiteres Kykladenidol stammt von Neraida (Kalotetsi), einem Fundort ca. 12 km nördlich von Olympia im Pholoë-Gebirge: ArchDelt. 16, 1960, 126; BCH. 85, 1961, 723.

202 S. oben S. 53. Ob das vorgeschichtliche Dorf Olympia sich »bis über die Grenze der späteren Altis hinaus« erstreckte, ob also tatsächlich »die ganze Altis von Olympia auf seinen Ruinen liegt« (so *Lehmann-Hartleben*, Gnomon 3, 1927, 386), müßte erst noch bewiesen werden.

203 »Minysche« und »mattbemalte« Ware, darunter wohl auch Import aus Mittelgriechenland: s. oben S. 53 mit Anm. 168.

204 Nachweise ebd.; weitere Lit.: AM. 77, 1962, 24 Anm. 97.

205 AO. Taf. 22, 17–27.

206 AO. 94 ff. Abb. 15–19. Die Lage der Gräber ist aus dem Plan ebd. Taf. 17 sowie 76 f. Abb. 2 und 3 zu ersehen. Zu »Haus 1« (= Grab 3) s. außerdem AO. 74.

207 Zur Sitte der Kinderbestattungen in früh- und mittelbronzezeitlichen Siedlungen: *J. Wiesner*, Grab und Jenseits (1938) 56, 67, 69.

208 AO. 99 f.

209 Vgl. AM. 77, 1962, 25 f. Wenn man Schutz gegen den Nordwind haben wollte, was gelegentlich als Begründung für die Orientierung angeführt worden ist (*L. Deubner*, Kult und Spiel im alten Olympia (1936) 6; vgl. *J. Wiesner*, RE. XVIII 1, 77), hätte man den Eingang wohl eher an die Südseite verlegt.

210 S. oben S. 29 ff.

211 Spuren mittelhelladischer Besiedlung in der Umgebung Olympias sind, wie bereits erwähnt, neuerdings mehrfach nachgewiesen worden; die vorgeschichtliche Ansiedlung in der Altis ist demnach heute nicht mehr isoliert (s. unten Anm. 214). Es wäre also durchaus denkbar, daß die Kultstätten von Olympia schon damals zum religiösen Zentrum der umliegenden Ortschaften wurden.

212 Zu Kronos als vorgriechischem Gott s. vor allem: *Pohlenz*, Kronos und die Titanen, Neue Jahrbücher f. d. Klass. Altertum 37, 1916, 549 ff.; *Ders.*, RE. XI 2 (1922), 1968 ff. Zum Kronoskult in Olympia: *Herrmann*, AM. 77, 1962, 3 ff., 32 ff. (dagegen, ohne einleuchtende Gegengründe: *Hampe*, Gymnasium 72, 1965, 80 f.) Daß Kronos ursprünglich ein ländlicher, dem Ackerbau verhafteter Gott ist, läßt sich u. a. aus dem attischen Kronosfest schließen, das eine Art Erntedankfest war: *L. Deubner*, Attische Feste (1932) 152 ff.; *Pohlenz* a. O. 557. Auch das Attribut des Kronos, die Sichel »*Harpe*« oder »*Drepanon*«) weist auf diesen Zusammenhang hin: *Pohlenz* RE. XI 2, 2006 (anders *Makkay*, Acta Arch. Acad. Hungaricae 16, 1964, 44 ff., der die Harpe von orientalischen Sichelschwertern ableitet); die Verknüpfung der Harpe mit der Entmannungssage ist jedenfalls sekundär.

213 *Herrmann*, AM. 77, 1962, 26 ff. Beil. 2, 1–2. Den vorgeschichtlichen Charakter der Statuette erkannte zuerst *E. Kunze*, AuA. 2, 1946, 100 Anm. 10). Eine andere Datierung vertritt *Hampe* a. O. 81. Leider liegen für dieses höchst interessante Stück keine genauen Fundbeobachtungen vor. Der griechische Archäologe Tsuntas las es bei einem Besuch der Dörpfeldschen Grabungen aus dem Schutt der Apsidenhäuser auf. Dies geht aus einer Bemerkung *Dörpfelds* (AM. 32, 1907, VI) her-

vor. *F. Weege*, der die Statuette veröffentlichte, gibt an, daß sie »im Ausgrabungsschutt, der von den alten Apsidenhäusern stammt«, gefunden wurde (AM. 36, 1911, 186). Die Möglichkeit, daß das Idol aus höheren Schichten stammt, läßt sich also nicht ganz ausschließen, nur würde in diesem Fall die formgeschichtliche Einordnung Schwierigkeiten bereiten. – Wenn die beim linken Armstumpf im Bruch sichtbare kleine Höhlung tatsächlich eine »Bohrung für ein Attribut« ist (so *Weege* a. O. 186), dann wäre zu überlegen, ob dieses (wohl aus Metall zu denkende) Attribut nicht vielleicht die Harpe war, vorausgesetzt, unsere Deutung des Idols trifft das Richtige. Doch kann der kleine Hohlraum auch als Flüchtigkeit beim Modellieren erklärt werden.

214 In erster Linie ist das kleine Tal nördlich des Kronoshügels am östlichen Kladeosufer zu nennen, wo schon frühhelladische Reste festgestellt wurden (Baustelle des neuen Museums, s. oben S. 61 Anm. 201): Arch. Reports JHS. 1959/60,11; 1960/61, 14; BCH. 84, 1960, 720 f.; *Schachermeyr*, AA. 1962. 720 f.; ArchDelt. 19, 1964, 174 f. Abb. 1 (Baureste mit schöner minyscher Keramik; dazu eine kreisförmige Steinpflasterung mit Brandspuren, die als Opferstätte gedeutet wurde, aber auch gemeinsamer Herdplatz oder Totenverbrennungsstätte sein kann). Weitere Fundorte sind Kavkania (etwa 6 km nördlich von Olympia): ArchDelt. 22, 1967, Chron. 209; Salmoni: *McDonald-Simpson*, AJA. 65, 1961, 224 Nr. 5; Vromoneri bei Varvassaena: ebd. 224 Nr. 4; *Buck*, Hesperia 32, 1964, 234 Nr. 42 (beide Orte liegen zwischen Olympia und Pyrgos) und südlich des Alpheios der Hügel des Proph. Elias bei Makrysia: *Buck* a. O. Nr. 45; vgl. *McDonald-Simpson* a. O. 229 Nr. 14. Auch der von Dörpfeld als »Pisa« angesprochene Hügel östlich von Olympia bei Miraka muß in diesem Zusammenhang erwähnt werden (s. oben S. 48 mit Anm. 156). Etwas weiter entfernt ist die Fundstelle Hagios Andreas nördlich Katakolon (*Schachermeyr*, AA. 1962, 215; vgl. oben Anm. 201).

215 *Dörpfeld*, AO. 82 Abb. 7 und 8 (Haus 3). Daß die vorgeschichtliche Siedlung in mykenischer Zeit nicht mehr bestand, ergibt sich aus dem keramischen Befund: bis auf eine vereinzelte Scherbe (s. oben S. 53) fehlt einstweilen jedenfalls mykenische Keramik. Die nördlich des Heiligtums im Kladeostal entdeckten mykenischen Gräber (Baustelle des neuen Museums, s. unten Anm. 222) dürften wohl schwerlich auf die Ansiedlung in der Altis zu beziehen sein und, wie *G. P. Themelis* meint, deren Kontinuität bis in mykenische Zeit beweisen (AAA. 2, 1969, 253). Sie gehören vielmehr zu einer weiteren mykenischen Siedlung, deren Reste an eben jener Fundstelle festgestellt wurden.

216 Siehe die Schnitte AO. Abb. 5, 6 und Taf. 7, 8; *Weege*, AM. 36, 1911, 163; vgl. jedoch AM. 77, 1962, 25 Anm. 101.

217 S. oben S. 48. Vielleicht haben damals die Bewohner des mittelhelladischen Dorfes ihre Wohnstätten aus dem Tal auf die Höhe verlegt, wie es ähnlich wohl auch im frühen Mittelalter noch einmal geschah.

218 S. oben S. 45; Nachweise zu den antiken und modernen Erörterungen über diesen Punkt ebd. Anm. 147. Vgl. ferner unten S. 78.

219 Siehe oben S. 30. Daß das Orakel vorgriechischen Ursprungs ist, wird durch seinen chthonischen Charakter, seine Verbindung mit weiblichen Gottheiten und die delphische Parallele nahegelegt.

220 Weder das Hippodameion ist bisher gefunden worden, noch ließen sich die angeblichen Palasttrümmer und der Standort der »Säule des Oinomaos« ermitteln; für die Lokalisierung der Denkmäler auf dem gegenüberliegenden Kladeosufer schließlich (Grab des Oinomaos und Ruinen der Ställe) fehlt einstweilen jeder Anhaltspunkt. Zur Quellen- und Forschungslage s. oben S. 41 f. mit Anm. 129–131.

221 Vgl. oben S. 56. Auffällig ist nach wie vor die relative Seltenheit bemalter mykenischer Keramik in der Altis (s. AM. 77, 1962, 24 Anm. 95) und das Fehlen mykenischer Idolplastik. – Ein mykenisches Idol aus dem Alpheiostal südwestlich Phloka: Arch. Delt. 1, 1963, Chron. 103 Abb. 135; ein Exemplar aus dem Kladeostal nördlich von Olympia (Trypes, vgl. unten Anm. 222): BCH. 90, 1966, 829 Abb. 22. Die von *P. G. Themelis* veröffentlichten Fragmente großformatiger Idole kretischen Typs aus Platanos und Maghira bei Olympia (AAA. 2, 1969, 248 ff. Abb. 1–4) sind jedoch schwerlich antiken Ursprungs.

222 Wiederum ist hier an erster Stelle der bereits mehrfach erwähnte Fundort nördlich des Kronoshügels (Bauplatz des neuen Museums) zu nennen, wo Gräber und Siedlungsspuren schon aus früh- und mittelhelladischer Zeit festgestellt wurden. Hier wurden Teile einer ausgedehnten mykenischen Metropole (12 Schacht- und Kammergräber) ausgegraben, die sich bis auf die Hänge der umgebenden Hügel erstreckt: ArchDelt. 17, 1961/62 Chron. 105 f. Abb. 1 Taf. 112; 20, 1965, Chron. 209 Taf. 228–230; BCH. 85, 1961, 722; 86, 1962, 743; 90, 1966, 824; 92, 1968, 824 Abb. 11–14; *Schachermeyr*, AA. 1962, 283. Am gegenüberliegenden Kladeosufer gibt es eine mykenische Fundstätte in der Nähe des heutigen Bahnhofs Olympia: ArchDelt. 16, 1960, 126; BCH. 85, 1961, 722; *McDonald-Simpson*, AJA. 65, 1961, 226; *Schachermeyr* a. O. 283. Eine bedeutende mykenische Metropole wurde etwas weiter nördlich im Kladeostal bei Stravokephalo (jetzt: Kladeos, etwa 4 km nördlich Olympia) entdeckt und teilweise ausgegraben: BCH. 87, 1963, 795 Abb. 8–9; ArchDelt. 18, 1963 Chron. 103. Weitere mykenische Fundorte im Kladeostal sind Maghira (Pithosgräber: ArchDelt. 21, 1966 Chron. 170; 22, 1967, Chron. 211) und Trypes (2 km nördlich Stravokephalo, unter den Funden ein Idol und ein Eberzahnhelm: BCH. 90, 1966, 829 Abb. 22–25). Auf dem westlichen Kladeosufer gegenüber von Olympia haben wir die mykenischen Funde auf dem Hügel von Druwa, wo wir die Stätte von Pisa vermuten, bereits erwähnt (oben S. 48 Anm. 157). An der Westseite dieses Hügels, unweit des Dorfes Phloka, wurden beim Bau des neuen Alpheios-Staudamms mykenische Gräber festgestellt, die Gefäße und ein Idol enthielten: ArchDelt. 18, 1963, Chron. 103 Taf. 135 a (die Lage des Fundortes ist aus AAA. 2, 1969 Abb. 1 Nr. 3 zu ersehen). Weiter nördlich liegen die Fundorte Platanos (2 Kammergräber mit SH III C – Keramik: BCH. 90, 1966, 824 ff. Abb. 15–21), Kavkania (mykenische Gräber: BCH. 85, 1961, 722; ArchDelt. 22, 1967 Chron. 209) und Neraida (früher Kaloletsi, mykenische Scherben und Perlen aus Glasfluß: *Schachermeyr* a. O. 283). Aus der weiteren Umgebung zwischen Olympia und Pyrgos seien noch die Fundorte Strephi (ArchDelt. 17, 1961/62 Chron. 107; BCH. 86, 1962, 743), Salmoni (*Schachermeyr* a. O. 283), Etia (bei Lantsoi: *McDonald-Simpson* a. O. 226 Nr. 6) und Vromoneri (bei Varvassaena: ebd. 225 Nr. 4) genannt. Funde aus den Perioden SH I–III wurden schließlich auch an der schon mehrfach erwähnten Bucht von Hagios Andreas nördlich Katakolon gemacht: *Schachermeyr* a. O. 281, *McDonald-Simpson* a. O. 224 Nr. 1. Südlich von Olympia, auf den gegenüberliegenden Höhen jenseits des Alpheios, wurde unweit Bambes ein mykenischer Dolch gefunden (BCH. 83, 1959, 658; *Schachermeyr* a. O. 282). Reichausgestattete Kammergräber grub *Yalouris* etwas weiter südwestlich bei Makrysia aus: Prakt. 1954, 295 ff. Abb. 8–13; BCH. 78, 1954, 128 Abb. 29 bis 31; 79, 1955, 253; *Schachermeyer* a. O. 281 f.; *McDonald-Simpson* a. O. 229 Nr. 15; *W. Taylor*, Mycenaean Pottery in Italy (1958) 178 ff. Taf. 16; *P. Ålin*, Das Ende der mykenischen Fundstätten auf dem griechischen Festland (1962) 69 f.; ein mykenisches Tumulusgrab auf dem Hügel Prophitis Elias bei Makrysia: AAA. 1, 1968, 126 f. Abb. 1–4; BCH. 94, 1970, 1008 (vgl. *McDonald-Simpson* a. O. 229 Nr. 14). Aus der weiteren Umgebung Olympia südlich des Alpheios nenne ich noch im Westen Epitalion (*McDonald-Simpson* a. O. 227 ff. Nr. 12 und 13; AAA. 1, 1968, 202 Abb. 3), im Osten Diasella (früher Brumazi), wo mykenische Kammergräber mit reichem Inhalt (BCH. 80, 1956, 287 Abb. 8–9; 81, 1957, 574 ff. Abb. 1–17; 83, 1959, 649) und eine mykenische Siedlung mit 2 m dikker Mauer entdeckt wurden (*Schachermeyr* a. O. 282; vgl. *McDonald-Simpson* a. O. 229 Nr. 17). – Das Fundmaterial aus den erwähnten Orten befindet sich in den Museumsmagazinen von Olympia; es stammt größtenteils aus Grabungen von N. Yalouris und ist leider bisher unbearbeitet geblieben. Zusammenfassende Berichte der jüngsten Zeit (*McDonald-*

Simpson, Prehistoric Habitation in Southwestern Peloponnese, AJA. 65, 1961, 221 ff. mit Fundkarte Taf. 74; *Schachermeyr* a. O. 281 ff.; *V. R. d'A. Desborough*, The Last Mycenaeans and their Successors [1964] 91) sind inzwischen schon wieder überholt. Eine von *P. G. Themelis* veröffentlichte Fundkarte (AAA. 2, 1969, 249 Abb. 1) ist ganz unvollständig.

223 Wir kennen andererseits bisher keine nach stratigraphischen Gesichtspunkten genauer untersuchte Siedlung geometrischer Zeit in diesem Gebiet.

224 Zur Überlieferung und den historischen Folgerungen s. oben S. 43.

225 Die Namen der letzten Könige von Pisa (Pantaleon, Sohn des Omphalion und seine nacheinander regierenden Söhne Damophon und Pyrrhos) werden, im Gegensatz zur Skepsis der älteren Forschung, heute wieder durchweg als historisch angesehen: *Ernst Meyer*, RE. XX 2, 1750 f.

226 Die »acht Städte« der Pisatis: Apollodor bei Strabo VIII 3, 31 p. 356. Vgl. *Ernst Meyer* RE.XX 2 1737 ff., dessen Gleichsetzung von »Pisa« mit »Pisatis« ich allerdings nicht folgen kann.

227 Hierzu im einzelnen *Kiechle*, Rhein. Mus. f. Phil. 103, 1960, 336 ff.

228 *Ernst Meyer* RE. XX 2, 1749 f., 1752, unter Berufung auf *Kahrstedt*, Nachr. d. Gött. Ges. 1927, 167. Anders *A. Hönle*, Olympia in der Politik der griechischen Staatenwelt (1968) 25.

229 »Olympios« (der Olympier) heißt Zeus bekanntlich nach dem Berge Olympos an der Grenze von Thessalien und Makedonien in Nordgriechenland. Der in ganz Griechenland, den Inseln und im westlichen Kleinasien mehrfach wiederkehrende Bergname ist vorgriechischen Ursprungs und bedeutet wohl ursprünglich einfach ›Berg‹. Nicht nur Hochgebirgsgipfel, auch bescheidenere Erhebungen führen diesen Namen (vgl. RE. XVIII 1, 251 f., 258 ff.) Von Thessalien aus verbreitete sich der Zeuskult überall in Griechenland (s. *A. B. Cook*, Zeus I [1914] 100 ff., 116 f.); vom Norden trugen ihn wandernde Stämme bis in die Peloponnes und nach Kreta. »Olympia« als Ortsname bedeutet also »Kultstätte des Zeus«; der alte Name war entweder Pisa oder er steckt vielleicht in dem Wort »Altis«, das sonst nirgends belegt ist und dessen antike Etymologie (elische Sonderform von ἄλσος, Hain: Paus. V 10,1) sprachwissenschaftlich nicht ganz befriedigt; s. oben S. 35.

230 Der Kronoshügel von Olympia steht nicht allein. Einen Kronosberg gab es auch in Lakonien (Ptolemaeus III 14, 35); Diodor erwähnt ein Kronion in Sizilien (XV 16) und sagt an anderer Stelle (III 61), daß es in Sizilien viele Höhen dieses Namens gebe. Oberhalb Chaeronea lag eine von einer Zeusstatue bekrönte Anhöhe, deren Namen Petrachos man so erklärte, daß hier Kronos den berühmten Stein verschlungen habe, den Rhea ihm anstelle seines Sohnes Zeus gereicht haben soll (Paus. IX 41,6); in Wirklichkeit wird es sich um ein altes, von Zeus okkupiertes Höhenheiligtum des Kronos handeln; ganz in der Nähe, in Lebadeia, standen in einem Tempel Kultbilder des Kronos, des Zeus und der Hera (Paus. IX 39, 4).

231 *Pohlenz*, Neue Jahrbücher f. d. Klass. Altertum 37, 1916, 558.

232 Lebadeia und Chaeronea: s. Anm. 230 230. In Athen wurde Kronos zusammen mit Rhea in einem Tempel südlich des Olympieions verehrt, der von Pausanias als dem Zeus zugehörig bezeichnet wird und in dem u. a. eine Zeusstatue aus Bronze stand; Befund und Rekonstruktion: *J. Travlos*, Bildlexikon zur Topographie des antiken Athen (1971) 335 ff. Abb. 437–440.

233 Die Scholien zu Pindar, Ol. III 23 (III 41 c, d *Drachmann*) nennen als Mutter des Pelops die Kronostochter Pluto; diese Angabe behält ihren Wert (den man freilich nicht überschätzen wird, da auch andere Namen genannt werden) unabhängig davon, ob man im Pindartext Κρονίου mit Πέλοπος verbindet (also »Pelops, Abkömmling des Kronos«, was die antiken Erklärer für möglich hielten und auch *Pohlenz*, a. O. 551 Anm. 1 voraussetzt) oder, wie die meisten neueren Interpreten und Übersetzer, mit βάσσαις (»in den Schluchten des Kronions«). Vgl. *O. Gruppe*, Griechische Mythologie I (1906) 656 Anm. 3; *Wüst*, RE. XXI 1, 989; s. auch Paus. II 22,3.

234 Interpretation der Pausaniasstelle und Auseinandersetzung mit der älteren Forschung: *H. Schleif*, JdI. 49, 1934, 139 ff. Der Pausaniastext enthält manche Unklarheiten, auch hinsichtlich der Maße (*Schleif* a. O. 146). Die eigentümliche, »zementierende« Wirkung des Alpheioswassers wird von Pausanias so ausdrücklich hervorgehoben, daß man sie kaum für Erfindung halten kann. Schleif erklärt das Phänomen damit, daß der Zeitpunkt des »Ascheanrührens« (das alljährlich nur einmal, am 19. Tag des Monats Elaphios stattfindet, d. h. Anfang April) mit dem Frühjahrshochwasser des Alpheios zusammenfällt, der dann in seinen Senkstoffen so viele Mineralien mit sich führt, »daß sein Wasser milchweiß getrübt ist . . . Ebenso wie es möglich ist, aus den Senkstoffen des Nilhochwassers luftgetrocknete Ziegel herzustellen, und damit steil geböschte Mauern von zehn oder mehr Metern Höhe zu errichten, die noch nach dreitausend Jahren der Witterung trotzen, so ist es auch vorstellbar, aus solchem Kalkschlamm, gemischt mit fettiger Asche ein dauerhaftes Gebilde von einfachen äußeren Formen zu errichten und durch ständige Pflege und Erneuerung zu erhalten« (*Schleif* a. O. 149).

235 Nach Pausanias (V 13,8) ist der Altar »ebenso weit vom Pelopion wie vom Heraion entfernt und liegt vor beiden«. Wenn man ihn trotz dieser relativ genauen topographischen Angabe an verschiedenen Stellen gesucht hat, so deswegen, weil man bei der Ausgrabung Spuren der Anlage erwartete. So glaubte man, wie bereits erwähnt (oben S. 49 Anm. 160), Reste des Altarfundaments, das man zu einer Ellipse ergänzte, südlich des Metroons und ostwärts vom Pelopion gefunden zu haben, mußte dabei freilich eine grobe Ungenauigkeit des Pausanias voraussetzen; der Mauerrest erwies sich später als Teil eines der mittelhelladischen Apsidenhäuser (»Haus 7«). Eine Steinsetzung zwischen Heraion und Pelopion, an einer besonders ergiebigen Fundstelle frühgeschichtlicher Votive (Olympia IV 2), ließ sich auch nur schwer mit dem Pausaniastext in Einklang bringen, wenn man sie als Zeusaltar deutete, denn sie ist zwar etwa gleichweit vom Heraion und Pelopion entfernt, liegt aber nicht vor, sondern genau zwischen diesen. Auch dieser Rest ist der vorgeschichtlichen Siedlung zuzuweisen (»Haus 1« bzw. »Grab 3«: S. 49 Anm. 160). Die nach Pausanias einzig mögliche Lokalisierung des Zeusaltars zeigt die Zeichnung bei *Schleif*, a. O. Abb. 1. Daß der Boden Olympias für diese Frage noch Aufschlüsse liefern wird, ist bei der intensiven Grabungstätigkeit in diesem Gebiet nicht mehr zu erwarten.

236 JdI. 49, 1943, 146 ff. Abb. 8 und 9; dort auch die Diskussion der älteren Wiederherstellungsversuche. – Neue Rekonstruktion des von Pausanias als Vergleichsbeispiel genannten Aschenaltars der Hera von Samos: *H. Walter*, Das griechische Heiligtum (1965) 58 Abb. 59 (ältere Vorgänger des großen Hera-Altars: *Schleif* a. O. 143 ff. Abb. 4 und 5). Vgl. auch *C. G. Yavis*, Greek Altars (1949) 210 ff.

237 Olympia II 103 Taf. 95,2; *Schleif* a. O. 146 f. Abb. 6; *Dörpfeld*, AO. 186 f. Abb. 49. Die vor der Ostfront der Heraions erhaltenen Reste werden zeitlich zum Tempel gehören, ältere Vorgänger scheinen zerstört zu sein, doch wurden unter dem Fundament frühe Bronzen und Terrakotten gefunden, die zur ältesten Opferstätte gehören können; vgl. Olympia IV 4; *Dörpfeld*, AO. 187. Pausanias gibt an, daß Klymenos den Altar errichtet haben soll, d. h. daß man seine Gründung in die mythische Vorzeit verlegte; es handelt sich um den gleichen Klymenos, Sohn des Kardys aus Kreta, der nach einer der verschiedenen Versionen im fünfzigsten Jahr nach der deukalionischen Flut die Olympischen Spiele neu gegründet haben soll (Paus. V 8,1).

238 Hestia-Altar im Prytaneion: Paus. V 15,9. Von diesem Altar, dessen Flamme Tag und Nacht ununterbrochen brennt, wird die Asche einmal jährlich zum Zeusaltar gebracht. Diese Nachricht ist folgendermaßen zu verstehen: auf dem Zeusaltar selbst verbrannte man nur die Schenkelstücke der Tiere (Paus. V 13,8), das übrige wurde im Prytaneion am Staatsherd verzehrt, die dort aufbewahrte Asche, die an einem bestimmten Tag von den Priestern zum Zeusaltar überführt wurde, diente, mit Alpheioswasser vermischt, zu dessen Aufhöhung (Paus. V 13,11). Ge-Altar: Paus. V 14,10.

239 Pausanias erwähnt zwei Altäre des Herakles: an dem einen wurde er mit dem Namen »Parastates« (»Schützer«) und, wie es scheint, als »idaeischer« Herakles verehrt (Paus. V 14,7; vgl. oben S. 37) der andere lag »in der Nähe des Sikyonierschatzhauses«, er war, wie ausdrücklich angegeben, »dem Sohn der Alkmene« geweiht, von anderen aber den Kureten zugeschrieben (Paus. V 14,9; zu diesem Altar s. *Herrmann*, AM. 77, 1962, 9). Auffällig ist jedenfalls, daß die Bedeutung des Herakles im Kult in keiner Weise der Rolle entspricht, die er im Gründungsmythos Olympias und der Spiele einnimmt; diese scheint vor allem in frühklassischer Zeit bedeutend gewesen zu sein, als Pindars Gedichte und die Metopen des Zeustempels entstanden.

240 *P. Stengel*, Die griechischen Kultusaltertümer[3] (1920) 142 f. Die Opfer für Tote, Heroen und chthonische Gottheiten weisen auch sonst gemeinsame Züge auf; dazu gehört die schwarze Farbe des Opfertiers (s. *Stengel* a. O. 150 f.) und der Opferritus, bei dem das Blut des Opfertiers durch eine Grube (Bothros) in die Tiefe rinnt (*Stengel* a. O. 138 ff.; vgl. *H.-V. Herrmann*, Omphalos [1959] 54, 61 ff., 80 ff.).

241 Paus. V 16,2 und 16,4. Die Heräen (*Heraia*) werden von den ausgewählten sechzehn Frauen veranstaltet, die alle fünf Jahre der Hera ein Gewand weben. Diese Einrichtung wird auf eine Stiftung Hippodameias »zum Andenken an ihre Hochzeit mit Pelops« zurückgeführt. Auf eine Beziehung zwischen Hera und Hippodameia könnte auch die kleine, mit Elfenbein geschmückte Kline hindeuten, die man im Heraion zeigte und als Spielzeug der Hippodameia deutete. Vom heiligen Bezirk der Hippodameia sagt Pausanias (VI 20,7), daß er in der Nähe des »Prozessionstores« gelegen sei. Die Suche nach dem Hippodameion war bis heute erfolglos. Über seine Gründung berichtet Pausanias, daß Hippodameia in Midea in der Argolis gestorben und bestattet gewesen sei, daß man aber ihre Gebeine auf Grund eines Orakelspruches später nach Olympia überführt habe; damit erweist sich die Gestalt der Hippodameia als dem gleichen argivisch-mykenischen »Sagenhorizont« zugehörig wie Pelops, und wie Pelops ist sie aus der Argolis nach Olympia »importiert«.

242 *Dörpfeld* hat das Hippodameion im Nordosten der Altis angesetzt: Olympia I 73 ff.; AO Taf. 1 und 2. Ihm folgen z. B *Boetticher*, Olympia Taf. 29/30; *Gardiner*, Olympia Abb. 4; *Rodenwaldt-Hege* 28 f. Abb. 13–15; desgleichen *Schleif* in seinem Modell (*Rodenwaldt-Hege* 29 Abb. 16, hier Taf. 2 a). Über die Gründe, die zu dieser falschen Lokalisierung geführt haben und die Korrekturbedürftigkeit der alten Anschauungen zuletzt *F. Eckstein*, Anathemata (1969) 16 f. — Im Süosten der Altis vermuteten das Hippodameion z. B. *J. G. Frazer* und *A. W. van Buren*, Graecia Antiqua (1930) 100 Taf. 8. — Auf dem großen Übersichtsplan der Olympia-Publikation (Mappe Blatt III und IV) ist die Entscheidung offengelassen und das Hippodameion sowohl im Nordosten wie im Südosten eingezeichnet.

243 Mit dem »Prozessionstor« (πομπικὴ ἔσοδος : Paus. VI 20,7) kann nur das römische Südwesttor gemeint sein, das Pausanias an anderer Stelle (V 15,2) im Zusammenhang mit dem Leonidaion erwähnt. Dort liegt auch die große Halbrundbasis, deren Identifizierung mit dem Weihgeschenk der Apolloniaten (Paus. V 22,2) kürzlich gesichert werden konnte (*Eckstein* a. O. 15 ff. Taf. 1; s. unten S. 125). *A. Mallwitz* hat die Möglichkeit erwogen, daß einer der beiden bisher unerklärten Bauten D und E westlich der Buleuterien (Olympia Mappe Blatt VI e) das Hippodameion sein könnte (Olympia in der Antike, Ausst.-Kat. Essen 1960, 34). Eine andere Vermutung, die sich an eine Kurvenmauer klassischer Zeit im Gebiet südlich der Südthermen knüpfte (OlBericht V 5), hat sich im weiteren Verlauf der Ausgrabung als unhaltbar erwiesen (OlBericht VII 4 f.).

244 Für *E. Curtius* ist Hera eine achäische Göttin, die durch die Stiftung des olympischen Heraions zur »Landesgottheit« wurde: »diese Gründung ist als erste Tatsache der Landesgeschichte verzeichnet« (Olympia I 17 f.). Die seither mehrfach vertretene Ansicht vom hohen Alter des Herakults (s. etwa: *L. Deubner*, Kult und Spiel im alten Olympia [1935] 17 f. oder *E. Simon*, Die Götter der Griechen [1969] 36) geht letzten Endes von der auffälligen Tatsache aus, daß Hera lange vor Zeus einen Tempel in Olympia hatte. Dieses Argument ist natürlich nicht stichhaltig, denn wenn man das Alter des Herakultes mit dem des Heratempels gleichsetzen würde, so käme das — selbst bei dem höchsten heute vertretbaren Datum für die Erbauung des Heraions — einem relativ späten Ansatz gleich (s. *Kunze*, AuA. 2, 1946, 97). — Die seit *E. Curtius* (Olympia I 21) früher häufig vertretene These, die »Heräen« (s. oben Anm. 241) seien älter als die Olympischen Spiele, dürfte heute schwerlich noch Anhänger finden; vgl. *Gardiner*, Olympia 215. — An die Einführung des Herakultes durch Pheidon von Argos dachten außer *Gardiner* (Olympia 88 f., 207 f.) auch *U. v. Wilamowitz-Moellendorff* (Pindaros [1922] 215) und *Rodenwaldt* (Rodenwaldt-Hege 25). Dabei ist weder die Überlieferung über die »Pheidon-Olympiade« (8. Ol. = 748 v. Chr.) über jeden Zweifel erhaben (s. oben S. 44), noch auch der zeitliche Ansatz des Argiverkönigs sicher (*Th. Lenschau*, RE. XIX 1939; das Schwanken vom 9. bis zum 6. Jahrhundert hängt teilweise wiederum mit der Fragwürdigkeit der älteren Teile der Olympionikenliste zusammen). — Zur gesamten Problematik und der Diskussion darüber in der Forschung vgl. *Herrmann*, AM. 77, 1962, 13 ff.

245 Rhea wird an einem Doppelaltar zusammen mit Kronos verehrt: Herodor frg. 29; Scholion zu Pindar Ol. V 5 (*Weniger*, Klio 7, 1907, 150 vermutet, daß diese Angabe in die lückenhafte Stelle bei Paus. V 14,4 einzusetzen ist). Sie bleibt aber im übrigen im olympischen Kult und Mythos eine merkwürdig blasse Gestalt. *E. Simon*, Die Götter der Griechen (1969) 40 meint: »Manches scheint darauf hinzuweisen, daß in vorgriechischer Zeit am Fuß des Kronoshügels eine Göttin verehrt wurde, die Rhea und Hera zugleich war«; was sich die Verfasserin darunter vorstellt, wird freilich nicht ganz klar, zumal sie in diesem Zusammenhang auf das Metroon verweist. Daß Rhea in der Gestalt der dort verehrten Göttermutter aufgegangen ist, liegt durchaus im Bereich der Möglichkeit, läßt sich jedoch nicht beweisen.

246 *Furtwängler*, Olympia IV 2.

247 Zu Oxylos s. oben S. 43. Zur Datierung des Heraions s. unten S. 94.

248 Paus. V 14,10. In Delphi ist Themis als Vorgängerin Apollons nach Ge Inhaberin des Orakels (Aischylos, Eumeniden 1 ff.); vgl. *H.-V. Herrmann*, Omphalos (1959) 100 f. Auch in Athen hatte Themis ihr Heiligtum in unmittelbarer Nachbarschaft des Bezirks der Ge Kurotrophos; daneben lag noch ein Heiligtum der Demeter Chloe, gleichfalls einer Fruchtbarkeitsgöttin (Paus. I 22,1). Das Verhältnis von Ge und Themis hat Aischylos mit dem Wort charakterisiert: » Θέμις καὶ Γαῖα, πολλῶν ὀνομάτων μορφὴ μία « (Themis und Gaia, viele Namen und doch die gleiche Gestalt: Prometheus 209).

249 Paus. VI 20,6. Zur Identifizierung s. oben S. 31.

250 *Nilsson*, GgrR. 312 ff. — Die Identifizierung des Eileithyia-Sosipolis-Heiligtums mit dem archaischen Kultbau westlich des Sikyonier-Schatzhauses wird *C. Robert* verdankt. Die Deutung dieses Baus als angeblich von Pindar (Ol. IV 17 f.) bezeugte »idaeische Grotte« durch *Dörpfeld* (AO. 18, 38 ff. 106 ff.) kann heute wohl endgültig als erledigt betrachtet werden (s. *Hampe*, Studies Presented to D. M. Robinson I [1951] 335 ff.; *Herrmann*, AM. 77, 1962, 8 ff.). — Im Mythos wird Eileithyia zu Hera in ein Mutter-Tochter-Verhältnis gebracht.

251 Vgl. AM. 77, 1962, 6 Anm. 15–16. Der Typus ist schon für das Neolithikum in Griechenland nachweisbar.

252 S. oben Anm. 101.

253 Paus. V 20,9. Ein terminus post quem für die Datierung des Tempels, der leider ziemlich schlecht erhalten ist, ergibt sich daraus, daß die seit etwa 388 v. Chr. errichteten Zanes-Basen (Paus. V 21,3) bereits auf das Metroon Rücksicht nehmen: Olympia II 39 f.; vgl. *Gardiner*, Olympia 123; OlBericht II 42 f. Zu den frühen Opferablagerungen s. *Furtwängler*, Kl. Schr. I 342; Olympia IV 4; *Dörpfeld*, AO. Taf. 6,8 und 8 sowie Abb. 1. Zu den Kultzusammenhängen s. AM. 77, 1962, 14 ff.

254 In der Altis hatte Artemis einen Doppelaltar zusammen mit Alpheios und fünf

Einzelaltäre, einen weiteren noch außerhalb der Altis: *L. Ziehen*, RE. XVIII 1, 51. Vgl. *L. Weniger*, Der Artemisdienst in Olympia und Umgegend, NJb. 19, 1907, 96 ff. Ein von Pausanias (V 15,6) auf dem Rückweg vom Hippodrom zur Altis erwähnter Artemisaltar wurde unlängst bei den Ausgrabungen wiedergefunden: ArchDelt. 18, 1963 Chron. 107 f. Taf. 142. Als populärste griechische Göttin wird Artemis von *Nilsson* bezeichnet (GgrR. I[2] 481).

255 *Süss*, RE. VIII 1 (1913), 1257 ff.; *U. v. Wilamowitz-Moellendorff*, Der Glaube der Hellenen[3] (1959) 152 ff.; *Nilsson* GgrR. I[2] 337 ff.

256 S. oben S. 32. – Hestia auf der Kultbildbasis: V 11,8 – Zu Hestia in der Kunst allg.: *Fuchs*, EAA. IV (1961) 18 ff.

257 Prytaneion: Paus. V 15,8–9. Olympia II 57 ff. Taf. 43–44. Der Bau stammt wohl aus dem 6. Jh. (*C. Weickert*, Typen der archaischen Architektur in Griechenland und Kleinasien [1929] 177), wurde jedoch in römischer Zeit völlig umgebaut, bis auf den Mittelraum, den man unangetastet ließ und der daher wohl als das »οἴκημα« anzusprechen ist, in dem der Altar der Hestia stand. Von diesem selbst wurden keinerlei Spuren gefunden. – Zu dem vorgeschichtlichen Mauerrest unter dem Prytaneion s. oben S. 32 mit Anm. 106.

258 S. oben S. 32. Nach der bei Phlegon von Tralles erhaltenen Überlieferung soll der Orakelspruch in der 6. Olympiade (754 v. Chr.) eingeholt worden sein.

259 *S. Dakaris*, ArchDelt. 16, 1960, 4 ff.; *Ders.*, Antike Kunst, Beiheft 1, 1963, 33 ff.

260 *Dörpfeld*, AO. 90 ff. Abb. 13 Beil. 4 b (»Haus 4«); s. oben S. 53. Der Bau unterscheidet sich schon durch seine Ost-West-Orientierung von den prähistorischen Apsidenhäusern. Den terminus post quem für seine Datierung gibt die von *F. Weege* publizierte Scherbe, die lange Zeit das einzige sichere Fundstück Olympias aus mykenischer Zeit war: AM. 36, 1911, 177 Abb. 20 a; die Fundlage der Scherbe wurde genau verzeichnet: »0,35 m unter der unteren Steinkante der Mauer, nahezu in der Mitte des Gebäudes« (Tagebuch vom 12. 5. 1908; vgl. *Dörpfeld*, AO. 91).

261 Über die geometrische Architektur informiert jetzt in mustergültiger Weise die erste monographische Behandlung dieser bisher schwer zu überschauenden Materie: *H. Drerup*, Griechische Baukunst in geometrischer Zeit (Archaelogia Homerica, Band II, Kapitel O, 1969); zu den Apsidenbauten ebd. 25 ff.; 72 ff.; 81; 92 f. – Tempel der Hera Akraia von Perachora: *H. Payne*, Perachora I (1940) 27 ff. Taf. 116, 139; *Drerup* a. O. 28 Abb. 24; *B. Schweitzer*, Die geometrische Kunst Griechenlands (1969) 233 Abb. 128. Tonmodelle von Perachora: *Payne* a. O. 34 ff. Taf. 8–9, 117–120; *Drerup* a. O. 72 ff. Abb. 56, 57 a–c, Taf. II; *Schweitzer* a. O. 234 Abb. 129. Weitere Kultbauten dieser Art haben wir möglicherweise in Befunden von Eleusis (*Drerup* a. O. 27), Mykenae (ebd. 28 Abb. 23), Solygeia bei Korinth (ebd. 29 Abb. 25) und neuerdings Eretria (AntK. 14, 1971, 59 ff. Abb. 1–2 Taf. 40, 3–4); doch ist der Grundrißtypus ursprünglich im Profanbau beheimatet.

262 S. oben S. 53. Das Buleuterion hat eine bislang noch nicht ganz aufgeklärte Baugeschichte. *Dörpfeld* hatte zunächst den südlichen der beiden Apsidenbauten wegen seiner leicht gekurvten Längswände für älter gehalten als den nördlichen; doch bestimmten ihn später Bauglieder frühklassischer Zeit, die er dem Südflügel zuwies, seine Meinung zu ändern (Olympia II 79). Man ist heute durchweg der Ansicht, daß die ursprüngliche Auffassung richtig war und daß der Südbau aus dem 6. Jh. stammt und vielleicht im 5. Jh. erneuert wurde; der Nordbau wird in das späte 6. oder frühe 5. Jh. datiert. Später (4. oder 3. Jh. v. Chr.) ist die östlich vorgelagerte Säulenhalle, die beide Flügel miteinander verbindet, einschließlich der quadratischen Anlage zwischen ihnen, von der man nicht genau weiß, wann sie errichtet wurde und ob als Hof oder als überdachtes Gebäude. Vgl. *Dörpfeld*, Olympia II 76 ff.; *Gardiner*, Olympia 271 ff.; *Lehmann-Hartleben*, Gnomon 3, 1927, 391 f., 396; *J. Wiesner*, RE. XVIII 1, 132 f.; *Mallwitz* in: Olympia in der Antike (1960) 35. Die Übereinstimmung des Grundrißschemas mit dem der Apsidenhäuser ist schon seit langem aufgefallen: *Lehmann-Hartleben* a. O. 387; *Dörpfeld*, AO. 99 Weiteres hierzu unten S. 104 f.

263 Das Pelopion scheint, Dörpfelds Untersuchungen zufolge, in seiner Urgestalt eine natürliche Erhebung zu sein. Die Vorstellung, es handle sich um den Grabhügel des Pelops, kann sich erst im Laufe der Zeit gebildet haben. Reste einer Bestattung wurden nicht gefunden. Hierzu paßt vielleicht, daß man das Pelopsgrab schon in der Antike verschieden lokalisierte (vgl. oben S. 42).

264 Olympia IV 2.

265 *Herrmann*, JdI. 79, 1964, 17 ff. Der Aufsatz, in dem erstmalig eine Scheidung der geometrischen Bronzen nach lokalen Werkstätten versucht wurde, hat sowohl Zustimmung wie Ablehnung gefunden: vgl. *Marwitz*, Pantheon 13, 1965, 359 ff.; *Martha Weber*, Ist.Mitt. 16, 1966, 89 ff. und Städel-Jb. N.F. 1, 1967, 7 ff.; *Kunze*, OlBericht VIII (1967) 213 ff.; *D. G. Mitten-S. F. Doeringer*, Master Bronzes from the Classical World (1968) 20, 37 ff.; *C. Rolley*, Fouilles de Delphes V (1969) 7 ff. – Die Masse der bescheideneren Votive ist natürlich an Ort und Stelle gefertigt. Ob die aus anderen Kunstzentren stammenden Bronzen von ihren Stiftern mitgebracht wurden oder ob auswärtige Handwerker vorübergehend in Olympia gearbeitet haben, entzieht sich im einzelnen weitgehend unserer Kenntnis. Zu den Spuren von Werkstattbetrieb in Olympia jetzt *W. D. Heilmeyer*, JdI. 84, 1969, 1 ff.; eine Neubearbeitung der geometrischen Kleinplastik Olympias durch den gleichen Autor ist in Vorbereitung.

266 Mit Recht wies *Gardiner* (Olympia 83) darauf hin, daß schon die Seltenheit weiblicher Idole gegen die These spricht, der älteste Kult im griechischen Olympia sei der Herakult gewesen.

267 Nachweise: AM. 77, 1962, 30 Anm. 119. Vgl. *G. Neumann*, Gesten und Gebärden in der griechischen Kunst (1965) 91 ff.; *B. Schweitzer*, Die geometrische Kunst Griechenlands (1969) 134.

268 S. oben S. 59. Vgl. *Kunze*, OlBericht VIII 221 f.

269 *Kunze*, AuA. 2, 1946, 98 ff.; *Ders.*, OlBericht VII 138 ff.; *Ders.*, OlBericht VIII 213. Anders *E. Simon*, Die Götter der Griechen (1969) 26 f. mit Berufung auf *Hampe* (Götting. Gel. Anz. 215, 1963, 146 ff. und Gymnasium 72, 1965, 76 f.).

270 Olympia IV Taf. 16, 240. 241; *Neugebauer*, Katalog der statuarischen Bronzen im Antiquarium Berlin I (1931) Taf. 5,29; OlBericht IV Taf. 32,4 und 5; OlBericht VII 139 f. Abb. 81. 82. Den gleichen Helm trägt auch der »agierende Mann« OlBericht IV 106 Taf. 32,3, einige Wagenlenker und die Figuren der New Yorker Kentaurengruppe, während bei geometrischen Kriegern der Helmbusch nach vorn gebogen zu sein pflegt: *Kunze*, OlBericht IV 106 Anm. 5; VIII 140 f. – Behelmt sind auch die Tonfiguren Olympia IV Taf. 17, 286–288.

271 Paus. V 14,6. Auf diesem Altar sollte Oinomaos vor den Wettfahrten mit den Freiern seiner Tochter geopfert haben. Hierzu *Weege* (in: Dörpfeld, AO. 449 ff.), der auf dieser Nachricht allzu weitgehende Hypothesen aufgebaut hat. – Einen Helm trug auch das altertümliche Zeusbild, das Pausanias im Heraion neben dem Kultbild der Hera sah (V 17,1); damit ist der Typus des behelmten Zeus noch für die archaische Zeit bezeugt; in der nachgeometrischen Kleinplastik vertritt ihn die Reihe der Statuetten um die sog. Steiner'sche Bronze. (hierzu unten S. 94). – Wir wissen freilich nicht, ob wir der zeichenhaften Bildersprache jener frühen Kunst gerecht werden, wenn wir den Helm als Attribut des Kriegers bezeichnen. Wahrscheinlich ist das zu einengend, die Bedeutung muß weiter und allgemeiner gefaßt werden, denn auch der Kentaur der New Yorker Gruppe trägt einen Helm. Wenn *N. Himmelmann-Wildschütz* von einer »Hieroglyphe für Tapferkeit« spricht (Erzählung und Figur in der archaischen Kunst, AbhMainz 1967, 85) so ist damit die Richtung angezeigt, in der die Deutung gesucht werden muß, die sich indes mit dem Begriff »Tapferkeit« nicht unbedingt zu decken braucht, sondern auch »überragende Kraft«, »machtvolle, gebieterische Erscheinung«, »kämpferische Gesinnung«, »Männlichkeit« usw. komplementär mitumgreifen kann.

272 OlBericht IV Taf. 32,2; VII Abb. 78–80; *B. Schweitzer*, Die geometrische Kunst Griechenlands (1969) Taf. 117–119. Die Brücke zu den mykenischen Idolen schlägt die frühe Statuette Olympia IV Taf. 16, 237 – OlBericht VIII Taf. 107,1.2. Von diesem Kopfaufsatz sind vermutlich zu

trennen weitausladende flache Scheiben, die wohl tatsächlich den breitkrempigen griechischen Reisehut (Petasos) meinen und von Reitern (Olympia IV Taf. 16, 258; *Neugebauer* a. O. I Taf. 5,27) oder Wagenlenkern (Olympia IV Taf. 15, 250; OlBericht VIII Abb. 75–77) getragen werden. Der Petasos scheint auch in der geometrischen Vasenmalerei vorzukommen (Amphora Kopenhagen, CVA. Nat. Mus. 2, Taf. 73,3; *T. B. L. Webster*, From Mycenae to Homer [1958] 175 Abb. 26: ist ein Heros gemeint?). Abwegig ist die Deutung *Schweitzers*, der in diesen Figuren Hermes erkennen will (a. O. 134); der Petasos als Kopfbedeckung dieses Gottes ist erst im 6. Jh. zu belegen: *K. Fittschen*, Untersuchungen zum Beginn der Sagendarstellungen bei den Griechen (1969) 112 Anm. 551.

273 Olympia IV Taf. 17, 290–291 (Ton); Taf. 15, 259–262. 264. 265; *Neugebauer* a. O. I Taf. 5,31 (Bronze). Zur stilgeschichtlichen Entwicklung: *Kunze*, OlBericht VIII 213 ff.

274 *Kunze*, AuA. 2, 1946, 101 ff. Zur weiteren Geschichte dieses Typus s. unten S. 91.

275 Olympia IV Taf. 16, 243; *Herrmann*, JdI. 79, 1964, 42 f. Abb. 22–24.

276 Die ungünstigen Erhaltungsumstände der geometrischen Dreifüße sind die Ursache dafür, daß keine solche Pferdeführergruppe als Ganzes auf uns gekommen ist, sondern daß nur Einzelteile gefunden wurden. Die Zugehörigkeit fast aller ›Lanzenschwinger‹ zu Dreifußringhenkeln ergibt sich aus der senkrechten Ansatzplatte unter den Füßen; die Pferde haben sich teilweise noch am Ringhenkel erhalten oder sie haben eindeutige Befestigungsspuren hinterlassen. Aus der Durchbohrung der linken Hand, die man bei manchen ›Lanzenschwingern‹ beobachten kann, läßt sich schließen, daß sie das Pferd an einem Zügel aus Bronzedraht hielten. Eine Anschauung vermittelt die Rekonstruktion einer solchen Gruppe, die *E. Kunze* veröffentlicht hat: Neue Meisterwerke Abb. S. 9 (= OlForsch. III 149 Abb. 18; hier Abb. 43). Zum Typus und seiner kunstgeschichtlichen Entwickung: *Willemsen* a. O. 61, 148 ff.; *Ders.*, OlBericht VII 192 f.; *Kunze*, OlBericht VII 145 ff.; VIII 224 ff.; *Herrmann*, JdI. 79, 1964, 45 f.; 50 ff. Die Erklärung der Gruppe als »Krieger, der mit seinem Pferd auszieht«, ist von *Kunze* mehrfach ausgesprochen worden: OlBericht IV 117; Neue Meisterwerke 10; OlBericht VII 151.

277 Zum Motiv des Heros mit dem Pferd grundlegend: *Malten*, Das Pferd im Totenglauben, JdI. 19, 1914, 179 ff., bes. 214 ff.; vgl. *B. Schweitzer* Herakles (1922) 76 ff. 105 ff.; *Nilsson*, GgrR. I² 382 f.; *K. Kübler*, Kerameikos V 1 (1954) 27 mit Anm. 66. Der Pferdeführer ist im übrigen ein beliebtes geometrisches Thema; er erscheint auch als gemaltes Bild auf geometrischen, vor allem argivischen Gefäßen und ist auch dort gewiß nicht einfach als »Darstellung aus dem frühgriechischen Ritterleben« zu verstehen (so *I. Scheibler*, Die symmetrische Bildform in der frühgriechischen Flächenkunst [1960] 16; ähnlich auch *Kunze*, OlBericht IV 117), sondern muß mit dem Bildtypus des ›Herrn der Pferde‹ zusammengesehen werden (vgl. *Herrmann*, JdI. 79, 1964, 50 mit Anm. 138; zum Forschungsstand zuletzt JdI. 83, 1968, 21 f. mit Nachweisen); bei Grabgefäßen mit entsprechenden Darstellungen ist auch die Frage zu stellen, ob hier nicht der heroisiert gedachte Tote gemeint ist.

278 *Kunze* hat aus dem Fehlen entsprechender Weihungen in späterer Zeit geschlossen, daß es auch in der Frühzeit keine Pelopsbilder gegeben habe (Antike und Abendland 2, 1946, 100); doch dieses Argument ist nicht stichhaltig. Es gibt geometrische Bildtypen, die später verschwinden; auch die frühen Zeustypen gehören dazu. Entscheidend ist, daß das von uns erschlossene Pelopsbild als eine ins Mythisch-Heroische überhöhte Selbstdarstellung des Kriegeradels der geometrischen Zeit verstanden werden muß. Als die Gesellschaftsschicht ihre tragende Funktion verlor, ging auch das Pelopsbild unter.

279 Olympia IV Taf. 17, 290–291 (Ton); Taf. 15, 259–262. 264. 265; *Neugebauer*, Katalog der statuarischen Bronzen im Antiquarium Berlin I (1931) Taf. 5, 31 (Bronze).

280 Olympia VI Taf. 17, 290.

281 OlBericht IV Taf. 33, 1. Parallelen aus anderen Heiligtümern: *Kunze* ebd. 107; *B. Schweitzer*, Die geometrische Kunst Griechenlands (1969) 166. Vgl. auch die Terrakotta aus Argos: BCH. 93, 1968, 999 Abb. 26. Zur Deutung: *Schweitzer* a. O. 168 f.

282 Tonstatuette der Sammlung Stathatos: *Levi* in Studies pres. to D. M. Robinson I 108 ff. Taf. 4 a, b; Collection H. Stathatos III 32 ff. Taf. 27. Kretische Belege: *Levi* a. O. 117 ff. Abb. 2,4; *F. Matz*, Göttererscheinung und Kultbild im minoischen Kreta, AbhMainz 1958 Nr. 7, 416 f. Abb. 21. Auf Beziehungen anderer Art weist eine Bronzestatuette gleichen Themas aus Samos hin (AA. 1938, 580 Abb. 23; *Schweitzer*, a. O. Taf. 194), die ich für kaukasisch halte (JdI. 83, 1968, 31 Anm. 114; *Schweitzer* denkt dagegen an Herkunft aus Zypern: a. O. 167).

283 S. oben S. 34 Anm. 113. Zum Motiv seiner Verbreitung und Deutung zuletzt: *Schweitzer*, a. O. 165 f.; *Kunze*, OlBericht VIII 216 f. Minoische Vorläufer: *Schweitzer* a. O. 165; *Kunze* a. O. 216 Anm. 8. Bei *R. Tölle*, Frühgriechische Reigentänze (1964) sind diese plastischen Tanzgruppen nicht behandelt (kurze Erwähnung: a. O. 58).

284 Die Deutung als Frauenreigen (*Schweitzer, Kunze*: s. vorige Anm.) kann sich auf Pausanias stützen: er erwähnt zwei kultische Tänze, die in Olympia von den sechzehn Frauen aufgeführt werden, die den Peplos der Hera webten und die Mädchenwettspiele veranstalteten; der eine heißt der Hippodameiatanz (Paus. V 16,6). Im übrigen sind solche Tänze gerade in der Peloponnes vor allem im Dienste der Artemis überliefert (*Nilsson*, GgrR. I² 161 f.), deren Kult in Olympia besonders reich ausgebildet war (s. oben S. 70). Wir geben dennoch der Erklärung dieser Tanzgruppen als Nymphenreigen den Vorzug.

285 S. oben S. 34 Anm. 113. Nymphen wurden in Olympia an drei Stellen verehrt: beim Pelopion (Paus. V 14,10; s. oben S. 32), im Inneren des sog. *Embolos* beim Eingang zum Hippodrom (Paus. V 15,6) und schließlich beim heiligen Ölbaum (Paus. V 15,2; s. oben S. 33). Daß der Tanz zum Wesen der Nymphen gehört, ist in der antiken Überlieferung vielfach bezeugt (s. etwa Aphroditehymnus 261; Athenaeus VI p. 250 A; vgl. *Nilsson*, GgrR. I² 244 ff.); eine lebendige Anschauung dieser Vorstellung in klassischer und hellenistischer Zeit geben uns die attischen Nymphenreliefs, welche die Nymphen, von Hermes angeführt, beim Tanz zeigen (*R Feubel*, Die attischen Nymphenreliefs und ihre Vorbilder [1935]; *J. N. Svoronos*, Das Athener Nationalmuseum [1908] Taf. 73, 74, 96–100; *Fuchs*, AM. 77, 1962, 242 ff. Beil. 64–69).

286 Nachweise: *Kunze*, OlBericht VIII 224 Anm. 25.

287 *Kunze*, Neue Meisterwerke 6 Abb. 3; *Willemsen*, OlForsch. III 68 f. Taf. 46; *B. Schweitzer*, Die geometrische Kunst Griechenlands (1969) 189 Taf. 125. Nach dem Pferdetypus muß der Dreifuß aus einer argivischen Werkstatt stammen; desgleichen das neugefundene Exemplar BCH. 89, 1965, 747 Abb. 4.

288 Zur Geschichte des in Vorderasien seit der Wende vom 3. zum 2. Jt. nachweisbaren Motivs: *A. Moortgat*, Die bildende Kunst des Alten Orients und die Bergvölker (1932) 61 f., 92 ff., 102. Ein Teilgebiet behandelt *H. Demircioglu*, Der Gott auf dem Stier (1939). Nordsyrische Bronzestatuetten: *H. Th. Bossert*, Altanatolien (1942) Abb. 610; *Schweitzer* a. O. Taf. 181. Orientalischer Kesseluntersatz: OlForsch. VI 172 ff. Taf. 72, 73. – Im Orient stehen die Götter mit Vorliebe auf Stieren oder Löwen; das Pferd ist griechische Variante, vgl. *Willemsen* a. O. 69.

289 Auf einer unvollständig erhaltenen geometrischen Bronzescheibe aus Tegea steht eine Göttin auf einem wohl als Pferd zu ergänzenden Tier: BCH. 45, 1921, 385 Nr. 154 Abb. 45; *Technau*, JdI. 52, 1937, 89 f. Abb. 9; *Schweitzer*, a. O. 189 Abb. 105. Das Stück ist von *Willemsen* mit Recht in diesem Zusammenhang herangezogen worden. Doch ist natürlich nicht gesagt, daß es sich bei der Darstellung auf dem olympischen Dreifußbein um die gleiche Gottheit handelt. *Willemsen* läßt die Frage offen: »ein Hippios oder eine Hippodameia muß gemeint sein« (a. O. 69). Dagegen deutet *Schweitzer* die Gestalt als »Herr der Pferde, vielleicht Poseidon« (a. O. 189).

290 *Casson*, JHS. 42, 1922, 209 ff. Abb. 2; *Kunze*, AM. 55, 1930, 143 ff. Beil. 38,1; *R. Hampe*, Frühe griechische Sagenbilder in Böotien (1936) 32 Nr. 3 a Taf. 30; *N. Himmelmann-Wildschütz*, Bemerkun-

gen zur geometrischen Plastik (1964) 12 Abb. 32, 38; *Herrmann*, JdI. 79, 42 f. mit Anm. 119 Abb. 21; *Schweitzer*, a. O. 158 f. Taf. 185. Die jüngst von *K. Fittschen* (Untersuchungen zum Beginn der Sagendarstellungen bei den Griechen [1969] 111, 144 f. Abb. 16) vorgeschlagene Rekonstruktion der Gruppe werden Kenner der geometrischen Bronzeplastik schwerlich überzeugend finden. Der abgebrochene Rest an der linken Flanke des Kentauren wird von *W. Fuchs* (Die Skulptur der Griechen [1969] 323) neuerdings als »Stützrest für den freistehenden Arm oder Gußfehler« erklärt, was jedoch nicht befriedigen kann.

291 *Buschor*, AJA. 38, 1934, 129 ff. Die Diskussion um diese und andere Deutungen in der Forschung (Herakles und Pholos oder Nessos, Peleus und Chiron, Kentaur und Lapith, Gott und Unhold oder Kentaurenkampf allgemein) resümiert *Fittschen* a. O. 124 f. Seine wohlbegründete Ablehnung der These Buschors basiert auf einer neuen Interpretation der Darstellung auf dem bekannten protokorinthischen Aryballos in Boston (Lit.: ebd. 113 f. SB 5), die er überzeugend auf das Pholoe-Abenteuer des Herakles bezieht.

292 *J. Dörig*, Der Kampf der Götter und Titanen (1961) 39 ff. Ähnlich schon vorher *P. Philippson* (Thessalische Mythologie [1944] 144) und *F. Vian* (La Guerre des Géants [1952] 11 f; vgl. Gnomon 34, 1962, 587). Gegengründe nennt *Fittschen* a. O. 124 f.; ihnen wäre hinzuzufügen, daß Kronos nach griechischer Auffassung kein Unhold ist.

293 *Fittschen* a. O. 125 (Herakles und Nessos).

294 Zur Formgeschichte und Bedeutung des griechischen Dreifußes allgemein: *Schwendemann*, JdI. 36, 1921, 98 ff.; zu den geometrischen Dreifußkesseln: *Furtwängler*, Abh.Berlin 1897, 12 ff. (= Kl. Schr. I 347 ff.); *Ders.*, Olympia IV 71 ff. (Rekonstruktionen: Taf. 34); *S. Benton*, BSA. 35, 1934/35, 74 ff. Sämtliche einschlägigen Fundstücke aus Olympia bis 1953 hat *F. Willemsen* gesammelt und zu einer umfassenden Geschichte des geometrischen Dreifußes verarbeitet: Dreifußkessel von Olympia, OlForsch. III (1957). Seine Ergebnisse sind nicht unwidersprochen geblieben; vgl. die Rezension von *Amandry*, Gnomon 32, 1960, 459 ff. und die neue Behandlung dieses Themas durch *B. Schweitzer* (Die geometrische Kunst Griechenlands [1969] 178 ff.). – Eine Bearbeitung der umfangreichen Neufunde unter Heranziehung des alten Bestandes bereitet *M. Maas* vor. – Zum Dreifuß im Kult und seine Beziehungen zu einzelnen Gottheiten: *Willemsen*, JdI. 70, 1955, 85 ff., besonders 92 f. Ebenso wie *Willemsen* betont auch *K. Schefold*, Propyläen-Kunstgeschichte I (1967) 57 die Verbindung des Dreifußes mit Apollon und der Seherkunst. Bei *Schweitzer* fehlt dieser Gedanke; statt dessen heißt es von den geometrischen Dreifüßen: »Sie dienten als Preise bei Leichen- oder Festspielen und wurden am Ort als Weihgeschenke für die Gottheit aufgestellt« (a. O. 174). Beziehungen zur Agonistik und Mantik schreibt auch *F. Matz* den Dreifüßen zu (Geschichte der griechischen Kunst I [1950] 88).

295 *Willemsen* a. O. 2; zu den Fundstellen und Erhaltungsumständen s. ebd. 161 ff. – Ein kleines und anscheinend schmuckloses Exemplar mit eisernen Beinen und Henkeln, das im Stadion-Nordwall gefunden wurde, war wohl Gebrauchsgerät: *Kunze*, Deltion 17, 1961/62, Chron. 114, Taf. 125 b.

296 S. das Fundortregister bei *Willemsen* a. O. 191 ff.

297 Die Belege bei *H. W. Parke*, The Oracles of Zeus (1967) 86 f. mit Anm. 19. Vgl. *Dakaris*, ArchDelt. 16, 1960, 14 ff. Abb. 7; *Ders.*, Antike Kunst, Beiheft 1, 1963, 38 ff. Abb. 5,6. Daß aus dem Klang der Kessel geweissagt wurde, hält *H. W. Parke* für eine erst in christlicher Zeit entstandene Fiktion (a. O. 89 ff.).

298 Vgl. *A. Hönle*, Olympia in der Politik der griechischen Staatenwelt (1968) 26, 41 f., 45 f., 53 ff. u. passim.

299 *Kunze*, Neue Meisterwerke 6 f. Taf. 4–5; *Ders.*, OlForsch. II 115; *D. Ohly*, Griechische Goldbleche (1953) 77 Taf. 28,2; *Willemsen*, OlForsch. III 100, 104 Taf. 62–63; *Des.*, JdI. 70, 1955, 94; *K. Schefold*, Frühgriechische Sagenbilder (1964) 20 Taf. 4 b; *B. Schweitzer*, Die geometrische Kunst Griechenlands (1969) 184 f. Taf. 213; *K. Fittschen*, Untersuchungen zum Beginn der Sagendarstellungen bei den Griechen (1969) 29 ff.

300 Dieser Deutung von *Kunze* (a. O. 6) sind *Ohly*, *Schefold* und andere gefolgt, andere haben ihr widersprochen, so *Willemsen* (JdI. 70, 1955, 94) und *Amandry* (Rev. Phil. 82, 1956, 275); *Schweitzer* spricht vom »Kampf zweier Krieger« (a. O. 184). *Fittschen* (a. O. 31 f.) erkennt in der Darstellung »einen agonalen Faustkampf, sei es einen der Sage, sei es einen des Lebens«. Die Schwierigkeit, die darin besteht, daß die ersten gesicherten Dreifußraub-Darstellungen mehr als anderthalb Jahrhunderte später einsetzen, hatte bereits *Kunze* gesehen (OlForsch. II 115).

301 *Willemsen*, JdI. 70, 1955, 94; vgl. *N. Himmelmann-Wildschütz*, Bemerkungen zur geometrischen Plastik (1964) 12 Anm. 19.

302 Nachweise: *Fittschen* a. O. 28 ff. F 1–8. Bei den Agonen (Lauf, Ringen, Faustkampf) auf einem spätgeometrischen Krater in Athen (Nat. Mus. Inv. 810) sind orientalisierende Kessel als Preise ausgesetzt: *R. Hampe*, Ein frühattischer Grabfund (1960) 54.

303 *Kunze*, OlForsch. II 178 f. 66; auf Taf. 14 und 16 sind die Gegner laut Beischrift Mopsos und Admet bei den Peliasspielen. Hierzu *Kunze* a. O.: »Die Namensgebung genügt, das sonst stets allgemeine Bild agonistischen Lebens in den Bereich des Mythos zu versetzen, dessen Geschehen das Leben gleichsam auf der Ebene einer höheren Wirklichkeit widerspiegelt.« Vgl. auch das neue Fundstück Deltion 17, 1961/2, Chron. 120 Taf. 137 c, bei dem der Agon um den Dreifuß ein Ringkampf ist.

304 *S. Karusu*, Ephem. 1952, 138 ff. Taf. 1–2 (Rekonstruktionsskizze: ebd. Abb. 4, danach unsere Abb. 48 unter Weglassung der Pferdefigur, die mir anachronistisch erscheint); zur ganzen Gattung zusammenfassend zuletzt JdI. 79, 1964, 57 ff. Abb. 49–57, 60–62.

305 a) Jünglingsfigur, jetzt in Athen. Nat. Mus. 6179: Olympia IV Taf. 27, 616, JdI. 79, 1964, 61 Abb. 55/56; b) Stiermensch (Minotauros?), jetzt im Louvre: *A. de Ridder*, Les bronzes ant. du Louvre I (1913) 21 Nr. 104 Taf. 12; JdI. 79, 1964, 61 Abb. 57. – Gleichfalls argivisch, aber später ist die nach Berlin gelangte Figur Olympia IV Taf. 27, 617; JdI. 79, 1964, 65 f., Abb. 60.

306 Inv. B 2800 und B 3390 (vom gleichen Kessel): OlBericht VII 151 ff. Taf. 62–67; JdI. 79, 1964, 58 Abb. 53/54. Etwa gleichzeitig, vielleicht aus einer elischen Werkstatt: Olympia IV Taf. 15, 247 (jetzt Athen, Nat.Mus. Inv. 6177); OlBericht VIII 232 ff. Abb. 88–90 Taf. 112, 113; dazu das neugefundene Gegenstück ebd. Abb. 86, 87 Taf. 110, 111 (nach *Kunze*, AM. 55, 1943, 236 attisch). Die Parallelstücke von der Akropolis: *Karusu* a. O. Abb. 3, 4, 8 und Taf. 1/2; JdI. 79, 1964, 56 Abb. 49–52. Noch später als diese Gruppe ist ein Stützenpaar von der Akropolis (*Karusu* a. O. Abb. 11 und Taf. 4,1. 2; JdI. 79, 1964, 67 Abb. 61) und eine behelmte Figur korinthischer Provenienz aus Delphi (*P. Perdrizet*, Fouilles de Delphes V Nr. 17 Taf. 1,7; JdI. 79, 1964, 67 Abb. 62; Rolley, Fouilles de Delphes V [1969] Nr. 15 Taf. 6).

307 Ol. 70 (500 v. Chr.): Wagenrennen mit dem Maultier-Zweigespann (auf der 84. Olympiade wieder abgeschafft); Ol. 99 (384 v. Chr.): Wagenrennen mit dem Fohlen-Viergespann; Ol. 128 (268 v. Chr.): Wagenrennen mit dem Fohlen-Zweigespann; Ol. 131 (256 v. Chr.): Rennen der Fohlen. – Zur Entwicklung der Agone: *F. Mezö*, Geschichte der Olympischen Spiele (1930) 59 ff.; *Meyer*, Pausanias 601 f.; *H. Bengtson*, Die Olympischen Spiele in der Antike (1971) 35 f.

308 *U. Jantzen*, Griechische Greifenkessel (1955); *H.-V. Herrmann*, Die Kessel der orientalisierenden Zeit. I. Teil: Kesselattaschen und Reliefuntersätze, OlForschungen VI (1966). – Die vielfach vertretene Hypothese, die Attaschen seien urartäische Erzeugnisse, darf als überholt betrachtet werden, seit die Kunst von Urartu durch neue Ausgrabungen und stilanalytische Untersuchungen in ein helleres Licht getreten ist: vgl. OlForsch. VI 59 ff.; *Herrmann*, JdI. 81, 1966, 79 ff.; ferner *Muscarella*, Hesperia 31, 1962, 317 ff.; *M. Riemschneider*. Das Reich am Ararat (1966) 105 f.; *M. van Loon*, Urartian Art, its Distinctive Traits in the Light of New Excavations (1966) 107 ff. Anders: *Kyrieleis*, Marburger Winckelmannsprogramm 1966, 1 ff.; *E. Akurgal*, Urartäische und altiranische Kunstzentren (1968) 37 ff. Ein zusätz-

liches Argument für die auf Grund des stilistischen Befundes evidente nordsyrisch-späthethitische Provenienz der Attaschen ergibt sich aus der Tatsache, daß die zugehörigen konischen Kesseluntersätze mit getriebenen Reliefs versehen sind, deren späthethitischer Stilcharakter unbestritten ist (OlForsch. VI 161 ff. Taf. 65–75; dazu ein Neufund: BCH. 90, 1966, 826 Abb. 12, 13; zum späthethitischen Stil dieser Untersätze: *Barnett*, JHS. 68, 1949, 10; *E. Akurgal*, Die Kunst Anatoliens [1961] 56 ff.; *Ders.*, Urartäische und altiranische Kunstzentren [1968] 48 Anm. 230; *Kyrieleis* a. O. 19 ff.). Natürlich gehören Kessel und Untersätze zusammen, woraus sich für die Anhänger der »Urartu-These« ein kaum zu beseitigendes Dilemma ergibt. Das hat *H. Kyrieleis* klar gesehen; doch wird die von ihm als Ausweg vorgeschlagene Verlegenheitslösung (a. O. 22 ff.) schwerlich Glauben finden.

309 Die Greifenprotome Taf. 19 a (Inv. B 1901; unveröffentlicht) ist ein sehr frühes Beispiel der aus Blech getriebenen Gattung. Für die prachtvolle Löwenprotome Taf. 19 b hatte *Kunze* bei der Erstveröffentlichung orientalische Herkunft erwogen (OlBericht II 107 ff. Taf. 45); daß dieser Löwe zu dem »gemischten« Löwen-Greifen-Kessel B 4224 gehört (s. hier Abb. 23), habe ich OlForsch. VI 13 ff. nachzuweisen versucht.

310 Theoretisch wäre auch die Alternative denkbar, daß die Griechen die Griffattaschen gesondert aus dem Orient bezogen und an ihre eigenen Protomenkessel genietet hätten. Diese Annahme verbietet sich indes meines Erachtens schon aus dem Grunde, weil die Unterseite der Attaschen stets dem Kesselprofil angepaßt ist; Kessel und Attaschen gehören also untrennbar zusammen (vgl. OlForsch. VI 22 f. Abb. 9). Außerdem würde eine Werkstatt wohl in ökonomischer Hinsicht nicht gerade klug handeln, wenn sie Attaschen ohne Kessel liefern und damit auf das bessere Geschäft der Kessel samt Attaschen, das einen erheblich höheren Gewinn einbringen mußte, verzichten würde (vgl. OlForsch. VI 144 f.). – Die besten Beispiele derartiger nordsyrischer Attaschenkessel wurden vor einiger Zeit in einem phrygischen Königsgrab in Gordion gefunden; vorläufige Veröffentlichung: *Young*, AJA. 62, 1958, 151 f. Taf. 25,15. 26,16.

311 Deswegen braucht man nicht gleich sämtliche getriebenen Greifenprotomen als Import anzusprechen (so *Amandry*, BCH. 68/69, 1944/45, 68 ff.; *Ders.*, Syria 53, 1958, 82 ff.; zustimmend *Barnett*, *Akurgal* u. a.; vgl. OlForsch. VI 144 Anm. 6). Dieser Lösungsvorschlag (getriebene Protomen = orientalisch, gegossene Protomen = griechisch) ist zu schematisch und entspricht auch nicht dem stilistischen Befund, der bei den getriebenen wie bei den gegossenen Protomen eine kohärente Entwicklung aufweist. Einstweilen können wir die Ursprünge des Greifenkessels noch nicht in allen Einzelheiten klären. Ich gestehe, daß mir meine Stellungnahme zu dieser Problematik in OlForsch. VI 142 ff. in manchen Punkten revisionsbedürftig erscheint und neu überdacht werden muß.

312 Ikonographie der »Assurattaschen«: OlForsch. VI 39 ff., 51 ff.; »Erfindung« der Assurattaschen durch die Assyrer: ebd. 67 ff. (Flügelattaschen einfacher Form sind in Assyrien geläufig: ebd. 70 Abb. 17–19); Verbreitungskarte: OlForsch. VI 186 Abb. 26; Liste aller Exemplare, nach Fundorten geordnet: ebd. 56 ff.; dazu zwei unveröffentlichte Neufunde aus Olympia (ein vollständiges Exemplar und ein Fragment) sowie eine 1924 gefundene, aber erst 1967 publizierte Attasche aus Delphi (*Cl. Rolley*, Monumenta graeca et romana V 1, Die Bronzen [1967] 15 Nr. 140 Taf. 47). Die beiden unlängst von *U. Jantzen* behandelten neuen Fundstücke aus Samos (Antike Kunst 10, 1967, 91 ff. Taf. 25–26) gehören einem anderen Attaschentypus an, daran können auch die Bemerkungen von *Kopcke*, AM. 83, 1968, 264 zu Nr. 97 (Taf 112) nichts ändern.

313 OlForsch. VI 90 ff. Taf. 29–41. Liste: ebd. 102.

314 Vgl. OlForsch. VI 93 Abb. 20.

315 Dieser Gegensatz ist des öfteren bemerkt und beschrieben worden: vgl. *E. Kunze*, Kretische Bronzereliefs (1931) 277; *Hampe*, OlBericht I 73 und Antike 15, 1939, 38; *F. Matz*, Geschichte der griechischen Kunst I (1950) 152 f.; *L. Alscher*, Griechische Plastik (1954) 55.

316 Zur Werkstattfrage: OlForsch. VI 105 ff.; ermitteln ließen sich: Argos, Sikyon bzw. Korinth, Athen und eine ostgriechische Werkstatt.

317 OlForsch. VI 11 ff. Abb. 7.8, Taf. 1–4. Zu diesem Kessel gehört, wie ich glaube, die hier Taf. 19 b abgebildete Löwenprotome (s. Anm. 309).

318 a) Olympia, Museum; 1938 im Südwall des III. Stadions gefunden (1959 kam aus der Nordwallanschüttung noch das linke Ohr hinzu, ein Beweis für die starke Fundstreuung in Olympia). H. 27,8 cm. OlBericht II 131 ff. Taf. 48–50; *Kunze*, Neue Meisterwerke 13 f. Abb. 23,24; *Matz*, a. O. I 153, 438 Taf. 61; *U. Jantzen*, Griechische Greifenkessel (1955) Nr. 77 Taf. 28,3. 29; *Lullies-Hirmer* Taf. 4; *K. Schefold*, Die Griechen und ihre Nachbarn. (Propyläen-Kunstgeschichte I [1967] Taf. 14.) – b) New York, Sammlung W. C. Baker. Deltion 1, 1915, Parart. 88 f mit Abb.; *Jantzen*, a. O. Nr. 78 Taf. 30,1; Ancient Art in Amerikan Private Collections (Fogg Art Museum Exhibition 1954/55) Nr. 198 Taf. 59 und Titelbild. – c) Athen, Nat.-Mus. Inv. 7682; nach Erhaltungszustand vermutlich aus dem Alpheios. OlBericht II 114 Abb. 70; *Jantzen* a. O. Nr. 79 Taf. 30,2.

319 Die letzte Entwicklungsphase der traditionsreichen Gattung ist unter den Olympiafunden nicht mehr vertreten; sie läßt sich am besten an den von *Jantzen* publizierten Samosfunden ablesen. In Olympia wurden offenbar zu dieser Zeit Greifenkessel schon nicht mehr geweiht. Während in der Anfangs- und Blütezeit peloponnesische Kesselwerkstätten führend waren, scheint sich die Produktion in der Spätphase ganz nach dem ionischen Osten verlagert zu haben, vielleicht nach Samos (s. *Jantzen*, a. O. Taf. 39 ff.; Nachträge: AM. 73, 1958, 41 ff. Beil. 42 ff.). Schon seit dem mittleren 7. Jh. scheinen ostgriechische Werkstätten einen bedeutenden Anteil an der Herstellung gehabt zu haben. Die führende Rolle peloponnesischer Kunstzentren für die Entwicklung des Greifenkessels und während der Hauptphasen seiner Geschichte und die Bedeutung Olympias als wichtigster Fundort wird erst dann wirklich sichtbar werden, wenn der umfangreiche Bestand noch unpublizierter Fundstücke aus den alten und neuen Grabungen bearbeitet sein wird. Die Veröffentlichung wird vom Verfasser vorbereitet und soll in der Reihe »Olympische Forschungen« erscheinen (Die Kessel der orientalischen Zeit, II. Teil).

320 OlForsch. VI 114 ff. (dort die ältere Literatur); *Herrmann*, JdI. 81, 1966, 129 f.

321 OlForsch. VI 120 Taf. 47–49. Der Stierkopf wurde im Stadion-Nordwall gefunden und ließ sich mit einem 20 Jahre zuvor aus der Südwall-Anschüttung geborgenen Kessel vereinigen, der nach Ausweis seiner noch deutlich sichtbaren Ansatzspuren einst mit fünf solcher Attaschen ausgestattet war. Gesamthöhe des Kessels mit Attaschen etwa 0,53 m.

322 JdI. 81, 1966, 136 Abb. 49.

323 Etrurien (Hauptfundorte: Praeneste, Vetulonia, Tarquinia, Cumae): *Jantzen*, Griechische Greifenkessel (1955) 33 ff., 41 ff., 62 f., 74 ff., 80 ff. u. passim; OlForsch. VI, Register S. 194 f., Taf. 5 u. 6. – Phrygien (Gordion): s. Anm. 310.

324 Außer Olympia und Samos: Delphi, Athen (Akropolis), Argos (Heraion), Dodona, Perachora, Kalauria, Amyklaion, Ptoion, Pherai, Delos, Rhodos (Lindos und Kamiros), Milet, Ephesos, Didyma.

325 *A. Furtwängler*, Die Bronzefunde aus Olympia und deren kunstgeschichtliche Bedeutung. AbhAkBerlin 4, 1879 (= Kl. Schr. I 339 ff.)

326 *Herrmann*, JdI 83, 1968, 1 ff.

327 *Kunze*, ArchDelt. 17, 1961/62, Chron. 115 f. Taf. 129, 130; vgl. BCH. 84, 1960, 718 Abb. 6. Die endgültige Veröffentlichung wird vorbereitet. Ein schon früher gefundenes Fragment dieses Komplexes ist das Relief OlBericht V 81 ff. Abb. 37, 38; die damals geäußerte Vermutung über die Herkunft hat sich durch die neuen Funde bestätigt.

328 Inv. B 3600, gefunden 1953. *Willemsen*, OlBericht VII 181 ff. Taf. 79–83. Leider erwies sich die Oberfläche der Bronze als stark korrodiert, doch ließen sich die Darstellungen in mühsamer Arbeit fast lückenlos durch die zeichnerische Aufnahme wiedergewinnen. Unten muß man sich ein Fußstück ergänzen, das wahrscheinlich in einer Löwentatze endete und mit der Vorderwand vernietet war; verloren sind auch die ehemals gleichfalls angenieteten Seitenwände.

329 Das ergibt sich aus der gleichartigen Darstellung auf einem zeitgenössischen Denkmal, der von Pausanias beschriebenen sog. Kypseloslade in Olympia (V 19,1): »Theseus ist da zu sehen, der eine Leier hält und bei ihm Ariadne, den Kranz in der gesenkten Hand«.

330 Vgl. Ilias IX 168 f. Als Odysseus ist der mittlere der drei wegen seiner charakteristischen Kopfbedeckung (Pilos) sicher zu benennen; Phoinix soll nach den Worten Nestors (Ilias IX 168) als Führer vorangehen. Der letzte, der die beiden vor ihm gehenden etwas überragt, wäre dann der »große Aias«. Bei Homer ist allerdings die Reihenfolge anders (Phoinx-Aias-Odysseus); zur Gesandtschaft gehören außerdem noch zwei Herolde. *K. Fittschen* (Untersuchungen zum Beginn der Sagendarstellungen bei den Griechen [1969] 176, SB 81) möchte daher in der Darstellung lieber die Gesandtschaft des Menelaos, Odysseus und Thaltybios nach Troja sehen, die auf einem spätkorinthischen Krater (*K. Schefold*, Frühgriechische Sagenbilder [1964] Taf. 72) dargestellt ist.

331 Zur Bildtradition: *Heidenreich*, MdI. 4, 1951, 103 ff.; *Schauenburg*, BJb. 161, 1961, 219 Anm. 23. – Abgesehen von der losen inhaltlichen Korrespondenz der beiden unteren Bilder ist ein übergreifender thematischer Zusammenhang für die einzelnen Darstellungen nicht erkennbar, ebensowenig wie bei den Schildbandreliefs oder etwa bei der François-Vase, dem größten »mythologischen Bilderbuch« archaischer Kunst, das wir besitzen (*Schefold*, a. O. Taf. 46–52). Die thematischen Harmonisierungsversuche von *Willemsen* (OlBericht VII 190) sind zu künstlich und spekulativ, als daß sie archaischer Erzählweise gerecht werden könnten (vgl. auch Anm. 332).

332 Zu diesem Bildtypus und seiner Geschichte: *E. Spartz*, Das Wappenbild des Herrn und der Herrin der Tiere in der minoisch-mykenischen und frühgriechischen Kunst, Diss. München 1962; *Ch. Christou*, Potnia Theron. Diss. Bonn 1959 (im Druck erschienen 1968). Im Bilde der »Herrin der Tiere« (πότνια θηρῶν) lebt die große vorgriechische Naturgöttin weiter, die unter verschiedenen Namen als Lokalgöttin erscheint, teilweise aber auch in der Gestalt der griechischen Artemis aufgegangen ist. Artemis wird Ilias XXI 470 als » πότνια θηρῶν « bezeichnet. Pausanias beschreibt eine (offenbar schriftlich gekennzeichnete) Darstellung der Artemis auf einem Werk des 7. Jhs., der sog. Kypseloslade im Heraion von Olympia (s. S. 89) und findet es unverständlich, daß sie »Flügel an den Schultern habe und in der einen Hand einen Panther, in der anderen einen Löwen halte« (V 19,5; hierzu *Kunze*, OlForsch II 74 Anm. 1). – Die eigenwillige Benennung der Göttin unseres Dreifußbeins als »Potnia Delos« durch *F. Willemsen* entspringt dem Wunsch, eine Beziehung zu dem darunter befindlichen Theseus-Ariadne-Bild herzustellen; sie beruht auf der philologisch anfechtbaren Gleichsetzung von »Potnia« und »Asterie« (= Delos) in V. 312 und 316 des Kallimachos-Hymnus auf Delos, die *Willemsen* von *H. Gallet de Santerre* übernimmt (Délos primitive et archaique [1958] 179; mit Berufung auf *E. Cahen* und andere). Diese Hypothese erscheint allerdings allzu konstruiert, um zu überzeugen (s. auch *Hampe*, Gymnasium 72, 1965, 84); im übrigen besteht kein zwingender Grund, in dem damals sehr populären Bildtypus etwas anderes sehen zu wollen als das, was man allgemein darunter verstand. »Kyklische« Erzählweise ist weder hier noch auf anderen verwandten Denkmälern nachweisbar (vgl. Anm. 331).

333 Inv. B 5800. Deltion 19, 1964, Chron. 167 Taf. 170 c (Herakles und die Hydra).

334 Das Material zusammengestellt bei *Willemsen*, OlForsch. III 157 ff. und OlBericht VII 190 ff. Dem Dreifußbein B 3600 am nächsten steht das bekannte »Greifenkesselblech«, das im oberen Bildfeld die zeitgenössische Darstellung eines Greifenkessels mit konischem Untersatz aufweist (Bericht I Taf. 17; OlForsch. III 157 f. Taf. 92; wohl zum gleichen Dreifuß gehörig ist das OlForsch. III 158 ohne Abbildung publizierte Fragment B 2494). Bemerkenswert ist ein beim Bau des neuen Museums zutage gekommenes Bein, auf dem Theseus' Begegnung mit der Amazone Antiope, Klytemnästras Ende und eine fragmentierte Mythendarstellung (Zweikampf in Anwesenheit einer Frau) erhalten sind (*K. Schefold*, Frühgriechische Sagenbilder [1964] Taf. 80); es steht künstlerisch in der Nachfolge des eine Generation älteren Kaineusbleches (Taf. 24 c) und muß im frühen 6. Jh. in einer ostgriechischen, vielleicht kykladischen Werkstatt hergestellt worden sein. Dem gleichen Stilkreis gehört der Meister des Klytämnestra-Kassandra-Dreifußbeins aus dem Heraion von Argos an (*R. Hampe*, Frühe griechische Sagenbilder in Böotien [1936] Taf. 41; *Schefold*, a. O. Taf. 32 c), das nicht, wie oft behauptet, argivisch sein kann (vgl. *F. Matz*, Geschichte der griechischen Kunst I [1950] 498: inselionisch). Vgl. auch unten Anm. 343. – Auch gegossene Dreifüße mit reliefgeschmückten Beinen treten in der Spätphase nochmals auf, wohl beeinflußt durch die getriebene Gattung: *Kunze*, ArchDelt. 18, 1963 Chron. 109 Taf. 145 a; BCH. 90, 1966, 813 Abb. 2. Weitere Exemplare unveröffentlicht.

335 Olympia IV Taf. 1, 294–296; OlBericht V 79 ff. Taf. 43.

336 OlBericht I 90 ff. Taf. 34, 35; *Kunze*, Neue Meisterwerke 16 f. Abb. 34, 35. Zur Datierung: *K. Kübler*, Kerameikos VI 2 (1970) 267 Anm. 415. Das ausgeschnittene Relief fügt sich in ein imaginäres Quadrat von ca. 0,80 m Seitenlänge ein. Reste der Holzunterlage waren bei der Auffindung noch feststellbar. Schon *Hampe* und *Jantzen* vermuteten daher einen Metopenbeschlag; doch muß das einzig hierfür in Frage kommende Heraion, an das man damals noch denken konnte, aus solchen Überlegungen ausscheiden, da es nach heutigem Forschungsstand (s. unten S. 93) frühestens am Ende des 7. Jhs. erbaut worden ist. Damit erledigen sich Rekonstruktionsversuche wie *P. Verzone*, Studies pres. to D.M. Robinson I 272 ff.

337 Gegenüber der verniedlichenden Erstveröffentlichung durch *Hampe* und *Jantzen* (ähnlich auch *Langlotz*, NBdA. I 165) hatte schon *Kunze* darauf hingewiesen, daß es »verfehlt wäre, in dem Motiv eine spielerische Verharmlosung der Dämonenwelt zu sehen« (a. O. 17). Die drohende Haltung der alten Greifin kommt durch die erhobene Vorderpranke deutlich zum Ausdruck.

338 *Eilmann*, OlBericht III 148 ff. Taf. 66, 67; *Kunze*, Neue Meisterwerke 16, Abb. 32, 33. Vom Hauptgegenstand der Darstellung ist nur rechts oben das fächerartige Gebilde erhalten, das man figürlich (Flügel? Schwanz eines Vogels?) oder ornamental (Palmette?) auffassen kann; unser Relief bildete also nur eine bescheidene Zwickelfüllung in der monumentalen Gesamtkomposition, es gehört demnach zur Gattung der großformatigen Beschläge wie das Blech Anm. 336.

339 Vgl. etwa *H. Payne*, Necrocorinthia (1931) Taf. 8, 1 u. 3; 10,2; 11,1.2.4.5; 20,2. Ob die beiden kleiner gebildeten Vögel unterhalb des Palmettengebildes wirklich als Junge des voranschreitenden Vogels gedacht sind, scheint mir nicht absolut sicher. Der sich umwendende adlerartige Vogel ist ein charakteristisches korinthisches, wenn auch nicht auf Korinth beschränktes Motiv (vgl. *Payne* a. O. 76, Anm. 9, Taf. 15,9; 2,11 und 12 sowie das Bronzerelief Olympia IV Taf. 38, s. unten Abb. 55). Es handelt sich also hier um konventionelle Tierfriestypik und nicht um »eine besorgte Adlermutter«, die, »vielleicht in der Hoffnung auf einen Beuterest, ihre unflüggen Jungen spazierenführt« (*Eilmann*, OlBericht III 148; ähnlich auch *Kunze*, Neue Meisterwerke 16: »Kampf und Idyll im Tierreich«).

340 *Payne*, a. O. 276 Abb. 118 bis; hierzu *F. Brein*, Der Hirsch in der griechischen Frühzeit (1969) 220 f. *Payne* nennt den Damhirsch mit Schaufelgeweih und geflecktem Fell »ionian« (a. O. 70 Anm. 5), verweist aber im übrigen als weiteres korinthisches Beispiel auf die Jägermetope von Thermos (Antike Denkmäler II Taf. 51; *W. Kraiker*, Die Malerei der Griechen [1958] Taf. 13).

341 Für die Datierung ist der protokorinthische Löwentypus ausschlaggebend; andererseits ist die Bemerkung *Paynes* zu beachten, der Typus des stehenden Adlers mit umgewandtem Kopf sei »very rare before the Corinthian period«. Ein Ansatz gegen Ende der protokorinthischen Stilphase erscheint daher angezeigt. *Eilmanns* Datierung (wiederholt von *Kunze*, Neue Meisterwerke 16) liegt wohl ein wenig zu hoch.

342 OlBericht I 85 f. Taf. 28; *Kunze*, Neue Meisterwerke 17 f. Abb. 36; *F. Matz*, Geschichte der griechischen Kunst I (1950) 497 Taf. 283 b. Breite 30 cm.

343 Der gleichen Werkstatt haben schon *Hampe* und *Jantzen* das Potnia-Theron-Blech OlBericht I Taf. 32/33 (Gegenstück: OlBericht V 88 f. Taf. 48) und das große Blech Olympia IV Taf. 38 zugeschrieben (OlBericht I 86). Die inselgriechische Herkunft entdeckte *Langlotz*, NBdA. I 166 f. Zwei Relieffragmente mit der Ausfahrt des Amphiaraos (OlBericht I 87 f. Taf. 30/31; OlBericht III 150 ff. Taf. 68 u. 69) hat *F. Matz* (a. O. I 497) dieser Gruppe angeschlossen, der er folgerichtig auch das Kassandra-Klytämnestra-Relief aus dem argivischen Heraion (s. Anm. 334) zurechnet (a. O. 498). Anzufügen ist weiterhin, wie bereits erwähnt, das späte reliefgeschmückte Dreifußbein von der Baustelle des neuen Museums (s. Anm. 334). Als inselgriechisch sind auch die beiden gravierten Panzer Olympia IV Taf. 58 u. 59 angesprochen worden (s. unten S. 109). – Einem anderen ostgriechischen Stilkreis gehört das Relief an, das einen typisch rhodischen Steinbock zeigt, der von einer ungeheuren Schlange gepackt wird (OlBericht I 89 f. Taf. 29).

344 Olympia IV Taf. 38, 696. Breite unten 35, oben ursprünglich 25 cm. Den ostgriechischen Stilcharakter des Reliefs erkannte schon *H. Payne* (Necrocorinthia [1931] 230 f.), unverständlich ist nur seine Datierung ins 5. Jh. Auch der Ansatz von *Matz* (a. O. I 498: frühes 6. Jh.) ist vielleicht noch ein wenig zu niedrig. – *Furtwängler* wollte das Blech mit einem Untersatztypus verbinden, wie er aus erheblich späterer Zeit in Etrurien bezeugt ist; doch bleibt dies zweifelhaft.

345 Als recht aufschlußreiches Beispiel sei an den Greifenkessel erinnert, der im Arbeitsschutt der Phidiaswerkstatt gefunden wurde (s. oben Abb. 49), dort also zum »Ausschlachten« bestimmt war, wie viele andere Kessel und sonstige archaische Gegenstände, deren Material man wieder verwendet hat oder die dort zur Wiederverwendung bereitgestellt waren; vgl. *Kunze*, Neue deutsche Ausgr. 290 f. Massenhaft sind dann offenbar im 4. Jh. im Zuge der Neugestaltung des Heiligtums ältere Weihgeschenke abgeräumt worden, wie die Funde aus den Wällen des III. Stadions zeigen. Bei den Gegenständen, die im Freien gestanden haben, werden Korrosion und Beschädigungen die Lebenszeit verkürzt haben. Pausanias scheint keinen geometrischen Dreifuß und keinen Greifenkessel mehr gesehen zu haben; gewiß hätte er nicht versäumt, dies zu erwähnen.

346 *M. v. Massow*, Die Kypseloslade, Diss. Leipzig 1922; abgedruckt AM. 41, 1916, 1 ff. Taf. 1–4. S. ferner *H. Payne*, Necrocorinthia (1931) 125 ff.; *E. Simon*, EAA. IV (1961) 427 ff.; *K. Schefold*, Frühgriechische Sagenbilder (1964) 68 ff. Abb. 26. Zur Datierung s. Anm. 347. – Zu konkreter Anschauung verhilft ein etwas jüngerer Fundkomplex ausgeschnittener Relieffiguren aus Elfenbein, der in Delphi zutage kam: *Amandry*, BCH. 63, 1939, 103 ff. Taf. 35–36; BCH. 64/65, 1940/41, 272 Taf. 19; *E. L. Marangou*, Lakonische Elfenbein- und Beinschnitzereien (1969) 191 f.; *Schefold* a. O. 73 Taf. 64 b. Der korinthische Stil der Figuren ist offensichtlich; sogar die Thematik scheint korinthisch (Amphiaraos!); der Fund ist daher wiederholt mit der Kypseloslade in Zusammenhang gebracht worden (vgl. *E. Simon* a. O. 479). – Der Typus der Truhe ist zu denken wie *G. M. A. Richter*, The Furniture of the Greeks, Etruscans and Romans (1966) 384–389.

347 Die Chronologie des Kypselos, der in Korinth die alte Adelsherrschaft stürzte und die Tyrannis begründete, ist umstritten: 657–627 v. Chr. oder ca. 620 bis 590 v. Chr.; vgl. *E. Will*, Korinthiaka (1956) 472 ff.; *Cosi*, ArchClass. 10, 1958, 81 ff.; *Ducat*, BCH. 85, 1961, 418 ff. Das überlieferte Datum 657 v. Chr. für die Errichtung der Tyrannis in Korinth ist jüngst von *H. Berve* wieder mit Nachdruck verteidigt worden (Die Tyrannis bei den Griechen [1967] I 14 f.). In der Archäologie neigt man hingegen zur Spätdatierung der Kypseloslade, s. *H. v. Steuben*, Frühe Sagendarstellungen in Korinth und Athen (1968) 78; (vgl. jedoch die umsichtigen Bemerkungen von *E. Simon*, EAA. IV 427 f.). Daß »die stilgeschichtliche Datierung in die Zeit nach dem Sturz der Tyrannis« weise (der um die Mitte des 6. Jhs. erfolgte), wie *Berve* mit Berufung auf *Payne* und *Schefold* bemerkt (a. O. I 22; II 528), dürfte eine schwer zu beweisende Behauptung sein, da wir das Werk nicht besitzen. Da Berve an der hohen Chronologie für Kypselos festhält, stellt er die Verbindung der Lade mit Kypselos überhaupt in Frage: entweder sei die Angabe des Pausanias irrig oder die Weihung sei durch Angehörige des Kypselidenhauses erfolgt, die sich nach dem Sturz der Tyrannis noch außerhalb Korinths behauptet haben. Da all dies hypothetisch bleiben muß, wird man sich bis zum Beweis des Gegenteils lieber an Pausanias halten, wenngleich dieser freilich auch nur die mysteriöse Aussetzungsgeschichte des Kypselos als Begründung dafür angibt, daß die Lade als Kypselidenweihung galt; eine Inschrift hatte sie anscheinend nicht, doch wird man eine alte Tradition der Stiftungsgeschichte voraussetzen dürfen.

348 *Caskey*, Museum of Fine Arts Bulletin Boston 20, 1922, 65 ff.; *Rodenwaldt-Hege*, 26 Abb. 11; *E. Homann-Wedeking*, Das archaische Griechenland (1966) 43 ff. Abb. 8/9; *L. H. Jeffery*, The Local Scripts of Archaic Greece (1963) 127 f. Nr. 13 Taf. 19. Die Inschrift lautet: »Die Kypseliden weihten dies aus [der Beute von] Heraklea«. Unter den vielen Städten dieses Namens handelt es sich wahrscheinlich um Heraklea am Golf von Ambrakia; in diesem Gebiet hatte Korinth unter den Kypseliden Eroberungen gemacht. Vgl. *Berve* a. O. II 524. – Zur goldgetriebenen Zeusstatue s. *Berve* a. O. I 17, II 523 f. und unten Anm. 358.

349 Zur altertümlichen Form der Inschriften auf der Kypseloslade gibt Pausanias eigens eine Erläuterung (V 17,6).

350 Olympia III 26 Abb. 23 Taf. 5, 1–2; *J. F. Crome*, Mnemosynon Wiegand (1938) 47 ff. Taf. 7–10; *H. Gabelmann*, Studien zum frühgriechischen Löwenbild (1965) 22 ff. Nr. 2 Taf. 1,2.3 und 32,1. Aufschlußreich ist die selbständige Verarbeitung orientalischer Vorbilder bei diesem frühesten statuarischen Löwenbild der griechischen Kunst. *F. Matz* (Geschichte der griechischen Kunst I [1950] 166) nennt den Kalksteinlöwen von Olympia »die für uns erste griechische Steinskulptur großen Maßstabs«. Der Löwe war als Wasserspeier zugerichtet, muß also zu einer gefaßten Quelle oder einem Brunnenhaus gehört haben. *Crome* hat durch Vergleiche mit protokorinthischen Vasen seine Zugehörigkeit zum korinthischen Kunstkreis und seine Datierung um 675 v. Chr. überzeugend nachgewiesen.

351 Erhalten: eine Frauenfigur fast ganz, der Vorderteil eines Löwen und Fragmente einer zweiten Figur. Die Zugehörigkeit zu einem Becken eines inzwischen gut bekannten Typus erkannte *Furtwängler*. Olympia III 26 Taf. 5, 4–5; *Matz*, a. O. I 196 f. Taf. 120. Das Becken wurde ursprünglich von drei Frauengestalten getragen. Nach Ausweis des bläulichgrauen lakonischen Marmors handelt es sich um ein spartanisches Werk. Zusammen mit dem korinthischen Kalksteinlöwen (Anm. 350) sind durch die beiden Olympiafunde »die frühesten Skulpturen zweier peloponnesischer Landschaften gewonnen« (*Gabelmann* a. O. 30). Auffällig ist der stark orientalisierende Löwentypus. Derartige Becken sind auch von anderen griechischen Fundstätten bekannt (Delphi, Athen, Samos, Rhodos, Isthmia, Olynth): vgl. *Matz* a. O. 196; *Lippold*, Griech. Plastik 31; *Langlotz*, AM. 72, 1962, 117; *C. Blümel*, Die archaischen griechischen Skulpturen (1963) 41 f. Nr. 33; *Gabelmann* a. O. 28 ff. (mit zu später Datierung für das Olympia-Exemplar). Das Motiv der auf Tieren stehenden Göttergestalten ist orientalisch; die löwenbeherrschenden Beckenträgerinnen gehören grundsätzlich zum Typus der »Potnia Theron«.

352 Es überrascht infolgedessen nicht, daß Strabo (VIII 353) den Zeus des Phidias ein »*Xoanon*« nennt (so bezeichnete man an sich die altertümlichen, aus Holz geschnitzten Götterbilder).

353 Inv. B 2000. OlBericht IV 120 Taf. 38/39; *Kunze*, AuA. 2, 1946, 102 Abb. 9/10. Nicht zu verkennen ist der formale Zusammenhang mit den spätgeometrischen »Pferdeführern« der Dreifußringhenkel (s. oben S. 74). Zeitgleich wohl die beiden Aufsatzfiguren OlBericht IV 116 f. Abb. 93, 94. Zum Stil vgl. auch die Ringhenkelhalter oben S. 79.

354 OlBericht IV 122 Taf. 42; *Kunze*, AuA. 2, 1946, 102 Abb. 11. Die in der archäologischen Literatur unter dem Namen »Steiner'sche Bronze« bekannte Statuette hat wegen ihrer Fundlage unter dem

Fußboden des Heraions lebhafte Diskussionen ausgelöst; hierzu unten S. 94. Wollte *Dörpfeld* seinen hohen Ansatz für das von ihm postulierte älteste Heraion halten, mußte er auch die Statuette entsprechend hoch datieren; dabei hatte bereits *Furtwängler* ihre Entstehungszeit schon grundsätzlich richtig bestimmt (Kl. Schr. I 446 ff.). Gleichwohl liegt der einstweilen letzte Versuch, das Stück wieder in die geometrische Zeit zurückzuversetzen, noch gar nicht lange zurück (*Willemsen*, AM. 69/70, 1954/55, 12 ff.); die Zustimmung ist freilich ausgeblieben. Nachweise zur Kontroverse um die »Steinersche Bronze«: unten Anm. 369–372 zu S. 94. Inzwischen hat die Statuette ihre Bedeutung für die Datierung des Heraions verloren.

355 Inv. B. 1999 und B 1701. OlBericht IV 122 f. Taf. 43–46; *Kunze*, AuA. 2, 1946, 102 Abb. 12/13. Kunze hat den eigentümlichen Stil der beiden Statuetten, »ihre innere Widersprüchlichkeit«, die »einzigartig in der griechischen Kunst ist«, richtig analysiert und gedeutet. Er wies darauf hin, daß das Anachronistische der Form »ohne die kultliche Bindung« des Typus nicht zu erklären sei. Für die Deutung der ganzen Gruppe als Zeusbilder, die schon vorher für die »Steiner'sche Bronze« mehrfach ausgesprochen worden war (Dörpfeld, Gardiner, Weege: *Kunze* a. O. 102 Anm. 14), konnte Kunze dadurch eine starke Stütze gewinnen. Denn für gewöhnliche Kriegerfiguren wäre der ganz ungewöhnliche stilistische Befund unverständlich (s. *Kunze*, OlBericht IV 123). Eine von *Willemsen* vorgeschlagene Datierung der beiden Statuetten B 1999 und B 1701 »um die Wende oder im Anfang des 8. Jhs.« (AM. 69/70, 1954/55, 32) wird dem Sachverhalt nicht gerecht; andererseits erscheint der Ansatz von Kunze (kurz vor 600) entschieden zu spät, selbst wenn man – was Kunze mit Recht vorgeschlagen hat – mit der Entstehung in einer elischen Werkstatt rechnet. Mir scheint die Reihe, die aus insgesamt 5 Figuren besteht (außer den vorstehend und in Anm. 353–354 genannten noch die kopflose Statuette Inv. B 1675: OlBericht IV 121 Taf. 40,41), insgesamt in die 1. Hälfte des 7. Jhs. zu gehören; die Begründung dafür habe ich JdI. 79, 1964, 70 f. Anm. 194 zu geben versucht. Die relative zeitliche Aufeinanderfolge, die *Kunze*, OlBericht IV 119 aufgestellt hat, bleibt davon unberührt.

356 *Marinatos*, AA. 1936, 219 ff. Abb. 2, 3; *F. Matz*, Geschichte der griechischen Kunst I (1950) 174 f. Taf. 80 a; *E. Simon*, Die Götter der Griechen (1969) 123 ff. Abb. 119.

357 *Kunze*, AuA. 2, 1946, 103.

358 Paus. V 2,3; s. jedoch oben Anm. 347 zur umstrittenen Kypseliden-Chronologie. Die Berühmtheit des Weihgeschenks geht aus den mehrfachen Erwähnungen in der antiken Literatur hervor (Platon, Phaedrus 236 B, Strabo VIII 353 u. VIII 378; Diog. Laert. I 96; Suidas und Photios s. v. Κυψελιδῶν ἀνάθημα).

359 Paus. V 17,1. Näheres hierzu unten S. 92.

360 Paus. V 22,1 und 24,6. Vgl. *Kunze*, AuA. 2, 1946, 103. Freilich erscheint Zeus noch im Korfu-Giebel (*K. Schefold*, Frühgriechische Sagenbilder [1964] Taf. 43), also im frühen 6. Jh., bartlos (vgl. *G. Rodenwaldt*, Kerkyra II 158; *E. Simon*, Die Götter der Griechen [1969] 29 f.), wenn auch, wie es scheint, zum letzten Mal.

361 Einen archaischen Zeustempel suchte *K. Lehmann-Hartleben* nachzuweisen: JdI. 38/39, 1923/24, 37 ff.; Gnomon 3, 1927, 389 f. Dagegen *F. Forbat* bei Dörpfeld, AO. I 226 ff. – Das Heraion als den ursprünglichen Zeustempel zu erklären, ist die These der Dissertation von *O. W. v. Vacano*, Das Problem des alten Zeustempels in Olympia (1937). Daß Pausanias von altertümlichen Standbildern beider Gottheiten berichtet (V 17,1), hat man vielfach als Beweis dafür angesehen, daß das Heraion anfangs Zeus und Hera gemeinsam gehörte: *Gardiner*, Olympia 52, 207 f.; *Dörpfeld*, AO. I 212 ff.; *Weege*, ebd. II 454 ff.; *Schleif*, JdI. 49, 1934, 140; *W. B. Dinsmoor*, The Architecture of Ancient Greece[3] (1950) 53; *Gruben* 45. Dagegen: *L. Ziehen*, RE. XVIII 1, 57 f.; *Kunze*, AuA. 2, 1946, 101 Anm. 11, 102 f. Anm. 15. Daß die auffällige Breite der Heraionbasis nicht ursprünglich ist, hat neuerdings *Mallwitz* erwogen (JdI. 81, 1966, 325). Könnte die Verbreiterung nicht mit der nachträglichen Aufstellung des Zeusbildes zusammenhängen?

362 Hierzu *C. Robert*, Archäologische Märchen (1886) 112 ff.

363 *E. Simon* hat mit Recht darauf aufmerksam gemacht, daß es in Griechenland offenbar überhaupt keine gemeinsamen Tempel für das Götterpaar Zeus und Hera gegeben habe. »Es sind uns jeweils reine Zeus- oder Heratempel überliefert, wobei sich an Grabungsplätzen die Heratempel immer als die früheren erwiesen« (Die Götter der Griechen [1969] 38).

364 *Dörpfeld*, AO. I 207, 211.

365 *Dörpfeld*, AO. I 201 f.

366 S. oben S. 50 mit Anm. 162.

367 So etwa *F. Matz*, Geschichte der griechischen Kunst I (1950) 362 f.; *W. B. Dinsmoor*, Architecture of Ancient Greece[3] (1950) 47; *Drerup*, Gymnasium, 62, 1955, 158 f. *Gruben* 48 f.; *E. Homann-Wedeking*, Das archaische Griechenland (1966) 120; *C. Krause* bei K. Schefold, Propyläen-Kunstgeschichte I (1967) 237 f.

368 *A. Mallwitz*, Das Heraion von Olympia und seine Vorgänger, JdI. 81, 1966, 310 ff. Die Argumente, die *Mallwitz* aus neuen Beobachtungen an der Ruine wie auch aus einer genauen Überprüfung der Ergebnisse Dörpfelds entwickelt hat, scheinen mir absolut schlagend zu sein. Der Bauvorgang darf damit grundsätzlich als geklärt betrachtet werden, lediglich für die absolute Datierung bleibt einstweilen ein gewisser Spielraum, der durch Nachgrabungen noch eingeengt werden müßte.

369 *Steiner*, AM. 31, 1906, 219 ff. Taf. 18; *Furtwängler*, Kl. Schr. I 447 ff.; *Dörpfeld*, AO. I 11, 202 f.; AO. II 445 f. Beil. 17; *Kunze*, AM. 55, 1930, 159 f. Abb. 2; *Ders.*, OlBericht IV 122 Taf. 42; *R. Hampe*, Frühe griechische Sagenbilder in Böotien (1936) 33, 36, 38; *F. Matz* a. O. I 161 Taf. 69; *Willemsen*, AM. 69/70, 1954/55, 12 ff. Beil. 10; *Herrmann*, JdI. 79, 1964, 70 mit Anm. 194.

370 *Dörpfeld*, AO. I 202 f.; vgl. AO. II 445. Die Fundlage im Opisthodom des Heraions ist eingezeichnet in den Schnitten ebd. Taf. 15 und 16 sowie AO. I 143 Abb. 23. Hierzu *Mallwitz* a. O. 352 f.

371 Vgl. etwa *Rodenwaldt-Hege* 24 (»2. Hälfte des 8. Jhs.«); *Willemsen* a. O. 32 (»1. Hälfte des 8. Jhs.«); *Dinsmoor* a. O. 47 (»rather toward the end of the eighth century«); *Kunze* a. O. 122 (»um die Jahrhundertmitte«); *Matz* a. O. (»nicht mehr subgeometrisch, frühestens kurz vor der Jahrhundertmitte«); *Gruben* 48 (»Mitte des 7. Jahrhunderts«).

372 Mir scheint am ehesten ein Zeitansatz um 680/70 das richtige zu treffen; die Begründung dafür habe ich JdI. 79, 1964, 70 f. Anm. 194 zu geben versucht.

373 *Dörpfeld*, AO. I 211 Abb. 55; *Dinsmoor-Searls*, AJA. 49, 1945, 68; *Riemann*, JdI. 61/62, 1946/47, 50. Die Datierung richtet sich je nach dem Ansatz für das Frühkorinthische, das nach der Payne'schen Chronologie in das letzte Viertel des 7. Jhs. fällt, nach anderen (z. B. Matz, Kübler) bis um 590 herabreicht. Eine präzise Zeitbestimmung für das Alabastron ist ohnehin kaum möglich, da es nur in Zeichnung veröffentlicht ist. – Die bei der Nachgrabung von 1966 gemachten Funde »gehören wohl, was die Keramik anbelangt, noch ins 7. Jh.« (*Mallwitz* a. O. 328 Anm. 26).

374 Die antiken Nachrichten über die Herkunft des griechischen Tempels aus der Holzarchitektur (z. B. Vitruv IV 2) waren von der klassizistischen Kunsttheorie des 19. Jahrhunderts teilweise angezweifelt worden. Insofern war die Entdekkung des Heraions von Olympia in den siebziger Jahren des vorigen Jahrhunderts von großer Bedeutung für die Bauforschung, ließ sich doch hier an einem gut erhaltenen Beispiel die Richtigkeit der Überlieferung nachprüfen und die Frühform des griechischen Tempels zum ersten Mal eingehend studieren. Daß hartnäckige Zweifler dennoch zunächst nicht bekehrt wurden, schildert *Dörpfeld* AO. I 191 ff. – Die Bedeutung des Heraions für die antike Architekturgeschichte kennzeichnen treffend *Gruben* 48 und *Mallwitz*, JdI. 81, 1966, 310. Vgl. auch unten Anm. 384.

375 Olympia I Tafel 20–23. Die Erklärung des Phänomens gibt *Dörpfeld* ebd. Textbd. II 29 f. Anfängliche Bedenken gegen diese Erklärung, die inzwischen längst zum Allgemeingut der Forschung geworden ist, erörtert *Dörpfeld* AO. I 191 ff.; s. auch die Tabelle ebd. 168. – Die gleichmäßigen, sichelförmigen Einarbeitungen auf dem Stylobat, die der Aufrichtung der Holzsäulen dienten, sind noch zu sehen: *Dörpfeld*, AO. I 179 ff. Abb. 47, 48. Taf. 9; vgl. *Mallwitz* a. O. 319 ff. (mit wichtigen neuen Folgerungen

für die Baugeschichte des Heraions). – Für die stark divergierenden Stilformen von Säulen und Kapitellen an ein und demselben Bau gibt es übrigens eine Parallele: den Tempel G in Selinunt: *R. Koldewey – O. Puchstein*, Die griechischen Tempel in Unteritalien und Sizilien (1899) 121 ff.; *Gruben* 279 ff. Abb. 214/215.

376 Da von einem steinernen Gebälk keinerlei Reste gefunden wurden, ist in Anbetracht der guten Erhaltung des Baus die Schlußfolgerung zwingend, daß ein solches niemals vorhanden war. Für ein hölzernes Gebälk sprechen auch noch eine Reihe weiterer Argumente, s. Olympia II 30; *Dörpfeld*, AO. I 171 f. Daß dieses Gebälk mit einem Triglyphenfries ausgestattet war, beweist die Kontraktion der Eckjoche der Ringhalle, die sich am Grundriß beobachten läßt (s. unten S. 97). Auf die Vermutung, das Holzgebälk sei teilweise mit Metallbeschlägen ausgestattet gewesen, wird man vor allem durch den Reichtum an Funden getriebener archaischer Bronzebleche geführt. Entsprechende Zuweisungen sind freilich bisher nicht gelungen. Der Versuch, das bekannte Greifenrelief (Taf. 25) als Metopenbeschlag des Heraions zu erweisen, scheitert daran, daß es älter ist als der Tempel; vgl. oben S. 87 mit Anm. 336.

377 *Dörpfeld*, AO. I 170 Abb. 40 f.

378 Daß der Dachstuhl der Heraions nicht zum Cellaraum hin offen, sondern durch eine Holzdecke abgeschlossen war, geht aus einer Anekdote hervor, die Pausanias berichtet. Ein elischer Fremdenführer namens Aristarchos erzählte ihm in Olympia, »die Eleer hätten zu seinen eigenen Lebzeiten das schadhafte Dach des Heraions instand gesetzt und dabei die Leiche eines bewaffneten Kriegers, der Verwundungen aufwies, gefunden, die zwischen den beiden Dächern, der Zierdecke und dem ziegeltragenden Dach lag. Dieser Mann habe mitgekämpft bei der Schlacht der Eleer gegen die Spartaner in der Altis. Denn die Eleer seien dabei sogar auf die Tempel und alle sonstigen hohen Gebäude gestiegen und hätten von dort aus gekämpft. Dieser Mann scheine sich hier verkrochen zu haben, als ihn wegen seiner Wunden die Kräfte verließen. Und als er seinen Geist aufgegeben hatte, schadete also weder die Hitze des Sommers noch im Winter die Kälte dem Leichnam, da er völlig geschützt lag. Aristarchos erzählte auch noch weiter, daß sie den Leichnam dann nach außerhalb der Altis geschafft und zusammen mit seinen Waffen begraben hätten.« (Paus. V 20,4–5. Übers. E. Meyer)

379 Dies gehört zu den wichtigsten Ergebnissen der neuen Untersuchungen von *A. Mallwitz:* JdI. 81, 1966, 313 ff. Zungenmauern, wie *Dörpfeld* sie annahm, hätten in Höhe der Kultbildbasis den dahinter liegenden Cellateil unzugänglich gemacht (s. den Plan bei Gruben 49 Abb. 38); in Dörpfelds Plan ist daher die Basis weggelassen (AO. I Abb. 45). Außerdem beweisen die sichelförmigen Einarbeitungen auf den Innenstylobaten (vgl. oben Anm. 375), daß dort Holzsäulen gestanden haben müssen, auch an den Stellen, wo Dörpfeld seine Zungenmauern mit Halbsäulen ansetzt. Von solchen und anderen Beobachtungen ausgehend kommt Mallwitz dann durch Untersuchungen am Bau und den Fundamenten zu dem Schluß, daß statt der bis zum Innenstylobat durchgehenden Zungenmauern nur Wandvorsprünge anzunehmen sind. Ihre Tiefe läßt sich nicht mehr mit Sicherheit ausmachen; Mallwitz stellt zwei aus dem Befund zu begründende Vorschläge zur Wahl (0,50 m oder 0,90 m Tiefe: a. O. 322 ff. Abb. 16 und 17) und gibt selbst der zweiten Möglichkeit den Vorzug. – Methodisch ist der Nachweis, daß die bisherige Rekonstruktion der Zungenmauern in dieser Form falsch ist, deshalb von Bedeutung, weil Dörpfeld bekanntlich darin eine Abhängigkeit des Heraiongrundrisses von angeblichen älteren Vorgängern sah.

380 *Mallwitz* a. O. 325 ff. (Datierung des Abbruchs der Wandpfeiler), ebd. 324 (Funktion der Wandpfeiler). Der alte funktionale Sinn der Wandpfeiler ergibt sich aus ihrer Korrespondenz mit den Außensäulen. Zur typologischen und technischen Herleitung der Wandpfeiler (die sich schon an prähistorischen Bauten nachweisen lassen): *H. Drerup*, Archaeologica Homerica II O (1969) 108 f. Erschlossen wurde das Motiv bekanntlich für einen Tempel des frühen 7. Jhs., das Heraion II von Samos (*Buschor*, AM. 55, 1930, 36 ff. Beil. 2. 3,1; AM. 58, 1933, 157 Abb. 16 Beil. 47,3; vgl. jedoch *Drerup* a. O. 108 f.)

381 Gefunden 1878 zwischen dem Opisthodom des Heraions und der Palästra in »byzantinischer Schicht«. Erhaltene Höhe 0,55 m. Olympia III 1 ff.; *Rodenwaldt-Hege* 25 Abb. 10; *F. Matz*, Gesch. d. griech. Kunst I (1950) 203 ff. Taf. 130 f.; *Lullies-Hirmer* Taf. 10. – Zweifel an der Zugehörigkeit des Kopfes zum Kultbild der Hera: *O. W. v. Vacano*, Das Problem des alten Zeustempels zu Olympia (1937) 8 ff. u. passim; *Hill*, Hesperia 13, 1944, 353 ff.

382 *B. Schweitzer*, Leipziger Winckelmannsblatt 1944 = Zur Kunst der Antike, Ausgewählte Schriften II (1963) 28 ff. Taf. 12. Positiv zu Schweitzers Wiederherstellungsversuch: *Riemann*, JdI. 61/62, 1946/47, 51 f.; *I. Scheibler*, Die symmetrische Bildform in der frühgriechischen Flächenkunst (1960) 28; skeptisch: *E. Spartz*, Das Wappenbild des Herrn und der Herrin der Tiere (1962) 122 Anm. 1. Vgl. den Korfugiebel: *G. Rodenwaldt*, Kerkyra II. Die Bildwerke des Artemistempels (1938); *Lullies-Hirmer* Taf. 14–17. – Nach *Dörpfeld* wurde das Kalksteinfragment vor der Basis in 1,30 m Tiefe gefunden, und zwar »auf dem Fußboden und in der stellenweise über ihm befindlichen Brandschicht« von Heraion I, wodurch ihm »einwandfrei« die »Zugehörigkeit zum ältesten Heraion« erwiesen schien (AO. I 151, 203 Abb. 54). – Zu berücksichtigen ist freilich, daß die ursprüngliche Breite der Basis nicht genau feststeht; wenn sie anfänglich schmaler gewesen sein sollte (*Mallwitz* a. O. 325), müßte die Rekonstruktion des Reliefs modifiziert werden.

383 Der sog. Triglyphenkonflikt entsteht dadurch, daß an der Tempelecke die Triglyphe aus statischen und aesthetischen Gründen nicht wie sonst über der Säulenachse stehen kann. Verschiedene Lösungen wurden von den archaischen Architekten erprobt; besonders experimentierfreudig war man in den Randgebieten, namentlich in den großgriechischen Kolonialstädten, in denen der dorische Tempel eine besondere Blüte erlebte. Schließlich setzte sich die »einfache Eckkontraktion« durch, d. h. eine Reduzierung des Eckjochs, wie wir sie beim Heraion finden. Leichtfaßliche Darlegungen des Phänomens geben *H. Kähler*, Das griechische Metopenbild (1949) 19 ff. und *Gruben* 39 ff.

384 Wenn man auch Dörpfelds Überbewertung des Baus nicht folgen kann, so wird man sich doch ebensosehr auch vor einer Unterschätzung hüten müssen. *G. Gruben* hat die fortschrittlichen Züge, gerade in der Grundrißbildung des Heraions, fein charakterisiert (Die Tempel der Griechen 49). Zur Bindung der Cella an die Ringhalle s. die neuen Beobachtungen von *Mallwitz:* a. O. 375. Die Verwendung von Holz mag auch durch den notorischen Steinmangel in Olympia mitbedingt gewesen sein; man sollte ihr keine übertriebene Bedeutung beimessen, zumal die Holzarchitektur des Heraions schon vom Steinbau inspirierte Formen gehabt haben muß, wie die Eckkontraktion der Ringhalle zeigt. Holz und Stein waren in jener Zeit noch austauschbar, die »Versteinerung« des Tempels war noch nicht abgeschlossen. Als eine »recht interessante Kuriosität archaischer Provinzarchitektur« (*Rodenwaldt*, AM. 44, 1919, 184) mag das Heraion allenfalls einem klassizistisch orientierten Betrachter erscheinen; ein solches Urteil heißt die historischen Perspektiven verkehren. Mit Recht hat *Mallwitz* dem entgegengehalten, daß man Provinzarchitektur nur in provinziellen Heiligtümern erwarte, was Olympia weder damals noch früher war (a. O. 310 Anm. 1).

385 Olympia I 75 f., Olympia II 40 ff., 206 ff.; *Gardiner*, Olympia 217 ff.; *Mallwitz*, OlBericht VII 29 ff.; *Gruben* 57 ff. Ihre endgültige architektonische Gestaltung erfuhr die Schatzhausterrasse erst im 4. Jh. durch die Errichtung der stufenförmigen Terrassenmauer; zu ihrer Datierung s. OlBericht III 42 ff. – Gut bekannt ist der Aufbau nur von vier Schatzhäusern (Sikyon, Megara, Gela, Syrakus); bei den übrigen bleibt die Rekonstruktion vielfach hypothetisch oder ungewiß.

386 Zu den Kultbauten am Westende der Schatzhausterrasse zuletzt: *Herrmann*, AM. 77, 1962, 6 ff. Abb. 1. Baurest im Inneren der Exedra: *Schleif – Weber*, OlForsch. I 65 Abb. 10 und 18, 80 f.

387 *Dörpfeld,* Olympia II 40 ff., 206 ff. – Dieser Auffassung folgen z. B. *Boetticher* (Olympia 207 ff.), *Lehmann-Hartleben* (Gnomon 3, 1927, 392 f.), aber auch noch *Wiesner* (RE. XVIII 1 [1942] 121 ff.) und *E. Meyer* (Pausanias [1954] 631 f., Anm. 2 zu S. 331).

388 *Dörpfeld,* Olympia I 75; AO. I 67 f. Abb. 2.

389 *Dyer,* JHS. 25, 1905, 294 ff.; 26, 1906, 46 ff.; ihm folgt *Gardiner* Olympia 219 ff. Abb. 60, ebenso *Mallwitz,* OlBericht VII 53 ff. und *Gruben* 58 ff. Abb. 47. – *Dörpfeld* wollte dagegen das Schatzhaus von Syrakus in Fundament III erkennen; im übrigen stimmt seine (revidierte) Benennung mit der von Dyer überein: Olympia I (1897) 76.

390 *Mallwitz,* AM. 83, 1968, 144 f. Anm. 72 und 77 mit Hinweis auf *P. Zancani-Montuoro,* Atti Soc. Magna Grecia N.S. III–IV, 1960–61,33. – Hier eine Übersichtstabelle der drei wichtigsten Benennungsvorschläge:

	W. Dörpfeld (1892)	*L. Dyer* (1905)	*A. Mallwitz* (1968)
I	Sikyon	Sikyon	Sikyon
II	?	*Syrakus*	***Syrakus***
III	?	?	*Epidamnos*
IV	*Syrakus*	*Epidamnos*	*Byzanz*
V	*Epidamnos*	*Byzanz*	*Sybaris*
VI	*Byzanz*	*Sybaris*	*Kyrene*
VII	*Sybaris*	*Kyrene*	?
VIII	*Kyrene*	(Altar)	(Altar)
IX	Selinus	Selinus	Selinus
X	Metapont	Metapont	Metapont
XI	Megara	Megara	Megara
XII	Gela	Gela	Gela

(bei den normal gesetzten Namen steht die Benennung außer Diskussion)

391 *Kunze,* Festschrift C. Weickert 8 Anm. 3; *Mallwitz,* OlBericht VII 54. Die ältere Bauperiode war schon von *Dörpfeld* an den Fundamenten erkannt worden: AO. I 111. Eine Neubearbeitung des Sikyonier-Schatzhauses hat Klaus Herrmann in Angriff genommen.

392 Pausanias sah in dem Schatzhaus zwei bronzene Schreine *(Thalmoi);* der eine trug eine Weihinschrift des Tyrannen Myron. Schon die alten Ausgräber haben gesehen, daß Pausanias offenbar von dem Alter dieses Weihgeschenks auf das Alter des ganzen Schatzhauses geschlossen hat (Olympia II 43). Nun ist nach der Feststellung eines älteren Sikyonier-Schatzhauses die Bemerkung des Periegeten nicht mehr so abwegig, wie sie früher erscheinen mußte. Es könnte sogar sein, daß es eine alte Überlieferung gab, das älteste Schatzhaus sei das der Sikyonier gewesen, und möglicherweise hat Pausanias diese Nachricht mit der Weihinschrift des Myron verbunden und ist so zu seiner Angabe über das Alter des Baus gekommen. Dies bleibt freilich Vermutung und kann zur Datierung des älteren Sikyonier-Schatzhauses (I a) schwerlich etwas beitragen.

393 *Dörpfeld,* AO. I 68 Abb. 2. Die ältere Schicht des Fundaments VIII wird von Dörpfeld völlig vage »etwa dem 7. oder 8. Jh.« oder gar einer noch früheren Zeit zugeschrieben.

394 OlBericht VII 29 ff., besonders 54 f.

395 Paus. VI 19,6; vgl. *Mallwitz,* OlBericht VII 55.

396 Neubearbeitung: *Schleif* und *Süßerott,* OlForsch. I 83 ff. Taf. 39–53.

397 Das Tondach des Geloerschatzhauses steht nicht nur unter der reichen Baukeramik Olympias an erster Stelle, sondern ist überhaupt »das besterhaltene Beispiel eines sizilischen Traufsimendaches« (*Schleif-Süßerott* a. O. 83).

398 Olympia II 50 ff. Taf. 36–38.

399 *Treu,* Olympia III 5 ff. Taf. 2–4; *E. Lapalus,* Le fronton sculpté en Grèce (1947) 130 ff., 450 u. passim, Taf. 8 B; *Lippold,* Griech. Plastik 86. In der Giebelmitte kämpft Zeus mit einem Giganten, der schon ins Knie gesunken ist; rechts von ihm Athena und Poseidon mit je einem Gegner, links Herakles und Ares; in den Ecken rechts ein Meerungeheuer, links eine Schlange. Vgl. Paus. VI 19,13.

400 *Boetticher,* Olympia 216.

401 *Treu,* Olympia III 15 ff.

402 *F. Studniczka,* Kyrene (1890); *Treu* a. O. 19 ff. Abb. 18 Taf. 4,4 (die Rekonstruktion des Giebels ebd. Abb. 20 ist ganz hypothetisch).

403 *Treu,* Olympia III 16 ff. Abb. 12 Taf. 4,3. Bemerkenswert sind die Angaben über die bei der Auffindung festgestellten Farbreste: die Mähne war in wechselnden Streifen blau und rot bemalt, der Pferdekörper wahrscheinlich gelb, das Zaumzeug rot, der Hintergrund hellblau. Treu hat das Fragment dem korinthischen Kunstkreis zugewiesen und denkt infolgedessen an das Schatzhaus von Epidamnos (die Stadt war eine Gründung von Korinth und dessen Pflanzstadt Kerkyra).

404 Voraussetzung ist, daß Pausanias' Angabe über den Künstler richtig ist. – Von einem Bildhauer Dontas wissen wir sonst nichts (Paus. V 17,1 steht irrtümlich oder wegen Textverderbnis Medon); ob seine Zugehörigkeit zum Schülerkreis des Dipoinos und Skyllis zuverlässig überliefert war oder auf bloßer Kombination beruht, bleibt offen. Die beiden aus Kreta stammenden wandernden Bildhauer galten wohl in der römischen Kaiserzeit schlechthin als »alte Meister« und Schulhäupter einer sehr weit zurückliegenden Zeit. Pausanias meint (VI 19,13), der auf dem Schild über dem Giebel erwähnte Sieg der Megarer über Korinth falle in die Zeit des athenischen Archon Phorbas, der angeblich »vor Beginn der Olympiadenzählung« lebte (er gehört in den Bereich der Sage und geschichtlichen Konstruktion). Er hat also das Megarer-Schatzhaus für unwahrscheinlich alt gehalten, die Zedernholzgruppe im Innern aber für noch älter, denn er sagt, die Megarer müßten sie schon vor dem Bau des Schatzhauses »von altersher gehabt haben« (VI 19,14). Die Stelle ist interessant, weil sie zeigt, wie unsicher Pausanias in seinem Urteil über Ereignisse und Hinterlassenschaften einer fernerliegenden Vergangenheit ist und wie er aus seinen Quellen Nichtzusammenhängendes kombiniert, wobei die zeitliche Distanz sich ihm manchmal in einer unbestimmten Tiefenperspektive verliert.

405 Athen. XI 479 f.

406 Daß das Schatzhaus von Sikyon noch sehr lange gestanden zu haben scheint, machen die Fundumstände der Bauglieder wahrscheinlich: die Festungsmauer des 3. Jhs. ist frei von ihnen, dagegen waren viele Stücke in der im 5. Jh. errichteten byzantinischen Kirche verbaut.

407 S. oben Anm. 391.

408 Olympia II 40 ff. Taf. 27–30.

409 Das Material, ein dichter, hellgrauer Kalkstein, der unter dem sonstigen Steinmaterial von Olympia sogleich in die Augen springt und eine Identifizierung von Bauteilen des Schatzhauses leicht macht, ist in Sikyon gebrochen (Olympia II 40). Versatzmarken in sikyonischem Alphabet: Olympia II 43 Abb. 21; *L. H. Jeffery,* The Local Scripts of Archaic Greece (1961) 142. – Die stilistischen Anklänge der Bauformen an die des Zeustempels sind schon den alten Ausgräbern aufgefallen: Olympia II 41, 43; vgl. auch *Gruben* 61.

410 *Dörpfeld,* AO. I 118 ff. Abb. 21, 24. Die ältere Toranlage war schon von der alten Grabung erkannt worden (Olympia II 57). Eine genauere Datierung ist bei der Geringfügigkeit des Erhaltenen und dem Schweigen Dörpfelds über einschlägige Funde nicht möglich. Wahrscheinlich gehört die Anlage jedoch ins 6. Jh. v. Chr.

411 Der bauliche Befund des Prytaneions ist außerordentlich verwickelt und bedürfte dringend einer erneuten Untersuchung. In der alten Publikation (Olympia II 58 ff. Taf. 43 und 44) ist die Baugeschichte in starker Vereinfachung wiedergegeben, indem nur zwischen einem »griechischen« und einem »römischen« Bau unterschieden wird. Daß die Dinge wesentlich verwickelter sind, war den ersten Ausgräbern bereits klar. Beim griechischen Prytaneion läßt sich, wie es scheint, eine archaische von einer frühklassischen

Periode scheiden, wie *Dörpfeld* an einer Reihe später verbauter Säulenkapitelle nachgewiesen hat, die teils altertümliche Formen zeigen (Olympia III Taf. 88,1), teils den Zeustempel-Kapitellen nahestehen (ebd. Taf. 88,2); doch ist die Zuordnung dieser Kapitelle unsicher (Olympia II 140). Eine weitere Umgestaltung fällt in spätklassische oder hellenistische Zeit. Klarheit über die architektonische Gestalt des archaischen Prytaneions ist vorerst nicht zu gewinnen. Wir haben uns daher auf dem Plan Abb. 74 damit begnügt, die spätere Begrenzung der Anlage und den zentralen Raum mit dem Altar der Hestia einzutragen in der Annahme, daß beides zum Grundbestand des Heiligtums gehört. Das Prytaneion ist, wie gesagt, in griechischer Zeit zweimal umgestaltet worden und dann nochmals in römischer Zeit. Die auf unseren Übersichtsplänen Abb. 111, 115, 123 und 129 jeweils eingetragene Gestalt des Prytaneions ist hypothetisch und bis zu einer Neubearbeitung des Baus nur als Vorschlag aufzufassen. – Eine später durchgeführte Grabung Dörpfelds galt dem kahnförmigen Fundament unter dem Prytaneion (P), das wir bereits erwähnt haben (oben S. 32 Anm. 106, Abb. 17).

412 Olympia II Taf. 66.

413 S. die Übersicht bei *W. B. Dinsmoor*, Architecture of Ancient Greece[3] (1950) 118 f.; *F. Krischen*, Griechische Rathäuser (1941). Auch der, von Olympia abgesehen, einzige bekannte Bau dieser Bestimmung aus archaischer Zeit, das Buleuterion von Delphi, hat andere Formen *(C. Weickert*, Typen der archaischen Architektur [1929] 121).

414 Die inschriftlichen Erwähnungen der Bulē und der Hellanodiken sowie ihrer Helfer sind in Olympia V im Index II unter den entsprechenden Stichworten zusammengestellt. »Alytarch« (Kommandant der Polizeitruppe) war übrigens der auf der Rückseite des Bronzediskus Abb. 130 genannte Flavius Scribonianus (s. unten S. 189; das Amt ist in der Spätzeit offenbar auch mit Verwaltungsaufgaben allgemeinerer Art verbunden gewesen. – In der Stadt Elis, wo die Hellanodiken sich 10 Monate aufzuhalten hatten, um das Training der Athleten zu überwachen, gab es für sie ein eigenes Amtslokal neben dem Gymnasium, das Hellanodikeon (Paus. VI 24,3). – Zur Verwaltungsstruktur von Olympia s. *Gardiner*, Olympia 269 ff. – Zu der quadratischen Anlage zwischen den beiden Apsidenbauten zuletzt *Mallwitz* in: Olympia in der Antike (Ausstellungskatalog Essen 1960) 35. – Die olympische Münzprägung ist behandelt von *Ch. T. Seltman*, The Temple Coins of Olympia (1921).

415 OlBericht II 5 ff. und 20 ff.; V 11 ff.; *H. Schleif*, Die neuen Ausgrabungen in Olympia (1943) 7. Der im Vergleich zu den riesigen Erdbewegungen der späteren Anlagen bescheidene Aufwand ist unlängst nochmals betont worden: OlBericht VIII 31. Sitzreihen für die Zuschauer, wie wir sie andernorts finden, gab es weder in dieser noch in den späteren Stadionanlagen. In Olympia saß man einfach auf den abfallenden Böschungen der Wälle. Eine Ausnahme (deren es mehrere gegeben haben mag, aber eben als Ausnahmen) ist der steinerne Sitz für einen Spartaner namens Gorgos, der laut Inschrift das Amt eines elischen »Konsuls« (Proxenos) in seiner Heimatstadt bekleidete und daher im Stadion dieses besondere Privileg hatte: OlBericht IV 164 ff. 110 Taf. 67.

416 OlBericht II Taf. 1, 2 und 7; *Schleif* a. O. Abb. 1. In dem schematischen Schnittprofil OlBericht VIII Taf. 7 ist die Anschüttung I im Südwall nicht eingetragen (s. ebd. 30). – Datierung: OlBericht II 10 Abb. 4–6; III 19 f. – Spuren im Norden (»erste archaische Benutzungsschicht« und »grüngelbe Tonschicht«): OlBericht VIII 23 f., 31 Anm. 23.

417 Dies stellte sich erst in einem fortgeschrittenen Stadium der Ausgrabung heraus, als man beobachtet hatte, daß die älteren Stadion-Anlagen (I und II) keinen Westwall hatten; die Suche nach dem Westende führte dann überraschenderweise bis in die Echohalle und noch darüber hinaus: OlBericht V 10, 12 ff. Diese Entdeckung, durch die alle bis dahin gültigen Vorstellungen vom Aussehen Olympias in archaischer und klassischer Zeit (vgl. etwa *Rodenwaldt-Hege* 28 Abb. 13 u. 14) hinfällig geworden sind, gehört zu den wichtigsten Ergebnissen der neuen Olympia-Grabungen. Erster Hinweis auf dieses Ergebnis: *Kunze-Weber*, AJA. 52, 1948, 490 ff. Abb. 1.

418 Vgl. *U. Jantzen* in: Olympia in der Antike (Ausstellungskatalog Essen 1960) 58.

419 Dies vermutet *H. Schleif*, Die neuen Ausgrabungen von Olympia (1943) 7. Dagegen *F. Eckstein*, Anathemata (1969) 104 Anm. 11. Daß der Zeustempel »einen von Anfang an für diesen Zweck bestimmten und freigehaltenen Teil der Altis« einnehme, wie Eckstein meint, scheint mir eine absurde Vorstellung zu sein; die Lage einiger älterer Weihgeschenke (die ganz andere Gründe haben kann) ist dafür kein hinreichendes Indiz.

420 OlBericht II 10 f., 67 ff. Abb. 44–47; III 6 Abb. 2, 24, 25; V Taf. 1. Schon bei *Furtwängler* findet sich die Beobachtung, daß in den Suchgräben der ersten Ausgrabung »ganze Reihen größtenteils vollständiger Rundschilde« zu Tage kamen, die bei einer Erhöhung der Stadionwälle auf dem »alten Wall« ausgebreitet worden waren (Olympia IV 6).

421 OlBericht II 11 f.; III 10 f. Abb. 2 a–n. Deutlich erkennbar sind derartige Pfostenlöcher in dem OlBericht II Taf. 7 (unten) abgebildeten Schnitt. – Zum griechischen Tropaion: *K. Woelcke*, Bonner Jbb. 120, 1911, 137 ff.; *H. J. Janssen*, Het Antieke Tropaion (1957) 27 ff.; *W. Gauer*, Weihgeschenke aus den Perserkriegen (1968) 14.

422 Die Wälle des Hippodroms müssen wie die Stadionwälle zahlreiche Bronzen, namentlich Waffenstücke, enthalten haben, die vom Alpheios weggeschwemmt wurden und bis heute ständig in seinem Bett gefunden werden. Das deutet darauf hin, daß Waffenweihungen auch rings um die Pferderennbahn aufgestellt waren. – Ein Teil der »Alpheiosbronzen« kann natürlich auch aus dem gleichfalls weggeschwemmten Ostende des Stadions stammen. – Zu den Waffenweihungen von Olympia zuletzt eingehend *Kunze*, OlBericht VIII 83 ff.

423 Brustpanzer: Olympia IV Nr. 979 ff. Taf. 58–60; s. auch unten Anm. 425; *A. Hagemann*, Griech. Panzerung (1919) Nr. 22, 28, 45; OlBericht II 96 ff. Abb. 62 Taf. 39; ArchDelt. 17, 1961/62 Chron. 117 f. Taf. 120 b, 134 a. Mehrere schöne Exemplare noch unveröffentlicht. – Mitren: Olympia IV 158 Nr. 985 Taf. 60; OlBericht VIII 196 ff. Taf. 100–105; weitere Stücke unpubliziert. – Beinschienen: Olympia IV Nr. 988 ff. Taf. 60 u. 61; OlBericht I 54 Taf. 5; II 98 ff. Taf. 40–42; III 115 ff. Taf. 47–51; VIII 88, 93, 95 ff. Taf. 31,3.44–48; ArchDelt. 17, 1962/63, Chron. 118 Taf. 134 b; 19, 1964, Chron. 166 Taf. 168. Eine umfassende Publikation durch *E. Kunze* steht bevor. – Oberschenkelschienen: Olympia IV Nr. 966 Taf. 60. – Knöchelschienen: Olympia IV Nr. 997 ff. Taf. 60 u. 61; OlBericht II 100 f. Abb. 63 Taf. 43; III 118 Abb. 102. – Fußschienen: Olympia IV Nr. 1000 Taf. 61; OlBericht I 92 f. Taf. 36; VIII 208 ff. Taf. 99. – Oberarmschienen: Olympia IV Nr. 1001 Taf. 61; OlBericht I 54 Taf. 5 links; III 114 f. Taf. 46–47. – Helme: Olympia IV Nr. 1015 ff. Taf. 62–63; im übrigen s. Anm. 428. – Schilde: Olympia IV 1007 ff. Taf. 62; im übrigen s. Anm. 420, 426, 427. – Schwerter: Olympia IV Nr. 529–533 Taf. 26; OlBericht I 51 Abb. 21–22; OlForsch. I 164 f. Taf. 70–71. – Pfeilspitzen: Olympia IV Nr. 1076 ff. Taf. 64; OlBericht I 51 Abb. 20; OlForsch. I 160 ff. Taf. 69. – Lanzenspitzen: Olympia IV Nr. 1032 ff. Taf. 64; OlBericht 50 Abb. 19; OlForsch. I 146 ff. Taf. 56–62; ArchDelt. 17, 1961/62, Chron. 120 Taf. 138 a. – Lanzenenden (Saurotere): Olympia IV Nr. 1061 ff. Taf. 64; OlBericht II 103 Abb. 64; VIII 83 ff. Taf. 30; OlForsch. I 154 ff. Taf. 63–68. – Schleudergeschosse: Olympia IV Text S. 178. – Pferdegeschirre: Olympia IV Nr. 1254 ff.; OlForsch. I 169 Taf. 75 a–d; JdI. 83, 1968, 1 ff. Abb. 1, 4, 8. – Pferdekopfpanzer (Prometopidia): OlBericht VIII 184 ff. Taf. 96–98. – Rammbock: OlBericht V 75 ff. Taf. 40–42.

424 Inv. B 4900. *Bartels*, OlBericht VIII 19 ff. Taf. 102–105. Der Deutung stimmten *Schefold* (Frühgriech. Sagenbilder [1964] 45), *Fittschen* (Untersuchungen zum Beginn der Sagendarstellungen bei den Griechen [1969] 191, SB 107, mit Ergänzungsversuch Abb. 17) und andere zu; dagegen möchte *Jucker* (Mus. Helv. 27, 1970, 121) mit recht erwägenswerten Gründen in den beiden Gestalten lieber Menelaos und Helena sehen. Diese Deutung vertritt auch *E. Karydi-Walter*, Kret. Chron. 22, 1970, 316 ff. – Im Stil

vergleichbar ist der neugefundene Panzer von der Baustelle des neuen Museums (s. Anm. 425).

425 Gefunden im Alpheiosbett, dann in Privatbesitz auf Zankynthos, danach verschollen. Seit 1970 in Athen, Nationalmuseum. BCH. 7, 1883, 1 ff. Taf. 1–4; Olympia IV 154 Taf. 59; danach oft wiederholt, z. B. *E. Pfuhl*, Malerei und Zeichnung der Griechen (1923) Abb. 135; *W. Lamb*, Greek and Roman Bronzes (1929) 62 f. Abb. 4; *L. Curtius*, Antike Kunst II 1 (1938) 87 Abb. 92; *F. Matz*, Gesch. d. griech. Kunst I (1950) 460 f. Abb. 34; *Boardman-Döring-Fuchs-Hirmer*, Die Griechische Kunst (1966) 92 Abb. 141; *K. Schefold*, Frühgriechische Sagenbilder (1964) 28 f. Abb. 5. Neue Photos: *H. A. Cahn*, Kunstwerke der Antike, Auktion 40 (Basel 13.12.1969) 82 ff. Nr. 140. Zu den Schicksalen des Fundstücks seit seiner Auffindung: *Ervin*, AJA. 74, 1970, 263 f. Zur Deutung der Darstellung zuletzt: *Dörig*, Festschrift K. Schefold (1967) 102 ff.; *Fittschen* a. O. 145 f., 147, GV 11. – Schlichteres Gegenstück: Olympia IV Nr. 980 Taf. 58. – Zur Herkunft der beiden Panzer aus einer ostgriechischen Werkstatt: *P. Jacobsthal*, Ornamente griechischer Vasen (1927) 186 Anm. 344; *Matz* a. O. 460 f. mit Anm. 608; *J. Scheibler*, Die symmetrische Bildform (1960) 25 Anm. 96; vgl. OlBericht VI 165 Anm. 54. S. auch oben Anm. 343 zu S. 88. – Ein ähnlich reich gravierter Panzer des mittleren 7. Jhs., jedoch aus einer kretischen Werkstatt wie die Mitra Anm. 424, den N. Yalouris bei der Baustelle des neuen Museums von Olympia ausgegraben hat, ist bisher nur in einer ganz unzulänglichen und fehlerhaften Zeichnung veröffentlicht: *Schefold*, a. O. Taf. 26; *K. Schefold*, Die Griechen und ihre Nachbarn (Propyläen-Kunstgeschichte I 1967) Taf. 180.

426 *Kunze*, ArchDelt. 17, 1961/62, Chron. 119 Taf. 136. – Deimos und Phobos als Wagenlenker und Begleiter des Ares: Ilias IV 440, XIII 299, XV 119 f. – Weitere Schildzeichen: Olympia IV Taf. 37 Nr. 716, Taf. 41 Nr. 715, S. 106 Abb. zu Nr. 715 a (Pantherkopf, Löwenkopf); OlBericht I 55 f. Taf. 11–13 (Geflügeltes Gorgoneion, Pferdekopf, Löwe, Stierschädel, Hahn); OlBericht II 75 ff. Taf. 23–26 (Antithetische Flügelpferde); OlBericht III 83 ff. Abb. 83 Taf. 24–28 (Delphin, Adler, Löwe, Pflanzenmotiv); OlBericht V 58 ff. Taf. 28–33 (Typhon, Hahn, Eber, gespreizte Hand). Zahlreiche neugefundene Exemplare (darunter auch verschiedene bisher nicht belegte Motive) unpubliziert. – Eine unerschöpfliche Fülle von Beispielen liefert die Vasenmalerei; die Schildzeichen stehen dort nicht nur als Zeichen für Angriffslust und Kampfgeist, für schützende und schreckende Mächte, sondern weisen manchmal als »redende Wappenbilder« auch auf ihre Träger hin. Die bekanntesten literarischen Beschreibungen finden sich in der großen Botenszene der »Sieben gegen Theben« von Aischylos (373 ff.). Eine zusammenfassende Behandlung der archaischen Schildzeichen wäre eine äußerst lohnende und reizvolle Aufgabe. – Zum Schild und seiner Ausstattung allgemein: OlBericht II 73 ff.; III 81 ff.; *A. Snodgrass*, Early Greek Armour and Weapons (1964) 61 ff.

427 *E. Kunze*, Archaische Schildbänder, OlForsch. II (1950). Leider werden die schematisierenden und vergröbernden Zeichnungen von *H. Schleif* (die auch die Ergänzungen nicht immer eindeutig kennzeichnen) dem Stilcharakter der Schildbandreliefs nicht gerecht. Der Leser ist jedoch wegen des schlechten Erhaltungszustandes der Originale weitgehend auf diese Zeichnungen angewiesen und macht sich infolgedessen ein falsches Bild von der künstlerischen Qualität der Reliefs, die in Wirklichkeit zum Feinsten gehören, was die archaische Kunst hervorgebracht hat. – Die Verwendung der (häufig zusammenhanglos gefundenen, daher in ihrer Funktion lange Zeit gar nicht erkannten) Streifen wurde erst durch eine Anzahl von Grabungsbefunden klar angezeigt: OlForsch. II 1 Anm. 1 Beil. 1,3; OlBericht II 71 ff. Abb. 45–47 Taf. 31; V 64 Taf. 16–21.

428 Die Helme stehen quantitativ neben den Schilden an der Spitze der Waffenfunde in Olympia. Bei den meisten in europäische und amerikanische Museen gelangten griechischen Helmen ist außerdem die Herkunft aus Olympia, sofern nicht ohnehin bekannt, wahrscheinlich. *E. Kunze* hat in mehreren größeren Beiträgen im Rahmen der Olympia-Berichte die Veröffentlichung der Helmfunde unter Hinzuziehung des außerolympischen Materials zu einer Geschichte des griechischen Helms ausgeweitet: Der frühgriechische Kegelhelm (OlBericht VI 118 ff.; VIII 111 ff.), der sogenannte illyrische Helm (OlBericht VI 125 ff.; VIII 116 ff.), der korinthische Helm (OlBericht VII 56 ff.), der chalkidische Helm (OlBericht VIII 135 ff.); dort findet man auch die Verweise auf alle bereits früher veröffentlichten Stücke. Eine Anzahl von Neufunden harrt noch der Veröffentlichung.

429 *Kunze*, OlBericht V 69 ff. Taf. 34–35. Ob der Helm, wie Kunze meint, als ein Beutestück aus den Unternehmungen des Miltiades in der Chersonnes (zwischen 524 und 493 v. Chr.) anzusehen ist, oder aber als der eigene Helm des Strategen, den dieser in der Schlacht getragen und dann aus Dankbarkeit geweiht hat (vgl. *Hampe*, Gymnasium 66, 1959, 41; *Jucker*, Mus. Helv. 21, 1964, 185 f.), muß wohl unentschieden bleiben, so gern man natürlich den Miltiades-Helm mit der Marathonschlacht verbinden möchte (s. *W. Gauer*, Weihgeschenke aus den Perserkriegen [1968] 23 Anm. 67).

430 *Kunze*, OlBericht VII 129 ff. Abb. 75 u. 77 Taf. 56 u. 57. Der Helm ist seinem Typus nach assyrisch; sein Träger kam also aus dem Inneren des Perserreiches. Kunze hat den Helm vermutungsweise der Marathonbeute zugerechnet (a. O. 136); *W. Gauer* sieht eine Bestätigung hierfür darin, daß die wenigen auf Athen bezüglichen Weihgeschenke Olympias sämtlich mit der Familie des Miltiades zusammenzuhängen scheinen: neben dem oben Anm. 429 genannten Helm ein weiterer Helm aus der Lemnierbeute (*Kunze*, Festschrift C. Weickert 7 ff. Abb. 1–3) sowie das »Horn der Amaltheia« im Sikyonier-Schatzhaus (oben S. 103; vgl. *Rumpf*, AA. 1936, 62 f.; *Kunze* a. O. 8 und OlBericht V 70 Anm. 4). Die Beziehungen Athens zum Heiligtum von Olympia sind also in spätarchaischer Zeit weniger von der Polis als von dem vornehmen Geschlecht der Philaiden gepflegt worden, das für Olympia vielleicht eine ähnliche Rolle gespielt hat wie die Alkmaeoniden für Delphi (*Gauer* a. O. 22 f.). Die offizielle Beuteweihung Athens war nach Delphi gegangen (*Gauer* a. O. 24 ff.). – Der Perserhelm ist bemerkenswert auch als Beutestück eines Krieges mit einem auswärtigen Gegner; eine Parallele bildet in gewisser Weise der etruskische Helm, den Hieron und die Syrakusaner 474 v. Chr. aus der Siegesbeute der Seeschlacht bei Kyme geweiht haben (Olympia V Nr. 249; *Rodenwaldt-Hege* 26 f. Abb. 12) und der unlängst durch einen Zufallsfund aus dem Alpheios ein Pendant erhalten hat (BCH. 84, 1960, 721 Abb. 12; OlBericht VIII 106 f.).

431 Etwas anderes sind natürlich Kämpfe mit auswärtigen Gegnern; s. die in Anm. 430 genannten Beutestücke. Aber Siegesmonumente wie die Marathonweihung der Athener in Delphi scheint es in Olympia nicht gegeben zu haben, bevor der römische Feldherr Mummius den Zeustempel mit seinen 21 goldenen Schilden behängte. Denn die Zeusstatue, die die verbündeten Griechen aus der Beute von Platää nach Olympia stifteten (Paus. V 23,1–3) war nur eine Parallelweihung neben dem Dreifuß mit der Schlangensäule in Delphi und der Poseidonstatue auf dem Isthmos (hierzu *Gauer* a. O. 74 ff.). Doch sieht man hier schon die neue Art des Weihgeschenks: nicht mehr Beutewaffen werden geweiht, sondern etwas, das aus dem Erlös der Beute hergestellt wird. Dies taten auch die Spartaner, als sie den goldenen Schild aus dem Erlös der Tanagra-Beute (457 v. Chr.) am First des Zeustempels anbringen ließen. Anachronistisch erscheint mir daher die Vorstellung, daß zwischen den Säulen des Zeustempels ringsum »große, monumentale Trophäen« aufgestellt gewesen seien, was unlängst *F. Eckstein* aus bestimmten Einarbeitungen im Stylobat hat schließen wollen (Anathemata 83).

432 Im Heiligtum der Athena Chalkioikos in Sparta beschreibt Pausanias eine Zeusstatue dieser Art, die er wegen ihrer merkwürdigen Technik für das älteste aller Bronzebildwerke hielt (III 17,6); er kommt an anderer Stelle noch einmal darauf zurück (VIII 14,1). Ein ähnliches Werk war wohl das Kultbild des Dionysos Kadmeios in Theben (Paus. IX 12,4). Zur Technik s. *Kluge*, JdI. 44, 1929, 3 f.

Die Erfindung des Bronzehohlgusses wurde den Samiern Rhoikos und Theodoros zugeschrieben, die um die Mitte des 6. Jhs. tätig waren. Es ist schon mehrfach vorgeschlagen worden, diese Nachricht auf die monumentale Erzbildnerei zu beziehen; sie könnte dann sogar einen wahren Kern enthalten: vgl. *U. Jantzen*, Griechische Greifenkessel (1955) 60. – Bruchstücke von Sphyrelata in Olympia: Olympia IV Taf. 41, 713. 714; OlBericht VI 166 ff. Taf. 63, 64; ArchDelt. 17, 1961/62, Chron. 121 f. Taf. 140. Weitere Fragmente unpubliziert.

433 Vorberichte: BCH. 89, 1965, 744 ff., Abb. 2 (Zustand bei der Auffindung); 90, 1966, 812 f. Abb. 1 (Zustand nach der Restaurierung). Die endgültige Veröffentlichung wird im OlBericht IX durch *E. Kunze* erfolgen; ihr soll hier nicht vorgegriffen werden. Für freundliche Auskünfte und Überlassung einer Photographie habe ich E. Kunze herzlich zu danken.

434 *Marinatos*, AA. 1936, 219 ff. Abb. 2 f.; *F. Matz*, Gesch. d. griech. Kunst I (1950) 174 f. Taf. 80 a; *G. M. A. Richter*, Kuroi^{2} (1960) Abb. 12, 13; *P. Demargne*, Die Geburt der griechischen Kunst (1965) Abb. 452–454; *E. Simon*, Die Götter der Griechen (1969) Abb. 119. Die drei Figuren sind unterlebensgroß und stellen die apollinische Trias dar: Apollon und, kleiner gebildet, Artemis und Leto; sie gehören noch in die frühdädalische Epoche (um 660 v. Chr.). – Der Oberteil eines kleinen, gleichfalls dädalischen Sphyrelatons aus dem samischen Heraion (*E. Buschor*, Altsamische Standbilder [1934] 23 Abb. 72–75; *Matz* a. O. Taf. 94) ist wegen seines schlechten Erhaltungszustandes stilistisch kaum zu beurteilen. Erst das neugefundene Sphyrelaton von Olympia hat uns die Bedeutung und den künstlerischen Rang dieser Gattung ins Bewußtsein gerückt und damit unsere Kenntnis der archaischen griechischen Plastik entscheidend erweitert.

435 Korfugiebel: *Lullies-Hirmer* Taf. 15–17; Berliner Göttin: ebd. Taf. 19–22; Kalbträger: ebd. 22–23. – Über die Herkunft läßt sich nur soviel sagen, daß ein ionischer Einschlag nicht zu verkennen ist; dieser scheint jedoch mit anderen Stilelementen vermischt. Nach Ionien weist übrigens auch das schräge Mäntelchen, das die Figur trägt. Doch stößt der Versuch, das Werk einer der uns bekannten Kunstzentren oder Werkstätten dieser Zeit zuzuweisen, auf erhebliche Schwierigkeiten. *Kunze* denkt (nach mündlicher Mitteilung) an die Kykladen; doch gibt es ionischen Einfluß in verschiedener Brechung auch in Großgriechenland, ja selbst Sparta wird man nicht ganz ausschließen dürfen. Hier bleibt die endgültige Publikation abzuwarten; desgleichen für die Fragen der Deutung des Flügelwesens, seiner Rekonstruktion und Verwendung innerhalb eines wie auch immer gearteten architektonischen oder skulpturalen Zusammenhangs.

436 *W. Dittenberger* u. *K. Purgold*, Olympia V 235 ff.; *W. W. Hyde*, Olympic Victor Monuments (1921); *G. Lippold*, RE. II A 2265 ff. – Wenn Pausanias die Siegerstatuen von den übrigen statuarischen Weihgeschenken trennt, weil diese »zu Ehren der Gottheit aufgestellt«, jene aber »den Siegern als ein Teil des Siegespreises gegeben« seien, so liegt dem eine Definition der Siegerstatue zugrunde, die allenfalls für die Spätzeit zutrifft. Pausanias sagt selbst, auf der Athener Akropolis seien »die Statuen und alles Sonstige gleichermaßen Weihgeschenke« (V 21,1), und das kann in Olympia nicht gut anders gewesen sein, weil dies mit dem Grundbegriff des Weihgeschenks, zumindest für die archaische Zeit Griechenlands, zusammenhängt. Dennoch hat sich die Forschung diese »profane« Definition der Siegerstatue weitgehend zu eigen gemacht, obgleich sich die Behauptung »in klassischer Zeit« habe es eine scharfe Unterscheidung von Anathem und Siegerstatue gegeben (*G. Lippold*, RE. II A 2266), das muß man betonen, einzig auf Pausanias stützen kann, der 600 Jahre später schrieb. Mit Recht hat schon *E. Reisch* bemerkt, Pausanias übertrage mit seiner Klassifizierung der Siegerstatuen als profane Ehrenstatuen »seine moderne Auffassung in die alte Zeit« (Griechische Weihgeschenke [1890] 37). In neuerer Zeit hat *P. Amandry* von einem Irrtum des Pausanias »zumindest für die Siegerstatuen des 5. Jhs.« gesprochen (Charites, Studien zur Altertumswissenschaft [1957] 69). *W. H. Gross* glaubt sogar den Zeitpunkt genau angeben zu können, seit wann die Siegerstatue profanen Charakter angenommen habe, nämlich »seit der Zeit des Peloponnesischen Krieges«; dagegen »waren die Siegerstatuen des 6. und frühen 5. Jhs. Weihe- und Dankgaben an die Gottheit wie andere Anatheme auch« (Nachr. Ak. Göttingen I 1969 Nr. 3,64). – Zum Bild des Athleten in der griechischen Kunst, s. *Buschor*, Sport und Kunst der Griechen in: Von griechischer Kunst. Ausgewählte Schriften (1963) 44 ff.

437 Daß jeder Sieger berechtigt war, sein Standbild in der Altis aufzustellen, geht aus Paus. VI 1,1 hervor. Freilich machten nicht alle von diesem Recht Gebrauch. Denn das war auch eine finanzielle Frage, da der Sieger selbst die Kosten tragen mußte, sofern nicht der Staat oder Verwandte einsprangen. Doch ist dies anscheinend nur relativ selten der Fall gewesen; vgl. Olympia V 236 f.; *G. Lippold*, RE. II A 2268. – Zur Beschränkung auf das lebensgroße Format s. Lukian., pro imag. 11; *Lippold* meint, wohl mit Recht, daß diese Bestimmung alt sei (RE. II A 2267). Unter den wiedergefundenen Basen gibt es denn auch nicht eine einzige, die auf Grund ihrer Standspuren eine überlebensgroße Statue getragen haben könnte. – Zum Problem der Porträtähnlichkeit hier nur kurz soviel: Plinius (nat.hist. XXXIV 16) sagt, daß die dreifachen Olympiasieger Statuen aufstellen durften, bei denen die Ähnlichkeit »ex membris ipsorum« wiedergegeben war und die infolgedessen »ikonisch« genannt worden seien (quas iconicas vocant). Die Stelle ist in der archäologischen Literatur oft behandelt worden. Sie gehört zu den »Schlüsselzitaten« bei den Erörterungen um den griechischen Porträtbegriff und seine Entstehung. Denn seit jeher hat man das, was Plinius unter Verwendung eines griechischen Terminus (iconicus für griech. εἰκονικός) bezeichnen wollte, auf die Porträtähnlichkeit bezogen (zumal in der Verbindung mit »similitudo« im Vordersatz). Freilich ergaben sich dabei Schwierigkeiten, denn die griechische Kunst hatte jahrhundertelang Porträthaftigkeit in unserem Sinn offenbar gar nicht angestrebt. So mußte man die Gültigkeit der in der Pliniusstelle enthaltenen Aussage wohl oder übel einschränken auf die Zeit, in der es ein realistisches Porträt gegeben hatte, wobei die Festlegung der oberen Zeitgrenze bekanntlich zu den größten Streitfragen der Porträtforschung gehört. »Frühestens im späten 5. Jh., wahrscheinlich erst im 4. Jh.« hätten solche »ikonischen« Siegerstatuen geschaffen werden können, meinte z. B. *Lippold* (a. O. 2268). *W. H. Gross* hat kürzlich in einer speziell diesem Problem gewidmeten Abhandlung (Quas iconicas vocant, Nachr. Ak. Göttingen I 1969 Nr. 3) einen Ausweg aus der mißlichen Lage gesucht, indem er »iconicus« nicht als »porträthaft« verstehen will, sondern als Kennzeichnung solcher Siegerstatuen, die »eine der jeweiligen Kampfart angepaßte Haltung« gehabt hätten. Zwar waren nach Ausweis der in Olympia gefundenen Postamente die meisten Sieger offenbar in ruhiger Haltung dargestellt, doch werden von Pausanias gelegentlich auch andere Motive genannt, z. B. Boxstellung bei einem Faustkämpfer (Glaukos: Paus. VI 10,3) oder Darstellung eines Fünfkämpfers mit Halteren (Hysmon: Paus. VI 3,10). Eine Überprüfung der Pausanias-Beschreibungen und der erhaltenen Statuenbasen erweist sich freilich, wie *Gross* selbst zugeben muß, als ergebnislos für die von ihm aufgestellte These. So bleibt nur der Sprachgebrauch, und der ist so unbestimmt, daß er für die Beweisführung nichts hergibt. Damit kommt der Interpretationsvorschlag der Pliniusstelle aus dem Bereich des Hypothetischen nicht heraus, und er mutet allzu künstlich an, um zu überzeugen. Hätte Plinius (oder seine Quelle, was auf das gleiche hinausläuft) sagen wollen: »die dreimaligen Olympiasieger brauchten sich bei ihrer Statue nicht an das einfache Standmotiv halten, wie es für Siegerstatuen üblich war, sondern hatten das Vorrecht, sich so darstellen zu lassen, daß die Disziplin, in der sie gesiegt hatten, aus dem statuarischen Motiv erkennbar war«, so hätte er sich wohl anders ausgedrückt. Das Wörtchen »iconicus« hätte schwerlich ausgereicht, diesen spezifischen, auf eine Sonderbestimmung der Heiligtumsverwaltung von Olympia zurückgehen-

den Tatbestand zu kennzeichnen – welcher Leser hätte denn das verstehen sollen? Auf diese Weise sind die Schwierigkeiten nicht aus der Welt zu schaffen; »iconicus« kann, glaube ich, nichts anderes als »porträthaft« heißen, so, wie man es immer verstanden hat. Man braucht dabei nicht unbedingt unseren veristischen Porträtbegriff oder den der römischen Zeit zugrundezulegen, sondern kann den Wortsinn vielleicht etwas allgemeiner mit »realistisch« wiedergeben. Dann aber wäre ein solches Gesetz absurd: als hätte man wählen können zwischen »realistischer« und »idealer« Darstellungsweise. Von der Logik abgesehen widerlegt auch die Kunstgeschichte eine solche Vorstellung. Die alte Erklärung bleibt demnach immer noch am plausibelsten, daß es sich nämlich hier um einen Versuch handelt, den unterschiedlichen »Realitätsgrad«, den der kaiserzeitliche Betrachter an den im Laufe von Jahrhunderten entstandenen Siegerstatuen Olympias wahrnahm und der in Wirklichkeit Stilmerkmal ist, auf diese Weise rationalistisch zu erklären (so schon *W. Klein*, Geschichte der griechischen Kunst III [1907] 192; *Kekulé*, SBer. Ak. Berlin 1909, 701 ff.). Mit anderen Worten: die seltsame Bestimmung, von der Plinius spricht, hat es nie gegeben. Nicht alles, was bei Plinius steht, stimmt. Schon der erste Teil des in Rede stehenden Zitats enthält eine unrichtige Angabe, denn es haben keineswegs alle Olympiasieger Statuen errichtet, siehe Pausanias VI 1,1: »Es stehen aber nicht von allen Olympiasiegern Standbilder da, sondern manche, die im Wettkampf hervorragende Leistungen zeigten, haben dennoch keine Statue bekommen«.

438 Olympia V Nr. 142–243; dazu OlBericht II 129 f. Abb. 80; V 153 ff. Abb. 61, 62 und 156 ff. Abb. 63; VI 211 ff. 131 und 26 ff. Abb. 134; VII 21 ff. Taf. 88. Die Angaben über die Zahl der von Pausanias erwähnten Siegerstatuen differieren in der wissenschaftlichen Literatur beträchtlich. *W. W. Hyde* zählte 188 (De Olympionicarum statuis a Pausania commemoratis, Diss. Halle 1903, 3 ff.), *G. Lippold* kam auf 192 (RE II A, 2266), *Eckstein* gar auf 213 (Anathemata 103 Anm. 2). Mir ist dieses Schwanken nicht recht verständlich; ich bekomme bei wiederholtem Zählen nicht mehr und nicht weniger als 203 heraus. – Schätzungen der ursprünglichen Anzahl, wie die von *Hyde* (AJA. 16, 1912, 229), der auf 494 Stück kommt, sind wertlos: s. *G. Lippold*, RE. II A 2266.

439 Vgl. *Gross* a. O. 4.

440 Paus. VI 18,7. Für die beiden Statuen wird sogar das Material genau angegeben: die des Rhexibios war aus Feigenholz, die des Praxidamas aus Zypressenholz. Die Statuen müssen rund sieben Jahrhunderte Aufstellung unter freiem Himmel überstanden haben, freilich nicht unversehrt: Pausanias vermerkt eigens, daß das Standbild des Aegineten Praxidamas »weniger gelitten habe als das andere«.

441 Man pflegt es Pausanias als schweren Fehler oder Gedankenlosigkeit anzukreiden, daß er erst die Statue des Eutelidas und das Datum seines Sieges nennt und »danach nicht die wohl einer schriftlichen Quelle entnommene Nachricht berichtigt, daß Praxidamas und Rhexibios die ersten Siegerstatuen erhalten hätten« (so *G. Lippold*, RE. II A, 2265). Daß die Statue des Eutelidas das älteste Siegerbild Olympias gewesen sein müsse, ist jedoch ein Postulat der modernen Interpreten. Nimmt man an, daß die Statue nachträglich errichtet wurde, würde sich der scheinbare Widerspruch auflösen. Dem Läufer Oibotas, der in der 6. Olympiade gesiegt hatte (756 v. Chr.), wurde erst 300 Jahre später, in der 80. Olympiade (460), von den Achäern ein Standbild errichtet (Paus. VI 3,8 und VII 17,6 f.; vgl. *Moretti*, Olympionikai zu Nr. 6). Das ist ein Extremfall, der jedoch nicht allein steht. Chionis, Landsmann des Eutelidas und dreimaliger Doppelsieger in den Olympiaden 29–31 (664–656), erhielt von Staats wegen eine Siegerstatue, die ein Werk des Myron war (Paus. VI 13,2), also erst rund zwei Jahrhunderte nach seinem Sieg errichtet sein kann. Offenbar waren Siegerstatuen in der Altis noch nicht üblich, als Oibotas, Chionis und Eutelidas siegten; in klassischer Zeit wurden ihre Statuen dann unter den Standbildern der berühmten Athleten vermißt, und man holte die Ehrung nach (s. *Amandry*, Charites 67 f.). Gerade Sparta, das damals solche Leistungen nicht mehr aufzuweisen hatte, wie sie seine Athleten im 7. und 6. Jh. vollbracht hatten, mußte daran gelegen sein, die Erfolge der alten Zeit herauszustellen (vgl. *A. Hönle*, Olympia in der Politik der griechischen Staatenwelt [1968] 141 f.; s. oben S. 18 mit Anm. 42). Man wird also die Statue des Eutelidas, die im 7. Jh. völlig allein stünde, lieber mit *Amandry* (a. O. 68 Anm. 22) in die klassische Zeit hinunterrücken. Die Lücke von einem Dreivierteljahrhundert, die sonst zwischen dieser und den nach Pausanias ältesten Siegerstatuen klaffen würde, wäre schwer erklärbar.

442 Die älteste uns bekannte Statue eines Olympiasiegers wäre die des Atheners Kylon auf der Akropolis, sofern sie wirklich für dessen Sieg und in unmittelbarem oder baldigem zeitlichen Anschluß an ihn errichtet wurde, was jedoch nicht überliefert ist und auch Pausanias nicht wußte (I 28,1). Abgesehen von diesem nicht hinreichend gesicherten Fall ist die älteste eindeutig bezeugte Statue, die einem Olympioniken in der Heimat errichtet wurde, die des Pankratiasten Arrhachion aus Phigalia (Siege: 572, 568 und 564 v. Chr.). Pausanias hat sie gesehen und beschreibt sie als altertümliches Werk im »Kuros-Schema« (VIII 40,1; siehe unten).

443 S. Anm. 442.

444 *Hyde*, AJA. 18, 1914, 156 ff. (»the oldest dated Olympic victor statue in existence«: a. O. 159). Die Statue ist von *E. Buschor* (Frühgriechische Jünglinge [1950] 12) in die Nähe der frühesten attischen Kuroi gerückt, von *F. Matz* (Gesch. d. griech. Kunst I [1950] 195) mit dem Polymedeskuros verglichen worden, der um die Wende vom 7. zum 6. Jh. entstanden ist.

445 S. die Angaben bei *Moretti*, Olympionikai 72 zu Nr. 122, dazu *Modrze*, RE. XV 2 (1932) 1672 ff. Die olympischen Siege Milons fallen in die Olympiaden 60 (540 v. Chr.: Ringkampf der Knaben) und 62–64 (532–516 v. Chr.); *Moretti* a. O. Nr. 115, 122, 126, 129, 133, 139.

446 Olympia V Nr. 264. Fragmentierte Rundbasis aus graubraunem Kalkstein, etwa zur Hälfte erhalten. Das Material der Basis und die Buchstabenformen der am Rand entlanglaufenden Inschrift weisen ins 6. Jh. Man liest . . . ιμο ανεθεκεν, die Ergänzung Μίλων Διοτ]ίμου ἀνέθηκεν bietet sich an. Auf der Basisfläche ist noch ein Rest der Künstlerinschrift erhalten; die Buchstaben . . . αμ . . . würden zu dem überlieferten Bildhauernamen Δ]αμ[έας passen. *Dittenberger* und *Purgold* haben gegen die naheliegende Identifizierung des Fundstücks mit der Milonbasis eingewendet, daß die Weiheformel ἀνέθηκεν in der Prosa-Inschrift eines Athleten ungewöhnlich sei. Aber solche Bedenken haben geringes Gewicht angesichts der Tatsache, daß wir von archaischen Siegerinschriften kaum etwas wissen. Auch sachlich ist dieser Einwand unangebracht; gerade für die ältere Zeit ist nämlich die Weiheformel bezeichnend, wie *B. Schweitzer* gezeigt hat (Studien zur Entstehung des Porträts bei den Griechen [1940] 24 f. = Ausgew. Schr. II 135 f.). Die erste Siegerstatue ohne ἀνέθηκεν ist die des Hellanikos von 424 v. Chr. »Die einfache Namensbeischrift, in der ersten Jahrhunderthälfte noch unstatthaft, setzt sich jetzt allgemein durch« (Schweitzer). Bemerkenswert in diesem Zusammenhang ist die Basis der Statue des Lokrers Euthymos (Sieger 484, 476, 472 v. Chr.): unter dem Weihepigramm ist in Prosaform außer dem Künstler nochmals der Name des Siegers und seiner Heimatstadt genannt und als nachträglicher Zusatz ἀνέθηκεν hinzugefügt (Olympia V Nr. 144); *Schweitzer* hielt dies für eine Korrektur der Inschrift, die in der ursprünglichen Form anstößig wirkte, durch die elischen Behörden (a. O. 135). Im übrigen zeigte diese Inschrift die gleiche Form, die wir auch für die Milonbasis annehmen müssen: der erste Teil in Versform (das Epigramm für Milon wurde dem Simonides zugeschrieben und ist überliefert: Nr. 156 *Bergk*, PLG. III 501), dann in Prosaform der Name des Weihenden und die Künstlersignatur. Ein weiterer Einwand gegen die Identifizierung des Bruchstücks als Teil der Milonbasis betrifft die Buchstabenform des Iota, das nicht dem Alphabet von Kroton entspricht. Nun haben wir allerdings nur ganz wenige archaische Inschriften aus Kroton (s. *L. H. Jeffery*, The Local Scripts of Archaic Greece [1961] 257, 261 Nr. 21–23), und

vielleicht hat man auch bei einer Inschrift in Olympia manchmal gewisse Besonderheiten des heimischen Alphabets vermieden. – Schon die Rundbasis als solche ist etwas durchaus Ungewöhnliches und Seltenes (worauf übrigens auch der erwähnte Anekdotenzug hinweist!), und wenn dann noch die Inschriftreste so gut, wie man nur erwarten kann, zur Überlieferung passen, scheinen mir Zweifel nicht mehr angebracht. Das interessante Fundstück sollte also der Vergessenheit, in das es durch Hyperkritik der älteren Forschung unverdienterweise geraten ist, wieder entrissen werden: als letzter Rest der Siegerstatue des berühmtesten Athleten der Antike. – Am Rande vermerkt sei noch, daß die Krotoniaten eine Vorliebe für Rundbasen gehabt zu haben scheinen: ein nach Delphi gestiftetes Weihgeschenk stand auf einem Postament der gleichen Form (Fouilles de Delphes III 1,1 Abb. 1; *Jeffery* a. O. 258).

447 Philostrat., Vita Apollon. IV 28. Vgl. *Moretti*, Olympionikai 73; *Gross*, Nachr. AK. Göttingen I 1969 Nr. 3, 71 f.

448 Paus. VI 10,3. Glaukos war in der Pose des »Schattenboxers« dargestellt, also wohl in Ausfallstellung mit vorgestreckten Fäusten. Er siegte zweimal bei den Pythien und je achtmal bei den nemeischen und isthmischen Spielen; sein Olympiasieg fällt ins Jahr 520 v. Chr. (*Moretti*, Olympionikai Nr. 134). Seine Erfolgsserie reicht bis gegen das Ende des 6. Jhs.; die Siegerstatue ließ sein Sohn aufstellen. Sie war ein Werk des aeginetischen Erzgießers Glaukias, der auch das Wagendenkmal für Gelon schuf, den Herrscher von Gela und späteren Tyrannen von Syrakus, der 488 v. Chr. mit dem Viergespann siegte (Basis: Olympia V Nr. 143; *F. Eckstein*, Anathemata [1969] 54 ff.).

449 Paus. VI 10,6.

450 Olympia V Nr. 142. Pantares ist durch Herodot (VII 154) als Vater zweier Söhne bekannt, die nacheinander Tyrannen ihrer Vaterstadt gewesen sind. *Moretti* (Olympionikai 78 zu Nr. 151) setzt seinen Sieg in das Jahr 508 v. Chr., weil er – wohl zu Recht – als terminus ante quem den Herrschaftsantritt seines Sohnes Kleandros (505 v. Chr.) annimmt.

451 Paus. V 24,3. Basis: Olympia V Nr. 252. Die Beziehung auf den 2. Messenischen Krieg muß ein Irrtum des Pausanias sein; der Anlaß der Weihung war in der Inschrift nicht genannt. Ernst Meyer denkt an den Aufstand um 490 v. Chr. (*Meyer*, Pausanias 617, Anm. 3 zu S. 284).

452 Paus. V 25, 11. Fragment der Inschrift: Olympia V Nr. 836. Die Namensform »Zankle« für die Heimatstadt des Stifters bot Pausanias den Anhaltspunkt für die Datierung des Künstlers der Gruppe, des Kreters Aristokles: »Man muß ihn zu den ältesten Bildhauern rechnen; seine genaue Lebenszeit kann man nicht angeben, klar ist jedoch, daß er lebte, bevor Zankle seinen heutigen Namen Messene« (Messina an der Nordspitze Siziliens) »erhielt« (dies geschah im Jahr 494 v. Chr.).

453 Paus. V 24,1. Leider ist im Text eine Lücke; nur die Angabe, daß Askaros Schüler eines Sikyoniers gewesen sei, ist erhalten, nicht aber der Name seines Lehrers. Wenn es Kanachos war (vgl. *H. Brunn*, Gesch. d. griech. Künstler I[2] [1889] 47 f.), könnte Askaros noch in spätarchaischer Weise gearbeitet haben, vielleicht aber gehörte er schon zur Generation der frühklassischen Bildhauer. Pausanias bringt den Anlaß der Weihung mit den Perserkriegen zusammen. Merkwürdig als Attribut des Zeus mutet der Blumenkranz an, den diese Statue trug.

454 Paus. V 27,9. Basis: Olympia V Nr. 248; *F. Eckstein*, Anathemata (1969) 50 ff. Textabb. 10 Taf.-Abb. 12–13. Fragment des Stiers (Ohr und Horn): Olympia IV Taf. 4, 4. 4a; beide Teile waren gesondert gearbeitet und angesetzt und daher bei der gewaltsamen Demontage der Statue abgefallen. Das Weihgeschenk ist nach den Buchstabenformen der Inschrift um 500 v. Chr. oder bald danach zu datieren (widersprüchliche Angaben finden sich bei *Eckstein* a. O. 50, 52 und 119 Anm. 10).

455 Kopf A: *Treu*, Olympia III Taf. 6,1–4; Kopf B (schlechter erhalten und altertümlicher als A): Olympia III Taf. 6,9 bis 10. Arm und Schildrest mit Schildzeichen (Phrixos auf dem Widder): ebd. Taf. 6,5–6 und Textabb. 30; von *Treu* (ebd. S. 30) dem Krieger A zugeschrieben. Die Zugehörigkeit weiterer Schildfragmente (ebd. Textabb. 30,31) sowie eines rechten Fußes mit Plinthe (ebd. Taf. 6,7–8) zu einem der Krieger ist nicht sicher. – Die fälschliche Zuschreibung *Furtwänglers* (Sammlung Sabouroff, Einleitung zu den Skulpturen 5 Anm. 4; Aegina 347 ff.) an das von Pausanias V 27,1–7 beschriebene Phormis-Weihgeschenk hat schon *Treu* schlagend widerlegt (Olympia III 31 ff.). Abgesehen von der stilistischen Uneinheitlichkeit wären beide Köpfe zu früh, um zu dem erst 480 zu denkenden Phormis-Anathem gehören zu können. – Vgl. *E. Langlotz*, Frühgriechische Bildhauerschulen (1927) 66 Taf. 32a, b; *Bulle*, Antike Plastik (W. Amelung zum Gedächtnis) 44 f.; *Riemann*, Brunn-Bruckmann 779/80; *Eckstein* a. O. 48. *Buschor* sah in den beiden Köpfen Vorläufer der Zeustempel-Skulpturen; sie schienen ihm »der gleichen Schule zu gehören, die also schon früher mit Aufträgen für das Heiligtum ausgezeichnet worden war« (Text zu *Buschor-Hamann* S. 14).

456 Olympia V Nr. 266; *F. Eckstein*, Anathemata (1969) 61 ff. Textabb. 14. Das zwischen 485 und 480 v. Chr. entstandene Denkmal (s. *Eckstein* a. O. 64) steht in einer Tradition, die vor allem durch die samische Geneleosgruppe bekannt ist (*E. Buschor*, Altsamische Standbilder [1934/35] 26 ff., 84 f. Abb. 90–101, 345 bis 350; *H. Walter*, Das griechische Heiligtum [1965] 69 ff. Abb. 71).

457 Olympia IV 9 f. Taf. 1. Höhe 17 cm. Die von *Furtwängler* mitgeteilten Beobachtungen an dem Kopf sind wichtig für unsere Kenntnis des frühen großformatigen Erzgusses. Jetzt Athen, Nat.Mus. Inv. 6440. – *E. Langlotz*, Frühgriechische Bildhauerschulen (1927) 101; *C. Blümel*, Sport der Hellenen (1936) 12 Nr. 16 Abb. S. 105; *Kunze*, AuA. 2, 1946, 107 f. Abb. 18. Das Zeusbild muß in einem der führenden Zentren der peloponnesischen Erzbildnerei entstanden sein. Die Skulpturen des Aegina-Westgiebels, die Langlotz zum Vergleich heranzog, erreichen nicht die knappe Präzision des Olympiakopfes, der sich auch durch die kühle Verschlossenheit seiner inneren Haltung deutlich von ihnen unterscheidet. Auch chronologisch hinkt der Vergleich; denn der Zeuskopf gehört, wie die Haar- und Bartstilisierung und die altertümliche Wiedergabe des Ohres zeigen, in die Zeit um 520 v. Chr.

458 Vgl. hierzu *Kunze* a. O. 108, der eine bewegte Statue vom Blitzschwingertypus erwägt; aber dann doch »eher an ein frontales Bild in ruhigem Standmotiv« denkt. Man könnte auch die Möglichkeit eines Sitzbildes ins Auge fassen. Merkwürdig ist, daß der ziemlich weit herabreichende aufgebundene Haarschopf die Schulter des Standbildes nicht berührt zu haben scheint, was eigentlich nur bei einer leicht geneigten Haltung des Kopfes möglich ist. Auch das spricht für ein Sitzbild.

459 Olympia IV Taf. 7,40. Höhe 29 cm. Jetzt Athen, Nat.Mus.Inv. 6163. – *Langlotz* a. O. 83 Taf. 40 a; *W. Lamb*, Greek and Roman Bronzes (1929) Taf. 28 c; *Kunze*, AuA. 2, 1946, 107 Abb. 19/20; *Rolley*, Mon. Gr. et Rom., Die Bronzen Taf. 15 Nr. 50. Ein Rest in der linken Hand des Zeus ist wohl am ehesten als Krummstab zu ergänzen, wie ihn die bekannte sitzende Zeusstatuette vom Lykaion hält (*Langlotz* a. O. Taf. 41 b; *Lamb* a. O. Taf. 26 c); die Bedeutung dieses Attributs ist ungeklärt (vgl. *Kourouniotis*, Ephem. 1904, 191). Sollte es sich hingegen um einen Schwertgriff handeln, wie *Rolley* a. O. 5 vermutet, wäre die Benennung der Statuette als Zeus hinfällig. – Mit Korinth, wo Langlotz ihre Heimat vermutete, hat die Statuette wohl nichts zu tun; doch besitzt sie einen nahen Verwandten, vermutlich aus der gleichen Werkstatt, in dem Bostoner Hermes Kriophoros (*Langlotz* a. O. Taf. 2; *Kunze*, 109. Berliner Winckelmannsprogramm 1953, 6 ff. Abb. 3,4; *K. Schefold*, Meisterwerke griechischer Kunst [1961] Abb. 180), den man der Schule von Sikyon zugeschrieben hat (s. *Langlotz* a. O. 42).

460 AuA. 2, 1946, 107.

461 *Kunze*, AuA. 2, 1946, 104 ff. Abb. 14–17; OlBericht IV 134 ff. Taf. 51–52; ArchDelt. 18, 1963, 110 Taf. 146 c; 19, 1964; 171 f. Taf. 175 a vgl. *Schwabacher*, Antike Kunst 5, 1962, 9 ff. Taf. 4–8. Weiteres unten S. 156.

462 Beste Replik in London, British Museum. Brunn-Bruckmann 46; *Lippold*, Griech. Plastik 164 f. Taf. 60,1; *G. Hafner*, Zum Epheben Westmacott, Sitzungsber. Akad. Heidelberg 1955. Zur Zuschreibung an Polyklet und Datierung zuletzt *D. Arnold*, Die Polykletnachfolge (1969) 48

Anm. 221, 170 Anm. 609. – Die mit der Statue in Zusammenhang gebrachte Basis des Kyniskos von Polyklet (Olympia V Nr. 149; *Arnold* a. O. Abb. 2) ist nicht zugehörig.

463 Paus. V 10,8: »Die Giebelfiguren der Eingangsseite sind das Werk des Paionios, seiner Herkunft nach aus Mende in Thrakien, die der Rückseite von Alkamenes, der in der Zeit des Phidias lebte und in der Kunst der Bildhauerei die zweite Stelle errang« (Übers. Ernst Meyer). Daß Pausanias hier irrt, hat die Forschung seit langem erkannt. Beide Künstler gehören der Hochklassik an. Paionios kennen wir als Schöpfer der von den Messeniern und Naupaktiern geweihten Nike (Taf. 62 s. oben S. 159). Sie stand vor der Front des Zeustempels, und in der Inschrift auf ihrer Basis rühmt sich der Künstler, auch die Akrotere des Zeustempels auf Grund eines gewonnenen Wettbewerbs gearbeitet zu haben. Diese Inschrift hat Pausanias gelesen (V 26,1) und vermutlich die »*Akrotere*« (Aufsatzfiguren über den Giebeln) mit den Giebelfiguren verwechselt. Der Phidiasschüler Alkamenes hatte vielleicht in diesem Künstlerwettbewerb den zweiten Platz errungen, was Pausanias einer anderen Quelle entnommen haben könnte. Oder Pausanias hat einen Lehrsatz der antiken Kunsttheorie, nach welchem Alkamenes als zweitgrößter Bildhauer Athens nach Phidias angesehen wurde, falsch verstanden und auf den Akroter-Agon bezogen. So mag der Irrtum entstanden sein. Vgl. *Lippold*, Griech. Plastik 205.

464 Paus. V 10,3. Dies ist die einzige Stelle in unserer gesamten Quellenüberlieferung, wo der Name erwähnt ist.

465 Plutarch, Pelopidas 34 und Gellius, Noctes Atticae III 15,3. Übrigens wurde auch sein dritter Sohn, Dorieus, dreimal hintereinander Olympiasieger im Faustkampf, und zwei Enkel des Diagoras, Eukles und Peisirodos, waren gleichfalls Olympioniken. Die Siege dieser rhodischen »Athletendynastie« erstrecken sich über einen Zeitraum, der von der Mitte des 5. Jhs. bis weit ins 4. Jh. reicht: ein wohl einmaliger Fall in der Sportgeschichte. Die Standbilder der Olympiasieger aus der Familie der Diagoriden waren nebeneinander als Gruppe aufgestellt; Pausanias hat sie uns beschrieben (VI 7,1–3).

466 Vgl. Thukydides VI 16–18 (Rede des Alkibiades); Plutarch, Alkibiades 11. Das Epigramm des Euripides: fr. 3 *Diehl*. Die Prachtentfaltung schildert Athenaios I p. 3 e. Das spektakuläre Auftreten des Alkibiades fand als politische Werbung für seine Vaterstadt durchaus Bewunderung, die noch bei Isokrates (XVI 34) und Demosthenes (XXI 145) nachklingt, aber stieß natürlich auch auf Kritik bei seinen politischen Gegnern, die sein Spiel durchschauten. Sie klingt vor allem in den tadelnden Worten durch, die Thukydides den Strategen Nikias in einer Rede am Vorabend der verhängnisvollen sizilischen Expedition sagen läßt (Thuk. VI 12,2). – Zu Alkibiades als Olympionike zuletzt *A. Hönle*, Olympia in der Politik der griechischen Staatenwelt (1968) 206 ff.

467 Zur Berechnung des Zeitpunktes der Spiele und ihren Voraussetzungen in der griechischen Zeitrechnung: *H. Bengtson*, Die Olympischen Spiele in der Antike (1971) 32 f. – Über die Art und Reihenfolge der Wettkämpfe und den Verlauf der antiken Olympischen Spiele gibt es eine ganze Reihe eingehender, mehr oder weniger phantasievoll ausgeschmückter Darstellungen, z. B. *Boetticher*, Olympia 129 ff.; *Gardiner*, Olympia 300 ff. *F. Mezö*, Geschichte der Olympischen Spiele (1930) 62 ff.; Olympia in der Antike, Ausst.-Kat. Essen 1960, 61 ff, *(E. Thiemann)*. Die Schilderungen weichen alle voneinander ab, was die Unsicherheit der Quellenlage beleuchtet. Unsere kurze Übersicht folgt im wesentlichen *H. Bengtson* (a. O. 33 f.), der sich auf die fundierten Darlegungen von *L. Weniger stützt* (Klio 4, 1904, 125 ff.). Außer Pausanias (V 9, 3–4; V 13,3) ist unter den Quellen Xenophon (Hellenika VII 4,29) hervorzuheben. – Fünftägig wird das Fest auch in der V. Olympischen Ode Pindars genannt, deren Echtheit umstritten ist; sie wurde auf einen Sieg des Psaumis von Kamarina 456 v. Chr. gedichtet *(Moretti*, Olympionikai Nr. 280).

468 Eine Aufarbeitung der zahlreichen, meist sehr kleinteiligen Bruchstücke der statuarischen Bronzeplastik ist in Vorbereitung. Die wichtigsten Funde der alten Grabung sind Olympia IV 9 ff. Nr. 1 bis 39 Taf. 1–6 veröffentlicht. – Über die Zahl der einst im Heiligtum aufgestellten Statuen gibt es keine genauen Angaben. Schätzungen, die mit mehreren Tausenden rechnen, stützen sich auf die große Anzahl noch vorhandener Basen und Postamente (allein im Fundament des römischen Triumphtores waren über 50 Basisblöcke verbaut!) und auf antike Nachrichten, wie z. B. die Angabe bei Pausanias (X 7,1), Nero habe aus Delphi 500 Götter- und Siegerstatuen entführt, die einen Maßstab auch für Olympia abgeben kann. – Eine Schilderung der schon in der späten Kaiserzeit einsetzenden »Demontage« der antiken Plastik zum Zwecke der Materialverwendung gibt *A. Rumpf*, Archäologie I (Sammlung Göschen Nr. 538, 1953) 23 ff. auf Grund antiker Quellen. Vgl. auch *Furtwängler, Olympia* IV 16; *Boetticher*, Olympia 239 f.; *F. Eckstein*, Anathemata (1969) 1 mit Anm. 2 und 4.

469 *Eckstein* a. O. 27 ff. Textabb. 3. (Richtigstellung der ungenauen Wiedergabe auf Blatt VI e des großen Lageplans). Die Basis hat die Form eines Kreisabschnitts von ca. 11 m Radius. Ihm gegenüber liegt die Rundbasis für die Statue des Nestor, durch welche die Identifizierung des Anathems gesichert ist. – Zur Eigenart der »Gruppenanatheme«: *Eckstein* a. O. 98 ff.

470 *Eckstein* a. O. 15 ff. Taf. 1 Abb. 1–3; Inschriftfragmente: OlBericht V 149 ff. Taf. 80. – Pausanias nennt die Mutter des Memmon nicht *Eos* (Morgenröte) sondern *Hemera* (anbrechender Tag). Zeus war vermutlich thronend dargestellt. Zur Datierung (kurz vor Mitte 5. Jh.) zuletzt *Kunze*, OlBericht V 152 f. Der Künstler der Gruppe war Lykios, ein Sohn des großen Myron. – Der Hinweis des Pausanias, das Apolloniaten-Weihgeschenk sei in der Nähe des Hippodameions gelegen, hat bisher leider nicht zur Identifizierung desselben verhelfen können, vgl. oben S. 69 mit Anm. 243.

471 Vgl. die Zusammenstellung bei *J. Wiesner*, RE. 18,1, 151 ff.

472 *Eckstein*, Anathemata 33 ff. Zu Mikythos: *H. Berve*, Die Tyrannis der Griechen (1967) 150, 157 f., 609.

473 Dies berichtet Herodot X 81,1. Gemeinsame Weihungen der Griechen aus der Beute von Platää waren außer dieser Zeusstatue der große Bronzedreifuß auf der Schlangensäule, der in Delphi stand, sowie eine eherne Poseidonstatue auf dem Isthmos; hierzu zuletzt eingehend *W. Gauer*, Weihgeschenke aus den Perserkriegen (1968) 74 ff.

474 Paus. V 25,2–4. Das Weihepigramm dichtete der Sophist Hippias, den wir bereits als Verfasser der ersten Olympionikenliste kennengelernt haben; die Figuren fertigte Kallon von Elis. Eine Hermesstatue dieses Bildhauers erwähnt Pausanias V 27,8; ihre Basis zeigt Buchstabenformen der 2. Hälfte des 5. Jhs. (Olympia V Nr. 271). In dieser Zeit lebte auch Hippias. Damit ist die Datierung einigermaßen festgelegt.

475 *Gauer* a. O. 96 f. *Eckstein* gibt für seine Ablehnung dieser wohlbegründeten Annahme (Anathemata 110 Anm. 19) keinerlei Erklärung; seine eigenen Vorstellungen von der Statue (ebd. 26) sind einigermaßen unklar und widersprüchlich. Zur Basis: ebd. 23 ff. Textabb. 2. Die Höhe gibt Pausanias nicht an; sie ist bei Herodot überliefert (IX 81).

476 Pausanias hat die Namen V 23,1–3 abgeschrieben; die Liste ist – aus welchen Gründen auch immer – nicht ganz so vollständig wie die der Schlangensäule von Delphi (die sich bekanntlich in Konstantinopel, wohin sie Kaiser Konstantin entführt hatte, erhalten hat); s. hierzu *Gauer* a. O. 97.

477 Paus. V 24,4. – Eine von der arkadischen Stadt Kleitor gestiftete Zeusstatue schätzte Pausanias (V 23,7) auf etwa 18 Fuß Höhe (= 5,33 m), sie übertraf also gleichfalls den Zeus von Platää; hingegen blieb der überlebensgroße Zeus der Spartaner (oben S. 116) mit seiner Höhe von 12 Fuß (= 3,55 m) unter diesem. – Das Fundament der Basis des elischen Anathems ist höchstwahrscheinlich in dem Unterbau nördlich des Zeustempels in Höhe der 1. und 2. Säule, von Osten gezählt, zu erkennen *(Dörpfeld*, Olympia I 86; Blatt VI e des großen Übersichtsplans); Inschrift. Olympia V Nr. 260 (die Formulierung περὶ ὁμονοίας dürfte sich auf den Friedenschluß mit den Arkadern von 363 v. Chr. beziehen, der die Versöhnung und Wiederher-

stellung der elischen Spielleitung besiegelte).

478 *E. Kunze*, Zeus und Ganymedes, 100. Berliner Winckelmannsprogramm 1940, 27 ff. Farbtaf. u. Taf. 1–10; *Ders.*, AuA. 2, 1946, 109 f.; *Ders.*, Neue Meisterwerke 28 ff. Abb. 63–69; OlBericht III 131 ff. Taf. 58; OlBericht V 103 ff. Abb. 43–46 Taf. 54–63; *H. Sichtermann*, Ganymed (1948) 28 ff. Taf. 2,1; *Lullies-Hirmer* Taf. 102/3. – Die Höhe der Gruppe beträgt einschließlich der Basis im jetzigen Zustand 1,097 m. Doch ist dieser Wert nicht als absolut verbindlich zu betrachten: Hauptstück und Unterteil mit Basis berühren sich nur punktuell, ihre Zusammenfügung (unter Verwendung von Gips) ist nicht ganz geglückt. Der nachträglich gefundene rechte Fuß des Zeus bildet, wie selbst die Photographien lehren, keine richtige Verbindung mit dem Unterschenkel, und auch der Mantelsaum steht sinnwidrig weit ab. Die Ursache liegt in einer leichten Verkantung der Hauptteile. Freilich wird man sich zu einem dritten Auseinandernehmen und Wiederzusammenfügen der Gruppe nur ungern entschließen (zur zweiten Zusammensetzung s. *Kunze*, OlBericht V 103).

479 S. OlBericht V 111. Die Abdachung der Basis hat wohl in erster Linie statische Gründe; die Terrakotta-Großplastik mußte schon aus technischen Erwägungen gelegentlich andere Wege gehen als die Stein- oder Bronzebildnerei. Das zeigen die ähnlich ungewöhnlichen Basen OlBericht V 125 ff. Taf. 74/75 und OlBericht VI 182 f. Taf. 77/78.

480 Dies ergibt sich aus den Fundumständen: OlBericht V 114.

481 Paus. V 24,5. Der von Pausanias genannte Künstler Aristokles, der sich in der Inschrift als Schüler seines Vaters Kleoitas bezeichnete, ist für uns zeitlich zwar nicht genau fixierbar (vgl. *Amelung* in: Thieme-Becker, Künstlerlexikon II 105, wo einleuchtende Gründe für eine Datierung in das 2. Viertel des 5. Jhs. angeführt werden), doch reiht sich das Werk in die Göttergruppen der frühklassischen Weihgeschenke Olympias ein und ist auch vom Thema her am ehesten in dieser Zeit entstanden zu denken. Denn in der Hochklassik verschwindet das Motiv (vgl. *H. Sichtermann*, Ganymed [1948] 31), und als es später wieder auftaucht, hat es sich gewandelt: jetzt raubt der Adler des Zeus den Knaben, nicht mehr der Gott selbst.

482 Vgl. *Kunze*, 100. Berliner Winckelmannsprogramm 1940, 38 ff.; Nachweise ebd. 48 f.

483 Paus. V 22,6.

484 Zur Geschichte der Ganymedsage und ihrer Gestaltung durch die Kunst eingehend: *Sichtermann* a. O. passim. – Der Versuch von *P. Mingazzini*, die Gruppe anders zu deuten (Poseidon und Pelops: Festschrift A. Rumpf [1952] 113 ff.) ist von *Kunze* mit einleuchtenden Gründen zurückgewiesen worden (OlBericht V 110 f.; vgl. auch *Schefold*, Gymnasium 61, 1954, 287).

485 Zur Bedeutung und Bewertung des (genetisch erst sekundären) erotischen Elements im Ganymed-Mythos: *Sichtermann* a. O. 13 ff. u. passim. Zum Hahn als Liebesgeschenk: ebd. 22, 24 f., 30; s. auch *Kunze*, OlBericht V 111 Anm. 14.

486 Das »Ethos« der Gruppe ist, genau wie das der Dichtungen Pindars, durchaus noch archaisch. Insofern kann ich die hohe Datierung von *E. Langlotz* (»1. Jahrzehnt des 5. Jhs.«: NBdA. I 170) nicht so unverständlich finden wie *Kunze* (OlBericht V 112 Anm. 17). Zwar hat Kunze mit seinem Ansatz um 470 v. Chr. zweifellos recht; doch ist das Werk in dieser Zeit verständlich nur als Schöpfung eines konservativen, dem archaischen Götter- und Adelsideal verpflichteten Meisters (vgl. die treffenden Bemerkungen von *U. Knigge*, Bewegte Figuren der Großplastik im Strengen Stil [1965] 62 f. zu K 19).

487 Der Ton ist korinthisch; doch brauchen in der Werkstatt nicht nur Korinther beschäftigt gewesen zu sein, wie schon *Kunze* bemerkt hat (OlBericht V 112). – In Korinth selbst haben die Ausgrabungen auch Beispiele dieser Gattung zu Tage gefördert; bemerkenswert sind insbesondere Reste einer Amazonenkampfgruppe: *Weinberg*, Hesperia 26, 1957, 306 f. Nr. 8 Taf. 65,75. Weitere Beispiele, darunter sogar Bruchstücke lebensgroßer Figuren: ebd. 289 ff. Taf. 64–75. Unter den einschlägigen Beispielen anderer Fundorte sei auf einen bedeutenden frühklassischen Kriegerkopf von der Athener Agora verwiesen: *Thompson*, Hesperia 23, 1954, 61 f. Taf. 14 a; *G. M. A. Richter*, Handbuch d. griech. Kunst (1966) Abb. 112. – Die Herkunft des Meisters der Terrakottagruppe von Olympia konnte bisher nicht überzeugend bestimmt werden. Sein Stil scheint nicht unbedingt korinthisch zu sein. Man hat daher seine künstlerische Heimat auch außerhalb der Peloponnes gesucht: in Aegina *(Langlotz, Schefold* und, zögernd zustimmend, auch *Kunze)*, Sizilien *(Picard)*, Ostgriechenland *(Lippold)*; s. OlBericht V 113. Die Unsicherheit erklärt sich dadurch, daß wir zu wenig Beispiele von Terrakotta-Großplastik kennen; Vergleiche mit Stein- und Bronzeskulptur aber führen nur allzu leicht in die Irre, weil sie die handwerkliche Verwurzelung der Bildhauer und die gattungsmäßige Bedingtheit ihrer Werke zu wenig berücksichtigen. Mir scheint daher auch die Zuweisung der Zeus-Ganymed-Gruppe an die durch ihre Erzbildnerei berühmte Kunst von Aegina wenig überzeugend.

488 *Kunze*, OlBericht III 122 ff. Taf. 52–56; V 114 ff. Taf. 64–67; *Ders.*, Neue Meisterwerke 24 f. Abb. 60–62. Den originalen Eindruck beeinträchtigen nur hier und da Ansätze eines dunkelfleckigen Sinters, von dem nur der (getrennt gefundene) rechte Oberarm gänzlich frei ist (vgl. OlBericht V Taf. 64/65; s. auch den Fuß ebd. 115 Abb. 47). Hingegen ist die Zeus-Ganymed-Gruppe durch eine nach der Ausgrabung aufgetragene dicke, seither stark nachgedunkelte Firnisschicht, die das Aufspringen und Abplatzen der feingeschlämmten Oberflächenschicht verhindern sollte (OlBericht V 104), in ihrer Wirkung leider nicht unerheblich beeinträchtigt. Der jetzige Farbeindruck trügt; das Kolorit war heller, leuchtender, kräftiger, kontrastreicher (der Mantel z. B. weinrot, nicht braun). Den originalen elfenbeinfarbenen Ton des Inkarnats, der völlig dem des Kriegertorsos entspricht, zeigt der nachträglich gefundene (und nicht mit Firnis behandelte) rechte Fuß des Zeus. – Die Datierung des Kriegers durch *Kunze* (»500 bis 490 v. Chr.«: Neue Meisterwerke 28; »um 490 v. Chr.«: OlBericht III 131, V 127) ist ein wenig zu hoch gegriffen; die Figur zeigt bereits formale Elemente, die auf den Strengen Stil vorausweisen; sie ist von einem fortschrittlichen korinthischen Meister um 480/70 v. Chr. geschaffen worden, wie jüngst *U. Knigge* gezeigt hat (a. O. 62, K 18). Die künstlerische Qualität des Kriegers wird von keinem der olympischen Terrakottabildwerke erreicht; er ist unter die besten Leistungen zu rechnen, die die Plastik dieser Zeit überhaupt hervorgebracht hat. Von der Kraft und Lebendigkeit des Formenvortrags, der Sensibilität der Modellierung bis ins letzte Detail und der vollendeten Oberflächengestaltung geben die Photographien keine wirkliche Vorstellung; all das kann nur am Original wahrgenommen werden. Das gilt auch für die Farben: das noch in spätarchaischer Manier zierlich gefältete Mäntelchen zeigt ein warmes Kirschrot mit schwarz-weißem Saum; mit demselben Rot ist auch der Schwertriemen bemalt; ein helles, durchsichtiges Goldbraun findet sich an den Beinschienen; Haar und Bart waren, wie Fragmente beweisen, schwarz, desgleichen das Schamhaar; vgl. OlBericht III 127 f.; V 122. Zur Technik dieser und der anderen großformatigen Figuren, ihrem Aufbau aus grober Kernmasse, feingeschlämmter Außenschicht und Überzug s. OlBericht III 126 f. Abb. 104/5.

489 OlBericht V 124 (fünf Figuren?). Die zugehörigen Fragmente ebd. 116 ff. Abb. 48–54 Taf. 69–75.

490 *Kunze*, Neue Meisterwerke 26 f. Abb. 58/59; OlBericht V 169 ff. Abb. 116 Taf. 66–70; *K. Schefold*, Die Griechen und ihre Nachbarn (Propyläen-Kunstgeschichte, 1967) Taf. 50. Die zugehörigen Fragmente a) der Athenafigur: OlBericht V 172 ff. Abb. 117 Taf. 71–74,76, b) weiterer Figuren der Gruppe: ebd. 177 ff. Abb. 119–122 Taf. 75,77,78. Gesichert sind außer Athena ein Kämpferpaar und ein weiterer Bewaffneter. Zur Deutung (Kyknos- oder Geryoneuskampf des Herakles?): *Kunze* ebd. 184.

491 OlBericht VI 169.

492 Olympia hat bisher die meisten Beispiele dieser Gattung geliefert. Weitere Bruchstücke: OlBericht VI 188 ff., dazu Unpubliziertes, vor allem Reste von Nikefiguren, die als Akrotere verschiedener Schatzhäuser dienten. Länger be-

kannt sind die Fundstücke der alten Grabung (Olympia III 35 ff. Abb. 35 bis 50 Taf. 7–8; vgl. OlBericht II 120 ff. Abb. 103) sowie der ersten Kampagne der neuen Grabungen (OlBericht I 96 f. Taf. 26/27; hierzu *Süßerott*, OlForsch. I 136 f. und *Kunze*, Neue Meisterwerke 25 Abb. 53/54). Aus der unmittelbaren Umgebung Olympias stammt ein während des 2. Weltkrieges aus dem Museum verschwundener und nach den USA verkaufter Kopf im New Yorker Metropolitan Museum: *Richter*, AJA. 52, 1948, 331 ff. Taf. 32/33; *Dies.*, Handbook of the Greek Collection (1953) Taf. 50 a. – Einschlägige Beispiele von anderen Fundorten: s. oben Anm. 487.

493 Daß man bei der Erbauung des Metroons von dieser Regel abwich, hat seinen besonderen Grund: die Meter Theon ist eine chthonische Gottheit; bei Himmelsgottheiten hingegen liegt der Altar stets vor der Ostfront des Tempels. – Literatur zum Zeustempel: *Dörpfeld*, Olympia II 4 ff. Taf. 8–17; *Ders.*, AO. I 222 ff.; *Gardiner*, Olympia 234 ff.; *Rodenwaldt-Hege* 30 ff. Taf. 18–23; *H. Riemann*, Zum griechischen Peripteraltempel (1935) 56 ff.; *H. Schleif*, Die neuen Ausgrabungen in Olympia und ihre bisherigen Ergebnisse für die antike Bauforschung (1943) 28 ff. Abb. 5–6 Taf. 15; *F. Krauss*, Beobachtungen am Zeustempel von Olympia in: Neue Ausgrabungen im Nahen Osten, Mittelmeerraum und in Deutschland. Bericht über die Tagung der Koldewey-Gesellschaft in Regensburg 1957, 28 ff.; *Ders.*, Die Säulen des Zeustempels von Olympia, in: Robert Boehringer, Eine Freundesgabe (1957) 365 ff.; *Willemsen*, OlForsch. IV (1959) 1 ff. (Sima), 6 ff. (Wasserspeier); *Gruben* 51 ff.; *P. Grunauer*, Der Zeustempel in Olympia – Neue Aspekte, in: Bericht über die 25. Tagung der Koldewey-Gesellschaft in Speyer 1969, 13 ff.

494 S. oben S. 32 ff.

495 Von diesen scheint man nur soviel als unbedingt erforderlich abgeräumt zu haben. Teilweise erhielten die Weihgeschenke auch nach Aufhöhung des Niveaus neue Standplätze.

496 S. oben S. 44.

497 Herodot IV 148,4; vgl. Strabo VIII 355. Man pflegt dieses Ereignis in die 77. Olympiade (472 v. Chr.) zu setzen. Diese These, die allgemeine Zustimmung gefunden hat, stammt von *L. v. Urlichs* (Verhandl. d. Philol.-Vers. zu Halle 1867, 70; vgl. *Dörpfeld*, Olympia II 19 f.; *Hitzig-Blümner* II 1, 317). Freilich bleibt dies Vermutung und würde zudem einen etwas vagen Anhaltspunkt ergeben; es fragt sich, ob man der einigermaßen unklaren Bemerkung des Pausanias überhaupt solches Gewicht beimessen darf.

498 Die Gründung der Stadt Elis 471 v. Chr. war das Ergebnis eines sog. Synoikismos; d. h. mehrere ländliche Gemeinden schlossen sich zusammen und schufen sich ein neues, städtisches Zentrum: so entstand eine Polis, die seither die Hauptstadt von Elis war. Vgl. *Swoboda*, RE. V 2393.

499 Hierzu gehören u. a. die Beobachtungen der Ausgräber über die Weihgeschenkbasen, die auf dem alten Niveau stehen und über diejenigen, welche nach der Aufschüttung der Zeustempelterrasse auf höheres Niveau zu stehen kamen; daß sich hieraus chronologische Schlüsse herleiten lassen, erkannte zuerst *Furtwängler*, Kl. Schr. I 340 f.; vgl. *Dörpfeld*, Olympia II 20 f.

500 Den Schild und die am Mittelakroter angebrachte Weihinschrift erwähnt Pausanias V 10,4; ein Bruchstück der Inschrift wurde gefunden: Olympia V Nr. 253. Daß sich hieraus ein wichtiger chronologischer Anhaltspunkt für die Vollendung des Zeustempels ergibt, erkannte zuerst *v. Urlichs* (a. O. 70); vgl. *Purgold*, Olympia V 374; *Dörpfeld*, Olympia II 20. Der Firstgeisonblock des Ostgiebels mit dem großen Dübelloch für das Mittelakroter konnte kürzlich identifiziert werden: *Grunauer* a. O. 21 Abb. 5 und 6.

501 Siehe die Anm. 493 genannten Arbeiten von *Fr. Krauss* und *P. Grunauer*. Erste Schritte zur Neubearbeitung des Zeustempels hatte schon *H. Schleif* in den vierziger Jahren unternommen (Die neuen Ausgrabungen in Olympia und ihre bisherigen Ergebnisse für die antike Bauforschung [1943] 28 ff.; vgl. *Kunze* und *Weber*, AJA. 52, 1948, 490 Anm. 2).

502 *F. Krauss*, Die Säulen des Zeustempels in Olympia, in: Robert Boehringer, Eine Freundesgabe, 1957, 365; *Grunauer*, Der Zeustempel in Olympia – Neue Aspekte 14. In der Erstveröffentlichung des Tempels durch *Dörpfeld*, die H. Schleif »das Urbild aller seitherigen Baubeschreibungen« genannt hat (Die neuen Ausgrabungen in Olympia 28 f.), heißt es: »Die Technik, die architektonischen Kunstformen und die Skulpturen sind vollkommen einheitlich durchgeführt. Ein Unterschied zwischen älteren und jüngeren Teilen ist nirgends zu finden« (Olympia II 20). – Auch *G. Gruben* steht letzlich noch im suggestiven Bann solcher Vorstellungen, wenn er schreibt: »Im Zeustempel ist, wenn irgendwo, der ›Kanon‹ verwirklicht« (Die Tempel der Griechen [1966] 41; ebd. 52: ». . . die gültigste Verwirklichung des dorischen Kanon«).

503 Ringhallenkapitelle: *Krauss*, Die Säulen des Zeustempels 366 ff. Abb. I a–c und II a–c. Die alte Grabung hatte lediglich die Verschiedenheit von Cella- und Ringhallenkapitellen festgestellt. – Antenkapitelle: *Krauss*, Beobachtungen am Zeustempel 29 ff. Abb. 5 a und b.

504 *Grunauer* a. O. 20, 30. Anders *Gruben* 53 f.; vgl. auch *Krauss*, Die Säulen des Zeustempels 366.

505 *Grunauer* a. O. 21 f. Abb. 7. Das Tempelfundament muß für den Nachweis der Kurvatur weitgehend außer Betracht bleiben, wie schon die alten Ausgräber festgestellt hatten, da es stellenweise abgesunken ist (Olympia II 17 f.). Durch neue Messungen ließ sich jedoch an bestimmten Werkstücken das Vorhandensein einer Kurvatur wahrscheinlich machen (*Grunauer* a. O. 21). – Weitere wichtige Ergebnisse der neuen Untersuchungen am Zeustempel: Korrektur der fehlerhaften Rekonstruktion der Ringhallen-Triglyphen (*Grunauer* a. O. Abb. 16); exakte Ermittlung der Giebelschräge und der Tympanonmaße (ebd. 21 ff.; die Giebelfiguren erhalten dadurch »entscheidende Zentimeter mehr Luftraum für ihre Unterbringung«: ebd. 25; zu den bisherigen Schwierigkeiten vgl. *Treu*, Olympia III 117), der Gebälktiefe (die an Front- und Langseiten differiert: ebd. 18 f.) sowie der Längenmaße des Gebälks (ebd. 16 ff.); Feststellung der Abweichungen der Eckjochmaße von Front- und Langseiten (ebd. 20). Auch für das Ausmaß der Reparaturen, die, wie seit langem bekannt, schon in klassischer Zeit am Zeustempel vorgenommen werden mußten, haben sich neue Aufschlüsse ergeben: ebd. 30 Abb. 17–19.

506 *Erhart Kästner*, Griechenland (1943) 131.

507 *Krauss*, Die Säulen des Zeustempels von Olympia 366. – Zum Ausmaß und erschreckend schnellen Fortschreiten der Zerstörung: *Grunauer* a. O. 15.

508 Die Fundlage, wie sie Blatt V a und b des Gesamtplanes von 1897 zeigt, ist inzwischen vielfach verändert (*Grunauer* a. O 14; man vergleiche dort Abb. 1 und 2), am besten ist sie bei den westlichen Säulen der Südseite bewahrt geblieben. S. *Rodenwaldt-Hege* Taf. 21; *Berve-Gruben-Hirmer* Taf. 55; *Krauss* a. O. Abb. 1–4. – Zum Zeitpunkt der Zerstörung des Zeustempels s. unten S. 198.

509 *Krauss* a. O. 366. Rekonstruktionen: ebd. Abb. I a und IIa.

510 Olympia II 19. Pausanias rechnet, wie Dörpfeld nachgewiesen hat, mit römischen Fuß (= 0,296 m). Seine Breitenangabe differiert nur geringfügig von der tatsächlichen Stylobatbreite, während bei der Längenangabe die Rampe an der Eingangsseite mitgerechnet zu sein scheint.

511 Mit Ausnahme eines aus einer verbauten Säulentrommel und einem Architravfragment erschlossenen Tempels in Korinth: *Dinsmoor*, Hesperia, Suppl. 8, 1949, 104 ff., Taf. 15,1 (Hinweis von *G. Gruben*).

512 *Grunauer* a. O. 25. Neue Aufschlüsse ergaben sich durch einen wiedergefundenen Tympanonblock mit Dübellöchern für die Figuren: ebd. Abb. 9; vgl. die Rekonstruktionen ebd. Abb. 11 und 12. Für unsere Abb. 93 stellte P. Grunauer liebenswürdigerweise eine von ihm eigens auf den letzten Stand gebrachte Druckvorlage zur Verfügung, wofür ihm herzlicher Dank gebührt. Man beachte den entscheidenden Unterschied von älteren Rekonstruktionen, wie etwa *Rodenwaldt-Hege* 38 Abb. 22.

513 Olympia III 95 ff. mit den Fundlisten für den Ostgiebel (102 ff.) und den Westgiebel (107 ff.); s. auch die ebd. am Schluß angehängte Fundkarte sowie die Lagepläne Olympia, Mappe Blatt V a/b und JdI. 4, 1889 neben S. 266.

514 Genannt seien der Kopf des Peirithoos (unten Anm. 517), der Kopf der Lapithin der »Stechergruppe« (OlBericht IV 149 ff. Taf. 57–62; Neue deutsche Ausgrabun-

gen im Mittelmeergebiet und Vorderen Orient 306 Abb. 43) und die Füße des Ostgiebel-Zeus (OlBericht IV 144 ff. Abb. 104 Taf. 55 und 56).

515 *Treu*, Olympia III 130 ff. Taf. 18–21 unten (zuerst begründet JdI. 3, 1888, 175 ff. Taf. 5–6); entsprechend die Rekonstruktionszeichnungen oder Modelle z. B. bei *Gardiner*, Olympia Abb. 83; *Rodenwaldt-Hege* Abb. 21; *Lippold*, Griech. Plastik Taf. 44,2; *Lullies-Hirmer* 54 Abb. 5; *Ashmole-Yalouris* Abb. 16/17. Vereinzelte Gegenstimmen (z. B. *Studniczka*, JdI. 4, 1889, 16 ff.; *Wolters*, Sitzungsber. Bayr. Akad. 1908, VII, 1 ff.) haben sich nicht durchsetzen können.

516 Pfeil und Bogen: Olympia III 70 f. Abb. 111, 112. Die Attribute bestanden aus Bronze. – Befund und Ergänzung der rechten Hand: Olympia III 70 Abb. 111. – Daß die Gestalt des Gottes als leibhafte, aber von den Kämpfenden unbemerkte Erscheinung gedacht ist, geht daraus hervor, daß Theseus und Peirithoos ihr den Rücken zuwenden.

517 Befund und Ergänzung: Olympia III 74 ff. Abb. 119, 120, Theseus: *Ashmole-Yalouris* Abb. 95–97 (Kopf: *Rodenwaldt-Hege* 40 Abb. 24). Der Kopf des Peirithoos wurde erst 1921 im Kladeosbett gefunden und von *Studniczka* an das kleine Bruchstück der Schädelkalotte (Olympia III 75 Abb. 119,1) angepaßt, wodurch Treus Zuweisung dieses Fragments an die Figur des Peirithoos glänzend bestätigt wurde: AA. 1921, 324; vgl. *Jantzen*, OlBericht IV 160 (gute neue Abb.: *Ashmole-Yalouris* Abb. 118–121). – Zu den Ursachen der auffällig starken Zerstörung der beiden Figuren s. *Treu* a. O. 77. Die Gestalten des Theseus und Peirithoos waren, beide Kentaurengruppen teilweise überschneidend, sehr weit nach vorn gerückt; hierdurch wurden die kompositionellen Lücken beiderseits der Mittelfigur gefüllt und gleichzeitig der besondere Rang der beiden Heroengestalten nachdrücklich betont. Die Statuen des Theseus und Peirithoos waren freilich durch diese Aufstellung besonders gefährdet und scheinen schon in der Antike einmal herabgefallen zu sein, worauf Ausflickungen und Reparaturen hinweisen: Olympia III 77. Das gleiche Schicksal erlitten bekanntlich die Figuren in den Giebelecken.

518 Der eigentümliche Befund an den vier Eckfiguren ist schon von *Treu* beobachtet und im wesentlichen richtig gedeutet worden: Olympia III 93 f.

519 Werkstücke des Zeustempels wurden in Fundamenten von Gebäuden des 4. Jhs. (Echohalle, Leonidaion u. a.) gefunden. Stuckreste beweisen, daß es sich dabei um bereits verbaute und dann ausgewechselte Bauglieder handelt, die bei dem notorischen Steinmangel in Olympia wiederverwendet worden sind. Hierzu *Kunze-Weber*, AJA. 52, 1948, 490 ff. (gegen *Dinsmoor*, AJA. 45, 1941, 399 ff.); OlBericht V 27 f. Abb. 9; VII 3 mit Anm. 1; *Kunze*, Gnomon 28, 1956, 317. Auch die ersten Erneuerungen an den Löwenkopfwasserspeiern sind um diese Zeit erfolgt: *Willemsen*, OlForsch. IV 61. – Daß die Reparaturen am Zeustempel erheblich umfangreicher und tiefgreifender waren als bisher angenommen, deutet *P. Grunauer* im ersten Vorbericht über seine Untersuchungen an (25. Tagung der Koldewey-Gesellschaft 1969, 30). Weitere Ergebnisse bleiben abzuwarten. – Die Reparaturen an den Giebelskulpturen hat *S. Stucchi* sorgfältig überprüft und zusammengestellt: ASAtene 30–32, 1952 bis 54, 107 ff.

520 *Dittenberger*, Olympia V 697 ff.; vgl. *Gardiner*, Olympia 156 f. – Zur Streitfrage über die Ersatzfiguren findet man die ältere Literatur bei *Dinsmoor*, AJA. 45, 1941, 400 ff. Anm. 11–18. Der abwegige Versuch *Schraders*, die drei Figuren aus pentelischem Marmor als Originale des 5. Jhs. zu erweisen und sie dem bei Pausanias als Schöpfer des Westgiebels genannten Alkamenes zuzuschreiben (Phidias [1927] 119 f.; zustimmend *Becatti*, Critica d'Arte 4, 1939, 1 ff.; vgl. auch *Bulle*, JdI. 54, 1939, 137 ff.) sei nur nebenbei erwähnt. Auch auf die schwierige Frage, ob alle drei Figuren auf ein und dieselbe Erneuerung zurückzuführen oder ob nur die beiden kauernden Alten als gleichzeitig anzusehen sind, kann hier nicht eingegangen werden; s. hierzu die zusammenfassende Darlegung der Problematik bei *Ashmole-Yalouris* 27 f. und 179. Die Mehrzahl der Forscher neigt, wie schon *Treu* (Olympia III 95) und *Dörpfeld* (AO. 256 ff.) einer Datierung in späthellenistische oder frührömische Zeit zu: s. etwa *C. Blümel*, Griechische Bildhauerarbeit (1927) 34 ff.; *Schuchhardt*, AA. 1930, 525 ff.; *Dinsmoor* a. O. 403; *Stucchi*, ASAtene 30–32, 1952–54, 112 ff.; *Willemsen*, OlForsch. IV 89 ff.; *B. S. Ridgeway*, The Severe Style in Greek Sculpture (1970) 18 f. Andere sehen hingegen in den Ersatzfiguren spätklassische Arbeiten, so *Studniczka*, NJbb. 1926, 396; *Rodenwaldt*, JdI. 41, 1926, 223 ff.; *Kunze-Weber*, AJA. 52, 1948, 495 Anm. 11 (mit Hinweis auf die Beschädigungen am Zeustempel im 4. Jh.). Doch ist in griechischer Zeit bei den vielen Ausbesserungen am Dach des Zeustempels nie pentelischer Marmor verwendet worden; dieses Material tritt erstmals bei den in augusteischer Zeit ersetzten Löwenköpfen der Sima auf, wie *Willemsen* nachgewiesen hat, der in diesem Zusammenhang auf die Westgiebel-Ersatzfiguren verweist (a. O. 90). – Die Agrippa-Inschrift: Olympia V Nr. 913. Vgl. auch S. 183 und Anm. 727.

521 Olympia III 84, 131 Abb. 169.

522 *K. A. Pfeiff*, Apollon (1943) 76.

523 *Ashmole-Yalouris* 9.

524 Hierzu *Treu*, JdI. 10, 1895, 25 ff. Die Farbspuren sind bei den einzelnen Giebelfiguren in der Publikation jeweils vermerkt. Farbig getönt waren natürlich auch die Giebelrückwände, genau wie der Reliefhintergrund bei den Metopen.

525 Bekanntlich hielt man zur Zeit des Pausanias die Mittelfigur nicht für Apollon, sondern für Peirithoos, den Peirithoos hingegen für den Lapithen Kaineus. Eine Beziehung der Darstellung zu Olympia sucht Pausanias durch den Hinweis zu konstruieren, daß nach dem Zeugnis Homers Peirithoos ein Sohn des Zeus und Theseus ein Abkömmling des Pelops gewesen sei (V 10,8).

526 Man hat an das Pholoë-Abenteuer des Herakles als lokalen Kentaurenmythos gedacht. *Wilamowitz* ging sogar noch weiter, wenn er postulierte: »Dargestellt ist die elische Kentauromachie in der Form, welche Herakles erst verdrängt hat. Unmittelbar überliefert ist diese nicht, aber vielleicht zu finden« (Euripides, Herakles[2] I 60 Anm. 110). Ähnlich *Buschor*: »Wenn der Olympiameister . . . den Kentaurenmythos bringt, dann muß es der heimische sein; der Meister . . . muß im Westgiebel die alte elische Kentaurensage mit der Peirithooshochzeit identifiziert haben« (Text zu *Buschor-Hamann*, Die Skulpturen des Zeustempels zu Olympia 25). Diese Behauptung ist indes ebenso haltlos wie die Hypothese, es sei das Abenteuer des Herakles bei König Dexamenos in Olenos (Arkadien) gemeint; sie wurde von ihren Urhebern selbst zurückgezogen (AM. 12, 1887, 373 Anm. 1). – Daß die »thessalische« Kentauromachie gemeint ist, bezweifelt wohl heute im Ernst niemand mehr, doch werden die Hypothesen der älteren Forschung wie auch die Irrtümer des Pausanias immer noch diskutiert; vgl. etwa *Ashmole-Yalouris* 17 f.

527 *Overbeck*, Schriftquellen 1042 u. 1086; vgl. *H. Brunn*, Geschichte der griech. Künstler[2] II (1889) 17. Auf die Kentauromachie des Theseion bezieht man gewöhnlich eine Reihe frühklassischer Vasen, darunter die Darstellung eines Florentiner Kolonettenkraters (FR. Taf. 166; *W. Kraiker*, Die Malerei der Griechen (1958) Taf. 37), der in der Gestalt des Theseus Anklänge an den Apollon des Westgiebels aufweist; vgl. hierzu etwa *B. Schweitzer*, Religiöse Kunst im Zeitalter der Tragödie, Antike 5, 1929, 270 ff. (= Ausgew. Schr. I 306 ff.); *E. Löwy*, Polygnot (1929) 20 f., 57 ff.; *A. Rumpf*. Malerei und Zeichnung, HdArch. (1953) 94. S. die Zusammenstellung bei *Ashmole-Yalouris*.

528 So *Buschor* a. O. 25. Vgl. *Rodenwaldt-Hege* 40: »Der Meister von Olympia stand unter dem Eindruck eines Gemäldes in Athen, in dem der Maler Polygnot das Thema behandelt hatte«; dies ist auch heute noch die communis opinio in der Forschung.

529 Eine neue Deutung hat unlängst *E. Simon* vorgebracht: nach ihrer Meinung besteht die Hybris der Kentauren in der Verletzung der Gastfreundschaft; sie hätten sich damit gegen die Gesetze des Zeus Xenios vergangen und würden dafür von Apollon, der als Rächer den Willen seines Vaters vollstrecke, bestraft (AM. 82, 1968, 165 f.); die damit konstruierte Beziehung der Darstellung zum Inhaber des Tempels scheint mir etwas schwach und zu künstlich.

530 Schon in der ersten Publikation der Zeustempelskulpturen finden sich zwei

verschiedene Rekonstruktionsvorschläge, da *E. Curtius* mit der Figurenanordnung von *Treu* (Olympia III Taf. 18–21 oben) nicht übereinstimmte (s. Olympia III Textband 280 ff. u. Taf. I am Schluß des Bandes; dieser Auffassung folgt auch die Rekonstruktion der Ostfront des Tempels Olympia I Taf. 10 oben); und ebenso bringt auch das jüngste Buch über die Olympiaskulpturen zwei Fassungen (*Ashmole-Yalouris* Abb. 14 und 15). Die verschiedenen Ansichten sind referiert in der jüngst erschienenen Dissertation von *M. L. Säflund*, The East Pediment of the Temple of Zeus at Olympia (1970) 11 ff.; s. auch die Tabellen ebd. 50 ff. Zusammenstellungen von Rekonstruktionsvorschlägen bei *Hitzig-Blümner* II 1 Taf. 3–4; *G. Becatti*, Il maestro di Olimpia Abb. 5–6; *Säflund* a. O. Abb. 3–4. – Die besten Abbildungen der Ostgiebelfiguren: *Rodenwaldt-Hege* Taf. 25–41; *Ashmole-Yalouris* Abb. 1–61; vgl. auch die Falttafel ebd. am Schluß.

531 Zu »links« und »rechts« bei Pausanias zuletzt *Säflund* a. O. 145 ff. Je nachdem ob man die Männer rechts oder links von Zeus aufstellt, ergibt sich eine völlig verschiedene Gruppe, denn die beiden Figuren sind nach entgegengesetzten Richtungen »geöffnet«. Infolgedessen entsteht eine »zentripetale« Wirkung, wenn Pelops links, Oinomaos rechts von Zeus steht (vom Beschauer aus gesehen); bei umgekehrter Anordnung schließen sich die drei Mittelfiguren zusammen. Es fragt sich, ob diese »harmonische« Lösung der Kompositionsweise des Olympiameisters gemäß ist oder eher die andere, die eine gegenläufige rhythmische Bewegung schafft, wie wir sie auch am Westgiebel finden. Für beide Möglichkeiten haben sich Befürworter gefunden. Die »geschlossene Gruppe«, für die sich u. a. *Studniczka* ausgesprochen hat (Abh. Sächs. Ak. 37, 1923 Heft 4) ist nachdrücklich von *Buschor* vertreten worden (Text zu *Buschor-Hamann* 21), dem seine Schüler und andere Gelehrte gefolgt sind, so zuletzt *M. L. Säflund* (a. O. 81 ff.). Die Mehrzahl gibt jedoch der »divergierenden Gruppe« den Vorzug, so *Treu* (Olympia III 114 ff. Taf. 18–21 oben), *Furtwängler* (JdI. 6, 1891, 76 ff. = Kl.Schr. I 280 ff. mit Abb.; SBer. Bayer. Ak. 1903, 421 ff. = Kl.Schr. I 301 ff. mit Abb.); *Schweitzer* (JdI. 43, 1928, 234 ff.); *Rodenwaldt* (*Rodenwaldt-Hege* 32 ff. Abb. 18); *Bulle* (JdI. 54, 1939, 137 ff. Abb. 1 u. Beil. 2,1) und andere.

532 Die Bezeichnung der Figuren des Ostgiebels mit den Buchstaben A–P ist die im Olympiawerk verwendete; sie hat sich in der Forschung allgemein eingebürgert.

533 Die weitaus überwiegende Zahl der Forscher hat sich für die Identifizierung der Figur K mit Sterope ausgesprochen. Anfänglich galt sie allgemein als Hippodameia; auch *Treu* war dieser Ansicht, bis *F. Studniczka* für die Umbenennung eintrat, wobei die Interpretation von Trachteigentümlichkeiten den Ausschlag gab (zuerst AZ. 42, 1884, 281 ff.). Diese Benennung setzte sich allgemein durch und galt lange Zeit als gesichert; sie ist auch heute noch vorherrschend. Erst *S. Stucchi* kam auf die alte Benennung zurück (ASAtene 30–32, 1952–54, 75 ff.); es folgten *M. L. Säflund* (Opuscula Carolo Kerenyi dedicata, Stockholm Studies in Class. Arch. 5, 1968, 25 ff. und The East Pediment of the Temple of Zeus at Olympia [1970] 117 ff.) und *B. Ashmole* (*Ashmole-Yalouris* 13 f.). Die Benennung der beiden Frauen hat eine wesentliche, bei sehr vielen Forschern sogar entscheidende Rolle für die Rekonstruktion der Mittelgruppe gespielt. – Ohne weiter auf die umfangreiche Literatur zu dieser Frage einzugehen, seien hier die Hauptmöglichkeiten der Anordnung der fünf Mittelfiguren F – K zusammengestellt (die Nachweise entnehme man den Tabellen bei *Säflund* a. O. 50 ff.):

a) F – G – H – I – K (hier Abb. 96 a)
Diese Aufstellung hat bisher die weitaus meisten Befürworter gefunden; nach dem Vorgang von *Loeschcke* hat sie *Treu*, der zunächst anderer Meinung war, wiederholt vertreten und in die Olympiapublikation aufgenommen. Ihr stimmten u. a. zu: *Furtwängler, Pfuhl, Gardiner, Winter, Schweitzer, Rodenwaldt, L. Curtius, Rumpf, Picard, Bulle, Lapalus, Laurenzi, Jantzen, Arias.* Auch der heutigen Aufstellung im Museum von Olympia liegt diese Rekonstruktion zugrunde.

b) K – G – H – I – F (hier Abb. 96 b)
Diese Rekonstruktion, bei der gegenüber a) lediglich die beiden Frauen vertauscht sind, ist die älteste: sie wurde zuerst von *Hirschfeld* vorgeschlagen, dem auch *Treu* zunächst sich anschloß, ebenso wie *Boetticher* und *E. Curtius.* Zu ihren Vertretern gehörte vor allem *Kekulé*, dem *Wolters* und *Körte* folgten. Dann fand sich jedoch fast sechzig Jahre lang kein Verfechter mehr für diese Aufstellung; sie wurde zugunsten der Rekonstruktion a) aufgegeben und ist erst neuerdings wieder aufgenommen worden (s. unten Anm. 535). Es ist die Lösung, für die wir uns in der vorliegenden Darstellung entschieden haben.

c) K – I – H – G – F (hier Abb. 96 c)
Diese Anordnung (mit der »geschlossenen« Mittelgruppe) geht, wie bereits erwähnt, auf *Studniczka* zurück und hat, namentlich durch die Autorität *Buschors*, in neuerer Zeit vielfach Nachfolge gefunden (u. a. *Gisela Richter, Rumpf, Becatti, Lippold, Kunze, Möbius, Schefold, Yalouris*).

d) F – I – H – G – K (hier Abb. 96 d)
Diese Lösung, bei der gegenüber b) die Frauen ausgewechselt sind, ist, soviel ich sehe, merkwürdigerweise kaum erwogen worden. Erst *M. L. Säflund* hat sie verfochten, zuerst in einem Aufsatz (Opuscula C. Kerenyi dedicata, Stockholm Studies in Class. Arch. 5, 1968, 25 ff.) und dann in ihrer Dissertation (a. O. 81 ff. Abb. 56).

e) Schließlich ist auch die Möglichkeit, entgegen den gegebenen Größenverhältnissen der Figuren, die Frauen neben Zeus zu stellen, die Männer dagegen auf die Außenpositionen zu verweisen, gelegentlich vorgeschlagen worden. Von den vier sich bietenden Gruppierungsvarianten wurden nur drei aufgegriffen; sie scheinen mir allesamt induskutabel zu sein und haben mit Recht keine nennenswerte Beachtung gefunden:
I – K – H – F – G (*Schrader*)
G – F – H – K – I (*Brunn, Sauer*)
I – F – H – K – G (*Six, Dörpfeld, Weege*)
Nicht berücksichtigt sind in der vorstehenden Übersicht die Variationsmöglichkeiten, die sich durch die verschiedene Achsendrehung der Mittelfiguren ergeben. Über sie gibt es in der Forschung unterschiedliche Auffassungen. Eine streng frontale Anordnung haben namentlich *Buschor* (Text zu Buschor-Hamann 18 f.) und *Bulle* (JdI. 54, 1939, 142 f.) gefordert; s. auch *Simon*, AM. 83, 1968, 148. Ein Zwang dazu scheint mir nicht gegeben: auch im Westgiebel kommen Abweichungen vor.

534 Hierzu zuletzt *Simon* a. O. 149.

535 Wie oben erwähnt (Anm. 533 zu b) ist diese Anordnung in der älteren Forschung, wenn auch nicht sehr häufig, vertreten worden (s. vor allem *Kekulé*, Rhein.Mus. 39, 1884, 481 ff.); später wurde sie jedoch verworfen. Erst in jüngster Zeit fanden sich wieder vereinzelt Verfechter dieser Rekonstruktion: *Stucchi* (ASAtene 30 bis 32, 1952–54, 75 ff.), *Ashmole* (Ashmole-Yalouris 13 f. Abb. 14) und *E. Simon* (AM. 83, 1968, 148 ff. Abb. 1). Auch *W. Fuchs* bekennt sich zu dieser Aufstellung der Mittelfiguren (Die Skulptur der Griechen [1969] 391 Abb. 432), bezeichnet jedoch seltsamerweise K als Sterope, F als Hippodameia, da »die Tochter unter die Obhut des Vaters gehört« (a. O. 590) – doch was tut dann die Königin bei Pelops?

536 Pausanias benennt die beiden Gestalten nicht; er hat sie für Pferdeknechte gehalten (V 10, 6–7). Die richtige Deutung ist zuerst von *G. Loeschcke* ausgesprochen worden und hat fast allgemeine Zustimmung gefunden (anders z. B. *M. L. Säflund* a. O. 122, 177 Anm. 63). Wie die beiden Seher zu benennen sind, steht auf einem anderen Blatt. Viel Gelehrsamkeit hat unlängst *E. Simon* aufgewendet, um in dieser Frage zu neuen Ergebnissen zu kommen (a. O. 159 ff.).

537 Hierbei ist es natürlich ohne Belang, ob die beiden Eckfiguren erst in späterer Zeit so benannt wurden oder ob sie von Anfang an als die Verkörperungen der beiden Flüsse Olympias und damit als Ortspersonifikationen konzipiert waren. Man hat letzteres bestritten (zuerst *C. Robert*, Archäologische Hermeneutik [1919] 58, nach ihm *Möbius*, Stud. Robinson I [1951] 632 = Studia varia 192 und *Säflund* a. O. 147 ff.), wie mir scheint, mit unzureichenden Gründen. Daß liegende Flußgötter keine hellenistische Erfindung sind, hat *E. Simon* unlängst mit Recht betont (a. O. 163). Aber entscheidend in unserem Zusammenhang ist lediglich, daß Pausanias den Alpheios auf der »Pelops-Seite«, den

Kladeos auf der »Oinomaosseite« erwähnt. Daß der Liegende A bärtig war, wurde schon früher beobachtet und ist von *Ashmole* jüngst bestätigt worden (Ashmole-Yalouris 13); damit ist die Identifizierung gesichert.

538 Dies betont mit Recht *Winter*, AM. 50, 1925, 2. Leider haben sich viele Interpreten nicht an diesen Grundsatz gehalten.

539 Dabei scheint ihm freilich selbst nicht ganz wohl zu sein. Mit einem deutlichen Unterton von Verlegenheit heißt es z. B. von den beiden Gestalten hinter dem rechten Gespann (Seher N und sitzender Knabe E): »Nach dem Gespann sind da zwei Männer; Namen haben sie nicht, aber auch ihnen war doch wohl von Oinomaos aufgetragen, für die Pferde zu sorgen« (V 10,6).

540 Diesen Irrtum hat bereits *R. Kekulé* erkannt und richtig erklärt: Rhein.Mus. 39, 1884, 487.

541 Olympia I 71 ff. S. hierzu oben S. 39. Bei Pindar siegt Pelops durch die Flügelpferde, die Poseidon ihm verschafft.

542 Text zu *Buschor-Hamann* 21.

543 Diese glänzende und, wie mir scheint, entscheidende Beobachtung stammt von *F. Winter* (AM. 50, 1925, 2); sie ist unlängst von *E. Simon* wieder in Erinnerung gebracht worden (AM. 85, 1968, 153 f.).

544 Es hat einer langen Zeit des Einsehens und der Einfühlung bedurft, bis die Sprache dieser Kunst, »die mit wenig Mitteln viel zu sagen weiß« *(Rodenwaldt)* verstanden wurde. *Brunn* tadelte die Eintönigkeit der Mittelfiguren, »die wie Orgelpfeifen wirken, indem sie handlungslos nebeneinanderstehen«. *Wilamowitz* fand, der Künstler habe »kein Leben in die Handlung bringen können« und gestand, er könne sich »nicht helfen und finde die feierlichen Standfiguren ziemlich langweilig« (Pindaros [1922] 414 Anm. 10). Selbst *Schefold* fragt: »Was sollen die handlungslosen Liebespaare?« und fordert, wie fast alle Interpreten, eine konkrete Deutung der Szene, einen Handlungszusammenhang (z. B. Opfer vor der Fahrt): JdI. 52, 1937, 67 f.

545 Wer mit *Buschor* Oinomaos zur rechten Hand des Zeus (links vom Betrachter) aufstellt, muß natürlich die Geste als Ausdruck der Ungnade, des zürnenden Unmuts auffassen (so *Buschor* a. O. 24; *Schefold*, JdI. 52, 1937, 67 f.; *Kunze*, AuA. 2, 1946, 110; *H. Möbius*, Studia Varia [1967] 188). *G. Neumann* (Gesten und Gebärden in der griechischen Kunst [1969] 176 Anm. 98) hat neuerdings geleugnet, daß sich in der Gebärde des Zeus überhaupt »eine momentane Affektäußerung« kundtue, und beruft sich dabei auf *Bulle*. Ich glaube dennoch, daß die Gebärde, die keinem aufmerksamen Beobachter entgangen ist, einen Sinn hat. In der leise andeutenden Sprache der Giebelkunst von Olympia hat alles seinen Sinn. Unmöglich, weil viel zu »literarisch«, scheint mir der Erklärungsversuch von *E. Simon*, AM. 85, 1968, 156 f.

546 Bei umgekehrter Anordnung der männlichen Figuren müßte die Kopfwendung des Zeus als unheildrohende, die Strafe ankündigende Bewegung aufgefaßt werden (so z. B. *Buschor* a. O. 24; *Kunze*, AuA. 2, 1946, 110; *K. Schefold*, Klassisches Griechenland 79), was m. E. unmöglich ist, da die Blickrichtung nach der rechten, der »guten« Seite geht: sie verheißt dem Begünstigten Gnade und göttlichen Beistand. Im übrigen folgt die Giebelkomposition damit auch dem bekannten Gesetz der griechischen Kunst, daß der Sieger stets von links kommt. – Daß Zeus in der Linken den Blitz hielt und nicht, wie früher angenommen, das Zepter (Olympia III 44 Abb. 51; dies später nochmals verteidigt von *Bulle*, JdI 54, 1939, 148 f.), erkannte zuerst *Studniczka:* Abh. Sächs. Akad. 1923, 14 f.

547 Gute neue Aufnahmen dieser bedeutenden und viel behandelten Figur (vgl. z. B. *B. Schweitzer*, Die Entstehung des Porträts bei den Griechen, Abh. Sächs. Akad. 1939, 41 ff. = Ausgew. Schr. I 149; *G. Neumann*, Gesten und Gebärden in der griechischen Kunst 130; *Säflund* a. O. 101 f. mit Parallelen und Nachweisen) bei *Ashmole-Yalouris* Abb. 31–40.

548 Daß der Westgiebel jünger als der Ostgiebel sei, war die These von *Buschor* (Buschor-Hamann 14 ff.); für ihn ist der Westgiebel das »stolzeste Werk« des Olympiameisters, der bereits »an der großen Aufgabe des Ostgiebels geschult« war. Ihm sind *Bulle* (a. O. 204), *Schweitzer* (JdI. 42, 1928, 249 ff.), *Lippold* (Griech. Plastik 122) und andere gefolgt. *Kunze* bezeichnete im IV. OlBericht (1944) die Spätdatierung des Westgiebels als »die jetzt wohl allgemein herrschende Ansicht« (a. O. 154); in letzter Zeit haben sich z. B. *Lullies* (Lullies-Hirmer 54) und *Dörig* (Boardman-Dörig-Fuchs-Hirmer, Die Griechische Kunst [1966] 134) dieser Auffassung angeschlossen. Dagegen trat *Rodenwaldt* für die umgekehrte Reihenfolge ein: er erklärte den Westgiebel für älter (JdI. 41, 1926, 165 ff.; *Rodenwaldt-Hege* 46). Der gleichen Meinung war auch *Ludwig Curtius* (Die antike Kunst II, 1 [1938] 218). Von neueren Autoren hat sich *F. Brommer* zu dieser Ansicht bekannt (Die Wahl des Augenblicks in der griechischen Kunst [1969] 39 Anm. 25).

549 In diesem Zusammenhang ist auch auf gewisse Gewaltsamkeiten in der plastischen Ausführung des Westgiebels hinzuweisen, etwa auf die abgeschnittenen Hälften der beiden Knabenräubergruppen, den grotesk überspannten S-Schwung der Rückenlinie beim Kentauren der »Stechergruppe«, das fehlende linke Vorderbein des Eurytion, den maßlos überlängten Oberschenkel des geraubten Knaben links und anderes mehr. Derartiges gibt es beim Ostgiebel nicht; es fehlen auch Übertreibungen wie die häßlichen Züge des Lapithen der »Beißergruppe« und seines Gegners *(Rodenwaldt-Hege* Taf. 54–55). Die Körperformen scheinen beim Ostgiebel um einen Grad »klassischer« als beim Westgiebel: man vergleiche etwa die scharf abgegrenzten Muskelpartien am Leib des Apollon mit den weichen Übergängen des Zeusrumpfes *(Rodenwaldt-Hege* Taf. 43 u. 25) oder den Lapithen der Ringergruppe mit dem Knienden B (ebd. Taf. 58 und 29). Am fortgeschrittensten scheinen in dieser Hinsicht Pelops und Oinomaos; am »altertümlichsten« Kladeos und der rechte Seher. Für die eindringlich charakterisierenden Details im Westgiebel sei auf Kentaurenhand und Mädchenfuß der Stechergruppe verwiesen *(Rodenwaldt-Hege* Taf. 64); derartiges wird man im Ostgiebel vergebens suchen. Bemerkenswert sind auch formelhafte Züge, wie die »ornamentale« Faltenbildung beim Kentaurenkopf der »Ringergruppe« (ebd. Taf. 59).

550 Man mag einwenden, daß dieser Gegensatz inhaltlich bedingt sei, da ja die Wettfahrt von Oinomaos und Pelops im Giebel gar nicht darstellbar war. Darüber läßt sich streiten; jedenfalls hätte es gewiß auch andere Möglichkeiten für die Darstellung des Themas gegeben; die griechische Kunst kennt deren eine ganze Menge (vgl. die Zusammenstellung bei *Säflund* a. O. 131 ff.).

551 Es ist daher verständlich, daß über das zeitliche Verhältnis der beiden Giebel zueinander unterschiedliche Auffassungen bestehen. Bezeichnend für die Unsicherheit in der Prioritätsfrage ist etwa der folgende Satz von *K. Schefold:* »Ist der Westgiebel im Entwurf altertümlicher als der Ostgiebel, so ist er doch in der Ausführung reifer und ausgeglichener« (Klassisches Griechenland [1965] 82). Vielfach wird das Problem einfach stillschweigend ignoriert. Manche Autoren betonen statt dessen mehr die Einheitlichkeit der Tempelskulpturen (so z. B. *V. H. Poulsen*, Der strenge Stil [1937] 39 oder *E. Lapalus*, Le fronton sculpté en Grèce [1947] 164 ff.).

552 Nach *Dörpfeld* (Olympia II 7) waren die Außenmetopen nur mit weißem Stuck überzogen und trugen keine aufgemalten Ornamente oder sonstigen Schmuck.

553 *G. Treu*, Olympia III 138 ff. Taf. 35–45. Vgl. *Rodenwaldt-Hege* 43 ff. Taf. 66 bis 80; *H. Kähler*, Das griechische Metopenbild (1949) 83 ff. Taf. 60–69; *Schuchhardt*, Inhalt und Form bei den Olympia-Metopen, in: Festschrift für Hugo Friedrich (1965) 239 ff.; *Ashmole-Yalouris*, 22 ff., 181 ff. (mit Ergänzungen und neuen Rekonstruktionsvorschlägen für einige Metopen; Vorberichte hierzu: *Yalouris*, ArchDelt. 21, 1966, 170 ff. Taf. 180–181; vgl. BCH. 80, 1956, 286 Abb. 1; 81, 1957, 569 f., Abb. 1–5). – Die Maße der Reliefs betragen 1,60 m in der Höhe und 1,508 m in der Breite, wovon etwa 5 cm für die seitlichen Ränder abgehen, mit denen die Platten in die Triglyphenblöcke eingefalzt waren: Olympia III 151. – Auf die schwierigen Fragen der Entstehung und Kanonisierung des »Dodekathlos« (der Begriff ist erst spätantik

belegt) kann hier nicht eingegangen werden. Die Ausführungen von *Brommer* hierzu (Herakles 53 ff.) haben nicht zur Klärung beigetragen. Einen eindeutigen Dodekathlos scheint es vor dem Hellenismus nicht gegeben zu haben. Ähnlich wie bei den »Sieben Weltwundern« gab es wohl verschiedene Versionen. Daß die Olympiametopen bei der »Kanonisierung« eine Rolle gespielt haben, ist möglich, aber nicht beweisbar.

554 Pausanias zählt die Metopen der Ost- und Westseite beidemal in der Reihenfolge von Süden nach Norden auf. Die Kerberosmetope fehlt, sei es aus Versehen oder wegen einer Textlücke. Daß die Erlegung des nemeischen Löwen die erste der zwölf Taten war, geht auch aus der literarischen Überlieferung hervor. Über Inhalt und Quellen der Geschichten informieren z. B.: *H. J. Rose*, Griechische Mythologie (1955) 216 ff.; *F. Brommer*, Herakles, die zwölf Taten des Helden in antiker Kunst und Literatur (1953); LAW. 1258 ff. Übersicht über die Fundumstände sämtlicher Metopenfragmente bei *Treu*, Olympia III 144 ff.; Lageskizze: ebd. 148 Abb. 172. Zu den französischen Metopenfunden: ebd. 138 ff.; ein Teil dieser Fragmente ist verschollen. Zur Bestätigung des Pausaniastextes durch den Ausgrabungsbefund: ebd. 149 f.; ein zusätzliches Indiz für die Richtigkeit der Reihenfolge hat Treu noch durch Entdeckung von Versatzmarken gefunden: ebd. 150. Die These von *S. Stucchi*, die Abfolge sei ursprünglich anders gewesen und bei einer Restaurierung des Tempels verändert worden, geht u. a. von der Vorstellung aus, die einzelnen Reliefplatten seien so entworfen, daß ihre Komposition von einem bestimmten Blickpunkt aus eine optimale Wirkung entfalten sollte (*S. Stucchi*, ASAtene 30–32 N.S. 14–16, 1952–54, 75 ff.; vorsichtig zustimmend *Ashmole* in: *Ashmole-Yalouris* 24 f.). Hier werden moderne ästhetische Postulate an eine antike Schöpfung herangetragen, die von ganz anderen (nicht-»optischen«) Voraussetzungen bestimmt ist: ein Blick etwa auf die Parthenonmetopen mag dies verdeutlichen. Ähnlich verfehlte Versuche der älteren Forschung hatte schon *Treu* zurückgewiesen: Olympia III 150.

555 Zur Entwicklung der Bildtypik des Herakles-Löwen-Kampfes in der archaischen Kunst: *Kunze*, OlForsch. II 95 ff. Über 500 Vasenbilder dieses Themas hat *F. Brommer* gesammelt: Vasenlisten zur griechischen Heldensage[2] (1960) 85 ff.

556 Vgl. die schwarzfigurige Lekythos in Wien: *E. Pfuhl*, Malerei und Zeichnung der Griechen (1923) III Abb. 293; *Brommer*, Herakles 26 Abb. 7. Weitere schwarzfigurige Vasenbilder: ebd. 87; *F. Brommer*, Vasenlisten zur griechischen Heldensage[2] 157 f.

557 Siehe die Gegenüberstellung bei *Rodenwaldt-Hege* Taf. 70/71 und für den Athenakopf die guten neuen Aufnahmen von *A. Frantz* bei *Ashmole-Yalouris* Abb. 158/9. – Die verniedlichende Interpretation der Metope durch *Schuchhardt* (Festschrift H. Friedrich 24 ff.), der die Situation als reines Idyll auffaßt, scheint mir den Gehalt der Darstellung zu verkennen.

558 Die wichtigste Veränderung besteht darin, daß *Yalouris* den von *Treu* der Hirschkuhmetope zugewiesenen Herakleskopf an die Amazonenmetope versetzt hat (*Ashmole-Yalouris* 182 mit Abb.). Letzterer wurden eine Anzahl von Fragmenten zugeordnet, die eine Änderung der bisherigen Vorstellungen erfordern; doch ergeben die Rekonstruktionsversuche (*Ashmole-Yalouris* 182 und Abb. 173) noch kein völlig überzeugendes Bild. Bei der Hirschkuhmetope ist ein bisher übersehener Rest am Nacken der Hindin von Bedeutung, der von *Yalouris* als rechter Ellbogen des Herakles gedeutet wird. Treu's Rekonstruktion erweist sich damit als revisionsbedürftig; doch bleiben für die Wiederherstellung wegen der Lückenhaftigkeit des Erhaltenen verschiedene Möglichkeiten (vgl. die voneinander abweichenden Abbildungen bei *Ashmole-Yalouris* Abb. 172 und S. 182; letztere wegen Aufgabe der Dreieckskomposition und auch sonst unwahrscheinlich).

559 Zum Bildtypus und seiner weiten Verbreitung s. *Kunze*, OlForsch. II 104 ff. Er findet sich übrigens noch am hochklassischen Hephaisteion in Athen bei der Metope gleichen Themas (*B. Sauer*, Das sogenannte Theseion und sein plastischer Schmuck [1899] Taf. VI). Den humoristischen Zug dieser Bildfassung zu leugnen, wie *Brommer* es versucht (Herakles 19), scheint mir eine moderne Verkrampfung. Es gibt ja tatsächlich andere, »ernsthafte« Darstellungen des Mythos (*Kunze* a. O. 104 Anm. 2; vgl. *Brommer*, Vasenlisten 41 ff.; *Ders.*, Herakles Taf. 13 a). – Zur Einstellung des Olympiameisters gegenüber den volkstümlichen Zügen der Heraklessage s. die treffend-knappen Bemerkungen von *Ashmole* (*Ashmole-Yalouris* 23 f.).

560 Im Porosgiebel vom alten Athenatempel auf der Akropolis ringt Herakles mit dem Meerwesen Triton, während Nereus zuschaut: *W. H. Schuchhardt*, Archaische Giebelkompositionen (1940) 20 ff.; *Lullies-Hirmer* Taf. 24,25; *K. Schefold*, Frühgriechische Sagenbilder (1964) 65 f. Taf. 56; *Ders.*, Propyläen-Kunstgeschichte I (1967) Taf. 27. Auf dem Fragment einer schwarzfigurigen Hydria aus Samos (*Schefold*, Frühgriechische Sagenbilder Taf. 55 a) ist Nereus selbst der Gegner. Die komplizierte Bildüberlieferung hat *Buschor* geklärt (Meermänner, Sitzungsber. Bayr. Ak. 1941, II 1); vgl. auch *Kunze*, OlForsch. II 108 ff.

561 Beispiel: *Brommer*, Herakles Taf. 28 b; vgl. ebd. 48 Abb. 9.

562 Auf der Kypseloslade (s. oben S. 89) war die Geschichte so dargestellt, daß Herakles mit dem Schwert auf Atlas losging, der das Himmelsgewölbe trug und die Äpfel in den Händen hielt (Paus. V 18,4). Ähnlich, wenn auch friedlicher, muß das Gemälde des Panainos gewesen sein, das auf einer der Schranken des Zeusbildes im Tempel angebracht war: Atlas mit dem Himmelsgewölbe auf den Schultern und Herakles vor ihm stehend (Paus. V 11,5).

563 Das Kissen im Nacken des Helden spielt auf eine Sagenversion an, nach der Herakles durch eine List dem hilfreichen Atlas das Himmelsgewölbe wieder aufbürdet: unter dem Vorwand, er müsse sich erst ein Kissen holen, veranlaßt er den Riesen, die Last noch einmal zu übernehmen und verschwindet dann mit den goldenen Äpfeln (Pherekydes, zitiert in Schol. Apollon. IV 136 = FGrHist. I 33; vgl. *Brommer*, Herakles 47). Es handelt sich hier um einen volkstümlich-humoristischen Zug, wie er auch bei anderen Herakles-Abenteuern vorkommt (s. Anm. 559). Bei der Olympia-Metope ist das Kissen, das Herakles logischerweise ja eigentlich nicht tragen dürfte, offenbar nur als ein versteckter Hinweis auf jene Sagenversion gemeint, die dem zeitgenössischen Betrachter geläufig war. Vgl. *Schuchhardt*, Festschrift H. Friedrich (1965) 246. – Ein Reflex der künstlerischen Wirkung dieser großartigen Metope findet sich in der Vasenmalerei, und zwar auf einer schwarzfigurig-weißgrundigen Lekythos in Athen (*Brommer*, Herakles 48 Taf. 28 a; *Ashmole-Yalouris* Abb. 24/25). Der Zusammenhang beider Werke ist seit langem erkannt, nur wurde die Lekythos meist zu früh datiert; daß sie in Wirklichkeit von der Atlasmetope abhängig ist und nicht etwa umgekehrt, hat jüngst *E. Simon* mit neuen Argumenten betont (AM. 83, 1968, 152 Anm. 18). Für die Frage der Originalität der Olympiametope ist dies natürlich wichtig. Die Vermutung, daß Lekythos und Metope auf ein gemeinsames Vorbild zurückgehen und die daran geknüpfte Frage nach den Quellen des Olympiameisters (*Yalouris* in: *Ashmole-Yalouris* 184) ist damit gegenstandslos. – Pausanias scheint die Darstellung übrigens mißverstanden zu haben; er hielt die mittlere Gestalt für Atlas (V 10,9), vielleicht weil er Fassungen wie die der Kypseloslade und des Schrankengemäldes im Zeustempel (Anm. 562) im Sinn hatte. – Atlas trug, wie die Vertiefung im Haar beweist, die Königsbinde; er ist nicht als der Titan, sondern als mythischer König gesehen, denn er war nach Paus. V 20,6 Vater der Sterope und gehörte somit als Großvater der Hippodameia zu den Ahnen des Atridengeschlechtes (*Simon* a. O. 152 Anm. 19). – Zum Gegenständlichen sei noch bemerkt, daß die Last, die Herakles trägt, das Himmelsgewölbe, wirklich dargestellt war, wie *Treu* nachgewiesen hat: Olympia III 174 Abb. 205. – Zur Gebärde der Athena s. *G. Neumann*, Gesten und Gebärden in der griechischen Kunst (1965) 90 f.

564 Die spätere griechische Kunst hat gerade diesen Zug des Hesperidenmythos, der bei der Olympiametope zum erstenmal von ferne anzuklingen scheint, ganz in den Vordergrund gestellt und dafür neue

Bildformen geschaffen. Zu »Herakles' Weg durch Leiden zur Erlösung« s. *K. Schefold*, Griechische Kunst als religiöses Phänomen (rde 98, 1959) 95; dort auch zu den späteren Fassungen des Hesperidenabenteuers.

565 S. etwa die Amphora des Andokidesmalers in Paris (*P. E. Arias-M. Hirmer*, 1000 Jahre Griechische Vasenkunst [1960] Taf. 88 und Farbtaf. XXIX), wo Herakles dem Kerberos wie einem Hund beschwichtigend zuredet. Auf Caeretaner Hydrien wird das Motiv des Eberabenteuers wiederholt (Eurystheus im Pithos): Hydria Paris, Louvre (*Arias-Hirmer* a. O. Taf. 78 Farbtaf. XXVII); Hydria Rom, Villa Giulia (*Mingazzini*, Vasi della Coll. Castellani Taf. 38). Auch die Darstellungen, auf denen Herakles den Kerberos abführt, entbehren nicht ganz der Komik (*Brommer*, Herakles Taf. 27a; Hermes als Geleiter: ebd. Taf. 27 b). – Die Kerberosmetope von Olympia hat offensichtlich die Metope gleichen Themas am Hephaisteion in Athen beeinflußt (*Sauer*, Das sogenannte Theseion Taf. VI); auch an der Roßmetope des gleichen Tempels ist übrigens der Einfluß Olympias unverkennbar. – Zur archaischen Bildüberlieferung des Themas grundlegend: *Kunze*, OlForsch. II 110 ff.; s. auch *Brommer*, Herakles 43 ff. Das Abenteuer ist schon bei Homer erwähnt; in der Ilias wird Athena als Beschützerin genannt (VIII 364 ff.), in der Odyssee auch Hermes (XI 621 ff.).

566 Siehe die guten neuen Aufnahmen bei *Ashmole-Yalouris* Abb. 194–198. Die Metope wurde neuerdings durch eine Anzahl von Fragmenten bereichert; s. ebd. Abb. S. 184.

567 Vor Pindar, der in einem der Olympiametope etwa gleichzeitigen Gedicht auf die Tat anspielt (Ol. X 27 ff.), gibt es überhaupt keine literarische Erwähnung; vgl. *Brommer*, Herakles 28 f. – Zu neu angepaßten Fragmenten der Augiasmetope s. *Ashmole-Yalouris* 184. Hier wie in den anderen genannten Fällen handelt es sich zum Teil um Fragmente, deren Zugehörigkeit bereits Treu erkannt hatte, die jedoch seinerzeit bei der Montage der Metopen im Museum nicht angesetzt worden waren.

568 *Mallwitz*, OlForsch. V 1 Anm. 1.

569 Strabon VIII 353.

570 *Overbeck*, Schriftquellen 125 ff. verzeichnet nicht weniger als 63 Belegstellen (Nr. 692–754); sie haben sich inzwischen noch vermehrt.

571 Die Geschichte ist mehrfach überliefert (Polybios XXX 10,6; Livius XLV 28; Plutarch, Aem. Paul. 28). Daß die Iliasstelle I 528 ff. gemeint war, geht aus anderen Quellen hervor. Nach Strabon (VIII 354) und mehreren anderen Autoren soll Phidias selbst auf die Frage, was er sich für seinen Zeus zum Vorbild genommen habe, auf die berühmten Iliasverse I 528 ff. verwiesen haben. Vgl. *H. Jucker*, Vom Verhältnis der Römer zur bildenden Kunst der Griechen (1950) 72 f., 79, 81 f.; *J. Liegle*, Der Zeus des Phidias (1952) 245 ff.

572 Der »Katalog« der Weltwunder schwankte bekanntlich erheblich. Der Zeus des Phidias ist jedoch schon in dem ältesten der uns erhaltenen Verzeichnisse, dem des Antipatros von Sidon (2. Jh. v. Chr.) aufgeführt. Der erste »Kanon« ist im 3. Jh. in Alexandrien entstanden. Vgl. *J. Lanowski*, RE. Suppl. X (1965) 1020 ff.; *Th. Dombart*, Die Sieben Weltwunder des Altertums (1967).

573 Dion Chrys. Orat. 12, 51. In der Rede, in der die Götterdarstellung der bildenden Kunst derjenigen der Literatur gegenübergestellt wird, tritt Phidias selbst als Interpret seines eigenen Werkes auf. Dabei wird das Wesen der olympischen Zeusstatue und ihre Wirkung auf den Beschauer in rhetorischer Umschreibung geschildert (s. vor allem 12,25. 49–52. 63. 74–84). In der Betonung des Milden, Ruhigen, Friedvollen (12,74–79) kommt der klassizistische Zeitgeschmack zum Ausdruck. Was bleibt, wenn man diesen einmal abzuziehen versucht, ist wohl im wesentlichen ein Eindruck unbeschreiblicher Majestät und Würde.

574 Beispielhaft hierfür ist der »Protreptikos« des Clemens Alexandrinus, eine Streit- und Bekehrungsschrift, die sich an die Griechen richtet (Ende 2. Jh.). Vgl. *J. Liegle*, Der Zeus des Phidias (1952) 288 ff.

575 Paus. V 14,4. – Von der Hand des Damophon von Messene haben wir Fragmente von Kultbildern, die er für das Heiligtum der Despoina von Lykosura in Arkadien schuf und deren Stil in die Zeit um 170/60 v. Chr. weist: *Lippold*, Griech. Plastik 350 f. Taf. 124,1/2.

576 Eusebius, Praeparat. evang. IV 2,8.

577 Lucian. Jupp. tragoed. 25.

578 Dion Chrys. Orat. XII 75.

579 Siehe unten S. 197 mit Anm. 803.

580 Dies besagt ein Lukianscholion (Schol. Lucian. p. 221 ed. *Jacobitz*).

581 Kedrenos, Comp. histor. p. 322 B (Erwähnung der Statue im Palast des Lausos); p. 348 A (Zerstörung des Lausospalastes durch einen Brand im Jahre 475). Vgl. Olympia I 94.

582 Sueton, Caligula 22,2 und 57,1; Dio Cass. LIX 28,3–4; Josephus, ant.Iud. XIX 8–10. Näheres unten S. 185 mit Anm. 742.

583 Schon *H. Brunn* (Geschichte der griech. Künstler² I [1889] 125) begegnete dieser Nachricht mit Skepsis. Vgl. *Mallwitz*, OlForsch. V 1 f.

584 Olympia II 13ff. Abb. 6–9.

585 Es muß sich um einen Textfehler handeln, denn Knabenwettkämpfe gab es natürlich zur Zeit des Phidas, nur das Pankration der Knaben wurde erst 200 v. Chr. eingeführt; man hat daher vorgeschlagen »im Pankration« einzufügen (*Meyer*, Pausanias 608 Anm. 7 zu S. 254).

586 436 v. Chr. Die Deutung der einen Figur auf Pantarkes, dessen Name als »Lieblingsinschrift« (Pantarkes kalós) auf dem Finger der Zeusstatue zu lesen war (s. unten Anm. 609) ist wohl eine Anekdote; vgl. *I. Liegle*, Der Zeus des Phidias (1952) 501 f.

587 Hier ist eine Lücke im Text; allgemein wird der Name des Hephaistos ergänzt.

588 Callimachus I (ed. *R. Pfeiffer*) 189 Frg. 196. Vgl. *Pfeiffer*, JHS. 61 1941, 1 ff.; *E. Pernice* in: HdA I (1969) 433 f.

589 Nach Olympia II 13 f., was den Angaben des Kallimachos besser entspricht als die revidierten Maßangaben *F. Forbats* bei *Dörpfeld*, AO. I 233 f.; vgl. hierzu *Mallwitz*, OlForsch. V 77 f. Die Höhe der Basis ist auf 1,11 m berechnet worden (Olympia II 14). Der gesamte Befund ist dargestellt AO. Beil. 18–22 Taf. 18–21.

590 *Forbat* a. O. 232 ff.

591 *Forbat* a. O. 234 ff. Abb. 63.

592 Die Rekonstruktionsergebnisse divergieren teilweise; trotzdem kann als gesichert gelten, daß wir es hier mit Kopien vom Zeusthron zu tun haben. Vgl. *A. Furtwängler*, Meisterwerke der griechischen Plastik (1893) 68, 738; *E. Buschor*, Zwei Niobidenmeister, Sitzungsber. Bayer. Akad. 1938 Heft 3; *Schweitzer*, JdI. 55, 1940, 202 ff.; *Schuchhardt*, MdI. 1, 1948, 95 ff. *Clairmont*, AntK. 6, 1963, 23 ff.; *R. M. Cook*, Niobe and her Children (1964),11 ff.; *J. Fink*, Der Thron des Zeus in Olympia (1967) 40 ff. Daß Figurenabfolge und Kompositionsweise umstritten sind, liegt an der Art der Kopien, die teilweise die Figuren aus dem ursprünglichen Zusammenhang lösen und willkürlich umgruppieren, ja sogar nicht hinzugehörige Figuren einfügen oder hinzuerfinden.

593 *Eichler*, ÖJh. 30, 1937, 75 ff. *Ders.*, ÖJh. 45, 1960, 5 ff. Abb. 11–14. Zur Deutung des Motivs: *R. Hampe*, Ein frühattischer Grabfund (1960) 64 f.; *E. Simon*, Die Götter der Griechen (1969) 34. – Bemerkenswert ist, daß Phidias für die Sphingen als Stützen der Armlehnen ebenso wie für die Ringergruppen am unteren Teil des Thrones sich an ältere Traditionen angeschlossen zu haben scheint, denn beides kommt schon in der spätarchaischen Vasenmalerei am Thron des Zeus vor: *Simon* a. O. 32 Abb. 20.

594 Die Figuren (Pausanias: ἀγάλματα), welche die Querstreben des Thrones schmückten, stellt man sich meist nicht in Relief, wie die Niobidenfriese der seitlichen Sitzverkleidung, sondern freiplastisch vor (vgl. *E. Bielefeld*, Amazonomachia [1951] 50 f.; anders: *Buschor*, Zwei Niobidenmeister 5); *Winter* errechnete eine Figurenhöhe von ca. 75 cm (ÖJh. 30, 1937, 109 Anm. 104). – Die Amazonomachie dachte sich *Buschor* auf die beiden Thronseiten verteilt, einmal mit Herakles, einmal mit Theseus (a. O. 6 f.). Aus der reichen Überlieferung klassischer Amazonenkampfbilder auf Vasen und Reliefs einzelne Typen auszusondern, um sie mit dem Zeusthron zu verbinden, scheint ein aussichtsloses Unterfangen. Dennoch hat es an Versuchen dieser Art nicht gefehlt; vgl. *Bielefeld* a. O. 32 ff.; *J. Fink*, Der Thron des Zeus in Olympia (1967) 27 ff. – Von den Athletendarstellungen der vorderen Querleiste des Throns hat man den angeblichen »Pantarkes« wiederzugewinnen versucht. Auf ihn glaubt man den »Diadumenos Farnese« beziehen zu können (*Brunn-Bruckmann 271; Lippold*, Griech. Plastik Taf. 51,2; Repliken: ebd. 154

Anm. 6), der als Kopie einer für Phidias literarisch bezeugten Siegerstatue gilt, die im gleichen Motiv dargestellt war (Paus. V 4,5): *Furtwängler*, Meisterwerke 444 f.; *E. Langlotz*, Phidiasprobleme (1947) 79 ff. Taf. 23–24; *Schweitzer*, JdI. 55, 1940, 223. Bedenken hiergegen erhoben *Poulsen*, Acta Arch. 11, 1940, 35 f.; *Lippold*, Griech. Plastik 154 Anm. 7; vgl. auch unten Anm. 609. Die Überlegungen, die *J. Fink* (a. O. 35 ff.) zu den übrigen Athletengruppen anstellt, sind völlig hypothetisch. – Eine Amazonomachie verzierte auch den Fußschemel der Zeusstatue, diesmal wohl in Relief (ausgeschnittene Figuren auf andersfarbigem Grund, wie die Niobidenfriese). Zu ihrer Rekonstruktion hat *E. Bielefeld* wiederum die gesamte klassische Amazonomachie-Überlieferung herangezogen (a. O. 32 ff., 42 ff.; Listen: ebd. 74 ff.). *J. Fink* glaubt auf einer römischen Reliefbasis in Nikopolis Anklänge an den Amazonenfries des Fußschemels gefunden zu haben (ÖJh. 47, 1964–66, 70 ff.), während *B. Schlörb* die gleiche Basis zur Rekonstruktion der Schildamazonomachie der Athena Parthenos verwendet (AM. 78, 1963, 162 ff.). – Die Basis des Zeusbildes war mit einer großen Götterversammlung geschmückt, die aus insgesamt siebzehn Figuren bestand (Paus. V 11,8; vgl. die Übersetzung oben S. 151). In der Mitte war die Geburt der Aphrodite aus dem Meer dargestellt; die Göttin wurde von Eros und Peitho empfangen. Diese Dreiergruppe wurde beiderseits flankiert von je sechs paarweise einander zugeordneten Göttergestalten; Sonnengott und Mondgöttin schließlich rahmten als Eckfiguren den ganzen Fries ein, ähnlich wie auf der Basis der Parthenos, wo übrigens auch eine Göttergeburt (Pandora) das Zentrum der Darstellung bildete. Die Gestirnsgottheiten von Tag und Nacht finden wir auch im Inneren des Schildes der Parthenos sowie bei den Ostmetopen und im Ostgiebel des Parthenon (zu diesem typisch phidiasischen Motiv s. *Schweitzer*, JdI. 55, 1940, 182 ff.). Die Gruppe der Aphrodite mit dem Eros hat man in einem Silbermedaillon aus Galaxidi wiedererkennen wollen: *Langlotz* a. O. 48 ff. Taf. 15 links unten; *Ders.* in: Vermächtnis der antiken Kunst (1950) 96 ff. Abb. 23; *Fink* a. O. 15 ff. Taf. 1,1. Dagegen hat *Lippold* eingewendet, daß das dort erscheinende Motiv für eine Rundkomposition entworfen sei: Gnomon 21, 1949, 244. Für die reitende Selene vom rechten Ende der Basis verweist *Fink* auf ein rotfiguriges Vasenbild: a. O. 14 Taf. 1,4. – Den nicht sehr glücklichen Versuch einer zeichnerischen Rekonstruktion des gesamten Throns samt Fußschemel und Basis hat *J. Fink* seinem Büchlein über den Zeusthron als Falttafel beigegeben.

595 *Schrader*, JdI. 56, 1941, 13 ff. Abb. 8–52; vgl. *Kunze*, AuA. 2, 1946, 112 Anm. 39; *Lippold*, Griech. Plastik 143 Anm. 6.

596 *Weil*, Zeitschr. f. Numismatik 29, 1912, 369 ff.; *Ch. Seltman*, Temple Coins of Olympia (1921) 35 Taf. 3; *Schrader*, JdI. 56, 1941, 5 ff. Abb. 5; OlForsch. V 1 Abb. 1. Zu den elischen Münzprägungen hadrianischer Zeit: *Kunze*, AuA. 2, 1946, 112 Anm. 40; *J. Liegle*, Der Zeus des Phidias (1952) 17 ff.

597 *Liegle*, a. O. 114 ff. Taf. 1, 6, 16–19, 25. Das Pariser Exemplar: JdI. 46, 1931, 10 Abb. 6; *Liegle* a. O. Taf. 15. – Moderne Rekonstruktionen des Kultbildes: a) *Adler*, Olympia II Taf. 11; b) *Winter*, ÖJh. 18, 1915, 2 Abb. 1; c) *Schrader und Krischen*, JdI. 56, 1941, 51 Abb. 70; d) *Mallwitz*, OlForsch. V 96 Anm. 43 Taf. 8.

598 *F. Adler* setzte in der Baubeschreibung der byzantinischen Kirche den »Bau A« mit der Phidiaswerkstatt gleich: Olympia II 103 ff. Dem widersprach *W. Dörpfeld*, weil ihm dieser Bau viel zu solide und aufwendig schien, um als Werkstatt gelten zu können: er brachte den »Bau C« hierfür in Vorschlag (Olympia I 79 f.). Für beide Auffassungen haben sich in der Folgezeit Befürworter gefunden; vgl. OlForsch. V 2 f. mit Nachweisen. – Von der endgültigen Publikation der Grabungsergebnisse ist bisher nur der erste Teil erschienen (OlForsch. V, 1964); er enthält die Vorlage der baugeschichtlichen Ergebnisse von *A. Mallwitz* und die Darstellung des archäologischen Befundes (Stratigraphie, Keramik, Datierung) von *W. Schiering*. Zu Bau A: 16 ff. (Baubeschreibung); 40 ff. Abb. 16–22 Taf. 23–28 (Werkstattüberreste); 74 ff. Taf. 4, 8, 35, 36 (Rekonstruktion); 272 ff. (Datierung). – Im zweiten Teil der Publikation wird *E. Kunze* die Funde (außer der Keramik) vorlegen.

599 Über die Funde hat *E. Kunze* mehrfach kurz berichtet. S. vor allem: Neue deutsche Ausgrabungen 280 ff.; dort ist auch eine kleine, aber repräsentative Auswahl der Funde abgebildet.

600 *Kunze* a. O. 281 ff. Beispiele von Gewandmatrizen: Abb. 15–22, von Matrizen zur Herstellung von Glasornamenten: Abb. 24–27. Zur orientalischen Herkunft des verwendeten Rohglases: ebd. 289.

601 *Schiering*, OlForsch. V 248 ff. Taf. 80–89. Neben attischen Originalen unterscheidet Schiering einige lokale Nachahmungen: ebd. 249.

602 *Kunze*, OlBericht V 15 f. Abb. 8–9; *Ders.*, Neue deutsche Ausgrabungen 291 ff. Abb. 44; *Schiering* a. O. 169 Taf. 64. Schiering hat gezeigt, daß Kännchen dieser Art (weitere Exemplare: a. O. 169 f. Nr. 2–9 Abb. 45 Taf. 65) auch als Spendegefäße dienten: ebd. 172 ff. Der antike Name war »Kothon«, wie *I. Scheibler* unlängst nachgewiesen hat: AA. 1968, 389 ff. (dort auch weiteres zum Verwendungszweck).

603 Neue deutsche Ausgrabungen 291.

604 Hierzu *Kunze* a. O. 284 ff. Zu den vielerörterten Fragen des Aufbaus der Statue, des Modells, des technischen Vorgangs hat zuletzt *A. Mallwitz* auf Grund der neuen Ausgrabungsergebnisse Stellung genommen: OlForsch. V 94 ff. Vgl. die Ausführungen von *G. Ph. Stevens* zu dem ähnlichen Werkvorgang der Athena Parthenos: Hesperia 26, 1957, 350 ff.

605 *E. Kunze* hat seine Vorstellungen vom Verwendungszweck der Gewandformen mehrfach kurz dargelegt: OlBericht VI 9; Gnomon 27, 1955, 223; Neue deutsche Ausgrabungen 284. Danach dienten sie zum Treiben der Goldplatten für das Zeusgewand und die Gewänder der kleineren Figuren (Nike, Chariten, Horen, Niken am Thron). Die riesige Gewandfläche des Zeus hätte hierfür in unzählige Abschnitte zergliedert werden müssen, denn die Tonformen geben durchweg nur relativ winzige Ausschnitte vom Ganzen (von wenigen Ausnahmen abgesehen). Die Kleinteiligkeit wie auch die irrationalen Umrisse der Formen erklärt *Kunze* aus »der Notwendigkeit, tiefere Unterschneidungen zu vermeiden«. Offen bleibt, ob die Tonmatrizen vom Holzkern des Kultbildes oder einem maßstabgetreuen Modell abgeformt wurden. Ob letzteres je existiert hat, ist von *Mallwitz* mit guten Gründen bezweifelt worden (OlForsch. V 94 ff.). Wenn andererseits der Holzkern so bis in alle Einzelheiten ausgeführt war, wie es für die Abformung vorausgesetzt werden müßte, so ist deren Notwendigkeit nicht einzusehen: Die Goldfolien hätten ebensogut auf dem Kern selbst getrieben werden können, die Genauigkeit wäre sogar größer gewesen. Zu bedenken ist weiterhin, daß Ton, selbst wenn er nur so schwach wie die Matrizen gebrannt ist, an Volumen verliert; die getriebenen Goldbleche hätten also im Format nicht genau dem Gegenstand entsprechen können, von dem sie abgeformt wurden, was immer dieser auch gewesen sein mag. In Anbetracht dieser Schwierigkeiten scheint es mir besser, die Gewandformen als Zeugnisse eines Versuchs zu deuten, bei dem nur ein Teil oder bestimmte Partien der Gewänder des Zeus und der Nebenfiguren abgeformt wurden – für welchen Zweck, wissen wir nicht. Dadurch würde sich auch die Tatsache erklären, daß die Zahl der gefundenen Matrizen und Fragmente relativ gering ist; zusammengenommen würden sie nur einen kleinen Bruchteil der Gesamtfläche ergeben. Natürlich kann die Hauptmasse an anderer Stelle deponiert sein, aber sehr wahrscheinlich ist dies nicht. – Die Deutung Kunzes ist nicht unwidersprochen geblieben; vgl. *Hampe*, Gymnasium 68, 1961, 549 f. Hampes Gegenvorschlag, in den Tonmatrizen sei Glas geformt worden, das dann die Unterlage für die Goldplatten gebildet hätte, scheint mir allerdings absurd und hat die Probleme ihrer Lösung um keinen Schritt näher gebracht. Die endgültige Publikation des Ausgräbers bleibt abzuwarten.

606 Die beiden Versionen überliefert ein aus verschiedenen Quellen zusammengeschriebenes Aristophanesscholion (zu Pax 603); die erste wird auf Philochoros zurückgeführt (*Jacoby*, FGrHist III B Nr. 328 F 121), als Variante heißt es noch, daß nach Fertigstellung des Kultbildes die Eleer Phidias ihrerseits verurteilt und hingerichtet hätten. Dies ist jedoch eine

offensichtliche Doublette der zweiten Version, nach der Phidias in Athen umgekommen sein soll; sie findet sich bei Plutarch, Perikles 31,5. – Vgl. hierzu *Schweitzer*, JdI. 55, 1940, 178 f. mit älterer Literatur; *Jacoby* im Kommentar zu dem Philochoroszitat; *Bloch*, Gnomon 31, 1959, 495 ff.

607 Außer Plutarch noch Ephoros (bei Diodor XII 39: FGrHist. II A Nr. 70 F 196) und die – als zeitgenössische Quelle besonders wichtigen Aristophanesverse Pax 605 ff. Dagegen scheint Philochoros in dem Anm. 606 genannten Zitat des Aristophanes-Scholions den Prozeß in die Zeit unmittelbar nach Vollendung der Parthenos (438 v. Chr.) zu versetzen. Die bei Aristophanes, Ephoros und Plutarch enthaltene Überlieferung ist indes glaubwürdiger. Vgl. OlForsch. V 272. Anders *Lendle*, Hermes 83, 1955, 284 ff.

608 *Schiering*, OlForsch. V 273. Die Hauptmasse stammt aus der Zeit um 430 v. Chr., die jüngsten Stücke reichen bis etwa 410 v. Chr. Die Werkstatt scheint also mehrmals während dieses Zeitraums gereinigt worden zu sein, oder der in der 430–410 zu datierenden »Formenschicht« enthaltene Werkstattschutt hat sich »erst irgendwo am Rande des Werkstattvorplatzes allmählich angesammelt, bevor er zum Ausgleich des unebenen Geländes nach Süden hin verteilt worden ist« *(Schiering)*.

609 Der Name des elischen Knaben Pantarkes stand nach Clemens Alexandrinus (Protrept. VI 53) und anderen (s. *Overbeck*, Schriftquellen Nr. 740–743) auf dem Finger der Zeusstatue, was attischem Brauch entsprechen würde: siehe die »Lieblingsinschriften« auf attischen Vasen. Zur Überlieferung: *J. Liegle*, Der Zeus des Phidias (1952) 288 ff. – Nach Pausanias (V 11,3) sah man in einer der Athletenfiguren am Zeusthron ein Bild des Pantarkes. Diese Figur war in der Haltung eines Siegers dargestellt, der sich die Siegerbinde um die Stirn legt. Eine von Phidias geschaffene Statue in gleicher Haltung führt Pausanias in seiner Aufzählung der Siegerstatuen auf, fügt aber hinzu, daß »man nicht wisse, für wen Phidias die Statue geschaffen habe« (VI 4,5). Die Siegerstatue des Pantarkes hingegen erwähnt er an anderer Stelle (VI 10,6). Beide Statuen können also nicht identisch sein, außerdem ist für die Pantarkes-Statue das Motiv nicht überliefert und auch der Künstler ist unbekannt. Ob der »Diadumenos Farnese« etwas mit der phidiasischen Siegerstatue eines unbekannten »Anadumenos« (Paus. VI 4,5) oder mit dem Pantarkes des Throns zu tun hat, wie häufig vermutet wird (s. oben Anm. 594) ist demnach recht zweifelhaft.

610 OlForsch. V 274.

611 Wahrscheinlich waren es noch mehr, da wir z. B. die Figurenzahl bei der Amazonomachie auf dem Fußschemel nicht kennen und man auch mit Wiederholungen rechnen muß, die Pausanias nicht eigens erwähnt. Vgl. *Schweitzer* JdI. 72, 1957, 12.

612 Dies wird für die Parthenos verneint in dem Buch von *C. J. Herrington*, Athena Parthenos and Athena Polias (1955). Der Autor greift damit eine alte These auf *(A. Michaelis*, Der Parthenon [1871] 27 f.; *M. Collignon*, Le Parthénon [1914] 60), die sich darauf stützt, daß das eigentliche Kultbild der Athena auf der Akropolis jenes Xoanon war, das nach Erbauung der Parthenon im Erechtheion seine Aufstellung fand. Beiläufig wird auch für die anderen großen Goldelfenbeinbilder des 5. Jhs., den Zeus des Phidias, die argivische Hera des Polyklet und den Dionysos des Alkamenes in Athen behauptet, sie seien keine Kultbilder, sondern kostbare Weihgeschenke gewesen: *Herrington* a. O. 35 ff. *G. Zinserling* hat neuerdings diese These dahingehend erweitert, daß auch die Tempel, in denen jene Statuen standen, nicht als »Kulttempel« anzusehen seien; hierdurch sollen sich gewisse Eigentümlichkeiten der Innenraumgestaltung dieser Tempel erklären (Acta Antiqua Hung. 13, 1965, 41 ff.). Ich muß gestehen, daß mir die Logik dieser Ausführungen nicht aufgegangen ist und verweise statt dessen auf die grundlegenden Bemerkungen von *Schweitzer* JdI. 55, 1940, 187 ff.

613 Diese Tatsache wird völlig ignoriert von *J. Fink*, der weiterhin unentwegt die Frühdatierung des Zeus verteidigt und auch den neuen Grabungsergebnissen souverän jegliche Beweiskraft abspricht: Der Thron des Zeus in Olympia (1967) 65 ff.; ÖJh. 47, 1964–66, 87 ff.

614 Dies war die These von *Dörpfeld* AO. I 214, 223 f. – Zu diesem Zeusbild oben S. 92.

615 *J. Liegle*, Der Zeus des Phidias (1952) 466 f.; *Schwabacher*, AntK. 5, 1962, 9 ff.; *Ders.*, Archaeology 14, 1961, 104 ff. Abb. 1–8.

616 *Gross*, RM. 70, 1963, 16 ff. Den entsprechenden Unterschied zwischen Votivstatue und Kultstatue hat *Schwabacher* in seiner Entgegnung auf den Aufsatz von Gross völlig verkannt (RM. 12, 1965, 209 ff.).

617 *G. M. A. Richter*, The Sculpture and the Sculptors of the Greeks (1946) 226; vgl. *Kunze*, AuA. 2, 1946, 112 (Nachweise für die Münzdarstellungen: ebd. Anm. 40). Widerspruch hiergegen erhebt *Schwabacher* a. O. 13 Anm. 29.

618 Auf diese Frage bleiben alle Verfechter eines »vorphidiasischen« Kultbildes die Antwort schuldig. *Gross* bemerkt mit Recht, daß damit derartige Hypothesen fragwürdig werden: a. O. 18.

619 OlForsch. V 274 f.; vgl. ebd. 103 f.

620 Paus. V 15, 1. Der Altar war »allen Göttern gemeinsam« geweiht.

621 Über die Beschaffenheit des Gebäudes vor der Erbauung der Werkstatt und die ältesten Schichten s. OlForsch. V 13 ff., 139.

622 OlBericht IV 39 f. Taf. 11; *H. Schleif*, Die neuen Ausgrabungen in Olympia (Europäische Studienmappen, 1943) 16 f. (Erstveröffentlichung: Olympia II 105 f. Taf. 71 u. 72). Meine vor Jahren erhobenen Bedenken gegen diese Deutung (Omphalos [1959] 68 Anm. 198; hierzu *Mallwitz*, OlForsch. V 105 Anm. 5) ziehe ich zurück.

623 *Mallwitz* (OlForsch. VIII 105 f.) denkt an den Sitz der Aufsichtsbehörde, die die Arbeiten am Kultbild überwachte, oder auch an Unterkünfte für Phidias und seine Mitarbeiter. Den sog. Theokoleon, den Amtssitz des obersten Priesterkollegiums, vermutet er hingegen jetzt etwas nördlich des Prytaneions, in dem bisher unvollständig ausgegrabenen Gebiet; daß Pausanias das Priesterhaus in unmittelbarem Zusammenhang mit diesem Bau erwähnt (V 15,8), könnte für die Richtigkeit dieser These sprechen. – Zur Datierung des Schwitzbades und des Peristylhauses: OlForsch. VIII 14, 103.

624 Ältestes Badehaus (Bau I): OlBericht 31 f. Taf. 12; *Schleif* a. O. 12. – Ältestes Schwitzbad (II): OlBericht 33 ff. Abb. 21 Taf. 9, 13; *Schleif* a. O. 12 Taf. 7 oben; *Kunze*, Olympia in: Neue deutsche Ausgrabungen 273 Abb. 6,7. – Schwimmbad: OlBericht IV 40 ff. Abb. 22 Taf. 15; *Schleif* a. O. 17 f. Taf. 9 oben; *Kunze* a. O. 273 f. Abb. 9.

625 Vgl. *R. Ginouvès*, Balaneutikè, recherches sur le bain dans l'antiquité grecque (1962) 43, 134, 184, 227.

626 S. oben S. 107. – Zum frühklassischen Stadion (II): OlBericht V 12 ff.; OlBericht VIII 30 ff.; *Kunze* a. O. 266 ff. – Einen kurzen Überblick über die Geschichte des Olympischen Stadions – allerdings noch ohne Berücksichtigung der wichtigen Ergebnisse der Nordwallgrabung – gibt *Schleif* a. O. 6 ff. und neuerdings *W. Zschietzschmann*, Wettkampf- und Übungsstätten in Griechenland, I. Das Stadion (1960), 14 ff.

627 OlBericht V 13 Abb. 2.

628 Die steinerne Laufbahneinfassung konnte aus den Raubgräben erschlossen werden (OlBericht V 14 Abb. 3). Von den Steinen der Startschwellen, die, wie der Grabungsbefund ergab, nördlich und südlich unmittelbar an die Laufbahneinfassung anstießen, fanden sich noch vier, die wahrscheinlich später zur Abdeckung des Abzugskanals von Stadion III gedient hatten; sie haben auf der Ober- und Unterseite eingemeißelte Startrillen, waren also zweimal verwendet worden: OlBericht V 15 f. Abb. 4. Zum Vergleich s. die Schwellsteine des spätklassischen Stadions: *Rodenwaldt-Hege* Taf. 16; OlBericht VIII 42, Abb. 17 Taf. 9. – Wallprofil: OlBericht I 12 Taf. 1,5,6,7; V 18 Taf. 2,7; VIII Taf. 7. – Stützmauer: OlBericht V 18 Taf. 2. – Entwässerungskanal: OlBericht V 19 ff. Abb. 5–7 Taf. 1 u. 5.

629 ArchDelt. 17, 1961/62, 109; OlBericht VIII 26 f. Daß diese Fläche ursprünglich auch als Lagerplatz diente, zeigen die zahlreichen Brunnen, die von der Anschüttung überdeckt wurden. – Zum klassischen Nordwall: OlBericht VIII 27 ff. Taf. 7. – Ostwall: ebd. 21 f., 32.

630 S. oben S. 106. Die letzte Gewißheit erbrachten erst die Tiefgrabungen im Südosten des Heiligtums: *Kunze*, ArchDelt. 19, 1964, 165.

631 Olympia II 153 ff. Taf. 93 (Basis); Olympia III 182 ff. Taf. 46–48; BrBr. 444/5; *F. Studniczka*, Die Siegesgöttin (1898) 16 ff.; *Rodenwaldt-Hege* 48 Abb. 29 (Rekonstruktion) Taf. 82–84; *Lippold*, Griech. Plastik 205 Taf. 71,2; *Lullies-Hirmer* Taf. 176. Die ursprüngliche Höhe der Figur einschließlich der verlorenen Flügel betrug etwa 2,90 m. Das Gesicht der Nike, das beim Original zerstört ist, hat man in einer durch zwei Wiederholungen bekannten römischen Kopie, dem sog. Hertzschen Kopf wiederzufinden geglaubt (a, Rom, Palazzo Venezia: Olympia III 188 f. Abb. 222; *G. M. A. Richter*, The Sculpture and the Sculptors of the Greeks[3] [1946] 244 f. Abb. 639 bis 642. b, Rom, Vatikan: *G. v. Kaschnitz-Weinberg*, Le sculture del Magazzino del Museo Vaticano 29 Nr. 47 Taf. 15). Doch kann man sich nur schwer vorstellen, wie ein in solcher Höhe aufgestelltes Bildwerk hätte kopiert werden sollen (*G. Lippold*, RE. XVIII 2, 2412; vgl. *Fuchs*, Helbig[4] I 262 f. Nr. 343). – Die angebliche Bronzereplik der gleichen Statue in Delphi (Fouilles de Delphes II 1, 297 ff.; *F. Studniczka*, Die Siegesgöttin [1898] 17; *Pomtow*, JdI. 37, 1922, 55 ff.) halte ich für ein Phantom, trotz der Ähnlichkeit des Pfeilers (dessen Inschrift nicht sicher ergänzbar ist; eine weitere Messenierweihung in Delphi: BCH. 61, 1937, 67 ff.). Daß ein klassischer Künstler sich in dieser Weise selbst kopiert hätte, ist absolut unglaubhaft. Auch ist die Figur, wie man schon früher bemerkt hat, für Bronze nicht recht geeignet, denn der Mantelhintergrund erfordert Farbe, damit sich der Körper davor abhebt. Die Spuren auf der Oberseite des dreiseitigen Pfeilers in Delphi sind so unsicher, daß alles mögliche darauf gestanden haben kann; vermutet wurde z. B. auch ein Dreifuß.

632 Zur Inschrift s. oben S. 22 mit Anm. 63. Zum Anlaß der Weihung und den historischen Hintergründen: Olympia V 380 ff. u. Nachtrag 799. Pausanias gibt zwei Versionen (V 26,1); beide sind jedoch abzulehnen. Die Nike muß nach dem Nikiasfrieden (421 v. Chr.) gestiftet worden sein; kurz zuvor hatten die Messenier und Naupaktier als Verbündete Athens mehrere erfolgreiche Unternehmungen gegen die Spartaner im archidamischen Krieg gemeinsam ausgeführt.

633 Diese Ereignisse schildert Xenophon Hell. III 4,28 ff. – Die 104. Olympiade wurde später in den offiziellen Listen als »Anolympias« geführt (vgl. oben S. 45).

634 Olympia II 37 ff. Taf. 24–26. – *Dörpfeld* schließt die Möglichkeit nicht aus, daß die Pronaos- und Opisthodommetopen der Cella skulpiert waren (Olympia II 28). Die Deutung eines sitzenden Dionysos (Olympia III Taf. 57, 1–2) als Giebelfigur des Metroons (*Fuchs*, AM. 71, 1956, 68 ff.) halte ich für nicht hinreichend begründet. – Die ungewöhnliche Orientierung des Tempels nach Westen ist nicht völlig gesichert, da der dort gelegene Altar nicht mit absoluter Gewißheit mit dem Meter-Altar identifiziert werden kann; doch spricht alle Wahrscheinlichkeit dafür.

635 Vermutungen hierüber äußerten z. B. *Weniger*, Klio 7, 1907, 145 ff.; *Gardiner*, Olympia 123 ff.

636 Pausanias V 21, 3. Daß damit ein terminus ante quem für die Datierung gewonnen ist, erkannte schon *Dörpfeld* (Olympia II 40); vgl. *Schleif*, OlBericht II 43. Zum stilistischen Befund: *Dörpfeld* a. O. 39 f.

637 Olympia II 73 ff. Taf. 52–54. Wichtig für die Datierung ist u. a. die Terrakottasima mit ihrer »rotfigurigen«, noch ganz klassisch wirkenden Bemalung (Olympia II 197 Abb. 15–19 Taf. 121). Sie zeigt, daß der »Südostbau« früh im 4. Jh. errichtet sein muß. Nähere Aufschlüsse, auch zur Rekonstruktion des Baus, vor allem aber seiner Umgebung, werden sich aus der Veröffentlichung der neuen Grabungen ergeben, die 1962–66 im Südostgebiet des Heiligtums durchgeführt wurden. Vorberichte: ArchDelt. 18, 1963, 107 ff.; 19, 1964, 165 ff.; BCH. 87, 1963, 787 ff.; 88, 1964, 751 ff.; 89, 1965, 743 ff.; 90, 1966, 812 ff.

638 Noch nicht veröffentlicht, daher auch auf unseren Übersichtsplänen nicht eingetragen; vgl. ArchDelt. 19, 1964, 165.

639 Der Abstand zwischen den südlichen Rändern von Laufbahn II und III beträgt an den Enden 7,50 m, in der Mitte 9,50 m; die Differenz erklärt sich durch die »Kurvatur« der Laufbahn III (s. Anm. 640).

640 Vgl. OlBericht VIII 39 Anm. 36. Die Krümmung der Laufbahnränder ist nicht ganz gleichmäßig (a. O. 37 ff. Taf. 8 und 11); sie wurde übrigens schon von der alten Grabung festgestellt: Olympia II 63.

641 OlBericht VIII 37. Die alte Grabung hatte 192,28 m gemessen. Allerdings wissen wir nicht genau, wie in der Antike die Laufstrecke gemessen wurde, d. h. wo Anfangs- und Endpunkt lag. Der Abstand von der vorderen Rille der Startschwelle bis zur hinteren Rille der Zielschwelle beträgt z. B. nach der Messung von A. Mallwitz bei Laufbahn III 192,24 m. Der »lichte« Abstand zwischen Start- und Zielschwelle beträgt 191,78 m.

642 Südwall: OlBericht II 14 ff. Taf. 1 und 2; V Taf. 2; VIII 63 Taf. 7. – Entwässerungskanäle: OlBericht V 19 ff. Abb. 5–8 Taf. 7–9; VIII 46 ff. Taf. 8, 11. – Westwall: OlBericht III 17 f.; V 28 ff.; VIII 63 ff. Ein Schnitt, der den Böschungsverlauf zeigte (OlBericht III 17), wurde nicht veröffentlicht. – Nordwall: OlBericht VIII 18 ff. Taf. 1–7. Durch die neuen Grabungsergebnisse sind die alten Schnitte und Rekonstruktionen (OlBericht II Taf. 1 und 3; *Schleif*, Die neuen Ausgrabungen in Olympia 7 Abb. 1) in diesem Punkt überholt. Es hat sich herausgestellt, daß es einen »Nordwall III«, wie er dort dargestellt ist, eigentlich gar nicht gibt; man hat vielmehr im Süden Erde beseitigt und im Norden den älteren Nordwall II weiterbenutzt (s. die Rekonstruktion OlBericht VIII Taf. 7). Hierdurch entstand insofern ein unregelmäßiges Gesamtbild, als im Osten keine älteren Anschüttungen existieren. Daß man auf eine Vereinheitlichung verzichtet hat, erklärt *A. Mallwitz* damit, daß »der Nordwall spätestens im 4. Jh. für den Zuschauer an Bedeutung stark eingebüßt hatte« (OlBericht VIII 33). – Ostwall: OlBericht VIII 21 f. Der Ostwall besaß keine künstlichen Anschüttungen, sondern war nur durch die Eintiefung der Laufbahn entstanden. Er scheint überhaupt als Zuschauertribüne wenig benutzt worden zu sein.

643 Laufbahneinfassung, Wasserrinne und Schöpfbecken: Olympia II Taf. 46–47; OlBericht VIII 39 ff. Taf. 8, 19, 23. – Start- und Zielschwellen: Olympia II Taf. 47,4; OlBericht VIII 41 ff. Abb. 17 Taf. 9; vgl. auch oben Anm. 628 zu S. 159.

644 Im Westen: 10,50 m; im Osten: 9,25 m. OlBericht VIII 37.

645 OlBericht III 12 ff. Taf. 2–5, 9–10; V Taf. 1; VIII 50; *Schleif*, Die neuen Ausgrabungen in Olympia 9 Taf. 3. Merkwürdig ist die Lage der Kampfrichtertribüne; man kann von hier aus weder Start noch Ziel der Läufer einwandfrei übersehen. Angeblich sollen »in solcher Entfernung vom Ziel die Läufer ihre höchste freie Leistung entwickeln, ehe sie zum krampfhaften Endspurt ansetzen« (OlBericht III 12); ob diese von Sportfachleuten stammende Angabe eine stichhaltige Erklärung ist, scheint mir zweifelhaft. Eher möchte man annehmen, daß die Kampfrichter nur bei bestimmten Zeremonien auf dieser Tribüne saßen, sonst aber sich am Start oder Ziel bzw. den sonstigen für die Entscheidung bei den einzelnen Agonen wichtigen Plätzen aufhielten.

646 Eine kurzgefaßte Übersicht über die griechischen Stadionanlagen und ihre Entwicklungsgeschichte gibt *W. Zschietzschmann*, Wettkampf- und Übungsstätten in Griechenland, I. Das Stadion (1960). Die dort enthaltenen Angaben über das Stadion von Olympia sind in einigen Punkten überholt durch die neuen im VIII. Olympia-Bericht (1967) veröffentlichten Ergebnisse der Nordwallgrabung.

647 Der Altar ist unter Verwendung von Spolien gebaut, er gehört in seiner jetzigen Form ins 2. Jh. n. Chr.; unter ihm fand sich eine Opferstätte des 4. Jhs. v. Chr.: OlBericht VIII 69 ff. Abb. 24–25 Taf. 8, 11–15, 25–29. – Ich habe versucht, die Gründe für das bemerkenswerte Vorrecht der Demeterpriesterin damit zu erklären, daß das im Bereich von Stadion und Hippodrom gelegene Heiligtum durch die Ausdehnung der Wettkampfanlagen beeinträchtigt worden war (AM. 77, 1962, 18 mit Anm. 69). Das Heiligtum besaß alte Kultbilder, die im 2. Jh. n. Chr. durch neue aus pentelischem Marmor ersetzt worden waren, eine Stiftung des Herodes Atticus, auf dessen Kosten auch das große Nymphäum in der Altis gebaut worden ist (unten S. 191) und dessen Gattin

Regilla zur Demeterpriesterin ernannt wurde. *Mallwitz* bringt das Privileg der Priesterin hiermit in Zusammenhang; hält es also für eine ganz junge Einrichtung (Olympia VIII 74), was mir nicht sehr plausibel scheint.

648 Olympia II Taf. 49–51; die Baubeschreibung ebd. 70 ff. ist teilweise überholt, weil sie mit zwei Bauperioden rechnet und den offenen Hof für einen älteren Vorgängerbau hält.

649 Die Anschauung, daß der gesamte Bauvorgang in einem Zuge erfolgt sei (OlBericht V 27) bedarf nach den neuen Grabungsergebnissen einer gewissen Differenzierung. Die Echohalle läßt sich nach dem stratigraphischen Befund kurz nach der Mitte des 4. Jhs. datieren (OlBericht II 53 ff.). Ihre Fundamente ruhen auf der gleichen Füllerde, die für die Anschüttung des Westwalls verwendet wurde, nicht auf der alten Laufbahn (II), die durch die neuen Anlagen zugedeckt wurde. Daraus folgt, daß zunächst der Westwall angelegt wurde, für den sich damit eine etwas frühere Datierung, vielleicht noch vor der Jahrhundertmitte ergibt (*Mallwitz*, OlBericht VIII 59; ob es vorübergehend einen Zustand mit westlicher Wallböschung ohne Echohalle und Stützmauer gab, ist nicht beweisbar). Im zweiten Bauabschnitt wurden dann Ostaltismauer und Echohalle errichtet.

650 Man unterscheidet die Phasen III A–C (OlBericht V 31 f.; VIII 51 ff.). Davon ist III B ziemlich gut datiert (gleichzeitig mit der Schatzhausterrasse: OlBericht VIII 53 ff.); es handelt sich bei dieser Phase um Maßnahmen, die einer besseren Entwässerung der Laufbahn dienten (zur Datierung der Schatzhausterrasse: s. unten S. 168 Anm. 658). Der ursprüngliche Zustand (III A) läßt sich zeitlich nur schätzungsweise festlegen. Nach der Keramik der Südwallfüllung hat man Stadion III etwas unbestimmt um die Mitte des 4. Jhs. datiert; mit Entschiedenheit wurde ein späterer Ansatz ausgeschlossen, während nach oben ein gewisser Spielraum blieb (OlBericht II 15). Damit lassen sich die neuen Überlegungen von *Mallwitz* (OlBericht VIII 59) durchaus in Übereinstimmung bringen.

651 *Kunze*, ArchDelt. 17, 1961/62, Chron. 111 f. Plan 2 Taf. 121; OlBericht VII 17 ff. Abb. 10–12; VIII 1 f., 6 ff. Taf. 18–22; *Mallwitz*, OlBericht VIII 61 ff. Taf. 11.

652 Paus. VI 20, 10–21, 1; ausgelassen ist in der Übersetzung der lange Exkurs über die Bedeutung des Taraxippos (20, 16–19). Ergänzend zur Beschreibung des Hippodroms: Paus. V, 5–6 (Aufzählung der im Hippodrom aufgestellten Altäre).

653 Pausanias sagt an anderer Stelle (V 15,6), daß die Halle des Agnaptos nach ihrem Erbauer benannt sei. Ihre Lage ist unbekannt. Aus dem Pausaniastext gewinnt man den Eindruck, daß sie den Hippodrom im Westen abschloß.

654 Die Statue des Kleoitas auf der Akropolis erwähnt Pausanias noch an anderer Stelle, ohne die Inschrift zu nennen (I 24,3). Die Vermutungen von *Lippold* über Kleoitas (RE. XI 675 f.) sind ganz hypothetisch. Über Aristeides ist sonst nichts bekannt. – Über die berühmte und von Pausanias so breit geschilderte Ablaufvorrichtung ist früher viel geschrieben worden. Wir können getrost darüber hinweggehen. Interessant ist vielleicht lediglich, daß man die Anzahl der Startplätze für die Viergespanne auf insgesamt 40 veranschlagt hat.

655 Paus. VI 16,4; ähnlich Plutarch, Solon 23, wo eine Distanz von 4 Stadien ein *Hippikon* genannt wird, wobei freilich das attische Maßsystem vorauszusetzen ist (ein attisches Stadion beträgt, da der »solonische« attische Fuß = 29,60 cm ist, 177,60 m).

656 Vgl. die Zusammenstellung bei *Hitzig-Blümner* II 2 Taf. 6. Zum olympischen Hippodrom: Olympia I 78; *Boetticher*, Olympia 230 ff.; *Hitzig-Blümner* II 2, 643 ff.; *Gardiner*, Olympia 287 f.; *Münscher*, RE. VIII (1913) 1737 ff. – Eine für die Maße des Hippodroms von Olympia herangezogene metrologische Handschrift byzantinischer Zeit in der Bibliothek des Alten Serails von Konstantinopel (*Schöne*, JdI. 12, 1879, 152 ff.) ist wegen der starken Textverderbnis wertlos; vgl. *Hitzig-Blümner* II 2, 645; *Meyer*, Pausanias 635, Anm. 9 zu S. 334. Die Wiederherstellung des Textes ergibt phantastische Maße: eine Länge des Hippodroms von ca. 609 m, eine Breite von ca. 320 m und einen Umlauf von 1540 m.

657 Pindar Ol. III 33; VI 75.

658 OlBericht II 42 ff. Taf. 15. – Die letzten zwei »Zanes« in der Reihe wurden nach der 178. Olympiade aufgestellt (68 v. Chr.). Schließlich errichtete man noch in römischer Zeit zwei weitere (226. Olympiade = 125 n. Chr.), die jedoch beim Stadioneingang aufgestellt werden mußten, weil vor der Schatzhausterrasse kein Platz mehr war. Eine ausführliche Beschreibung mit allen historischen Einzelheiten gibt Pausanias V 21, 2–15. Vgl. unsere Abb. 64.

659 OlBericht II 28 ff. Taf. 9–14; *Schleif*, Die neuen Ausgrabungen in Olympia 9 f. Abb. 2 Taf. 4. Vgl. Olympia II 79 Taf. 59–61.

660 OlBericht II 38; *Schleif* a. O. 9.

661 *Wernicke*, JdI. 9, 1884, 127 ff.; *Gardiner*, Olympia 189 f.; vgl. OlBericht II 39. Pausanias spricht an der genannten Stelle von der »sogenannten Proedria«, ohne Erläuterungen zur Funktion des Gebäudes zu geben.

662 Olympia II 83 ff. Taf. 62–66. Reste der Inschrift mit dem Namen des Leonides wurden erst kurz vor dem Ende der alten Ausgrabung aus der späten Festungsmauer herausgezogen (Olympia V, Nr. 651); bis dahin sprach man vom »Südwestbau«; als »Leonidaion« galt zeitweise der »Südostbau«.

663 *A. Mallwitz* in: Olympia in der Antike, Ausstellungskatalog Essen 1960, 34. Die endgültige Veröffentlichung des Leonidaions steht noch aus. Vorberichte über die neuen Grabungen: OlBericht VI 4 f. Taf. 1; VII 2 ff. Abb. 1–2 Taf. 1. Den gegenüber älteren Plänen modifizierten Grundriß zeigt in schematischer Form der (seither mehrfach abgedruckte) Plan bei *Kunze*, Neue deutsche Ausgrabungen Beilage 1.

664 Die Datierung der Vorhalle ist unsicher, da von den Architekturgliedern nur eine Säulenbasis erhalten ist; *Dörpfeld* meint (Olympia II 79), sie könne »sehr wohl im 3. oder 2. Jahrhundert entstanden sein, ohne daß eine frühere oder spätere Zeit ausgeschlossen wäre«. Mir scheint, daß diese Baumaßnahmen sich am besten mit den umfangreichen Veränderungen im Süden der Altis um die Mitte des 4. Jahrhunderts in Zusammenhang bringen läßt. – Große Unsicherheit besteht hinsichtlich des quadratischen Raums zwischen den Buleuterien, der bald als Gebäude, bald als offener Hof rekonstruiert wird; vgl. Olympia II 79; *Gardiner*, Olympia 274; *Mallwitz*, Olympia in der Antike 35.

665 *Dörpfeld* a. O. 79; *Gardiner*, Olympia 273.

666 S. oben Anm. 243 zu S. 69. Im großen Übersichtsplan (Olympia Mappe, Blatt VI e) sind die beiden Fundamente mit den Buchstaben D und E bezeichnet; im Text dazu (Olympia I 78) heißt es lediglich, daß sie der griechischen Zeit angehören, in römischer Zeit mit dem Buleuterion zu einer einzigen Baugruppe vereinigt wurden und daß »nichts über ihre nähere Bestimmung« bekannt sei. Eine erneute Untersuchung dieser beiden Bauten wäre wünschenswert. – Die auf das Hippodameion zielende Vermutung von Mallwitz haben wir oben (Anm. 243) bereits erwähnt.

667 Paus. V 17,4. Genannt ist dort die Statue der Eurydike und, aus einer Textlücke zu erschließen, die der Olympias. Da der Text nicht intakt ist, wissen wir nicht, ob etwa auch die übrigen Goldelfenbeinstatuen des Philippeions, vielleicht aus Gründen der Sicherheit oder besseren Pflegemöglichkeit, in das Heraion überführt worden waren. – Ornamentierte Basis: OlForsch. I Taf. 17, 20. 21.

668 Die alte Publikation von *Adler*, Olympia II 128 ff. Taf. 79–82 ist überholt durch die Neubearbeitung von *Schleif* und *Zschietzschmann*, OlForsch. I (1944) 1 ff. Taf. 1–21. Die Rekonstruktion von *Schleif* (OlForsch. I, Atlas Taf. 1; Die neuen Ausgrabungen in Olympia Taf. 13; *Kunze*, Neue deutsche Ausgrabungen 296 Abb. 35) unterscheidet sich namentlich in der Dachform durch Wegfall des Tambours von den älteren Wiederherstellungsversuchen.

669 Olympia IV 10 f. Taf. 2; *Rodenwaldt-Hege* 53 f. Taf. 92–93; *Lippold*, Griech. Plastik 232 f. Taf. 77,4; *Lullies-Hirmer* Taf. 224/5; *G. M. A. Richter*, The Portraits of the Greeks (1965) II 245 f. Abb. 1675.

670 *E. Schmidt*, JdI. 49, 1934, 190 ff.; *L. Laurenzi*, Ritratti Greci (1941) Nr. 34; *F. Brommer*, RE. Suppl. VIII (1956) 705 f. s. v. Satyros Nr. 7 a.

671 Olympia III 208 f. Taf. 54, 3–4 (dort als

»jugendlicher Herakleskopf« veröffentlicht); *Boetticher*, Olympia 343 f. Taf. 16,2; *W. W. Hyde*, Olympic Victor Monuments (1921) 293 ff.; *Blanckenhagen*, Pantheon 31, 1943, 127 ff. Abb. 1–2; *Lippold*, Griech. Plastik 284 Anm. 10; *T. Dohrn* in: Antike Plastik VIII (1968) 44 Abb. 17–19. *Hyde* (a. O. 293 ff.) wollte diesen Kopf mit einer von Lysipp gearbeiteten Siegerstatue in Verbindung bringen, die Pausanias VI 2,1 erwähnt (der Name des Dargestellten, eines Pankratiasten aus der akarnanischen Stadt Stratos, ist im Text, wo nur der Vatersname Philandridas steht, ausgefallen; vgl. *Hitzig-Blümner* 534 f.; *Moretti*, Olympionikai 120 f. Nr. 416); auf dieses Lysippwerk – sicher eine Erzstatue – hatte übrigens Furtwängler einstmals den Bronzekopf Anm. 669 bezogen (Olympia IV 11).

672 Fouilles de Delphes IV (1927) 35 f. Taf. 63/64 *P. de la Coste-Messelière*, Delphes (1957) Taf. 182–185; *Lippold*, Griech. Plastik 287 Taf. 102,3; *T. Dohrn* in: Antike Plastik VIII (1968) Taf. 10–19.

673 Die Statuengruppe, zu der das Werk gehört, ist im Auftrag des thessalischen Dynasten Daochos aus Pharsalos nach 337 v. Chr. geschaffen und stellt ihn und seine Familienangehörigen und Ahnen dar. Agias war Urgroßvater des Daochos und siegte wahrscheinlich 484 v. Chr. in Olympia, außerdem dreimal in Delphi sowie je fünfmal in Nemea und auf dem Isthmos. Eine Bronzestatue des Agias von der Hand Lysipps stand in Pharsalos, wie die Inschrift der wiedergefundenen Statuenbasis beweist; sie dürfte das Vorbild der delphischen Marmorstatue gewesen sein: *E. Preuner*, Ein delphisches Weihgeschenk (1900); *Will*, BCH. 62, 1938, 303 f. und Anm. 1; *L. Moretti*, Iscrizioni agonistiche greche (1953) 68 ff. Nr. 29; *T. Dohrn*, in: Antike Plastik VIII (1968) 42 f. – Die Datierung ergibt sich daraus, daß Daochos 336–332 thessalischer Hieromnemon in Delphi gewesen ist; in diese Jahre muß die Errichtung des großen Familiendenkmals seiner Dynastie fallen.

674 Olympia III 194 ff. Taf. 49–53; *Rodenwaldt-Hege* 51 ff. Taf. 85–91; *Lippold*, Griech. Plastik 241 Taf. 84,2; *Lullies-Hirmer* Taf. 220–223.

675 Vgl. etwa *E. u. H. Lehmann*, Hellas, Tagebuch einer Reise (1929): »Unseren Vätern ein Abgott, und wir – stehen ein wenig verlegen ob der Glätte der Vollendung, ob der Makellosigkeit, die keinen Rest läßt, die das Ende ist und die doch irgendwie unbefriedigt läßt, wir wenden uns ab, anerkennend, aber ohne Wärme« (zitiert nach: Olympia in der Antike, Ausstellungskatalog Essen 1960, 13).

676 *G. Rodenwaldt*, ΘΕΟΙ ΡΕΙΑ ΖΩΟΝΤΕΣ. Ak. Abh. Berlin 1943 Nr. 13.

677 *Rodenwaldt* a. O. 21.

678 *Rodenwaldt* a. O. 14. Vgl. auch *Rodenwaldt-Hege* 51 f. Kongenialen Ausdruck in der deutschen Dichtung fand dieses Götterideal in »Hyperions Schicksalslied« von Hölderlin.

679 *C. Blümel*, Griechische Bildhauerarbeit (1927) 37 ff. Als Hauptgründe, die Gruppe für eine römische Kopie des 1. Jahrhunderts zu erklären, führt Blümel an: die Politur der Vorderseite; die unvollendete Rückseite (wo er außerdem Spuren von Werkzeugen feststellte, die im 4. Jh. angeblich noch nicht verwendet wurden); die Querstütze; die Oberflächenbehandlung des Baumstammes, der Haare und des Gewandes; die späte Basisform. Die These wirkte als Sensation; sie stieß vielfach auf leidenschaftliche Ablehnung (vgl. etwa *Richter*, AJA. 33, 1929, 334 f.; *Dies.*, AJA. 35, 1931, 277 ff.; *E. Schmidt*, Gnomon 7, 1931, 11 ff;. *G. E. Rizzo*, Prassitele (1932) 66 ff.; *Kreuzer*, JdI. 58, 1943, 133 ff.; *Schefold*, Pro Arte 4, 1945, 245 ff.); in den Darstellungen von *Buschor* (Die Plastik der Griechen (1936) 85 f.) und *Rodenwaldt* (Rodenwaldt-Hege 50 ff.) ist sie einfach ignoriert; ausgesprochene Zustimmung hat sie verhältnismäßig selten gefunden (*Delbrück*, JHS. 49, 1929, 281 f.; *L. Curtius*, Die Klassische Kunst Griechenlands (1938) 379, 406). Die Beobachtungen *Blümels* an der Statue sind an sich höchst aufschlußreich und verdienstvoll; eine andere Frage ist, inwieweit sie eine wissenschaftlich tragfähige Basis für derartig weitreichende Schlüsse bilden. Die Unfertigkeit der Rückseite beweist lediglich, daß der Hermes für eine Aufstellung bestimmt war, bei der er von hinten nicht sichtbar war, also z. B. vor der Rückwand eines kleinen Naiskos; daß dies auch in vorrömischer Zeit denkbar ist, kann nicht bestritten werden. Praxiteles war ein vielbeschäftigter Künstler und auf Arbeitsökonomie angewiesen. Bei der Neuaufstellung im Heraion erhielt der Hermes wiederum einen ähnlichen Platz (in einer Nische) und wurde folglich nur an den sichtbaren Stellen »aufpoliert«. Glättung ist auch für griechische Marmorstatuen bezeugt, in der am Hermes zu beobachtenden Form jedoch sicher erst kaiserzeitlich (antoninisch?). Damals erhielt die Figur auch eine neue Basis; vielleicht wurde auch der Baumstamm überarbeitet. Die Querstütze ist ein Problem und in der beim Hermes vorliegenden Form anscheinend tatsächlich bisher im 4. Jh. nicht nachzuweisen (das Beispiel der knidischen Aphrodite, das z. B. *E. Schmidt* a. O. 12 und *Ch. Blinkenberg*, Knidia (1933) 23 herangezogen haben, muß ausscheiden, da die Statue nur in Kopien überliefert ist und die Stelle, an der die Stütze ansetzt, nicht bei allen Repliken übereinstimmt). Aber wir müssen uns vor Augen halten, daß Praxiteles nach der antiken Überlieferung der größte griechische Marmorbildhauer gewesen ist; er hat gewiß manches Neue, Kühne, Ungewöhnliche gewagt, das erst spätere Zeiten wieder aufgenommen und nachgeahmt haben. Das gilt auch für die virtuose Oberflächenbehandlung des Mantels (hierzu, gegen Blümel: *V. Müller*, AJA. 35, 1931, 291 ff.) oder des Haars, die Blümel im 4. Jh. undenkbar scheint. Mit Recht sagt *K. Schefold:* »Eine gewisse Ähnlichkeit mit Marmorwerken um 100 v. Chr. erklärt sich m. E. daraus, daß sich die klassizistischen Meister an das Vorbild der raffiniertesten Marmortechnik anschlossen« (Orient, Hellas und Rom (1949) 126). Die raffinierteste Marmortechnik – sie müssen wir in der Tat bei einem Originalwerk des Praxiteles erwarten. Wir dürfen nicht vergessen, daß wir von Praxiteles sonst nur Kopien haben, die seinen Stil verfälschen, und daß überhaupt die Zahl der vergleichbaren Originale des 4. Jhs. gering ist. Eine römische Kopie, die mit dem Hermes des Praxiteles vergleichbar wäre, ist bisher nicht nachgewiesen worden. *Blümel* selbst hat daher schließlich seine These fallengelassen und durch eine andere ersetzt. In seinem Buch »Der Hermes eines Praxiteles« (1948) erklärte er den Hermes als »klassizistisches Original« eines hellenistischen Bildhauers des 2. Jhs., der zufällig auch Praxiteles hieß (ein Bildhauer dieses Namens ist tatsächlich auf zwei hellenistischen Basisfragmenten aus Pergamon nachweisbar, im übrigen jedoch völlig unbekannt). Diese sehr künstliche Konstruktion hat kaum einen Widerhall in der Forschung gefunden (zustimmend: *Gullini*, ArchClass. 2, 1950, 87 ff.; ablehnend: *Lippold*, Griech. Plastik 241 Anm. 6; *L. Alscher*, Griechische Plastik III (1956) 91).

680 So z. B. von *F. Muthmann* (Statuenstützen und dekoratives Beiwerk, Abh. Ak. Heidelberg 1950, 3, 33 ff.; *Carpenter*, AJA. 58, 1954, 1 ff.); *Lullies* (Lullies-Hirmer 75; Propyläen-Kunstgeschichte I (1967) 194, Text zu Taf. 115).

681 Daß das Heraion nicht der ursprüngliche Aufstellungsort des Hermes war, sagt auch Pausanias (V 17,3). – Dionysos genoß in der Stadt Elis besondere Verehrung; das Kultbild des Gottes in seinem dortigen Heiligtum stammte gleichfalls von Praxiteles (Paus. VI 16,1; *G. E. Rizzo*, Prassitele (1932) 78 ff.). – Etwas östlich von Olympia lag das von Pausanias VI 21,5 genannte Heiligtum des Dionysos Leukyanites (wohl bei dem heutigen Dorf Muria, etwa 8 km von Olympia entfernt). Doch gibt es gewiß viele andere Möglichkeiten; das Heiligtum, für welches der Hermes geschaffen wurde, braucht auch nicht in unmittelbarer Nähe Olympias gelegen zu haben. Vgl. *K. Kerenyi*, Dionysos am Alpheios, in: Gießener Hochschulblätter 6, 1959 Nr. 3.

682 Hom. Hymn. I 3 (ed. *Allen*). Auf diese Stelle verwies *W. Zschietzschmann* in: Gießener Hochschulblätter 6, 1958 Nr. 2; seine Schlußfolgerung, der Hermes sei daher doch für Olympia selbst gearbeitet und zwar für die Aufstellung im Heraion, ist allerdings völlig abwegig und steht übrigens auch im Widerspruch zu Pausanias (s. Anm. 681).

683 Olympia II 113 ff. Taf. 73–75; OlBericht IV 8 ff. Taf. 1–7; *Schleif*, Die neuen Ausgrabungen von Olympia 10 f. Abb. 3 Taf. 5. (OlBericht VII 12 ff. Abb. 6–7).

684 Dieser Torbau wurde erst bei der endgültigen Freilegung entdeckt: OlBericht IV 11 ff. Taf. 1–3; *Schleif* a. O. Taf. 5 oben. Es ist vermutet worden, daß das Propylon ursprünglich zu dem in hellenistischer Zeit umgebauten Prytaneion gehört hat (OlBericht IV 17 f.). Es ist erst einige Jahrzehnte nach Fertigstellung der Palästra angebaut worden.

685 Zur griechischen Palästra allgemein: *K. Schneider*, RE. XVIII 1 (1942) 2472 ff. *G. Carrettoni*, EAA. V (1963) 882 ff.; *B. Schröder*, Der Sport im Altertum (1927) 37 ff.; *E. N. Gardiner*, Athletics of the Ancient World (1930) 72 ff.; *J. Delorme*, Gymnasion. Études sur les monuments consacrés à l'éducation en Grèce (1960); *W. Zschietzschmann*, Wettkampf- und Übungsstätten in Griechenland II (1961).

686 Herodot berichtet (VI 126,3), daß der Tyrann Kleisthenes von Sikyon (der 576 oder 572 v. Chr. in Olympia mit dem Viergespann gesiegt hatte; vgl. *Moretti*, Olympionikai 70 Nr. 96) für die Freier seiner Tochter »eine Palästra und einen Dromos« eingerichtet habe. Auch die drei berühmten Athener Gymnasien – Akademie, Lykeion und Kynosarges – sind bereits im 6. Jh. gegründet worden. Daß die solonische Gesetzgebung sich schon mit ihnen befaßte, geht aus Aischines I 10 hervor. Die Akademie erhielt in peisistraischer Zeit eine Umfassungsmauer (Suidas s. v. τὸ Ἱππάρχου τειχίον). In das 5. Jh. wird das von Pausanias sehr eingehend beschriebene »alte Gymnasium« der 471 v. Chr. gegründeten Stadt Elis gehören (Paus. VI 23, 1–7).

687 So nennt z. B. Vitruv (V 11) die gesamte Anlage einschließlich des Gymnasiums *Palästra*, während umgekehrt in Pergamon die Palästren *Gymnasien* heißen. Daß der Sprachgebrauch schwankend war, zeigt auch unser Pausaniastext: V 15, 8 heißt es, daß »in den *Gymnasien* (von Olympia) die Laufbahnen und die *Palästren* liegen«; VI 21, 2 hingegen sind »Gymnasium« und »Palästra« genau abgegrenzt.

688 Zur Akademie zuletzt: *J. Travlos*, Bildlexikon zur Topographie des antiken Athen (1971) 42 ff. mit der älteren Literatur; das Gymnasium: ebd. Abb. 59 bis 61. – Lykeion: ebd. 345.

689 Gut vergleichbar ist die Palästra (»unteres Gymnasium«) von Priene: *Krischen*, JdI. 38/39, 1923/24 133 ff.; *M. Schede*, Die Ruinen von Priene[2] (1964) 81 ff. Abb. 95.

690 OlBericht IV 8 f. Abb. 2 u. 3.

691 Olympia II 115.

692 Vitruv I 11,2. Dies bezieht sich natürlich auf die »Normal-Palästra«, die Vitruv in seinem Architekturbuch beschreibt.

693 OlBericht VII 12 ff. Abb. 6–7. Schon die alte Grabung hatte einen Teil der Säulen provisorisch aufgerichtet, doch waren diese bei späteren Erdbeben wieder eingestürzt.

694 Olympia II 121 ff. Taf. 76–77 (Römisches Eingangstor); 127 f. Taf. 78 (Gymnasium); *Schleif* in: Dörpfeld, AO. I 269 ff. Abb. 76.

695 Zur Nordhalle: *Schleif* a. O. 270 f.; aus der im Kladeosabbruch gefundenen ionischen Basis schließt Schleif, daß die Nordhalle eine innere ionische Säulenstellung hatte. – Die Existenz einer Westhalle läßt sich – vorausgesetzt, daß jenseits des heutigen Kladeosbettes tatsächlich keine Reste mehr vorhanden sind – erst dann beweisen, wenn sich bei einer vollständigen Ausgrabung der Osthalle herausstellt, daß dort die von Pausanias erwähnten Athletenwohnungen nicht liegen. Die Rekonstruktion von *Schleif* a. O. Abb. 76 ist auf jeden Fall falsch, da die Athletenwohnungen an die geschlossene Rückwand der Halle angebaut und nach Westen geöffnet waren, wie der Pausaniastext klar sagt. – Zur Südhalle des Gymnasiums: *Schleif* a. O. 269, 272. Die Breite der Halle ist dort mit 300 Fuß (96 m) angenommen.

696 Zur Zweckbestimmung der Osthalle: Olympia II 128. Spuren der Start- und Zielschwellen wurden noch bei der Ausgrabung festgestellt. Die Bemerkung von *Schleif*, im Gymnasium von Olympia fehle der »*Xystos*« (a. O. 273), ist mir unverständlich. – Verglichen mit dem etwa gleichzeitig entstandenen, über drei Terrassen sich aufbauenden Gymnasium von Pergamon (*A. Schazmann*, Die Altertümer von Pergamon VI: Das Gymnasium 1923; *E. N. Gardiner*, Athletics of the Ancient World (1930) 80 Abb. 43) ist das Gymnasium von Olympia eine relativ einfache Anlage. Das Gymnasium von Delphi, das als ältestes erhaltenes Beispiel (4. Jh.) wichtig ist, hat wegen der Hanglage nur eine Säulenhalle (*J. Jannoray*, Fouilles de Delphes II 3,1: Le gymnase [1953]; *Gardiner* a. O. 76 Abb. 39). – Zum Gymnasium allgemein: *J. Delorme*, Gymnasion (1960); *Ders.* EAA. III (1960) 889 ff.; *W. Zschietzschmann*, Wettkampf- und Übungsstätten II (1961).

697 OlBericht IV ff. Abb. 23–24, Taf. 16 bis 18; *Schleif*, Die neuen Ausgrabungen in Olympia 13 f. Taf. 2; *Kunze*, Neue deutsche Ausgrabungen 273.

698 OlBericht IV 51 ff. Abb. 25–26, Taf. 19 bis 20; *Schleif* a. O. 15 ff. Taf. 2; *Kunze* a. O. 273.

699 Älter ist die Anlage von Gortyn in Arkadien (3. Jh. v. Chr.), die zwar Fußbodenheizung, aber noch nicht das reguläre Hypokaustensystem hat, wie wir es von den römischen Thermen kennen: *R. Ginouvès*, L'établissement thermal de Gortys d'Arcadie (1957); *Ders.*, Balaneutiké (1962) 206 ff. Abb. 126, 153–155.

700 OlBericht IV 44.

701 *Mallwitz*, OlForsch. V 104 f. Art und Zeitpunkt der hellenistischen Umbauten und Erweiterungen im Gebiet der Phidiaswerkstatt verdeutlichen die Pläne ebd. Taf. 10–11. Die Baugeschichte des »Theokoleons« ist freilich im einzelnen noch nicht endgültig geklärt. Die Untersuchungen im Zusammenhang mit der Ausgrabung der Phidiaswerkstatt haben hier vorerst nur neue Ansätze geliefert.

702 *A. Schwarzstein*, Eine Gebäudegruppe in Olympia (1909). Dort ist auch zum ersten Mal das »Heroon« als Schwitzbad erklärt.

703 OlBericht II 62 ff. Taf. 18 u. 19; V 32 ff. Abb. 12–15; VIII 53 ff. Abb. 22 Taf. 10. An der Nordwand des Durchgangs sind die zwei Hauptphasen des Bauvorgangs (als Folge eines Einsturzes) noch deutlich ablesbar. Im Winter 1969/70 wiederholte sich dieses Mißgeschick noch einmal: die Südwand des überwölbten Stadioneingangs stürzte nach heftigen Regengüssen, die sie hinterspült hatten, ein (AJA. 75, 1971, 307 Taf. 77 Abb. 27). Die bei der Wiederherstellung gemachten Beobachtungen haben das Urteil über diese vielerörterte Anlage nochmals modifiziert. Der Veröffentlichung der Ergebnisse soll hier nicht vorgegriffen werden. Herrn Dipl.-Ing. *Klaus Herrmann* verdanke ich wertvolle mündliche Informationen über die Problematik und seine eigene Deutung des Befundes. – Mit der von *Mallwitz* OlBericht VIII 60 f. vorgeschlagenen Datierung in die frühe Kaiserzeit dürfte noch nicht das letzte Wort gesprochen sein. Ich halte die Anlage nach wie vor für hellenistisch.

704 Paus. VI 11,1.

705 Paus. VI 16,2.

706 Paus. VI 16,3.

707 Paus. VI 15,7. Pausanias hielt den hier Dargestellten irrtümlicherweise für Antigonos II., den Sohn des Demetrios Poliorketes (vgl. *Hitzig-Blümner* II 2, 610). Von den Basen der beiden Statuen haben sich Inschriftfragmente gefunden: Olympia V Nr. 304, 305.

708 Olympia V 425 ff. Nr. 293 ff. Von den Statuen selbst fanden sich nur verstreute Bruchstücke ohne Zusammenhang.

709 Wie sich in den Ehrendenkmälern Olympias die wechselvolle Geschichte der hellenistischen Zeit widerspiegelt, hat *Ernst Curtius* in seinem »Entwurf einer Geschichte Olympias« in großen Zügen dargelegt (Olympia I 55).

710 *H. Siedentopf*, Das hellenistische Reiterdenkmal (1968) 89 ff. (Katalog); zu den Aufstellungsorten: ebd. 34 ff. Abb. 2, 6, 8; zur Form der Basen und der Frage der Rekonstruktion verschiedener Reiterstandbilder auf Grund der Einlassungsspuren: 52 ff.

711 Das Monument, das in der alten Grabungspublikation nur ganz summarisch behandelt ist (Olympia II 141 f. Taf. 89), hat soeben eine Neubearbeitung erfahren: *W. Hoepfner*, Zwei Ptolemäerbauten, Das Ptolemäerweihgeschenk in Olympia und ein Bauvorhaben in Alexandria, AM. 1. Beiheft (1971) 11 ff. Taf. 1–12 Beil. 2–21. Das Fundament hat bei einer Länge von 20,08 m eine Breite von 4,08 m; die Gesamthöhe ohne Statuen ist 10,42 m. Eine perspektivische Rekonstruktion des Monuments gibt *Hoepfner* auf Beil. 21. Die merkwürdige Form des Denkmals mit dem langgestreckten Unterbau und den weit auseinanderstehenden Säulen erklärt der Verfasser damit, »daß der Architekt das ptolemäische Herrscherpaar in einer Weise ehren wollte, die an seine ägyptische Heimat erinnert: die beiden aufragenden Säulen gleichen in ihrer Stellung ägyptischen Obelisken, die, in weitem Abstand paarweise auf-

gestellt, das Jubiläum der Pharaonen anzeigten« (a. O. 47).

712 Olympia V Nr. 306, 307.

713 Zur Person des Stifters: Olympia V 431 f.; zur Datierung: *Hoepfner* a. O. 52 f.

714 Paus. V 10,5. Nach den Befestigungsspuren waren 10 der Schilde auf den Metopen der Nordseite und 11 auf denen der Südseite angebracht.

715 Olympia V Nr. 278–281; *H. Siedentopf* Das hellenistische Reiterdenkmal (1968) 103 Nr. 49.

716 Olympia V Nr. 319; *Siedentopf* a. O. 102 Nr. 48. Die rechteckige Basis (0,96:0,825 m) trug außer dem sich aufbäumenden Pferd mit Reiter nach *Siedentopfs* Vermutung noch einen laufenden Pferdeführer.

717 Olympia II 159 Taf. 94 Nr. 19; Olympia V Nr. 320–324 (Inschriftfragmente). Nach den Schriftformen scheint das Mummius-Monument bereits dem Beginn der Kaiserzeit anzugehören. Von der Basis ist nur der in römischer Weise gemauerte Kern erhalten, der einst mit Steinplatten verkleidet war.

718 Plutarch, Sulla 12; Appian, Bell. Mithr. 54. – Übrigens war Sulla nicht der erste, der Hand an die Tempelschätze Olympias legte. 312 v. Chr. plünderten Telesphoros, ein von Antigonos I. abgefallener Admiral, der sich mit Elis als Mittelpunkt eine eigene Herrschaft errichten wollte, das Heiligtum und brachte mehr als 50 Silbertalente zusammen, um ein Söldnerheer damit zu bezahlen. Ptolemaios I. zog gegen ihn, befreite Elis und erstattete der Heiligtumsverwaltung die geraubte Summe zurück (Olympia I 53). Vielleicht hängt damit die Errichtung der Ehrenstatue für ihn in der Altis zusammen.

719 Appian, Bell. civ. I 99. S. oben S. 14 mit Anm. 18.

720 *H. Bengtson*, Die Olympischen Spiele in der Antike (1971) 86.

721 *Gardiner*, Olympia 152.

722 Olympia V 699; ein gutes Beispiel ist ebd. Nr. 198–204. Vgl. *Gardiner*, Olympia 154 f.

723 Josephus, ant. XVI 5,3; Ders., bell. Iud. I 21,12.

724 *Dittenberger*, Olympia V 697 ff.; *Willemsen*, OlForsch. IV 88. Allgemein rechnet man mit einem Erdbeben um 40 v. Chr. Der Blitzschlag, der 56 v. Chr. das Kultbild traf (Eusebius, Praep.evang. IV 2,8), dürfte kaum so erhebliche Schäden am Dach verursacht haben, wie sie aus dem archäologischen Befund zu erschließen sind.

725 Dies zeigt sich am deutlichsten im unversöhnlichen Verhältnis des Augustus zu Athen; vgl. *H. Bengtson*, Griechische Geschichte[2] (HdA.) (1960) 512.

726 Basis vor der Ostfront des Tempels: Olympia V Nr. 367 (Stiftung des Achäischen Bundes). Ein Elektronbildnis des Augustus im Zeustempel wird von Pausanias erwähnt (s. Anm. 738). Die Inschrift am »umfunktionierten« Metroon gilt dem Augustus: unten Anm. 731; Reste der Kultstatue erkannte *Treu* in den überlebensgroßen Fragmenten Olympia III Taf. 58,2 und Text 232 ff. Abb. 258 f. (s. unten Anm. 732).

727 Olympia V Nr. 193. Der Umfang der damals erfolgten Instandsetzungsarbeiten läßt sich aus der Zahl der ersetzten Löwenkopfwasserspeier ermessen: es war die größte nachweisbare Reparatur am Dach des Zeustempels: *Willemsen*, OlForsch. IV 74 ff. (E 3). – Zur Datierung der Ersatzfiguren des Westgiebels (oben S. 134): *Willemsen* a. O. 90.

728 Olympia V Nr. 220; *Moretti*, Olympionikai 153 Nr. 738 vermutet die 194. Olympiade (4. v. Chr.).

729 Olympia V Nr. 221; *Moretti*, Olympionikai 154 Nr. 750.

730 OlBericht II 17 f. Taf. 1, 5, 6, 7; V 31; *Kunze*, Neue deutsche Ausgrabungen 266. Der Grabungsbefund erlaubte keine präzise Datierung (OlBericht II 18). *Mallwitz* (OlBericht VIII 34 mit Anm. 31) erwägt hellenistische Entstehung für Stadion IV und die Vergrößerung der Kampfrichtertribüne. Zur Kampfrichtertribüne: OlBericht III 14 f. Taf. 4.

731 Olympia V Nr. 366. – Zur Erneuerung des Metroons: Olympia II 38 f., 40. *Boetticher* spricht von einem »rohen Umbau, welcher mehr zerstörte als erhielt« (Olympia 400); ob dieses Urteil berechtigt ist, sei dahingestellt.

732 *Treu*, Olympia III 232 ff. Taf. 58,2 und Abb. 259 (Torso), Abb. 258 (Reste des Unterteils); *H. G. Niemeyer*, Studien zur statuarischen Darstellung der römischen Kaiser (1968) 108 Nr. 97 Taf. 32 (wo jedoch nur der Torso erwähnt ist). Die Deutung der Reste durch *Treu* ist überzeugend und hat, soviel ich sehe, keinen Widerspruch gefunden. Wiederherstellungsskizze: Olympia III 232 Abb. 257.

733 *Treu*, Olympia III 244 f. Taf. 60,1; *G. Lippold*, Kopien und Umbildungen (1923) 187; *E. Buschor*, Vom Sinn der griechischen Standbilder (1942) 52 Abb. 27; *G. Hafner*, Späthellenistische Bildnisplastik (1954) 84 A 43; *Niemeyer* a. O. 107 Nr. 96 Taf. 34,2. – Zum Attribut in der rechten Hand (Erdkugel mit Nike?): *Treu* a. O. 244.

734 Vorbild ist, wie *Treu* schon erkannte, ein der Statue aus Lanuvium im Vatikan zugrundeliegender Prototypus; beide Werke sind Repliken (*Lippold*, Skulpturen d. Vatican. Museums III 1, 137 ff. Nr. 550 Taf. 40–42; *Niemeyer* a. O. Nr. 95 Taf. 34,1). Ein Vergleich der beiden Statuen ist sehr aufschlußreich, weil er die Besonderheiten des griechischen Werks hervortreten läßt, das eine beschwingtere innere Beweglichkeit besitzt, wärmer, lebendiger wirkt als die Vatikan-Statue, die nach allgemeinem Urteil direkt auf ein stadtrömisches Vorbild zurückgeht und ganz akademisch-klassizistisch gearbeitet ist. Beim Porträtkopf ersetzt das griechische Werk den nüchternen Realismus des italisch-römischen durch ein spezifisches »Pathos«, das noch Nachklang des späten Hellenismus ist. Die einseitige Bevorzugung der Vatikan-Statue durch *Pfuhl* (RE. VII 2620 s. v. Hegias) hat *Lippold* korrigiert (Kopien und Umbildungen 187). Die beiden Werke unterscheiden sich überhaupt nicht in der Qualität, sondern durch ihre Wesensverschiedenheit. – Zur Bedeutung der Kaiserstatue für den römischen Herrscherkult vgl. *S. Eitrem*, Symbolae Osloenses 15/16, 1936, 111 ff.; *Niemeyer* a. O. 22 ff.

735 *Treu*, Olympia III 245 f. Taf. 60,2; *Vermeule*, Berytus 13, 1959, 45 Nr. 86 Taf. 8,26; *G. Daltrop – U. Hausmann – M. Wegner*, Die Flavier (1966) 27 f. 90 Taf. 22 d; *Niemeyer* a. O. 94 Nr. 43 Taf. 13.

736 *Treu*, Olympia III 246 f. Abb. 283 Taf. 60,3; *Vermeule* a. O. 58 Nr. 204 (mit falscher Datierung) Taf. 17,51; *Daltrop-Hausmann-Wegner* a. O. 103 f. (mit Zweifel an der Benennung); *Niemeyer* a. O. 94 Nr. 42 (»Vespasian?«).

737 *Treu*. Olympia III 255 ff. Taf. 63,1–3. Die von *Treu* vorgeschlagenen Benennungen sind unsicher.

738 Pausanias erwähnt V 12,6–7 eine Elektronstatue des Augustus (was immer auch das gewesen sein mag – Bernstein oder Gold-Silber-Legierung?) sowie Porträtstatuen Hadrians und Trajans.

739 Statue einer Kaiserin (Poppaea Sabina?): Olympia III 259 Taf. 63,6 und 64,2–3. Die Vermutung *Treus*, neben der kaiserlichen Frau habe eine Statue Neros gestanden, scheint mir unwahrscheinlich.

740 Paus. VI 19,10.

741 Dies geht aus den Basen und Basisfragmenten mit Inschriften hervor, s. Olympia V 478 ff. Nr. 365–395, 775 Nr. 914; vgl. auch den Index ebd. 841 f.

742 Dio Cassius LIX, 3–4; Josephus, ant.Iud. XIX 8–10; Sueton, Cal. 57,1. Der Zeus des Phidias sollte, nach Auswechslung des Kopfes gegen ein Porträt des Caligula, auf dem Kapitol aufgestellt werden (Sueton, Cal. 22,2). Ein entsprechender Befehl erging 40 n. Chr. an den Statthalter P. Memmius Regulus, einen bei den Griechen hochangesehenen und von ihnen mit zahllosen Ehrungen bedachten Mann (dem übrigens auch in Olympia eine Statue errichtet war: Olympia V Nr. 337). Ob die übereinstimmend berichteten Wunderzeichen nur vorgeschützt waren, sei dahingestellt; jedenfalls kamen sie dem Statthalter sehr zupaß, der den Mut hatte, dem Kaiser in einem Schreiben mitzuteilen, seine Anordnung sei nicht ausführbar, wobei er sich auch auf das Urteil von Sachverständigen berief, die erklärt hatten, die Statue werde den Transport nicht überstehen (Josephus, ant.Iud. XIX 8). Angeblich »hätte ihm dieses Verhalten das Leben gekostet, wenn nicht die Welt inzwischen von Caligula befreit worden wäre« (Josephus XIX 10). Bei Sueton wird das Lachen der olympischen Zeusstatue unter den Vorzeichen aufgezählt, die auf Caligulas bevorstehende Ermordung deuten (Cal. 57,1).

743 Über den sog. Südostbau: Olympia II 74 ff. Abb. 36 Taf. 62. Die Bestimmung der Nero-Villa ist gesichert durch Stempel mit der Aufschrift NERONIS AUG auf den Bleiröhren der Wasserleitungen des Hauses (Olympia I 778 Nr. 915). –

Die Behauptung von *E. Curtius*, das Gebäude sei, wie die Überreste zeigten, »in großer Hast ausgeführt worden« (Olympia I 60), entspricht nicht den Tatsachen.

744 Das Fundament des Triumphbogens ist auf dem Gesamtplan Mappe Bl. VI f. eingezeichnet. Vom Oberbau hat sich nichts gefunden außer einigen marmornen Verkleidungsplatten, deren Zugehörigkeit nicht sicher ist. Zweifel daran, daß der Bogen überhaupt je über die Fundamente hinaus gediehen war (vgl. *Mallwitz*, in: Olympia in der Antike, Ausst.-Kat. Essen 1960, 35) entbehren meines Erachtens der Begründung. Wahrscheinlich wurde der Ehrenbogen anläßlich der »damnatio memoriae« nach dem Tode Neros wieder abgerissen. Bei Pausanias ist er nicht erwähnt. – Das Verhältnis dieses Triumphtors zu der römischen Südaltismauer hat *Dörpfeld* veranlaßt, die Erweiterung der Altis im Süden und Westen durch die neuen Begrenzungsmauern in die Zeit Neros zu datieren (AM. 13, 1888, 327 ff.; Olympia I 70, 71; II 61 f.). Ob dies für die Gesamtanlage des Heiligtums nicht unwichtige Änderung tatsächlich damals oder zu einem anderen Zeitpunkt erfolgt ist, müßte freilich noch einmal überprüft werden.

745 Sueton, Nero 24,2.

746 Dio Cassius LXIII 14; Sueton, Nero 24,2.

747 Dio Cassius beziffert die Zahl der Siegeskränze, die Nero in Griechenland und bei seinen sonstigen Auftritten insgesamt gewann, auf 1808 (LXIII 20). Vgl. Sueton, Nero 25,1–2.

748 Sueton, Nero 24,1. Man braucht dieser Nachricht wohl keine große Bedeutung zuzumessen, zumal Nero schon ein Jahr nach seiner Griechenlandreise vom Tod ereilt wurde.

749 *Dörpfeld*, AM. 13, 1888, 332; Olympia II 61.

750 So der Odysseus des großen Achäer-Weihgeschenks (s. oben S. 125): Paus. V 15,8 und mehrere Statuen des Mikytos-Anathems: Paus. V 26,3. Für die Siegerstatue des Pythokles, ein Werk Polyklets, ist der Raub aus dem Befund der Basis erschlossen worden: Olympia V 284 zu Nr. 163 . – Aus Delphi soll Nero 500 Bronzestatuen entführt haben: Paus. X 7,1; vgl. Dion Chrys. XXXI 148.

751 So heißt es in der Inschrift zu Ehren des Pankratiasten Ti. Claudius Rufus, daß sein Kampf von einer Zuschauermenge »aus der ganzen οἰκουμένη« verfolgt wurde (Olympia V Nr. 54). Dem L. Ventulus Laetus errichtete »die Gesamtheit der aus der ganzen οἰκουμένη zusammengekommenen Athleten« eine Statue (Olympia V Nr. 436).

752 Diese und die folgenden Zahlenangaben lassen sich mit Hilfe der Indizes bei *Moretti*, Olympionikai 196 ff. und 186 ff. ermitteln.

753 So etwa Olympia V Nr. 54, 55, 225; OlBericht VII 218 ff. Schon in späthellenistischer Zeit wuchs die Zahl der lokalen Agone so an, daß das »Pensum« eines erfolgreichen Berufsathleten enorm war.

754 So war der Periodonike Leon seiner Siegerinschrift zufolge (*Habicht*, OlBericht VII 218 ff.) im 2. Jh. v. Chr. nicht nur bei den Olympien, Pythien, Isthmien und Nemeen siegreich, sondern außerdem bei den Heraia in Argos, den Hyakinthotrophia in Knidos, den Theophaneia auf Chios, den Dieia in Tralles, den Romaia des Lykischen Bundes und weiteren Wettkämpfen, die auf der Inschrift nicht mehr lesbar sind. Ein Faustkämpfer des 2. Jhs. n. Chr. aus Sinope, M. Iustius Marcianus Rufus, siegte laut Inschrift der in seiner Heimatstadt aufgestellten Statue außer in Olympia, Delphi, Nemea und auf dem Isthmos bei den Kapitolinischen Spielen in Rom, den Sebasta in Neapel, ferner in Antiochien, Nikomedien, Smyrna, Pergamon, Ephesos, Argos, Sardes, Philadelphia, Tralles, Laodikeia, Thyiateira, Mytilene, Nikaia, bei Spielen in Pontos, Galatien, Makedonien, Bithynien und Kappadokien; insgesamt verzeichnet die Inschrift nicht weniger als 150 Siege – eine Leistung, die wohl auch von heutigen Spitzenathleten kaum überboten werden dürfte (*L. Moretti*, Iscrizioni agonistiche greche [1953] Nr. 69).

755 Vgl. die Ehrung des Atheners Glaukos für den Gesangsvortrag eines »olympischen Hymnos« (Olympia V Nr. 457, 2. Jh. n. Chr.) und das ähnliche Ehrendenkmal, das die »Pisaten« (sprich: Eleer) dem Sänger Spercheios setzten (Olympia V Nr. 482, 233 n. Chr.).

756 Das Personal wurde verdoppelt: bis 180 n. Chr. verzeichnen die Beamtenlisten zwei Seher, von da an vier: Olympia V 140.

757 Paus. V 14,4–15,12.

758 S. 13 und Anm. 14. Phlegon hatte die Olympionikenliste bis zum Jahr 137 geführt; Africanus vervollständigte sie bis 217.

759 Entscheidend für die Datierung ist die Bemerkung am Anfang des V. Buches, daß die römische Neugründung Korinths (44 v. Chr.) »jetzt 217 Jahre zurückliege« (V 1,2); daraus ergibt sich das Jahr 173 n. Chr. als Jahr der Abfassung von Buch V. Das letzte von Pausanias erwähnte historische Ereignis fällt in das Jahr 176 n. Chr. (Einfall der Kostoboken: X 34,5). Vgl. *C. Robert*, Pausanias als Schriftsteller (1909) 217, 266.

760 Es ist die XII. Rede (*»Olympiakos Logos«*: vgl. oben S. 148); sie wurde 97 n. Chr. in Olympia gehalten.

761 Dion Chrys. Orat. XII 74; vgl. ebd. 77.

762 Lukian, De morte Peregrini.

763 S. 12 f. und 18.

764 Epiktet, Dissert. I 6, 23.

765 S. 37.

766 Olympia V Nr. 240, 241. Hierzu *Bengtson*, Die Olymp. Spiele 92.

767 *Gardiner*, Olympia 172.

768 Olympia II 89 ff. Taf. 63.

769 Der komplizierte Grabungsbefund, der eine Überprüfung notwendig erscheinen läßt, erschwert bei beiden Anlagen eine gesicherte Rekonstruktion der endgültigen Gestalt. S. einstweilen: Olympia II 111 fl.; 60 f. – Für das Prytaneion sind die in unseren Plänen Abb. 111, 115, 123 und 129 gegebenen Grundrisse nur als Vorschläge anzusehen; ihre Gestalt ist durchaus hypothetisch.

770 Die »Kladeosthermen« wurden schon von den ersten Ausgräbern entdeckt, aber nur unvollständig freigelegt (Olympia II 139 f. Taf. 87). Endgültige Publikation: OlBericht IV 57 ff. Abb. 27–35 Taf. 11,22 bis 31. Nach dem Grabungsbefund ist der Bau in trajanische Zeit, um 100 n. Chr., zu datieren: a. O. 93 ff. Vgl. auch *Schleif*, Die neuen Ausgrabungen in Olympia 19 f. Taf. 11.

771 Die Veröffentlichung steht noch aus. Vorberichte: ArchDelt. 18, 1963, Chron. 107 Taf. 142 c., 147 b; 19, 1964, Chron. 165 Taf. 166. In der alten Grabungspublikation sind die damals festgestellten Reste nur im großen Gesamtplan eingetragen (Mappe Blatt VI f), aber nicht beschrieben. Der Grundriß auf unserer Abb. 129 ist unvollständig; der endgültigen Publikation sollte hier nicht vorgegriffen werden.

772 Olympia II 181 f. Abb. a, Taf. 106/7. – Der Bau ist im großen Übersichtsplan Mappe Bl. VI a und VI b sowie Bl. IV eingezeichnet, soweit er untersucht worden ist, aber nicht im Text behandelt.

773 OlBericht VI 5; VII 4.

774 OlBericht VI 30 ff. Abb. 14–18 Taf. 2,6–10.

775 OlBericht II 18 f., 26 Taf. 1, 2, 5, 6, 7; III 15 f. Taf. 4 (die Kampfrichtertribüne wurde später nochmals vergrößert; sie bot gewiß in der Kaiserzeit neben den Kampfrichtern einer ständig wachsenden Zahl von Ehrengästen Platz – wo anders hätten diese sonst sitzen sollen?). In die Mitte des 2. Jhs. gehört auch der Altar der Demeter Chamyne in seiner letzten Gestalt: OlBericht VIII 69 ff. Taf. 11–15; vgl. ebd. 35.

776 Die ältere Wiederherstellung von *F. Adler* (Olympia II Taf. 84,85) ist überholt durch die Neubearbeitung des Monuments von *H. Schleif* und *H. Weber*: OlForsch. I 53 ff. (Rekonstruktion: ebd. Taf. 36, 37; Schleif, Die neuen Ausgrabungen in Olympia Taf. 12 oben). Zur Datierung zuletzt *Weber*, OlBericht V 142 Anm. 60 (die Selbstverbrennung des Peregrinus ist jedoch nicht sicher auf 157 n. Chr. zu datieren!). – Nach Art antiker Brunnenhäuser bildet das Herodes-Atticus-Nymphäum das Endstück einer Wasserleitung: aus der Brunnenkammer strömte das Wasser in ein oberes Klärbecken, von dort in ein unteres Bassin und schließlich durch 83 Mündungen nach außen (vgl. den Schnitt OlForsch. I Taf. 37). Das Wasser wurde durch eine kilometerlange Rohrleitung aus den Bergen herangeführt; vgl. OlBericht I 12 ff. (*v. Gerkan*). – Verteilung der Statuen: OlForsch. I 54 ff. Taf. 35. Die Inschriften: Olympia V 612–6288. Die Statuen: Olympia III 260 ff. Taf. 65–69; OlForsch. I Taf. 23–26. – Zu Herodes Atticus (101/2–177/8 n. Chr.), seinen Stiftungen und seiner philosophisch-schriftstellerischen Betätigung (die in den Bereich der sog. 2. Sophistik gehört): RE. VIII (1913) 921 ff. (*Münscher*); *P. Graindor*, Un milliardaire an-

tique, Hérode Atticus et sa famille (1930); *Neugebauer*, Antike 10, 1934, 92 ff. Zum Bildnis des Herodes Atticus: *Weber*, AA. 1960, 16 ff.

777 Der kleine Kultbau der Aphrodite Urania (Olympia II Taf. 83; OlForsch. I 65 Abb. 10 Taf. 33; AM. 77, 1962, 7 ff. Abb. 1) sowie ein Rest, der vielleicht zu einem weiteren Tempelchen dieser Art gehört, im Inneren der Exedra (OlForsch. I 65 Abb. 10, 80 f. Abb. 18); s. S. 31, Abb. 64. Bei *Dörpfelds* »archaischem Brunnenhaus« und der »Naturquelle am Kronion« (AO. 103 ff.) handelt es sich um Phantasiegebilde (s. OlBericht I 12).

778 Paus. VI 21,1. In Athen ist das von Herodes Atticus gestiftete Stadion erwähnt (I 19,6); das Odeion des Herodes wird eigens als Nachtrag im VII. Buch verzeichnet, mit der Bemerkung, daß es zur Zeit der Abfassung der Beschreibung Athens (Buch I) noch nicht existierte (VII 206). – Zu den beiden Anlagen jetzt *J. Travlos*, Bildlexikon zur Topographie des antiken Athen (1971) 498 ff. (dort zu weiteren Bauten des Herodes Atticus) und 378 ff.

779 Die Stelle findet sich in der oben erwähnten Schrift Lukians über den Tod des kynischen Wanderpredigers Peregrinus. Dieser habe, heißt es dort, in seinen Reden in Olympia unter anderem auch Kritik an der Stiftung des Herodes Atticus geübt: »Diese Wohltat machte Peregrinus ihm zum Vorwurf, als ob er die Griechen dadurch verweichlicht habe. Es gehöre sich, sagte er, daß Zuschauer der Olympischen Spiele Durst ertragen könnten« (de morte Peregrini 19). Für Lukian ist die Wiedergabe dieser Äußerung nur ein willkommenes Mittel, den philosophischen Sonderling lächerlich zu machen. Seine Argumentation muß hier als Verstiegenheit, als atavistische Verherrlichung eines nicht mehr zeitgemäßen Ideals erscheinen (»gelobt sei, was hart macht«); und die geschilderte Reaktion darauf ist dementsprechend: Peregrinus läuft Gefahr, von der Menge verprügelt zu werden und kann sich nur durch schleunigste Flucht retten. Für uns ist die Stelle insofern interessant, als sie zeigt, daß die neuerrichtete Anlage Diskussionsstoff geliefert hat und offensichtlich Gegenstand der Kritik von konservativer Seite gewesen ist, die hier ironisiert wird, wobei Lukian natürlich die Mehrheit der Leser auf seiner Seite wußte. Sicher ist dieser Zug der Geschichte historisch und nicht von Lukian erfunden, da der Witz dann nicht »angekommen« wäre. – Daß das Schweigen des Pausanias über das Herodes-Atticus-Nymphäum seine Gründe hat, halte ich für sicher; die Erklärung, er habe »die Einheitlichkeit des Schatzhäuser-Komplexes nicht störend unterbrechen wollen« (*O. Regenbogen*, RE. Suppl. VIII [1956] 1031), kann ich nicht für stichhaltig ansehen. Richtig scheint mir vielmehr *Norman Gardiner* zu urteilen (Olympia 173).

780 *Weber*, OlBericht V 128 ff. Taf. 76 79; *Ch. Clairmont*, Die Bildnisse des Antinous (1960) 13 Anm. 5, 34 Taf. 36.

781 *Weber* a. O. 141. Die Lasche war wohl in Bronze angesetzt. – Der Jüngling stützt sich auf den typischen Palästrapfeiler, ebenso wie sein nacktes Gegenstück Olympia III Taf. 56,5, das in der Nähe gefunden und zunächst falsch ergänzt wurde (*Treu*, Olympia III 218 ff. Abb. 244; richtige Ergänzung mit Pfeiler: *Weber* a. O. 138 f. Abb. 56, 57; es handelt sich auch bei dieser Statue nicht um ein Antinousporträt). Die beiden Bildwerke sind wohl als Pendants gearbeitet und waren als solche in der Palästra aufgestellt. Vielleicht sind es Angehörige vornehmer elischer Familien. – Die spezifisch »griechischen« Eigentümlichkeiten dieses und verwandter kaiserzeitlicher Werke im Gegensatz zur »salonhaften« stadtrömisch-höfischen Kunst, wie sie in den Antinousbildnissen begegnet, sind von *Weber* fein charakterisiert worden: a. O. 146 ff.

782 *O. Regenbogen*, RE. Suppl. VIII (1956) 1093: »Im ganzen kam das Werk zu spät; als Pausanias es gegen 180 n. Chr. abschloß, war die Welle des Philhellenismus schon im Verebben. Die schweren Zeiten, die heraufzogen und bald noch immer schwerer wurden, waren der Aufnahme des Unternehmens nicht förderlich. Der neue Glaube und die neue Philosophie hatten keinen Bedarf mehr nach einer Darstellung des alten Hellas. So ist das mühsame Werk im ganzen ohne Wirkung geblieben«. (Das Ausbleiben der Wirkung läßt sich aus der Tatsache schließen, daß das Werk in der späteren Literatur nirgends zitiert ist.)

783 S. Anm. 773 und 774. Ein Bau des 3. Jhs. n. Chr. südlich des Leonidaions: OlBericht VII 3.

784 *H. Bengtson*, Griechische Geschichte[2] (HdA) (1960) 539. – Heruler, kurze Übersicht über antike Quellen und moderne Lit.: *Ad. Lippold* in: Der Kleine Pauly II (1967) 1112 f.

785 In Athen entstand damals die »Valerianische Mauer«, von der Teile noch heute sichtbar sind: Hesperia 4, 1935, 322 ff.; 7, 1938, 331 ff.; 40, 1971 Taf. 46; The Athenian Agora. A Guide to the Excavations and Museum[2] (1962) 86 f. Abb. 7, 14; *J. Travlos*, Bildlexikon z. Topogr. d. ant. Athen 54, 161, 163 Abb. 130, 380. Zu den Heruler-Verwüstungen in Athen: *Thompson*, JRS. 49, 1959, 66 ff.

786 Olympia I 91, 95 f. mit Abb., 122, 125 ff., 133, 139, 141. Die Mauer ist in der Spätantike teilweise wieder abgetragen und zum Baum von Häusern verwendet worden. Ob sie überhaupt ganz fertiggestellt wurde, ließ sich nicht mehr genau feststellen: Olympia I 95.

787 OlBericht VI 5 f. Abb. 2; *Kunze*, Neue deutsche Ausgrabungen 276 f. Abb. 10, 11 (auf unserer Abb. 136 ist der Turm Taf. 71 b mit »T« bezeichnet).

788 Olympia V 138; das Abbrechen der Beamtenlisten wird dort bereits mit dem Herulereinfall von 276 in Zusammenhang gebracht.

789 Olympia V 354 ff. Nr. 243.

790 Philostratos, Über Gymnastik, hrsg. v. *J. Jüthner*, 1909 (Text, Kommentar und Einführung; Nachdr. 1969). Das Werk ist zwischen 215 und 225 entstanden und wird gewöhnlich dem zweiten Vertreter der schriftstellernden Philostrat-Familie zugeschrieben; es verfolgt – und das ist höchst bezeichnend für die Zeit seiner Entstehung – den Zweck, die »alte« griechische Athletik dem entarteten Wettkampfbetrieb der Gegenwart gegenüberzustellen und die Gründe des Verfalls darzulegen (so Philostrat in der Einleitung Kap. 1 und 2). Über Charakter und Tendenz der Schrift (die von einem gelehrten Sport-Dilettanten, nicht von einem Fachmann verfaßt ist): *Jüthner* a. O. 97 ff.

791 Die Aufzählung, die V 17,1 beginnt, hat am Ende von V 17,4, wo die aus dem Philippeion ins Heraion überführten Statuen erwähnt werden, eine Lücke; da der Text mit der Beschreibung der Kypseloslade wieder einsetzt, könnten hier noch weitere Bildwerke erwähnt gewesen sein. Doch davon abgesehen hat Pausanias z. B. auch die römischen Porträtstatuen, die dort standen (Olympia II 252 ff.) unberücksichtigt gelassen.

792 Paus. V 17,5–20,3. – Kypseloslade: oben S. 89. Diskos des Iphitos: oben S. 47. Das »Bett der Hippodameia« war wohl ein altes Kultgerät oder Kultmöbel, dessen Funktion nicht mehr verstanden wurde. Zum Tisch des Kolotes: *Gardiner*, Olympia 110; *J. Liegle*, Der Zeus des Phidias (1952) 81; die These von *Mingazzini*, der (ausgehend von einer Bemerkung des Pausanias: V 20,2), in dem Tisch ein klassizistisches Werk eines anderen Kolotes, Schülers des Pasiteles, sehen will, scheint mir abwegig (AM. 77, 1962, 293 ff.). Der Kranztisch des Kolotes war eine solche Berühmtheit, daß er auf elischen Münzen hadrianischer Zeit abgebildet wurde (*Mingazzini* a. O. Beil. 91,3).

793 Ausgenommen waren z. B. die Marmorstatuen, die teilweise noch in den Trümmern des Tempels gefunden wurden (s. Anm. 791), darunter der Hermes des Praxiteles und sicher auch das Kultbild der Hera, das wegen seiner Größe ohnehin kaum zu transportieren gewesen wäre (der Kopf wurde bei der Ausgrabung in der Nähe des Heraion gefunden: s. oben Anm. 381). In erster Linie war wohl der materielle Wert der zu rettenden Objekte ausschlaggebend, nicht ihr Kunstwert.

794 Dabei wurden die alten Lehmziegelwände teilweise ersetzt durch eine »dünnere Mauer aus Kalksteinmauerwerk«, in der »nicht nur römische Inschriften, sondern auch Fragmente von Marmorbildwerken« verbaut waren (*Dörpfeld*, Olympia II 31). Leider läßt sich diese Mauer nicht datieren; die alten Ausgräber hielten sie für byzantinisch. Es kann sich dabei nur um eine Reparatur handeln, nicht um den Ersatz der gesamten alten Lehmziegel-Cellawände, deren auseinandergeflossene Substanz die Ausgräber als meterhohe Lehmschicht über den Fundamenten des Tempels antrafen. a. O. 31; Olympia I 128. Daß das Heraion

noch lange aufrecht gestanden hat, zeigt auch die hohe Sturzlage der Säulen: s. Olympia I Abb. auf S. 129; Olympia II Taf. 125. – Außer dem Heraion blieben vom Abbruch für den Mauerbau verschont das Gymnasium, die Palästra, die Bäder und die Exedra des Herodes Atticus (*Adler*, Olympia I 96).

795 Die letzten Wiederherstellungsarbeiten am Zeustempel werden durch eine Reihe von Ersatz-Löwenköpfen des Marmordaches bezeugt (OlForsch. VI Taf. 117 bis 119, E 9), die *Willemsen* in diokletianische Zeit, um 300 datiert (a. O. 123 f.); damals wurden auch die Löwenköpfe der 4. bis 8. Erneuerung umgearbeitet (a. O. 92 ff.).

796 OlBericht VII 3 f. Abb. 1, 2. Auch die Kladeosthermen wurden noch benutzt: OlBericht IV 95. Eine kümmerliche Wiederherrichtung zeigt auch der Befund des Gästehauses südlich der Kladeosthermen: OlBericht VI 38 ff.

797 *Moretti*, Olympionikai 175 Nr. 944; *H. Bengtson*, Die Olympischen Spiele in der Antike (1971) 92 f. Andere Autoren nehmen 385 als Siegesjahr an (*Gardiner*, Olympia 174; *F. Mezö*, Geschichte der Olympischen Spiele [1930] 233; *L. Ziehen* RE. XVIII 1, 40).

798 Die Quelle ist Kedrenos (hist.comp. p. 322 B und 348 A), ein Autor des 11. Jhs.

799 S. oben S. 149 mit Anm. 581. Die Verwirrung wird schon daraus deutlich, daß Kedrenos den Zeus des Phidias als Stiftung des Perikles bezeichnet (hist.comp. 322 C).

800 Scholion zu Lukian, Rhet. praec. 6 (p. 221 *Jacobitz*).

801 *Seeck*, RE. I (1894) 1287 mit Nachweisen. Die von Stilichos Truppen auf der Pholoë eingekreisten Goten konnten schließlich doch noch nach Norden durchbrechen. Von einer Plünderung Olympias ist nichts überliefert, während z. B. Einzelheiten wie die Verwüstung Athens und die erfolgreiche Verteidigung Thebens bei diesem Feldzug von den Quellen erwähnt werden. Es ist daher unwahrscheinlich, daß Olympia damals in Mitleidenschaft gezogen wurde: vgl. *Adler*, Olympia I 94; *Boetticher*, Olympia 31; anders *E. Curtius*, Olympia I 64 f.

802 *H. Bengtson*, Griechische Geschichte[2] (HdA, 1960) 547 mit Anm. 1 (Nachweise).

803 In einer Rede, die der Philosoph Themistios im Herbst 384 in Konstantinopel gehalten hat, bezeugt er, daß er selbst »den Zeus in Pisa bewundert habe«: Themist. orat. XXXIV, XI 40 (p. 455 Dindorf); zur Datierung: *W. Stegemann*, RE. V A (1934) 1666. Der phidiasische Zeus ist in der 2. Hälfte des 4. Jahrhunderts noch mehrfach erwähnt, so in weiteren Reden des Themistios (orat. XXVII 337 b: gehalten 355; XXV 310 b: gehalten 373; p. 406 und 374 *Dindorf*) und in einem Brief des Libanios aus dem Jahr 363 (epist. 1342,3 *Foerster*).

804 *Adler*, Olympia II 93 ff. Abb. 52–58 Taf. 67–70. Zur Datierung: ebd. 101 f. und *Mallwitz*, OlForsch. V 108.

805 In römischer Zeit waren die ursprünglichen Wände durch Ziegelmauerwerk ersetzt worden: *Mallwitz*, OlForsch. V 27 ff., 46; zur Datierung: ebd. 106 f. (antoninisch?); neu ist die Beobachtung, daß die kaiserzeitliche Aufmauerung nicht fertiggeworden zu sein scheint (ebd. 28,32).

806 Olympia II 98; Olympia IV 208 ff. Taf. 71.

807 *Mallwitz*, OlForsch. V 109. Dieser Siedlung ist vielleicht das »Säulenhofhaus« südlich der Palästra zuzurechnen, das zwar aus dem 2. Jh. stammt, aber im 3. Jh. umgebaut wurde (OlBericht VI 56 f. Taf. 21; auf einer seiner Wände ist das Zeichen eines Fisches eingeritzt, das vielleicht christlich zu deuten ist: OlForsch. V 109 Abb. 35).

808 Olympia I 96; *Boetticher*, Olympia 33.

809 Olympia I 96 f. Taf. 4–5; Gesamtplan Mappe Bl. V a und b; OlBericht VI 41 Abb. 18. – Zur Wiederherstellung der Kirche, die noch einmal eine neue Vorhalle erhielt: *Adler*, Olympia II 98, 103, Abb. 58; vgl. Olympia I 97; *Mallwitz*, OlForsch. V 32, 109.

810 Es handelt sich vor allem um zwei in den Häusern vergrabene Tongefäße mit Münzen: Olympia I 97; IV 213. Ein ähnlicher Schatzfund kam in dem später ausgegrabenen nachantiken Haus im Gebiet der römischen Gästehäuser zutage; leider waren die kleinen, spätantiken Kupfermünzen so stark oxydiert, daß sie nicht mehr zu bestimmen waren: OlBericht VI 41, 73.

811 Olympia I 97; vgl. oben S. 189 f.

812 Olympia I 101. Der Name, der noch 1838 lebendig war, als E. Curtius zum erstenmal Olympia besuchte (ebd. 106, Anm. 1), bedeutet wohl soviel wie »Endpunkt des Weges, der von Lala (am Rand der Pholoë-Hochebene) ins Alpheiostal hinunterführt« und nicht »Echotal« (wie z. B. *Boetticher*, Olympia 41 u. a.). – Ein anderer Name wird im Text zu Merian »Topographia Italiae« genannt: Longanica (s. S. 200); hierzu Olympia I 101 f.

813 Text von *Martin Teiller*. Zitiert nach *Boetticher*, Olympia 41.

814 *R. Chandler*, Travels in Greece or an Account of the Society of Dilettanti (1776), IV 294. Vgl. Olympia I 102. In Chandlers Text, dem frühesten Bericht, den wir aus der Neuzeit über Olympia haben, ist nur von Trümmern eines »very large temple« die Rede; ein Kapitell ermöglicht die Feststellung, »that the edifice had been of the doric order«. Es ist daher nicht ganz sicher, ob sich Chandler darüber klar war, daß er die Überreste des Zeustempels entdeckt hatte. In der Nähe erwähnt Chandler »a deep hollow, with stagnant water and brickwork«; er hielt dies für das Stadion, in Wirklichkeit dürfte es sich um die byzantinische Kirche gehandelt haben.

815 Der Bericht ist enthalten in dem Reisewerk von *F. Pouqueville*, Voyage en Morée, à Constantinople, en Albanie ... pendant les années 1798–1801 (1805), I 123 f.

816 Jean-Jacques Barthélemy, Direktor der kgl. Münzsammlung, war Altertumsforscher und Numismatiker. Sein Werk, eine geschickt aus antiken Quellen kompilierte Beschreibung des antiken Hellas in Form einer fiktiven Reise des jungen ausländischen Fürstensohnes Anacharsis (einer bereits antiken literarischen Figur: s. oben S. 17) im 4. Jahrhundert v. Chr., erschien zuerst anonym 1791 (Voyage du jeune Anacharsis en Grèce dans le milieu du quatrième siècle avant l'ère vulgaire). Der beigegebene Atlas enthält als Taf. 18 den Plan von Olympia. Angesichts eines solchen, noch ohne Autopsie unternommenen Versuchs wird man sich der Unanschaulichkeit des Pausaniastextes bewußt. In dieser Hinsicht waren die Ansprüche des antiken Lesers offenbar völlig andere als die des modernen.

817 *Wilkins*, Antiquities of Magna Graecia 74, appl. pl. 4; vgl. Olympia I 103.

818 Olympia I 103. Seine Aufzeichnungen wurden erst 1830 veröffentlicht: *M. Leake*, Travels in the Morea, I 34.

819 *John Spencer Stanhope*, Olympia or Topography Illustrative of the Actual State of the Plain of Olympia and of the Ruins of the City of Elis. 1824.

820 Correspondence inédite de *Mabillon* et de *Montfaucon* avec l'Italie (1846), III 214 (abgedruckt Olympia I 102; deutsche Übersetzung hier zitiert nach *J. Gerstenberg*, Die Wiedergewinnung Olympias als Stätte und Idee [1949] 37). – Zu *Montfaucon*: *W. Schiering* in: HdArch. I (1969) 11 f.

821 *J. J. Winckelmann*, Anmerkungen über die Geschichte der Kunst des Altertums (1767), I 83 f. Die »Anmerkungen« wurden später in die »Geschichte der Kunst des Altertums« übernommen, wo sie den Schluß des 3. Kapitels des 8. Buches bildeten. Winckelmann wußte bei der Abfassung der zitierten Sätze noch nicht, daß im Jahr zuvor (1766) bereits der erste gelehrte Reisende nach Olympia »hindurchgedrungen« war: der Engländer *Chandler* (s. Anm. 814).

822 *J. J. Winckelmann*, Sämtl. Werke XI 372.

823 »Es war ein Lieblingsplan des gelehrten Winckelmann, zu einer Ausgrabung in der Olympischen Ebene eine Subskription zu eröffnen. Sollte eine solche Unternehmung je zustande kommen, so darf man mit Gewißheit rechnen, daß die schönsten Überreste der Bildnerei und die interessantesten und gehaltvollsten Überbleibsel ans Tageslicht gefördert werden dürften. Kein Ort war so reich an Göttergaben und mit so glänzenden und prachtvollen Darstellungen in Marmor und Bronze angefüllt, als dieser«. (Zitiert nach der deutschen Ausgabe von *Dodwells* Reisebericht, hrsg. v. *F. Sickler* [1821], II 125.)

824 *F. Sickler* in Cotta's »Kunstblatt« von 1821 und in der Anm. 823 genannten deutschen Dodwell-Ausgabe; s. *Gerstenberg* a. O. 44.

825 Olympia I 103 ff.

826 Vom Eingreifen Kapodistrias ist weder in der offiziellen französischen Publikation noch in der Darstellung von *Weil*, Olympia I 103 ff. die Rede; die Ge-

schichte ist bei *Boetticher*, Olympia 60 f. erzählt (vgl. auch *A. Michaelis*, Ein Jahrhundert kunstarchäologischer Entdeckungen [1908] 49 f.; *Gerstenberg* a. O. 55; *Schiering* a. O. 57). – Zu den französischen Metopenfunden s. *Treu*, Olympia III 140 ff. (Liste von *Dubois* mit den Korrekturen von *Treu*). Es handelt sich außer den genannten Stücken um eine Anzahl kleinerer Fragmente, insgesamt um etwa ein Drittel des gesamten wiedergefundenen Bestandes (*Treu* a. O. 143). Einige Stücke blieben in dem Dorf Miraka bei Olympia zurück, wo die Franzosen ihr Standquartier hatten und gingen dort verloren. *W. Hege* hat die Louvre-Fragmente der Löwen-, Stymphaliden- und Stiermetope fotografiert und in Fotomontage mit den in Olympia befindlichen Bestandteilen zusammengefügt: *Rodenwaldt-Hege* Taf. 66, 67, 72. Im Museum von Olympia wurden die Pariser Fragmente als Gipsabgüsse mit den originalen Metopen vereinigt.

827 *Abel Blouet*, Expédition scientifique de Morée (Paris 1831–1838) I Taf. 65 ff. Die Publikation enthält auch Pläne anderer wichtiger Tempel der Peloponnes (z. B. Phigalia).

828 Von französischer Seite bemühte sich E. Beulé eifrig um eine Weiterführung der Tätigkeit in Olympia (Olympia I 104). – Ludwig Roß, der 1834 von König Otto zum Oberkonservator der Altertümer des neugegründeten griechischen Staates ernannt worden war, warb in Deutschland für eine Ausgrabung Olympias. Noch 1853, als er eine Professur in Halle antrat, verfaßte er einen Aufruf mit der Überschrift »Ausgrabung von Olympia. Ein Vorschlag«. Eine Geldsammlung erbrachte indes nur einen ganz bescheidenen Betrag, der später zu einer Grabung am Heraion von Argos verwendet wurde (Olympia I 105). – Von anderer Art war das Projekt des unternehmungslustigen Fürsten Pückler-Muskau, der das Gelände aufkaufen, in ein parkähnliches Anwesen verwandeln und dort auf eigene Kosten Ausgrabungen veranstalten wollte: ebd. 104 f.; vgl. *Gerstenberg* a. O. 57 ff. – Die Entwicklungsgeschichte des deutschen Olympiaprojektes, das aus privater Initiative erwachsen, zunächst vom preußischen Staat gefördert und schließlich als wissenschaftliche Unternehmung des deutschen Reiches verwirklicht wurde, ist mehrfach dargestellt worden: *Weil*, Olympia I 105 ff.; *Boetticher*, Olympia 62 ff.; *Michaelis* a. O. 121 f. *Gerstenberg* a. O. 62 ff.; Olympia in der Antike (Ausstellungskatalog Essen 1960) 25 ff. (*Thiemann*).

829 Die Brief- und Tagebuchberichte von dieser Reise sind zusammengestellt Olympia I 105 f. Anm. 1.

830 *E. Curtius*, Peloponnesos. Eine historisch-geographische Beschreibung der Halbinsel (1851/52) II 70.

831 *E. Curtius*, Olympia. Ein Vortrag im wissenschaftlichen Vereine zu Berlin (1852), Auszüge aus der Rede in: Olympia von *Ernst Curtius*, mit ausgewählten Texten von Pindar, Pausanias, Lukian, Photos von *M. Hürlimann* (1936); auch sonst viel zitiert, z. B. Olympia I 107; *Boetticher*, Olympia 63; *Gerstenberg* a. O. 82 ff.; Olympia in der Antike 27.

832 Zum Gang der Ereignisse s. Olympia I 107 ff., ferner die Anm. 828 genannte Literatur. 1853 legte E. Curtius dem königlichen Kabinett bereits detaillierte Pläne vor; die Realisierung scheiterte damals am Ausbruch des Krimkrieges (1854). Gedacht war zunächst an eine begrenzte Unternehmung von drei Monaten Dauer. 1869 kam Curtius erneut auf diese Pläne zurück; der König setzte eine Kommission zur Vorbereitung der Ausgrabung ein. Im Frühjahr 1870 glaubte sich Curtius dem Ziel schon ganz nah: »Ich hoffe, es ist nur eine Zeitfrage von wenigen Monaten« schrieb er in einem Brief an seinen Bruder. Nach dem Deutsch-Französischen Krieg, der zunächst eine Weiterverfolgung des Projektes unmöglich machte, wurden die Ausgrabungspläne anfänglich noch als preußisches Anliegen weiterbetrieben und schließlich 1873 dem neugegründeten Deutschen Reich übertragen: »Das selbständige Unternehmen Preußens müßte aufgegeben und in ein mit der griechischen Regierung gemeinsam auszuführendes umgewandelt werden«, heißt es in einem Schreiben des Kronprinzen vom 29. 1. 1873 an den Kultusminister Falk. Im April 1873 wurde der Reichskanzler amtlich mit der Angelegenheit beauftragt.

833 Olympia I 109 f. Die Selbstlosigkeit der Ansprüche war übrigens bei den Verhandlungen des Reiches mit der griechischen Regierung nicht so selbstverständlich wie seinerzeit bei den Initiativen Preußens. Der mit Griechenland ausgehandelte Vertrag, der Deutschland bei Übernahme sämtlicher Kosten keinerlei Anrecht an den Funden einräumte, ist sogar später von der deutschen Öffentlichkeit kritisiert worden. Bezeichnend ist, daß *Boetticher* in seinem Olympiabuch von 1882 ([2]1886, 71 ff.) noch eine ausführliche Rechtfertigung für angebracht hielt. Vgl. auch Olympia I 114 f.

834 Ausführliche Schilderung des Vorgangs bei *Gerstenberg* a. O. 98 ff. – Die Ausgrabung in Mykenae begann *Schliemann* im Frühjahr 1874 in seiner Ungeduld schon vor Eintreffen der Grabungserlaubnis (*E. Meyer* in seinem Vorwort zur Neuausgabe von *H. Schliemanns* »Mykenae« [1964] XXV; Schliemann selbst schildert diese erste Grabung in Mykenae und ihre Ergebnisse in einem Brief an *A. Conze* vom 14. 3. 1874: *H. Schliemann*, Briefwechsel, hrsg. v. *E. Meyer* [1953] I 258 f. Nr. 237). Noch im Juli 1874, also nach Unterzeichnung des deutsch-griechischen Olympiavertrages, hat Schliemann einen Versuch gemacht, die Beschlüsse der griechischen Regierung rückgängig zu machen; er schrieb damals an König Georg I.: »Niemand hat der Wissenschaft größere Dienste geleistet, als ich: ich habe das größte historische Rätsel gelöst; ich habe durch dreijährige riesenhafte und sehr kostspielige Ausgrabungen das homerische Troja ausgegraben, welches 2000 Jahre lang von den Gelehrten aller Länder vergeblich gesucht worden ist. Ich bin mit meinem ehrlich verdienten Vermögen nach Griechenland gekommen, um dasselbe hier zum Nutzen der Wissenschaft zu verwenden. Mit diesen Gesinnungen beabsichtige ich auch, im August d. J. dem griechischen Parlament den Vorschlag zu machen, mir zu gestatten, auf meine Kosten in Gemeinschaft der Mitglieder der Archäologischen Gesellschaft Olympia auszugraben, denn der mit Deutschland gemachte Vertrag ist gar zu drückend für das Land und wird von der ganzen Presse einstimmig verurteilt. Meine Bedingungen für Olympia sind höchst einfach und vorteilhaft: ich trage alle Kosten selbst, kaufe alle Ländereien von Olympia und schenke sie der griechischen Nation und beanspruche für mich nichts weiter als das Recht, die zu findenden Altertümer zuerst publizieren zu dürfen« (*Schliemann*, Briefwechsel I 269 Nr. 247).

835 Der Deutsche Reichstag ratifizierte unter gleichzeitiger Bewilligung von zunächst 57 000 Talern die Verträge am 5. 12. 1874, das griechische Parlament erst am 18. 11. 1875. Die Gesamtkosten des Unternehmens beliefen sich schließlich auf 761 000 Mark. – Der Wortlaut des Vertrages ist abgedruckt Olympia I 110 ff., der deutsche Text auch bei *Boetticher*, Olympia 65 ff.

836 Über die negativen Auswirkungen des Gesetzes urteilte Roß selbst durchaus kritisch: *Boetticher*, Olympia 72 f.

837 Olympia I 115.

838 Der Vertrag wurde bereits 1882 formuliert, trat jedoch erst 1891 in Kraft; 1892 begannen die französischen Ausgrabungen in Delphi.

839 Eine Übersicht über den Gang der Arbeiten hat *R. Weil* in der offiziellen Grabungspublikation gegeben: Olympia I 115 ff. Eine wichtige Grundlage für den heutigen Ausgräber bilden die größtenteils erhaltenen Grabungstagebücher und die Tätigkeitsberichte, die allwöchentlich nach Berlin geschickt wurden.

840 Das Fortschreiten der Freilegung demonstrieren die jeweils am Ende der einzelnen Kampagnen in den »Ausgrabungen zu Olympia« (s. Anm. 842) veröffentlichten Pläne, die in der abschließenden Publikation nochmals abgedruckt wurden: Olympia I Abb. S. 117 (I), 123 (II), 131 (III), 13 (IV), 144 (V und VI).

841 Vgl. etwa *Schleif*. Die neuen Ausgrabungen in Olympia 5 f.; *Kunze*, Neue deutsche Ausgrabungen 263 f.

842 Die endgültige Publikation (s. Bibliographie S. 212) erschien 1890–1897. Ihr ging eine vorläufige Veröffentlichung der Funde voraus, die in 5 großen Tafelbänden bereits während der Ausgrabungsjahre erschien: Die Ausgrabungen zu Olympia I–V (1876–1881). – *E. Curtius* starb 1896; er steuerte zu dem erst 1897 erschienenen Band I der Ausgrabungspublikation noch einen »Entwurf der Geschichte Olympias« bei (16 ff.).

843 *Gerstenberg* a. O. 114.

844 *P. de Coubertin,* Une campagne de vingt et un ans (1908) 89 f. Hier zitiert nach *Gerstenberg* a. O. 131.

845 Olympia II 35 f.

846 Abhandlungen der Berliner Akademie 1879, IV, 104 = Kl. Schr. I 419. Vgl. oben Anm. 159. Die Kontroverse um das Alter Olympias ist dargestellt bei *Dörpfeld,* AO. I 2 ff.

847 Die Ergebnisse wurden erst nach vielen Jahren endgültig veröffentlicht in dem zweibändigen Werk »Alt-Olympia« (1935). Zur grundsätzlichen Beurteilung dieser Publikation haben wir S. 50 bereits das Nötige gesagt. Eine kurze Zusammenfassung der Olympiaforschung in der Zeit zwischen der Beendigung der »alten Grabung« (1881) und dem Wiedereinsetzen der Grabungstätigkeit 1936 gibt *W. Wrede* in OlBericht I 6 ff.

848 Die Ergebnisse sind im I. Olympiabericht von *A. v. Gerkan, U. Jantzen* und *R. Hampe* veröffentlicht worden.

849 Die Resultate dieses ersten Teils der Ausgrabungen sind niedergelegt in den Olympia-Berichten II–IV, im ersten Teil des V. Olympia-Berichts sowie im I. Band der »Olympischen Forschungen«. Einen Überblick gibt *H. Schleif* in: Die neuen Ausgrabungen in Olympia (Europ. Studienmappen, 1943); dort Taf. 1 eine Darstellung der Jahresabschnitte der Ausgrabungen bis 1941. Vgl. auch die bis 1958 reichende Übersicht über die Arbeiten von *E. Kunze* in: Neue deutsche Ausgrabungen im Mittelmeergebiet und im Vorderen Orient (1959) 263 ff. Beil. 1 (Übersichtsplan).

850 *Dörpfeld,* AO. I 1.

851 S. die Olympiaberichte V–VII über die Kampagnen 1952–1958. Außerdem wurden unvollendet gebliebene Grabungsabschnitte in diesem Areal zum Abschluß gebracht (Gästehäuser südlich des Bäderbezirks am Kladeos, Südthermen und anschließendes Gebiet). Der architektonische und archäologische Befund im Gebiet der Phidiaswerkstatt ist von *A. Mallwitz* und *W. Schiering* im V. Band der »Olympischen Forschungen« dargelegt worden; die Veröffentlichung des Leonidaions steht noch aus.

852 S. *Kunze* in: Neue deutsche Ausgrabungen 270 und OlBericht VIII 2. – Über die mit vielerlei Schwierigkeiten verbundene Verwirklichung dieses Plans: *Kunze,* OlBericht VII 17 ff. Abb. 10–12 und OlBericht VIII 6 ff. Abb. 8–9 Taf.

853 Vgl. *Kunze,* ArchDelt. 17, 1961/2, Chron. 107 ff. Die abschließende Veröffentlichung hat *A. Mallwitz* in OlBericht VIII (1967) 16 ff. Taf. 1–29 vorgelegt.

854 Vorberichte: ArchDelt. 18, 1963 Chron. 107 ff. Taf. 142–147; 19, 1964 Chron. 165 ff. Taf. 166–175; BCH. 87, 1963, 787 ff. Abb. 1–6; 88, 1964, 701 ff. Abb. 1–6; 89, 1965, 743 ff. Abb. 1–5; 90, 1966, 812 ff. Abb. 1–17. Eine Übersicht über die Grabungsergebnisse gibt *A. Mallwitz* in seinem soeben erschienenen Buch »Olympia und seine Bauten« 199 ff.

REGISTER

(Kursiv gesetzte Zahlen sind Anmerkungs-Nummern)

Inhalt